Stephan Straßmaier, Hans Werbik
Aggression und Gewalt

I0225411

Stephan Straßmaier,
Hans Werbik

Aggression und Gewalt

Theorien, Analysen und Befunde

DE GRUYTER
OLDENBOURG

ISBN 978-3-11-051930-3
e-ISBN (PDF) 978-3-11-052203-7
e-ISBN (EPUB) 978-3-11-051935-8

Library of Congress Cataloging-in-Publication Data
A CIP catalog record for this book has been applied for at the Library of Congress.

Bibliografische Information der Deutschen Nationalbibliothek
Die Deutsche Nationalbibliothek verzeichnet diese Publikation in der Deutschen
Nationalbibliografie; detaillierte bibliografische Daten sind im Internet
über http://dnb.dnb.de abrufbar.

© 2018 Walter de Gruyter GmbH, Berlin/Boston
Bildnachweis: Ingram Publishing/Thinkstock
Satz: Michael Peschke, Berlin
Druck und Bindung: CPI books, Leck
♾ Gedruckt auf säurefreiem Papier
Printed in Germany

www.degruyter.com

Vorwort

Terroranschläge u. a. in Paris, Brüssel, Nizza, Rouen, Ansbach und Berlin sowie verschiedene Amokläufe im In- und Ausland haben das öffentliche Interesse wiederum deutlicher auf das Thema „Gewalt" gelenkt. Vor allem für die überlebenden Opfer und Angehörigen der Getöteten ist die Frage des *Warum?* oft langfristig bitter und quälend. Aber nicht nur diese spektakulär massenmörderischen Formen der Gewalt sind beachtenswert, sondern auch die im Alltag „ganz normal" verborgene, wie die der Kindesmisshandlung oder diejenige, die sich gegen Frauen richtet. Die Psychologie ist dabei aufgerufen, Erklärungsversuche im Grunde für alle Gewalttaten zu entwickeln und anzubieten, und dies auch dann, wenn jene unvollkommenerweise zunächst nur einige Aspekte des Geschehens erfassen können.

Für die wissenschaftliche Psychologie kann das Phänomen der Gewalt dabei jedoch nicht ohne das der Aggression behandelt werden: Jede Form der Gewalt ist begrifflich zwar auch eine Aggression – indes stellt nicht jede Aggression ebenso eine Gewalttat dar.

Über Aggression ist viel geschrieben worden; nicht immer wurden dabei die grundlegenden wissenschaftlichen respektive wissenschaftstheoretischen Standards ausreichend beachtet, sodass man in den Texten wirklich empirisch hinreichend sicher wüsste, was man überhaupt sagen kann – und was als bare persönliche Meinung gelten muss. Um besser in den Blick zu nehmen, welches Fundament mithin notwendig gelegt werden sollte, um überhaupt etwas i. S. der Wahrheit oder Falschheit eines Sachverhalts festsetzen zu können, haben wir in unserem Buch einige Einführungen dazu in einem kurzen Einleitungskapitel zusammengestellt. Dieses mag manchem ein trockener Keks sein, ein wenig abschreckend vielleicht in seiner philosophischen Art, und wäre sicherlich ein schlechter Romananfang – nichtsdestotrotz ist es sinnvoll für all jene, die nicht von vornherein wissen, welche methodologischen Begriffe und Herangehensweisen zu beachten sind.

Unser Buch ist ein Lehrbuch und wendet sich in erster Linie an Dozenten und Studenten der Psychologie, ferner an Lernende und Interessierte der angrenzenden Fächer bzw. sie zur Hilfswissenschaft nehmenden Berufe. Dem Lehrbuchcharakter unseres Textes entspricht nicht nur, dass die wissenschaftlichen Standards expliziert, sondern auch, dass die anatomischen und physiologischen Grundlagen des Verhaltens ausführlicher dargestellt werden, als dies bei einer Monografie erforderlich wäre.

Unsere ursprüngliche Absicht war, eine Neubearbeitung des Buches *Theorie der Gewalt* von Hans Werbik vorzulegen. In den vielfältigen Gesprächen hat sich uns jedoch die Themenstellung erheblich erweitert, sodass die Bezüge zum ursprünglichen Text nicht mehr sehr offensichtlich sind. Es ist ein wirklich neues Buch geworden aus dem Gedanken des alten.

Mit unserem Werk wollen wir aber ebenso die Forschung stimulieren. Hier gilt es, in bestimmten Bereichen auch Autoren zu berücksichtigen, die zu lange abseits gestellt wurden, was, wie wir glauben, zum tiefen, echten Nachteil von uns allen ist.

DOI 10.1515/978311052203-7-201

Damit kommen wir einer Verantwortung nach, Lösungsvorschläge nicht zu ignorieren, nur weil sie einem Mainstream u. U. nicht mundgerecht genug scheinen.

Wir hätten daneben gern eine genauere Beurteilung zu den drängenden Fragen des fundamental-islamisch inspirierten Terrors und seiner Täter gegeben, mussten dies aber aufgrund der (noch) zu schwachen Datenlage (bzw. der implizierten zu komplexen soziologisch-politischen Verhältnisse, aus denen die Selbstmordattentäter oft stammen) ruhen lassen. Nicht alles, was interessant wäre, eignet sich auch als Thema für ein Lehrbuch.

Im deutschen Sprachraum fehlt derzeit ein einschlägig-aktuelles Überblickswerk zur Einführung in die Aggressionsforschung. Deshalb hoffen wir, dass uns der Leser gewogen sein möge und vielleicht auch ein wenig dankbar. Den Mangel an Lehrbüchern meinen wir also zunächst beseitigt zu haben. Dass es in deutschsprachigen Ländern kaum Präventionsstudien gibt, die darüber Auskunft geben, wie Gewalttätigkeit von vornherein verhindert werden kann, können wir hingegen nur konstatieren. Eine gute amerikanische Präventionsstudie haben Massetti et al. im Jahr 2011 vorgelegt. Wenn auch, wie die Erfahrung zeigt, Verhinderungsbemühungen nicht in jedem Falle Gewalt unmöglich machen, so kann man doch davon ausgehen, dass ein gutes Verhütungsprogramm in der Mehrheit der Fälle wirksam wäre, also ganz pragmatisch gedacht nicht sinnlos ist und (gesamtwirtschaftlich betrachtet) sein Geld wert sein würde.

Wir wünschen dem Leser zum Schluss die kritisch-vernünftige Unabhängigkeit und Liebe zur Wahrheit im Sinn des *Sapere aude!* (Wage es, weise zu sein!) Immanuel Kants. Damit nun genug der Geleitworte und Erläuterungen. Das Buch spricht für sich.

Erlangen im Herbst 2017

Dr. phil. Stephan Straßmaier
Prof. Dr. phil. Hans Werbik

Danksagung

Wir bedanken uns bei Herrn Prof. Dr. Jürgen Straub, Ruhr-Universität Bochum, und Herrn Dr. Jens Kertscher, TU-Universität Darmstadt, für die kritische Durchsicht des Manuskripts und die nützlichen Hinweise. Dem Verlag Walter de Gruyter, Berlin, insbesondere Frau Annette Huppertz (Lektorin, Wirtschafts- und Sozialwissenschaften) möchten wir für die engagierte Umsetzung des Projekts und die kooperative Zusammenarbeit herzlichen Dank sagen.

Die Autoren

Inhalt

Symbolverzeichnis

¬	Negation einer Aussage: „nicht"
∧	Konjunktion zweier Aussagen: „und"
∨	Adjunktion zweier Aussagen: „und/oder"
→	Implikation zweier Aussagen: „wenn ..., dann ..."
↔	logische Äquivalenz: „... genau dann, wenn ..."
∃	Existenzquantor: „es gibt mindestens ein ..."

Hans Werbik

1 Methodologische Vorüberlegungen

Aggression und Gewalt stellen Probleme in modernen Gesellschaften dar. Gewalt wird negativ bewertet, die Einschätzung von Aggression hängt vom Kontext ab. So ist etwa im Sport (z. B. Fußball) eine geregelte Aggression erwünscht. Der Zusammenhang zwischen den Begriffen „Aggression" und „Gewalt" kann allgemein so formuliert werden: Jede Gewalt ist eine Aggression, aber nicht jede Aggression ist Gewalt.

Für die wissenschaftliche Behandlung des Themas „Aggression" respektive „Gewalt" scheint (auch) deshalb eine weitere Präzisierung des Sprachgebrauchs erforderlich. Insbesondere sollte eine *Definition* der Begriffe Desideratum sein, was in Kapitel 7 geschehen wird. Vorwegzunehmen ist hier, dass nicht nur die oft in der Begriffsbestimmung der Aggression eingesetzte *Schädigungsabsicht* dabei in Betreff kommen kann, sondern auch andere, allgemeinere Prädikate.

Mandel hat (s. Tab. 1.1) ohne ausdrückliche Absicht, zu einer Bestimmung des Aggressionsbegriffes zu gelangen, 56 verschiedene Verhaltensbeschreibungen für eine Verhaltensbeobachtung von schweizerischen männlichen Internatsschülern ausgewählt:

Tab. 1.1: Beispiele aggressiver Verhaltensweisen (eigene Darstellung nach Mandel, 1959).

Form der Aggressionen	Verhaltensweisen
direkte Aggression	boxen, schlagen, Schläge en passant, Kopfnüsse, Ohrfeigen, kratzen, werfen, stechen, stupfen, zwicken, quälen, kitzeln, ohrenspicken, würgen, schießen, schnellen, Handtuchschnellen, treten, Beinstellen, stoßen, festhalten, In-den-Schwitzkasten-nehmen, anfallen, umlegen, umwerfen, hinauswerfen, balgen, ringen, raufen, kämpfen, Kissenschlacht, Drohhaltung, nachgehen, spritzen, stören, beißen, beschimpfen, drohen, necken, lächerlich machen, Schadenfreude, verwünschen, Vorwürfe, Angst machen, Wut, Trotz, Beleidigtsein, Hass, Hässigsein
indirekte Aggressionen	andere zu direkten Aggressionen auffordern, verpetzen, fluchen, schimpfen, entwerten

An dieser Liste kann man sofort erkennen, dass über solche alltagsweltlichen Aussagen nicht definiert werden kann, was eine Aggression ist oder nicht. Boxen kann freundschaftlich gemeint sein. Spielerisches Balgen ist jedenfalls nicht im eigentlichen Sinne Aggression. Wut und Hass sind keine Verhaltensweisen, sondern emotionale Bedingungen für das Auftreten von Aggression. Außerdem ist die Liste dieser Prädikate nicht vollständig. Es gibt noch andere Verhaltensweisen, die wir als Aggressionen bezeichnen können.

DOI 10.1515/9783110522037-001

Eine eindeutige Definition der Begriffe ist jedoch erforderlich, um wahre Aussagen aufstellen zu können. Dazu soll Kapitel 7 zur Terminologie der Begriffe „Aggression" und „Gewalt" Aufschluss geben. Hier ist nur festzustellen, dass verschiedene Formen der Aggressionsdefinition möglich sind, in allen Versuchen dazu aber auch der Beigeschmack von Willkür mitschwingt. Wer will etwas *sicher* wissen in einem Universum, von dem wir noch nicht einmal sicher *wissen*, dass es wirklich existiert? Denn auch der Realismus ist nur ein Glaube ...

1.1 Was also ist nun Wahrheit?

Unserem alltäglichen Vorverständnis entspricht wohl meist folgende Definition: Eine Aussage ist genau dann wahr, wenn sie mit den Tatsachen übereinstimmt. Bei Thomas v. Aquin[1] heißt es beispielsweise dazu: „Cum enim veritas intellectus sit adaequatio intellectus et rei, secundum quod intellectus dicit esse quod est vel non esse quod non est"[2], was griffiger meist als „Veritas est adaequatio rei et intellectus"[3] wiedergegeben wird, d. h. die Wahrheit sei die Übereinstimmung (wörtlich eigentlich: Angleichung) des Geistes (der etwas über etwas aussagt) mit der Sache, die gemeint ist.

Gegen eine solche Definition von Wahrheit kann eingewendet werden, dass die Tatsachen selbst wiederum nur durch *Aussagen* repräsentiert sind. Die *Übereinstimmung* oder *Nichtübereinstimmung* kann jedoch als mögliches Resultat nur das Ergebnis eines Vergleichs einer Aussage mit einer anderen Aussage sein. Worte können mit Tatsachen, also dem, was der Fall ist, nicht direkt verglichen werden. Der moderne semantische Wahrheitsbegriff basiert deshalb auf der Unterscheidung einer *Objektsprache* von einer *Metasprache*.[4] Die Objektsprache ist die Sprache über Dinge. Sie enthält Beobachtungssätze. Beobachtungssätze haben im einfachsten Fall die Form: „Dies ist R" (irgendein Prädikat). Zum Beispiel: „Dies ist Blut". Das Wörtchen „dies" kann (i. S. einer deiktischen Handlung) von einer Gebärde des Hinweisens begleitet werden. Dem Objekt (Ereignis) x kann ein Prädikat (z. B. Blut) entweder zugesprochen oder abgesprochen werden: „Dies ist Blut" oder „Dies ist nicht Blut". Das Zusprechen oder Absprechen von Prädikaten wird *prädizieren* genannt.[5] Die Metasprache ist damit eine Sprache, mit welcher über die Sätze einer anderen Sprache (z. B. über die Sätze der Objektsprache) gesprochen wird. Die Metasprache enthält dementsprechend Sätze über Sätze.

---

1 Zitiert nach: *Sancti Thomae Aquinatis Opera Omnia.* (Hrsg. R. Busa). Stuttgart-Bad Cannstatt: Frommann-Holzboog, 1980.
2 von Aquin. *Summa Contra Gentiles*, Buch I, Kap. 59, n2.
3 von Aquin. *Summa Theologiae*, I. Teil, Kap. 16, Art. 1.
4 Tarski (1936), Carnap (1961).
5 Kamlah und Lorenzen (1967).

Das Prädikat *wahr* ist ein Element der Metasprache: Wir bezeichnen eine Aussage der Form: *Rx* (z. B.: „Dies ist Blut.") genau dann als wahr, wenn die Zuordnung des Prädikats *R* zu *x* mit der Definition von *R* erfolgt. Die Wahrheit oder Falschheit einer Aussage kann nur relativ zu einem bestimmten gemeinsamen Sprachgebrauch der an der Kommunikation in der Wissenschaft beteiligten Personen festgestellt werden. Das Kommunikationssystem *Wissenschaft* ist dabei ein offenes System mit potenziell unendlichen Teilnehmern. Ein Ziel der Wissenschaft ist es, die größtmögliche Eindeutigkeit der verwendeten Terminologie zu erreichen.

Dazu muss folgende Überlegung berücksichtigt werden: Der alltagssprachliche Gebrauch von Prädikaten wird durch Hinweise auf Beispiele und Gegenbeispiele erworben. Wir benötigen alltagssprachliche Prädikate als Basis für den Aufbau einer Terminologie. Manche Prädikate können durch Definitionen mithilfe anderer Prädikate explizit vereinbart werden. Zum Beispiel: Stecknüsse bezeichnen (umgangssprachlich) die individuellen Einsätze für eine Art Steckschraubenschlüssel mit Handgriff und ggf. Gelenk. Um die Bedeutung des Prädikats „Stecknuss" aufgrund dieser Definition zu verstehen, ist ein Wissen um die Bedeutung der Prädikate „Schraube", „Schraubenschlüssel" usw. erforderlich, was wiederum eine exemplarische Einführung durch Beispiele und Gegenbeispiele, z. B. i. S. einer (deiktisch) zeigenden Einweisung anlässlich eines Werkstattpraktikums, voraussetzt.

Diese Überlegungen machen deutlich, dass wir zur Vereinbarung unserer wissenschaftlichen Begriffe (Termini) alltagssprachliche Prädikate benötigen, denen eine gewisse *Unbestimmtheit* anhaftet. Die Unschärfe der alltagssprachlichen Prädikate kommt dadurch zustande, dass die exemplarische Einführung grundsätzlich nur eine Vereinbarung der Bedeutung eines Prädikats für endliche Mengen von Beispielen und Gegenbeispielen ermöglicht. Dazu kommt, dass nicht jeder Sprecher auf dieselben Beispiele und Gegenbeispiele zu einem Prädikat hingewiesen wurde. Somit müssen wir mit Unterschieden im Gebrauch alltagssprachlicher Prädikate bei verschiedenen Sprechern rechnen. Das unterscheidet *reale Sprachen* von *idealen*, z. B. dem Axiomensystem der Mathematik. Wie allerdings der Gödel'sche Unvollständigkeitssatz aus dem Jahr 1931 nachweist, existieren auch hier, in hinreichend starken idealen Systemen wie der Arithmetik, gleichfalls Aussagen, die man weder formal beweisen noch widerlegen kann. Es gibt deshalb selbst in idealen Sprachen eine Grenze der prinzipiellen Berechenbarkeit.

Aus logischen Verknüpfungen alltagssprachlicher Prädikate werden die ersten wissenschaftlichen Termini definiert, aus diesen wiederum werden weitere gebildet usw. Die Ungenauigkeit der alltagssprachlichen Prädikatoren, welche zur expliziten Vereinbarung der uranfänglichen wissenschaftlichen (Fach-)Ausdrücke benutzt werden, muss sich indes zwangsläufig auf die gesamte wissenschaftliche Terminologie übertragen. Diese können wir mit einem Gebäude vergleichen, das auf unsicherem Grund errichtet ist. Wenn die Basis schwankt, so schwankt das gesamte Gebäude mit. Es ist also grundsätzlich nicht möglich, eine vollständig *eindeutige* Terminologie aufzubauen. Wir können nur ihren Grad der Exaktheit maximieren.

Wenn Eindeutigkeit Voraussetzung für Wahrheit ist, dann müssen wir besonderes Augenmerk auf das Ziel richten, größtmögliche Präzision der Terminologie herzustellen. Zur Erreichung dieses Zieles sollten folgende Regeln beachtet werden:

(1) Wir haben die Freiheit, aus dem schier unerschöpflichen Fundus an alltagssprachlichen Prädikaten jene als Basis unserer Terminologie auszuwählen, von denen wir aus der Erfahrung wissen, dass ihr Gebrauch *einheitlich* ist.

(2) Die Zahl der für den Aufbau einer wissenschaftlichen Terminologie benötigten exemplarisch eingeführten Prädikate soll hierbei *möglichst klein* sein. Möglichst viele Termini sollen durch Definitionen explizit vereinbart werden.

Durch diese Regeln soll sichergestellt werden, dass die Unbestimmtheit der Fachbegriffe nicht größer ist als die der ausgewählten Basisprädikate. Eine so aufgebaute Terminologie ist ein hierarchisch gegliedertes System verklarter Sprache, wobei die Definition eines Begriffs gegeben wird durch den nächsthöheren (*genus proximum*) und die spezifischen Differenzen (*differentiae specificae*). Aufgrund logischer Schwierigkeiten bei der operationalen Definition von Dispositionsprädikaten (wie z. B. intelligent, farbenblind, ärgerlich) hat Carnap[6] vorgeschlagen, zwischen *Beobachtungssprache* und *Theoriesprache* zu unterscheiden. Die Dispositionsprädikate gehören der theoretischen Sprache an, ebenso die Messtheorie. Theoretische Termini können durch beobachtungssprachliche Begriffe nicht definiert, sondern nur parziell *interpretiert* werden. Eine ausführliche Erörterung der Methoden zur Einführung theoretischer Termini und ihrer Problematik gibt Stegmüller.[7]

1.2 Analytische und empirische Wahrheit

Aussagen, die aufgrund Logik, Definitionen und sonstigen Sprachregeln wahr sind, nennt man *analytisch wahre* Aussagen. Aussagen, die analytisch wahr sind, bedürfen keiner zusätzlichen empirischen Überprüfung. Ist ein Satz analytisch wahr, dann wird er auch als *a priori wahr* bezeichnet.[8] Analytisch wahre Sätze gelten mit *Notwendigkeit*.

Eine Aussage heißt demgegenüber *empirisch wahr*, wenn sie nicht aus der Logik, Definitionen oder sonstigen Sprachregeln folgt, aber die Übereinstimmung der Aussage *Rx* mit der allgemeinen Definition von *R* von jedem beliebigen Beobachter nachgeprüft werden kann. Kant gibt zur Unterscheidung von analytischer und empirischer Wahrheit folgende Beispiele. Der Satz „Alle Körper sind ausgedehnt" ist ein analytisch wahrer Satz, weil die Ausdehnung zum Begriff des Körpers gehört. Dagegen ist der Satz „Alle Körper sind schwer" ein empirisch wahrer Satz, weil der Begriff der

---

6 Carnap (1961).
7 Stegmüller (1970).
8 Kant (1781/1992a, 1781/1992b), Kamlah und Lorenzen (1967).

Schwere im Begriff eines (räumlichen) Körpers nicht enthalten ist, sondern durch zusätzliche Erfahrung festgestellt werden muss. Analytisch wahre Sätze stellen somit *Erläuterungsurteile*, empirisch wahre Sätze *Erweiterungsurteile* dar. Anzumerken ist jedoch, dass die Unterscheidung zwischen empirischen und analytischen Sätzen (die v. a. von Carnap logisch präzisiert wurde), u. a. durch Quines Kritik[9] problematisiert wurde und seitdem auch wissenschaftstheoretisch nicht mehr unumstritten ist.

1.3 Empirische Allgemeinaussagen

Empirische Allgemeinaussagen gelten nicht mit Notwendigkeit, sondern nur „bis auf Weiteres", d. h. sie gelten so lange, bis ihnen widersprechende Beobachtungen gemacht werden. Empirische Allgemeinaussagen können damit umgestoßen, *falsifiziert* werden, wenn konsistent-unvereinbare Observationen, Messungen vorliegen. Sie können indessen *nicht* verifiziert werden, weil empirische Allgemeinaussagen sich auf unbegrenzt viele (potenziell unendliche) Fälle aus einer definierten Menge beziehen, wir aber immer nur eine endliche Zahl von realen Beobachtungsmöglichkeiten haben, in denen wir sie prüfen können.

Eine besondere Form von empirischen Allgemeinaussagen sind in diesem Zusammenhang die sogenannten *deterministischen Aussagen*. Sie haben die logische Form „Für alle Fälle *x* gilt: *Wenn* bestimmte Bedingungen vorliegen, *dann* sind bestimmte Ereignisse oder Zustände gegeben." Zum Beispiel: „Wenn eine definierte Situation auftritt, dann zeigen Personen ein spezifisches Verhalten". In der Psychologie gibt es nicht falsifizierte deterministische Aussagen hauptsächlich im Bereich der Wahrnehmungspsychologie (z. B. geometrisch-optische Täuschungen) und außerhalb der Wahrnehmungspsychologie bei normgerechtem Verhalten (z. B. Rationalitätsregeln).

1.4 Statistische Hypothesen

Statistische Hypothesen haben die Form: $p(R/A) = k$, d. h. die Wahrscheinlichkeit des Merkmals R unter der Bedingung A hat den Wert k. Zum Beispiel: Die Wahrscheinlichkeit aggressiven Verhaltens unter der Bedingung, dass die Person frustriert wurde, hat den Wert soundso. Leider wird in der psychologischen Fachliteratur immer noch die Bestätigung einer statistischen Hypothese (sei sie gerichtet oder ungerichtet) durch Zurückweisung der *Nullhypothese* ermöglicht, obwohl dieses Verfahren inadäquat ist.[10] Stattdessen sollten *Effektstärken* berechnet werden aus dem Vergleich $p(R/A)$ mit $p(R/B)$.

---

9 Quine (1979), siehe „Zwei Dogmen des Empirismus"; vergleiche Peijnenburg (2002).
10 Nunnally (1960), Harnatt (o. J.).

Ein weiteres Problem betrifft die Mehrdeutigkeit des Wahrscheinlichkeitsbegriffs. Der mathematische Wahrscheinlichkeitsbegriff bezieht sich auf Zufallsexperimente (z. B. den Zufallswürfen bei hinreichend idealen Würfeln; ähnlich ist das Ziehen von Zahlen in der Fernsehlotterie). Wendet man den mathematischen Wahrscheinlichkeitsbegriff in der Psychologie an, muss man das Verhalten einer Person so betrachten, als wäre es das Ergebnis eines Zufallsgenerators. Nicht alle psychologisch möglichen Verhaltensweisen sind hingegen zufällige Verhaltensweisen.[11] Die andere Bedeutung des Wortes „Wahrscheinlichkeit" ist die des aristotelischen Wahrscheinlichkeitsbegriffs: Wahrscheinlich ist, was *häufig* der Fall ist (oder was die Weisen sagen). Diese Interpretation passt besser zur alltäglichen Rede von Wahrscheinlichkeit.

1.5 Experiment

Unter dem Begriff „Experiment" versteht man die Herstellung und *systematische* Variation von Bedingungen (den unabhängigen *Variablen*) zur Feststellung ihres Effekts auf eine (oder mehrere) abhängige Variable(n). Ziel des Experiments ist die Identifikation von Kausalzusammenhängen. Allerdings ist ein solches Arrangement in der Psychologie zumeist auch eine *soziale* Situation, in der Versuchsleiter und Versuchsperson(en) aufeinandertreffen und gewisse Erwartungsvorstellungen haben. Der Proband kann sich hier beispielsweise bemühen, eine „gute" Versuchsperson zu sein, *Compliance* zu üben, oder aber Reaktanz zeigen. Dies soll verdeutlichen, dass man es mit intervenierenden Faktoren zu tun bekommen kann: schwer zu kontrollierenden und zu durchschauenden Zusammenhängen, die eine unproblematische, valide Messung oder klare Interpretation der erlangten Daten erschweren bzw. bei einer Wiederholung des Versuchsvorgangs sogar ein anderes Ergebnis bedingen.

Um die Grenzen der empirischen Überprüfbarkeit von Kausalzusammenhängen aufzuzeigen, möchte ich nochmals genauer auf das Falsifikationsprinzip eingehen. Es sei *T* ein System von empirischen Allgemeinaussagen und *B* ein besonderer Satz, der aus *T* logisch abgeleitet ist. Nach dem sogenannten *Modus tollens* können wir schließen: Wenn *B* aus *T* abgeleitet wird und *B* falsch ist, dann folgt notwendig, dass (auch) *T* falsch ist. Durch diese Schlussweise wird das gesamte System *T*, dass zur Deduktion des Satzes *B* verwendet wurde, falsifiziert. *T* soll dabei eine Konjunktion empirischer Allgemeinaussagen darstellen, die auch eine Beobachtungstheorie enthält. Eine empirische Allgemeinaussage innerhalb einer Beobachtungstheorie, deren Geltung für die Überprüfung psychologischer Hypothesen notwendig ist, ist beispielsweise die Annahme, dass die Versuchsperson die Anweisungen und Erläuterungen des Versuchsleiters richtig verstanden hat, oder aber die Annahme, dass die Versuchsperson dem Versuchsleiter vertraut. Eine Falsifikation der Theorie *T* bedeutet also gleichzeitig eine Falsifikation der Beobachtungstheorie. Man kann daher nicht von vornherein

---

11 Lorenzen (1977), Werbik (1991).

sagen, auf welche der in der Theorie *T* enthaltenen Annahmen sich der falsifizierende Schluss bezieht.[12] Der Forscher hat damit die Möglichkeit, gewisse Annahmen aus dem System *T* als von der Falsifikation nicht betroffen zu *erklären*, was u. U. problematisch werden kann.

1.6 Alternativen zum Falsifikationsprinzip

Hier kommen zwei Prinzipien infrage:

(1) Das Induktionsprinzip: Unter einem Induktionsschluss versteht man den „Schluss" von einer endlichen Menge von Beobachtungssätzen auf eine Allgemeinaussage. Ein solcher Schluss kann freilich logisch nicht begründet werden. Er ist zur Statuierung einer Allgemeinaussage ungeeignet, für ihre Geltung nicht hinreichend. Das Induktionsprinzip könnte aber als *heuristische* Regel aufgefasst werden. Aus endlich vielen Beobachtungssätzen würde mithin *probeweise* verallgemeinert werden.

(2) Das Exhaustionsprinzip: Holzkamp vertritt die Auffassung, dass man eine allgemeine empirische Aussage trotz widersprechender Beobachtungsresultate grundsätzlich beibehalten kann: Jeder Widerspruch zwischen einer allgemeinen Aussage und einem ihr zugeordneten Beobachtungssatz könne als Wirkung „störender Bedingungen" interpretiert werden. Dieses Verfahren nennt Holzkamp im Anschluss an Dingler *Exhaustion* (d. h. „Ausschöpfung") einer allgemeinen Aussage. „Es wird für die Geltungsbehauptung eines theoretischen Satzes die Voraussetzung gemacht, daß ganz bestimmte reale Bedingungen, und nur diese Bedingungen, gegeben sind, d. h. daß keine ‚störenden Umstände' vorliegen."[13] „Die Berechtigung der Exhaustion als solcher ist dabei nicht etwa davon abhängig, ob es mir gelingt, die störenden Umstände empirisch aufzuweisen."[14]

Zur Widerlegung der Holzkamp'schen Argumentation:

(1) Es ist logisch unmöglich zu behaupten, es seien ganz bestimmte Bedingungen, und *nur* diese Bedingungen gegeben. Für jede empirische Aussage muss selbstverständlich die Voraussetzung gemacht werden, dass die Ereignisse, denen ein Prädikat *R* zugesprochen wird, sich hinsichtlich anderer Prädikate unterscheidet. Haben wir beispielsweise den allgemeinen Satz: „Frustration bewirkt immer Aggression", so sind alle Personen, denen wir das Prädikat „Frustration" zusprechen, bezüglich dieses Prädikats gleich, sie unterscheiden sich aber zweifellos bezüglich anderer Prädikate (z. B. der Haar- und Augenfarbe, dem Geschlecht, der Körpergröße usw.). Die Menge der möglichen Prädikate ist potenziell unend-

---

12 Münch (1973).
13 Holzkamp (1968, S. 96).
14 Holzkamp (1968, S. 102).

lich. Somit kann man ein konkretes Ereignis *niemals* durch eine endliche Menge von Prädikaten *vollständig* beschreiben: *Individuum est ineffabile* (Das Individuum ist nicht erfassbar).

(2) Wenn sowohl in der allgemeinen Aussage als auch in den ihr zugeordneten Beobachtungssätzen nur solche Prädikate vorkommen, deren Zuordnung zu Ereignissen durch allgemeine Regeln eindeutig festgelegt ist, und wenn die Anerkennung eines Beobachtungssatzes, welcher einer allgemeinen empirischen Aussage widerspricht, den vereinbarten Regeln folgt, dann ist die Exhaustion der empirischen Allgemeinaussage logisch gar nicht möglich. Unter diesen Voraussetzungen führte nämlich das Beibehalten einer Allgemeinaussage bei Vorliegen von Beobachtungssätzen, die ihr widersprechen, zur Anerkennung einander widersprechender Aussagen. Dies aber ist nicht zulässig, denn aus einer Konjunktion einander widersprechender Prämissen kann jeder *beliebige* Satz gefolgert werden.[15]

Als heuristische Methode wäre daneben die *Abduktion* zu erwähnen, die in modernerer Zeit durch Charles Sanders Peirce (1839–1914) wieder in den Blick gerückt wurde – davor war sie bereits von Aristoteles im Begriff der *Apagoge* (von altgr. ἀπαγωγή, apagōgē, d. h. Ab- bzw. Wegführung) eingeführt worden.[16] Die Abduktion „schließt" von einem Resultat unter der vorausgesetzten Geltung einer Regel auf den Fall, z. B. der Wirkung auf eine Ursache, was indes kein gültiger logischer Schluss ist, aber dazu dienen kann, Zusammenhänge zu erfassen, die dann wieder in der Forschung hypothesenprüfend untersucht werden können (deduktiv-induktives Schließen). Peirce schreibt: „The surprising fact, C, is observed; But [*sic*] if A were true, C would be a matter of course, Hence [*sic*], there is reason to suspect that A is true."[17] Solch ein Vorgang schöpft *kreativ* eine neue Sicht der Welt und kann somit, wie Peirce es tat, als (ein) Ausgangspunkt des Erkenntnisprozesses gesehen werden. Anwendbar wäre diese Methode z. B. in der medizinisch-psychologischen Diagnostik sowie Kriminalistik.[18]

1.7 Reproduzierbarkeit

Popper stellt die methodologische Regel auf, dass ein einzelner, einer Theorie widersprechender Beobachtungssatz für die Verwerfung einer Theorie nicht ausreicht (obwohl rein logisch *ein* Gegenbeispiel genügt). Die Änderung einer Theorie ist nach Popper erst dann vorzunehmen, wenn die konträren Beobachtungsergebnisse repro-

---

15 Lorenzen (1967, S. 37), Popper (1971, S. 269 ff.).
16 Aristoteles, *Organon* (Erste Analytiken oder Lehre vom Schluss [Analytika protera] II, 25).
17 Peirce (1960, S. 117, Abschn. 5.189).
18 Vergleiche für eine genauere Darstellung dazu insbesondere Reichertz (2013).

duzierbar, d. h. mehrmals zu finden sind. Damit keine Widersprüche auftreten, muss man die Anerkennung von konfligierenden Basissätzen so lange zurückstellen, bis mehrere *gleichartige* Beobachtungsergebnisse vorliegen.[19]

Nosek hat (als *corresponding author*) in einer groß angelegten Kontrolluntersuchungsserie dargelegt, dass von 100 experimental-psychologischen Studien 61 nicht reproduzierbar waren.[20] Um dieses Ergebnis richtig einzuschätzen, muss bedacht werden, dass das menschliche psychische System außerordentlich komplex ist und sich im Laufe der Zeit verändert. Andererseits ist die Notwendigkeit einer Resultatreproduktion eine qualitätssichernde Forderung für den Aufbau kumulativer Wissensstrukturen. Die hierzu gebotene strenge Prüfung von wissenschaftlichen Theorien darf nicht nur auf dem Papier stehen.

Eine Lösung dieser Problematik ist die Unterscheidung von naturwissenschaftlicher und geisteswissenschaftlicher Psychologie *in Abhängigkeit vom Grad der Komplexität* des jeweils zu untersuchenden psychischen Systems – ähnlich wie Wilhelm Wundt zwischen *Physiologischer Psychologie* und *Völkerpsychologie* unterschieden hat. Die Physiologische Psychologie erforscht relativ einfache geistig-seelische Abläufe mit naturwissenschaftlichen Methoden, während die hochkomplexen, eigentlich psychischen Zusammenhänge einer geisteswissenschaftlichen Psychologie vorbehalten bleiben. Die Forderung nach Reproduzierbarkeit ist daher einzig für die naturwissenschaftliche Psychologie sinnvoll – nur in dieser können kumulative Wissensstrukturen aufgebaut werden. Für die geisteswissenschaftliche Psychologie gilt das Erfordernis der Reproduzierbarkeit nicht. Dies kann am Beispiel einer autobiografischen Erzählung verdeutlicht werden: Versuchte man eine Person aufzufordern, in einem gewissen Zeitabstand zweimal ihr Leben zu erzählen, würde man zwei verschiedene Geschichten erhalten, wobei lediglich die „harten" Daten des Lebenslaufs konstant blieben. In der Aggressionsforschung dominiert nun jedoch der naturwissenschaftliche Ansatz, weil die Entstehung von Aggressionen in der Regel nicht zu komplex ist, sodass es möglich scheint, Experimente durchzuführen, die auch tatsächlich neue Erkenntnisse generieren.

Mit dieser Propädeutik zu den wichtigsten wissenschaftstheoretischen Voraussetzungen von Beobachtungen, Experimenten und ihrer Interpretation kann das Weitere sinnvoller in Angriff genommen werden. Zuerst folgen eine Einführung zur Neuro- und Evolutionsbiologie der Aggression (s. Kap. 2), danach die zu den Trieb- und Instinkttheorien (s. Kap. 3), worauf die Frustrations-Aggressions-Hypothese (s. Kap. 4) und sodann der sozial-kognitive Ansatz von Albert Bandura (s. Kap. 5) gewürdigt werden. Dem schließt sich eine geraffte Darstellung des modernen handlungstheoretischen Lehrkorpus (s. Kap. 6) an. Zudem werden die Möglichkeiten der Bildung einer Terminologie bezüglich der Begriffe „Aggression" und „Gewalt" *jenseits* der Schädigungsabsicht untersucht (s. Kap. 7). Interkulturelle und historische Aspekte

---

19 Popper (1934/1984).
20 Open Science Collaboration (2015).

der Aggression insbesondere in Bezug zu Erziehungsfaktoren (s. Kap. 8), konkrete Beispiele zu individueller Gewalt (s. Kap. 9) und Erklärungsansätze zu einer Form der kollektiven Gewalt, dem Hooliganismus (s. Kap. 10), werden eingehender analysiert.

Stephan Straßmaier

2 Neuro- und Evolutionsbiologie der Aggression

2.1 Abriss der strukturell-funktionalen Grundlagen der Gehirnarchitektur

Myriaden von *Neuronen*, Nervenzellen, und eine noch größere Anzahl von *Gliazellen*, die als Stütz- bzw. Versorgungszellen arbeiten, bilden die Bausteine des Gehirns.[1] Allein für die Großhirnrinde nimmt man geschätzt eine Größenordnung von mehreren Zehnmilliarden Nervenzellen an. Die Funktion der Neuronen ist die Aufnahme, Verarbeitung und Weiterleitung neuroelektrischer sowie neurochemischer Signale. Sie können als Generator, Filter, Verstärker oder Abschwächer neuronaler Erregungen wirken und kontrollieren deren räumliche wie zeitliche Eigenschaften und Ausbreitung. Dies wird v. a. durch die Ausbildung von *Ruhemembran-* und *Aktionspotenzialen* ermöglicht, Letztere mittels Zellmembrandepolarisation über einen bestimmten Schwellenwert (bei dem ein Ioneneinstrom in die Zelle über *Ionenkanäle*, gefolgt von einem Ionenausstrom während der Repolarisationsphase zu verzeichnen ist). Reize unterschiedlicher Stärke (Amplitude) werden (i. S. einer *Analog-Digital-Wandlung*) in Entladungsraten (d. h. „Feuerfrequenz") von Aktionspotenzialen umgesetzt. Verschiedene Neuronentypen weisen hier u. U. verschiedene Impulsmuster auf. Allgemein ist für Neuronen eine Gliederung in Zellkörper oder *Soma*, dornenartige Zellfortsätze oder *Dendriten* und informationsübertragende Fortsätze, genannt *Axone*, charakteristisch. Nervenfasern leiten elektrische Signale, transportieren aber zum Teil auch chemische Substanzen, die für die synaptische Übertragung notwendig sind. Man unterscheidet *myelinisierte*, d. h. mit Markscheiden (den sog. *Schwann-Zellen* mit *Ranvier-Schnürringen*) umgebene Nervenfasern, die Impulse (mit durchschnittlich 100 m/s) wesentlich rascher fortleiten können, von unmyelinisierten Nerven, bei denen die mittlere Impulsweitergabe (mit etwa 1 m/s) langsamer abläuft. Im Gehirn bilden die myelinisierten Nervenfasern die weiße Substanz und die Zellkörper bzw. Dendriten die graue. Die Informationsübertragung zwischen Neuronen funktioniert mittels elektrischer oder chemischer Synapsen, wobei an den elektrischen eine direkte Erregungsweiterleitung durch enge Zellkontakte (*gap junctions*) möglich ist. An den chemischen Synapsen werden elektrische Impulse indes stoffgebunden übertragen. Die präsynaptische Seite enthält im synaptischen Endknopf bläschenartige *Vesikel*, die mit Überträgersubstanzen gefüllt sind, welche bei Erregung der Synapse (in Vesikelvolumina gequantelt) in den synaptischen Spalt eintreten. Durch Ausschüttung der in den Vesikeln gespeicherten Stoffe in diesen werden an der subsynaptischen Seite Erregung (oder Hemmung) von neuronaler Aktivität

---

[1] Kapitel 2.1 und Kapitel 2.2 stellen lediglich einen groben Überblick dar und erheben keinesfalls Anspruch auf Vollständigkeit. Sie vermitteln eine ausschließlich *einführende* Perspektive auf die gegenwärtige Forschungslage bzw. die wesentlichsten Resultate.

DOI 10.1515/978311052203-7-002

ausgelöst. Einige Neurotransmitter können gleichwohl ebenfalls in den *extra*zellulären Raum freigesetzt werden, um an synapsenfreien Stellen in einiger Entfernung zu wirken. An einer Nervenzelle liegen teils mehr als 10.000 Synapsen an. Als klassische „schnelle" Transmitter im Wirbeltiergehirn gelten die Stoffe Gamma-Aminobuttersäure (GABA), Glutamat und Glycin. Acetylcholin, Dopamin, Noradrenalin und Serotonin wirken daneben auch *neuromodulatorisch* in ausgedehnteren Zeitabschnitten und weiteren Hirnbereichen. Neben ihnen gibt es eine relativ große Zahl von verschiedenen Neuropeptiden und Neurohormonen, wobei beide letztgenannten Stoffklassen ebenso längerfristigere Wirkungen (im Bereich von Minuten bis Tagen) entfalten.[2]

Synapsen sind *lernfähige* Gebilde, wie das Phänomen der Langzeitpotenzierung (*long term potentiation*) verdeutlicht. Neuronen, die zuerst mit einem starken Reiz, der mit einem schwachen gepaart war, angeregt wurden, können späterhin nur mit dem schwachen Reiz aktiviert werden. Solche Veränderungen geschehen aber nur dann, wenn die beiden Reize anfangs zugleich in der Nervenzelle eingetroffen sind; zeitversetzte Reize bewirken keine Langzeitpotenzierung. Es handelt sich dabei folglich um einen Detektor für Gleichzeitigkeit. Daneben gibt es auch eine Langzeitdepression, bei der die synaptische Verbindung geschwächt wird. Langzeitpotenzierung kann
(1) durch verstärkte präsynaptische Transmitterfreisetzung,
(2) durch Empfindlichkeitssteigerung der Postsynapse durch Erhöhung der Rezeptorenanzahl oder Änderung ihrer funktionalen Charakteristik,
(3) durch verminderten extrasynaptischen Abbau bzw. verminderte Wiederaufnahme von Transmittern und
(4) durch morphologische Veränderungen
auftreten.

Wahrscheinlich liegt oft eine Kombination der genannten Mechanismen vor. Durch (dadurch ermöglichte) *selbstorganisierende* Fähigkeiten von kortikalen Netzen werden topografische *Merkmalskarten* der Inputmuster angelegt. Diese Eigenschaftskarten können wechselseitig eng vernetzt sein und infolge dessen zur Fähigkeit der *Kategorisierung* führen (was ein Forschungsfeld des *Konnektionismus* darstellt). In diesem Kontext ist auch das Phänomen der *Neuroplastizität* zu erwähnen, durch das einmal erworbene Eigenschaftskarten *umgewidmet* werden können. Das lebende Gehirn des Menschen ist also *keinesfalls statisch*, sondern in steter struktureller Veränderung begriffen.[3] Es gliedert sich
(1) in das *Telencephalon* (Endhirn) mit Neokortex, Basalganglien und limbischem System,
(2) dem *Diencephalon* (Zwischenhirn) mit Thalamus und Hypothalamus,
(3) dem *Mesencephalon* (Mittelhirn) mit Tectum und Tegmentum,
(4) dem *Metencephalon* (Hinterhirn) mit Cerebellum (Kleinhirn) und Pons und
(5) dem *Myelencephalon* (Nachhirn) mit der Medulla oblongata.

---

2 Birbaumer und Schmidt (2010), Roth (2001), Roth und Strüber (2014).
3 Spitzer (2000).

Es sind, obwohl beide Gehirnhälften zumeist zusammenarbeiten, zwei Gehirnhemisphären zu unterscheiden, die tendenziell verschiedene Prioritäten aufweisen, wobei die linke Gehirnhemisphäre (bei rechtshändigen Personen) eher sprachlich-begriffliches und die rechte Hemisphäre eher (oder leichter) emotionales und visuell-räumliches Denken ermöglichen. Die linke Hemisphäre verfügt über ein sog. *Interpretiermodul*[4] zur Kausalattribution: Neo- und subkortikale Erregungskonstellationen werden hier mit dem Ziel einer *kognitiven Dissonanzreduktion* auf ihre mögliche bzw. wahrscheinliche Ursache examiniert.[5]

Der *Neokortex* dient als änderungsfähiger assoziativer Speicher, der reiche interkortikale Verbindungen, plastische Synapsen und einen modulären Aufbau (für spezifische Leistungen, wie visuelle, auditorische und taktile Wahrnehmung oder Motorik) besitzt. Das *limbische System* bildet sich aus mehreren heterogenen Kernen, wie z. B. dem Corpus amygdaloideum (Amygdala), dem Ventralen Tegmentalen Areal, dem Zentralen Höhlengrau und Hypothalamus wie auch Kernen des Thalamus sowie dem Nukleus (Nucl.) habenulae bzw. Corpus mamillare einschließlich des Hippocampus, die man entwicklungsgeschichtlich und funktionell als Verbindungsstellen zwischen neokortikalen und Stammhirnfunktionen ansehen kann (s. Abb. 2.1 und 2.2). Hypothalamus, zentrale Amygdala – und ihnen nachgeschaltet – das Zentrale Höhlengrau sind die wichtigsten Bereiche für *angeborene affektive Zustände und Verhaltensweisen*. Im limbischen System werden psychisch-emotionale, belohnungsorientierte, motivationale sowie Konditionierungsprozesse maßgeblich gesteuert. Es wird angenommen, dass beim episodischen Gedächtnis Hippocampus und limbische Zentren (Amygdala, mesolimbisches System) arbeitsteilig zusammenwirken, indem der Hippocampus die *Details* des Erinnerten, die Amygdala und das mesolimbische System die *Emotionen* hinzuliefern. Die Inhalte des *deklarativen Gedächtnisses* werden vermutlich durch Veränderung der synaptischen Kopplung bzw. durch das unterschiedliche Zusammenschalten (d. h. Vergrößern oder Verkleinern) vorhandener Netzwerke niedergelegt und konsolidiert. Thalamus und Kortex bilden generell eine funktionelle Einheit, sodass der Thalamus als „Tor des Kortex" bezeichnet wird und hierbei die sensorische und motorische *Aufmerksamkeit* steuert. Der Hypothalamus integriert darüber hinaus autonome und endokrine Überlebensfunktionen (wie Atmung und Herzschlag usw.), ist die Bildungsstätte von Hormonen und Neuropeptiden und reguliert verschiedene homöostatische Triebe (wie Durst und Hunger bzw. weiterhin auch Körpertemperatur, zirkadiane Periodik und soziale Bindungen); außerdem kann er durch wegleitende (efferente) Verbindungen zum Stammhirn Einfluss auf einfache motorische Körpervorgänge nehmen. Die *Basalganglien* bestehen aus dem Nucl. caudatus und Nucl. lentiformis (Putamen und Pallidum), wobei Putamen und Nucl. caudatus das Striatum bilden. Die Basalganglien sind eine Intermediärstruktur zwischen Kortex und limbischem System und ermöglichen die Feinsteuerung der Motorik sowie die Feinabstimmung der Kortexaktivierung bei selektiven Aufmerksamkeitsprozessen (mit basalem Vorderhirn)

---

4 Gazzaniga (2012).
5 Birbaumer und Schmidt (2010), Kolb und Whishaw (1996), Roth (2001), Roth und Strüber (2014).

bzw. die Auswahl von Gedächtnisinhalten. Das Striatum und der Nucl. accumbens sind darüber hinaus essenzielle Teile des Antriebssystems. Das *Kleinhirn* ist über die Brücke (Pons) unter dem Einfluss der motorischen Großhirnrinde u. a. an der Feinregulierung der Muskeln beteiligt und stellt einen wichtigen Ort motorischen Lernens dar, hat aber auch Einfluss auf unsere Emotionen und das Denken, die Vorstellung und das Sprechen usw. Es fungiert ferner als Takt- und Zeitgeber für höhere sensorische, motorische sowie allgemein kognitive Prozesse. Die Medulla oblongata (verlängertes Mark) ist, wie der Name andeutet, die direkte Fortsetzung des Rückenmarks. Sie ist an der Steuerung lebenswichtiger Körperfunktionen wie Schlafen und Wachen, Blutkreislauf, Atmung und des Weiteren an Aufmerksamkeits- bzw. Bewusstseinszuständen beteiligt.[6]

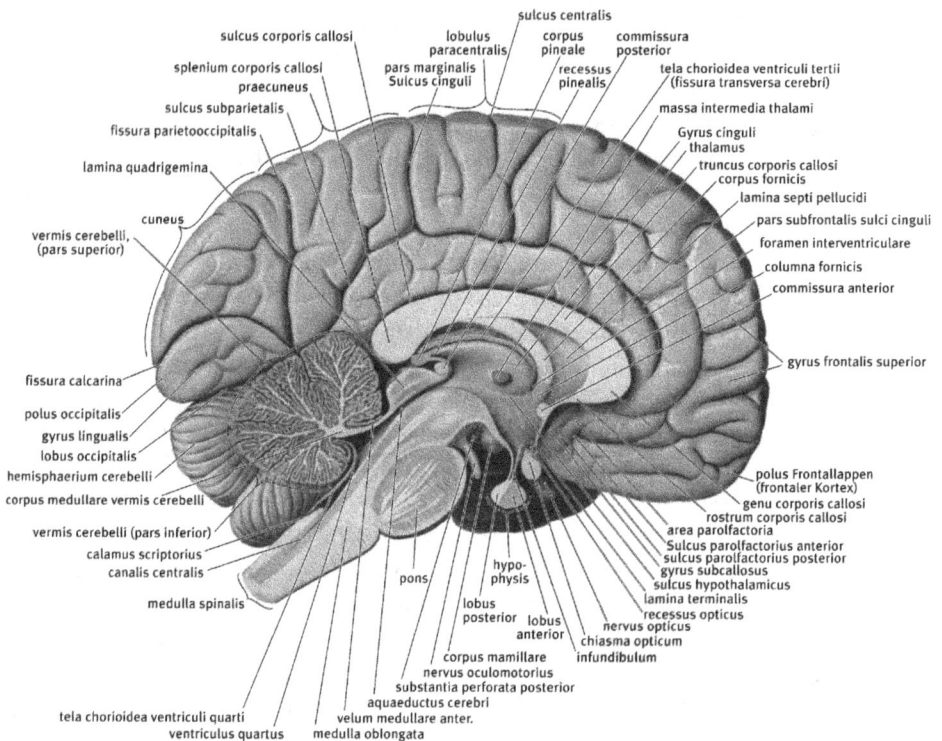

Abb. 2.1: Medianschnitt des menschlichen Gehirns (eigene Darstellung, [nach *Atlas der deskriptiven Anatomie: III. Abteilung: Das Nerven- und Gefässytem und die Sinnesorgane des Menschen nebst einem Anhang: Das Lymphgefässsytem des Menschen* von J. Sobotta[7], 1906, S. 544, Abb. 574).

---

6 Birbaumer und Schmidt (2010), Kolb und Whishaw (1996), Roth (2001), Roth und Strüber (2014).

7 Robert Heinrich Johannes Sobotta (1869–1945) war Anatom an verschiedenen deutschen Universitäten und wurde mit seinen Anatomieatlanten weltweit bekannt, die schon in der ersten Auflage brillante Darstellungen boten.

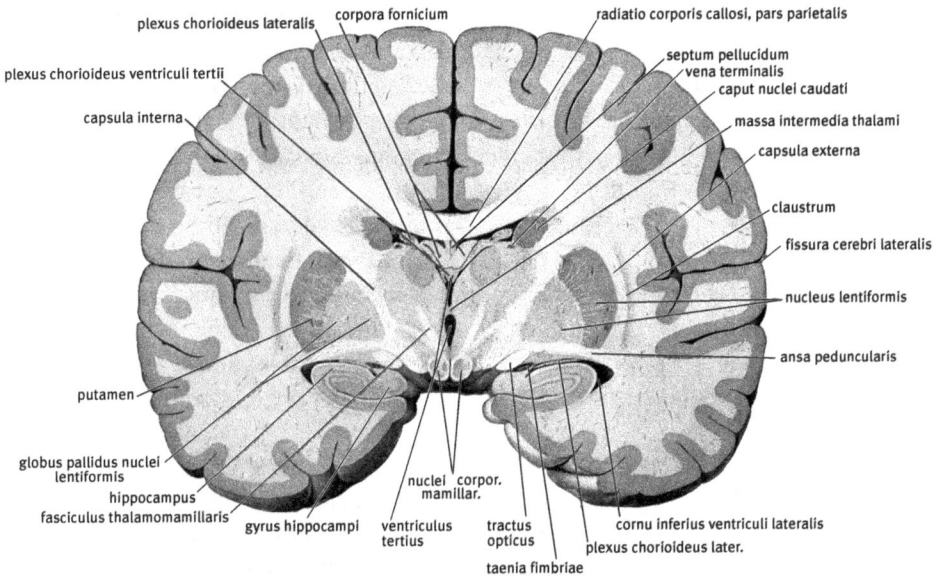

plexus chorioideus lateralis · corpora fornicium · radiatio corporis callosi, pars parietalis

plexus chorioideus ventriculi tertii · septum pellucidum · vena terminalis · caput nuclei caudati

capsula interna · massa intermedia thalami · capsula externa

claustrum

fissura cerebri lateralis

nucleus lentiformis

ansa peduncularis

putamen

globus pallidus nuclei lentiformis · hippocampus · fasciculus thalamomamillaris · gyrus hippocampi · nuclei corpor. mamillar. · ventriculus tertius · tractus opticus · cornu inferius ventriculi lateralis · plexus chorioideus later. · taenia fimbriae

Abb. 2.2: Frontalschnitt des Gehirns durch die Mitte des dritten Ventrikels (Blick auf die vordere Schnittfläche) (eigene Darstellung, nach *Atlas der deskriptiven Anatomie: III. Abteilung: Das Nerven- und Gefässsytem und die Sinnesorgane des Menschen nebst einem Anhang: Das Lymphgefässsytem des Menschen* von J. Sobotta, 1906, S. 572, Abb. 600).

2.2 Bekannte neurobiologische, genetische und endokrinologische Faktoren der Aggression

Aggressives Verhalten lässt sich nicht in einer singulären Hirnstruktur lokalisieren. Vielmehr ist, wie für viele andere höhere zerebrale Steuerungsleistungen auch, meist ein sehr komplexes Zusammenwirken verschiedener Zellverbände notwendig. Allgemeine konstitutionell-hormonelle Voraussetzungen sind jedoch bekannt. Hirnschädigungen (besonders im orbitofrontalen Kortex) können generell zu schwerwiegenden Folgen sozial-emotionaler Art führen.[8] Aggression scheint ferner *nicht* (hochgradig) *genetisch* determiniert zu sein, so beträgt die Heretabilität aggressiver Reaktionen bei Mäusen nach selektiven Züchtungsdurchläufen durchschnittlich nur 0.3 bis 0.5 (von maximal 1), die Umweltvarianz liegt somit bei 50 bis 70 Prozent. Beim Menschen ist die genetische Transmission aggressiven Verhaltens dabei (noch) nicht bekannt und die Konkordanzraten bei ein- und zweieiigen Zwillingen sprechen für eine eher *geringe* erbliche Komponente.[9]

---

8 Siehe z. B. Damasio (1996) und Strüber, Lück und Roth (2008).
9 Birbaumer und Schmidt (2010, S. 739 ff.).

Wie anhand von Experimenten mit Katzen identifiziert wurde[10], und mit entsprechenden Änderungen trotz der Unterschiede zumindest teilweise wohl auch beim Menschen anzutreffen sein könnte, scheint der mediale Hypothalamus als integrierende Struktur für Aggressionsmanifestationen wesentlich. Im Tierversuch bewirkte die Reizung des lateralen[11] Hypothalamus *Beuteaggression*, die Stimulation des medialen Hypothalamus indes *affektiv-aggressives* Verhalten. Eine Aktivation des dorsalen Hypothalamus erzeugte *Flucht* bzw. (bei diesbezüglichen Hindernissen) *Furchtaggression*. Dies legt den Schluss nahe, dass der Hypothalamus als *koordinierende Musterstruktur* generell eine Art *Verhaltenstendenz* hervorruft, die das *reaktive* Auftreten aggressiver Reaktionen begünstigt. Er wird in diesem Zusammenhang v. a. durch limbische Strukturen (Amygdala, Hippocampus, „limbischer" anteriorer Thalamus) moduliert und regelt die sensomotorische Expression der Aggression in tieferen Hirnstrukturen.[12]

Im Weiteren ist das (mehrfach strukturell untergliederte) *Corpus amygdaloideum* (Amygdala, Mandelkern) für extrem aggressive Attacken auf lebende wie unbelebte Objekte verantwortlich, wenn in Tierversuchen kortikomediale Teile verletzt worden waren. Diese Areale scheinen über die *Stria terminalis* auf die hypothalamischen Musterstrukturen hemmend einzuwirken, was gleichwohl nur für Beuteaggression gilt. Die Reizung basolateraler Kerne der Amygdala manifestierte hingegen affektive Attacken i. S. v. Rangkonflikten zwischen männlichen Tieren. Stimulierte man eher laterale und kaudale Regionen des Mandelkerns, sah man einen *graduellen* Anstieg aggressiven Verhaltens, wobei die Aktivation mehr rostraler Regionen Furcht induzierte. Eine hypothalamische Reizung löste im Gegensatz dazu jedoch sofort geordnete Attacken aus, unterschied sich also ersichtlich. Schließlich bewirkte die Läsion der basolateralen Strukturen der Amygdala aggressionsarme Zahmheit: Eine gänzliche *Entfernung* derselben erzeugte bei Tieren den Verlust ihrer sozialen Dominanz, was indes auch von den innerhalb der Gruppe gewachsenen sozialen Verhältnisse mit abhängig ist. Beim Menschen wird die Wirkung der Amygdala insbesondere in Bezug auf die klassische wie operante *Furchtkonditionierung* diskutiert, die mehr oder weniger leichtes Lernen aus Bestrafung (Fehlern) ermöglicht, dies besonders bei der instrumentellen psychopathischen Aggression.[13] Der Mandelkern ist in zentraler Weise an der Entstehung der Angst (als sog. Angstzentrum) beteiligt und spielt allgemein eine wichtige Rolle bei der emotionalen Bewertung und Wiedererkennung von

---

10 Flynn, Vanegas, Foote, Edwards (1970).
11 Die üblichen (grundlegenden) Lagebezeichnungen für anatomische Strukturen seien hier kurz erläutert: *Dorsal* (oder *posterior*) bedeutet zum Rücken hin orientiert, *ventral* (oder *anterior*) zum Bauch hin, *medial* zur Mitte hin, und *lateral* zur Seite hin liegend. Der Begriff *kranial* (oder *superior*) verweist auf eine kopfwärts, die Bezeichnung *kaudal* auf eine steißwärts gelegene Position. *Rostral* bezeichnet die Richtung zur Kopfvorderseite, während *inferior* eine eher untere, und *internus* schließlich eine eher innere Lage anzeigen.
12 Birbaumer und Schmidt (2010, S. 739 ff.).
13 Mitchell, Avny und Blair (2006), siehe Strüber et al. (2008).

Situationen, insbesondere gefährlichen, in denen er analysierend externe Impulse verarbeitet und dazu die vegetativen Reaktionen bestimmt. Eine Zerstörung beider Amygdalae führt zum Verlust von Furcht- und Aggressionsempfinden und damit zum Zusammenbruch der mitunter lebenswichtigen Warn- und Abwehrreaktionen (so beim *Urbach-Wiethe-Syndrom*[14]).[15]

Eine weitere, wesentlich bedeutsame Gehirnstruktur, die hinsichtlich der sozialen Steuerung und planenden Antizipation einwirkt, ist der *Cortex frontalis* (Stirnhirn, Frontallappen). Läsionen des Präfrontalkortex führen häufig zu einer höheren Ausprägung unangepasster impulsiver Aggressionen i. S. einer erworbenen *Soziopathie (Pseudopsychopathie)*.[16] Auch die Fähigkeit zur *Empathie* ist eng mit der Aktivation des medialen Präfrontalkortex verknüpft. Dieser wird bei Schuld- und empathischen Gefühlen aktiviert, der laterale Orbitofrontalkortex hingegen beantwortet Verletzungen von Erwartungen mit Hemmung *oder* Aktivierung von Aggression im subkortikalen Aggressionssystem. Die posteriomediale Region des orbitofrontalen Kortex projiziert, d. h. leitet Impulse örtlich in den Temporalpol fort und umgekehrt, wie in die oberen und mittleren *temporalen* (schläfenwärtigen) Kortexbereiche. Von dort erhält der Orbitofrontalkortex die gespeicherten Belohnungs- und Bestrafungswerte der (sozialen) Verstärker. Die Amygdalae erhalten aus den meisten neokortikalen Regionen Erregungseinstrom über den Temporallappen und projizieren bevorzugt in den frontalen, entorhinalen und insulären Temporalkortex. Hierdurch steht dem Kortex stets die Stärke der potenziellen Vermeidungstendenz eines Reizes zur weiteren Verarbeitung zur Verfügung. Amygdala und posteriomedialer Orbitofrontalkortex projizieren beide in dieselben Regionen von lateralem und medialem Hypothalamus, den Mustergeneratoren für Aggression. Dieses System aus Amygdala, präfrontalem und orbitalem Frontalkortex und rostralem sowie superiorem Temporalkortex scheint somit auch anatomisch als oberste Steuer- und Modulationsstruktur für das Sozialverhalten zuständig zu sein.[17]

Raine und seine Mitarbeiter[18] untersuchten so beispielsweise das Verhältnis zwischen der eher präfrontalen zu eher subkortikalen Gehirnfunktion in einer Gruppe von 41 Mördern (verglichen mit 41 unauffälligen Personen einer bezüglich Geschlecht und Alter parallelisierten Kontrollgruppe). Alle Mörder plädierten während ihres Gerichtsverfahrens auf: „Not guilty by reason of insanity" oder auf „Incompetent to stand trial". Raine et al. stellten während ihrer Erhebung einen *reduzierten* präfrontalen und *gesteigerten* subkortikalen Metabolismus (inklusive der Amygdalae) fest, was besonders bei Mördern auftrat, die ihre Taten in einer *ungeplanten* und *impulsiven* Art begangen hatten. Ähnlicherweise zeigten zehn Patienten mit einer intermittierenden

---

14 Siehe für eine Fallbeschreibung Damasio (2000, S. 81–87).
15 Birbaumer und Schmidt (2010, Kap. 27, insbesondere S. 741 ff.).
16 Damasio (1996), siehe für eine aktuelle Darstellung dazu Strüber et al. (2008).
17 Birbaumer und Schmidt (2010, Kap. 27, insbesondere S. 741 ff.).
18 Raine, Meloy, Bihrle, Stoddard, LaCasse und Buchsbaum (1998).

emotional explosiven Störung während einer funktionellen Magnetresonanztomografie (fMRT) eine deutliche *Steigerung* der Amygdala-Reaktivität in Verbund mit einer *verminderten* Aktivation des orbitofrontalen Kortex (in Bezug auf die Erkennung von Ärger in Gesichtern) verglichen mit zehn parallelisierten Kontrollpersonen.[19] Tebartz van Elst und Kollegen berichteten des Weiteren bei acht Patientinnen mit Borderline-Störungen einen signifikanten Volumenverlust in den hippocampalen, amygdalären, links orbitofrontalen sowie rechts anterioren cingulären Gehirnbereichen, letztere beide in der Größenordnung von 24 bzw. 26 Prozent.[20]

Tab. 2.1: Neurobiologische Risikofaktoren und Erklärungsansätze aggressiven und gewalttätigen Verhaltens beim Menschen (eigene Darstellung nach Remschmidt, 2012, S. 30).

(1) männliches Geschlecht und Lebensalter	Generell überwiegt das männliche Geschlecht bei Straftaten und insbesondere bei Gewalttaten (ebenfalls ungefähr 10 : 1). Dies gilt für alle Kulturen. Bei Gewalttaten im Rahmen psychiatrischer Erkrankungen ist die Geschlechterrelation jedoch ausgeglichen.[21] Altersmaximum bei Gewalttaten 25 bis 28 Jahre
(2) angeborene vegetative Auffälligkeiten	erniedrigte Herzruhefrequenz erniedrigter Hautwiderstand erhöhte Variabilität nach Stimulation
(3) prä- und perinatale Risikofaktoren	erhöhte Rate von Geburtskomplikationen Alkohol- und Nikotinkonsum der Mütter während der Schwangerschaft Wechselwirkung mit psychosozialen Risikofaktoren in der Familie (Trennung, Auseinandersetzungen, psychische Erkrankungen), insbesondere im Hinblick auf gewalttätiges Verhalten[22]
(4) geringfügige körperliche Anomalien	Dies sind morphologische Auffälligkeiten in bestimmten Körperregionen (z. B. Ohren, Mundbereich, Augen, Kopf, Extremitäten), die als Störungen der fetalen Entwicklung aufgefasst werden[23]: Häufung dieser Anomalien bei verschiedenen psychiatrischen Erkrankungen, aber auch bei Gewalttätern.[24]

---

19 Coccaro, McCloskey, Fitzgerald und Phan (2007). Siehe daneben insbesondere Yang und Raine (2009).
20 Tebartz van Elst et al. (2003).
21 Tardiff (1992).
22 Raine, Venables und Mednick (1997).
23 Waldrop, Pedersen und Bell (1968).
24 Arseneault, Tremblay, Boulerice, Séguin und Saucier (2000).

Tab. 2.1: (Fortsetzung)

(5) neuroendokrinologische Auffälligkeiten	erniedrigte Serotoninkonzentrationen bzw. 5-HIAA-Konzentrationen im Liquor Reduktion der Serotoninkonzentration in den frontalen Regionen ist assoziiert mit Gewalttätigkeit[25] erniedrigte 5-HIAA-Konzentration im Liquor ist bei jüngeren Probanden unter 30 Jahren deutlich ausgeprägter als bei älteren[26] Einfluss erhöhter Testosteronspiegel bei Jugendlichen und Heranwachsenden auf Dominanzstreben und Aggressionsbereitschaft, insbesondere bei Provokation, ist stark situationsabhängig[27] erniedrigte Cortisolspiegel (kein konstanter Befund) als Ausdruck einer verminderten Reagibilität der Hypophysen-Nebennieren-Achse[28]
(6) reifungsbedingte Risikofaktoren	Reifungsdissoziationen
(7) strukturelle und funktionelle Beeinträchtigungen der Hirnfunktion	strukturelle Auffälligkeiten des präfrontalen Kortex strukturelle Auffälligkeiten im Bereich des Temporallappens Imbalance der Neurotransmittersysteme
(8) psychische Störungen und Entwicklungsstörungen	Verschiedene psychische Störungen und Entwicklungsstörungen sind überzufällig häufig mit Kriminalität und Gewaltdelinquenz assoziiert (z. B. Aufmerksamkeitsdefizit-Hyperaktivitätsstörung (ADHS), Persönlichkeitsstörungen, Störungen des Sozialverhaltens, umschriebene Entwicklungsstörungen).
(9) genetische Einflüsse	Familienstudien: mehrfach erhöhte Rate gleichsinnigen Verhaltens bei Verwandten ersten Grades von Probanden mit dissozialem Verhalten Zwillingsstudien: mäßige Erhöhung der Konkordanzraten bei monozygoten Zwillingen im Vergleich zu dizygoten Adoptionsstudien: höhere Delinquenzraten bei Adoptierten mit einschlägiger Belastung der leiblichen Eltern (meist Väter)

Generell scheinen auch „erfolgreiche" (angepasste), gegenüber „nicht erfolgreichen" (offen unangepassten) Psychopathen relativ markante Unterschiede, z. B. bezüglich der Selbstkontrollfähigkeit und der kardiovaskulären Stressreagibilität aufzuweisen, die sich ebenso zerebral als dann neurologische Strukturänderungen objektivierten. Die *nicht erfolgreichen* Psychopathen ließen, im Gegensatz zum eher angepassten Subtyp, durchaus eine *präfrontale* Verminderung der grauen Gehirnsubstanz erkennen. Zudem war die charakteristische Absenkung der Aktivität des Bedrohungssystems (*hypofunction of the threat system*) bei Ersteren (eher angepassten) nicht nach-

---

25 Berman, Kavoussi und Coccaro (1997).
26 Moore, Scarpa und Raine (2002).
27 Olweus, Mattson, Schalling und Lowe (1988).
28 Raine (1996).

zuweisen, und dabei auch die Stressreaktion bzw. Selbstkontrolle im Vergleich zu den unangepassten Psychopathen *und* der Kontrollgruppe *erhöht*.[29] Jene angepassten Psychopathen scheinen (besser) zu „wissen, was sie tun", können deshalb die potenziellen Folgen leichter vermeiden.

Bei Aggressions- und Straftaten sind maßgeblich neurobiologische, psychologische, soziale und situative Aspekte zu berücksichtigen.[30] Die in Tabelle 2.1 synoptisch wiedergegebenen Resultate der eher neurobiologischen Delinquenzforschung weisen hierbei auf ein komplexes Zusammenspiel vielfältiger Faktoren, die teils schon während der pränatalen Reifungsphase während der Schwangerschaft der Mutter einwirken. Sehr regelmäßig stellt man fest, dass das männliche Geschlecht eines der Merkmale ist, welches spätere Aggressoren bzw. Straftäter auszeichnet: Gewalt geht zumeist von Männern aus. Bereits im Kleinkindalter zeigen sich Unterschiede hinsichtlich aggressiven respektive unangepassten Verhaltens. Dabei kann ein eher *entwicklungsneurobiologisch* determinierter Typ mit ausgeprägterer *genetischer* Komponente unterschieden werden, der die meisten der 5 Prozent chronisch Kriminellen (mit neurokognitiven Defiziten) indiziert, die schon in der frühen Kindheit antisozial aufgefallen sind.[31] Zweitens ist zum Teil ein eher durch *soziale* Faktoren bestimmter Typus zu erkennen, dessen Antisozialität sich überwiegend auf die *Adoleszenz* beschränkt (*adolescent limited antisocial behavior*) und der auch für die meisten antisozialen Mädchen charakteristisch ist.[32] Der Grund für den Geschlechterunterschied dürfte wohl eher genetisch bedingt sein: Schon bei 116 gesunden erwachsenen Probanden im Alter zwischen 18 und 49 Jahren zeigte sich, dass Frauen bei ähnlichen Amygdalae- und Hippocampi-Volumen im Vergleich zu Männern sehr signifikant ($p = 0.002$) größere orbitofrontale Kortizes (mithin mehr graue Substanz) besaßen, die sie zu besserer Impulskontrolle befähigten und einen zurückhaltenderen Verhaltensstil ermöglichten.[33] Zudem scheint die *funktionelle Verknüpfung* zwischen den Mandelkernen und dem orbitofrontalen Kortexbereichen bei Männern im Vergleich zu Frauen generell schwächer zu sein.[34]

Darüber hinaus offenbaren delinquente Kinder und Jugendliche sowie kriminelle Erwachsene, darunter besonders wiederum Gewalttäter, Auffälligkeiten in bestimmten vegetativen Parametern wie allgemein erniedrigte Herzfrequenz[35], abgesenkte

---

29 Yang, Raine, Lencz, Bihrle, LaCasse und Colletti (2005) bzw. Ishikawa, Raine, Lencz, Bihrle und LeCasse (2001), siehe Strüber et al. (2008).

30 Siehe Remschmidt (2012, S. 28–60).

31 Siehe Moffitt, Caspi, Rutter und Silva (2001).

32 Das reale Delinquenzgeschehen kann jedoch auch erheblich differenzierter sein, als es diese dichotome Typologie erwarten lässt, nämlich im Sinne einer kontinuierlicheren, lebensereigniskorrelierteren Inzidenz mit komplexen, weniger eindeutigen Verläufen (Schumann, 2010).

33 Gur, Gunning-Dixoon, Bilker und Gur (2002), vgl. Strüber et al. (2008).

34 Meyer-Lindenberg et al. (2006), vgl. Strüber et al. (2008).

35 Pitts (1997).

Erregbarkeit (*arousal*) und geringere Hautleitfähigkeit[36], was ebenso bei *Psychopathen*[37] festgestellt wird. Eine abgesenkte Herzfrequenz hat sich dabei in Langzeitstudien als Prädiktor insbesondere für Gewaltdelinquenz im Erwachsenenalter erwiesen.[38] Umgekehrt ist hier eine erhöhte Erregbarkeit als protektiver Faktor wirksam[39], was die Metaanalyse von Lorber aus dem Jahr 2004 im Wesentlichen bestätigte: Niedrige Herzfrequenz im Ruhezustand und hohe Reaktivität der Herzfrequenz waren mit aggressivem Verhalten und Störungen des Sozialverhaltens assoziiert. Geringe elektrodermale Aktivität im Ruhezustand und während stimulierender Aufgaben korrelierte mit *Persönlichkeitsstörungen* bzw. *Soziopathie* und *Störungen des Sozialverhaltens*. Die ermäßigten Kennwerte für eine Aktivation des autonomen Nervensystems deuten auf eine *verminderte Furchttendenz* bei antisozial auffälligen Personen, wobei diese aufgrund der geringeren inneren Stimulation eher erregende Situationen i. S. eines *Sensation-Seeking-* oder *Stimulation-Seeking-Behavior*[40] aufsuchen. Hier ist auch die replizierte Reduktion der sogenannten *P300-Amplituden* und eine Erhöhung des langsamen Frequenzspektrums im Elektroenzephalogramm (EEG) bei antisozial-aggressiven Individuen zu erwähnen[41], was in gleichsinniger Weise interpretiert werden kann.[42]

Als weiterer wichtiger Punkt für die Genese aggressiven oder antisozialen Verhaltens sind prä- oder perinatale Einflüsse, besonders der mütterliche Konsum von Nikotin, Alkohol und Drogen während der Schwangerschaft, respektive Geburtskomplikationen aller Art zu nennen. Durch pränatale Beeinträchtigungen und Sauerstoffmangel während der Niederkunft können einerseits u. a. Einschränkungen der kognitiven Entwicklung als auch Entwicklungsstörungen und die Neigung zu Impulsivität bzw. Störungen des Aufmerksamkeitsverhaltens entstehen. Dissoziale und delinquente Kinder sind im Vergleich zu nicht beeinträchtigten Gleichaltrigen häufig weniger intelligent. Die aus prä- und perinatalen Belastungen resultierende *Irritabilität* stellt ein Risikomerkmal für aggressives Verhalten dar.[43] Nikotin- und Alkoholkonsum der Mütter während der Schwangerschaft sind Variablen, die das Auftreten einer kindlichen ADHS, als auch Störungen des Sozialverhaltens wahrscheinlicher machen.[44] Werden solche Kinder in ungünstige Familienkonstellationen (mit weiteren *psychosozialen* Risikofaktoren) hineingeboren, z. B. in ein gewaltgeneigtes, unharmonisches Familienklima mit ehelichen Auseinandersetzungen, psychisch kranken Eltern und mangelnder Pflege (u. Ä. m.), werden sich jene Vorbelastungen, wie Längsschnittuntersuchun-

---

36 Quay (1993), Venables (1987).
37 Siehe z. B. Hare (2005).
38 Farrington (1987), Raine, Brennan und Farrington (1997).
39 Raine, Venables und Williams (1995).
40 Ortiz und Raine (2004).
41 Siehe Patrick und Bernat (2009).
42 Remschmidt (2012, S. 28 ff.).
43 Remschmidt (2012, S. 28–60).
44 Fast, Conry und Loock (1999), Laucht und Schmidt (2004), Raine (2002).

gen ergaben, weiter verschlimmern: Mütterliche Zurückweisung des Kindes im ersten Lebensjahr in Verbindung mit Geburtskomplikationen korrelierte mit gewalttätigem Verhalten im Alter von 18 Jahren, was auch noch im Alter von 34 Jahren, spezifisch für Gewalttaten, nicht jedoch für nicht gewalttätige Delikte, galt.[45]

Geringfügige körperliche Anomalien bezeichnen als weiterer wesentlicher Faktor morphologische Auffälligkeiten, z. B. im Mund- und Kopfbereich, aber auch an den Extremitäten[46], die als Folgen einer Störung der fetalen Entwicklung aufgefasst werden und bei einer ganzen Reihe von psychischen Erkrankungen zu beobachten sind, so z. B. bei frühkindlichem Autismus, schizophrenen und bipolar affektiv erkrankten Menschen (bzw. ihren Geschwistern), zudem bei hyperaktivem Verhalten[47], schließlich ebenso bei erwachsenen Gewalttätern[48]. Diese Anomalien sind *nicht nur* rein „optische" Äußerlichkeiten, sondern ebenso mit einer meist vorhandenen Funktionsverschlechterung des Zentralnervensystems verbunden, können mithin Ausdruck einer *Vulnerabilität* für verschiedene Störungen sein, u. a. auch für gewalttätiges Verhalten.[49] Außerdem sind sie u. U. in psychosozialer Hinsicht nachteilig, behindern die Kommunikation oder den Emotionsausdruck oder führen zu Ablehnungen.[50]

Die in allen Altersgruppen am häufigsten replizierten Befunde bezüglich Personen mit dissozialen Handlungen respektive Delinquenz betreffen des Weiteren (1) einen *erniedrigten* Serotonin- und Adrenalinspiegel im Blut, (2) einen (allerdings situational stark schwankenden) *erhöhten* Testosteronspiegel und (3) einen *erniedrigten* Cortisolspiegel, der insbesondere bei ausgeprägter Delinquenz gefunden worden ist.[51] Serotonin (5-Hydroxytryptamin bzw. 5-HT) ist in einem eigenen Transmittersystem aufsteigend von den Raphé-Kernen als synaptischer Botenstoff und Neuromodulator relativ weiträumig im Gehirn des Menschen nachweisbar.[52] Es moduliert z. B. im Hippocampus und der Amygdala Verschaltungen und kann generell auch entferntere Hirnareale quasi „überschwemmen". Eine Vielzahl psychischer Funktionen, beispielsweise Stimmungen, Emotionen, Gedächtnis, Schlaf, Appetit und Temperaturregulation, sind von ihm beeinflusst. Nicht nur die aktuelle Erregbarkeit ist hier veränderlich, sondern ebenso die *strukturelle* Entwicklung, wie etwa neuronale Differenzierung oder Ausbildung von Fortsätzen an den Zielzellen. Serotonin ist damit Bestandteil vielfältiger Regelkreise und wird bei psychischen Erkrankungen als neurobiologisches Korrelat diskutiert, so besonders bei der Depression[53]. Relativ

---

45 Raine, Brennan und Mednick (1994), ähnliche Ergebnisse berichten Hodgins, Kratzer und McNeil (2001) sowie Piquero und Tibbetts (1999).

46 Waldrop et al. (1968).

47 Fogel, Mednick und Michelsen (1985).

48 Kandel, Brennan, Mednick und Michelson (1989).

49 Remschmidt (2012, S. 33 ff.).

50 Arseneault et al. (2000).

51 Remschmidt (2012, S. 34 ff.).

52 Birbaumer und Schmidt (2010, Kap. 4 und 5), Roth und Strüber (2014, S. 95 ff.).

53 Siehe Pezawas et al. (2005) und Caspi et al. (2003).

gut untersucht sind die Zusammenhänge bezüglich gesteigertem impulsiven und aggressiven Verhalten, was oft mit einer verringerten serotonergen Aktivität einhergeht. Dabei ergibt sich als Zwischenbilanz die erhärtete Vermutung, dass ein *serotonerger* Mechanismus die *inhibitorische* Kontrolle des orbitofrontalen Kortex (und angrenzender Bereiche) auf die *impulsive* Aggression vermittelt.[54] Für eine Beziehung von insbesondere *orbitofrontalem* Mangel an Serotonin mit gewalttätigem Verhalten sprechen einige Experimentalbefunde. Hier seien davon exemplarisch zwei Metaanalysen erwähnt. Die eine von Tuinier, Verhoeven und van Praag aus dem Jahre 1996 evaluierte hinsichtlich der Serotonin-Aggressions-Hypothese 23 Studien über die cebrospinale Konzentration des Serotoninmetaboliten *5-Hydroxyindoleacetic acid* (5-HIAA) und elf weitere Studien, die einen Belastungstest u. a mit dem 5-HT$_{2A}$-Rezeptor-Agonisten *Fenfluramin* (welches als Serotonin-Releaser wirkt und den extrazellulären Serotoninspiegel erhöht) anwandten. Dabei wurden uneinheitliche Resultate rubriziert: Es ergab sich *kein* universell gültiger Zusammenhang. Eine diesbezügliche Verknüpfung war allerdings für eine *Subgruppe* jüngerer männlicher Probanden mit Persönlichkeitsstörungen vorhanden: Hier korrelierte ein Serotoninmangel mit verstärkter Aggression. Moore et al. stellten daneben 2002 im Rahmen einer weiteren Metaanalyse von 20 Studien, die sich mit dem Vergleich von antisozialen zu nicht antisozialen Personen und deren 5-HIAA-Konzentrationen im Gehirn beschäftigte, indes eine relativ eindeutige Korrelation fest:

> Results showed a significant overall mean effect size (ES = −.45, P < .05) in the direction of lowered 5-HIAA in antisocial vs. non-antisocial groups. A significant moderating effect for age indicated that groups comprised of antisocial individuals younger than 30 years exhibited larger negative effect sizes (ES = −1.37, P < .05) than groups with older subjects (ES = −.31, P < .05).[55]

Ferner üben verschiedene genetische Varianten Einfluss auf die Entwicklung des Serotoninsystems aus, so der Polymorphismus des *Serotonintransportergens*, bei welchem eine spezifische Region die „An-" und „Abschaltung" der Genexpression für die Herstellung von Transporterprotein bestimmt. Jene Region kann nun in verschiedenen Formen vorliegen, als kurze S-Variante oder länger ausgebildet als L-*Allel*[56], wobei der ausgedehntere Typ *mehr* Transporterprotein synthetisiert, woraus eine reduzierte Wiederaufnahme und verlängerte synaptische Wirkung resultiert.[57] Die individuelle Neigung zu Angst und Depression, wie auch erhöhter Stressempfindlichkeit und Reizbarkeit, stünden hierbei mit der Kurzform des Allels in Verbindung, was aufgrund der nicht eindeutigen Befunde indes noch weitere Untersuchungen nötig macht. Besonders im Kontext erheblicher Stresserfahrungen i. S. einer Gen-Umwelt-

---

54 Siehe die genauere Darstellung der Studienlage bei Strüber et al. (2008).
55 Moore et al. (2002, S. 299).
56 Der Terminus „Allel" meint die konkrete Ausprägungsform eines Gens, das sich an einem bestimmten Ort auf einem Chromosom befindet.
57 Siehe Canli und Lesch (2007).

Interaktion können hier nachteilige Verhaltensmuster entstehen. Haben Menschen beispielsweise mindestens eine S-Variante, steigt die Inzidenz für Depression und Suizidalität, wenn sie z. B. im ersten Lebensjahrzehnt dauernden Misshandlungen, also nicht nur geringfügigen Belastungen, ausgesetzt waren. Jugendliche Träger des L/L-Genotyps (je eine Langform vom Vater bzw. der Mutter) sind, wenn sie unter ungünstigen sozioökonomischen Bedingungen aufwuchsen, mit stärkerer Gefühllosigkeit und Narzissmus ausgestattet.[58] Darüber hinaus wurde der Polymorphismus des Gens für die Erzeugung von *Monoaminoxidase-A* (MAO-A*), das für den Abbau und die Resynthese von Serotonin wichtig ist, bei einer entsprechenden Diathese-Stress-Interaktion (z. B. erheblicher Misshandlung in der Kindheit) und genetisch bedingten niedrigen MAO-A-Expressionsniveaus für spätere antisoziale Verhaltensstörungen (i. S. gewalttätigen Handelns) mitverantwortlich gemacht.[59]

Bezüglich Aggression und Antisozialität wird darüber hinaus zum Teil die Vermutung ausgesprochen, beide wären (v. a.) durch einen „potenten" Testosteronspiegel verursacht. Männer mit erhöhten Niveaus an Testosteron würden eher wegen Körperverletzung, Hehlerei sowie Waffengebrauch in Auseinandersetzungen verhaftet; obendrein hätten sie die unangenehme Eigenart, zu viele Schulden zu machen.[60] Booth und Dabbs fanden 1993 in einer Stichprobe von über 4000 Männern, dass höhere Testosteronspiegel mit schwächerem ehelichen Funktionieren, einschließlich verminderten sozialen Interaktionen mit der Gattin, mehr Trennungen und außerehelichem Sex sowie einer höheren Scheidungswahrscheinlichkeit assoziiert war. Die von Strüber und Kollegen zusammengetragenen neueren Forschungsbefunde legen einen Zusammenhang zwischen der jeweiligen somatischen Testosteronkonzentration und einer Anzahl (bei antisozialen Individuen verstärkt zu beobachtenden) Persönlichkeitszügen wie *Sensation-Seeking*[61], Impulsivität, negative Emotionalität und Empathiemangel nahe.[62] Nun ist es aber so, dass die These von den sozial eher schädlichen Wirkungen des Testosterons nicht stringent i. S. einer *Kausalität* nachgewiesen werden konnte. Die Verhältnisse sind hierbei wohl wesentlich komplexer als man teils glaubt. Insbesondere ist nicht hinreichend klar, wann, wo und wie etwa soziale Rückwirkungen (in der Art von Gewinn oder Verlust) auf die entsprechenden Testosteronwerte Einfluss nehmen bzw. andere (versteckte) Parameter Änderungen hervorrufen können. Je größer beispielsweise eine Herausforderung in einer Konkurrenzsituation ist, desto höher der Anstieg des Testosteronniveaus. Die Gewinner zeigen darauf gesteigerten, die Verlierer abgesenkte Testosteronspiegel, was nicht nur für körperbetonte Wettkämpfe, sondern z. B. auch für Schachturniere gilt.[63] Hohe Tes-

---

58 Roth und Strüber (2014, S. 107 ff.).
59 Siehe die ausführlichere Darstellung der Studienlage bei Strüber et al. (2008).
60 Booth, Granger, Mazur und Kivlighan (2006, S. 175).
61 Zuckerman (1994).
62 Strüber et al. (2008, S. 108 f.).
63 Booth et al. (2006, S. 173 f.).

tosteronspiegel führen wohl mit einiger Sicherheit einerseits zu überzufällig verstärktem *Dominanzstreben*[64], daneben zu Ungeduld und Irritierbarkeit i. S. einer geringeren Frustrationstoleranz und somit eher zu aggressivem Verhalten[65], wenn es durch situationale Provokationen ausgelöst wird.[66] Hierbei singulär nur *eine* Substanz, ein Hormon (kausal) in Augenschein nehmen zu wollen, wenn man es mit dem Verhalten vergleicht, ohne z. B. sozial-kognitive Konditionierungen oder verdrängte Affekte usw. mit zu beachten, greift zwangsläufig zu kurz. „One of the reasons high levels of testosterone are so seldom associated with aggression is because of the protective influence of the social environment and the resilience individuals develop by living in such an environment."[67] Menschliches Erleben, Denken und Handeln ist weder linear noch monokausal zu verstehen, sondern sehr regelmäßig vielgestaltig determiniert.[68] Generell scheinen die Beziehungen zwischen dem Testosteronspiegel und etwaigen Verhaltenstendenzen daher weiterer Forschung zu bedürfen, und sind keineswegs abschließend geklärt.

Auch das Stresshormon *Cortisol* wurde in mehreren Studien als (vermutet) bestimmender Faktor auf die Aggression evaluiert. Beispielsweise fanden Popma und Mitarbeiter im Jahre 2007 (bei $n = 103$) eine signifikant positive Beziehung zwischen der somatischen Testosteronkonzentration und der offenen Aggression delinquenter männlicher Personen, welche jedoch spezifisch *nur* in Individuen mit einem *niedrigen* Cortisolspiegel auftrat, während für die mehr verborgene (kontrollierte) Aggression keine Interaktion mit Cortisol erkennbar war. Allgemein kann daher gemutmaßt werden, dass die Beziehung zwischen Testosteron und Aggression durch andere Variablen (wie z. B. dem Cortisol) *moderiert* wird. In mehreren Studien wurden daneben bei Männern, nicht jedoch bei Frauen, eine *inverse* Korrelation zwischen der Cortisolkonzentration und *psychopathischen* Wesenszügen, insbesondere herzloser Charakterhärte (*callous-unemotional traits*), gefunden.[69] Wiederum nur für männliche Personen (724 Jungen im Alter von sechs bis 16 Jahren) ergab sich über einen Zeitraum von drei Jahren eine negative Korrelation zwischen dem Cortisolspiegel und dem Grad an externalisierendem Verhalten.[70] In der Untersuchung von Johnson und Kollegen[71] an 57 College-Studenten erwies sich der *Cortisol awakening*

---

64 Siehe z. B. den Überblick bei Booth et al. (2006).
65 Olweus et al. (1988).
66 Siehe Remschmidt (2012, S. 35 ff.).
67 Booth et al. (2006, S. 182).
68 So gibt es daneben z. B. auch Hinweise darauf, dass die Gabe von *Omega-3-Fettsäuren* externalisierendes wie internalisierendes Problemverhalten (direkt wie sozial vermittelt, indirekt durch bessere Reaktionen der Umwelt) von Kindern und Jugendlichen dauerhaft senken kann (Raine, Portnoy, Liu, Mahoomed & Hibbeln, 2015).
69 Siehe Loney, Butler, Lima, Counts und Eckel (2006) und replizierend dazu O'Leary, Loney und Eckel (2007).
70 Shirtcliff, Granger, Booth und Johnson (2005).
71 Johnson, Caron, Mikolajewski, Shirtcliff, Eckel und Taylor (2014).

response darüber hinaus als tauglicher biologischer Index für psychopathische Persönlichkeitstraits, d. h. insbesondere der affektiven Empathie und reaktiven körperlichen Aggression. Die Erhebung von Stoppelbein et al.[72] enthüllte – nun allerdings bei 158 zu Aggression neigenden Mädchen (*girls at risk for aggressive behavior*) im Durchschnittsalter von 9.72 Jahren, die einer akuten *psychiatrischen* Behandlung unterzogen werden mussten, einen signifikant negativen Zusammenhang zwischen der Cortisolkonzentration und den Narzissmus- bzw. Impulsivitätssubdimensionen des eingesetzten Messinstruments für Psychopathie, ähnlich wie für pro- und reaktive Aggression. Diese, den Resultaten (bezüglich Jungen) widersprechenden Ergebnisse, bedürfen weiterer Aufklärung. Stichprobeneffekte bzw. Konfundierungen sind nicht auszuschließen. Die Autoren vermuten, dass der Cortisolspiegel via gesteigertem Narzissmus auf die (pro- und reaktive) Aggressionsneigung einwirke. Generell legen die in diesem Absatz berichteten Beziehungen einen Zusammenhang zwischen einer reduzierten körperlichen Antwort auf Stress i. S. einer Unterfunktion des Bedrohungssystems und den entsprechenden antisozialen Traits (insbesondere der Angst bzw. hartherzig-unemotionaler Charakterzüge) zumindest bei männlichen Personen nahe.[73] Die Freisetzung von Cortisol beruht dabei nach den bisherigen Befunden auf (komplex vermittelter) amygdalärer Aktivation, welche wiederum aufgrund präfrontaler serotonerg gesteuerter Inputs abläuft. Wo ein erniedrigtes Cortisolniveau das Funktionieren der *Hypothalamus-Hypophysen-Nebennierenachse* widerspiegelt, existieren in antisozialen sowie aggressiven Populationen ebenso Anzeichen für eine reduzierte Aktivation des autonomen Nervensystems. Eine verminderte Stressanfälligkeit stellt daher einen Risikofaktor für aggressives Verhalten dar, wobei ggf. auch Fehlfunktionen fronto-limbischer Gehirnstrukturen mit ins Spiel kommen.[74]

Als *Reifungsdissoziation* bezeichnet man darüber hinaus in der Psychologie die relativ markanten Differenzen zwischen der körperlichen und psychischen Entwicklung, dies besonders bei Jugendlichen und Heranwachsenden. Hier sind die verschiedenen Geschwindigkeiten, mit denen sich das Gehirn nach der Geburt ausgestaltet, insbesondere die späte Komplettierung von Teilen des Großhirns, wesentlich. Früh reifende Strukturen wie das limbische und Belohnungssystem und seine emotionale Reaktionen steuernde Aktivation unterliegen der noch unfertigen Inhibition durch den präfrontalen Kortex.[75] Dies kann in einer Interaktion mit Umweltbedingungen bei der Verhaltenssteuerung (z. B. bezüglich Rauschmitteln, Straßenverkehr oder Sexualkontakten) zu Problemen führen – insbesondere, wenn (früh-)kindliche Stresserlebnisse zu funktionalen Veränderungen geführt haben. Aber auch affektive Erkrankungen oder das Hineingeraten in tätliche Auseinandersetzungen kämen hier (neben anderem) in Betracht. Dazu kommt eine ansteigende Konzentration an Sexualhormo-

---

72 Stoppelbein, Greening, Luebbe, Fite und Becker (2014).
73 Vergleiche auch Raine (1996).
74 Strüber et al. (2008).
75 Die *Ungleichgewichtshypothese* nach Casey, Jones und Hare (2008).

nen, also eine höher ausgeprägte Unruhe, Irritierbar- und Provozierbarkeit. In eher sozialer Hinsicht bereitet eine *frühe* Pubertät u. U. Schwierigkeiten. Die dann körperlich Erwachsenen ähnelnden Jugendlichen sollen psychisch-soziale Aufgaben lösen, denen sie noch nicht gewachsen sind.[76]

Bezüglich verhaltenswirksamer struktureller und funktioneller Defizite der Hirnfunktion(en) wurde nun bereits ein Korpus an Wissen erarbeitet, der relativ valide Schlüsse erlaubt. So evaluierte die Metaanalyse von Yang und Raine aus dem Jahre 2009 43 Studien mit bildgebenden Verfahren und ergab signifikante strukturell-funktionale Auffälligkeiten (insbesondere im orbitofrontalen, dorsolateralen und anterioren cingulären Kortex) – Verschlechterungen, die bei den Probanden mit aggressiven Verhaltensproblemen (teils komorbid mit u. a. Schizophrenie, ADHS, Epilepsie) zu beobachten waren. „Results were not moderated by antisocial characteristics such as age, gender, psychiatric control, comorbid psychiatric disorder, or psychopathy. [...] Overall, findings establish fairly robust and significant prefrontal structural and functional impairments in antisocial populations as assessed by brain imaging."[77] Diese Defizite des frontalen „exekutiven" Gehirns können sich in einer verminderten Hemmung suboptimaler Impulse, mangelnder Planung, bzw. ungenügendem voraussschauenden Denken oder in unzureichenden Selbststeuerungsstrategien[78] als handlungs- und lebenswirksam manifestieren. Bei (i. S. einer antisozialen Störung) verhaltensauffälligen Jugendlichen zeigte z. B. das *Striatum* sowie der ventromediale präfrontale und anteriore insuläre Kortex in der Reaktion auf Belohnung und Bestrafung abweichende Reaktionen. War die Divergenz vom Erwarteten schlimmer als prognostiziert, führte das bei Gesunden zu einer verminderten Striatumaktivität, was als ein wichtiges Signal erlebt wird, das Verhalten zu korrigieren. Bei antisozial gestörten Personen *erhöhte* sich jedoch bei unerwartet strenger Strafe die entsprechende Aktivation und umgekehrt bezüglich Belohnungen.[79] Erwachsene mit psychopathischen Zügen weisen häufig eine verringerte körperliche Erregung auf, eine reduzierte emotionale Verarbeitung, dem eine Unterfunktion des ventromedialen präfrontalen Kortex zugrunde liegt.[80] Dabei ist die betreffende Person nicht mehr hinreichend in der Lage, emotionale Aspekte, moralische Bewertungen bezüglich Empathie und gewissenhaftem Handeln zu berücksichtigen. Menschen mit solch einer Störung wissen zwar rein intellektuell um die Konsequenzen ihres (kriminellen) Tuns, führen es aber *dennoch* aus, weil ihnen die Folgen *emotional nichts bedeuten,* ihnen alles egal ist. Daneben finden sich, wie schon erwähnt, bei ihnen eine genetisch wie erfahrungsbedingte Cortisolunterfunktion und eine erhöhte Empfindlichkeit des Dopaminsystems, was die abnorme Belohnungssensitivität und Risikobe-

76 Remschmidt (2012, S. 36; 2013).
77 Yang und Raine (2009, S. 86).
78 Remschmidt (2012, S. 37).
79 Blair (2013), siehe Strüber und Roth (2014) und Roth und Strüber (2014, S. 285 ff.).
80 Siehe Blair (2008).

reitschaft erklären könnte. Auch das Testosteron-Cortisol-Verhältnis ist dabei von Belang. Zudem scheint die bei Psychopathen typischerweise gestörte Fähigkeit der Beziehungsbildung, Empathie und Emotionswahrnehmung (auch) durch das Oxytocinsystem hervorgerufen zu sein, wobei eine verminderte Bildung von Oxytocinrezeptoren festgestellt wurde.[81] Frühe Erfahrungen, vorgeburtliche, perinatale oder auch spätere kindliche Erlebnisse können sich auf die Entwicklung und strukturell *somatische* Ausgestaltung neuromodulatorischer Systeme wie das Cortisol-, Oxytocin- und Serotoninsystem auswirken. Sie *ändern* u. U. *epigenetisch* das Methylierungsmuster und damit die Funktionalität der Bindungsstellen. Von sehr großer Bedeutung scheint dabei zu sein, dass solche Auswirkungen früher Erfahrungen auf das Gehirn an die nächste Generation *vererbt* werden können, wodurch ein *biologisch begründeter Kreislauf der Gewalt* aufrechterhalten würde.[82]

Dass im Zusammenhang mit Aggressionsproblemen respektive Dissozialität bzw. Delinquenz relativ viele, nosologisch als eigenständig betrachtete, psychische Störungen auftreten können, ist seit Langem anerkannt. Vornehmlich die verschiedenen Typen der hyperkinetischen- und Aufmerksamkeitsstörungen (Internationale Klassifikation psychischer Störungen [ICD-10][83], Kap. F90), die Formen der Störungen des Sozialverhaltens (Kap. F91), kombinierte Störungen des Sozialverhaltens und der Emotionen (Kap. F92) sowie die dissoziale und emotional instabile Persönlichkeitsstörung (Kap. F60) stehen hier in der ersten Reihe. Daneben lassen sich aufzählen: die abnormen Gewohnheiten und Störungen der Impulskontrolle wie pathologisches Glücksspiel (F63.0), pathologische Brandstiftung (Pyromanie) (F63.1), pathologisches Stehlen (Kleptomanie) (F63.2), die Paraphilien, d. h. sexuellen Verhaltensstörungen Exhibitionismus (F65.2), Pädophilie (F65.4), Sadomasochismus (F65.5), psychische und Verhaltensstörungen durch psychotrope Substanzen (Kap. F1) und die Formen der Anpassungsstörung (F43.2).[84] Natürlich sind daneben auch Fälle bekannt, in denen Psychosen (wie z. B. eine Realitätsverkennung bei Wahnerkrankung) zu Gewalttaten führten; allerdings sind die Formen insbesondere der Schizophrenie vom Tätlichkeitsaspekt her gesehen, also der Gefährlichkeit für andere, nicht hervorstechend, sondern oft eher als harmlos einzustufen, zumal wenn sie medikamentös optimal behandelt werden. Meistens sind es hier wahnhafte Angst und keine eigentlich *kriminell* zu nennenden niedrigen Beweggründe, die sie motivieren – charakteristischerweise wirken solche psychotischen Delikte überraschend und unableitbar, sind jedoch für den näheren Betrachter durchaus verständlich.[85] Besonders der Kontext von ADHS und hyperkinetischem Syndrom mit dissozialem bzw. delinquentem Verhalten ist häufig anzutreffen. Auch die Störungen des Sozialverhaltens mit ihren frühen, kind-

---

81 Dadds et al. (2014), siehe Strüber und Roth (2014) bzw. Roth und Strüber (2014, S. 288 ff.).
82 Strüber und Roth (2014), siehe auch Roth und Strüber (2014, S. 295 ff.).
83 Weltgesundheitsorganisation (1997).
84 Siehe Remschmidt (2012, S. 38 ff.).
85 Tölle und Windgassen (2014, S. 231).

lichen Regelübertretungen, Grausamkeiten (Empathiedefiziten, Rohheit, Fehlen von Schuldgefühlen) usw. künden meist von einer beträchtlichen Erstarrung, ersichtlich als *Callous-unemotional behavior*, welches sich unter ungünstigen Umständen im Erwachsenenleben als dann manifeste Dissozialität etabliert.[86] Hierbei spielt selbst Erlittenes – wiederum eine Generation sich „forterbend" – oft eine große Rolle: Misshandlungs- und Gewalterfahrungen in der Kindheit disponieren zur eigenen Gewaltausübung.[87] Als weitere Risikofaktoren für dissoziales Verhalten gelten leichte Intelligenzminderungen und umschriebene Entwicklungsstörungen wie Legasthenie oder Rechenstörungen. Für die abnormen Gewohnheiten und Störungen der Impulskontrolle gibt es keine so deutlichen Belege, zumal die Gültigkeit der Kategorien „Pyromanie" und „Kleptomanie" heute angezweifelt wird.[88] Sexuelle Verhaltensstörungen wie etwa Pädophilie erhöhen leicht verständlich die Bereitschaft, entsprechende Wünsche real umzusetzen. Substanzgebundene Suchtstörungen führen ebenso einleuchtend einerseits öfter zur Beschaffungskriminalität und zweitens (was den Beteiligten z. T. nicht immer hinreichend evident ist) zu (meist eher) aggressiv-instabilen Verhaltenstendenzen, die sich dann u. U. in illegalen Taten ausprägen. Anpassungsstörungen schließlich sind als leichtere Verhaltensprobleme hinsichtlich antisozialer Handlungen nicht sehr prominent. Wie verschiedene Studien ermittelten, scheint es generell so zu sein, dass relativ viele inhaftierte Personen *diagnostische Kategorien* erfüllen, d. h. psychische Störungen aufweisen. Vreugdenhil und Kollegen[89] ermittelten unter 204 inhaftierten Jugendlichen (zwischen 12 und 18 Jahren), wobei nur 79 Prozent der Teilnahme zustimmten, also ein Selektionseffekt vorliegen könnte, in den Niederlanden folgende Prävalenzen: Störungen des Sozialverhaltens bzw. oppositionelles Verhalten (*disruptive behavior disorder*) 75 Prozent, Suchtstörungen 55 Prozent, psychotische Symptome 34 Prozent, Aufmerksamkeitsdefizit-Hyperaktivitätsstörungen (ADHS) 8 Prozent, Angststörungen 9 Prozent und affektive Störungen 6 Prozent (Mehrfachnennungen waren möglich). Neun von zehn Delinquenten berichteten hier mindestens eine psychiatrische Störung. Ein ähnliches Bild ergab sich in der Erhebung von Plattner et al.[90] für österreichische Verhältnisse. Hier wurden 333 Jugendliche (58 Mädchen und 275 Jungen) untersucht: 90 Prozent litten an mindestens einer psychiatrischen Störung, über 60 Prozent zeigten zwei oder mehr koexistierende. Beträchtliche Raten an psychiatrischen Erkrankungen bei Inhaftierten wurden zuvor z. B. auch in den USA festgestellt, sodass davon auszugehen ist, dass es sich hier um eine generell schwerer belastete Klientel handelt.[91] Darüber hinaus stellten Fazel und Grann im Jahre 2004 bei

---

86 Siehe z. B. Frick und Morris (2004).
87 Siehe Wetzels (1997) und Sutterlüty (2002).
88 Remschmidt (2012, S. 38 ff.).
89 Vreugdenhil, Doreleijers, Vermeiren, Wouters und van den Brink (2004).
90 Plattner, Aebi, Steinhausen und Bessler (2011).
91 Siehe Chiles, Miller und Cox (1980), Kashani et al. (1980), McManus, Alessi, Grapentine und Brickman (1984) sowie Vermeiren, Jespers und Moffitt (2006).

wiederum 90 Prozent der letztlich betrachteten 1625 Täter von versuchten bzw. vollendeten *Tötungsdelikten* (des Zeitraums von 1988 bis 2001 in Schweden) psychiatrische Störungen fest. Andere Autoren[92] maßen bei dieser Subgruppe geringere Werte, wobei die Bewertungskriterien für psychische Krankheit allerdings strenger waren, sodass (neben Kindsmördern) nur juristisch prozess- bzw. schuldunfähige Personen gezählt wurden. Shaw et al. benutzten 2006 für ihrer Homocide-Analyse Gesundheitsurteile des Gerichts bzw. des Gefängnisses u. Ä. und kamen ebenfalls zu geringeren Werten. Hierbei steht natürlich jeweils die Frage im Raum, wie die einschlägigen Diagnosekriterien angewandt wurden, wie genau man die Probanden kennenlernte und wie aufgeschlossen und ehrlich diese für eine Untersuchung waren. Zu beachten ist, dass eine Zuschreibung krankheitswertiger psychischer Probleme eventuell manifeste Vor- oder auch Nachteile bringen kann, also Anreize in die eine oder andere Richtung setzt. Außerdem können durch den Strafvollzug selbst Störungen entstehen, frühere übersehen werden u. Ä. m. Gleichwohl bedeutet dies nicht, dass es nicht ebenso hochkriminelle Individuen, denen keine psychische Auffälligkeit attestiert werden kann, geben könnte. Gerade Psychopathen zeichnen sich dadurch aus, relativ frei von neurotischen oder psychotischen Erkrankungen zu sein.[93]

Genetische Einflüsse auf die manifeste Dissozialität oder Delinquenz sind daneben durch verschiedene Adoptions- und Zwillingsstudien relativ sicher anzunehmen, indes nicht i. S. der These des „geborenen Verbrechers" Cesare Lombrosos[94], sondern wiederum im Zuge einer Gen-Umwelt-Interaktion zu verstehen, bei der biologische Determinanten bestimmen, wie einzelne körperliche Systeme ausgestaltet werden. Man erbt also nicht *die* „kriminelle Neigung", sondern z. B. die weniger hohe zentralnervöse Erregbarkeit und vielleicht gesteigerte muskuläre Robustheit oder erhöhten Bewegungsdrang, nicht die Täuschungslist, sondern die verbale und soziale Intelligenz, Fantasiebegabung und relative Angstfreiheit. Genetische Faktoren verursachen antisoziales Verhalten damit nicht kausal-linear, sondern erhöhen lediglich die Anfälligkeit für bestimmtes Tun oder Lassen. Hinzutreten müssen immer auch entsprechende Umwelteinflüsse wie frühkindliche Schädigungs- und Mangelerlebnisse, sozial-kognitive Verstärkungskaskaden, Vorbilder, Hirntransmitter- und Hormonkonfigurationen, Noxen oder Suchtstoffe, kulturelle und sozioökonomische Randbedingungen usw., damit jemand der wird, der er später ist. Rhee und Waldman haben hierbei im Jahre 2002 eine Metaanalyse von 51 Zwillings- und Adoptionsstudien durchgeführt, um die Größe des genetischen sowie Umweltaspekts bei antisozialem Verhalten aufzuklären, und kamen zu dem folgenden Hauptergebnis: „In the current meta-analysis, we found that there were moderate additive genetic ($a^2 = .32$), nonadditive genetic ($d^2 = .09$), shared environmental ($c^2 = .16$), and nonshared envi-

---

92 Simpson, McKenna, Moskowitz, Skipworth und Barry-Walsh (2004).
93 Siehe Hare (2005).
94 Lombroso (1894).

ronmental influences ($e^2 = .43$) on antisocial behavior."[95] Insgesamt waren damit für dissoziales Verhalten eine Heretabilität von 41 Prozent zu verzeichnen. Diese Größenordnung wird von anderen Erhebungen bestätigt. Miles und Carey gaben schon 1997 eine Erblichkeit von bis zu etwa 50 Prozent an.[96] Ferguson resümierte in seiner diesbezüglichen Metaanalyse aus 38 publizierten Studien (der Jahre 1996 bis 2006): „Results indicated that 56 % of the variance in [antisocial personality and behavior] APB can be explained through genetic influences, with 11 % due to shared non-genetic influences, and 31 % due to unique non-genetic influences."[97] Verwandte ersten Grades von Personen mit antisozialem Verhalten weisen zudem eine 3- bis 4-fach höhere Rate für dissoziales Verhalten auf als die Durchschnittsbevölkerung.[98] Schon Christiansen fand 1977 für antisoziales Handeln Konkordanzraten von 52 Prozent für monozygote männliche Zwillinge zu 22 Prozent bei dizygoten ($n = 936$). Für monozygote Frauen ergaben sich 35 Prozent zu 14 Prozent bei dizygoten ($n = 921$; einbezogen waren Geschwisterpaare des *Danish Twin Register*. Männliche, genetisch für antisoziales Verhalten disponierte (frühkindlich) Adoptierte in Schweden verwirklichten in der Studie von Cloninger und Mitarbeitern[99] unter *zusätzlich* ungünstigen Milieubedingungen in der Adoptionsfamilie eine deutlich höhere Ausprägung kleinkriminellen Verhaltens i. H. v. 40 Prozent im Vergleich zu den 12.1 Prozent für nur genetisch belastete und den 6.7 Prozent für einzig durch ihre Umgebung beeinträchtigte Personen (2.9 % für Personen ohne ersichtliche Defizite), was für eine echte Gen-Umwelt-Interaktion spricht ($n = 862$). Insuffiziente Erziehungsstile der Eltern, ihre ggf. vorliegenden eigenen psychischen Störungen können dementsprechend Kinder, die genetisch für aggressives Verhalten (u. Ä.) veranlagt sind, durch Aktion und Verhaltensreaktion in einer sich steigernden Spirale dissozialen Verhaltens in eine u. U. persistierende Delinquenz führen. Als weitere begünstigende Faktoren für einen schließlich antisozialen Lebensstil sind, um es der Vollständigkeit halber zu nennen, v. a. Misshandlungen, Verwahrlosung und desorganisierte Lebensverhältnisse, Schulversagen bzw. -abbruch, Substanzmissbrauch, delinquente Peers und Freunde sowie Einflüsse der Medien zu nennen.[100]

Damit wären die wesentlichsten neurobiologischen und genetischen Einflussgrößen auf aggressives und delinquentes Handeln beim Menschen umrissen, sodass wir in Kapitel 2.3 zu denjenigen Prinzipien kommen können, die das Entstehen solcher Verhaltensmuster *evolutionär* wahrscheinlicher machen.

---

95 Rhee und Waldman (2002, S. 522).
96 Siehe so auch Moffitt (2005).
97 Ferguson (2010, S. 160).
98 Moffitt et al. (2001).
99 Cloninger, Sigvardsson, Bohman und von Knorring (1982).
100 Remschmidt (2012, Kap. 3).

2.3 Evolutionäre Aspekte der Aggression

Charles Darwins bahnbrechendes Werk: *On the Origin of Species by means of Natural Selection, or the Preservation of Favoured Races in the Struggle of Life*[101] und seine Erweiterungen durch die moderne Biologie sind auch für Verhaltenstatbestände wie die der menschlichen Aggression von Bedeutung. Zwar ist das Postulat, dass sich kaum ein organismisches Prozedere bzw. Verhalten auf Erden langfristig durchsetzen wird, wenn es nicht irgendwie und irgendwo zum Nutzen ist, also der Lebenserhaltung dient, nur schwer prüfbar, weil man bei lückenhaften retrospektiven Betrachtungen leichter Immunisierungsstrategien erfinden könnte, aber doch ist es (zumindest) heuristisch sehr fruchtbar. Allgemein sind die Zeiträume für Experimente einfach zu groß, die man höchstens für kurzlebige Organismen durchführen kann. Man sollte deshalb jedoch keinesfalls obskurantistischen göttlich-kreationistischen Glaubensdoktrinen folgen, die nichts wirklich *erklären* können, sondern (trotz allem) der kritischen Vernunft und Wissenschaft.

Evolution bezeichnet konkret die Veränderung vererbbarer Merkmale bei Lebewesen von Generation zu Generation. Deren Eigenschaften sind in Form von Genen codiert, die bei der Fortpflanzung *kopiert* und so an den Nachwuchs weitergegeben werden. Spontane oder durch äußere Einflüsse wie Strahlung oder erbgutverändernde Stoffe vermittelte *Mutationen* verursachen hier unterschiedliche Varianten (Allele). Diese Spielarten sowie ihre Rekombinationen führen zu erblich bedingten Unterschieden (d. h. einer *genetischen Variabilität*) zwischen den Individuen einer Art. Ändert sich die Häufigkeit von Allel-Typen in einer Population, werden auch die Nachkommen öfter entsprechend ausgestaltet sein. Evolutionäre Selektion betrifft in diesem Zusammenhang zunächst primär die unterschiedliche (basale) *Überlebens-* und *Reproduktionsrate* aufgrund dieser Merkmale, dann jedoch auch die Attraktivität für das andere Geschlecht i. S. einer *sexuellen Selektion* bzw. daneben die Selektion durch sogenannte *Gendrift*. Dies meint, dass alleinige Zufallsschwankungen der Allele in aufeinanderfolgenden Generationen dazu führen können, einzelne Allele zu eliminieren. Relativ alten und einfachen Lebensformen wie Bakterien ist es zudem möglich, ebenso *jenseits von Artgrenzen* genetisches Material aufzunehmen und in ihr Erbgut einzubauen.[102]

Die *Evolutionäre Psychologie*[103] behauptet in diesem Kontext, dass das strukturell-funktionale Design des menschlichen Gehirns, wie das aller anderen Organe auch, als Resultat einer evolutionären Entwicklung, mithin Anpassung und Optimierung, i. S. einer Steigerung der *inklusiven Fitness* (d. h. ebenso via *kin selection*,

---

101 Darwin (1859/1990).
102 Siehe Storch, Welsch und Wink (2013).
103 Es wird dazu in Kapitel 2.3 lediglich ein kurzer, einführender theoretischer Überblick gegeben; zur Diskussion einschlägiger Untersuchungsresultate siehe z. B. D. Buss (2014) bzw. Shackelford und Weekes-Shackelford (2012).

Verwandtenselektion) zu sehen sei. Im Fokus steht hierbei natürlich der Wert des entsprechend ermöglichten Verhaltens für das *Überleben* des Individuums.[104] Die dazu nötigen materiellen wie sozialen *Ressourcen* rücken in den Mittelpunkt des Interesses: wichtige Güter, Macht, Einfluss, Ansehen.[105] Darum gehe es also in Wahrheit im Leben. *Evolvierte psychologische Mechanismen* (EPM) wären in diesen Bezügen anzunehmen, durch die die Verwirklichung des evolutionär Vorteilhaften in die Tat umgesetzt werde. Als Charakteristika stellen Shackelford und Liddle Folgendes dar:

(1) An EPM exists in the form that it does because it solved a specific problem of survival or reproduction recurrently over evolutionary history.
(2) An EPM is designed to take in only a narrow slice of information.
(3) The input of an EPM tells an organism the particular adaptive problem it is facing.
(4) The input of an EPM is transformed through decision rules into output.
(5) The output of an EPM can be physiological activity, information to other psychological mechanisms, or manifest behaviors.
(6) The output of an EPM is directed toward the solution to a specific adaptive problem [...].[106]

Damit seien gerade *keine* starren instinktmäßigen Triebäußerungen gemeint, die quasi mechanisch aus einem Organismus hervorträten, sondern teils sehr elaborierte Strategien und Handlungswünsche. Diese stünden ebenso nicht im Widerspruch zu anderen großen Erklärungsparadigmen menschlichen Verhaltens, wie etwa dem der sozial-kognitiven Lerntheorie, sind aber, weil in ihrem Nexus schwer eindeutig valide zu bestimmen, entsprechend schwieriger prüfbar i. S. v. Poppers Kriterien.

Die humane Aggression kann dabei als ein relativ zentraler Mechanismus zur direkten „raubtierhaften" Sicherung von Ressourcen betrachtet werden, was zumindest heuristisch nicht angezweifelt werden muss: Bank- und Straßenräuber, kriminell-aggressiv lügende Betrüger, Piraten, viele Mörder und Potentaten so mancher Couleur würden es bestätigen können. Allgemein scheinen jedoch, neben der Nutzung fremder Ressourcen, auch andere (weniger antisoziale) Zwecke, wie die nachstehenden adaptiven Problembereiche zeigen, hinsichtlich Aggression besonders relevant zu sein, so etwa: die Verteidigung gegen Angriffe, Lasten der gleichgeschlechtlichen Rivalität, der Verhandlungsstatus und die Macht in Hierarchien, ferner die Prävention von künftigen Angriffen, Verhütung partnerschaftlicher Untreue und Verlassenwerden sowie die Reduktion der Aufwendungen für genetisch fremde Stiefkinder.[107] Ein an den Schultern und Armen muskulärer und lässig-sicher wandelnder Rocker wird kaum einmal Opfer von tätlicher Gewalt (außer in Bandenkriegen durch seinesgleichen vielleicht); jemand, von dem man weiß, er habe den Schwarzen Gürtel in Karate, lebt (rein äußerlich betrachtet) oft friedvoller. Außerdem werden solche Per-

---

104 Für aktuelle Übersichten dazu siehe D. Buss (2014) sowie Shackelford und Weekes-Shackelford (2012).
105 Buss und Shackelford (1997), Shackelford und Liddle (2014).
106 Shackelford und Liddle (2014, S. 251).
107 D. Buss (2014, S. 299–329).

sonen eher geachtet, bewundert, was wiederum zu ihrem Status und Ansehen beiträgt. Gleichgeschlechtliche Aggressoren konkurrieren nicht mehr so leicht mit ihnen um knappe Güter. Ebensolches gilt für Macht- und Statushierarchien. Wer grausam, skrupellos und kräftig genug ist, kann andere dominieren, wird ggf. zum furchtlosen Krieger, Helden gar: Der Odysseus des Homer richtet ein Blutbad an seinen Rivalen an, nachdem er von seiner jahrelangen Irrfahrt heimkehrt, und wird literarisch unsterblich. In seinem Palast lagerten zahlreiche Freier, die ihn aufgrund seiner langen Abwesenheit für tot hielten, verprassten sein Gut und wollten seine Gattin ehelichen. Daneben ist Eifersucht auch die Triebkraft manch männlicher Gewalttat gegenüber Frauen, vielleicht auch hinsichtlich der Kontrolle ihrer Sexualität und der Verhinderung der Beziehungsaufgabe. Stiefkinder werden oft weniger gemocht und geliebt wie eigene, was bis zu schwere Verwahrlosung zulassender Gleichgültigkeit und Mord gehen kann. Frauen verhalten sich vornehmlich im Rahmen der sexuellen Konkurrenz gegenüber Geschlechtspartnerinnen aggressiv, benutzen jedoch weniger ausgeprägte körperliche Mittel. Sie töten seltener als Männer, und dann meist aus Selbstverteidigung und nicht so augenfällig wie diese, um sich ggf. lohnende Ressourcen anzueignen. Eher problematisch ist in dem Kontext die Neigung des Homo sapiens, *Kriege* zu führen, was mit entsprechenden Änderungen sonst nur noch von Schimpansen bekannt ist.[108] Einerseits spiegelt sich hier wohl die Großhirnentwicklung und ihre Fähigkeit zur *Symbolisierung* und *Abstraktion* wider, andererseits (beim Menschen) auch psychopathologische Faktoren sowie eine Interaktion mit der „kulturellen" Entwicklung, Technisierung usw. (die auch destruktiv eingesetzt werden kann). Ein u. U. evolutionär vorgeprägtes Erlangenwollen von Vorteilen, insbesondere Reproduktionsvorteilen in Gestalt von Frauen, wird durch sie zum *Kriegszug* auf höherer Stufe weiter ausgestaltet, was allerdings v. a. für antike Raubzüge gelten kann und kaum für Weltkriege und dauerhafte, schwer unklug-zerstörerische Regionalkonflikte.

Aber es gibt natürlich daneben auch Kritik. Dass evolutionäre Verhaltensmechanismen bzw. -tendenzen sich entwickelt haben können, ist einerseits nicht prinzipiell infrage zu stellen. Zwar sind sie nicht im strengen Sinn nachgewiesen, aber doch durchaus plausibel. Man muss nicht zweifeln an den Vorteilen, die aggressives Handeln bringen kann. Fraglich ist jedoch die jeweilige relative Mächtigkeit der entsprechenden Affinitäten. „This account of [...] key adaptive problems that might be solved by a strategy of aggression strongly suggests that aggression is not a unitary, monolithic, or contextblind strategy. Rather, it suggests that aggression is highly context-specific, triggered only in contexts in which the specific adaptive problems are confronted and the adaptive benefits are likely to be reaped."[109] Trotz dieses Umstands müssen jedoch auch *zusätzliche* Faktoren berücksichtigt werden: Sozial Gelerntes, unbewusste Emotionen u. Ä., kulturelle Verschiedenheiten und nicht zuletzt die Aus-

---

108 Siehe Pinker (2011).
109 Buss und Shackelford (1997, S. 611).

prägung relevanter personaler Merkmale, wie z. B. die Intelligenz und Kooperativität. Außerdem wären psychische oder körperliche Krankheiten zu beachten, anderweitige genetische Vorgaben, epigenetische Wandlungen, neurochemische Ausprägungen. Sie alle (und vielleicht noch mehr, wie das Klima bzw. die je aktuellen atmosphärischen Bedingungen usw.) wirken in eins. Zu verzeichnen sind hier v. a. *beträchtliche Kulturunterschiede* in Bezug auf Sexualität und legitimierte Aggressionshandlungen, was bereits in der Darstellung des Marcus Annaeus Lucanus über den germanischen Volksstamm der Teutonen[110] und ihrem (angeblichen) *Furor teutonicus* mitschwingt und heutzutage z. B. im Vergleich von Bewohnern Deutschlands oder der Schweiz mit freundlich-zurückhaltenden Japanern oder den Menschen auf Bali zu vermerken sein würde[111] – oder (zeitlich davor) in der Komparation zu den sehr lustfreundlich mutterrechtlichen Eingeborenen der Trobriand-Inseln in der Nähe von Neuguinea[112]. Geschlechterrollen könnten zudem gelernt sein und nicht etwa biologisch vorgegeben. Möglicherweise ist die Umweltvarianz doch sehr überwiegend und eine evolutionsgenetische Generaldeterminante zum Teil relativ marginal. Am ehesten wäre damit ein Faktorenmodell anzunehmen: Ein Bestandteil dessen wären evolvierte psychologische Mechanismen, die besonders dann direkter zum Vorschein kommen könnten, wenn andere Faktoren hinzuwirken. Der aggressiv gestörte Mensch mit niedrigerer Intelligenz wird unter eher schlechten Bildungsvoraussetzungen, mangelhaften materiellen Ressourcen vielleicht tatsächlich leichter aufgrund „evolutiver Programme" zum Einbrecher oder Räuber. Gleichzeitig sieht man dabei aber ebenso das Maß an möglichen *Konfundierungen*, die eine hinreichende Sicherstellung des Befunds unterminierten.

2.4 Limitationen und Probleme kernspintomografischer Verfahren

Die Kernspintomografie oder (synonym) Magnetresonanztomografie (MRT) ist die wichtigste technische Entwicklung seit der Entdeckung der Röntgenstrahlung 1895 durch Konrad Röntgen und der auf sie beruhenden Untersuchungsmethode. Seitdem die MRT in den 1980er-Jahren eingeführt worden war, hat sie aufgrund ihrer bis dato unerreichten Darstellungsklarheit innerer Organe und Gewebe viel Leiden vermindert und Leben gerettet. Aber erst die von ihr abgeleitete funktionelle Magnetresonanztomografie (fMRT) wurde, da sie auch die Erfassung der *Oxygenierung* des durch die betrachteten Körperorgane fließenden Blutes ermöglicht, für die Neurowissenschaften außerordentlich innovativ. Der wesentliche Vorteil der Letzteren besteht darin, (kortikal wie subkortikal) Gehirnaktivierungen mit relativ hoher räumlicher Auflö-

---

110 Siehe Lucanus *Bellum civile* (Buch I).
111 Siehe Kornadt (2011) und Kap. 8.1.
112 Siehe Malinowski (1979) und Kap. 8.3.

sung (im Bereich 1 bis 4 mm³) messbar zu machen.[113] Dabei explorierte ein großer Teil der nunmehr bereits in die Zehntausende[114] gehenden Studien die funktionelle Lokalisation bzw. die zerebralen anatomischen Strukturen, die mit einer geistigen Aufgabe oder einem gegebenen Stimulus assoziiert sind (oder beides), indem sie Karten vom Wechsel des Blutdurchflusses erstellen. Im Zuge dessen wurden beim Menschen nicht nur Studien zur sensorischen Verarbeitung oder der Handlungskontrolle angefertigt, sondern auch (teils provokative) Schlüsse zu neurologischen Mechanismen der je betrachteten kognitiven Fähigkeit(en) gezogen, was von Erinnerungsversuchen bis zum Grübeln über ethische Dilemmata reicht.[115] „In fact, fMRI is not and will never be a mind reader, as some of the proponents of decoding-based methods suggest, nor is it a worthless and non-informative ‚neophrenology‘ that is condemned to fail, as has been occasionally argued."[116]

Funktionsprinzipien der strukturellen Kernspintomografie (MRT)

Die MRT funktioniert mit einem meist mehreren Tesla starken Magnetfeld und der radiosignalinduzierten Resonanz verbildlicht etwa wie im Film, wenn Mafiaschergen einem Widersacher eine wichtige Nachricht abpressen: Ein „Schrank" von einem Bodybuilder nimmt das Opfer von hinten in die Mangel (das sehr starke Magnetfeld) und ein anderer im distinguierten Anzug verabreicht dem Gefangenen in kurzer Folge Schläge links und rechts ins Gesicht (o. Ä.), damit er endlich „singt" (die radiosignalinduzierte Spinänderung und Resonanz): Das äußere ortsspezifische Magnetfeld (dessen Stärke sich *räumlich* linear gradiert ändert) bewirkt die Einregelung der kreiselartigen Drehungen (den *Kernspins*) der positiv geladenen Kernprotonen der betrachteten Wasserstoffatome (die als bewegte Masse je einen *Drehimpuls* und ein *magnetisches Moment* besitzen). Das eingestrahlte Radiosignal regt die dann einheitlich (an den Feldlinien) orientierten Spins Schicht für Schicht (resonant) zu einer definierten Änderung an und lenkt sie für einen kleinen Moment (aufgrund der Energiezufuhr) aus. Schwingen sie zurück, emittieren sie eine *ortskodierte* typische Strahlung (in Höhe der magnetfeldabhängigen *Lamorfrequenz*), die detektiert, verrechnet und schließlich bildlich dargestellt wird. Die Erholungszeiten liegen dabei für die verschiedenen Substrate (Muskel-, Fett-, Organgewebe usw.) in unterschiedlicher Höhe; zudem wird (neben einer möglichen Dephasierung aufgrund Magnetfeldinhomogenitäten) eine jeweils unabhängig verlaufende longitudinale T_1-*Relaxation* von der transversalen T_2-*Relaxation* unterteilt, welche zeitlich deutlich differieren. Insgesamt bestimmen mithin die Protonendichte sowie die beiden Erholungszeiten die jeweilige Helligkeit im MRT-Bild. Die T_1-Relaxation gibt an, wie schnell sich die Spins zurückstellen, die T_2-Relaxation zeigt, wie rasch das Signal nach einer Anregung wieder schwächer wird. Darauf fußen verschiedene Messoptionen, die je einen der drei Parameter priorisieren und so differierende Gewebekontraste erzeugen können.[117]

---

113 Siehe Jäncke (2005, S. 78–135) und Jäncke (2012).
114 Logothetis (2008).
115 Logothetis (2008).
116 Logothetis (2008, S. 869). Siehe hierzu auch Hüsing, Jäncke und Tag (2006).
117 Jäncke (2005, S. 23 ff.) und Loewenhardt (2006, S. 115 ff.).

Funktionsprinzipien der funktionellen Kernspintomografie (fMRT)

In der fMRT (deren Grundlage das gerade genannte Funktionsprinzip der strukturellen MRT ist) wird als meist genutzte Methode das Signal aus dem sog. *Blood Oxygenation Level Dependent* (BOLD-Effekt) errechnet. Aus Voruntersuchungen bei Tieren ist bekannt, dass die Anreicherung des Blutes mit Sauerstoff zu einem messbaren und aussagekräftigen Kontrast- bzw. Signalanstieg führt. Der Oxygenierungsgrad des Blutes wird damit zum eigentlichen *Kontrastmittel* (welches man in anderen fMRT-Methoden eigens appliziert). Wichtige Kennwerte sind im Zuge dessen der Sauerstoffgehalt des *Oxyhämoglobin* und der des *Deoxyhämoglobin*, das wiederum eine (im Vergleich zu Oxyhämoglobin und den umliegenden Geweben) höhere Magnetisierbarkeit (*magnetische Suzeptibilität*) aufweist, sich wie ein kleiner Stabmagnet verhält. Physiologisch wird das BOLD-Signal v. a. als erhöhtes zerebrales Blutvolumen während neuronaler Aktivität *gedeutet*. Mehr sauerstoffreiches Blut (d. h. Oxyhämoglobin) wird dabei angeboten, denn verstoffwechselt: Es erhöht sich also die Konzentration desselben, wodurch sich die insgesamten magnetischen Eigenschaften des betrachteten Körperbereiches abwandeln. Zu messen ist dann ein Signalanstieg während (vermuteter) neuronaler Aktivität in der Größenordnung 1 bis 10 Prozent bei 1.5-Tesla-Scannern hin zu 2 bis 15 Prozent bei 4-Tesla-Geräten.[118] Indes hat sich herausgestellt, dass gerade der zentrale BOLD-Effekt nicht so eindeutig zuzuordnen ist, u. U. durch viel kompliziertere Mechanismen zustande kommt, als gedacht. Als wichtigste zusätzliche Einflussgröße ist wahrscheinlich die passive Blutflussänderung infolge lokaler biochemischer Prozesse anzusehen. Diese führt über die Metabolismusprodukte und deren vasodilatatorischen Eigenschaften zur Zunahme des Blutvolumens, reduziert dadurch den relativen Anteil des erzeugten Deoxyhämoglobins. Der Sauerstoffverbrauch reagiert zudem nur *langsam* auf eine Änderung des zellulären Energieverbrauchs; er ist nicht etwa mit der Feuerrate von Neuronen, der Frequenz der Aktionspotenziale, direkt verbunden. Die Gefäßerweiterung wiederum hängt von der Aktionspotenzialfrequenz ab, während die Zahl der aktivierten Zellen sich eher in einem erhöhten Sauerstoffverbrauch niederschlägt. Dies bedeutet im Ergebnis, dass das BOLD-Signal entweder von der *Aktionspotenzialfrequenz* oder dem lokalen Sauerstoffverbrauch (d. h. der *Anzahl* aktivierter Neuronen) abhängt oder (interagierend) von beidem. Zudem sind weitere Einflüsse nicht auszuschließen. Es ist damit bislang keinesfalls eindeutig geklärt, was mit der fMRT eigentlich letztlich real gemessen wird, die Validität des Instruments ist also durchaus zu hinterfragen.[119]

Daneben ist die je spezielle Art der Methodenanwendung hinsichtlich der generierten Daten und deren Interpretation zu beachten. Generell gilt dabei, dass z. B. die Auflösung bei höherer Feldstärke der Scanner besser wird, oder die technische Scann-Methodik das Ergebnis mitbestimmt (so beim *fast low angle shot* vs. *echo planar imaging*). Daneben sind die Sequenzparameter (v. a. die Schichtdicke und Zeit zwischen zwei Radiosignalanregungen, die Echozeit sowie der *Flip-Winkel* der erreichten Spin-Kippung) für die Qualität und Signalausbeute entscheidend. Auch die Untersuchungsdesigns, wie das oft benutzte (zeitreihenähnliche) *Block-Design* mit seiner kontinuierlichen Messung, die die „on" und „off" angeordneten Treatments in Korrelation zum BOLD-Signal misst bzw. das *Event related design* (Möglichkeit der Messung kürzerer „On-Episoden") sind natürlich hinsichtlich der Datenqualität und Interpretation zu erwägen. Hier ist es zum Teil problematisch, die *Homogenität* der Ruhephasen zu gewährleisten. Wiederum wird meist nicht eindeutig klar, welche neuronalen Vorgänge hier ablaufen, wie das BOLD-Signal letztlich also zustande kommt (d. h. interpretiert werden darf). Auch die generelle Hämodynamik selbst, die im Bereich von Sekunden liegt (bis über 20 s bis zur Herstellung des Ausgangswerts), schränkt hier nicht unerheblich ein.[120]

---

118 Jäncke (2005, S. 80 ff.), vgl. auch Logothetis (2008).
119 Jäncke (2005, S. 80 ff.), vgl. auch Logothetis (2008).
120 Jäncke (2005, S. 80 ff.), vgl. auch Logothetis (2008).

Betrachtet man nun z. B. die praktischen Möglichkeiten, die alleinigen *strukturellen* Verhältnisse eines individuellen Gehirns, seine gestalthafte *Einzigartigkeit* abzuschätzen, begegnet man erheblichen Schwierigkeiten. Eine teils erhebliche *Variabilität* der Gliederung in *Gyri* und *Sulci* macht es selbst geübten Neuroanatomen schwer (oder gar unmöglich), zweifelsfrei Strukturen zu identifizieren. Zur zerebralen *Morphometrie* benötigt man daher neben einem *Messprotokoll* und einem hinreichend kontrastreichen MRT-Volumendatensatz die Urteile mindestens zweier sehr erfahrener Gutachter, damit eine hinreichend hohe Intraklassenkorrelation erzielt wird. Grundsätzliches Ermittlungsprinzip ist es, das betreffende Gehirnareal in einem Computerprogramm mit dem Cursor (o. Ä.) zu umfahren, die Pixel des *Volume of interest* auszuzählen und danach aus der räumlichen Bildpunktauflösung den realen Rauminhalt zu bestimmen. Zu bemerken ist, dass die örtliche Identifikation von Gehirnstrukturen, von Talairach und Tornoux 1988 genauer spezifiziert, generell auf teils beträchtliche Differenzen der Landmarken der betrachteten *normalisierten* Gehirne stößt. Wie prinzipiell wohl zu erwarten, unterschieden sich 20 stereotaktisch normalisierte Gehirne mit einer Spannweite von 1.5 bis 2 cm für solche sulcalen Positionspunkte.[121] Neuere Normierungen basierten auf der statistischen Mittelung einer größeren Anzahl von Organen. Hierbei wurden die Organvolumina pro Rauminhalt (d. h. Voxel für Voxel) standardisiert und zu einem Durchschnittswert verrechnet, so z. B. beim *MNI-Gehirn* des Montreal Neurological Institute, in das 305 Datensätze von individuellen Organen einfloss, oder das spätere *ICBM152-Gehirn*, welches aus 152 Gehirnen spezifiziert wurde. Neben einem linearen können nicht lineare Normalisierungsverfahren sowie weitere komplizierte Anpassungsprozeduren angewandt werden, die jedoch immer mit einer Fehlerwahrscheinlichkeit bezüglich der Festlegung individueller Punkte in konkreten Gehirnen behaftet sind. Des Weiteren werden *Wahrscheinlichkeitsatlanten* von zerebralen Strukturen benutzt, um z. B. bei fMRT-Studien hämodynamische Reaktionen besser einschätzen zu können – und die bei der Bewertung von Brain-Imaging-Befunden eine herausragende Rolle spielen. Wie der Name schon zeigt, muss auch in diesem Fall mit *Abweichungen* gerechnet werden, was natürlich auf die Richtigkeit der einschlägigen fMRT-Interpretationen zurückzuschlagen vermag.[122]

Um zur Bewertung der fMRT zurückzukommen, muss wiederum an die Grenzen dieser Untersuchungsmethode erinnert werden. Wir folgen hier den Ausführungen von Logothetis: „Functional MRI [engl. für fMRT] adaptation designs have been widely used in cognitive neuroscience, but they also have shortcomings, as any area receiving input from another region may reveal adaptation effects that actually occurred in that other region, even if the receiving area itself has no neuronal specificity for the adapted property"[123]. Das Gehirn funktioniert meist in dynamischen, u. a. cha-

---

121 Siehe Steinmetz, Furst und Freund (1989, 1990).
122 Jäncke (2005, S. 60–77).
123 Logothetis (2008, S. 871).

ostheoretisch zu beschreibenden, *nicht linearen* Abläufen; es ist regelhaft *bidirektio-nal* verschaltet, ein *Feedforward* wie *Feedback* gleichermaßen möglich. Zu bedenken ist außerdem, dass die *neuromodulative* Wirkung subkortikaler Regionen teils eine größere Wirkung auf das fMRT-Ergebnis zeitigt als das eigentlich dazu bestimmte, z. B. sensorische Signal. Eine Steigerung der Hämodynamik kann widersprüchli-cherweise daneben auch bei einer erhöhten Zellinhibition zu beobachten sein.[124] Es ist daher zum Teil unklar, welche Prozesse die konkrete Änderung des Bold-Signals bewirkten.

> The limitations of fMRI are not related to physics or poor engineering, and are unlikely to be resolved by increasing the sophistication and power of the scanners; they are instead due to the circuitry and functional organization of the brain, as well as to inappropriate experimental protocols that ignore this organization. The fMRI signal cannot easily differentiate between func-tion-specific processing and neuromodulation, between bottom-up and top-down signals, and it may potentially confuse excitation and inhibition. The magnitude of the fMRI signal cannot be quantified to reflect accurately differences between brain regions, or between tasks within the same region.[125]

Die Probleme stammen also aus der Unmöglichkeit, aus einer Massenreaktion die ihr zugrunde liegenden validen *spezifischen* Ursachen auflösend herauszufiltern.

> In cortical regions in which stimulus- or task-related perceptual or cognitive capacities are sparsely represented (for example, instantiated in the activity of a very small number of neurons), volume transmission [...] – which probably underlies the altered states of motivation, attention, learning and memory – may dominate haemodynamic responses and make it impos-sible to deduce the exact role of the area in the task at hand. Neuromodulation is also likely to affect the ultimate spatiotemporal resolution of the signal.[126]

Aufgrund all dieser Unwägbarkeiten scheint ein multimodaler Untersuchungsansatz der Kombination mehrere Erhebungstechniken erstrebenswert.

Die Reliabilitätskoeffizienten für fMRT-Messungen, die im Kontext von psycholo-gischen Untersuchungen durchgeführt wurden, sind zudem (und wohl auch deswe-gen) bemerkenswert gering und liegen für recht einfache Wahrnehmungsexperimente im Bereich von $r = 0.5$. Bei Experimenten, bei denen höhere psychische Funktionen (wie z. B. Entscheidungen oder emotionale Reaktionen) examiniert wurden, sind sie mitunter „erschreckend niedrig ($r = 0$ bis 0.5)"[127]. Damit sind fMRT-Erhebungen bislang nicht als hinreichend zuverlässig einzustufen.

In einer Gesamtbetrachtung wird man feststellen müssen, dass sich bei der fMRT Fehlerquellen aus der Lokalisationsproblematik der Gehirnmorphometrie mit denen der genannten humanbiologischen Art *verbinden* (können). Es mag damit eine teils

---

124 Logothetis (2008, S. 873 f.).
125 Logothetis (2008, S. 876 f.).
126 Logothetis (2008, S. 877).
127 Jäncke (2012, S. 97).

auch beträchtliche Unsicherheit hinsichtlich der Gültigkeit der getroffenen komplexen Aussagen über die Korrelation von fMRT-bestimmten Gehirnarealaktivationen mit dem je untersuchten Verhalten bzw. Erleben zu konstatieren sein. Zudem existieren äußere Einflussquellen wie Genussstoffe (z. B. Kaffee, Nikotin) oder innere wie Hormonzyklen; auch die Auswertungsweise des aquirierten Datensatzes kann zu deutlich differierenden Ergebnissen führen.[128] Es besteht die reale Gefahr, dass eine relativ grobe Methode *überschätzt* wird, weil sie so ansehnlich einleuchtend scheinende Visualisierungen ergibt, die in der Aura „hochwissenschaftlicher" Erwägungen den Nimbus unanfechtbarer Stimmigkeit erlangt haben – und damit Hypothesen scheinbar stützt, die in Wahrheit vielleicht anders formuliert, beantwortet und entschieden werden müssten.

2.5 Zur philosophischen Kritik der Neurowissenschaften

Neurowissenschaftliche Resultate tangieren – und intervenieren in seit jeher originär philosophische Themen. Das Körper-Geist-Problem vorneweg, im Verbund damit die Auseinandersetzung mit einem eventuell statuierten (physikalistischen) Reduktionismus, die Willensfreiheitsthematik natürlich, sowie allgemein das Verhältnis von handlungsleitenden Gründen versus angenommenen (u. a.) somatischen Ursachen.[129] Zudem werfen sie, wenn unhinterfragt und nicht reformuliert, sprachlogische Schwierigkeiten auf, die letztlich leider nicht „nur philosophisch" sind, sondern die Forschung in diesem Bereich insgesamt potenziell nachteilig beeinflussen.[130] Es ist in diesem Zusammenhang allerdings nicht möglich, sie hier ausführlicher darzustellen, sodass in Kapitel 2.5 lediglich konzise Abrisse der Problematiken gegeben werden.[131]

Als einer der prominentesten sprachanalytischen „Merk-Würdigkeiten" der Neurowissenschaften kann der sogenannte *mereologische Fehlschluss*[132] gelten, der in der Tradition der kartesianischen Trennung einer *Res cogitans* von der (rein somatisch gedachten) *Res extensa*[133] steht, bei dem Geist und Körper zwei *getrennte* Entitäten seien, und der Erstere wie ein Homunkulus interagiere, der irgendwo im Leib „Knöpfe drücke", entscheide, in Betrieb nehme – oder eben nicht. Der eigentliche *Fehlschluss* besteht darin, dem *Gehirn* als Substrat (und seinem lebendigen Funktionieren) Verhaltensweisen (und darin eingebunden auch Eigenschaften) zuzusprechen, die nur der *Gesamtperson*, dem psychologischen Subjekt, zukommen können, andernfalls

---

128 Jäncke (2005, 2012).
129 Siehe dazu z. B. Werbik und Benetka (2016).
130 Siehe Bennett und Hacker (2012).
131 Für die Lektüre von Kapitel 2.5 und einigen Hinweisen dazu danke ich Herrn Dr. phil. Jens Kertscher, Institut für Philosophie der Technischen Universität Darmstadt.
132 Bennett und Hacker (2012, S. 87 ff.). Die *Mereologie* bezeichnet hierbei die Logik der Teil-Ganzes-Relationen.
133 Siehe Descartes (1637/1982, 1641/1985).

sie sprachlich ohne Bezug, d. h. schlicht sinnlos wären. Vernünftig und bedeutungs-
voll ist es, zu sagen, dass eine Person dies oder jenes entschieden habe; absurd allerdings wird die Rede, die z. B. behauptete, der *Interpret* (das *Interpretiermodul*[134]) in
der linken Gehirnhemisphäre habe votiert, entschieden, eine Resolution gefasst,
etwas so oder so zu sehen: Denn nur der *Mensch* alleine kann sich zu etwas entschließen, nicht ein Gehirnteil für den Rest des Gehirns (und das Individuum insgesamt).[135]
Analog wären andere *intentionale* Vokabeln einzuschätzen, denn das Gehirn als alleiniges Zellensemble kann weder etwas glauben, noch interpretieren oder vermuten
usf., es bedarf zwingend eines lebenden (hinreichend intakten) Subjekts dazu. Die
sprachlich relativierenden Gegeneinwände der Neurowissenschaften, vorgetragen
von Ullman (intentionale Begriffe seien nur *Homonyme mit anderer, fachspezifischer
Bedeutung*), Gregory (... nur *Analogie-Erweiterungen*) und Blakemore (... nur *metapho-
rische Bilder*)[136], scheinen nicht wirklich stichhaltig. Leider ziehen jene intentionalen
Zuschreibungen dennoch manifest sinnlose Anschauungen und Hypothesen nach
sich, sind also nicht nur eine „lockere" verbalisierte Ansicht, von der man weiß, dass
sie so nicht wirklich zutrifft, aber einem dennoch weiterhilft. Anzuraten wäre hier,
die *exakten*, real in der Tiefe (valide) vorgefundenen Beziehungen in die genauest
mögliche Sprachform zu gießen: So würde die Wahrscheinlichkeit rein sprachlich
bedingter Fehlinterpretationen, und einer auf sie aufbauenden Verunmöglichung
weiterer Erkenntnis, vermindert. Sich von „lügenden" Bildern *verwirren* zu lassen,
kann realiter nicht optimal sein.

Ist also dieses psychische *Subjekt* mehr als sein Leib? Tritt doch etwas hinzu,
das erst den ganzen, wahren Menschen macht? Die Seele als Fluidum, quasi „gött-
licher" Odem? Aristoteles hat daran in Gestalt des *Pneuma* geglaubt.[137] Hier ist auch
der Begriff der *Psyche* bei Aristoteles[138], die er als Prinzip der Lebewesen i. S. der
Causa formalis fasst, interessant. Es wäre mithin die *Form* der Substanzen, die Lebewesen sind, dass sie eine Psyche besitzen bzw. im Hinblick darauf erklärt werden
müssen.[139] Mit den moderneren Ansichten, die auf einer physikalisch auffindbaren
Entität einer Lebensenergie[140] (wie ähnlich dem *Élan vital* Bergsons[141]) beruhen, ist
dieses Psychekonzept jedoch nicht zu verwechseln, obschon die Auffassung eines
Pneuma gewisse Ähnlichkeit mit der Ersteren besitzt. Ob es eine Lebensenergie gibt,
und wie sie hierbei ggf. wirkte, ist allerdings (insbesondere in Anbetracht ihrer theoretischen Bedeutung als Falsifikator des Zweiten Hauptsatzes der Thermodymamik)
(noch) nicht aufgeklärt bzw. hinreichend hochgradig evident (s. dazu auch Kap. 3.4).

---

134 Gazzaniga (2012).
135 Ähnlich bereits Wittgenstein (1953/1984a, *Philosophische Untersuchungen*, §§ 281. ff.).
136 Bennett und Hacker (2012, S. 96 ff.).
137 Aristoteles, *De generatione animalium* (736^{b}29–737^{a}1).
138 Aristoteles, *De Anima* (Buch 1, z. B. 402^a und 412^a).
139 Siehe M. F. Meyer (2012).
140 Siehe Reich (1948/1974).
141 Bergson (1907/2013).

Zudem müssen solche Überlegungen an diesem Ort aufgrund des begrenzten Raumes zurückgestellt werden. Anmerken kann man gleichwohl, dass eine energetische Komponente die Geschlossenheit der physischen Welt, den *Energieerhaltungssatz*, nicht verletzen würde, und damit eine neue Sicht auf das Körper-Geist-Problem eröffnete, da sie nicht in falsch verstandener Dualität auf einem „höheren", nicht wirklich fassbaren, metaphysischen „Geist" beruhte, wie ihn Descartes (oder später noch Popper und Eccles[142]) in Tradition der Ideenlehre Platons vertraten.

Um das weite Feld des (nicht ganz unproblematisch) „Leib-Seele-Problem" genannten Bereichs abzustecken, seien hier die Hauptinterpretationen umrissen, wie sie in der Literatur einschlägig ausführlich abgehandelt werden.[143] Grundlegend für alle Sichtweisen ist dabei ein Konflikt zwischen drei hypothetischen Annahmen:
(1) Der Leib ist physisch-materiell und die Seele ist *nicht* physisch materiell.
(2) Die Seele besitzt auf den Leib kausale Wirksamkeit.
(3) Der Bereich des Physisch-Materiellen schließt sich kausal.[144]

Diese Sätze ohne Widerspruch zu vereinen, ist hingegen nicht möglich. Eine kausale Geschlossenheit wird so z. B. nicht auftreten, wenn mentale Phänomene nicht physischer Natur sind, aber dennoch auf den Körper einwirken. Existiert indes eine durchgängige kausale Geschlossenheit und ein Geist, können nicht physische mentale Phänomene umgekehrt nichts verursachen. Oder: Gibt es bei kausaler Geschlossenheit der Welt eine mentale Verursachung, kann diese nicht durch einen immateriellen Geist geschehen. Als bisherige diesbezügliche Hauptlösungsvorschläge stehen (in freier Reihenfolge) nun die folgenden Ansätze:
– der Substanzdualismus und dualistische Interaktionismus,
– der dualistische Parallelismus und Okkasionalismus,
– der Sprachendualismus,
– die Identitätstheorie,
– der Funktionalismus,
– der anomale Monismus nebst Supervenienz- und Realisierungstheorie,
– die Emergenztheorien,
– der eliminative Materialismus,
– der Epiphänomenalismus,
– die repräsentationale Theorie des Geistes (Computermodell des Geistes),
– Dennets Theorie intentionaler Systeme,
– der Aspektdualismus sowie
– der Spiritualismus.[145]

---

142 Popper und Eccles (2000).
143 Siehe z. B. Beckermann (2001).
144 Hastedt (1988, S. 10).
145 Beckermann (2001).

Von Neurobiologen sind (neben dem schon genannten Dualismus) v. a. der *Epiphäno-menalismus* und der *eliminative Materialismus* hervorgehoben worden, da diese Positionen den Trend der Neurowissenschaften zum monistischen Materialismus untermauern, bei dem das Psychische eigentlich höchstens als Randphänomen gilt und der es letztlich begrifflich gar abschafft (wie die radikale, eliminative Spielart). Hier wird z. B. von Paul und Patrica Churchland behauptet, man könne das als „Alltags-psychologie" bezeichnete Meinen, Glauben und Urteilen durch eine Reduktion auf neurowissenschaftlich-humanbiologische Vorgänge ablösen und somit auslöschen. Alltagspsychologie sei hier nicht nur die intentionale Begriffsverwendung, sondern auch und besonders die darin eingebundene implizite *Theorie* des menschlichen Funktionierens, die, wie so manche verkehrte wissenschaftliche Ansicht erschwindelt wäre, mithin beseitigt werden sollte (und könnte). Sehr fraglich ist allerdings, wie dies geschehen kann, ohne die Kommunikation selbst auszurotten. Zudem bliebe in diesem Kontext unklar, wie jemand ohne basales Begriffssystem einer intentionalen Sprache noch *sinnvolle* neurowissenschaftliche Theorien zu bilden vermag.[146] Wie in Kapitel 4.3 näher ausgeführt werden wird, ist das intentionale Begriffssystem keineswegs überflüssig.

Nur etwas realistischer und praktikabler wirkt daneben die Auffassung, dass das, was man als „Geist" und Kognition bezeichnet, in Wahrheit nur bedeutungs-lose Epiphänomene seien, also wie „Wölkchen" aus einer Dampfmaschine beispiels-weise, wie im 19. Jahrhundert von Huxley[147] propagiert. Unbeantwortet bleiben hier gleichwohl die Fragen, wie *Biofeedback-Techniken*, neuronal prothetische *Mensch-Maschine-Verbindungen* oder ein *Brain-Computer-Interface*[148] zu erklären wären und allgemein (historisch) betrachtet die sinnvolle Entwicklung von wissenschaftlichen Theorien und deren unleugbar innovativen Anwendungen zustande kommen. Bei einem stringenten Epiphänomenalismus wäre der bewusste „Geist" ja vollkommen macht- und wirkungslos zu denken.

Gleichzeitig ist aber ein absolut ungebundener „Geist", wahrhaft *freier* „Wille", ein Widerspruch in sich selbst: wie Schopenhauer sagt, eine *Existentia* ohne *Essentia*.[149] Die Unvereinbarkeit zwischen einer subjektiv als freiwillig erlebten Vorsatzbil-dung und den eventuell tiefer liegenden Ursachen derselben hat aber auch schon Philosophen davor gereizt und zu Lösungsversuchen angestachelt. Die prominentesten Ansätze seien erwähnt: Leibniz sieht hier das frei wählende, denkende Wesen durch das Gute oder Schlechte der Erfahrung nur zwanglos *inkliniert*.[150] Hobbes definiert in seinem *Leviathan* die menschliche Freiheit einzig als äußere *Handlungsfreiheit*.[151]

---

146 Bennett und Hacker (2012).
147 Huxley (1874/1967).
148 Siehe dazu Wolpaw und Winter Wolpaw (2012).
149 Schopenhauer (1841/1912, S. 527 f.).
150 Leibniz (z. B. 1704/1959, Buch II, Kapitel XXI, § 12).
151 Hobbes (1651/1996. 1. Teil, Kap. XIV).

Locke, dessen Auslegung auch heute noch brauchbar scheint, bestimmt die Willensfreiheit darin, begründetes Begehren *suspendieren* zu können, um die Prüfung der Willensziele nach ihrer Angemessenheit, Durchführbarkeit u. Ä. vorzunehmen.[152] Und bei Kant ist der „Wille" schließlich *intelligibel*, also im Reich der *Dinge an sich* angesiedelt und deswegen der Kausalität nicht unterworfen.[153] Die Willensfreiheitsdiskussion hat dabei eine relativ lange Tradition, ist in dieser Form jedoch eher ein neuzeitliches Problem (das sich in der Antike so noch nicht stellte), welches in unseren Tagen durch die Hirnforschung wieder aktueller geworden ist. Genauso wie der „Geist" wird auch der „Wille" in diesem humanbiologischen Rahmen oft als unfrei gesehen, beherrscht von vielfältigen *unbewussten* Vorgängen. Aufgrund des Zieles dieses Kapitels (und limitierten Raumes) kann eine weiterführende, detailliertere Diskussion hier jedoch nicht erfolgen.

Die Wahrheit, sollte man aufgrund dieser stark verkürzten Betrachtung annehmen, liege also irgendwo „in der Mitte" zwischen dualistischen und epiphänomenalistischen bzw. eliminativ materialistischen Positionen. Der „Geist" muss einerseits als ein Produkt der somatisch-neuronalen Bedingungen angesehen werden; er wirkt (jedoch *nicht* als insgesamt fragliche *Entität*) u. U. durch seinen *Informationscharakter* sekundär zurück. Das, was wir bewusst erleben, fühlen, meinen usf., geht in das weitere Prozedere ein und ist *nicht* unnötig oder gleichgültig usw.: Aspektdualistische[154] und funktionalistische Ansätze[155] können deshalb in Betracht kommen.[156]

Hier betritt man natürlich auch das ebenso schwierige Terrain eines eventuell infrage stehenden *Reduktionismus*. Sogenannte *höhere*, meist auch diversifiziertere Ebenen, sollen kausal eindeutig auf grundlegendere Strukturen bzw. Vorgänge zurückgeführt und damit erklärt werden. Theorien werden auf Beobachtungssätze, Begriffe auf gesetzmäßig und deterministisch zusammenhängende Dinge bzw. Ereignisse reduziert. Gerne denkt man an dieser Stelle an physikalische Vorgänge, wie z. B. an Elementarteilchen, die Atome (und diese wiederum Moleküle usw.) in ihren Eigenschaften bestimmen. Gegenposition wäre z. B. das ganzheitlich holistische Konzept i. S. des von Ehrenfels'schen Gedankens, dass die Summe mehr als ihre Summanden – das Ganze mehr als seine Teile sei[157] –, was im modernen Begriff der *Emergenz* wiederum aufscheint. So entzieht sich bereits das *deterministische Chaos* einer linearen (reduktiven) Bestimmbarkeit durch grundlegendere Faktoren. Der Gödel'sche Unvollständigkeitssatz aus dem Jahre 1931 zeigt daneben (sogar) für ein *idealsprachliches* Axiomensystem wie die Arithmetik, dass nicht alle darin enthaltenen Aussagen

---

152 Locke (1689/1968, Buch II, Kap. XXI, u. a. Nr. 47.).
153 Kant (1781/1992b, S. 488–494 [B 560–B 569]).
154 Siehe z. B. Werbik und Benetka (2016).
155 Jedoch i. S. v. individuumspezifischen *kausalen Rollen* und nicht als Computerfunktionalismus (s. dazu z. B. Beckermann, 2001, S. 141 ff.).
156 Vergleiche auch Straßmaier (2006).
157 von Ehrenfels (1890).

formal bewiesen, respektive widerlegt werden können. Die *Fraktale Geometrie*[158] gibt weitere Anhaltspunkte in diese Richtung: Je genauer man z. B. die Feinheiten eines Küstenverlaufs misst, umso größer wird seine Länge. Aber auch reale Quantenprozesse im empirischen Relativ (bzw. in ihrer nur instrumentalistischen Erfassung) können, je nach Interpretation der Quantenmechanik, ebenso unvorhersehbar sein und nur durch eine *Wahrscheinlichkeitsfunktion* (Schrödinger, Born) beschrieben werden.[159] Die vom sogenannten Wiener Kreis logisch-empiristischer Denker (Neurath, Carnap, Schlick u. a.) eingebrachte, und später von Oppenheim und Putnam im Jahr 1958 klassisch gefasste Vorstellung einer idealen *Einheitswissenschaft* und der Zurückführung aller Einzelwissenschaften auf jene grundlegende, ist bislang nicht erfüllt worden – und nach unserer Auffassung auch nicht umsetzbar.

Zuerst muss man unterscheiden zwischen einer Reduktion von Theorien versus der von eher singulären Phänomenen. Da bislang niemand abschießend angeben kann, ob die Kant'sche Denkkategorie der Kausalität *ontisch* vorkommt, also wirklich wirkt, und genauso keiner zu sagen vermag, ob ein durchgängiger Determinismus in der bekannten Welt auftritt, hängt auch eine Reduktionismusforderung prinzipiell in der Luft. Zudem gibt es regelmäßig ebenso *nicht lineare* Prozesse, die nicht vorherberechenbar sind. Bereits deshalb scheint eine durchgängige Zurückführung von Erscheinungen schlicht illusorisch: So einfach und „langweilig" ist dieses Universum nicht (von den Myriaden weiteren, die die mindestens *zehn* Dimensionen implizierende *Stringtheorie* oder die *Viele-Welten-Interpretation* der Quantenmechanik von Hugh Everett III[160] annehmen, ganz zu schweigen). Ein *ontologischer Reduktionismus* der gesamten Welt ist (weil nicht prüfbar) metaphysisch, ein *ableitender Reduktionismus*[161] jedoch inkonsistent bzw. nicht hinreichend begründbar (plausibel). Denn es wird kaum gelingen, für alle Theorien *Brückenprinzipien* zu formulieren, auf dass eine diesbezügliche Reduktion von Theoriesystemen auf andere, „tiefere" (und schließlich auf die Physik) wirklich ihren Namen verdiente. Die *Erste-Person-Perspektive* bedingt in Teilen der Humanwissenschaften, voran die Psychologie, dass aufgrund der dann notwendig implizierten *intentionalen* Begriffe und einem Rekurs auf *Qualia*, Einstellungen, Werte usw. diese wiederum nicht ohne Sinnverlust und schon gar nicht praktikabel (s. Ockhams Sparsamkeitsprinzip) bzw. logisch schlüssig (physikalistisch) reduziert zu werden vermöchten (s. dazu die Ausführungen zur Berechtigung der Annahme einer Introspektionsperspektive in Kap. 2.5). Welchen ontologischen Status immateriell scheinende Denkinhalte wie Bühnenstücke, Farben, Größen und Gewichte oder historische Abläufe haben sollen, ist wiederum unklar. Sind sie Entitäten einer *Welt 3*, wie Popper[162] meinte, oder nur Realisierungen eines physikalischen

---

158 Mandelbrot (1967, 1987).
159 Siehe auch die Propensitätsinterpretation von Popper (1995).
160 Siehe z. B. Greene (2012).
161 Im Sinne von Bennett und Hacker (2012, S. 481 ff.).
162 In Popper und Eccles (2000).

Substrats? Nach allem, was uns die Neurowissenschaften sagen, sind zu ihrer Darstellung lebendig-intakte neurologische Strukturen nötig: Alles weitere aber scheint Spekulation. Setzt hier allein schon der *Sinn*, den es sprachanalytisch ergibt, von solchen geistigen Produkten zu *reden*, ihre wahre *Existenz*? Dies hieße, die Sprache als eine Prüfinstanz zu sehen, die ihr bisher niemand sicher zusprechen kann und die ihr wohl auch nicht zukommt (denn dazu gibt es zu viele Fremdsprachen und in ihnen zu viele grammatikalische Willkürlichkeiten). „Dass alles, was aus irgendetwas gemacht ist, aus Materie gemacht ist, zeigt nicht, dass menschliche Wesen ontologisch auf ihr Nervensystem reduzierbar sind und schon gar nicht, dass ihr Geist ihr Gehirn ist."[163] In der Tat: Diese *logische* Folge ist nicht gegeben, daraus gleichwohl zu schließen, es müsse eine eigenständige Welt 3 für Geistiges existieren, jedoch ebenfalls nicht. Sprachspiele sind (lediglich) *sprachimmanent* und dürfen nicht etwa ontisch missverstanden werden: Kausal Vermitteltes mit bedeutungshaltigen Gründen zu verbinden, ist damit nur *unser* (Denk-)Problem, nicht eines der Welt an sich (s. zur Fiktionalität abstrakter Begriffe wie etwa Ursache und Wirkung schon Vaihinger: „Abstrakta sind nur Diener; man muss sie wegschicken, wenn sie ihre Schuldigkeit getan haben"[164]). Vorzuschlagen ist nochmals, Geistiges und das es mutmaßlich realisierende körperliche Substrat (und sein lebendiges Funktionieren usw.) als *Aspekte* eines *funktionellen* Gesamtgeschehens zu deuten, welche zusammenhängen, indes (weil nicht linear-chaotisch-emergent) *nicht* aufeinander reduzierbar sind: Der „Geist" ist etwas „mehr" und anderes als der Körper, gehört jedoch zu ihm als eine (wiederum willkürlich gesetzte) andere Kategorie. Bennett und Hacker irren (bzw. reden von einer leeren Menge), wenn sie behaupten, dass „[e]mergente oder supervenierende Eigenschaften [...] so geartet sind, dass eine *vollständige* Kenntnis der Beziehungen der Systemelemente untereinander (die wir nicht erlangen können) hinreichend ist (für einen Gott gleichsam), um sie insgesamt abzuleiten."[165] Ihnen schwebte dabei wahrscheinlich der fatal-deterministische Laplace'sche Dämon[166] vor, der seinerzeit innovativ war, heute jedoch überholt ist. Popper hat dies in Gestalt des *wissenschaftlichen Determinismus* als Doktrin gesehen, die wegen der Unmöglichkeit einer beliebig genauen Voraussage, respektive Selbstvorhersage (z. B. eines Computers) *von innerhalb des Systems*[167] nicht wahr sein könne. Da zudem eine exakte Bestimmung aller Anfangsparameter prinzipiell (aufgrund der Heisenberg'schen Unschärfe) unmöglich ist (die genaue Messung des Orts wie Impulses ist allein eine theoretische, nicht nur messtechnische Illusion),[168] können nicht linear-chaotische Folgen einer sensitiven Abhängigkeit von solchen dann unpräzisen Anfangsbedingungen prinzipiell nicht

---

163 Bennett und Hacker (2012, S. 486).
164 Vaihinger (1922, S. 396).
165 Bennett und Hacker (2012, S. 487, Hervorhebung im Original).
166 Laplace (1814/1995).
167 Popper (2001, S. 53–87).
168 Siehe z. B. Meschede (2015, S. 702 f.).

beliebig vorherberechnet werden.[169] Nur wahrhaft identische Eingaben führten zu denselben Ergebnissen. Dazu kommt natürlich wiederum ein fundamental absoluter Quantenzufall. Wenn man außerdem bedenkt, dass *irrationale Zahlen* (wie die Kreiszahl π oder die Euler'sche Zahl e) *unendliche* (nicht periodische) Stellen aufweisen, wäre es mithin auch für einen Gott schwer, alles akkurat zu wissen. Es ist eben scheinbar oft nur eine unhinterfragte, ungeprüfte *Alltagsansicht*, dass in idealen Sprachen prinzipiell *alles* festgelegt sein müsste (s. Gödels Beweis aus dem Jahre 1931). Bennett und Hacker bedienen sich in diesem Kontext einer durch die Stoa tradierten, metaphysischen These (in der Tendenz zwangsneurotisch erstarrter Denkart), um eine unerwünschte Interpretation für sinnlos bzw. irreal zu erklären, und werden dabei selbst inkonsistent. Aber sie haben wiederum gute Argumente, wenn sie behaupten, dass der „Geist" nicht mit dem Körper identisch sein kann: Die potenzielle *Multirealisierbarkeit* mentaler Zustände scheint hier ein zentraler Einwand[170]. Der „Geist" scheint vielmehr ein funktionell verbundener emergenter Aspekt des Leibes zu sein, aber eben darin auch mehr als dieser allein.

Um im weiteren Themengebiet, ob es psychologisch-nomologische *Gesetze* geben kann, die Wirklichkeit abzuschätzen, sollte man Poppers Methode der strengen Prüfung durch Findung von Gegenbeispielen[171] ins Auge fassen: Nehmen wir einmal probeweise an, es gebe keine psychologischen Gesetze, und machen uns danach auf die Suche nach mindestens einem soliden, wahren, berechtigten Gegenbeispiel. Die These ist deswegen wesentlich, weil wir gerade (mit guten Gründen) sagten, die intentionale Sphäre sei nicht mit der neuronalen identisch, Brückenprinzipien gleichfalls jedoch (bislang) nicht zu finden, die Sprachspiele jeder Sphäre (Ursache – Wirkung vs. Grund – Folge) darüber hinaus unterschiedlich. Deswegen könnten kausale physikochemische Gesetzmäßigkeiten nicht einfach auf den intentionalen Bereich angewandt werden (es wäre erst einmal sinnlos, hierin von kausalen Gründen zu reden). Gründe sind Gründe und keine Ursachen, aber mit neurologischen Ursachen vielleicht auf noch unklare Weise *funktionell* verbunden. Dieses wäre dann ein Gesetz: *Immer dann, wenn* ein gegebener Reiz, d. h die grundlegende neuronale Ausgangslage (oder ein Äquivalent dazu) auftritt, würden in der psychischen Seite des Erlebens konkrete, definierbare und reproduzierbare Effekte auftreten. Oder umgekehrt: *Immer dann, wenn* ich etwas konkret Definiertes *will*, habe ich eine spezifische neuronale Aktivität (oder ein Äquivalent dazu). Die Grundansicht dazu ist einfach, dass es unplausibel ist, wenn die intentionale Seite des Erlebens völlig vom somatischen Grund losgelöst wäre, in der Luft hinge. Wie die genannten Methoden des Biofeedbacks und prothetischer Mensch-Maschine-Schnittstellen usw. nachweisen, mindestens aber plausibel machen, ist dem nicht so. Also sollte eine irgendwie geartete Einflussmacht des

---

169 Siehe Argyris, Faust, Haase und Friedrich (2010).
170 Siehe Beckermann (2001, S. 98–141).
171 Popper (1972/1998, S. 13 ff.; s. 1934/1984 u. 1963/2000).

gefühlshaften Erlebens (des „Geistes") auf die neuronale Basis zumindest in Erwägung gezogen werden können.

Vielleicht ist es nicht nur Zufall, dass Gustav Theodor Fechner (1801–1887), der Begründer der *Psychophysik*[172], auch ein Verfechter des *psychophysischen Parallelismus* war, bei dem der psychische, respektive physische Bereich (ähnlich wie bei Leibniz' Ansicht *prästabilierter Harmonien*) allerdings *keinen* kausalen Einfluss aufeinander ausübten. Das Psychische wäre nur in der Erste-Person-Perspektive gegeben, während das Physische das aus der Sicht einer dritten Person Vorliegende umfasse.

> Was dir auf innerem Standpuncte [sic] als dein Geist erscheint, der du selbst dieser Geist bist, erscheint auf äusserem Standpuncte [sic] dagegen als dieses Geistes körperliche Unterlage. Es ist ein Unterschied, ob man mit dem Gehirne denkt, oder in das Gehirn des Denkenden hineinsieht. [...] Hiermit nun wird gleich selbstverständlich, wovon wir zuerst den Grund suchten, warum Niemand [sic] Geist und Körper, wie sie unmittelbar zusammengehören, auch unmittelbar zusammen erblicken kann. Es kann eben Niemand [sic] zugleich äusserlich [sic] und innerlich gegen dieselbe Sache stehen.[173]

Ob Gründe nun dazu auch eine *somatisch* vermittelte *kausale Rolle* einnehmen können, kann dabei momentan offenbleiben. Wichtig für unsere Fragestellung der Möglichkeit psychologischer Gesetze ist hier allein der korrelative Zusammenhang. Dazu bietet gerade Fechners Werk hinreichende Indizien, die für das Vorliegen von nomologischen Beziehungen sprechen. Betrachten wir allein diejenigen Experimente, die er im Zuge seiner *Äußeren Psychophysik* betrieben hat: Wahrnehmungsinhalte werden dabei in der Abhängigkeit von externen Reizen untersucht. Verfahren mittels *Absolut-* und *Unterschiedsschwellen* ermittelten konkrete Werte und Beziehungen, ab wann z. B. ein Gewichtsunterschied spürbar sei (*Weber'sches Gesetz*). Dazu kam die sogenannte *Herstellungsmethode* (bezüglich eines Reizes, ab der er merklich würde oder nicht mehr zu empfinden sei) oder die *Konstanzmethode* (zur Prüfung subjektiver Gleichartigkeit eines Reizes). Die Weber'sche Konstante gilt zwar nicht für das gesamte je betrachtete sensorische Kontinuum mit spezifischer Größe – Extrembereiche korrelieren in anderer Form – hat aber doch für mittlere Ausprägungen einen Aussagewert. Auch die Gültigkeit des *Fechner'schen Gesetzes* (des Zusammenhangs zwischen subjektiver Größe eines Reizes als, grob gesagt, lineare Funktion des Logarithmus seiner objektiven Reizgröße) hängt davon ab.[174] Weitere Experimente der Wahrnehmungs- und Kognitionspsychologie könnte man anfügen: So zum *Stroop-Effekt*[175] und *Priming*[176] – oder auch die Beziehung der *initialen* „Kernaktivation" in der revidierten Frustrations-Aggressions-Beziehung nach Berkowitz (s. Kap. 4). Die

---

172 Siehe Fechner (1860).
173 Fechner (1860, S. 4).
174 Prinz (1992).
175 Siehe u. a. Dunbar und MacLeod (1984).
176 Siehe u. a. Meyer und Schvaneveldt (1971).

Aussage von Bennett und Hacker: „Es gibt nicht nur keine Brückenprinzipien, die irgendeine Form der ontologischen Reduktion psychologischer Attribute auf neurale Konfigurationen erlauben, sondern es ist auch sehr zu bezweifeln, dass es irgendetwas gibt, dem man den Ehrentitel *psychologische Gesetze* menschlichen Handelns verleihen kann, die auf neurologische Gesetze reduziert und mithin durch sie erklärt werden könnten, welche auch immer dereinst entdeckt werden"[177], kann dadurch nicht durchgängig widerlegt werden. Es bezieht sich auf *komplexes Handeln* und nicht auf z. B. einfachere psychophysische Zusammenhänge. Die experimentelle Psychologie zeigt dennoch ebenso *Faktoren* auf, wie dieses Handeln bestimmt sein könnte, auch wenn die generell anzunehmende Nichtlinearität eine Berechenbarkeit und Voraussage oft unmöglich machen und die Zurückführung auf neurowissenschaftliche Vorgänge zum Teil (schon) an der Auflösungsfähigkeit der eingesetzten Verfahren scheitert. Nach den zur Verfügung stehenden Methoden beurteilt, ist die Vermutung, dass die „Neurowissenschaften [...] nicht die Erklärungskraft der *guten Gründe*, die wir für unser Verhalten offen anführen, ersetzen oder unterminieren oder die *Rechtfertigungen* annullieren [können], die wir hinsichtlich unseres *rationalen* Verhaltens vorbringen"[178], plausibel. Einzig die eher umfänglichen Vermögenstatbestände des Fühlens, Handelns und Wollens sind i. S. einer Läsionskunde des Gehirns mit zerebralen Regionen und Prozessen verknüpfbar, wie z. B. die Folgen von Schlaganfällen, Tumoren bzw. Unfällen zeigen. Gute Gründe zu haben, sich nach sozialen Erwägungen zu entschließen usw., sind intentionale Sprachspiele eines grundlegenden psychologischen Funktionierens des Common Sense, der sich nicht wegkürzen lässt, ohne die Bedingungen menschlicher Existenz schwer zu schädigen. In diesem Problemfeld zeigt sich auch der Unterschied zwischen einer korrelativen und stochastischen in Bezug zu einer kausal ableitenden stringent vorhersagenden wissenschaftlichen Betrachtung, denn die Erstere ist durchaus, die Letztere bestimmt nicht im *konkreten komplexen* Handeln eines Menschen möglich (weil allein das deterministische Chaos erkenntnispraktischen Hochmut demütigt). Gleichzeitig muss indes auch jenes Einen-Grund-für-etwas-Haben in *diesem* Universum angesiedelt werden und nicht in einer transphysikalischen Sphäre. Es ist eine Bildung des Gehirns und wirkt vermutlich durch seinen *Informationscharakter*, trotzdem es als Gewordenes sekundär sein könnte, wiederum *rekursiv* in die chaostheoretisch folgenden Prozesse (z. B. i. S. einer *Bifurkation* fern vom thermodynamischen Gleichgewicht) ein: Weil wir so und so (bewusst) fühlen usw., ändert sich der Zustand des (lebenden, hinreichend intakten) Gehirns. Das heißt: Auch *Gründe* haben somatische Wirkungen. *Rein geistige* Vorgänge wie das Lernen verändern z. B. die Hirnkonnektivität und die Synapsen.[179] Es sind nicht etwa zwei „Reiche", die sich da gegenüberstehen, sondern eher zwei „Ebenen", die sich überlagern. Hier zeigt sich, dass die unterschiedlichen

---

177 Bennett und Hacker (2012, S. 490, Hervorhebung im Original).
178 Bennett und Hacker (2012, S. 494, Hervorhebungen im Original).
179 Siehe z. B. Birbaumer und Schmidt (2010, S. 629 ff.).

Sprachspiele (Ursache – Wirkung vs. Grund – Folge) keine prinzipielle *ontische* Barriere kennzeichnen, sondern nur unsere Fähigkeit über ihre Lemmata sinnvoll zu *sprechen*, widerspiegeln.[180]

Das bis hierhin Resümierte berührt auch die Möglichkeit einer *privilegierten introspektiven Innenwelt*, die wir (vermutlich, wenn meine Mitmenschen keine „Zombies" sind) alle haben, solange wir hinreichend wach und gesund usw. funktionieren. Oder etwa nicht? Mit dem *Privatsprachenargument* Wittgensteins[181], welches aufzeigt, dass eine Begriffskonstitution ohne Bezug auf eine Außenwelt nicht möglich ist, lässt sich zwar sagen, dass wir diese benötigen, um sinnvolle Wortsetzungen zu benutzen – es kreist um *grammatische* Bemerkungen, die irreführende Konzeptionen des Geistigen bloßlegen. Gibt es daneben aber nicht doch auch einen wirklich eigenen epistemischen „Raum", der zumindest im Gefühlserleben ausschließlich *mir* gehört, ohne dabei gleich an ein „Gespenst in der Maschine" i. S. v. Ryle[182], d. h. einen Descartes'schen Geist glauben zu müssen? Hören wir zuerst, was Bennett und Hacker dazu am Beispiel des Schmerzempfindens anmerken:

> *Einen Schmerz haben heißt nicht, irgendetwas zu besitzen; noch heißt es, in einer Beziehung zu einem Schmerz zu stehen [...].* Wir neigen zu einer anderen Betrachtungsweise, weil wir *einen Schmerz haben* ungewollt nach dem Modell von *einen Penny haben* auslegen. [...] Wenn eine Person einen Schmerz hat, steht sie jedoch nicht in einer *Beziehung* zu einem Schmerz, genauso wenig wie ein rotes Kissen in einer Beziehung zur Farbe Rot steht. [...] Einen Schmerz zu haben heißt folglich nicht, zu irgendetwas *Zugang* zu haben, und schon gar nicht, *privilegierten* Zugang zu etwas zu haben, das man *unveräußerlich besitzt* und das *in logischer Hinsicht privat* ist [...] Einen Schmerz zu haben heißt zu leiden.[183]

Der Begriff der *Entität* ist hier zurecht fraglich, allerdings nur in dem Sinne, wie es unglaubhaft wäre, wenn jemand sagte: Er habe die *elektromagnetische Welle* in Amplitude und Frequenz *tatsächlich* inne, die sein Handy funktionieren lässt (denn physikalische Felder entziehen sich per se dem individuellen Besitzenkönnen). Hier scheint ein wesentliches Problem versteckt: Die Verwechslung *energetischer* mit *possessiv-materiellen* Gegebenheiten. (Wir lassen hierbei etwas außer Acht, dass auch Materie, siehe den quantenmechanischen Welle-Teilchen-Dualismus bzw. die Einstein'sche Masse-Energie-Äquivalenz, als eine Form der Energie betrachtet werden kann). Auch ohne eine explizit dualistische Position einzunehmen, kann man die energetisch-epistemische Einzigartigkeit des subjektiven Erlebens in Erwägung ziehen, da diese nicht zwangsläufig an eine logische Unabhängigkeit eines dualistisch-freien Geistes geknüpft sein muss. Doch nochmals zu Bennett und Hacker:

---

180 Zur ausführlicheren Beschäftigung mit dem vielgestaltigen Problemkreis philosophischer Gründe siehe Nida-Rümelin und Özmen (2012).
181 Wittgenstein (1953/1984a, *Philosophische Untersuchungen*, §§ 243.–315.).
182 Ryle (1949/1992).
183 Bennett und Hacker (2012, S. 125 f., Hervorhebungen im Original).

Kopfschmerzen zu haben heißt nicht, irgendetwas *wahrzunehmen*. Allerdings sage ich das auch nicht aufgrund einer als „innere Wahrnehmung" betrachteten „introspektiven Beobachtung", denn es gibt nichts dergleichen. Ich sage es einfach [...] Natürlich *fühle/empfinde* ich einen Kopfschmerz, einen Kopfschmerz zu fühlen *heißt* jedoch gerade, einen Kopfschmerz zu haben – das heißt, dass einem der Kopf wehtut. Einen Schmerz im eigenen Kopf zu fühlen ist keine Form taktiler Wahrnehmung, sondern eine Form der Empfindung.[184]

Was Bennett und Hacker hier (wahrscheinlich) ausdrücken wollen ist: Man kann in der sprachlichen Abstraktion sehr wohl „die gleichen" Schmerzen wie jemand anderes haben, Kriterien wären hier Schmerzqualitäten (dumpf, pochend sowie der Ort usw.), man nimmt sie indes nicht wahr, wie man einen Baum in der Landschaft wahrnimmt, aber empfindet sie sehr wohl als Leiden. Nun aber sollte (jenseits einer alleinigen sprachlichen Kritik einer „gespensterhaften" Innenperspektive) auch gelten: *Wie genau* die Schmerzen *empfunden* werden, ist nicht exakt sprachlich transponierbar, Sätze sind eben nur Abstraktionen: dürre Worte allein, mit denen wir uns verständlich machen. Das, was wir fühlen, ist unser Gefühl, uns und nur uns zugänglich (empathische Vermittlungen durch Spiegelneurone lassen wir hier außen vor). Hier scheint mir eine Verwechslung des *Typs* von Kopfschmerzen, den jemand hat, vom konkreten Zustandstoken (i. S. einer Eigenschaftsinstantiierung) des individuellen Schmerzes vorzuliegen. Vom Typ kann man *reden*. Das Token ist jedoch einzig privates *Gefühl*. Zwar vermögen wir es nicht, in absoluter Innensicht sicher zu sein, dass dieses Gefühl überhaupt als ein Ereignis des Typs „Schmerz" anerkannt werden könnte. Wittgenstein sagt: „Wenn man die Grammatik des Ausdrucks der Empfindung nach dem Muster von ‚Gegenstand und Bezeichnung' konstruiert, dann fällt der Gegenstand als irrelevant aus der Betrachtung heraus."[185] Man bedarf zwingend der Korrelation mit der restlichen sozialen Welt, damit man das individuelle Gefühl von Schmerz in die Klasse der allgemein als Schmerz geltenden Empfindungen eingruppiere, was wiederum nicht absolut sicher sein kann, denn niemand außer mir kennt ja den „Gefühlskäfer", den ich in „meiner Schachtel" habe, um im Bild von Wittgenstein zu bleiben. Ohne dieses ursprünglich private Erlebnis verlöre das Privatsprachenargument völlig seine Bedeutung und Wittgenstein ging es auch nicht um die Eliminierung jenes Erlebens. Das Problem der introspektiven „Wahrnehmung" kann man nicht durch rigoroses *ontisches* Wegkürzen lösen, obwohl „dieses Ding [der Gefühlskäfer] in der Schachtel [...] ‚gekürzt werden'"[186] kann – was allerdings nur für die Sprachspielverwendung gilt. Dass jemand ein Gefühl empfindet, ist wohl niemandem (a) auszureden und (b) kaum einem als prinzipiell nicht subjektiv oder unerheblich hinstellbar.

---

184 Bennett und Hacker (2012, S. 126, Hervorhebungen im Original).
185 Wittgenstein (1953/1984a, *Philosophische Untersuchungen*, § 293., S. 373).
186 Wittgenstein (1953/1984a, *Philosophische Untersuchungen*, § 293., S. 373).

Mit welchen weiteren Argumenten wollen Bennett und Hacker dieses Innehaben einer subjektiv epistemischen „Sphäre" (relativ) autonomen Erlebens relativiert
sehen? Sie schreiben:

> Die Vorstellung, dass andere nur *mittelbar Zugang* zum Schmerz(haben) des Subjekts, zu seiner
> Freude oder Niedergeschlagenheit haben oder nur *mittelbare* bzw. *indirekte Evidenz* dafür, dass
> es etwas zu trinken will oder das und das denkt, geht gleichermaßen in die Irre. Wir können
> nur dort von „mittelbarer Evidenz" sprechen [...] wo es *Sinn ergibt*, von unmittelbarer Evidenz
> zu sprechen [...] – denn um Evidenz oder Wissen als „mittelbar" zu charakterisieren, muss man
> einen *Gegensatz* bilden. Und der Gegensatz zwischen unmittelbarer und mittelbarer Evidenz
> dafür, dass A Schmerzen hat, ist nicht der Gegensatz zwischen dem Umstand, dass A Schmerzen
> hat und das auch *selbst* sagt, und *unserer Beobachtung*, dass A Schmerzen hat und das sagt.
> Denn *Schmerzen haben* ist keine Form des Wissens, aber auch keine Form der Evidenz, und die
> Person, die stöhnt oder sagt, sie habe Schmerzen, sagt das somit weder aufgrund von Evidenz
> noch von Beobachtung, denn, wie oben dargelegt, heißt Schmerzen haben nicht, etwas zu *beob
> achten*.[187]

Wir könnten nicht in den Geist einer Person vordringen und ihn unmittelbar erfassen, nicht weil er uns in seiner Privatheit verschlossen wäre, und wir daher prinzipiell
keinen Zugang hätten, sondern weil eine Möglichkeit einer solchen Untersuchung gar
nicht existiere: „Wir haben es hier nicht mit etwas zu tun, die [sic] wir nicht tun könnten,
sondern vielmehr mit etwas, das es nicht gibt"[188], was ebenso wenig beschränke, „wie
dass im Damespiel niemand matt gesetzt werden kann."[189] Neben der oben genannten
Erwägung, dass man die Sprache nicht als *ontisches* Seins-Kriterium einsetzen kann,
als Prüfmethode quasi, ob etwas existiert oder nicht – frage ich hier darüber hinaus:
Was soll sonst *evidente Kenntnis* bedeuten, wenn nicht einmal der Schmerz (als vielleicht klarster Vertreter der Klasse der Gefühls-, d. h. Anschauungserlebnisse i. S. v.
Kant) es *bedeutet* – nicht einmal die *erlebte* Qual?[190] Werden jene beiden Worte nicht
zumindest partiell sinnlos, wenn man das nicht zugibt?[191] Es handelt sich hier nicht
um analytisches, logisches *Wissen*, sondern es muss empirisches *Dafürhalten* gemeint
sein (also nur eine hinreichend sichere, „evidente" Vermutung). (Vielleicht sollte man
Bennett und Hacker einmal „peinlich", wie man im Mittelalter sagte, befragen? Wie
würden sie da antworten? – Jeder darf dazu wetten ...).

Bennett und Hacker setzen die *Sinnlosigkeit des Gegensatzes* zwischen mittelbarem und unmittelbarem Zugang willkürlich, unplausibel und ohne Beweis voraus,
meinen, weil man nicht sinnvoll davon reden kann, könne er auch nicht sein, erklären damit implizit, es gäbe ein unmittelbares, privilegiertes Erleben nicht, um danach

---

187 Bennett und Hacker (2012, S. 121 f., Hervorhebungen im Original).
188 Bennett und Hacker (2012, S. 122).
189 Bennett und Hacker (2012, S. 122).
190 Denn: „Gedanken ohne Inhalt sind leer, Anschauungen ohne Begriffe sind blind" (Kant,
1781/1992a, S. 98 [B 76]).
191 Siehe Wittgenstein (1953/1984a, *Philosophische Untersuchungen*, §§ 303. f., S. 376).

die fehlende Bedeutung des privilegierten Zugangs des Subjekts zu seinen eigenen Bewusstseinsphänomenen abzuleiten: Es sei irrig anzunehmen, dass man ins Innere anderer Menschen vordringen und ihre bewussten Gedanken betrachten müsste, um wirklich zu erfahren, was sie dort erleben: Man benötige nur „den *aufrichtigen Ausdruck* ihres Denkens und ihrer Argumente"[192] – diese Petitio principii möchte das *Unmittelbare* des Erlebens als Gegensatz zum Beobachten eines Erlebens durch andere (respektive Mitteilen durch die erlebende Person) logisch grundlos verleugnen (und wegkürzen).

In der *Rede darüber*, können mehrere Menschen denselben (Typ) Schmerz (begrifflich) haben, weil es nur um die Abstraktion des Schmerzes in der Rede geht; als potenziell myriadenhaft unterschiedlich ausgestaltete, konkrete (v. a.) neuronale Aktivation des Organismus eher zufällig (aber sehr unwahrscheinlich) vielleicht auch noch denselben Schmerz – aber ob das Erste-Person-Erleben mit einem anderen Erste-Person-Erleben (einer anderen Person) *identisch* ist, weiß *niemand*, und wird auch niemand wissen (und diese Aussage ebenso nicht und wieder und wieder, ad infinitum).[193]

---

192 Bennett und Hacker (2012, S. 122, Hervorhebungen im Original).

193 „Das Wesentliche am privaten Erlebnis ist eigentlich nicht, daß Jeder [*sic*] sein eigenes Exemplar besitzt, sondern daß keiner weiß, ob der Andere [*sic*] auch *dies* hat, oder etwas anderes." Wittgenstein (1953/1984a, *Philosophische Untersuchungen*, § 272., S. 366).

Stephan Straßmaier, Hans Werbik

3 Trieb- und Instinkttheorien der Aggression

3.1 Einleitende Bemerkungen zur Verwendung des Begriffs „Trieb" u. Ä.

Die erste Theorie der *Definition* wurde von Aristoteles[1] begründet. Die traditionelle Definitionslehre gibt ein Schema an, nachdem ein einstelliger Begriff durch den nächsthöheren Artbegriff und ein spezifisches Merkmal mit Bedeutung versehen wird, die bekannte lateinische Formel dazu lautet: *„Definitio fit per genus proximum et differentiam specificam."*[2] Um etwas wirklich zu erklären und nicht nur Scheinexplanationen zu betreiben, ist mindestens zu fordern, dass eine Definition das Wesen des zu Definierenden erfasst, weder zirkulär noch negativ ist, und die verwendeten Begriffe hinreichend klar und scharf bestimmt sind.[3] Insbesondere darf, spätestens seit Frege, das *definiendum* (Erklärte) nicht mit seinem *definiens* (dem Erklärenden) identisch sein. Das, was gültig definiert worden ist, führt damit zu einem Begriff, welcher (im Gegensatz zu seinen Ausgangsentitäten) bisher noch keine wohlbestimmte Bedeutung besaß.[4]

Diese grundlegenden Maximen werden leider durch die Verwendung des Begriffs „Trieb" (oder in Abwandlung „Instinkt") in der Alltagswelt, wie auch Teilen der Wissenschaft zum Teil verletzt. Oft ist es simpler animistischer Wortzauber, wenn Klassifikationen von Verhaltensweisen *vergegenständlicht* und letztendlich ohne Weiteres zu *Ursachen* des Verhaltens selbst erhoben werden.[5] Das im 17. und 18. Jahrhundert unter Gelehrten im Schwange gewesene *Phlogiston* bewirke (meinte man) die Verbrennung; Wunden heilten durch die Heilkraft (*vis medicatrix naturae*), Opium schläfere (wie Molière sich, in kunstfertig schlechtem Latein quasi doppelt erheitert) ein durch *„Virtus"*[6] *dormitiva* – und Triebe sollen die Ursachen sein für unser Tun und Lassen? Besser wäre es hier, man würde die darin klar vorliegende *Zirkelhaftigkeit* vermeiden, ein Konzept erfinden und einsetzen, welches *mehr* bedeutete, als seine einzelnen Edukte.[7] Zudem ist es schlicht willkürlich, wie viele (und welche) Triebe

---

1 *Organon* (De Interpretatione).

2 von Kutschera und Breitkopf (1971, S. 139, Hervorhebungen im Original).

3 Diese Qualitäten sind jedoch selbst noch nicht völlig exakt und auch nicht weit genug, um *alle* Definitionen zu erfassen.

4 von Kutschera und Breitkopf (1971, S. 139–149).

5 Vergleiche u. a. Skinner (1953, S. 23 ff.).

6 In *Der eingebildete Kranke* (Drittes Zwischenspiel, Erster Ballett-Auftritt), s. Molière (1673/2013, S. 69, Hervorhebung im Original).

7 Die Objektbeziehungstheorie (s. Hinz, 2002) wäre hierbei bezüglich psychoanalytischer Ansätze ein Schritt in die richtige Richtung.

DOI 10.1515/9783110521203-7-003

man postuliert, ob zwei, zwanzig oder zweihundert, alles wäre möglich.[8] Triebe in Reinform zu untersuchen scheint aussichtslos. Wissenschaft, die wirklich etwas aussagt, lässt sich so leider nur schwer begründen, wenn allein eine Prädikatoren- d. h. Wortsetzungsregel vom Phänomen zum entsprechenden theoretischen Konzept, hier dem Trieb oder Instinkt, führt. Allzu mühelos hat man sich in den Triebtheorien über solche Belange oft hinweggesetzt; zu groß war möglicherweise der Charme der leichten und schnellen (aber leider aussagelosen) „Erklärung". Dass dies Konsequenzen auf die Stellung der nachfolgend dargestellten Theorien Freuds und Lorenz' hat, ist stets mitzubedenken. Insbesondere darf gefragt werden, ob die je vorliegenden Begriffspraxen die reale empirische Prüfung nicht maßgeblich beeinträchtigen können – ob es also tatsächlich so ist, wie behauptet wird. Das schließlich ist schlicht die große Aufgabe aller Erkenntnissuche und auch der der seelischen Archäologie, mit der die Freud einmal die Psychoanalyse verglich.[9]

3.2 Die Psychoanalyse Freuds und ihr Aggressionskonzept – ein (auch) kritischer Blick

Unter dem Begriff des *Triebs* versteht man in konkret psychoanalytischer Tradition einen dynamischen, innerseelischen Vorgang, der einen zielgerichteten Drang des Organismus zu emotionalen oder motorischen Reaktionen (oder beidem) zur Folge hat, und dessen Grundlage im somatischen Bereich zu suchen sei, und der sich vom Begriff des Instinkts durch seine größere Verhaltensoffenheit abhebe. Sigmund Freuds Auffassung zum Triebgeschehen war von Anfang an eine *dualistische*, hat ihren Inhalt jedoch im Laufe der Zeit gewandelt: Zuerst als Gegensatz- und Konfliktpaar der Sexual- versus Ich-Triebe (Selbsterhaltungstriebe) konzipiert, die im Zeitraum von etwa 1894 bis 1911 seine Theorien dominierten, standen danach in den späteren Jahren von 1915 bis 1920 Sexual- versus Aggressionstriebe, und erst ab 1920[10] der Lebens- gegen den Todestrieb (*Eros* vs. *Thanatos*)[11] im Vordergrund. In der Zwischenzeit von 1911 bis 1914 entwickelte Freud das Konzept des *Narzissmus*, das die Triebdualität aus einer gemeinsamen Quelle hervorgehen ließ, was den Antagonismus (übergangsweise) scheinbar zugunsten einer monistischen Sicht aufhob.[12] Es änderten sich damit nicht nur Namen, sondern auch der Inhalt der bezeichneten (spekulativ metapsychologischen) Wesenheiten – schließlich wird nur noch zwischen der libidinösen Bindung und Herstellung größerer Einheiten mittels Eros und der Auflösung

---

8 So bereits Dunlap (1919).
9 Siehe Freud (1907/1982, S. 39 f.).
10 Mit *Jenseits des Lustprinzips* (Freud, 1920/1989b).
11 Eros i. S. des *Symposion* Platos mit bewusster Überdehnung des populären Begriffs der Sexualität (Freud, 1933/1974, S. 281).
12 Butzer (2002).

bzw. Destruktion durch Thanatos unterschieden, also auf einer viel fundamentaleren Ebene verhandelt.[13] In dieser Trieblehre letzter Hand kommen wiederum sehr alte Weltdeutungen, die in antiken orientalischen Religionen über die christliche Tradition in unsere Epoche vermittelt worden sind, aufs Neue aktualisiert und lebendig auf. So kämpft im *Zoroastrismus* das gute Prinzip mit *Ahura Mazda* – aus dem Persischen übertragen etwa „Herr der Weisheit" – gegen den „bösen Geist", personifiziert in *Ahriman*. Ähnliches bezeugte der *Manichäismus* mit dem ewigen Widerstreit zwischen Licht und Finsternis. Freud selbst bleibt dabei freilich in der nüchternen Sphäre des aufgeklärten Wissenschaftlers, wenn er anmerkt: „Was die Triebe voneinander unterscheidet und mit spezifischen Eigenschaften ausstattet, ist deren Beziehung zu ihren somatischen *Quellen* und ihren *Zielen*. Die Quelle des Triebes ist ein erregender Vorgang in einem Organ, und das nächste Ziel des Triebes liegt in der Aufhebung dieses Organreizes."[14] „Das Ziel kann am eigenen Körper erreicht werden, in der Regel ist ein äußeres Objekt eingeschoben, an dem der Trieb sein äußeres Ziel erreicht; sein inneres bleibt jedesmal die als Befriedigung empfundene Körperveränderung."[15] Der Drang, die Quelle, das Ziel und Objekt werden somit zu zentralen Attributen des Triebkonzepts.[16]

All jenen oft schwer empirisch zu untersuchenden Entitäten oder Konstrukten ist gewiss eine bedeutend abstrakte, interpretatorische Macht (angefeuert durch die vornehme konquistatorische Bestimmt- und Klarheit der Diktion Freuds) eigen und sie implizieren auch dadurch einen nicht geringen theoretischen (mitunter ebenso narzisstischen) Reiz. Gleichwohl bleiben sie tatsächlich sehr regelmäßig, wie schon Sigmund Freud selbst feststellte, *unklar*, wie, als seien „Triebe [...] mythische Wesen, großartig in ihrer Unbestimmtheit"[17], und fordern die (wie auch immer in der Tiefe motivierte) Kritik skeptischer Andersdenkender teils geradezu heraus.[18] Der Zwiespalt in der Entscheidung darüber, was hier richtig ist oder nicht, kann leicht zum Dauerzustand werden, wovor bereits Epikuros von Samos vor mehr als 2000 Jahren gewarnt hat.[19] Überhaupt sind die Probleme der Operationalisierung psychoanalytischer Theorien kaum zu überschätzen, wenn auch die kritisch-rationale Prüfbarkeit wesentlicher Theoriesegmente selbst, wie die der Widerstandskonzepte, mit Ein-

---

13 Freud (1940/1966, S. 40 ff.).
14 Freud (1905/1972, S. 77, Hervorhebungen im Original).
15 Freud (1989c [zuerst 1932/33], [32. Vorlesung] S. 530).
16 Freud (1915/1975, S. 85 ff.).
17 Freud (1989c [zuerst 1932/33], [32. Vorlesung] S. 529).
18 Siehe als profilierte Gegner z. B. Eysenck und Wilson (1979), Grünbaum (1988, 1993) und Popper (1963/2000, S. 46 ff.).
19 XXIV. Hauptlehrsatz (in der Überlieferung des Diogenes Laërtius). Zitiert nach: Epikur (1988) *Philosophie der Freude. Briefe. Hauptlehrsätze. Spruchsammlung. Fragmente.* (Übers. P. M. Laskowsky). o. O.: Insel. S. 69.

schränkungen beim Verdrängungs- und Krankheitsgewinn-Widerstand (und anders als z. B. Popper dachte[20]) gegeben ist.[21]

Unbewusste Prozesse dominieren die kognitive Informationsverarbeitung.[22] Obwohl sich Freuds Hypothesen teils nicht empirisch bewähren ließen[23], scheinen die Konzepte *unbewusster Vorgänge*, *Abwehrmechanismen* und frühen *Objektbeziehungen* fruchtbar zu sein[24] und tiefenpsychologisch fundierte sowie analytische Therapien bei verschiedenen Störungsbildern sehr wohl zu wirken[25], was wiederum nicht als Strengbeweis für die zugrunde liegenden Theorien rückwirken kann[26]. Zur Verdrängungslehre Freuds teilt allerdings Köhler[27] eigene (replizierte, Störvariablen hinreichend kontrollierende) Studien mit, die die Kritik Eysenck und Wilsons an den einschlägigen Untersuchungen von Levinger und Clark aus dem Jahre 1961 zur Verdrängung berücksichtigen und deutlich auf die Gültigkeit dieses grundlegenden theoretischen Konzepts der Psychoanalyse hinweisen.

Ein wesentlicher Aspekt der späten Freud'schen Lehre liegt darin begründet, alle Verhaltensweisen als sowohl vom Eros wie auch der Aggression (dem Destruktionstrieb) determiniert zu sehen.[28] Exemplarisch scheint Freud dies im Verhältnis von Sadismus und Masochismus auf, denn er schreibt: „Wir meinen also, daß wir im Sadismus und im Masochismus zwei ausgezeichnete Beispiele von der Vermischung beider Triebarten, des Eros mit der Aggression, vor uns haben, und machen nun die Annahme, daß dies Verhältnis vorbildlich ist, daß alle Triebregungen, die wir studieren können, aus solchen Mischungen oder Legierungen der beiden Triebarten bestehen."[29]

> Der eine dieser Triebe ist ebenso unerläßlich wie der andere, aus dem Zusammen- und Gegeneinanderwirken der beiden gehen die Erscheinungen des Lebens hervor. Nun scheint es, daß kaum jemals ein Trieb der einen Art sich isoliert betätigen kann, er ist immer mit einem gewissen Betrag von der anderen Seite verbunden, wie wir sagen: legiert, der sein Ziel modifiziert oder ihm unter Umständen dessen Erreichung erst möglich macht.[30]

Diese großzügige, nicht hinreichend stringent empirisch untersuchte Hypothese öffnet das Tor für ebenso freigebige Willkürlichkeiten in der Festsetzung der konkret vorliegenden negativen Energien, die den Lebenstrieben nunmehr (meist) beigemischt sein sollen. Ausnahmen der genannten Trieblegierungen sind ebenso unklar und bleiben der subjektiven Würdigung anheimgestellt. Zudem werden Aggressionen

---

20 Popper (1963/2000, S. 53).
21 Vergleiche Straßmaier (2003).
22 Siehe etwa Perrig, Wippich und Perrig-Chiello (1993) und Hassin, Uleman und Bargh (2005).
23 Siehe Eysenck und Wilson (1979).
24 Asendorpf und Neyer (2012, S. 8–19); s. Cramer (2006).
25 Siehe Grawe et al. (2001) und Leichsenring (2005).
26 Siehe Grünbaum (1988, 1993).
27 Köhler (2005).
28 Siehe z. B. Rauchfleisch (2002).
29 Freud (1989c [zuerst 1932/33], [32. Vorlesung] S. 537).
30 In *Warum Krieg?* (Freud, 1933/1974, S. 281).

per se als etwas schädlich Nekrophiles verunglimpft, anstatt auch sie primär den akzeptablen Lebensstrebungen unterzuordnen, und nur dann davon abzuweichen, wenn tatsächlich sonst nicht zu verstehende Destruktivität vorliegt. Dazu muss die geradezu inflatorische Ausweitung des Begriffs der Aggression konstatiert werden[31], der nun wahrhaft sehr vieles (wie schon die Nahrungsaufnahme selbst[32]) als zerstörerisch auffasst, wodurch eine hinreichende Trennschärfe und Sinnhaltigkeit der Zuschreibung als aggressiv verlorenzugehen drohen. Ob Selbstmörder oder sich selbst schädigende Neurotiker tatsächlich als Personen mit einer Triebentmischung begriffen werden sollen, wie Freud es darstellt[33], ist daneben nicht bewiesen, (hinsichtlich der Behandlungsprognose) zum Glück vielleicht auch nicht real. Problematisch scheint es immer, mit spekulativen Konzepten im Rahmen einer theoretischen Voreingenommenheit bar jeder starken (objektiv-unabhängigen) Prüfinstanz (d. h. zweifelsfreien Effekten *ohne* Placebo-Verdacht) im psychischen Dickicht auf Bestätigung aus zu sein. Freud macht es sich mit seinem Todestriebkonzept letztlich wohl schlicht zu einfach und *blockiert* die weitere Hinterfragung von Phänomenen, in denen der angebliche Thanatos sich kundtue. Auffällig ist dabei die ungefähre Gleichzeitigkeit der Krebserkrankung Freuds (Anfang der 1920er-Jahre) mit der Statuierung dieses Konzepts, was man in funktionaler Hinsicht spekulativ als Ausdruck einer tieferen Pathologie sehen könnte.[34] Darüber hinaus ist seine Annahme, dass das Lebendige in stetem Fluss Aggressionen (also die todestriebhafte Selbsteliminierungstendenz) *produziere*, weder übermäßig plausibel und hinreichend empirisch erhärtet, noch ist es sicher, dass solch eine Hypothese eigentlich widerlegbar wäre. Denn selbst wenn sich ein *logischer* Falsifikator[35] dafür fände, also eine entsprechend widersprechende organismische Reaktionsklasse, wäre doch ziemlich sicher eine hochgradige Immunisierungstendenz insbesondere durch unpräzise Terminologie, Operationalisierungsdefizite und Ad-hoc-Hypothesen zu befürchten.

Es ist die Lust und das Leid der Metapsychologie, dass man in ihr trefflich wandeln kann, als wäre sie ein großer Sandkasten für Erwachsene und jede Schule hat ihre eigenen Sandkuchenbackformen, siehe Jung, Klein, Sullivan, Winnicott, Kernberg usw. Wie oft wird schließlich das als *Gegenübertragung* bezeichnete Erleben nicht nur zum Kreuz des Analytikers, sondern gerät gar zur „Kreuzigung" des Klienten? Dabei soll überhaupt nicht bestritten werden, dass es Verdrängungen und andere Abwehrmechanismen gibt. Aber es besteht die *reale* Gefahr, dass allein die grundlegenden willkürlichen theoretischen Annahmen oft genau diejenigen Ergebnisse „pro-

---

31 So bereits Selg, Mees und Berg (1997, S. 2).

32 Siehe z. B. Freud (1989c [zuerst 1932/33], [32. Vorlesung] S. 532 f.) oder in *Abriss der Psychoanalyse* (Freud, 1940/1966, S. 40 ff.)

33 Freud (1940/1966, S. 106).

34 Und das, *obwohl* Freud ein kräftiger Zigarrenraucher war, was also u. U. nur eine akzidenzielle Noxe darstellte.

35 Im Sinne von Popper (1934/1984).

duzieren", die der entsprechenden Theorierichtung der Psychoanalyse willkommen sind. Eine weitere mittlere theoretische Katastrophe scheint außerdem das zentrale Freud'sche Konzept des *Ödipuskonflikts* zu ereilen, welcher (und weil er) am Ende vielleicht doch mehr sophokleische Dichtung denn tiefe psychologische Gesetzmä-ßigkeit ist. Wo sind hier Beweise, möchte man fragen, wenn selbst Psychoanalytiker daran zweifeln?

Der ödipale Konflikt scheint keine *naturgesetzliche* Institution zu sein und wäre nach Bischof[36] eher in einer unbefriedigten (ausgedünnten) sexuellen Beziehung zwischen dem Vater und der Mutter be-gründet, einer deswegen kompensatorisch erhöhten Bindung der Mutter an das Kind mit herabge-setzter Autonomie desselben, die wiederum zur libidinösen Reduktion und sexuellen Repression füh-ren. Abermals anders sieht Maaz[37] in diesem Zusammenhang den sogenannten *Lilith-Komplex* (d. h. die Auswirkungen der verleugneten bzw. verdrängten *kinderfeindlichen* Tendenzen der Mütter), statt ödipaler Verwicklungen, als wesentlich an.

Fundamental bleibt dabei die Zirkelhaftigkeit aller triebtheoretischen „Erklärungen", durch die dem Phänomen ein Mantel hoher Abstraktion übergelegt wird, Glauben und Spekulation Tür und Tor geöffnet und Patienten ins Prokrustesbett einer, wie zu befürchten steht, in der Tiefe doch wieder nur *rigiden* Anschauung gelegt werden. Dabei können Heilungserfolge meist nicht ohne Probleme der Richtigkeit der Theorie unterstellt werden, Versuchsleiter- und Placeboeffekte[38] sind unbestreitbar mächtig und im dyadischen Setting einer Analyse wirklich nur schwer zu beherrschen.[39] Zudem könnte sich herausstellen, dass die Psychoanalyse gar nicht der richtige the-rapeutische Ort ist, um tiefe Gefühle *existenzieller* Not, wie sie in den heutzutage oft vorkommenden frühen Störungen versteckt zu liegen scheinen, zu eröffnen, da die Kraft der Therapeuten und der Rahmen des Settings einfach zu schwach sind, um z. B. *wahre* Mordimpulse, schmerzlichstes Leid etc. erfahren zu können. Vielmehr droht die *Kultivierung* dieser Not in „unendlichen" analytischen Besprechungen.[40] So scheint es also mit dem einst durchaus (relativ) progressiven Unternehmen namens Psychoanalyse auszugehen: Wohl angepasste Bürger und gutsituierte Behandler krei-seln um existenzielle psychische Katastrophen, denen sie sich aufgrund ihrer fatalen urtümlichen Großmacht eigentlich nicht zu nähern wünschen.

Diese einleitende Diskussion zu Fragen der Psychoanalyse kann nun konkret auch für das Freud'sche Aggressionskonzept nutzbar gemacht werden. Einerseits ist zu resümieren, es sei empirisch nicht erwiesen, dass es

---

36 Bischof (1985, z. B. S. 128 ff.).
37 Maaz (2003, u. a. S. 20 ff.).
38 Siehe Rosenthal (1976).
39 Vergleiche Grünbaum (1988, 1993).
40 Gleicherweise Maaz (2003, S. 23 ff.).

(1) einen Aggressionstrieb gibt, dieser
(2) eine echte, habituell biologisch untilgbare Neigung zur Aggression darstellt, die damit
(3) zu einer mehr oder weniger regelmäßigen, zwingenden Entladung von Aggressivität aufrufe.

Anderseits ist es reine metapsychologische Spekulation, noch dazu von einem Todestrieb zu sprechen und die Legierung aller menschlichen Verhaltensweisen (bis etwa auf ganz seltene Ausnahmen) mit Eros bzw. Thanatos anzunehmen. In diesem Zusammenhang ist *begrifflich* unklar, wann von reinen „Aggressionen", wann von alleinigen erotischen Manifestationen zu reden sei. Freud formuliert keine expliziten Regeln, nachdem eine humane Reaktion in ihre triebmäßige „Substanz" aufgegliedert werden könnte. Jede Handlung reduziere somit beide Haupttriebquellen: die aggressive wie libidinöse. Niemand weiß (und wird bis in alle Ewigkeit kaum wissen), ob das, was wir hier schreiben nun von Gott oder dem Teufel stammt – von Eros oder dem Todestrieb, und wie bitte das etwaige, genaue Mischungsverhältnis dazu aussehe. Faktisch hängt solch eine hypothetische Zuschreibung hochgradig vom Dafürhalten und Vorverständnis des Beurteilers ab. Es ist ziemlich willkürlich, da präzise Prädizierungsvorschriften dazu nicht vorliegen und auch kaum möglich scheinen. Die klassische Freud'sche Psychoanalyse kommt daher in diesem Kontext insgesamt nicht über die „Verdichtung"[41] von Phänomenen hinaus, die wiederum als Ausdruck entsprechender Triebursachen gesehen werden. Doch der Satz: „Weil jemand aggressiv handelt, muss ein Aggressionstrieb das verursacht haben", ist weder zwingend und stets empirisch wahrscheinlich noch ist er sonderlich gerecht. Eine individuumzentrierte Sicht kann leichter als viele meinen in die Irre führen, denn prinzipiell wird die Macht der Umgebungen teils deutlich unterschätzt.[42] Wenn schon die exakter empirisch fundierten Wissenschaften nach Popper auf *Sumpfland* bauten[43], in dem es *keine* Sicherheit gebe, ist die Psychoanalyse ein wirklich schwach gegründeter Siedlungsteil davon.

3.3 Aggression aus der Sicht der Individualpsychologie Alfred Adlers

Adler teilte die Auffassung nicht, dass sexuelle Konflikte zwischen den hypothetischen Instanzen des *Es, Ich* und *Über-Ich* zu seelischen Störungen führten, wie es die Libidotheorie Freuds behauptet. Obschon er zeitweise sogar die Präsidentschaft der *Wiener Psychoanalytischen Vereinigung* innehatte, war Adler besonders nach dem Bruch mit Freud im Jahre 1911 auch theoretisch eigene Wege gegangen, benutzte den Begriff des

---

41 Als Dichtung und theoretische Abstraktion.
42 Der *Fundamentale Attributionsfehler* i. S. v. Heider (1958/1977) und Ross (1977).
43 Siehe Popper (1934/1984, S. 75 f.).

Unbewussten meist nurmehr als Attribut und nicht in systematischer Hinsicht. Für Adler entwickelte sich ein neurotisches Symptom als Abwehr gegen Umweltanforderungen und nicht aufgrund intrinsischer Triebkonflikte. In dieser Sicht ist ihm das *Minderwertigkeitsgefühl* zentral, das oft real bestehende, teils angeborene Mängel (i. S. einer *Organminderwertigkeit*) zur Grundlage habe und zu einer wesentlichen Beeinträchtigung des Selbstwerterlebens führe. Dazu kämen Aspekte des Erziehungsstils, etwa ungünstige Verwöhnung, Verzärtelung, Vernachlässigung oder Überhärte und die Schwierigkeiten durch die Position in der Geschwisterreihe bzw. die Geschlechtsrolle.[44] Minderwertigkeitsgefühle (i. S. v. Unvollkommenheiten) und Streben nach Überlegenheit (i. S. v. Optimierungswünschen) seien die Pole eines allgemein menschlichen und nicht nur pathologischen Vorgangs. Körperliche Beeinträchtigungen leiteten in diesem Kontext zur *Überkompensation* in besonderen Leistungen; im *männlichen Protest*[45] werde z. B. die als schwach gesehene Weiblichkeit abgewehrt. Nach Adler lege sich bis etwa zum vierten oder fünften Lebensjahr fest, wie ein Kind mit den Anforderungen der Umwelt in Verbund mit den eigenen Minderwertigkeitsgefühlen umgehen wird, was er den *Lebensplan* bzw. *Lebensstil* nannte, die auf einen unbewussten Zweck hin orientiert seien. Der Lebensstil diene dazu, das Gefühl der Selbstmächtigkeit bei der Bewältigung der Umweltanforderungen zu gewährleisten, indem man sein Ziel bzw. Leitbild faktisch erreicht. Hier walte im Rahmen des persönlichen Sicherungsbedürfnisses zudem eine tendenziöse Apperzeption und ließe einen Menschen v. a. nur das wahrnehmen, was ihm (geistig) entgegenkomme. Zugrunde liege der Lebensplan, nach dem sich die abstrakten Leitlinien und der konkretere Lebensstil ausrichteten. Diese Sichtweise zerlegt den Menschen nicht analytisch in spezifisch kausal-gesetzmäßig wirkende Entitäten, sondern versucht ihn *ganzheitlicher* hinsichtlich seines eigenen Bezugssystems zu verstehen. Das wird von Adler noch in das *primäre* und *sekundäre Bezugssystem* untergliedert, wobei das erste in der frühen Kindheit entwickelt werde, u. a. privat, subjektiv, gefühlszentriert, bildhaft bzw. anschaulich symbolisiert sei, während das sekundäre alle im Laufe der Sozialisation erworbenen erwachsenen Eigenschaften wie konventionelle Rollenvorgaben, Logik usw. umfasse: „Das Kind in uns" und der Erwachsene mit Gewissen steuerten beide unser Leben. Gegenüber dem Normalen habe der Neurotiker besondere *Stereotype*, von *Fiktionen* des Lebensplans wie -stils getriebene Verhaltensmuster, die letztlich dazu dienten, die implizite Form des subjektiven Minderwertigkeitserlebens *nicht* zu entlarven. Die Neurose werde so zur unbewussten Ausnutzung von Symptomen (i. S. v. „Ausreden vor dem Leben") und solle die Verantwortlichkeit des Individuums für einen Rückzug aus einem Bereich der Lebensanforderungen aufheben, ohne dass das Selbstgefühl leide.[46] Ein wesentliches Konzept der Individualpsychologie Adlers stellt dabei das *Gemeinschaftsgefühl* dar, das durch ungünstige Umstände während der Erziehung gestört werden könne. Obwohl es evolutionäres Ziel sei, eine

---

44 Orgler (1989, S. 65 ff.).
45 A. Adler (1910/2007b).
46 Siehe z. B. A. Adler (1927/2010a).

ideale Gemeinschaft zu erreichen, würden insbesondere gehasste, vernachlässigte und überstreng erzogene Kinder als Leitbild teils eine soziale Rolle mit herrschenden, grausamen Motiven entwickeln. Aus dem an sich positiven Überlegenheits-, d. h. Vervollkommnungswunsch im Dienste der *Gemeinschaft* werde so der *Machtmensch* herangebildet, der im Streben nach persönlicher Superiorität andere egoistisch dominiere. Hier werde keine kompensatorische Bewältigung einer spezifischen, einzelnen Minderwertigkeit angestrebt, sondern in der Etablierung eines *Überlegenheitskomplexes* der darunter verborgene *Minderwertigkeitskomplex* verdeckt – jener Erstere eher global als Lebensstil und außerhalb der nützlichen Sphäre der Gemeinschaft sowie partiell mit Fiktionen des Heldentums oder anderer Selbsterhöhungsformen ausstaffiert.[47]

Während Adler in seinen frühen Schriften einen *übergeordneten* angeborenen Aggressionstrieb annahm[48], ja sogar deutlich früher als Freud, der dies zu jener Zeit ablehnte, dann indes Jahre später mit seinem Todestriebkonzept in seiner Weise revidierte, änderte Adler seine Ansicht ebenso – jedoch in die entgegengesetzte Richtung.[49] Der Aggressionstrieb der frühen Individualpsychologie war als die geradezu ubiquitäre Treibkraft in einer *Triebverschränkung*, d. h. Vermischung verschiedener Strebungen, formuliert. Er war zunächst für alle Phänomene des Kampfes, Krieges, Leidzufügens, in Verwandlung indes ebenso z. B. für Mitleid, Barmherzigkeit und Krankheitsfurcht u. Ä. m. verantwortlich, also quasi für alles und jedes als direkte oder verborgene Energie, womit er allerdings eine wirkliche Trennschärfe einbüßte, die strenge Prüfbarkeit i. S. v. Popper[50] obendrein. Letztlich scheint er als unwissenschaftliches, weil metaphysisches Konstrukt auf, das sich gar nicht widerlegen lässt. Adler wandelte seine frühen Ansichten dazu jedoch und formulierte die Aggression später schließlich nurmehr als *reaktive* Kraft, die dem allgemeinen Streben nach Überwindung bzw. Vervollkommnung (i. S. persönlichen Wachstums) unterzuordnen sei, und zwar als seine eher pathologische Form bei unzureichend entwickeltem Gemeinschaftsgefühl.[51] Alfred Adler schreibt:

> Im Jahre 1908 kam ich auf den Gedanken, dass sich jedes Individuum eigentlich stets in einem Zustand der Aggression befindet, und unvorsichtigerweise habe ich diese Stellungnahme Aggressionstrieb genannt. [...] Bald erkannte ich jedoch, dass es sich dabei gar nicht um einen Trieb handelt, sondern um eine teils bewusste, teils unverstandene Stellungnahme den Aufgaben des Lebens gegenüber, und ich gelangte auf diese Weise zum Verständnis *des sozialen Einschlags* in der Persönlichkeit, dessen Grad immer nach Maßgabe seiner *Meinung* über die Tatsachen und Schwierigkeiten des Lebens ausgestaltet ist.[52]

---

47 Kriz (1994, S. 50–63).
48 Siehe A. Adler (1908/2007a).
49 Ansbacher und Ansbacher (1972, S. 54 ff.).
50 Siehe Popper (1934/1984).
51 A. Adler (1933/2008, S. 208 ff.); vergleiche Köpke (1997).
52 A. Adler (1931/2010b, S. 500, Hervorhebungen im Original).

Dieser Begriff der *Stellungnahme* beinhaltet also eine subjektive Einschätzung und Interpretation der äußeren wie inneren Wirklichkeit. Das, was wir glauben, beeinflusst unser Tun, ein Satz, der an den Stoiker Epiktet erinnert.[53]

Daraus kann wiederum abgeleitet werden, dass der Mensch in Adlers Sicht seinen Aggressionstendenzen nicht unabänderlich ausgeliefert, sondern eine (gewisse) kognitive Moderationsmöglichkeit vorhanden ist. Vor allem ist die Aggression bei Adler keine biologische Urkraft mehr, gegen die es kein Mittel gibt. Diese relativ moderne Sicht (die erst wieder nach der sog. *kognitiven Wende* dominanter werden wird) erscheint bei Adler bezüglich der Aggression noch relativ wenig ausdifferenziert, nimmt aber bereits rezentere Theorien vorweg. Zu kritisieren wären hier allerdings wieder die individuumzentrierte Perspektive ohne Betrachtung *maßgeblich* äußerlicher und zerebral wirkender Faktoren und die erschwerte Operationalisierungsfähigkeit dessen, was *Stellungnahme* eigentlich *bedeutet* sowie, damit verbunden, die mangelnde empirische Überprüfung des Konzepts. Was genau als aggressiv gelten kann und was nicht, bleibt dem subjektiven Dafürhalten überlassen, und wird wohl nur für die relativ sehr deutlichen Formen des Schädigens und Kämpfens hinreichend klar. Ob die Verwirklichung eines gesunden Gemeinschaftsgefühls darüber hinaus tatsächlich Aggressionen ausschließe, ist nicht nachgewiesen – und vielleicht auch gar nicht der Fall bzw. wünschenswert, wenn man sie als *im Grunde* vitale schöpferische Kraft und Potenz sieht.

3.4 Wilhelm Reich – die pathologische muskuläre Panzerung als „Quelle" der Destruktivität

Bekanntlich ist Wilhelm Reich ein Psychoanalytiker der ersten Generation um Freud gewesen, der dessen tiefenpsychologischen Ansichten späterhin modifizierte, mit eigenen Konzepten über die fundamentale Wirkung des *Körperpanzers* und der Orgasmusbremsung (Unterdrückung des *Orgasmusreflexes*)[54] auf eine somatische Basis stellte. In seiner letzten Schaffensperiode widmete er sich der Erforschung, Beschreibung sowie therapeutischen Anwendung der umstrittenen kosmischen Bioenergie, der er den vielleicht nicht ganz glücklichen (weil esoterisch anmutenden) Namen *Orgonenergie*[55] gab. Oft geschmäht, viel belächelt, rechtlich verfolgt verstarb er 1957 im US-Bundesgefängnis zu Lewisburg, Pennsylvania (wo er eine zweijährige Haft-

---

53 „Nicht die Tatsachen selbst beunruhigen die Menschen, sondern die Meinungen darüber." (Epiktet). Zitiert nach Epiktet. (1987). *Handbüchlein der Ethik* (Übers. v. E. Neitzke). Stuttgart: Reclam. (S. 19, Kap. 5).
54 Siehe Reich (1933, verändert 1949/1989, z. B. S. 482 ff.).
55 Siehe Reich (1948/1974). Diese spezifische Lebensenergie verweist auf recht ähnliche Konzepte wie z. B. die des aristotelischen *Pneumas*, indischen *Prana* und des chinesischen *Qi* sowie des *Élan vital* Bergsons (1907/2013), den Bergson jedoch nicht als tatsächlich vorhandene Kraft interpretiert, sondern als bloße metaphysische Evolutionstendenz.

strafe wegen „Missachtung des Gerichts" verbüßte) an Herzversagen. Nach Ansicht verschiedener interessierter Kreise sei er (insbesondere ab den Bion-Versuchen[56]) wahnsinnig gewesen, wofür sich in der allerletzten Lebensphase u. U. auch gewisse Anhaltspunkte finden lassen.[57] Daraus voreingenommen evidenzverachtende[58] „Rückschlüsse" auf den Wert seines Gesamtwerks zu ziehen, scheint indes verfehlt.

Abb. 3.1: Schema der gegensätzlich-funktionellen Einheit von Trieb und Abwehr am Beispiel von Liebe und Sadismus (eigene Darstellung, verändert nach Reich, 1942/1987, S. 110).

Legende: Allgemeine funktionelle Abläufe sind umrahmt. Vorgänge speziell bezüglich Liebe und Sadismus wurden teils kursiviert. Eine einstige Liebesstrebung verwandelt sich unter Hemmung und Aufsplitterung in einen inneren Konflikt zwischen Liebe und Sadismus, welcher wiederum, weil gehemmt, neurotische Ängste und einen sekundären Charakterzug übertriebener Höflichkeit produziert.

Für Reich hat die Aggression im eigentlichen Wortsinn des lateinischen *aggredior* weder mit Sadismus noch mit Destruktivität zu tun, sondern beinhaltet allein das *Herangehen* an die Vorgänge und Probleme der Welt, womit jede positive Lebensäußerung aggressiv sei, die Liebe ähnlich wie der Hass.[59] *„Das Ziel der Aggression ist stets die Ermöglichung der Befriedigung eines lebenswichtigen Bedürfnisses. Die Aggression ist somit kein Trieb im eigentlichen Sinne, sondern das unerläßliche Mittel jeder Trieb-*

---

56 Siehe Reich (1938/1995).

57 Siehe Sharaf (1994).

58 Für eine Übersicht über moderne Nachfolge-Untersuchungen, Anwendungen bzw. Therapiekonzepte (u. Ä.) reichianischer Prägung siehe DeMeo und Senf (1997). Über experimentelle Prüfungen orgonenergetischer Hypothesen (mit der Angabe einschlägiger Literatur) informiert der Internetauftritt unter: http://www.orgonomicscience.org/bibliography/ [abgerufen am 6.10.2015].

59 Reich (1942/1987, S. 119 ff.).

regung. Diese ist an sich aggressiv, weil die Spannung zur Befriedigung drängt."[60] Wenn diese beispielsweise in der Sexualität nicht möglich sei, entstehe der Impuls, die Lust dennoch *mit allen Mitteln* zu gewinnen, sodass die aggressive Note die der Liebe zu übertönen begänne. Die begriffliche Gleichsetzung der Aggression mit den Worten „bösartig" oder „sexuell" sei deshalb nicht berechtigt.

Falls das Lustziel gänzlich ausgeschaltet, unbewusst geworden oder mit Angst besetzt sei, würde die Aggression, die zunächst nur eine Art Werkzeug war, selbst zur Spannung lösenden Handlung, selbst als dann *sadistische* Lebensäußerung lustvoll – verwandelt zum *sekundären Trieb*, der in der Natur sonst nicht vorkomme (s. Abb. 3.1). „Man haßt am schwersten, wenn man am Lieben oder Geliebtwerden verhindert ist. [...] *Jede Art von selbständig auftretender destruktiver Handlung ist die Reaktion des Organismus auf die Versagung einer lebenswichtigen Bedürfnisbefriedigung, vor allem der sexuellen.*"[61] Diese monistische Sicht primärer Kernimpulse ist in den späteren Jahren von Reich biophysikalisch i. S. eines Ausdrucks von Orgon-Lebensenergie umgedeutet worden, jedoch mehr in einer Erweiterung und Vertiefung der Erkenntnis dessen, was nach ihm der biologische Kern und seine Energie eigentlich sind, als in einer sachlichen Korrektur der funktionalen Vorgänge. Ergänzend zu jenem Schema der Einheit von Trieb und Abwehr hinterließ Reich zudem ein Modell des psychischen Geschehens, das den (vom Betreffenden *nicht mehr* hinreichend lösbaren) Körperpanzer als zentrale Instanz des (gestörten) seelischen (damit allerdings auch psychophysiologischen) Funktionierens erkennt[62] und in Abbildung 3.2 etwas verändert wiedergeben wird. Zusammen mit Abbildung 3.1, deren Gehalt noch mehr analytisch ausgerichtet ist, verdeutlicht Abbildung 3.2 die Zusammenhänge der neurotischen Abwehr in einer, jenseits von Freuds Psychoanalyse, weiterentwickelten Art und Weise.

Wie ersichtlich, vermag das ungepanzerte Lebewesen (s. Abb. 3.2 a) sich nach Reich ohne wesentliche dysfunktionale innere Bremsungen bzw. Barrieren *vagisch (parasympathicoton)* der Welt lustvoll hinzugeben oder in prinzipiell ähnlicher Weise auf negative Umweltereignisse *sympathisch (sympathicoton)* mit Angst zu reagieren, ist also das, was man umgangssprachlich „offen" nennt und der Welt in direktem Kontakt zugewandt. Der Lebensprozess schwankt dabei zwischen Spannung und Entspannung, ist mithin nicht in pathologischer Form auf eine Reaktionstendenz (zumeist die Furcht) festgelegt. Unter (b) wird ein Organismus symbolisiert, der durch innere Bremsungen *Angst* (i. S. einer Triebangst Freuds) entwickelt, diese ggf. verdrängt, und statt der eigentlich gewollten und erstrebten Ziele nun *sekundäre* (u. U. auch neurotische Symptome) erzeugt, welche (weil z. T. nicht mehr ohne Weiteres vertretbar) ggf. durch eine psychische „Maske", respektive „Fassade" i. S. sozialer Erwünschtheit oberflächlich verdeckt sein können. Die seelische wie körperliche *Erstarrung* führe dazu, sich sexuell *nicht* vollkommen hingeben zu können (und der

---

60 Reich (1942/1987, S. 120, Hervorhebungen im Original).
61 Reich (1942/1987, S. 120, Hervorhebungen im Original).
62 Reich (1942/1987, S. 215–225), Reich (1933, verändert 1949/1989).

zentralen, tiefsten Angst vor unwillkürlicher orgastischer Zuckung) mit allen charakterlichen Störungsfolgen in psychischer wie sozialer Hinsicht.

> *Jede muskuläre Verkrampfung enthält die Geschichte und den Sinn ihrer Entstehung.* Nicht in der Weise, als ob wir nun aus Träumen oder Einfällen erschließen müßten, in welcher Weise die muskuläre Panzerung entstand; sie ist vielmehr die Form, in der sich das infantile Erlebnis als Schädigung erhält. Die Neurose ist nicht etwa nur der Ausdruck einer Störung des psychischen Gleichgewichts, sondern in einem weit berechtigteren und tieferen Sinne noch der *Ausdruck einer chronischen Störung des vegetativen Gleichgewichts und der natürlichen Beweglichkeit.*[63]

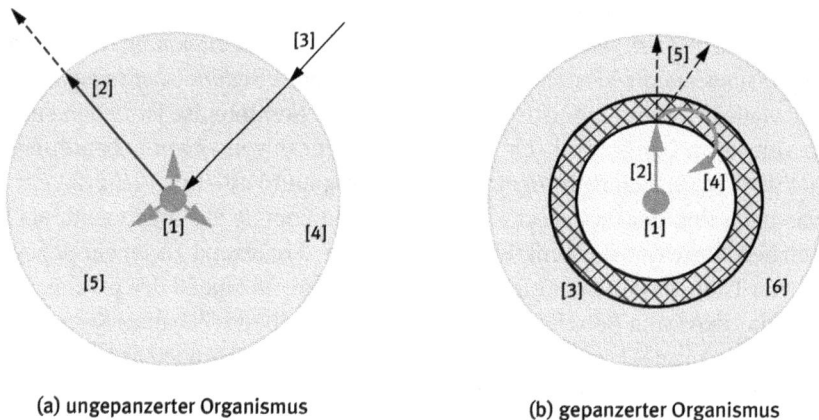

(a) ungepanzerter Organismus

(b) gepanzerter Organismus

Abb. 3.2: Die Grundfunktion des vegetativen Nervensystems nach Wilhelm Reich (eigene Darstellung, grafisch verändert nach Reich (1942/1987, S. 221 f.).

Legende:

(a) ungepanzerter Organismus: (1) biologischer Kern (Zentrum), (2) parasympathisch (Lust), (3) sympathisch (Angst), (4) Peripherie (Haut), (5) flüssigkeitsgefüllte Membranen (Zellen).
(b) gepanzerter Organismus: (1) biologischer Kern, (2) primärer Impuls, (3) muskulärer Panzer, (4) Angst, (5) sekundärer Impuls, neurotisches Symptom, (6) Peripherie.

Insbesondere bei ausgeprägt starkem biologischen Kern (einer *vitalen* somatischen Konstitution), dessen Energie gleichwohl enorm gebremst wäre, würde in der von Reich *emotionelle Pest*[64] genannten Verhaltensklasse dann destruktives Handeln realisiert.

---

63 Reich (1942/1987, S. 227, Hervorhebungen im Original).
64 Reich (1933, verändert 1949/1989, S. 330–372). Obwohl der einschlägige Textabschnitt erst 1949 in das Buch *Charakteranalyse* eingefügt worden war, ist nicht erwiesen, dass es sich hier um eine psychotische Sicht handelt, wie man skeptisch etwa beim Terminus „emotionelle Pest" (als einer potenziellen *Begriffskontamination*) mutmaßen könnte. Gleichwohl müssen an einen *wissenschaftlichen* Begriff *höhere* Forderungen angelegt werden, insbesondere darf er nicht aus der Vermischung meh-

Dieser Reaktionstyp sei eine von sekundären Strebungen gespeiste, weitverbreitete, immer wieder auftretende *Krankheit des sozialen Zusammenlebens*, die z. B. in epidemischen Ausbrüchen von Sadismus und Kriminalität, kriegerischer politischer Irrationalität (wie im Faschismus des 20. Jahrhunderts) manifest werde.[65] „Nicht jede orgastische Impotenz führt zu emotioneller Pest, aber jeder emotionelle Pestkranke ist entweder dauernd orgastisch impotent oder er wird es kurz vor dem Anfall."[66] Emotionell Pestkranke begnügten sich nicht mit einer passiven Haltung, sondern entfalteten (im Gegensatz zum eher resignierten, neurotischen Charakter) eine mehr oder minder *lebenszerstörende* soziale Aktivität, wobei ihr Denken durch *irrationale Begriffe* getrübt und wesentlich von *irrationalen Emotionen* bestimmt werde; die erklärten Motive des Handelns seien regelmäßig vorgeschoben. Es wirke ein Neid und tiefer Hass gegen alles Gesunde: ein struktureller Zwang mithin, sich destruktiv zu verhalten. Emotionell Pestkranke duldeten u. a. andere Anschauungen nicht, nötigten ihren Mitmenschen ihre Lebensart mit Gewalt auf, gerieten in Raserei, wenn sie von ihren wahren Motiven hörten, und entwickelten eine spezifische Form der moralischen Diffamierung, bei der derjenige perverse Impuls, der die Panzerung durchbrochen hat, auf Personen der Außenwelt verlegt (projiziert) werde. Das, was emotionell Pestkranke anderen andichteten, beträfe damit in Wahrheit *sie selbst*, was man wiederum durchaus verbreitet, z. B. in der Politik, zur Kenntnis nehmen könne. Darüber hinaus sei die Gleichzeitigkeit von (lüsterner) sexueller Geilheit in Verbund mit sadistischem Moralismus zu beobachten, woraus zum Teil strikte Askeseforderungen, insbesondere für andere Personen, abgeleitet würden. Der emotionell Pestkranke hasse die Arbeit, die er als Last empfinde; er flüchte vor der Verantwortlichkeit und sonderlich vor der geduldigen Kleinleistung. *„Die Energie, die die emotionellen Pestreaktionen speist, entstammt regelmäßig unbefriedigbarem Lusthunger,* gleichgültig, ob es sich nun um sadistische Kriegstaten oder um Diffamierung von Freunden handelt."[67] „Es ist gerade die *Hochspannung seiner biologischen Energie*, die [den Betreffenden] [...] emotionell pestkrank macht, wenn er sich infolge einer starren charakterlichen und muskulären Panzerung nicht in natürlicher Weise entfalten kann."[68]

> *Der Impuls beginnt mit einer rationalen Absicht; die Panzerung macht eine glatte und organische Entfaltung des Impulses unmöglich; das empfindet der Pestkranke als eine unerträgliche Bremsung; der Impuls muß zuerst die Panzerung sprengen, um sich überhaupt äußern zu können. Dabei gehen ursprüngliche Absicht und rationales Ziel verloren [...] Die pestkranke Brutalität entspricht dem Mißglücken der Sprengung des muskulären und charakterlichen Panzers.*[69]

---

rerer Kategorien stammen. Dies scheint hier nicht erfüllt, könnte aber durch eine Reformulierung behoben werden.

65 Es werden im Folgenden nur Hauptpunkte referiert. Für eine differenziertere Darstellung siehe Reich (1933, verändert 1949/1989, S. 330–372).
66 Reich (1933, verändert 1949/1989, S. 332).
67 Reich (1933, verändert 1949/1989, S. 334, Hervorhebungen im Original).
68 Reich (1933, verändert 1949/1989, S. 347, Hervorhebungen im Original).
69 Reich (1933, verändert 1949/1989, S. 347 f., Hervorhebungen im Original).

Die Neigung zur emotionellen Pest sei dabei eine durchaus allgemein menschliche, jeder könne davon betroffen sein, auch der Gesündeste habe die Neigung zu solchen irrationalen Reaktionen in sich.

In der Bewertung darf zur allgemeinen (begrifflichen) Fassung der Aggression nach Reich gesagt werden, dass hier (im Gegensatz zu Freuds oder Adlers früher Konzeption) *keine* Triebnatur behauptet wird, sondern mit dem Wort „Aggression" alleiniges Herantreten, schlichtes Lebenwollen im weiteren Sinne, gemeint ist. Damit scheiden die Probleme der Prüfbarkeit schon mangels Grundlage aus: Was nicht als Entität postuliert wird, kann auch nicht separierend examiniert werden. Allerdings gibt es wohl im Übergangsbereich zu allen negativen, sadistischen Impulsen bzw. Emotionen durchaus Abgrenzungsprobleme, und damit auch solche der Willkürlichkeit. Aggression ist bei Reich jedoch generell nicht mit dem Schädigenwollen zu identifizieren – wodurch Verständnis- und Auslegungsfehler wiederum ziemlich wahrscheinlich sind. Freuds Triebtheorie scheint dabei als eine v. a. abstrahierende *Beschreibung* auf, was aus frei pulsierenden biologischen Energien wird, wenn sie in die Erstarrungen eines muskulären Panzers „gerinnen", und bildet das Wesen des Lebendigen nicht direkt ab.

Die, wegen der meist objektiv bestimm- bzw. beobachtbaren Natur dieses Muskelpanzers sowie der oft deutlich hervortretenden Verhaltenstatbestände, ziemlich klar operationalisier- und prüfbare Anschauung (insbesondere) der menschlichen Destruktivität ist bislang *sehr wenig* systematisch erforscht worden, obwohl sie zunächst plausibel scheint. Die Gründe dafür mögen unterschiedlicher Natur sein. Sie kann daher nicht als im strengen Sinne bewährt gelten, hat aber u. U. das Potenzial dazu. Ein weiteres Problem dieses Ansatzes dürfte wieder der alleinige Fokus auf der Individualpsychologie sein, durch den ggf. zusätzlich wirkende Umweltkräfte, Gruppendynamiken oder Konditionierungsvorgänge in Gefahr geraten, in verkehrter Weise vernachlässigt zu werden. Auch zerebral irreversibel abändernde oder epigenetische Einflüsse berücksichtigt das Körperpanzermodell (s. Abb. 3.2) nicht. Zu fragen ist indes, warum unmenschliche Bedingungen (wie im Krieg) zu teils *freiwilligen, gar nicht geforderten* exzessiven Grausamkeiten bei Menschen führen, die vor noch nicht allzu langer Zeit (also ohne die Einwirkung einer hinreichenden Konditionierungsfolge) scheinbar ganz „normal-angepasste", friedliche Bürger waren. Hier auch einen in der Person liegenden Faktor zu bemühen, ist nicht abwegig.

Der Ansatz Reichs impliziert zudem gerade all die unmäßigen, konzeptuell epistemischen und wissenschaftstheoretischen Unwägbarkeiten der Psychoanalyse *nicht*, ebenso wenig, wie er das fragwürdige Triebmodell Freuds mit seiner metapsychologischen Annahme eines Thanatos zur Grundlage nimmt. Das Leben will leben, keine Angst haben – und nicht sterben.[70] Es wäre daher durchaus denkbar, mit Reichs Sicht die Leistungen der Lehre Freuds von den Verdrängungsfolgen und Abwehrmechanismen zu bewahren, ohne sich deren beträchtlichen Nachteilen auszuliefern. Komple-

---

70 Reich (1933, verändert 1949/1989, z. B. S. 282 ff.) sowie Reich (1942/1987, S. 119 ff.).

mentäre Paradigmen z. B. lerntheoretischer Provenienz könnten, da sie nicht widersprechen, beigezogen werden. Vor allem scheint die Theorie der Panzerung eine Hypothese, die den teils nicht hinreichend erklärten Ausbrüchen menschlicher Destruktivität im Konzept der schweren strukturellen *orgastischen* Impotenz einen psychobiologisch-medizinischen Boden gäbe – mithälfe, die globale wie soziale Verwüstungsneigung, die uns als Spezies seit wahrhaft langen Epochen kennzeichnet[71], zu verstehen.

3.5 Die Instinkttheorie der Aggression nach Konrad Lorenz

Konrad Lorenz, neben seinem Lehrer Oskar Heinroth einer der Begründer der *Ethologie* und vergleichenden Verhaltensforschung, vertrat einen induktivistischen Forschungsansatz, der von der Breite der Beobachtung ausging, um u. a. taxonomische Artverwandtschaften durch das Studium des Tierverhaltens aufzuklären.[72] Dabei stand er in relativer Distanz zum damals vorherrschenden behavioristischen Denken[73] und zeigte insbesondere in der sogenannten *Prägung*[74] eine nicht bekräftigungsbasierte Art des Lernens auf. In seinem Frühwerk offenbarte Lorenz indes auch faschistoide Sichtweisen[75], von denen er sich später formal distanzierte – wie weit dies auch inhaltlich der Fall war, ist nicht ganz klar.[76] Im Jahre 1973 wurde ihm, zusammen mit Nikolaas Tinbergen und Karl v. Frisch der Nobelpreis für Medizin und Physiologie verliehen.

Lorenz ordnete Aggressionsmanifestationen in die Klasse der Instinkthandlungen ein und wandte diese Sicht auch auf den Menschen an.[77] Dabei entwickelte er ein (später korrigiertes) *psychohydraulisches Modell* des Instinktverhaltens (s. Abb. 3.3), das als Produkt der Annahme einer endogen-automatischen Reizerzeugung neben seinen Konzepten von der *Erbkoordination*[78], den *angeborenen Auslösemechanismen*[79] und den *Schlüsselreizen*[80] steht.[81] Die Frage war dabei, wie insbesondere tierisches Verhalten zustande käme und welche Bedingungen hierzu wesentlich wären.

---

71 Siehe hier besonders Pinkers (Pinker, 2011) umfangreichen Überblick über die Geschichte der Gewalt des Menschen (für eine bewertende Zusammenfassung dazu s. Kap. 8.3).

72 Siehe Lorenz (1984).

73 Siehe schon Lorenz (1937/1987).

74 Eine *irreversible* Form des Reaktionserwerbs, die in genetisch bedingten *sensiblen Phasen* zur Aneignung von *Schlüsselreizen* führt.

75 Siehe Lorenz (1940, 1943).

76 Siehe Bischof (1991) bzw. Föger und Taschwer (2001).

77 Siehe Lorenz (1983).

78 Die genetisch vorgegebene, relativ starre und formkonstante Bewegungssequenz eines Tieres (z. B. bei Putz oder Nestbau).

79 Die vermittelnde Instanz zwischen einem Schlüsselreiz und der entsprechenden Instinktbewegung i. S. einer neuronalen Reizfilterung zur Aktivierung des situational je passenden Verhaltens.

80 Das Wahrnehmungssignal i. S. eines Reizmusters, das eine Instinktbewegung auslöst.

81 Lorenz (1984), Dittami (2001).

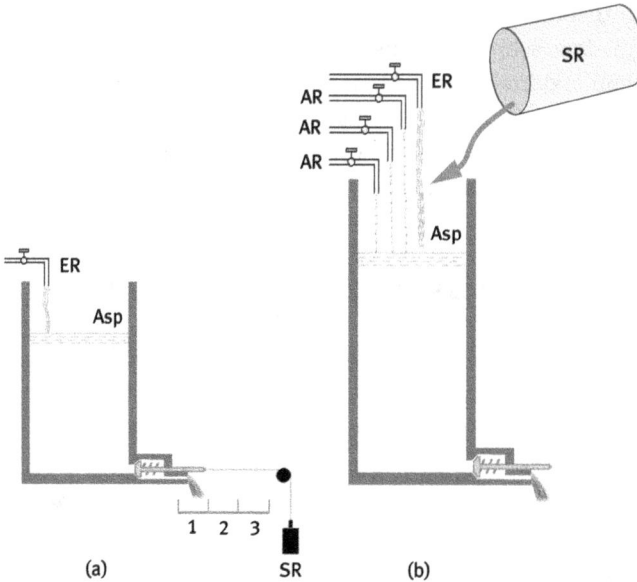

Abb. 3.3: Aggressionsmodelle nach Lorenz (eigene Darstellung nach Lorenz, 1984, S. 201).

(a): Das alte psychohydraulische Modell. Der Hahn *ER* symbolisiert die endogen-automatische Reizerzeugung, die Linie *Asp* den Aktualspiegel des aktionsspezifischen Potenzials, die Spiralfeder im Ausfluss stellt die Stabilität des Systems dar, der von der Schnur ausgehende Zug die Wirkung der Schlüsselreize *SR*.

(b): Das neue psychohydraulische Modell: Hier sind zusätzliche aufladende Reize *AR* dargestellt und es wird der Tatsache Rechnung getragen, dass der Schlüsselreiz sich nur in der Schnelligkeit seiner Wirkung von aufladenden Reizen unterscheidet. Die verschiedene Höhe der Reservoire für *Asp* soll andeuten, dass nach der neuen Hypothese das Aufgehen des Ventils ausschließlich durch den inneren Druck bewirkt wird.

Da die Stärke eines auslösenden Reizes nicht immer direkt mit der Intensität des ausgedrückten Verhaltens (dem Flüssigkeitsaustritt in Abb. 3.3) zusammenhängt, musste Lorenz in sein Modell etwas wie *Motivation* als regulatorisches Prinzip einbringen: Er dachte sich dies i. S. einer *aktionsspezifischen Energie*, die im Nervensystem in einer Art Reservoir gespeichert würde (symbolisiert als Flüssigkeitspegel), was auch deshalb sinnvoll schien, da Verhaltenssequenzen ebenso ohne vorherigen Reiz auftreten können.[82] Um *mehrfach* motivierte Verhaltensmuster zu berücksichtigen, baute Lorenz zudem eine weniger spezifische *endogen-automatische* Reizerzeugung ein, und ließ daneben weitere (im alten Modell nicht vorgesehene) aufladende Reize zu (s. Abb. 3.3 b). Es würde somit eine sukzessive Kumulation stattfinden, die mit der Zeit die Wahrscheinlichkeit einer Verhaltensaktivierung erhöhe. Dies stand im Einklang mit der bekannten Annahme der bereitschaftssteigernden *Reizsummation*. Während

---

82 Nach Lorenz (1984, insbesondere S. 196–208) und Dittami (2001).

ein Schlüsselreiz im alten Modell direkt am Ventil ansetzte, maß Lorenz diesem in der Endfassung nur die Rolle einer Erhöhung des *inneren* Energieniveaus zu. Das mit einem gewissen internen Widerstand (d. h. einer Verhaltenshemmung) funktionierende Ventil schließlich wurde als funktioneller Ort einer vorbestimmten körperlichmechanischen Reaktion auf ein konkretes aktionsspezifisches Potenzial gedeutet. Eine allgemeine, stets zufließende endogene Erregung würde also im Verbund mit spezifischeren Bereitschaftsveränderungen den (auch genetisch) vorbestimmten Verhaltensausdruck produzieren, wenn der innere „Druck" die biologischen Hemmmechanismen übersteige, wobei der Schwellenwert eines Verhaltens im diesbezüglichen *aktionsspezifischen Potenzial* gegeben sei.

Das *ältere* Modell von Lorenz (in Abb. 3.3 a) ging noch allein von den folgenden Annahmen aus:

(1) Jeder Klasse von Instinkthandlungen sei ein angeborener Auslösemechanismus zugeordnet; die Instinkthandlung könne ausgelöst werden, wenn ein Widerstand überwunden werde.

(2) Bestimmte Umweltereignisse seien für das Initiieren einer Instinkthandlung erforderlich und werden Schlüsselreize genannt.

(3) Der Organismus erzeuge spontan ein pro Zeiteinheit konstantes Ausmaß an aktionsspezifischer Energie, wobei jede ausgeführte Instinkthandlung diese aktionsspezifische Energie reduziere.

(4) Würden Instinkthandlungen nicht ausgelöst weil Schlüsselreize fehlen, so bewirke das kontinuierliche Anwachsen der aktionsspezifischen Energie einen ständig wachsenden Druck auf den Auslösemechanismus.

(5) Die Wirksamkeit eines Schlüsselreizes würde dabei umso größer, je geringer das für die Auslösung der Instinkthandlung notwendige Ausmaß an aktionsspezifischer Energie sei.

(6) Die Wirkungen von Schlüsselreiz und aufgestauter aktionsspezifischer Energie summierten sich mithin. Sei die Summe aus der Wirksamkeit des Schlüsselreizes und des Ausmaßes der aufgestauten aktionsspezifischen Energie kleiner als der Widerstand des angeborenen Auslösemechanismus, trete die Instinkthandlung nicht auf. Sei die Summe aus der Wirksamkeit des Schlüsselreizes und des Ausmaßes der aufgestauten aktionsspezifischen Energie größer als der Widerstand des Auslösemechanismus, hänge die Intensität der ausgelösten Instinkthandlung von der Summe aus der Wirksamkeit des Schlüsselreizes und der Höhe der aufgestauten aktionsspezifischen Energie ab.[83]

Diese Sicht der steten somatischen Erzeugung von Triebenergien, die eine gewisse Analogie zu den Theorien Freuds aufweist, postuliert demzufolge, dass (auch) die menschliche Aggression v. a. nur als inneres Geschehen, das von äußeren Wirkkräften *nicht* sehr wesentlich beherrscht würde, zu verstehen sei. Es bestünde also (ohne

---

[83] Werbik (1981, S. 21).

gelebtes schlüsselreizbedingtes Instinktverhalten) die Tendenz der endogenen Trieb-aufstauung, die mit der Zeit (mit Schwellenwerterniedrigung und Appetenzverhal-ten) immer dringlicher zu einer Entladung aufrufe, was gerade für die intraspezifi-sche Aggression unter Artgenossen gelte.[84] Diese sei jedoch, im Gegensatz zu Freuds später Meinung, ein „Instinkt wie jeder andere und unter natürlichen Bedingungen [...] lebens- und arterhaltend"[85], und es wäre darüber hinaus eine „unentbehrliche Rolle[,] die [die] Aggression im großen Konzert der Triebe spielt und wie [...] als Motor und ‚Motivation' auch solche Verhaltensweisen treibt, die äußerlich mit Aggression nichts zu tun haben, ja sogar ihr Gegenteil zu sein scheinen."[86]

Als Musterfall dieser Sicht führt Lorenz v. a. das Verhalten von Fischen, daneben jedoch ebenso das von Vögeln an. Eines seiner Beispiele bezieht sich auf *ostindi-sche gelbe Buntbarsche* und *brasilianische Perlmutterfische*: Begatten sich in einem kleinen Aquarium ein junger männlicher sowie weiblicher Buntbarsch, beobachte man, dass das „Liebespaar" versuche, andere Buntbarsche aus seinem Revier zu vertreiben. Nun können diese jedoch nicht fort, würden deshalb angegriffen, lädiert, und stünden sodann oberflächennah in den Winkeln des Behälters mit zerfetzten Flossen oder sie rasten, nachdem aus ihren Verstecken aufgescheucht, quer durch das gesamte Becken. Entfernte man nun diese verfolgten Tiere und überließe dem „Liebespaar" den gesamten Bereich, fände man regelmäßig nach wenigen Tagen, dass das Weibchen schwer ramponiert und tot im Wasser schwimmt. Um das zu ver-meiden, rät Lorenz, solle man entweder einen Fisch derselben Spezies als „Prügel-knaben" mit ins Aquarium geben oder aber das Gefäß von vornherein ausreichend groß für zwei Pärchen wählen, allerdings unterteilt durch eine Glasscheibe, auf dass man in jeden Part je ein Paar gebe. „Dann hat jeder Fisch seinen gesunden Ärger mit dem gleichgeschlechtlichen Nachbarn – man sieht fast stets Weibchen gegen Weibchen und Männchen gegen Männchen anrennen –, und keiner der Gatten denkt auch nur daran, seine Wut an seinem Ehegespons auszulassen."[87] Dabei ist gleich-wohl nicht eindeutig belegt, dass es sich um die Auswirkungen eines fatalen Aggres-sionstriebs handele, der nach Entfernen aller Männchen eben auch zwangsläufig die Weibchen betreffe. Ähnlich gut wäre hier die Vermutung möglich, dass *auch* die Weibchen Aggressionsverhalten *auslösen* können, Männchen jedoch *tendenzi-ell* eher mehr Männchen angriffen. Wesentlich scheint zu sein, dass eine bestimmte *Klassifikation* eines Umweltereignisses vorliegt, die dann das beobachtete Verhalten begründet. Tatsächlich besitzen sowohl männliche wie auch weibliche Buntbarsche eine Reihe von *gemeinsamen* Klassifikationsmerkmalen. Hier spürt man, dass der bottom-up forschende Induktivist Lorenz ein strengeres *Experimentaldesign* hätte aufsetzen müssen, En-passant-Beobachtungen genügen eben manchmal kaum, und

---

84 Lorenz (1983, S. 55–61).
85 Lorenz (1983, Vorwort, S. 8).
86 Lorenz (1983, S. 49).
87 Lorenz (1983, S. 60).

können meist nur eine Vermutung begründen, oft freilich keinen gültigen Nachweis erbringen.

Als zusätzliche Beipiele für die Triebnatur der Aggression wären laut Lorenz auch die sogenannte *Polarkrankheit* (ähnlich dem „Lagerkoller") zu nennen, die sich durch eine übergroße Reizbarkeit auszeichnen, die aus einer Aufstauung von Aggressionen zu erklären sei.[88] Dabei wird von Lorenz indes außer Acht gelassen, dass die betreffenden Phänomene oft *ohne Weiteres* in anderer Weise verständlich gemacht werden können, z. B. als Einfluss von Verstärkungen oder als Frustrationsfolgen. In Extremsituationen, wie während Polarexpeditionen, sind als Belastungsreaktion durchaus Urteilsverzerrungen zu erwarten, woraus nun wieder entsprechend einschneidende (irrationale) Emotionen resultieren könnten. In diesem Kontext ist die Konstanz der Randbedingungen meist einfach nicht hinreichend gegeben, der Erhebungsmodus (i. S. eines Versuchsdesigns) viel zu schwach, um wissenschaftlich aussagefähige Daten zu gewinnen. Es handelt sich kaum um mehr als Anekdoten. Es ist also keinesfalls eindeutig belegt, dass es unbedingt (nur) eine triebmäßige Aufstauung sein muss, die zu den genannten Resultaten führt. Im Übrigen ist die Annahme der Legierung der Aggression mit sehr vielen anderen Lebensmanifestationen des betreffenden Organismus allgemein problematisch, da hier (wie schon in Kap. 3.2 über Freud erwähnt) gleicherweise unklar bleibt, wann eine Hypothese denn als falsifiziert zu betrachten wäre. Schließlich muss, noch dazu, eine Generalisierung von tierischem Verhalten auf den Menschen immer mit Vorsicht gesehen werden und bedarf der genauen Begründung.

Im Verbund damit ist ferner aufgrund philosophisch-wissenschaftstheoretischer Erwägungen zu bescheinigen, dass der Forschungsmethode der *induktiven* Beobachtung generell besondere epistemischen Gefahren zukommen. Einerseits können, da *Allaussagen* nicht verifizierbar sind[89], durch sie keine universellen Gesetzmäßigkeiten *nachgewiesen* werden. Zudem sollte in der Beobachtung i. S. v. Lorenz (der Gestaltpsychologie entlehnt) die *Gesamtheit aller Teile* erfasst werden, die *das Ganze* ergeben.[90] Analyse und Beschreibung dieser systemischen Beziehungen sind hier jedoch nicht unabhängig von der Interpretation. Man neigt allgemein dazu, sich auf dem Weg der selbsterfüllenden Prophezeiung diejenigen Ergebnisse zu bilden, welche die zu testende Hypothese bestätigen.[91] Bei einer solchen „Beobachtung" von Verhalten ist somit die *Zirkularität* der Datengewinnung zu befürchten: Lorenz verwendet in der Interpretation von Beobachtungsresultaten teils bereits diejenigen Theorien, die er durch diese Observierungen erst belegen möchte. Dabei scheint die *Rechtfertigung* der *Ausdeutung* natürlich nicht mehr wirklich unabhängig prüfbar. Er klassifiziert Verhaltensweisen folglich nicht aufgrund explizit formulierter Regeln,

---

88 Siehe Lorenz (1983, insbesondere S. 55 ff.).
89 Popper (1934/1984, S. 14–16 [Abschnitt 6.] u. S. 39 ff. [Abschnitt 15.]).
90 Siehe Lorenz (1968; 1984, S. 52 ff.).
91 Grammer (2001, S. 146 f.).

sondern legt sie funktionell bereits in der von ihm favorisierten Hinsicht (z. B. des Vorliegens eines Triebgeschehens) aus.[92]

Aus physiologischer und hirnanatomischer Sicht wäre das psychohydraulische Modell von Lorenz daneben als zu unkomplex und mechanistisch zu charakterisieren, das den vielfältig differenzierten Verhältnissen nicht gerecht wird. So werden die Motivation und Verhaltensleistung von getrennten Hirnarealen gesteuert. Beträchtlich umfangreich ist die Liste der neuronalen Botenstoffe und Hormone, wie Serotonin, Dopamin, Adrenalin oder Testosteron, Östrogen, Oxytocin, Vasopressin etc. bzw. anderer Neuropeptide, deren komplexe Wechselwirkungen berücksichtigt werden müssen. Was dem von Lorenz postulierten Erregungsstoff genau entsprechen soll (und in welcher anatomischen Struktur sich dieser findet) bleibt unbeantwortet. Forschungsergebnisse legen nahe, das das modellierte Reservoir der hypothetischen Entität für Motivationsveränderungen keine *direkte* Druckverbindung mit dem Ventil des Modells (d. h. der später resultierenden Verhaltensleistung) hat, und beide unabhängig voneinander gesteuert werden können. Zudem ist gegen die Lorenz'sche Sicht einzuwenden, dass es *externe* Determinanten (wie erwarteten Sieg oder Niederlage) bei Kampfverhalten sowie Effekte der Neuheit versus Gewöhnung in Bezug zur Sexualität zu wenig berücksichtigt. Ganz außer Acht gelassen wird, dass auch der *Entzug* von Stimulationen (und nicht nur die Gabe derselben) zu Verhalten motivieren kann.[93] Hier rächt sich die theoretisch allein instinktorientierte Herangehensweise ohne vermittelnde sozial-kognitive Moderationsmöglichkeiten, was wiederum die Frage nach der Generalisierbarkeit des Modells vom Tier auf den Menschen aufwirft. Insgesamt betrachtet würde ein zeitgerechteres Verständnis der Verhältnisse flexible Ventile für Stimmung und Motivation wie auch positive und negative Erregungsstoffe benötigen, dazu Seitenarme für gegenseitige Beeinflussungen, nicht zuletzt auch Regler, die ontogenetische Erfahrungswerte integrieren.[94] Der systemtheoretische Ansatz des sogenannten *Zürcher Modells sozialer Motivation* von Bischof[95], das aus einer ethologischen, evolutionstheoretischen Sicht (in Regelkreisen angelegte) zentrale Motivations- und Copingsysteme annimmt, die sich phylogenetisch beim Menschen (und anderen höheren Säugetieren) entwickelt hätten, wäre hier beachtenswert und im Vergleich zum Modell von Lorenz wohl als ein wesentlich realistischerer Lösungsvorschlag anzusehen. Aus heutiger Sicht dürfte das Lorenz'sche Modell daher nurmehr

---

92 Dies wird in dem schon eher nur humoristischen Beispiel Lorenz' von seiner Tante evident (Lorenz, 1983, S. 60 f.), die in der „guten alten Zeit" der k. u. k.-Donaumonarchie je nach acht bis zehn Monaten ihr Dienstmädchen unter großem Krach gefeuert habe, mit langsamer Steigerung der angehäuften Klagen davor, was wieder für eine Entladung der aufgestauten Aggression spreche. Aus solch einem wenig kontrollierten Ablauf (bei dem vielfältig andere Kausalursachen vorliegen könnten) einer fast nur literarischen *Geschichte* Sachschlüsse ziehen zu wollen, ist nicht sehr überzeugend und untermauert, wie gesagt, den Verdacht der theoretischen Voreingenommenheit.
93 Dittami (2001).
94 Dittami (2001).
95 Bischof (1985, S. 414 ff.).

eine wissenschaftshistorische Stellung einnehmen. Die wahren Verhältnisse sind in Fragen der Aggression vielschichtiger und teils vielleicht auch nur individuell zu beantworten.

3.6 Zum Konzept der Spontaneität – Rekonstruktion verschiedener Formen der Katharsishypothese

Bevor wir uns dem Konzept der Katharsishypothese zuwenden, untersuchen wir, in welchem Umfang die Rede von der *Spontaneität* eines Verhaltens sinnvoll ist, also insbesondere auch die empirische Prüfung möglich wäre. Denn *sinnvoll* kann in diesem Zusammenhang eigentlich nur bedeuten, dass es effektive Möglichkeiten gibt, spontanes von unspontanem Verhalten wirklich zu trennen – wenn nicht, wäre der Begriff kaum als tragfähig einzuschätzen. Zudem ist es aus der Sicht der Lorenz'schen Instinktlehre sowie mancher Ansätze der Psychoanalyse[96] nicht gleichgültig, ob Aggressionen ohne weiteres Zutun kurzerhand entstehen oder nicht.

Als *spontan* bezeichnen wir umgangssprachlich meist ein Verhalten, wenn es nicht durch eine Bedingung in der Umwelt ausgelöst wird. Spontaneität beinhaltet begrifflich daher die rein *endogene* Erzeugung, ohne dass vorher ein Reiz von außen eingewirkt hätte. Diese Annahme ist nahezu selbstredend nur in der *analytischen* Sphäre einer idealsprachlichen Betrachtung (axiomatisch) begründbar, tatsächlich weiß niemand, ob (und was) ggf. nicht doch als Außenweltreiz in Betracht kommen würde. Zudem ist prinzipiell jeder Körper auch „Weltkörper", ebenso *Welt:* ein „Innen", eine völlig interne Impulsbildung schiene allein daher schon illusionär – *„Wie kann man verborgen bleiben vor dem, das nie untergeht?"*[97], fragte bereits Heraklit.

Eine nähere Bestimmung des Begriffs der Spontaneität (i. S. einer Festsetzung der Verwendungsweise) erfordert damit eine logisch *willkürliche* Ausgrenzung von Tatsachen, die als Reize als weniger wichtig eingestuft werden würden. Anderseits müssten Agenzien, die regelhaft zu Reaktionen führen, berücksichtigt werden. Man würde hier v. a. auf mehr oder weniger ersichtliche Provokationen abheben, wie man sie alltagsweltlich als Auslöser, Gründe, Ursachen für Aggression regelmäßig in Erwägung zieht. Aber die unsichtbaren Mächte wie physikalische Felder, schleichenden Noxen, subtile soziale Einwirkungen blieben zum Teil (notgedrungen) außen vor. Aus einer solchen Betrachtung müsste der Begriff der Spontaneität sprachanalytisch daher in etwa folgendermaßen (und mithin fast so genau wie ein Vorschlaghammer) gefasst werden: „Spontan sei derjenige psychische Akt *P*, der ohne ersichtlich zureichende äußere Einwirkungen (dennoch) auftritt." Und genau dann, wenn dies der Fall ist, d. h. mit den empirischen Befunden übereinstimmt, können wir mit der Defi-

---

96 Siehe z. B. Mitscherlich (1969).
97 Heraklit. (1989). *Fragmente: Griechisch und deutsch* (10. Aufl.). (Hrsg. B. Snell). [Sammlung Tusculum]. München: Artemis. (Fragment *B 16*, S. 10 f., Hervorhebungen im Original).

nition der Wahrheit nach Tarski davon reden, dass der Satz: „*P* ist spontan", wahr ist.[98] Damit wäre jedoch nur die Kluft zwischen der sprachlichen Meta- zur Objektebene überbrückt, die ganz praktische Entscheidung darüber, was nun der Fall *ist*, bliebe uns in ihren Schwierigkeiten nicht erspart.

Würde man fortfahren und die gerade genannte sprachliche Definition von spontanem Verhalten abstrakter formulieren, lautete sie: „Ein Verhalten gilt als spontan, wenn es keinen Reiz *gibt*, der dieses Verhalten auslöst." Dieses „gibt" zeichnet implizit die *bereits vollzogene* Festlegung, was (letztlich empirisch) der Fall ist, aus. In diesem Zusammenhang sticht ins Auge, dass der Halbsatz: Es gibt keinen Reiz, der dieses Verhalten auslöst, eine *universelle Es-gibt-nicht-Aussage* darstellt, die einer Allaussage äquivalent ist. Denn wenn ein Reiz ein bestimmtes Verhalten auslöst, dann ist das auch eine allgemein gesetzliche Behauptung, weil im Begriff des Bewirkens gemeint ist, dass der Reiz *generell* (situationsinvariant) das bestimmte Verhalten hervorruft – und die Nichtauslösung wäre dem als invers zu setzen. Allaussagen sind jedoch wiederum nicht verifizierbar, sondern nur durch (mindestens) ein Gegenbeispiel zu widerlegen (niemand kann die gesamte Welt absuchen, um z. B. zu bestimmen, ob alle Schwäne weiß sind).[99] Die genannte universelle Es-gibt-nicht-Aussage könnte nur durch einen widersprechenden Reiz, der das Verhalten *auslöst*, falsifiziert werden. Dazu müsste die Aussage über diesen Reiz, der das Verhalten herbeiführt, allerdings selbst verifizierbar sein, was sie aber nicht ist, weil sie eben auch eine Allaussage darstellt: Sie kann wiederum nur durch ein Gegenbeispiel widerlegt werden. Die Gesamtaussage ist daher weder verifizier- noch falsifizierbar und vermag nur durch einen Akt des *Glaubens* angenommen zu werden. Wir werden mithin auch aus empirisch-wissenschaftstheoretischen Gründen (neben den ersterwähnten logischen und sprachanalytischen) niemals sicher erfahren, ob etwas spontan ist, oder nicht – und der Satz: „Ein Verhalten gilt als spontan, wenn es keinen Reiz gibt, der dieses Verhalten auslöst", muss unentscheidbar bleiben, was, wie man zeigen kann[100], auch für die stochastische Fassung dieser Behauptung gilt. Zudem wäre jede Aussage derselben logischen Struktur gleicherweise weder verifizier- noch falsifizierbar. Die Annahme solcher Hypothesen würde den Normen einer Erfahrungswissenschaft zuwiderlaufen, da diese empirisch unentscheidbare *metaphysische* Sätze (wie etwa auch den von der Größe Gottes) explizit ausschließt.

Das führt weiter zur Frage, inwieweit die empirischen Wissenschaften von Glaubensakten durchzogen werden. Wenn man bedenkt, dass sowohl allgemeine Hypothesen wie ebenso singuläre Basissätze von Popper als fehlbare Vermutungen konzipiert wurden, die jedoch kritisch geprüft und nach solch einer Prüfung vorläufig zugelassen werden[101], mag sich das Problem etwas entschärfen. Denn diese *konventionalistische*

---

98 Siehe Tarski (1936).
99 Siehe Popper (1934/1984, S. 39 ff. [Abschnitt 15.], S. 66 ff. [Abschnitt 28.]).
100 Siehe Werbik (1974, S. 61 f.).
101 Andersson (2007, S. 160 f.).

Festsetzung der Basissätze[102] beinhaltet ja gerade, dass das empirische Fundament nicht als erwiesen wahr ausgezeichnet wird, sondern als schwankend, also als etwas, was man nur bis auf Weiteres annimmt. Damit würde das *Fries'sche Trilemma* zwischen unendlichem Regress (bei logischer Begründung der Basissätze durch andere Sätze), Dogmatismus (bei einfacher Festsetzung derselben) oder Psychologismus (der Fundierung durch unmittelbare sinnliche Erfahrung) nicht wirksam.[103] Fraglich bleibt indes, ob Basissätze immer die Form von singulären Es-gibt-Sätzen annehmen müssen[104]: Auch die Negation eines Basissatzes könnte ein Basissatz sein[105]. Wir vermuten, raten – aber üben Selbstkritik durch möglichst strenges Prüfen. Der Akt des Glaubens, der hier dahintersteht, wird somit auf ein vertretbares Maß eingeschränkt und sichert sich durch die praktische Bewährung der Hypothesen ab. Niemand weiß dabei, wie die Welt wirklich *ist*. Aber wir *dürfen* u. a. an die Quantenmechanik, die Theorien der Chemie und Physik *glauben*, weil sie z. B. Computer ermöglichte und alle anderen technologischen Errungenschaften, Geräte und Anwendungen.

Nach diesen Überlegungen zum Konzept der Spontaneität, das allein in seiner *naturgesetzlich* wissenschaftlichen Form zurückgewiesen werden muss, wenden wir uns nun der alltagspsychologisch verbreiteten Hypothese von der Nützlichkeit einer emotionellen „Entladung" zu.

Sowohl unter Psychoanalytikern wie auch in der in Kapitel 3.5 besprochenen Instinkttheorie der Aggression von Lorenz wird die Annahme vertreten, dass das *Ausleben* von Aggressionen die zugrunde liegende Triebenergie vermindere, damit also zum Erlöschen der feindseligen Aktion führen müsse. Freud selbst hat indes keinen direkten (insbesondere therapeutischen) Zusammenhang von Aggression und ihrem forcierten Abreagieren angenommen, ging es ihm doch v. a. um unbewusste Triebvorgänge, die er durch seine metapsychologischen Konzepte begreiflich machen wollte. Durch jene Anschauungsweise gelangt man durch leichte Reformulierung zur Aussage: „Der Vollzug eines Aktes der Aggression reduziert die Wahrscheinlichkeit für das Auftreten weiterer Aggressionen", die als *Katharsishypothese* bekannt geworden ist.[106] Die im antiken Athen in der *Poetik*[107] des Aristoteles beschriebene Leitidee der Tragödie tritt hier also begrifflich verändert, nicht mehr als *Identifikation* mit einem Helden, dessen nachgeahmtes Schicksal *eleos* und *phobos*, (sittlich) reinigend *Jammer* und *Schaudern* hervorrufen soll, auf. Sondern es wird verallgemeinernd angenommen, dass das Ausleben von Emotionen, insbesondere negativer Art, uns das seelische Gleichgewicht wiedererlangen lässt – teils auch ohne zu unterscheiden,

---

102 Siehe Popper (1934/1984, S. 71 ff. [Abschnitt 30.]).
103 Siehe Popper (1934/1984, S. 60 ff. [Abschnitte 25. ff.]). Vergleiche Albert (1968/1991, Kap. I. zum *Münchhausen-Trilemma*).
104 Siehe Popper (1934/1984, S. 66 ff. [Abschnitt 28.]).
105 Siehe Andersson (2007, S. 151).
106 Siehe so bereits Dann (1971).
107 Siehe Aristoteles, *Poetik*, [1449b–1450b].

ob es sich um rezent *bewusste*, oder vorher *unbewusste* Gefühle handelt. Damit einher geht mitunter eine Begriffsvernebelung, die sich in die empirische Forschung durchpaust, mithin den Wert ihrer Resultate beeinflusst.

In jener gerade genannten Form wäre die Katharsisbehauptung allerdings nicht wirklich prüf- und widerlegbar, da nicht eindeutig festgelegt ist, was das Wort „Aggression" nun genau bedeutet (es mangelt an einer hinreichend operationalisierbaren Definition) und die Proposition *Wahrscheinlichkeit aggressiven Verhaltens* außerdem mehrere Interpretationen zulässt. Solche Schwächen lassen sich jedoch im Zuge einer Neufassung der Katharsisvermutung hin zu einer falsifizierbaren Version beheben. Dazu müssen wir zunächst voraussetzen, dass eine eindeutige Regel für die *Prädikation*[108] von Verhaltensweisen nach den Prädikatorvariablen *aggressiv* versus *nicht aggressiv* vereinbart ist. Wir betrachten dazu das Verhalten von Personen während einer Zeitspanne, die in gleich lange Zeitintervalle praktikabler (jedoch prinzipiell nicht festgelegter) Dauer zerteilt wird. Es sollen also *Verhaltenssegmente* gebildet und unmittelbar aufeinanderfolgende Bereiche miteinander verglichen werden. Diese *Standardisierungen* der menschlichen Reaktionen wie auch des Zeitablaufs ermöglichen einen Vergleich, der zu einer Abschätzung der Häufigkeitsverhältnisse eines Verhaltens, wissenschaftlich quantifizierbar und damit überprüfbar, führt. Wir rastern und rubrizieren das Vielgestaltige, um es hinsichtlich unserer Fragestellung beurteilen zu können. Ob ein Verhalten aggressiv oder nicht aggressiv ist, muss damit in jedem Intervall entschieden werden.

Als theoretische Annahme formulieren wir dazu als *Version 1*, dass die Wahrscheinlichkeit, einem bestimmten Verhaltenssegment das Prädikat „aggressiv" zuzusprechen, *kleiner* sei, wenn das davor betrachtete Segment auch als aggressiv prädiziert wurde, als umgekehrt. Für alle benachbarten Verhaltenssegmente gilt also: Ist das erste Verhaltenssegment eine Aggression, so ist die Wahrscheinlichkeit, dass das zweite Verhaltenssegment ebenso eine Aggression ist, geringer, als wenn das erste Verhaltenssegment keine Aggression ist, dann ist die Aggressionswahrscheinlichkeit im zweiten Segment größer. Ein Aggressionsausdruck führe mithin (so die Katharsishypothese) zu weniger Aggression.

Hierbei ist erstens zu fordern, dass wir nur eine endliche Sequenz von Verhaltenssegmenten betrachten, bei denen die wirkenden Situationsbedingungen selbst keinen Einfluss auf die Zuschreibung als aggressiv oder nicht aggressiv haben, also z. B. keine Schlüsselreize wie bei der Lorenz'schen Instinktlehre einwirken (und das Verhalten generell extern provozieren). Zweitens müssen die Personen, deren Werte wir betrachten, hinreichend äquivalent und vergleichbar sein: Ein instabiler Choleriker weist andere Verhaltensvektoren auf als ein introvertiert-gehemmter Mensch. Davon abgesehen wäre die *Version 1* der Katharsishypothese nur dann prüfbar, wenn

---

108 Das heißt einer *sprachlichen Handlung* i. S. der Zuschreibung einer Relation zwischen einem Sachverhalt oder Ding und dem damit zu verknüpfenden Begriff, womit eine Klassifikation oder Kategorisierung erfolgt.

wir mithilfe eindeutiger Regeln zur Abgrenzung von Verhaltenssegmenten bei einer sehr großen Zahl von Personen die Ausprägung aggressiver und nicht aggressiver Verhaltenssegmente erheben und aus dieser Menge solche Personen herauslesen, die bezüglich der jeweiligen Vorgängersegmente äquivalent sind. Dies zu erfüllen, ist jedoch praktisch unmöglich.

Auch daher kann man, wie schon verschiedene andere Autoren[109], eine Einschränkung der Katharsisannahme vertreten, die dann folgendermaßen zu formulieren wäre: „Wenn bei einer Person Aggressionstendenzen provoziert worden sind, so wird eine erfolgreiche Schädigung des Provokateurs den Anreiz zu weiterem Aggressionsverhalten vermindern."[110] Auf dieser veränderten Grundlage betrachten wir nun Aggressionshandlungen (unter der Voraussetzung, dass das intendierte Ergebnis der Schädigung des Angreifers auch faktisch erreicht wird) und schreiben: Für alle Tripel von zeitlich aufeinanderfolgenden Verhaltenssegmenten gelte nach einer Provokation durch einen anderen, dass die Wahrscheinlichkeit der Aggression gegen den Provokateur größer ist, wenn in dem dazwischenliegenden Verhaltenssegment *keine* Aggression festgestellt wurde, als wenn dies umgekehrt der Fall (und aggressives Verhalten prädiziert worden) wäre. Wer also nach einer Aggression durch einen Provokateur gegen diesen aggressiv agieren kann, müsste nach dieser, als *Version 2* der Katharsishypothese bezeichneten Vermutung, später weniger aggressiv sein, als in der entsprechend inversen Konstellation. Eine Falsifikation der zweiten Vermutung wäre mithin dann gegeben, wenn das Agieren von Aggressionen nach einer Provokation zu höheren Aggressionsausprägungen führt. Zur Schätzung der entsprechenden *Erwartungswerte* können entweder Tripel von Verhaltenssegmenten derselben Person in verschiedenen Situationen oder Tripel von Verhaltenssegmenten verschiedener Personen in der gleichen Situation zusammengefasst werden. Allgemein muss hier wieder jeweils die Unabhängigkeit der Prädizierung von anderen personalen bzw. situationalen Klassifikationsmerkmalen gewahrt sein.

Zu bedenken ist, dass das Randomisierungsprinzip nur die Gleichheit der Erwartungswerte von *Merkmalen* in einer Beobachtungseinheit bewirkt. Werden die Ergebnisse verschiedener Personen zusammengefasst, so ist vorausgesetzt, dass jeder Person ein ganz bestimmter Erwartungswert ihrer *Aggressionsneigung* (Personenparameter) als „Merkmal" zugeordnet werden kann. Werden die Ergebnisse verschiedener Situationen summiert, ist impliziert, dass jeder Situation ein konkreter Erwartungswert i. S. eines *Anreizes zur Aggression* (Situationsparameter) als „Merkmal" zugesprochen wird. Beide Voraussetzungen widersprechen der Version 1 der Katharsisannahme.

Resultate experimenteller Untersuchungen der Katharsishypothese und neuerer Ansätze werden in Kapitel 3.7 erläutert.

---

109 Feshbach (1956); Bramel, Taub und Blum (1968).
110 Dann (1971, S. 61).

3.7 Experimentelle Überprüfung der Katharsishypothese (Version 2) und neuere Experimentalansätze

Hypothesen aus der Idee, dass die (mehr der weniger) mutwillige Entladung von als triebhaft gegeben angenommenen Aggressionen diese vermindern würde, wurden schon vor Jahrzehnten experimentell untersucht.[111] Wütende Aggressoren sollten nach dieser Anschauung eine Triebreduktion erfahren, zeigen allerdings bereits in den frühen Untersuchungen zum Teil eine größere Zunahme der Strafbereitschaft auf sukzessive Angriffe, als nicht wütende Probanden.[112] Intensive verbale und körperliche Angriffe gegen Personen, die *nur* passiven Widerstand leisten, führen daneben zu einer Zunahme der Aggressionshandlungen.[113] Wütende Menschen, die ihrer Feindseligkeit Luft machten, wurden noch feindseliger. Je umfangreicher die negativen Bemerkungen waren, desto mehr Abneigung verspürten sie gegen ihr Zielobjekt. Feindselige Urteile anderer, diesem gegenüber, erhöhten die Aggressionen der Ersteren noch.[114]

Im Gegenzug muss allerdings auch angefügt werden, dass das in verschiedenen Psychotherapieschulen (insbesondere *körpertherapeutischer* Richtung nach Reich bzw. Lowen, *Rational-emotiver Therapie* nach Ellis oder *Psychodrama* nach Moreno[115]) angewandte angeleitete willentliche emotionale Ausagieren unterdrückter, zum Teil erstmals wahrgenommener Gefühle, heilsam sein kann.[116] Wer die einstig wahren Reaktionen gegen eine Person aus seiner kindlichen Vergangenheit *authentisch* fühlen lernt, das Maß an *lebendiger, brüllender* Wut, an *herzzerreißenden* Tränen, erhält wohl tatsächlich Zugang zu seiner Verdrängungs- und Panzerungstragik.[117] Theoretisch muss also wohl doch ein *Unterschied* zwischen mehr utilitaristischen Reaktionen auf eine *rezente* Umwelt und den unterdrückten Gefühlen aus (lang) vergangenen Situationen gemacht werden.[118] Das sich selbst verstärkende

---

111 Siehe den Überblick bei Geen und Quanty (1977).

112 Siehe Loew (1967) und replizierend Parke, Ewall und Slaby (1972), die die Steigerung von nonverbalen Aggressionen in Form gegebener Elektroschocks bei vorherigen aggressiven Verbalisierungen nachwiesen.

113 Siehe Zimbardo (1969).

114 Siehe deCharms und Wilkins (1963), Wheeler und Caggiula (1966) und Wheeler und Smith (1967).

115 Siehe Kriz (1994).

116 So wird der Rational-emotiven Therapie, die explizit auch das rückhaltlos ehrliche Ausdrücken von Gefühlen beinhaltet (Kriz, 1994, S. 168 f.), von Grawe, Donati und Bernauer (2001, S. 402–415) bei guter Qualität der 17 berücksichtigten Evaluationsstudien (mit 713 Patienten) eine sehr gute Wirksamkeit im je betrachteten Prä-post-Vergleich bescheinigt. Was im diesbezüglich relativ komplexen therapeutischen Geschehen als spezifische Wirkfaktoren gelten muss, wird damit aber nicht aufgeklärt; wesentlich scheinen jedoch die intellektuelle und gefühlshafte Aufrichtigkeit und tätige Überwindung irrationaler Überzeugungen zu sein.

117 Bekanntlich haben schon Breuer und Freud (Freud, 1895/1969) die Methode der kathartischen Abreaktion „eingeklemmter" Affekte eingesetzt.

118 Ergebnisse in der Art derer von Bushman, Baumeister und Stack (1999), dass Wissen über eine angebliche Hilfe kathartischen Ausagierens bei der Verminderung von Gefühlsspannungen, und ihr Ausüben, eine *selbsterfüllende Prophezeiung* hin zu mehr Aggression seien, dürfen daher nicht unbedacht generalisiert werden. Ähnliches gilt für die überblickshafte Diskussion von Studien bei Lewis

Feindseligkeitsverhalten wäre damit als oberflächlichere Emotionalität zu betrachten, die sich entwickelnden Erlebensweisen (vermuteter) lang vergangener Zeiten aber als Gefühlswelten, die wie „eingefroren" versteckt lagen. Dabei geht es schlicht nicht um die Annahme, dass sich akut angestaute, bewusste Gefühle durch „Dampf ablassen" *vermindern* ließen, sondern um die Herstellung größerer kognitiver und emotioneller Bewusstheit und Beseitigung von manifesten, psychischen Störungen. Dies legen die in diesem Kapitel besprochenen, neueren Studien nahe, die sich je auf *aktuelle*, nicht strikt unterdrückte Reaktionstendenzen (und damit ohne tieferen Bezug auf eine Verdrängungsgeschichte) beziehen – daher auch nicht anders als in diese Richtung interpretiert werden dürfen.

Bei der Prüfung der Katharsishypothese können Probleme ziemlich früh bereits hinsichtlich der Operationalisierung des Begriffs „Aggression" auftreten. In den Experimentalansätzen von Berkowitz, Green und Macaulay aus dem Jahre 1962 oder später von Berkowitz aus dem Jahre 1964 wurde die von A. H. Buss 1961 beschriebene Anordnung der Gabe von elektrischen Schocks zur Messbarmachung des Begriffs „körperliche Aggression" eingesetzt, was damals im Zuge eines *faktischen Konsenses* unbestritten schien. Die Katharsishypothese wurde dabei gleichwohl nicht bestätigt, indes auch nicht zwingend falsifiziert. Es darf vermutet werden, dass die teils widersprüchlichen Befunde allgemein zumindest partiell auf einer unpräzisen (und uneinheitlichen) Verwendung des Begriffs der Katharsis beruhen, andererseits gleichfalls durch unterschiedliche Operationalisierungsweisen mit bedingt sein könnten, die schließlich die Vergleichbarkeit der Untersuchungsansätze bzw. Resultate oft nicht ermöglichen.[119]

So wäre der Begriff der Katharsis z. B. i. S. einer relativ banalen Ärgerverminderung durch Sandsackboxen nach einer Beleidigung explizierbar, zudem als Identifikation mit einem Helden und darauffolgender menschlich-emotionaler Erkenntnis oder als Beseitigung mutmaßlich krankmachender, unbewusster Affekte durch Bewusstmachung derselben. Um mit Wittgenstein zu reden, liegen hier unterschiedliche *Sprachspiele*[120] vor, die vermengt als Folge wohl kaum anderes als Verwirrung hervorrufen können. Zumkley stellt in diesem Zusammenhang in motivationstheoretischer Sicht heraus, dass eine Katharsis kein triebhaft „blinder" Motiv-, sondern nur ein Motivationseffekt sei, also insbesondere vom Grad der Zielerreichung abhänge[121] – und fügt damit eine weitere, divergierende Auslegung dessen, was Katharsis bedeuten soll, an.

Unklar bleibt zum Teil einfach auch, was in den einschlägigen Experimenten letztlich eigentlich real gemessen worden ist – eine Kritik, die ähnlich in neuerer Zeit

---

und Bucher (1992) über den nicht belegbaren therapeutischen Wert von ausgedrücktem Ärger. Hier sollte man genau sein und jeweils berücksichtigen, welche Art von Emotionen bei welchen Störungen zugelassen werden, und ob sie vorher schon bewusst waren. Siehe daneben auch das dargelegte Experiment von Bushman (2002) mit der Katharsistheorie widersprechenden Befunden, und Bushman, Baumeister und Philipps (2001), die darin die Rolle der *Erwartung* einer Stimmungsverbesserung durch aggressives Agieren aufzeigten.

119 Siehe ähnlich bereits Zumkley (1978, insbesondere S. 17–34).
120 Wittgenstein (1953/1984a).
121 Zumkley (1978, S. 118 ff.).

von Uhrig und Kepplinger[122] vorgetragen wird, die insbesondere die filmischen Darbietungen in Bezug zur vermuteten kathartischen Triebentladung, wie sie Feshbach 1961 untersuchte, hinterfragen. Wie sich die Überprüfung der Katharsishypothese in neuerer Zeit entwickelt hat, wird im Folgenden anhand mehrerer moderner Experimente gezeigt, um durch diese Resultate zu einem schlüssigeren Bild zu gelangen.

In seiner Studie aus dem Jahre 2002 geht Brad J. Bushman von der *Iowa State University* der Frage nach, ob Ablenkung oder gedankliche Beschäftigungen i. S. v. Grübelei besser geeignet seien, *Ärger* zu vertreiben. Die (oder besser: eine der) Katharsishypothese(n) postuliert hier, dass sich Ärger durch die innere Beschäftigung mit diesem leicht abbauen sollte, wenn zudem Gelegenheit zur *Abreaktion* geboten würde. Im Gegensatz dazu sagt die *Cognitive-Neoassociation Theory* von Berkowitz[123] eine Steigerung der Ärgergefühle und Aggressionstendenzen voraus. Dies würde vermittels *bahnender* Aktivierung des zerebralen Aggressionsnetzwerks eintreten, in dem aggressive Emotionen, Gedanken und entsprechende motorische Reaktionstendenzen gesteuert werden. Insbesondere die geistige Beschäftigung mit dem Objekt des Ärgers *während* einer aggressiven Reaktion sollte in dieser Sicht zu einer Aktivationssteigerung des Netzwerks, mithin letztlich zu *mehr* Ärger und Aggression führen. Die gedankliche Beschäftigung (Grübelei) wurde in diesem Kontext als „self-focused attention"[124] definiert. Dabei sollte jeder Vorgang, der zu einer Verschlimmerung der negativen Stimmung leitet, wie eben z. B. gedankliche Fokussierung im Gegensatz zur Ablenkung und geistigen Zerstreuung, in gesteigertem Ärger bzw. erhöhter Aggressionsneigung münden, mindestens aber zur Beibehaltung der Ausprägung beider (statt zu ihrem Abbau) beitragen. Vorgängerstudien zu diesem Thema hatten ergeben, dass die geistige Beschäftigung die zugrunde liegenden Ärgerempfindungen verstärkt.[125] Bis zum Zeitpunkt des Experiments war die Wirkung von Ablenkung respektive Rumination beim Aggressionsagieren nicht untersucht. Bushman ließ deshalb die vorher (durch eine *Kritik* eines von ihnen je verfassten Essays durch eine Vertrauensperson des Versuchsleiters) erzürnt-provozierten Probanden auf einen *Punching bag* (Sandsack fürs Boxtraining[126]) einschlagen und bestimmte in zwei Treatment-Bedingungen die jeweiligen Folgewirkungen, verglichen mit einer Kontrollgruppe.

Konkret wurden (nach Aussonderung zweier Personen) $n = 600$ College-Studenten (300 männliche und weibliche Probanden) untersucht. Als vorgebliches Ziel der Studie kommunizierte man die Erforschung der Eindrucksbildung (*first impressions*). Bushman wies jeweils hundert Männer und hundert Frauen per Zufallsentscheid je

---

122 In Uhrig und Kepplinger (2010).
123 Berkowitz (1989, 1990, 1993, 2012). Berkowitz und Harmon-Jones (2004).
124 Bushman (2002, S. 726).
125 Siehe Rusting und Nolen-Hoeksema (1998) bzw. Bushman, Bonacci, Pedersen, Vasquez und Miller (2005). Konecni (1974) fand eine Aggressionsminderung durch Beschäftigung mit zu lösenden Mathematikproblemen. Nach Bushman (2002).
126 Mit eingebauter Option der *Schlaganalyse* nach Zeit, Anzahl und Härte der Hiebe.

einer der drei folgenden Gruppen zu: (a) gedankliche Fokussierung (*rumination*), (b) Ablenkung bzw. Zerstreuung (*distraction*) und (c) Kontrollgruppe. Die Teilnehmer wurden individuell untersucht, jedoch glaubte jeder von ihnen, er würde mit einem studentischen Partner gleichen Geschlechts *interagieren* (lernte diesen gleichwohl nie wirklich kennen). Nach ihrer Einwilligung schrieb jeder Proband einen kurzen Essay zum Thema „Abtreibung" (pro oder kontra), der in Abwesenheit vom angeblichen zweiten Partner gelesen und bewertet würde, was indes nicht der Fall war. Als Bewertungsrückmeldung erhielt jeder Teilnehmer vom Experimentator die denkbar schlechteste Einschätzung übermittelt, mit handschriftlichem Vermerk des fiktiven zweiten Partners: „This is one of the worst essays I have read!"[127] Dies Ergebnis verärgerte die Versuchspersonen. Daran anschließend bewerteten die Teilnehmer auf einer zehnstufigen Skala zehn Aktivitäten, die sie nun am liebsten ausführen wollten, darunter auch Sandsackboxen. Ein Münzwurf entschied, ob ein Teilnehmer der Distraction-Gruppe oder der Rumination-Gruppe zugeteilt wurde. Allen Personen wurden Boxhandschuhe gegeben, sie wurden eingewiesen und agierten schließlich ohne Beisein eines anderen. Diejenigen, die auf der zuvor durchgeführten Befragung nicht Boxen als ersten Wunsch angegeben hatten, wurden vom Versuchsleiter persönlich gefragt, ob sie sich nicht doch dazu entscheiden würden, worauf letztlich alle zustimmten. So war die *Freiwilligkeit* der Aktivität in jedem Fall anzunehmen. Versuchspersonen der Rumination-Gruppe schlugen den Punchingbag so lange, hart und oft wie sie wollten. Während sie dies taten, war ihnen aufgetragen worden, an die Person zu *denken*, die sie zuvor mit der Kritik an ihrem Essay verärgert hatte. Als visuelles Ziel wurde zudem noch ein Foto-ID eines College-Studenten gleichen Geschlechts, der als der Kritiker beschrieben wurde, auf einem 15-Inch-Computermonitor gezeigt. Teilnehmer in der Distraction-Gruppe schlugen den Sandsack ebenso hart, lange und oft, wie sie wollten, sollten dabei indes über die Erreichung *körperlicher Fitness* nachsinnen. Als visuelles Ziel wurde ihnen die athletische Gestalt gleichen Geschlechts aus einem Fitnessmagazin auf dem Monitor vorgeführt. Probanden in der Kontrollgruppe schlugen den Punchingbag dagegen *nicht*, sondern verweilten schlicht zwei Minuten ruhig im Sitzen, während der Versuchsleiter an einem Computer arbeitete. Es wurde bei ihnen kein Versuch unternommen, ihren Ärger zu reduzieren.[128]

Gemessen wurden Anzahl, Stärke und Dauer der Schläge gegen den Sandsack sowie die Stimmungslage danach. Dazu kamen die aus 15 Adjektiven zu negativer Stimmung bestehende Feindseligkeitssubskala der *Revised Multiple Affect Adjective Checklist* sowie die zehn Adjektive umfassende Positive Affect Subcale des *Positive and Negative Affect Schedule* zu positiver Stimmung (mit je einer fünfstufigen Likert-Skala) zum Einsatz.[129]

---

127 Bushman (2002, S. 727).
128 Bushman (2002).
129 Bushman (2002).

Als letzter Teil des Experiments zur Bestimmung der schließlich manifesten Aggression folgte eine bereits konstruktvalidierte Konkurrenz-Reaktionszeit-Aufgabe (*competitive reaction time task*): Die Versuchspersonen aller drei Gruppen wurden instruiert, dass sie und ihr erfunden-unsichtbarer Partner gegeneinander antreten würden und jeder einen Knopf so schnell wie möglich zu drücken hätte. Wer langsamer als der Gegenspieler wäre, erhalte (fernvermittelt) zur Abstrafung ein zum Teil unangenehmes, weil lautes akustisches Signal unterschiedlicher Dauer und Lautstärke über Kopfhörer. Die Lautstärke variiere zehnstufig von 60 bis zu 105 Dezibel (dB), vermeintlich je nach Testergebnis, wobei auch eine Null-Dezibel-Option angeboten wurde. Den Versuchspersonen war hierbei gestattet, die Lautstärke fortschreitend zu erhöhen sowie die Dauer der Beschallung selbst festzulegen, indem sie den Auslöser entsprechend länger gedrückt hielten. Dieser Konkurrenztest wurde 25 Mal durchgeführt; abzüglich des ersten Durchlaufs (ohne Herausforderung) verblieben also 24 Reihen, die in drei Blöcke gegliedert wurden. In jedem davon setzte der (imaginäre) Gegner *zufällig* erzeugte Lautstärkeniveaus (65–100 dB) wie auch Beschallungszeiten (0.25–2.5 s) an; die Teilnehmer hörten die Geräusche in der Hälfte der Fälle jedes Blockes (zufällig zugeteilt). Alle Aktionen und Daten wurden aufgezeichnet. Allgemein absolvierte die eine Hälfte der Punchingbag-Gruppen *zuerst* den Stimmungstest und *danach* die Konkurrenz-Aufgabe; bei der anderen Hälfte war es umgekehrt. Die jeweiligen Datenserien für Lautstärke wie Dauer der *Noise-blast-Reaktionen* aller 25 Erhebungen wurden standardisiert und zu einem reliableren Gesamtmaß der Aggression verrechnet. Während einer abschließenden mündlichen Besprechung (*debriefing*) mit den Versuchspersonen inklusiver Probe auf eventuellen Argwohn ermittelte Bushman, dass alle 600 Datensätze zugelassen werden konnten.[130]

In der Auswertung sollte zuerst herausgefunden werden, ob die Teilnehmer sich systematisch bezüglich ihrer *Wünsche* hinsichtlich des Boxens unterschieden, wobei aufgrund der Zufallszuteilung keine erheblichen Abweichungen zu erwarten waren. Da aggressive Aktivitäten jedoch generell *sozial* eher bei männlichen Personen akzeptiert sein könnten, wurde angenommen, dass Frauen hier eine niedrigere Ausprägung aufweisen würden. Beide Vermutungen bestätigten sich statistisch in einer *Varianzanalyse*. Männer wünschten den Sandsack häufiger zu schlagen als Frauen.[131] Männer schlugen den Boxsack auch härter als Frauen.[132] Zudem erwies eine *Log-Linear-Analyse*, dass Männer mehr dazu neigten, das Punchingbag-Boxen als *Topwahl* zu setzen, wobei wie vermutet, die Unterschiede zwischen allen drei Gruppen auf dem Fünf-

130 Bushman (2002).
131 $M = 4.33$, $SD = 2.77$ und $M = 3.10$, $SD = 2.33$, $F(1, 588) = 33.87$, $p < .0001$, $d = 0.48$ (M symbolisiert den Mittelwert, SD die Standardabweichung, t, F bzw. χ^2 sind statistische Prüfgrößen, p die α-Fehlerwahrscheinlichkeit, d bzw. ϕ die Maße für die Effektstärke). Wie erwartet unterschieden sich die diesbezüglichen Wünsche in den Experimentalgruppen auf dem Fünf-Prozent-Niveau nicht signifikant voneinander (Bushman, 2002, S. 728).
132 $M = 6.69$, $SD = 2.05$ und $M = 4.73$, $SD = 1.88$, $F(1, 396) = 99.14$, $p < .0001$, $d = 1.00$ (Bushman, 2002, S. 728).

Prozent-Niveau nicht signifikant waren.[133] Teilnehmer, die darüber nachdachten, körperlich fit zu werden, boxten den Punchingbag häufiger als jene, die dabei geistig auf den Provokateur fokussierten.[134] Alle Treatment-Personen (Distraction- plus Rumination-Gruppe) wandten in etwa die gleiche Zeit zum Boxen auf: Es wurden dabei keine signifikanten Differenzen ermittelt. Jedoch machte es Männern (im Vergleich zu Frauen) mehr Vergnügen, den Sandsack zu schlagen.[135] Wie in Tabelle 3.1 dargestellt, ergab sich kein signifikanter Effekt der beiden Experimentalbedingungen auf die positive Stimmungslage der Probanden verglichen mit der Kontrolleinheit. Allerdings wurden *Haupteffekte* der Treatments auf die Ausprägung von Ärger und Aggression festgestellt. Teilnehmer der Distraction-Gruppe ärgerten sich weniger als Personen unter der Rumination-Bedingung, aber sie waren nicht weniger aggressiv. Versuchspersonen in der Distraction-Gruppe waren aggressiver als die in der Kontrollgruppe, jedoch friedlicher als die der Rumination-Gruppe, obwohl kein Wert von beiden statistisch signifikant war. Männer reagierten dabei aggressiver als Frauen[136] und waren zudem, egal in welcher Gruppe, in besserer Stimmung als diese.[137]

Tab. 3.1: Ärger- und Aggressionsausprägungen für die Versuchsteilnehmer in den je angegebenen Gruppen (eigene Darstellung nach Bushman, 2002, S. 729).

Maß	Kontrolle	Distraction (Zerstreuung)	Rumination (Grübelei)
positive Stimmung	29.61_a (7.34)	29.71_a (7.86)	30.11_a (8.23)
Ärger	26.25_b (10.98)	27.32_b (10.88)	29.78_a (11.56)
Aggression	-0.21_b (1.27)	$0.01_{a,b}$ (1.39)	0.21_a (1.54)

Anmerkung: $n = 200$ Versuchspersonen in jeder Gruppe. Standardabweichungen sind in Klammern wiedergegeben. Mittelwerte mit den gleichen Indizes unterscheiden sich (reihenweise mit den Nachbarwerten verglichen) auf dem 5-%-Niveau nicht signifikant voneinander.

Bushman resümiert die obigen Ergebnisse mit den Worten: „Does venting anger extinguish or feed the flame? The results from the present research show that venting to reduce anger is like using gasoline to put out a fire – it only feeds the flame."[138] Diejenigen Versuchspersonen, die den Sandsack malträtierten und sich dabei den Kriti-

---

133 6 % und 1 %, $\chi^2(1, n = 600) = 6.58$, $p < .01$, $\phi = .13$ (Bushman, 2002, S. 728).
134 $M = 127.5$, $SD = 63.5$ und $M = 112.2$, $SD = 57.5$, $F(1, 396) = 6.31$, $p < .05$, $d = 0.25$ (Bushman, 2002, S. 728).
135 $M = 6.11$, $SD = 2.53$ und $M = 4.96$, $SD = 2.51$, $F(1, 396) = 20.85$, $p < .0001$, $d = 0.46$ (Bushman, 2002, S. 729).
136 $M = 0.44$, SD 1.62 und $M = -0.44$, $SD = 0.99$, $F(1, 594) = 66.52$, $p < .0001$, $d = 0.33$ (Bushman, 2002, S. 729).
137 $M = 31.51$, SD 7.85 und $M = 28.12$, $SD = 7.40$, $F(1, 594) = 29.31$, $p < .0001$, $d = 0.44$ (Bushman, 2002, S. 729).
138 Bushman (2002, S. 729).

ker ihres Essays vorstellten (bzw. ihn auf dem Monitor zu sehen glaubten), waren am stärksten verärgert und auch relativ sehr aggressiv, wobei das Ausleben solcher rezenter Gefühle *keine Stimmungsverbesserung* erzeugte. Teilnehmer in der Zerstreuungsgruppe waren weniger verärgert als in der Rumination-Gruppe, indes nicht (signifikant) weniger aggressiv. Aggressiv-sportliche Aktivität kann damit das Aggressionsniveau steigern. In diesem Kontext vermag der alleinige *Arousal* (der alle aktuell dominierenden Reaktionen verstärkt)[139] die diesbezüglichen Ergebnisse nicht zu erklären, sonst müssten die Teilnehmer in der Distraction-Gruppe stärkere Aggressionswerte erzielt haben, da sie den Sandsack öfter schlugen. Am besten, um bewusst-aktuelle Ärgergefühle und Aggressionstendenzen zu beruhigen, scheint mithin, *gar nichts zu tun.* „Overall, the present results support cognitive neoassociation theory [...] and directly contradict catharis theory."[140] Zu vermerken bleibt, dass dies (streng genommen) gleichwohl nur für die angenommene Katharsis *rezenter, bewusstseinsfähiger* Ärgerempfindungen (bei der Subpopulation der Studenten) behauptet werden kann.

Als weiterer Beleg für die Richtigkeit der Interpretation einer nicht vorhandenen Aggressionskatharsis kann man die folgenden zwei Untersuchungen von Bushman et al. aus dem Jahre 1999 heranziehen, die nachprüfen, ob (a) eine mediale Beeinflussung (*media endorsement*) hinsichtlich des Nutzens des Aggressionsagierens Menschen zum *Aufsuchen* solcher Aktivitäten bringt, bzw. (b) als *selbsterfüllende Prophezeiung* hin zu mehr (respektive weniger) Aggressionen wirkt. Dazu wurden zu Beginn hundert Studenten (50 Männer, 50 Frauen) zufällig zwei Voruntersuchungsgruppen zugeteilt, die unterschiedliche Texte lasen:

(1) einen Pro-Katharsis-Text, der wie ein Zeitungsartikel gestaltet war, und eine fiktive, angeblich zwei Jahre alte wissenschaftliche Studie besprach, die von einem Harvard-Psychologen im renommierten Wissenschaftsjournal *Science* publiziert worden wäre und sich *für* das Agieren von Aggression aussprach oder

(2) einen Anti-Katharsis-Text, der, bis auf die entsprechend gegenteilig gesetzten Schlüsselwörter *identisch* zum ersten Artikel, sich indes *gegen* das Agieren von Aggression wandte.

Die Probanden sollten dabei jeweils einschätzen, für wie *autoritativ maßgeblich* und *glaubwürdig* sie diese medialen Informationen hielten; dabei unterschieden sich beide Darbietungen weder auf dem Fünf- noch auf dem Ein-Prozent-Niveau signifikant voneinander.[141]

Daraufhin untersuchten Bushman und Kollegen[142] 360 weitere Studenten (180 Männer, 180 Frauen) angeblich anlässlich eines sozialen Fremdwahrnehmungsexpe-

---

139 Bushman (2002, S. 730).
140 Bushman (2002, S. 729).
141 $M_{pro\ Kath.}$ (authoritative) = 5.92, $M_{pro\ Kath.}$ (credible) 5.63, und $M_{anti\ Kath.}$ (authoritative) = 6.00, $M_{anti\ Kath.}$ (credible) = 5.65 (Bushman et al., 1999, S. 369).
142 Bushman et al. (1999, S. 367–370).

riments. Mit ihrer Zustimmung wurden die Personen randomisiert drei Gruppen mit folgenden Aktivitäten zugeteilt:

(a) Lektüre des Pro-Katharsis-Textes,

(b) Lesen des Anti-Katharsis-Artikels,

(c) Kenntnisnahme eines nicht auf das Thema „Aggression" oder „Katharsis" bezogenen Zeitungsausschnitts (Kontrollgruppe).

Zur Vermeidung eines störenden Verdachts ließ man die Probanden eine Nummer ziehen, die sie den verschiedenen Medieninhalten zuwies; außerdem teilte man mit, dass später eine Diskussion zum Inhalt der Texte stattfinden würde. Die Versuchspersonen wurden jedoch jeweils *allein* getestet, glaubten aber (ähnlich wie in der oben beschriebenen Studie Bushmans aus dem Jahre 2002), dass sie mit einem studentischen Partner interagieren würden, als ihnen (wie oben) aufgetragen wurde, einen kurzen Essay über das Thema Abtreibung (pro oder kontra, wie sie wollten) zu verfassen, der sodann vom imaginären Partner bewertet werden würde. Abweichend zum obigen Vorgehen bekamen die Versuchsteilnehmer selbst auch einen Essay zur Korrektur vorgelegt, als ihr eigener vom Experimentator entfernt und zum fiktiven Lektorat an den behaupteten (nicht vorhandenen) Partner weitergegeben wurde. Ein Münzwurf bestimmte dabei individuell diejenige Hälfte der Probanden, deren Essays (vom Experimentator) positiv, und diejenigen, welche negativ bewertet wurden. Bei den ungünstig beurteilten stand je handschriftlich vermerkt wiederum der Satz: „This is one of the worst essays I have read!"[143] auf dem Blatt. So vermochten Bushman et al. im Dienste der Wissenschaft einer erklecklichen Anzahl von nichtsahnenden Menschen den Tag mit Ärgergefühlen zu verdüstern, denn dem anderen Teil der Teilnehmer bescheinigte man (rein zufällig) ein ebenso niedergeschriebenes: „No suggestion, great essay!"[144] Nachdem die Versuchspersonen ihre Bewertungen zur Kenntnis genommen hatten, bat man sie nach ihrer subjektiven Präferenz (verstimmt, beschwingt oder neutral, wie bezüglich der Kontrollgruppe zu hoffen war) zehn Aktivitäten einzuschätzen und damit in eine Rangordnung zu bringen. Eines der dortigen Items lautete (neben anderen, wie Spielen eines Computergames, Betrachten einer Komödie u. Ä.): „hitting a punching bag"[145]. Danach folgte nur noch eine Probe auf Argwohn und eine Schlussbesprechung, die ergaben, dass alle Daten (mit drei Einschränkungen, die nicht ins Gewicht fielen) verwendet werden konnten.

Diese so erhobenen Zahlenwerte wurden mittels Varianzanalyse nach der Art des gelesenen Artikels, der Bedingungen „Ärger" versus „Nichtärger" und dem Geschlecht der Personen statistisch geprüft.[146] Dabei erwies sich (auf dem 5-%-Niveau) die *einfache Interaktion* zwischen den Artikelbedingungen und dem Ärger als

---

143 Bushman et al. (1999, S. 369).
144 Bushman et al. (1999, S. 369).
145 Bushman et al. (1999, S. 369).
146 Bushman et al. (1999, S. 369 f.).

nicht signifikant. Wie erwartet, hatte der Inhalt der jeweiligen Artikel allerdings einen signifikanten Effekt auf *verärgerte* Probanden, die beim Lesen des Pro-Katharsis-Textes häufiger als in beiden anderen Zeitungsbedingungen *wünschten*, den Sandsack zu schlagen.[147] In diesem Kontext ergab sich kein bedeutsamer Unterschied zwischen der (verärgerten) Kontroll- und der Anti-Katharsis-Gruppe. Bei *nicht verärgerten* Teilnehmern ließ sich ein Effekt der verschiedenen Sorten des Mediencontents auf den Wunsch, den Sandsack zu schlagen, jedoch *nicht* feststellen. Indes zeigte sich wiederum ein signifikanter Haupteffekt bezüglich der jeweiligen Artikelinhalte: Wer den Anti-Katharsis-Text gelesen hatte, wollte den Punchingbag signifikant *weniger häufig* schlagen, als die Personen in den anderen Experimentaleinheiten, die sich neuerlich nicht erheblich voneinander unterschieden.[148] Männer wollten den Sandsack insgesamt signifikant häufiger nutzen als Frauen (für eine Zusammenfassung der Ergebnisse siehe Abb. 3.4).

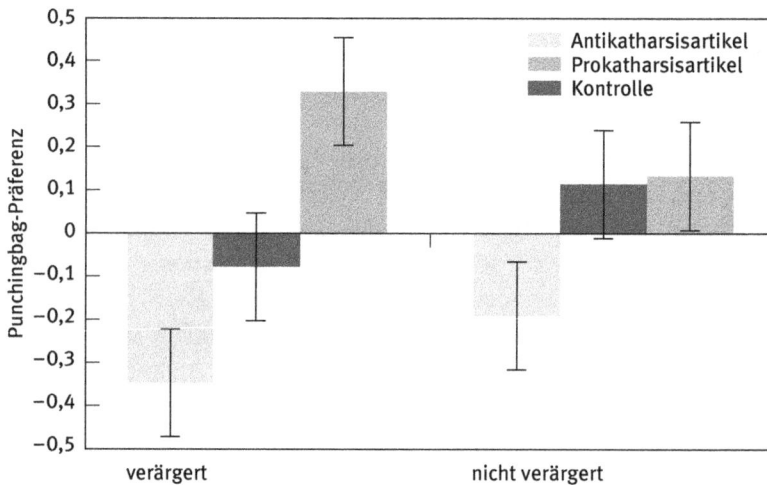

Abb. 3.4: Präferenz, einen Sandsack zu schlagen, als Funktion von Ärger und unterschiedlichen Artikelinhalten (eigene Darstellung nach Bushman et al., 1999, S. 370, dort ohne Mitteilung konkreter Zahlenwerte, daher nur ungefähre Darstellung durch grafischen Übertrag aus der Originalabbildung). Vorlieben in je standardisierten Werten; Graphen über und in den Balken symbolisieren je eine Standardabweichung.

Generell findet sich also Evidenz dafür, dass der Wunsch verärgerter Menschen relativ stärker ist, einen Punchingbag zu schlagen, wenn sie zuvor mit einem glaubwürdigen und autoritativ bedeutsamen medialen Inhalt (hier einem fingierten Zeitungsartikel mit einer Studie eines Forschers von einer renommierten Universität) konfrontiert

---

147 $t(348) = 3.91$, $p < .05$, $d = 0.69$, und $t(348) = 2.33$, $p < .05$, $d = 0.42$ (Bushman et al., 1999, S. 369).
148 $t(348) = 4.12$, $p < .05$, $d = 0.44$, und $t(348) = 2.39$, $p < .05$, $d = 0.26$ (Bushman et al., 1999, S. 370).

werden, der es als gute, effektive Methode zur Behandlung von Ärger darstellt, diesen an unbelebten Objekten auszulassen. Diese Ergebnisse legen nahe, dass der menschliche Glaube, wie mit Ärger umzugehen sei, nicht universell fixiert ist, sondern durch mediale Informationen modifiziert werden kann.[149]

In der zweiten Untersuchung erforschten Bushman et al.[150] den Einfluss dieses subjektiven Fürwahrhaltens der Katharsisüberzeugung auf den darauf zu beobachtenden *realen* Effekt der individuellen Aggressionsausprägung. Würde in diesem Zusammenhang eine selbsterfüllende Prophezeiung wirken? Um diese Frage methodisch beantworten zu können, rekrutierten Bushman und Kollegen 707 Studenten (350 Männer, 357 Frauen[151]). Sie glaubten mit einem oder zwei Partnern (des gleichen Geschlechts) zu interagieren, wurden in Wahrheit jedoch stets alleine (unter dem Vorwand, die korrekte Wahrnehmung anderer zu erforschen) untersucht. Nach ihrer Zustimmung zum Experiment teilte man diese Versuchspersonen zufällig den oben beschriebenen Gruppen mit Pro- versus Kontra-Katharsis-Text bzw. einer Kontrollbedingung zu, was durch ein für die Probanden als zufällig scheinendes Losverfahren erfolgte, womit ihre argwöhnische Verknüpfung hinsichtlich späterer Aktivitäten ausgeschaltet werden sollte. Den Versuchspersonen sagte man, dass sie den Artikel in der Folge mit anderen diskutieren würden. Daraufhin ließ man sie (genau wie in der Studie aus dem Jahre 2002) einen kurzen Essay über Abtreibung verfassen, der von ihrem Partner bewertet würde, während die Teilnehmer je den Aufsatz des anderen zur Begutachtung bekämen, der nun indes *stets* der Meinung des jeweiligen Probanden entsprach. Dadurch konnte die eventuell hervorgerufene Aggression, die allein auf Anschauungsdivergenzen beruhte, eliminiert werden. Im Gegensatz zum letzten Experiment wurden hier indessen alle Teilnehmer mit schlechten Evaluationsergebnissen zu ihrem Essay verärgert, *immer* stand der berichtete Satz mit dem Negativurteil handschriftlich dabei. Wie geschildert, ließ man die Versuchspersonen dann zehn Tätigkeiten, die sie nun gern ausführen wollten, nach der Präferenz dazu ordnen, darunter auch Sandsackboxen, bei dem (wenn nicht als ersten Wunsch angegeben) die explizite Einwilligung wiederum nachgeholt wurde. Nach Einweisung und mit Handschuhen boxten die Probanden darauf standardisiert *zwei Minuten* allein. Man befragte sie danach – nur ein Ja oder Nein waren zugelassen – ob ihnen das Boxen gefallen habe. Allgemein gab es auch eine Bedingung, in der der Sandsack *nicht* geschlagen werden musste, unter der *immer* der Pro-Katharsis-Text präsentiert wurde und in der den Versuchspersonen eine direkte Aggression (statt einer indirekt, verlagerten) gegen den Kritiker des Essays ermöglicht war. Nach jenem Wunsch-Aktivitäts-Ranking saßen diese Teilnehmer nur zwei Minuten ruhig an einem Platz, während derer der Versuchsleiter an einem Computer arbeitete. Als nächster Haupt-

---

149 Bushman et al. (1999, S. 370 ff.).
150 Bushman et al. (1999, S. 370 ff.).
151 Wobei die Daten von sieben Frauen, die sich weigerten den Punchingbag zu schlagen, später nicht berücksichtigt werden konnten.

teil der Studie schloss sich wiederum eine Konkurrenz-Reaktionszeit-Aufgabe (*competitive reaction time task*) unter den gleichen Bedingungen, wie oben[152] erwähnt, an. Abweichend von diesem Versuchsdesign ließ man die Teilnehmer hier jedoch zur Hälfte glauben, dass sie (a) mit dem Kritiker ihres Aufsatzes oder (b) einem *unbeteiligten* Dritten in Konkurrenz ständen, was jeweils *vor* dem Punchingbag-Boxen kommuniziert wurde. So war die eher von Konservierung (für den Kritiker) oder eher vom Wunsch zur Befreiung von Ärger (bei Konkurrenz mit einem Unbeteiligten) getragene Aggression zu unterscheiden. Wieder veranstaltete man 25 Durchläufe (in drei Blocks à acht Trials plus dem ersten ohne Provokation).[153] Alle Daten wurden elektronisch aufgezeichnet. Darauf folgte eine Schlussbesprechung mit einer Probe auf Argwohn der Teilnehmer.

Die gewonnenen Daten wurden nach der Art des Artikels, direkter oder verschobener Zielaggression und dem Geschlecht der Versuchsperson analysiert. Männer waren dabei über alle Messungen aggressiver als Frauen, obwohl das Geschlecht der Teilnehmer nicht erheblich mit anderen Variablen kovariierte, sodass Bushman et al. keine tieferen Betrachtungen dazu anstellten. Wie im ersten Teil der Studie schloss man vom Ranking der zehn Aktivitäten (nach Standardisierung) auf den Wunsch des jeweiligen Probanden, den Sandsack zu schlagen. Eine Varianzanalyse ergab hier die in Tabelle 3.2 wiedergegebenen Verhältnisse. Es zeigte sich, dass verärgerte Versuchspersonen, die zudem den Pro-Katharsis-Text gelesen hatten, den Punchingbag häufiger zu boxen wünschten, als die, die (verärgert) den Anti-Katharsis-Artikel zur Kenntnis nahmen. Die Kontrollgruppe unterschied sich hierbei nicht bedeutsam. Der Haupteffekt zu den verschiedenen Artikelbedingungen war indes nicht signifikant.[154]

Tab. 3.2: Präferenz zum Schlagen eines Punchingbags als Funktion des jeweils gelesenen Artikels (eigene Darstellung nach Bushman et al., 1999, S. 372).

Artikel-Bedingung	*M*	*SE*
Pro-Katharsis-Text	0.09_a	0.07
Kontrolle	$0.02_{a,b}$	0.08
Anti-Katharsis-Text	-0.11_b	0.07

Anmerkung: Mittelwerte *M* mit den gleichen Indizes unterscheiden sich nicht signifikant (auf dem 5-%-Niveau). *SE* symbolisiert den Standardfehler.

Verärgerte Versuchspersonen, die die Möglichkeit hatten, zu *antizipieren*, dass sie ihre Aggressionen später im Versuch ihrem Kritiker angedeihen lassen konnten, wollten den Sandsack *häufiger* boxen als diejenigen Probanden, die ihre Aggressionen nur

---

152 In der Darstellung des Experiments von Bushman (2002).
153 Die durchschnittliche Lautstärke und Dauer, die der imaginäre Gegner setzte, betrugen bei Block 1 2.5 und 0.63 s, bei Block 2 5.5 und 1.38 s, bei Block 3 8.5 und 2.47 s (Bushman et al., 1999, S. 371).
154 $F(2, 588) = 2.12$, $p > .05$ (Bushman et al., 1999, S. 372).

verschoben zum Ausdruck bringen konnten.[155] Dies schließt klar jede Vermutung aus, dass die Versuchspersonen die Punchingbag-Aktivität *vermieden*, so, als wollten sie ihre Aggressionen erhalten, um diese dann später an der Person, die sie provozierte, auszulassen. Dabei war kein Zusammenhang mit der Art des gelesenen Artikels festzustellen, wodurch der manipulierte Glaube an eine angebliche Katharsis hier nicht im Spiel gewesen sein konnte. Allerdings stellt dies nur eine *Trendaussage* bei relativ schwachen statistischen Größen dar, die jedoch plausibel ist, wenn man die Ergebnisse anderer Studien betrachtet.

Das Hauptanliegen des zweiten Teils der Studie nach Bushman et al. bestand darin, einen Zusammenhang zwischen der Aggression (via Noise-blast-Zuteilung in der Konkurrenzaufgabe) und den je gelesenen Artikeltypen zu ergründen. Dazu wurden aus Lautstärke und Dauer der Geräuschgaben ein reliableres und standardisiertes Maß gebildet. Die Daten aus dem ersten Durchgang (Block 1 mit acht Versuchen) sind hierbei am aussagekräftigsten, da die dortigen Reaktionen noch nicht wesentlich von durch die Versuchsperson selbst *empfangenen* Bestrafungen (des fiktiven Partners) abhängen konnten. In diesem Zusammenhang des Blockes 1 ergab sich ein *signifikanter Haupteffekt* des Artikelinhalts zum darauffolgenden Aggressionsverhalten. Konträr zur Annahme einer selbsterfüllenden Prophezeiung zugunsten einer Katharsis zeigten sich in den Zahlenwerten der Versuchsteilnehmer nach Kenntnisnahme des Pro-Katharsis-Textes höhere Scores für aggressives Agieren als in den beiden anderen Gruppen.[156] Dabei unterschieden sich die Letzteren beiden nicht wesentlich voneinander (s. Tab. 3.3). Das Aggressionsziel (direkt vs. verschoben) ließ keinen Effekt erkennen.

Tab. 3.3: Interpersonale Aggression als Funktion der Art des je gelesenen Artikels (eigene Darstellung leicht verändert nach Bushman et al., 1999, S. 372).

Artikelbedingung	*M*	*SE*
Trial 1 (Block 1)		
Pro-Katharsis-Text	0.26_a	0.14
Kontrolle	-0.04_b	0.07
Anti-Katharsis-Text	-0.22_b	0.08
verbleibende Trials (Block 2 und 3)		
Pro-Katharsis-Text	0.21_a	0.12
Kontrolle	$-0.08_{a,b}$	0.10
Anti-Katharsis-Text	-0.13_b	0.09

Anmerkung: Mittelwerte *M* mit den gleichen Indizes unterscheiden sich innerhalb jeder Trial-Kategorie nicht signifikant (auf dem 5-%-Niveau). *SE* symbolisiert den Standardfehler.

---

155 $M = 0.08$ und $M = -0.08$; $F(1, 588) = 3.54$, $p < .10$, $d = 0.16$ (Bushman et al., 1999, S. 372).
156 Vergleich zwischen Pro- und Anti-Katharsis-Text: $t(588) = 3.44$, $p < .05$, $d = 0.31$. Vergleich zwischen Pro-Katharsis-Text und Kontrolle: $t(588) = 2.14$, $p < .05$, $d = 0.20$ (Bushman et al., 1999, S. 372).

Auch nach dem ersten Block fand sich ein signifikanter Haupteffekt zum gelesenen Artikeltyp[157]: Versuchsteilnehmer der Pro-Katharsis-Bedingung waren auch hier im Vergleich zur Anti-Katharsis-Gruppe aggressiver[158] – und ebenso gegenüber der Kontrolle, obwohl dabei *keine* signifikanten Unterschiede gemessen wurden[159]. Gleichfalls wie oben ergaben sich keine bedeutsamen Differenzen zwischen der Anti-Katharsis- und der Kontrollgruppe, genauso wenig wie sich ein erheblicher Unterschied zwischen direkter versus indirekter Aggression zeigte. Ähnlich vieler anderer Befunde, die dies nahelegen, muss allerdings berücksichtigt werden, dass die *reziproke* Aggression eine starke Normierung für das Persistieren von ausgetauschten Aggressionen beinhaltet. Wer aggressiv behandelt wird, neigt eher selbst zu aggressivem Verhalten, sodass die genannten Ergebnisse in Block 2 und 3 in diesem Lichte zu relativieren sind.

Eine *logistische Regressionsanalyse* der binären Variable, ob das Boxen Spaß gemacht habe, konnte einen diesbezüglichen Zusammenhang mit der jeweiligen Artikelgruppe zudem nicht nachweisen. Die meisten (72 %) der Teilnehmer hatten Freude daran, den Punchingbag zu schlagen, egal unter welcher Experimentalbedingung.[160] Außer der bereits bekannten Tatsache, dass Männer generell mehr Spaß am Boxen hatten als Frauen, ergab sich kein signifikanter Effekt. Tabelle 3.4 verdeutlicht die durch eine *Korrelationsanalyse* gewonnen Werte des Zusammenhangs zwischen dem Wunsch zu boxen, der Freude daran und der interpersonalen Aggression.[161] Dabei korrelierte der Schlagwunsch und Spaß positiv mit der zwischenmenschlichen Aggression; dazu kommt, dass verärgerte Teilnehmer, die das Boxen wünschten, auch mehr Freude daran empfanden. Daher widersprechen die Ergebnisse nach Bushman et al. der Vermutung, dass das Sandsackboxen einen nützlich-wohltuenden Effekt habe und Personen sich besser fühlten, denn in der Tat waren später mehr Aggressionen nachweisbar als davor.

Um zu bestimmen, ob das Sandsackschlagen einen kathartischen Effekt habe, verglichen Bushman und Kollegen[162] das Niveau der Aggression für diejenigen Probanden, die boxten, mit denen, die das nicht taten. Dabei waren nur Versuchspersonen in die entsprechende Varianzanalyse einbezogen, die den Pro-Katharsis-Text gelesen hatten und *direkt* aggressiv (gegen ihren vermeintlichen Kritiker) agieren konnten. In den Daten aus Block 1 tendierten die Probanden der Schlagbedingung zu mehr Aggression als die der reinen Kontrollgruppe, obschon die Resultate hier nicht

---

157 $F(2, 588) = 3.06$, $p < .05$ (Bushman et al., 1999, S. 372).
158 Vergleich zwischen Pro- und Anti-Katharsis-Text: $t(588) = 2.29$, $p < .05$, $d = 0.22$ (Bushman et al., 1999, S. 372).
159 Vergleich zwischen Pro-Katharsis-Text und Kontrolle: $t(588) = 1.95$, $p < .10$, $d = 0.17$ (Bushman et al., 1999, S. 372).
160 Bushman et al. (1999, S. 372).
161 Dies natürlich nur für diejenigen Probanden, die den Punchingbag tatsächlich geschlagen hatten, also nicht für die Kontrollgruppe ohne Boxen.
162 Bushman et al. (1999, S. 370 ff.).

signifikant waren[163] – dies im Gegensatz zu denen aus den zwei verbleibenden Blocks, die bedeutsame Unterschiede erbrachten.[164] Schließlich ist zu bemerken, dass die Teilnehmer der beiden verglichenen Bedingungen nicht wesentlich in ihrem (durch Befragung erhobenen) Wunsch, den Punchingbag zu schlagen, differierten.

Tab. 3.4: Beziehungen zwischen dem Wunsch, den Punchingbag zu schlagen, der Freude daran und der interpersonalen Aggression (eigene Darstellung, leicht verändert nach Bushman et al., 1999, S. 373).

Maß	1	2	3	4
Wunsch, den Punchingbag zu schlagen	–	.23*	.08	.19*
Freude am Sandsackboxen		–	.02	.11*
interpersonale Aggression (Block 1)			–	.49*
interpersonale Aggression (verbleibende Blocks 2 und 3)				–

Anmerkung: *$p < .05$

Aus statistischer Sicht müssen die dargestellten Daten der zweiten Teiluntersuchung[165] im Lichte der relativ *großen* Stichprobenumfänge bei relativ *geringen* Effektgrößen gesehen werden, die die praktische Relevanz der Ergebnisse teils wieder relativieren könnten. Denn je umfangreicher Stichproben sind, umso höher wird die *Teststärke*, und desto leichter gelangt man auch bei kleinen Effekten zu Signifikanzen.[166] Zudem wurden (wie in allen anderen in diesem Abschnitt referierten Studien[167]) keine echten Zufallsstichproben ausgehoben, sondern wohl aus der Teilmenge der Universitätsstudenten willkürlich anfallende Probanden eingesetzt. Darunter leidet natürlich (wie sooft) die Generalisierbarkeit der Befunde, die streng betrachtet nur für die Subpopulation der Studenten gelten – was wiederum auch dazu führen könnte, dass ein Effekt bei wahren Zufallsstichproben u. U. *größer* ausfiele, da dann vermutlich doch zum Teil weniger kritikfähige und intelligente Teilnehmer (d. h. leichter zu manipulierende Menschen) mit beteiligt sein würden. Aber vielleicht wäre ebenso Umgekehrtes zu berücksichtigen, da Studenten ihren Lehrern (und den Lehrinhalten) u. U. tiefer vertrauen, zumal wenn etwas in einem so angesehenen Journal (mit Peer-Review-Kontrollbegutachtungen) wie *Science* publiziert zu sein schien (was bei den unstimmigen Artikeln ja implizit der Fall gewesen sein müsste).

---

163 $M = 0.40$ und $M = -0.01$; $F(1, 196) = 2.87$, $p < .10$, $d = 0.24$ (Bushman et al., 1999, S. 373).
164 $M = 0.33$ und $M = -0.17$; $F(1, 196) = 4.96$, $p < .05$, $d = 0.31$ (Bushman et al., 1999, S. 373).
165 Bushman et al. (1999, S. 370 ff.).
166 Vergleiche Bortz und Schuster (2010, S. 110–113).
167 Das heißt Bushman (2002) und Bushman et al. (1999).

Nimmt man die gemessenen signifikanten Effekte als real an, *replizieren* die Resultate der zweiten Teiluntersuchung[168], dass es in der Tat *keinen* kathartischen Effekt durch Tätigkeiten wie das Punchingbag-Boxen bei vorhergehenden Verärgerung gibt, sondern eher das Gegenteil eintritt: Wer simpel nur „Dampf ablässt", bekommt leider noch mehr Wut. Hier greifen natürlich die schon erwähnten Einschränkungen hinsichtlich der Definition von Katharsis, die in diesem Zusammenhang eben keine Bewusstmachung unbewusster Gefühle bedeuten will, sondern nur die Beseitigung von *rezentem* Ärger. Eine Ausweitung dieser Interpretation auf andere Bereiche mit Phänomenen, die mit den nötigen Abänderungen einer Katharsis ähnlich sein könnten, kann mit diesen Resultaten eben gerade nicht erfolgen und führte wohl zu sachlich unrichtigen Schlüssen. Diejenige Hypothese wird wiederholt bestätigt, die voraussagt, dass verärgerte Versuchspersonen einen größeren Boxwunsch mit einem Gerät wie einen Sandsack entwickeln, wenn sie vorher durch etwas wie einen Pro-Katharsis-Text hierzu (manipulierend) motiviert worden waren. Was die „große Autorität" eines Harvard-Psychologen rät, wird, wenn es plausibel scheint, umgesetzt – auch wenn es grundfalsch ist. Hier zeigt sich das Gewicht der (angeblichen) akademischen Exzellenz von seiner nachteiligen Seite – und ruft die wissenschaftlichen Arbeiter zu ihrer Verantwortung. Drittens kann angenommen werden, dass Probanden, die die direkte Aggression gegenüber ihrem Kritiker erwarteten, mehr zum Boxen neigten, eifriger und begieriger darin waren als in anderen Gruppen, und dies unterschiedslos über alle Nachrichtenbedingungen. Dies könnte ggf. deshalb sein, weil Ärger aufrechterhalten wird (wie Bushman et al. meinen[169]) oder aber deswegen, weil sich die Personen vergeblich (und mehr, nämlich mit einem gegenteiligen Effekt) von ihm zu befreien suchten. Möglicherweise wählten die diesbezüglichen Teilnehmer allerdings auch gerade die direkte Variante, *weil* sie ärgerlicher waren – wofür es aber keinen empirischen Nachweis gibt. Die Hauptfrage schließlich, ob der Pro-Katharsis-Artikel zu höheren Aggressionsausprägungen in der Konkurrenzaufgabe führen würde, muss bejaht werden. Es scheint mithin keine selbsterfüllende Prophezeiung zu einer kathartischen Aggressionsverringerung zu geben, im Gegenteil. Wer glaubte, dass er (nach einer Verärgerung) von seinen Aggressionen durchs Boxen befreit würde, erlebte gerade eine *gesteigerte* Aggression, wobei keine wesentlichen Unterschiede zwischen direkter und indirekter Aggression auftraten. Wie in der Studie von Bushman aus dem Jahre 2002 waren auch hier diejenigen Versuchspersonen im späteren Konkurrenztest die unaggressivsten, die einfach ruhig dasaßen und ihren Ärger ohne mutwillige Aktivitäten vergehen ließen. „Nicht-Tun"[170], könnte man also mit Lao-Tse raten, humorvoll an das „Lächeln der Ewigkeit" denken, dazu einige

---

168 Bushman et al. (1999, S. 370 ff.).
169 Bushman et al. (1999, S. 373).
170 Zitiert nach: Lao-Tse. (1870/1992). *Tao Tê King* (9. Aufl.). (Übers. V. v. Strauss). Zürich: Manesse. S. 142, Kap. LXIII.

Tassen (beruhigenden) Melissentee trinken: *Das* etwa wären bei akuter Verärgerung mögliche Bestandteile einer erfolgversprechenderen Bewältigungsstrategie.

Zur Erklärung und theoretischen Interpretation dieser Befunde könnte die ansteigende *Frustration* wesentlich sein, die nach einer Verärgerung und einem Aggressionsagieren eintritt, wenn eben keine kathartische Entlastung bemerkt würde. Frustration, die danach sekundär in einem Circulus vitiosus noch mehr Aggressionen produziert.[171] „Hitting the punching bag should have produced catharsis among people who believed in catharsis, but it did not. If anything, it appears to have produced the opposite effect, namely, an increase in subsequent aggression. [...] We noted that this outcome is the worst of all possible effects that might be predicted for media procatharsis messages."[172]

Mit diesen relativ aktuellen und klaren Ergebnissen muss die Katharsishypothese, die sich *allein* auf Ausleben nach einer rezenten Verärgerung bezieht, als unwahrscheinlich gelten. Es sind keine empirischen Resultate zu erkennen, die sie hinreichend stützen würden. Dabei kann eine generalisierende Aussage über die Möglichkeit einer entlastenden Bewusstmachung *unbewusster* Gefühle (die sich u. U. subjektiv ähnlich als „Katharsis" ausnimmt und die Begriffsverwendung vielleicht eher rechtfertigte) nicht getroffen werden, scheint aber denkbar, wenn man die o. g. Evaluationsbefunde zur Rational-emotiven Therapie nach Ellis berücksichtigt.

3.8 Reduziert Gegenaggression die „innere Spannung"?

Aus den Triebtheorien der Aggression kann die Annahme abgeleitet werden, dass ein Ausleben von Aggressionen die innere Spannung reduziere, also ein Gefühl der subjektiven Befreiung mit sich bringe. Beim Terminus der intrinsischen Tension (d. h. einem Belastungsempfinden) handelt es sich indes um ein *hypothetisches Konstrukt*, das wir weder direkt begreifen noch erforschen können, sondern das uns erst sekundär in seinen Manifestationen kenntlich wird, d. h. untersucht werden kann. In expliziter Form kann jene erste Hypothese (s. Kap. 3.6) folgendermaßen formuliert werden: „Für alle Tripel zeitlich aufeinanderfolgender Verhaltenssegmente x_h, x_t, x_k gilt: Wenn in x_h eine Provokation vorfällt (d. h. zugeschrieben, prädiziert werden muss), ist der Erwartungswert für die innere Spannung im dritten Segment x_k kleiner, wenn in dem davor betrachteten Segment x_t eine Aggression gegen den Provokateur stattgefunden hat (prädiziert wird)." Wer „Dampf ablassen" kann aufgrund unberechtigter Eingriffe einer störenden Person, sollte also nach dieser Vermutung später *entspannter* sein, als wenn er dies nicht getan hätte. Vorausgesetzt werden muss hierbei, dass der fragliche Begriff eindeutig bestimmt und hinreichend klar im empirischen Relativ operationalisiert verankert werden kann, was wiederum strittig sein könnte.

---

171 Bushman et al. (1999, S. 374).
172 Bushman et al. (1999, S. 374).

Die frühen Experimente von Hokanson und seinen Mitarbeitern[173] benutzten hier die Herzschlagfrequenz respektive den systolischen Blutdruck als Maß der inneren Spannung und oft Elektroschocks als messbare Größe für die Aggression. Dabei stellte man fest, dass eine Provokation zwar in der Regel den Blutdruck bzw. (wenn erhoben) auch den Puls erhöhte, eine Erholung beider Werte jedoch nicht immer klar mit einer erfolgten Gegenaggression korrelierte. Auch dritte Variablen wie der *soziale Status* des Provokateurs können moderierend einwirken.[174] Zudem wurden *geschlechtsspezifische* Unterschiede in der Reduktion körperlicher Parameter nach der Gabe von Elektroschocks festgestellt. Frauen wiesen u. a. eine signifikant raschere Senkung des Blutdrucks bei der Wahl einer *freundlichen* im Vergleich zu einer aggressiven Reaktion auf[175], was die Frage laut werden ließ, ob nicht doch der Grad der tatsächlichen *Zielerreichung* maßgeblich sei, d. h. ob die gewählte Reaktion i. S. sozial gelernten (konditionierten) Verhaltens ein geeignetes Mittel darstelle, um künftige Aggressionen zu verhindern.[176] Dann, und nur dann, wäre ggf. auch eine Lösung der inneren Spannung zu erwarten. In dieser Hinsicht argumentierte im Jahre 1974 schon Hokanson, als er eine ggf. zu beobachtende Aggressionskatharsis als speziellen Fall eines Konditionierungsprozesses auffasste, wobei eine Spannungsreduktion als positiver Verstärker für künftige Aggression fungiere, ein Effekt, den Geen, Stonner und Shope im Jahr 1975 experimentell vorfanden.[177] Gleichermaßen wäre jedoch zu erwägen, ob nicht auch Persönlichkeitsfaktoren wie Ängstlichkeit oder Schmerzempfindlichkeit bzw. das Maß an Impulsivität und Friedfertigkeit (u. a. m.) wesentlich einwirkten, womit man aber das theoretische Hoheitsgebiet einer reinen („blinden") Katharsis schon nahezu verlassen hätte.

In dieser Richtung zeigten in neuerer Zeit Bresin und Gordon[178], dass individuelle Unterschiede einer Ärgerreduktion durch Aggression nur bei solchen Personen gemessen wurde, die im täglichen Leben eine ebensolche Katharsiserfahrung gemacht hatten.

> [I]dividuals who had a decrease in anger after aggression were more likely to aggress on days which they felt high levels of anger, while among those who had a reduction in anger after making distracter ratings, no such relationship was found. Taken as a whole, the results suggest that at least for some people, aggression may lead to a reduction in anger and this reduction is predictive of future aggressive acts.[179]

---

173 Insbesondere Hokanson und Shetler (1961), Hokanson und Burgess (1962a, 1962b), Hokanson und Edelman (1966), Hokanson, Willers und Koropsak (1968), Hokanson (1974); siehe ferner die Zusammenfassung z. B. bei Zumkley (1978).
174 Siehe Hokanson und Burgess (1962a).
175 Siehe Hokanson und Edelman (1966) und Hokanson et al. (1968).
176 Ähnlich bereits Zumkley (1978, S. 54 ff.).
177 Verona und Sullivan (2008). Weitere Evidenz dazu liefern hier die teils berichteten Untersuchungen von Bushman (2002) bzw. Bushman et al. (1999, 2001, 2005).
178 Bresin und Gordon (2013).
179 Bresin und Gordon (2013, S. 418).

In diesen Resultaten zeigt sich, dass die fundamentale, *naturgesetzliche Gleichheit* einer hypothetischen Katharsis berechtigt hinterfragt und relativiert werden kann. Davor hatten schon Denzler, Förster und Liberman[180] in ihren Experimenten die potenzielle Wichtigkeit einer *Zielerreichung* in Bezug zur Katharsiserfahrung aufgezeigt. Als Ergebnis stellten sie fest, dass die Zielerreichung der Aggression (wie auch konstruktive Konfliktlösungen) die Verfügbarkeit aggressiver Konstrukte und die Wahrscheinlichkeit weiteren aggressiven Verhaltens verringerte. Umgekehrt steigerte die Nichterreichung des aggressiven Zieles die aggressive Konstruktverfügbarkeit. Jedoch sagen sie ebenso:

> Clearly, our data do not suggest that people feel better after aggressive acts. Nor do our results suggest anything that contradicts the extensive research that showed no catharsis effects. They only identify a specific, but we believe important, condition in which aggression does reduce further aggression, at least in the short run: when aggression serves to fulfill a goal.[181]

Bereits Zumkley hatte im Jahre 1978 in seinen Experimenten ähnlich festgestellt, dass die Pulsfrequenz und der subjektiv erlebte Ärger bei *voller Zielerreichung* auf das Ausgangsniveau absanken, was nach nur partieller Realisierung schwächer ausgeprägt war und bei Verfehlen des aggressiven Ziels ganz fehlte. Nur ohne, oder bei teilweiser Zielerreichung verblieb auch eine unerledigte Aggressionsmotivation.[182]

Die spezielle Fragestellung, ob sich eine subjektiv erlebte innere Spannung nach Aggression gegen einen Provokateur löst oder nicht, haben Verona und Sullivan nun im Jahre 2008 weiter erforscht. Sie testeten dabei mit 110 freiwilligen (nicht nur studentischen) Probanden (54 davon Frauen) zwei Komponenten der Katharsistheorie bei Aggression, nämlich zum einen die Reduktion des physiologischen Spannungszustands und ferner die Verminderung eines ggf. vorhandenen Aggressionstriebs. Außerdem betrachteten sie den moderierenden Effekt von *Stress* auf den kathartischen Effekt in Bezug zur Herzfrequenz. Dazu setzten sie das bekannte Elektroschockparadigma als Operationalisierung von Aggression ein; als Stressor fungierten aversive Luftstöße. Die Teilnehmer waren instruiert, einem frustrierenden Konföderierten in einem kognitiven Lernexperiment bei richtiger Antwort eine nonaggressive Rückmeldung (via *Korrekt*-Knopf) zu erteilen, oder aber bei einer falschen Antwort eine aggressive Rückmeldung (via zehnfach gestuften Elektroschocks) zu geben. Die Hälfte der Versuchspersonen war hierbei dem *unpersonalen* Stressor der Luftstöße (direkt an die Kehle appliziert) ausgesetzt (High-Stress-Bedingung) und konnte die Schockintensität wie seine Dauer frei regulieren. Die andere Hälfte der Teilnehmer bekam keine Luftstöße (Low-Stress-Bedingung). Die Frustration der Probanden durch den Konföderierten bestand konkret in dessen schwacher Antwort-Performance,

---

180 Denzler, Förster und Liberman (2009).
181 Denzler et al. (2009, S. 99).
182 Zumkley (1978, S. 124 f.).

durch die den Teilnehmern eine versprochene finanzielle Belohnung entging. Die Provokation war hier also eher indirekt verwirklicht. Die Analysen zeigten nun, dass Probanden nach Aggressionsgabe (also die Elektroschocks an den sie zuvor frustrierenden Konföderierten) im Vergleich zu einer nicht aggressiven Bedingung eine Verringerung ihres Pulses erfuhren – dies indes allein dann, wenn sie *nicht* dem zusätzlichen Stressor ausgesetzt waren.

> Decreases in heart rate were observed in low- relative to high-stress conditions following aggressive responding but not following nonaggressive responding. This partly supports the emotional tension reduction component of catharsis theory. Exposure to an impersonal stress (low-stress condition) impeded heart rate reductions following aggression. Instead, heart rate arousal levels were maintained or increased from pre- to postaggression when participants were simultaneously exposed to an impersonal air blast stressor during the aggression experiment (high stress). In terms of the drive reduction component of catharsis theory, heart rate reductions following aggressive responding were associated in this study with the probability of increased (not decreased) aggression [...] [T]he drive reduction component of catharsis theory was not supported.[183]

Relativ aktuelle Forschungsbefunde unterstützen zudem die These, dass es bezüglich Stress und Aggression geschlechtsspezifische Differenzen gibt, die die individuelle Stressverarbeitung und die physiologische Aktivation bei Aggression moderieren.[184]

Es zeigt sich also allein durch diese Befunde, dass das Katharsisproblem vielschichtiger aufgebaut sein könnte als lange Zeit vermutet wurde. Intervenierende Variablen vermögen bedeutsam einzuwirken und ggf. (auch i. S. einer kognitiven Lerntheorie) diesbezügliche Effekte zu verstärken oder zu vermindern. Einen Anteil daran, dass man das mutwillige Aggressionsagieren für gesund und nützlich hält, hat sicherlich die Alltagspsychologie mit ihrem mechanistischen Bild, man könne emotional „Dampf ablassen". Daneben stehen die vielfältigen (unrealistischen) medialen Vorbilder in diesem Bereich, die die tieferen und sensiblen emotionalen Wahrnehmungen in jedem von uns tendenziell verdunkeln. Die Dichter und Drehbuchschreiber „lügen" wirklich zu viel, was böse Folgen haben kann, wenn Klischees Menschen zu beherrschen beginnen und auch Forscher ihre Hypothesen nach ihnen ausrichten.

Unter Umständen wäre also zu erwägen, die vermuteten kathartischen Effekte bei *aktueller* Verärgerung bzw. Aggression vornehmlich als *sozial-kognitive* Phänomene, siehe Hokanson[185], zu reformulieren bzw. unter dem theoretischen Blickwinkel der *Cognitive-Neoassociation Theory* von Berkowitz[186] zu betrachten. Davon abzuweichen wäre, wenn tatsächlich etwas wie Katharsis i. S. einer *emotionellen Einsicht* in vorher unbekannte intrinsisch-gefühlshafte Verhältnisse gegeben ist, also streng meist nur die therapeutischen Bewusstwerdungen in relativen emotionalen *Ausnahmesituationen*. Vor allem nur hier scheint der Begriff der Katharsis praktisch sinnvoll zu

---

183 Verona und Sullivan (2008, S. 337 f.).
184 Verona und Curtin (2006); Verona und Kilmer (2007).
185 Hokanson (1974).
186 Berkowitz (1989, 1990, 1993, 2012). Berkowitz und Harmon-Jones (2004).

sein – und ohne Hinterhereilen hinter einer theoretisch zu simplen, weil begrifflich verkehrt ausgeweiteten Anschauung (einer Art geistigen Fata Morgana) produktiv angewandt werden zu können.

3.9 Normative Bewertung der Triebtheorien

Diskussionen über ethische Werte haftet das Problem der logischen und empirischen Willkürlichkeit an. Wie etwas zu sein habe, ist, freimütig und ketzerisch gesagt, letztlich noch dazu vielleicht nur Geschmackssache, gleich einer Notdurft unserer Existenz und unseres Phänotyps: Manches Werturteil könnte uns schlicht nötiger sein, als ein anderes, ohne dass es damit schon allgemein erwiesen wäre. *Normativ* zu urteilen heißt also oft in erster Linie das zu ermitteln, was „gut" für uns und andere ist. Bedauerlicherweise *wissen* wir jedoch ebenso nicht, was gut *ist*, auch hier können wir nur ein wenig mehr als raten, fühlen oder es dogmatisch festsetzen. Die Moralphilosophie dessen, was sein soll, ist mit einem absolut verlässlichen Fundament nicht zu versehen, und nicht einmal *das* vermögen wir sicher auszusagen, und diesen Satz wieder nicht – ad infinitum ...

So bescheiden zu sein, ist nicht jedermanns Sache. Freud, der bekanntlich die gesamte Menschheit zum Patienten wähnte[187], schreibt, dass der „Glaube an die ‚Güte' der menschlichen Natur eine jener schlimmsten Illusionen ist, von denen die Menschen eine Verschönerung und Erleichterung ihres Lebens erwarten, während sie in Wirklichkeit nur Schaden bringen"[188], was jedoch u. U. eine zu einseitige, negative Sicht darstellt (s. dazu insbesondere die historischen Betrachtungen in Kap. 8.3). Jene, von Freud implizit gemeinte, aggressive Triebneigung des Menschen müsse hingenommen und akzeptiert werden, teilt uns auch der Verhaltensforscher Lorenz[189] mit. Nun soll solch ein argumentativer Ton keinesfalls dahingehend missverstanden werden, die potenzielle Aggressionsfähigkeit des Menschen zu leugnen und nicht als wahre Möglichkeit zu begreifen. Es gibt aggressives Handeln, und zwar auch als *konstruktive* Option. Aber die *triebmäßige* Unabänderlichkeit im aggressiven Geschehen muss hinterfragt werden, zumal, wie in Kapitel 3.1 gezeigt, der Begriff des Triebes selbst zirkulär begründet wurde.

Denn wer einen Todes- oder Aggressionstrieb *annimmt*, kann kaum anders Rat geben, als dass diese empirisch unbewiesenen Entitäten in relativ regelmäßiger Weise entladen werden müssten, und sei es mit Krieg. Aufgrund der biologischen Konstitution des Menschen sei er, der anthropologische Abkömmling von teils kannibalischen Höhlenbewohnern, noch heute zu streitbaren, brutalen Verhaltensweisen verdammt – und nichts und niemand könne dies im Prinzip kurzerhand (ohne eine sehr

---

187 In *Die Widerstände gegen die Psychoanalyse* (Freud, 1925/1968, S. 109).
188 Freud (1989c [32. Vorlesung, zuerst 1932/33], S. 537).
189 Siehe z. B. Lorenz (1983).

fragwürdige Umzüchtung) ändern. Diese Denkmuster unterschätzen jedoch *generell* die Auswirkungen der jeweiligen Situationen.[190] Selbst „gute" Menschen können in schlimmen Umständen relativ „Böses" tun: So schwach, klein und fehlbar sind wir. Daher ist aus den Taten des Menschen auch nicht *eindeutig* deduzierbar, wie seine biologisch-energetischen Grundmotive geartet sind.

Der Glaube jedoch, dass auch die hyperegoistische, sadistische, destruktive Aggression zur „Natur" des Menschen zähle, bewirkt teils, dass man darauf verzichtet, Methoden zu entwickeln bzw. anzuwenden, durch die die Auftretenswahrscheinlichkeit dieser Verhaltensweisen allgemein bzw. in möglichst vielen (sinnvollen) Situationen gesenkt werde. Solch ein Bekenntnis kann dann wie bei Lorenz dazu führen, kategorisch ohne hinreichenden Beweis, d. h. voreingenommen, wirksame Methoden zu *diskreditieren*; so schreibt er:

> Zwei naheliegende Versuche, der [sic] Aggression zu steuern, sind nach allem, was wir über Instinkte im allgemeinen und die Aggression im besonderen wissen, völlig hoffnungslos. Man kann sie erstens ganz sicher nicht dadurch ausschalten, daß man auslösende Reizsituationen vom Menschen fernhält, und man kann sie zweitens nicht dadurch meistern, daß man ein moralisch motiviertes Verbot über sie verhängt. Beides wäre ebenso gute Strategie [sic], als wollte man dem Ansteigen des Dampfdruckes in einem dauernd geheizten Kessel dadurch begegnen, daß man am Sicherheitsventil die Verschlußfeder fester schraubt.[191]

Die Erzählung der Triebtheoretiker bewirkt damit eine *Erwartung*, dass sich *unweigerlich* eine Katastrophe ereignen müsse, sollte die Aggression nicht rechtzeitig relativ friedlich oder nutzbringend sublimiert, oder z. B. im Sport (bzw. gegen Ersatzobjekte) abgeführt werden. Ist diese Weltanschauungsmaxime erst einmal als zutreffende kognitive Instanz bei vielen Personen etabliert, ändern sich die Prognosen des humanen Handelns. Wer wird noch wahrhaft vertrauen, wenn alle angeblich „böse" sind? Wer wird noch Zuversicht haben? Wer noch gemeinsinnig denken und handeln wollen? Die Gewissheit der Unvermeidlichkeit der Aggression stellt ihre Bestätigung selbst her, indem die Individuen, die die Unvermeidbarkeit und Periodizität der menschlichen Aggression annehmen, zur präventiven Abwehr der Aggression der anderen aggressiv handeln und dadurch die Gegenwehr erst auslösen. Das *Sicherheitsdilemma* würde mithin virulent und die *Hobbes'sche Falle*, die politisch zu einem „Gleichgewicht des Schreckens" führe[192], schnappte zu, wenn jeder sich in existenzieller Konkurrenz von jedem bedroht fühlen muss.

Im Gegensatz zu jener empirisch nicht hinreichend belegten Meinung von der unabänderlichen Triebnatur der Aggression zeigten die erläuterten Untersuchungen insbesondere von Bushman und Kollegen[193], dass gerade das forcierte, verärgerte Ausleben von

---

190 Vergleiche Heider (1958/1977) und Ross (1977).
191 Lorenz (1983, S. 247).
192 Pinker (2011, S. 70 ff.).
193 Bushman (2002), Bushman et al. (1999).

rezenten Aggressionen oft diejenigen Übel verschärft, die es angeblich durch triebhaftes Agieren beheben möchte. Graduelle und interindividuelle Unterschiede mögen bestehen, vereinzelte subjektive Erleichterungsgefühle aufgrund z. B. von Stressabbau denkbar sein, indes bleibt es im Mittel eine starke Tendenz in ungünstige Richtung. Genauso wenig wie derjenige Recht hat, der am lautesten brüllt, kann sich hier der von seinem akuten Ärger befreien, der einen Sandsack am heftigsten schlägt. Beide machen es am Ende nur schlimmer und sollten eher die Stille suchen, darin ihnen vielleicht ein wahres, tieferes „Licht" aufgeht – und der Ärger nach einiger Zeit einfach in sich zusammensackt.

Daten aus der Untersuchung von Kindern und Jugendlichen weisen ebenfalls in diese Richtung. Schaefer und Mattei[194] referieren dazu einige wesentlichen empirischen Befunde der vergangenen Jahrzehnte und kommen zu dem Schluss, dass Therapeuten, die Kindern das ungehemmte Ausleben von Aggressionen gestatten, ohne die diesbezügliche Kontrolle und Selbstbeherrschungsfähigkeit zu stärken, das zukünftige Auftreten von Aggressionen (innerhalb wie außerhalb der Spielräume) erhöhen werden. „A consistent finding from controlled research studies is that when adults permit and encourage children's release of aggression in play, the children are likely to maintain this behavior at its original level or actually increase it."[195]

Zu differenzieren ist jedoch, wie gesagt, nicht nur in Bezug zur vermuteten Aggressionskatharsis, die für aktuelle Ärgergefühle nach der sich abzeichnenden Forschungslage eher nicht auftritt und den therapeutischen Versuchen, mutmaßlich verdrängte Emotionen ins Bewusstsein zu heben. Anderseits scheint es verfehlt, *alle* tiefenpsychologischen Ansätze für unwissenschaftlich oder unvalide (oder beides) zu erklären. Obschon die Triebtheorien Freuds die Standards einer befriedigenden Theorie nicht erlangen, können bestimmte Reformulierungen der Grundidee der Verdrängung neben anderen Abwehrmechanismen gegen die emotionale und kognitive Bewusstwerdung durchaus richtig sein. Das gilt auch für die meist als nicht ganz wichtig und wahr genommenen Ansätze Reichs, der insbesondere durch sein methodisch zum Teil zu schwaches Spätwerk sich selbst mitunter der größere Feind war, als manche, die er als solche zu erkennen glaubte. Sein Verständnis für das, was er emotionelle Pest[196] nannte, konnte seine unklugen, irrationalen Tendenzen bei sich, d. h. seine eigene emotionelle Pest, nicht heilen.[197] Aber er hinterließ u. a. durch sein Panzerungsmodell und den darauf fußenden Hypothesen einen bedenkenswerten Ansatz, um genau dasjenige brutale, teils sadistische, entmenschte und systematisch „böse" Handeln (individuell oder im politischen Rahmen) besser zu verstehen. Hier als Gegenpol zu Triebtheoretikern zu meinen, alles „Böse" liege in aller erster Linie in den Situationsparametern (wie es z. B. die Theorien Banduras nahelegen) oder in der Sozialpsychologie, könnte mithin einen ähnlichen Fehler der Einseitigkeit bedeuten, wie den, den Psychoanalytiker zum Teil begehen.

---

194 Schaefer und Mattei (2005).
195 Schaefer und Mattei (2005, S. 107).
196 Reich (1933, verändert 1949/1989, S. 330–372).
197 Siehe Sharaf (1994).

Stephan Straßmaier

4 Die Frustrations-Aggressions-Hypothese

4.1 Ursprüngliche Version nach Dollard et al. – und nachfolgende Modifikationen

Dollard und Kollegen sahen bereits im Jahr 1939[1], dass der systematische Versuch, Aggressionen aus zugrunde liegenden Frustrationen zu erklären, möglichst eindeutige Definitionen bzw. operationale Spezifikationen der nötigen Begriffe erfordert. Bei ihnen ist es einerseits die *Zielreaktion*, die die Instigation (d. h. Anregung) zu einem Verhalten (oft nur für eine gewisse Zeit) in ihrer Stärke reduziert. Wer bekommen hat, was er wollte, will es meist nicht gleich wieder. Andererseits wird im Zuge dessen eine ggf. eintretende (unwillkommene) *Interferenz* mit der instigierten Zielreaktion als *Frustration* festgelegt[2], ist also von der Unterbrechung einer Handlungsfolge abhängig, was vorsätzlich durch Dritte (oder Drittes), aber auch prinzipiell, i. S. einer Unerreichbarkeit eines Zieles, erfolgen könnte. Der Organismus würde theoretisch, allgemein gesagt, bestimmte Handlungen vollzogen haben, die jedoch verhindert wurden. In diesem Zusammenhang kann das interferierende Agens ebenso ein *innerer* Konflikt des betreffenden Individuums sein. Zudem sind *Ersatzreaktionen* in Bezug zur intendierten Zielreaktion denkbar, die ähnliche Wirkungen entfalten, wenn die eigentlich gewollten blockiert sind. Einfache Deprivation ist also nicht unbedingt identisch mit Frustration.[3]

In einer abhängigen Form der Definition von Aggression sehen Dollard et al. dazu diejenige Verhaltensweise als aggressiv an, die *„nur die sekundäre, durch die Frustration induzierte Instigation reduziert und die Stärke der ursprünglichen Instigation* [die der Zweckerreichung dient] *unbeeinflußt läßt.“*[4] Aggressionen wirkten mithin vor allem dazu, „den Weg frei zu machen" für die eigentliche Befriedigung i. S. einer Zielreaktion. In einer unabhängigen Weise bestimmt, wären Aggressionen ferner Handlungen, die die *Verletzung eines Organismus* (oder Organismus-Surrogats) beabsichtigten.

Vor Dollard et al. hatten schon McDougall und insbesondere Freud Frustrationen für die Genese von Aggressionen verantwortlich gemacht, auch James erfasste wohl bereits die Umrisse der entsprechenden Hypothese.[5] Die ursprünglich generelle Aussage, Aggression sei *immer* die Folge von Frustration[6], wurde von Miller (im Ein-

---

1 Dollard, Doob, Miller, Mowrer und Sears (1939/1973, S. 10 ff.).
2 Dollard et al. (1939/1973, S. 19).
3 Berkowitz (1989, S. 61).
4 Dollard et al. (1939/1973, S. 19, Hervorhebungen im Original).
5 Siehe Dollard et al. (1939/1973, S. 28 ff.).
6 Dollard et al. (1939/1973, S. 9).

DOI 10.1515/9783110522037-004

verständnis mit seinen Koautoren) im Jahr 1941 indessen zurückgenommen, sodass nun nur noch eine eingeschränktere Version galt: „Frustration produces instigation to aggression but this is not the only type of instigation that it may produce. Responses incompatible with aggression may, if sufficiently instigated, prevent the actual occurrence of acts of aggression."[7] Neben offenen Aggressionen könnten damit auch verdeckte auftreten. Mit zunehmender Zahl der Versuche, das Ziel zu erreichen, würde bei persistierender Frustration die direkte Aggressionsreaktion jedoch immer wahrscheinlicher: „that the more successive responses of non-aggression are extinguished by continued frustration, the greater is the probability that the instigation to aggression eventually will become dominant"[8].

Nach Dollard et al. werden allgemein drei wesentliche Faktoren postuliert, die die Stärke einer Anregung zur Aggression beeinflussen:
(1) die *Anreizhöhe* zur Reaktion, welche unterbrochen und frustriert wurde,
(2) das *Ausmaß* der beeinträchtigenden *Interferenz* mit der frustrierten Reaktion, und
(3) die *Zahl* der frustrierenden Reaktionssequenzen.

Darüber hinaus wäre die Hemmung einer Aggressionshandlung eine positive Funktion der befürchteten Strafe, zu der erlebte, Schmerz erzeugende Situationen usw., die Verletzung von Liebesobjekten bzw. der Misserfolg bei der Handlungsdurchführung zählten. Je mehr Bestrafung bei konstanter Frustrationsstärke antizipiert werde, desto weniger wahrscheinlicher würde eine darauf bauende Aggression. Bei Konstanz der vermuteten Bestrafung sei das Auftreten von Aggression umso wahrscheinlicher, je intensiver man demgegenüber eine Frustration verspüre.[9] Daneben wird angenommen, dass bei erhöhter Hemmung direkter Aggressionen *indirekte* umso wahrscheinlicher würden (eine *Verschiebung* i. S. v. Freud). Die stärkste Aggression sei gegen die unmittelbare Ursache der Frustration gerichtet, fortschreitend verschleiertere Aggressionshandlungen hätten entsprechend schwächere Anreiztatbestände zur Grundlage. Eine Hemmung direkter Aggression stelle in sich zudem eine *zusätzliche* Frustration dar, welche gegen das Agens der Unterdrückung wirke wie auch andere Aggressionsanreize erhöhe. Aggressionen gegen das Selbst würden darüber hinaus nur dann auftreten, wenn alternative Formen der Aggression noch stärker gehemmt seien und sich das Individuum selbst statt eines äußeren Faktors für die Frustration verantwortlich mache. Dabei wäre zu vermuten, dass eine unverblümt externalisierende Aggression durch das *Selbst* und nicht durch ein äußeres Agens beschränkt ist. Außerdem stelle der Ausdruck einer Aggression schließlich eine (energetische) *Katharsis* dar, die die Instigation zu allen (anderen) Aggressionshandlungen redu-

---

7 Miller (1941, S. 339).
8 Miller (1941, S. 339).
9 Dollard et al. (1939/1973, S. 36–47).

ziere[10] – womit die Positionen der frühen Frustrations-Aggressions-Hypothese(n) der Yale-Gruppe um Dollard synoptisch klar umrissen wären.

Nach einer Darstellung von Kempf[11] umfasst die Frustrations-Aggressions-Theorie neben den Definitionen (D 1): Aggression ist eine Verhaltenssequenz, die auf die Verletzung eines Organismus oder Organismusersatzes abzielt, und (D 2): Frustration ist die Störung (Unterbrechung) einer zielgerichteten Verhaltenssequenz, die beiden Grundannahmen (A 1): Aggression ist *stets* eine Folge von Frustration und (A 2): Frustration führt *stets* zu einer Form von Aggression, was allerdings bald durch Miller bzw. Sears abgeschwächt wurde.[12] So galt späterhin nur die Annahme (A 2): Frustration erzeugt *Anreize* zu verschiedenen Arten von Verhaltensweisen; *einer dieser* Anreize ist stets ein Anreiz zu einer Form von Aggression. Dabei wurden eine Reihe von Zusatzannahmen gemacht, darunter die Katharsis-Hypothese (A 3): Durch die Ausführung einer Aggression wird der von der Frustration erzeugte Anreiz zur Aggression *reduziert*; der Anreiz zur Fortsetzung der gestörten Verhaltenssequenz bleibt hierbei indes weiter bestehen. Zudem wurde vermutet, dass (A 4) der durch eine Frustration erzeugte Anreiz zur Aggression am stärksten gegen den Frustrierenden ist, und (A 5): manifestes aggressives Verhalten auftritt, wenn der Anreiz zur Aggression stärker ist, als die Hemmung der Aggression. Zu diesen beiden letzteren Zusatzannahmen gehören noch die Operationalisierungen (A 6): Der Anreiz zur Aggression wächst (1) mit der Stärke des Anreizes zur Ausführung der gestörten Verhaltenssequenz, (2) mit dem Grad der Störung und (3) mit der Anzahl der Störungen sowie (A 7): Die *Hemmung* der Aggression wächst mit dem Ausmaß an *Bestrafung*, die als Folge der Aggression erwartet wird.

Es ist in Wirklichkeit allerdings nicht ganz umstandslos und schlicht, allein die Begriffe *Frustration* und *Aggression* dergestalt zu definieren, dass sie den logischen wie empirisch-operationalen Anforderungen genügen – und es wird vielleicht nie befriedigend für *alle* Fälle möglich sein. Hier geradezu idealsprachliche Strenge bei der Begriffsbildung zu fordern, kann deshalb (auch in diesem Bereich) kontraproduktiv sein, wenn man damit relativ offenkundige Phänomene als unwissenschaftlich ausschließt. So kritisiert Werbik[13] die Frustrations-Aggressions-Theorie von Dollard et al., dass der Anreiz zur Aggression nicht eindeutig zu bestimmen sei, da es hier an der Angabe allgemeiner Beobachtungsvorschriften mangele, was sich freilich durch eine *Konstruktdefinition*[14] hinreichend verbessern ließe. Ob daneben etwas eine Frustration wäre, könne man nicht exakt sagen, gleichwohl die Reformulierung dieser als aversives Ereignis[15] es als Problem zumindest eindämmt. Kempf und Hilke[16] bemängeln die statistische Spezifizierung i. S. des: „Frustration erhöht die *Wahrscheinlichkeit* einer Aggression", weil dort nicht festgelegt ist, wann nach einer Frustration mit Aggressionen zu rechnen sei. Damit wären hinreichend distinkte Basissätze nicht mehr zu statuieren, die insgesamte Vermutung

---

10 Dollard et al. (1939/1973, S. 48–63).
11 Kempf (1978, zit. nach Werbik, 1981, S. 23).
12 Siehe Miller (1941) und Sears (1941).
13 Werbik (1974, S. 88 ff.).
14 Siehe Berkowitz (1962, 1989).
15 Siehe Berkowitz (1989).
16 Kempf und Hilke (1982). Siehe auch Werbik (1974, S. 89 ff.).

also umso schwerer zu widerlegen. Außerdem sei nicht bestimmt, zu welchem Referenz-
niveau sich die Aggressionswahrscheinlichkeit erhöhe: Möglich wären der Wert direkt
vor der Frustrationssituation aber auch der eines Zeitbereichs, in dem keine Frustration
vorgefallen sei. Hierzu ist zu sagen, dass man die sehr allgemeine Hypothese: „Frustration schafft irgendwie mehr Aggression, jetzt gleich oder später, wir wissen es nicht",
operationalisieren und mit *einschränkenden* Hilfshypothesen versehen muss, damit sie
überhaupt untersucht werden kann. Wenn man Frustrationen dabei als Event, als aversives *Ereignis* nimmt, also hinreichend abgrenzbar wie einen Knall, eine Messerverlet-
zung oder ein Sich-Stoßen an einer Tischecke, wäre dies als beobachtbarer Basissatz zu
verfassen. Es verschwämme nicht in der Beliebigkeit hypothetischer innerer Konflikte
oder als Folge davon i. S. einer Aggression, die zur Durchsetzung von Lebensstrebungen
stets beigemischt aufzufassen sei. Zu beachten ist noch dazu, dass die *instrumentellen*
Aggressionshandlungen ja gerade nicht mehr Terrain der moderneren Reformulierung
i. S. v. Berkowitz aus dem Jahr 1989 und später sind. Man könnte in diesem Kontext
durchaus ein Experimentalsetting zur Untersuchung der hypothetischen, frustrations-
bedingten Aggression erfinden. Einer optimalen Stichprobe mit Probanden, die wirklich
zufällig aus der Gesamtpopulation ausgewählt werden, würden frustrativ wirksame
Reize gegeben und die psychologischen Reaktionen (z. B. auch mit bildgebenden Verfahren) untersucht. Dem würde eine Testaufgabe, die zur Ermittlung der Neigung zur
manifesten Austeilung von Aggressionen dient, angefügt, beispielsweise das *Competitive Reaction Time Task* mit mehr oder weniger lauten akustischen Tönen (ein Verfahren, das in Kap. 3.7 und 4.2 näher erläutert wird). Sodann ermittelte man statistisch, wie
gut die entsprechenden Werte mit den Prätestwerten übereinstimmen oder nicht. Hier
eine dermaßen große Abhängigkeit von einer Subpopulation (und ihren sehr speziellen
frustrativen Aggressionsneigungen) zu befürchten, sodass die Gesamthypothese nicht
mehr wirklich prüfbar sei, wäre nicht nötig, da sich alle Abweichungen in der optimalen
Zufallsauswahl wohl tatsächlich hinreichend ausmittelten.

Ähnliches gilt bezüglich der prinzipiellen Erforschbarkeit für Aggressionen, die
eine Frustration beseitigen, um die ungeschmälerte Entfaltung zur Zielreaktion zu
ermöglichen. Man erinnere sich an die störende Stechmücke, die man erjagte, just als
sie zustach, auf dass geruhsame Urlaubsfreuden ungetrübt weiterwährten. Frustrationen, die sich *addieren*, sinnvoll zu quantifizieren, ist ohne Zweifel eine experimental-
technische (und sprachphilosophische) Herausforderung, was aber durch moderne
apparative und Fragebogenverfahren (trotz ihrer Fragwürdigkeiten) lösbar scheint.
Jedoch könnte es, wie Berkowitz im Jahr 1989 anmerkte, bei sich in *weiteren* Zeiträumen wiederholenden Frustrationen sinnvoller sein, nur eine Sensitivierung i. S. einer
Schwellenwerterniedrigung anzunehmen und keine Summation von Frustrationswir-
kungen. Dass Frustrationen sich nur dann wirklich im Effekt addieren können, wenn
Aggression sie nicht zuvor vermindert haben, Erstere also *fortwirken*, ist implizit in
der Aussage bereits enthalten, und ein Fehlen desselben muss daher nicht als unzureichend beanstandet werden. Allerdings ist zu konstatieren, dass die Behauptung

einer Triebkatharsis von Dollard et al. vermutlich eher unrichtig ist.[17] Es würde insgesamt betrachtet gleichwohl bedeuten, das Kind mit dem Bade auszuschütten, wenn man den wirklich plausiblen Zusammenhang zwischen Frustration und Aggression einfach mit apodiktischen wissenschaftstheoretischen Erwägungen für absurd hielte, schon allein wegen der modernen empirischen Unterstützung der entsprechenden, weiterentwickelten Grundanschauung.[18] Von der Empirie zu fordern, sie solle genauso exakt sein wie die Mathematik, kann vielleicht nur dazu führen, die Forschungsanstrengungen einzustellen. Dollard et al. nahmen ihre Formulierungen außerdem nicht als feststehend an, sondern als eher grobe Hypothese(n), also als etwas, was verbessert werden könnte (s. die Arbeiten von Berkowitz in den Dekaden danach). Dieser hatte schon im Jahr 1962 die Bedeutung des Begriffs *Anreiz zur Aggression* mit dem Sinngehalt des Wortes *Ärger* umschrieben und sagt: „[...] every frustration increases the *instigation* to aggression, but this instigation is here termed *anger*."[19] Natürlich kann man auch an diesem Ort einwenden, dass die Begriffsbildung wiederum zu ungenau wäre und niemand hinreichend akkurat angeben könnte, was Ärger eigentlich sei. Personenparameter wie Sprachgebrauch sind individuell verschieden[20] und just die instrumentelle Aggression ist von Berkowitz selbst als „coldly and deliberately"[21], d. h. nicht ersichtlich ärgerinduziert bezeichnet worden.[22] Damit ist allerdings nur nahe gelegt, dass der Frustrations-Aggressions-Nexus nicht die *einzige* Art sei, wie es zu Aggressionen kommen könnte. Wenn man sich an die Auswirkungen von insbesondere Frontalhirn-Läsionen erinnert und daneben die instrumentellen Handlungen aggressiver Art i. S. des sozial-kognitiven Konditionierungsparadigmas betrachtet, wird man dem sicherlich zustimmen. Begnügt man sich zudem mit einer Konstrukt-Operationalisierung des Ärger-Zustands, ließe er sich durchaus untersuchen. Wie sooft, scheint eine monokausale Theoriestruktur zu einfach, um den mannigfachen Interferenzen und Bedingungen eines lebenden Wesens gerecht zu werden.

Nicht zuletzt stützen experimentelle Untersuchungen die grundlegenden Ansichten von Dollard und Kollegen. Ein Hindernis, das Individuen von der Erreichung eines attraktiven Zieles, das zu erlangen sie erwarteten, abhält, kann zu offenen Aggressionen führen.[23] Entgegen der Behauptung, nur illegitime, willkürliche oder direkt personale Interferenzen erzeugten Aggressionen, zeigen die Befunde, dass sich diese auch entfalten können, wenn die Durchkreuzung nicht als vorsätzlicher Angriff zu werten war.[24]

---

17 Siehe dazu die Ausführungen in Kap. 3.
18 Siehe hier beispielhaft die in Kap. 4.2 dargestellten Experimente.
19 Berkowitz (1962, S. 47, Hervorhebungen im Original).
20 Werbik (1974, S. 93).
21 Berkowitz (1962, S. 31).
22 Die instrumentelle vs. feindselige Aggression i. S. v. Feshbach (1964).
23 Berkowitz (1989, 1993). Vergleiche z. B. Averill (1982), Burnstein und Worchel (1962), Ferguson und Rule (1983), Gustafson (1989), Kregarman und Worchel (1961), Rule und Nesdale (1976), Worchel (1974) sowie Zillmann (1978).
24 Berkowitz (1989, 1993); Berkowitz und Harmon-Jones (2004).

Als ungerechtfertigt wahrgenommene Zielerreichungsbarrieren verursachen zwar *eher* aggressive Tendenzen als Handlungsstörungen, die in sich sozial begründet sind; Letztere können jene Aggression indes ebenso zur Folge haben. Dollard et al. berücksichtigten allerdings diejenigen *geistigen Prozesse* sicher inadäquat, die eine Störung der Zielerreichung in dem einen oder anderen Licht erscheinen lassen, also Bewertungen, Zuschreibungen und Ähnliches, welche im Endeffekt dazu beitragen, Aggressionen eher zu provozieren oder zu verhindern.[25]

Davon ausgehend entwickelte Berkowitz in der Folgezeit die *Cognitive-Neoassociation Theory* der (impulsiven) Aggression[26] (welche seine frühen Ansichten modifiziert), die nicht mehr nur den Ärger als zentrale Vermittlungsemotion zur manifesten Aggression sieht, sondern, allgemeiner gefasst, auch den davor erlebten *Negative affect*, der aufgrund eines aversiven Umweltevents entstehe (s. Abb. 4.1). Diese negative Gestimmtheit kann z. B. in Schmerz, Traurigkeit oder Frustration bestehen, was – anders als in den Anschauungen von Dollard et al. – nun im Zuge relativ unterschiedener *Stufen* zur Bildung von konkreten Emotionen und Verhalten führen soll. In einem ersten Schritt würde das unlustvolle emotionale Erleben eine *automatische* Bildung von expressiven motorischen Reaktionen, Gefühlen und Gedanken veranlassen, die im Gedächtnis mit Flucht- oder Kampfreaktionen assoziiert seien, damit implizit ebenso die Flucht oder Vermeidung, respektive das Angriffsverhalten beeinflussten. Berkowitz nennt das die „Primitive Associational Reaction"[27]. Auf diesem hierbei entstehenden Organismuszustand basiere das weitere Handeln der Person. Empfinde sie Angst, würden sich in ihr geistige Vorstellungen bzw. Erinnerungen, damit verbunden physiologische Sensationen der Vermeidung oder Flucht bis hin zu expressiven motorischen Reaktionen herausbilden, welche das Individuum u. U. dann tatsächlich eher flüchten ließen. Ähnliches würde sich mit den nötigen Änderungen bei der emotionalen Grundtendenz des Ärgers hinsichtlich der zu erwartenden Lebensreaktion der Aggression ergeben. Zahlreiche Faktoren der genetischen Prädisposition, Lerngeschichte oder der realen Situation würden die relativen Stärken der Flucht- bzw. Vermeidungs- oder Kampfreaktionen bestimmen. In diesen frühen Stadien der emotionalen Erfahrung wären die entstandenen Gefühle Angst vs. Ärger zunächst nur *rudimentär*, d. h. jenseits der basalen Empfindungsqualität des aversiv-unangenehmen Erlebens noch ohne bedeutende Wirkungsmacht.

> A host of factors – genetic, learned, and situational – govern the relative dominance of these different emotional constellations, but according to the model, several syndromes can be activated at the same time, although to different degrees. And thus, fear is dominant over anger in the face of a strong sense of overwhelming danger, whereas anger is apt to be the prominent emotion in the absence of clear signs of great danger to the person.[28]

---

25 Siehe die ausführlichere Darstellung einschlägiger Experimente in Kap. 4.2.
26 Berkowitz (1989, 1990, 1993, 2012), Berkowitz und Harmon-Jones (2004).
27 Berkowitz (1993, S. 57).
28 Berkowitz und Harmon-Jones (2004, S. 117).

Anders als dieser automatisch generierte Status, und ihm zeitlich nachfolgend, vermöge nun aber eine eingehendere bewusste Kognition auf die zugrunde liegenden emotionellen Qualitäten Einfluss zu nehmen. Erst in diesen späteren Phasen würden, so Berkowitz, in Personen detailliertere kausale Erwägungen ablaufen, Zuschreibungen reflektiert oder getroffen, die involvierten Gefühle näher bewertet, Handlungskontrollstrategien entworfen und Ähnliches mehr. Die vorherigen, relativ grundlegenden Empfindungen usw. differenzierten sich, würden angereichert, verstärkt oder geschwächt. Emotionelle Erfahrungen kristallisierten sich klarer heraus, worin die individuellen *kognitiven Schemata* der Person (z. B. bezüglich erkannter Situationsgenesen oder erlebter Emotionen) leitend wären.

> This analysis [die erste automatische Bewertung], then, maintains that with more elaborated „higher order" cognitive processing, interpretive schemes, social rules, and anticipated costs and benefits can come into play so that the initial affective and action tendencies can be altered. If the first-stage reactions are not too strong, it is presumably at this later time that appraisals can have a primary role in shaping what the person will feel and do.[29]

Dieses Modell sieht einen ggf. später verspürten Ärger als emotionale Erfahrung, die durch das bewusste Erlebnis des aggressionsassoziierten somatischen Wandels, expressive motorische Reaktionen und die durch das aversive Erlebnis aktivierten Ideen und Gedächtnisinhalte zu erklären wäre. Die Instigation zur Aggression müsste damit nicht zwingend mit Ärgerempfindungen einhergehen. Feindseligkeit resultierte in diesem Kontext aus dem ungünstigen Urteil über andere, welches oft aus negativen Vorstellungen und Erinnerungen entspringe, ähnlich wie der Anreiz zur Aggression aus der negativen Gestimmtheit.

Die Cognitive-Neoassociation Theory von Berkowitz postuliert damit die Hypothese, dass Gefühle, Ideen, Vorstellungen und Erinnerungen miteinander gedächtnismäßig in einem *emotionellen Netzwerk* verbunden seien. Die Aktivation je eines *einzigen* Gliedes darin könne zur „Anschaltung" aller verbundenen Inhalte führen. Unglückliche oder depressive Gedanken entfachten hierbei ggf. andere negative Gedächtnisinhalte bzw. Gefühle, z. B. Ärgerempfindungen genauso wie aggressive Neigungen. Körperlicher Schmerz ist dabei der klarste Vertreter aus der Klasse der negativen Gefühlseindrücke und eine große Zahl von Experimenten hat die Verbindung von Schmerzen und Angriffsverhalten bei vielen Spezies, Menschen inklusive, aufgezeigt.[30] Allerdings ist diese Reaktion nicht immer die wahrscheinlichste: Viele Tiere fliehen eher, als dass sie kämpfen. Dabei bestimmen genetische Faktoren, wie auch solche der Lerngeschichte und Situation, welches Verhalten sich konkret zeigt.[31] Schmerz erzeugt neben Flucht- oder Vermeidungsverhalten einen Anreiz zur Aggression, die gegenüber geeigneten, hinreichend nahen Objekten ausgelebt wird,

---

29 Berkowitz und Harmon-Jones (2004, S. 117).
30 Berkowitz (1983, 1989), Ulrich (1966).
31 Siehe Bandura (1979, S. 176 ff.).

wenn alternative Reaktionen die aversiven Bedingungen nicht aufheben, und die Widerstände gegen Aggressionen relativ schwach sind.[32] Daneben seien psychisches wie physisches Unbehagen, Beschwerden und Verdruss Quellen negativen Affekts. Außerdem könnten Differenzen in Einstellungen und Werten ähnliche Wirkungen entfalten.

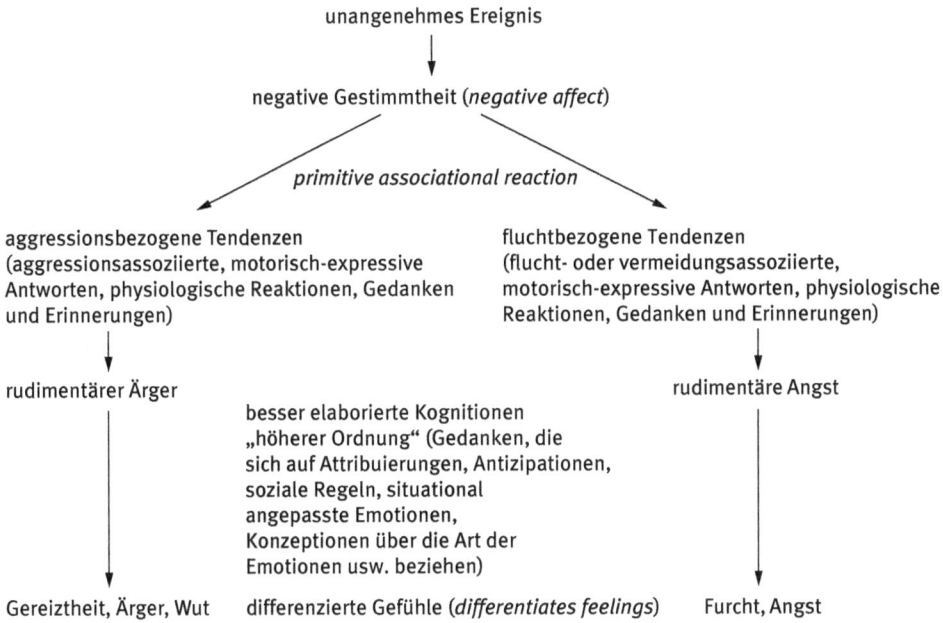

unangenehmes Ereignis

negative Gestimmtheit (*negative affect*)

primitive associational reaction

aggressionsbezogene Tendenzen
(aggressionsassoziierte, motorisch-expressive
Antworten, physiologische Reaktionen, Gedanken
und Erinnerungen)

fluchtbezogene Tendenzen
(flucht- oder vermeidungsassoziierte,
motorisch-expressive Antworten, physiologische
Reaktionen, Gedanken und Erinnerungen)

rudimentärer Ärger

rudimentäre Angst

besser elaborierte Kognitionen
„höherer Ordnung" (Gedanken, die
sich auf Attribuierungen, Antizipationen,
soziale Regeln, situational
angepasste Emotionen,
Konzeptionen über die Art der
Emotionen usw. beziehen)

Gereiztheit, Ärger, Wut | differenzierte Gefühle (*differentiates feelings*) | Furcht, Angst

Abb. 4.1: Wie negative Gefühle nach der Cognitive-Neoassociation Theory Ärger oder Angst produzieren (eigene Darstellung verändert nach Berkowitz, 1993, S. 57).

Berkowitz und Harmon-Jones geben in diesem Kontext einen Überblick über Forschungsbefunde im Bereich *Ärger*. Sie berichten auch von Studien, die im Einklang mit den theoretischen Behauptungen der Cognitive-Neoassociation Theory stehen.[33] Neben den erwähnten mehr oder weniger blockierenden Interferenzen mit den Zielerreichungswünschen einer Person wird hier *Schmerz* als einer der klarsten Auslöser von Ärger in verschiedenen Studien bestätigt[34], ebenso unangenehme Umgebungsbe-

---

32 Berkowitz (1983, 1989), Ulrich, Hutchinson und Azrin (1965).
33 Berkowitz und Harmon-Jones (2004).
34 Siehe für eine genauere Darstellung Kap. 5.

dingungen wie *Hitze*[35], *Lärm*[36] oder *schlechte Gerüche*[37]. Daneben führt *sozialer Stress* zu einer höheren Ausprägung von Ärger.[38] Dabei kann das vorhandene Kontroll-, d. h. auch Veränderungspotenzial zur Steigerung (respektive Verminderung) von Ärgergefühlen beitragen. Auch körperlich-muskuläre Reaktionen (besonders im Gesicht) vermögen es in diesem Zusammenhang, Emotionen hervorzurufen. Menschen mit „depressiv-hängenden" Zügen werden wohl in weniger strahlende Antlitze anderer blicken; wutverkrampft-verbissene Zeitgenossen fördern (außer im Kabarett oder in der Karnevalsbütt vielleicht) kaum den Frohsinn.

Allgemein neigen frustrierte Personen dazu, ihre aggressiven Reaktionen von der Verursachungsquelle auf eine weniger mächtige oder eher erreichbare Person zu *verschieben*.[39] Konkurrenzwettbewerbe und Kämpfe um knappe Güter wirken allgemein aggressionsfördernd, *ohne* dass sie willentliche Frustrationen zur notwendigen Grundlage hätten.[40] Dass später agierte Feindseligkeit oder Aggression in direktem Zusammenhang mit dem zugrunde liegenden *allgemeinen* Erlebenszustand stehen, zeigen daneben auch die Resultate von Baron, der im Jahr 1984 bei willkürlich provozierten Personen fand, dass sie sich weniger negativ gegenüber ihrem Aggressor benahmen, nachdem sie eine (eigentlich irrelevante) *angenehme* Erfahrung machen konnten. Diese verbesserte die Stimmung bzw. das Gefühl der Probanden *verminderte* ihre durch negativen Affekt generierten feindseligen Tendenzen. Schließlich ist noch auszuführen, dass aggressive *Hinweisreize* generell aggressive Neigungen induzieren oder steigern, was insbesondere für potenziell tödliche Waffen wie Pistolen, aber auch für allgemeine Assoziationen, die mit unangenehmen Situationen verbunden sind, gilt.[41]

Nach diesen eher skizzierenden Ausführungen zu den grundlegenden Theorien werden in Kapitel 4.2 Untersuchungen dargestellt, die u. a. Hypothesen von Berkowitz explizit überprüft haben.

---

35 Siehe z. B. Anderson (1989), Anderson und Anderson (1996), Anderson, Bushman und Groom (1997), Anderson, Anderson, Dorr, DeNeve und Flanagan (2000).
36 Siehe Geen (1978) und Geen und McCown (1984).
37 Siehe Rotton, Frey, Barry, Milligan und Fitzpatrick (1979) bzw. Rotton und Frey (1985).
38 Siehe hier insbesondere Berkowitz (2003).
39 Krahé (2014, S. 325) und Marcus-Newhall, Pedersen, Carlson und Miller (2000).
40 Berkowitz (1989, 1993), vgl. beispielhaft Sherif und Sherif (1953), Sherif, Harvey, White, Hood und Sherif (1961), Worchel, Andreoli und Folger (1977) und Nelson, Gelfand und Hartmann (1969).
41 Berkowitz und Le Page (1967), Berkowitz (1993, S. 70 ff.) und Carlson, Marcus-Newhall und Miller (1990).

4.2 Experimente zur revidierten Frustrations-Aggressions-Hypothese nach Berkowitz

Bevor wir zur Besprechung von moderneren Studien der Berkowitz'schen Reformulierung übergehen, stellen wir summarisch zwei ältere Experimente vor, die eine Transition zur kognitiven Handlungstheorie darstellen. Dies sind das Experiment von Burnstein und Worchel aus dem Jahr 1962 sowie die Erhebungen von Mallick und McCandless aus dem Jahr 1966.

Burnstein und Worchel teilten Studenten der Psychologie zufällig in Gruppen von drei bis fünf Personen ein, die beauftragt wurden, über ein relativ schlecht definiertes soziales Beurteilungsproblem (in einer Fallgeschichte) mittels Diskussion und einschlägigem Arbeitsmaterial einen *einstimmigen* Beschluss über den mutmaßlich besten Handlungsratschlag zu erzielen. Dabei kommunizierte man dies als *Fähigkeitstest* für die Mitglieder der Arbeitsgruppen: *Nur* zielerreichende Teilnehmer würden eine günstige *Beurteilung* erhalten. Wie sooft bei sozialpsychologischen Untersuchungen gab es jedoch auch hier eine wesentliche („gemeine") Schwierigkeit, denn an allen Diskussionseinheiten nahm auch ein Konföderierter des Versuchsleiters (undercover, versteht sich) teil, der (in zwei von drei Versuchsbedingungen) die Bemühungen der Gruppe, zu einem Ergebnis zu gelangen, zu *behindern* suchte. In einem Drittel der Versuchspersonengruppen (Bedingung A$_1$) störte der Eingeweihte die Entscheidungsfindung durch mehrmalige Reklamationen, Dinge nicht recht einzusehen bzw. verstanden zu haben.[42] Dadurch wurde das Gruppenziel schließlich verfehlt. Der Konföderierte frustrierte also, indem er *absichtlich*, wie man durchaus meinen konnte, die Zielerreichung sabotierte. Bei einem weiteren Drittel der Probanden erschien der Konföderierte dagegen mit einem deutlich sichtbaren Hörgerät (welches damals noch stattlichere Ausmaße hatte, als heutzutage) und erklärte, dass dieses „blöderweise" justament heute nicht funktioniere, und man ihm die Argumente doch bitte laut und wiederholt, bzw. schriftlich mitteilen möge (Bedingung A$_2$). Infolge dieser wahrhaft behindernden Einschränkung einer (simulierten) Hörschädigung wurde das Ziel der Diskussion, also die Entscheidungsfindung, ebenfalls nicht erreicht. Auch hier frustrierte der Gehilfe des Versuchsleiters die Probanden, diese konnten das Verhalten gleichwohl *nicht* als absichtlich deuten. Im letzten Drittel der Gruppen unterbrach der Konföderierte die Diskussionen in keiner störenden Weise, sondern trug zur Lösungsfindung bei. Da der gewünschte Erfolg eintrat, fand eine Frustration in dieser Bedingung A$_3$ nicht statt.[43]

---

42 So äußerte der Konföderierte etwa, ohne einen sachlichen Beitrag zu leisten, wiederholt: „What did you mean?", „What did you say?", „Do you think that's important?", „I don't understand", „I don't follow you" oder „I don't see why we have to do this" (jeweils nach Burnstein und Worchel, 1962, S. 530).
43 Nach Burnstein und Worchel (1962), Berkowitz (1993, S. 39) und Werbik (1974, S. 101–104).

Nach jenen realen Erfahrungen wurde allen Teilnehmern eine weitere (zweite) Diskussionsaufgabe für einen späteren Zeitpunkt angekündigt. Hierbei konnte jedoch durch *öffentliche* Ablehnung mit bestrafenden Konsequenzen (Bedingung B_1), *nicht öffentliche* Ablehnung mit bestrafenden Konsequenzen (Bedingung B_2) oder einer *privaten*, nicht bestrafenden Ablehnung (Bedingung B_3) ein Gruppenteilnehmer für die kommende Lösungsfindungsrunde ausgeschlossen werden. Öffentlich bedeutete hier die für alle ersichtliche Abstimmung per Handzeichen bei Aufruf (des jeder Person zugeteilten) Buchstabens, Nichtöffentlichkeit implizierte das entsprechende, geheime Ankreuzen in einer Liste. Die Bestrafung zog eine (angeblich) schlechte Bewertung durch den Versuchsleiter nach sich.[44]

Welcher Teilnehmer der Diskussionsrunden mochte wohl derjenige gewesen sein, den man liebsten wieder los gehabt hätte? Dazu gibt Tabelle 4.1 nähere Informationen.

Tab. 4.1: Prozentuale Verteilung der Versuchspersonen, die über den Ausschluss eines Teilnehmers abstimmten und den Konföderierten des Versuchsleiters ablehnten, je nach Versuchsbedingung (eigene Darstellung verändert nach Burnstein und Worchel, 1962, S. 533).

jeweilige Bedingung	A_1: Frustration durch absichtliche Behinderung ($n = 34$)	A_2: Frustration durch nicht absichtliche Behinderung ($n = 33$)	A_3: Erfolg, keine Frustration oder Behinderung ($n = 33$)
B_1: öffentlich	29	0	0
B_2: privat-bestrafend	100	27	0
B_3: privat-nicht bestrafend	100	50	0

Als Hauptergebnis ist leicht zu erkennen, dass *nur* unter den Bedingungen mit einer Frustration überhaupt ein Mitglied ausgeschlossen werden sollte. Die nicht absichtliche Frustration des „Kannitverstan-Konföderierten" zog stets weniger Verweise nach sich als die grundlos willentlich-vorsätzliche. Zudem zeigte sich, dass ungerechtfertigt manifeste Störer oft mit unverblümt agierten Ablehnungen zu rechnen hatten, und darüber hinaus (von allen bzw. den allermeisten) im Hintergrund missbilligt wurden, auch wenn man das nicht publik werden lassen wollte. Eine Tendenz zu Antworten gemäß der sozialen Erwünschtheit ist somit aus den Daten abzulesen. Eine frustrationsbedingte Aggressionstendenz kommt dabei zu beträchtlichen Teilen nur dann zustande, wenn die Frustration als absichtlich und vermeidbar beurteilt wird: Bewusst-elaborierende kognitive Vorgänge, mit denen solche Bewertungen subjektiv ablaufen, sind mithin wesentlich wichtig.

Als zweites Experiment, welches die sich abzeichnende *kognitive Wende* in der Psychologie erahnen ließ, ist in diesem Zusammenhang das von Mallick und McCandless aus dem Jahr 1966 interessant. Auf das Wesentliche reduziert, wurden hier 30

---

44 Nach Burnstein und Worchel (1962), Berkowitz (1993, S. 39) und Werbik (1974, S. 101–104).

männliche und ebenso viele weibliche Drittklässler einer Schule mit einer prinzipiellen Mittel- und Oberklassenpopulation zufällig aus vier dritten Klassen ausgewählt und fünf Experimentalbedingungen zugewiesen: sechs Jungen wie auch Mädchen in jede Einheit. Als Konföderierte waren nochmals sechs Jungen und Mädchen tätig, die von Lehrern und Rektor als besonders kooperativ und zuverlässig eingeschätzt worden waren. Jedes dieser Kinder arbeitete mit fünf Versuchspersonen desselben Geschlechts in einer der fünf Versuchsbedingungen.

Es sollten von allen Teilnehmern zuerst Konstruktionsaufgaben mit Bauklötzen ausgeführt werden, für die sie in drei Gruppen schon vorab fünf 5-Cent-Münzen als Lohn erhielten. In diesen drei Versuchsbedingungen *behinderte* nun das rekrutierte eingeweihte Kind jeweils die erfolgreiche Bewältigung und Erreichung des gestellten Ziels, sodass den Versuchspersonen ihr erhaltener Lohn sukzessive wieder entzogen wurde und sie das Geld zurückgeben mussten. Dies wirkte als Frustration. In zwei der fünf Versuchsbedingungen konnten die Probanden demgegenüber das Ziel erreichen, wurden vom Konföderierten unterstützt, und der Versuchsleiter belohnte das Ganze (ohne materielle Geldzahlung) mit einem „Sehr gut". Daran schloss sich ein spezielles Treatment der *frustrierten* Probanden, wie folgt skizziert, an:

(1) Jedes Kind konnte mit einem Spielzeuggewehr auf ein Ziel schießen, auf dem das Bild eines 11-jährigen, gleichgeschlechtlichen Kindes angebracht war.

(2) Jedes Kind wurde vom Experimentator in ein Gespräch verwickelt.

(3) Es fand ein Gespräch mit dem Experimentator statt, hier jedoch mit Bezugnahme auf die Frustration hinsichtlich des Konföderierten, von dem nun (reinterpretativ) behauptet wurde, dass er schläfrig (*sleepy*) und verwirrt (*upset*) gewesen sei, und man ihm vielleicht kooperativerweise zehn Cent (der erhaltenen 25) hätte anbieten sollen.[45]

Die *nicht frustrierten* zwei restlichen Gruppen konnten nach Abschluss der erfolgreichen Aufgabe ebenso mit einem Gewehr auf ein Bild schießen oder wurden vom Versuchsleiter gleichfalls in ein Gespräch verwickelt.[46]

Im nun folgenden Teil des Experiments, für alle Kinder identisch konzipiert, sollten die Probanden ihrem jeweiligen eingeweihten Kollegen bei der Lösung derselben Konstruktionsaufgabe (wie die, die sie erledigt hatten) *beistehen* oder konnten ihn dabei *behindern*. Im Unterschied zu oben führte man das allerdings in räumlicher Distanz mittels eines angeblichen elektrischen Geräts durch, wobei die Teilnehmer durch Betätigung zweier Knöpfe dem virtuell im Nebenraum befindlichen Konföderierten halfen oder ihn störten. Jeder Knopfdruck, der einer intendierten Behinderung entsprach, zählte hierbei als Aggression. Insgesamt konnte jeder Auslöseschalter jedoch nicht häufiger als 20 Mal aktiviert werden (s. Tab. 4.2).[47]

---

45 Mallick und McCandless (1966).
46 Mallick und McCandless (1966).
47 Mallick und McCandless (1966).

Tab. 4.2: Mittlere Anzahl der als Aggression gezählten, elektrisch vermittelten Behinderungen der eingeweihten Versuchsperson, je nach Versuchsbedingung (eigene Darstellung verändert nach Mallick und McCandless, 1966, S. 594).

Versuchs-bedingung	Frustration und Gespräch mit Re-Interpretation des Handelns des Konföderierten	Erfolg und Gespräch	Erfolg und aggressives Spiel	Frustration und aggressives Spiel	Frustration und Gespräch ohne Reinterpretation des Handelns des Konföderierten
mittlere Anzahl an Aggressionen	6.37391 a	6.52881 b	8.14602 c	13.40896 d	13.72438 e

multiple Vergleiche der jeweiligen Mittelwerte

	a	b	c	d	e
a	–	nicht signifikant	nicht signifikant	****	****
b		–	nicht signifikant	****	****
c			–	***	***
d				–	nicht signifikant
e					–

$n = 6$ Jungen und 6 Mädchen pro Zelle jeder Versuchseinheit.
*** $p < .005$.
**** $p < .001$.

Es zeigte sich in den Resultaten einerseits ein sehr ausgeprägter Unterschied zwischen der Gruppe mit der Reinterpretation des Verhaltens der eingeweihten Versuchsperson zu den anderen Gruppen *mit* Frustrationen: Sie sind bei moderater Stichprobengröße *hoch signifikant*, was auf einen realen, starken Effekt hindeutet. Die positive (Re-)Interpretation der frustrierenden Situation hatte eine Art kathartischen Effekt i. S. einer Minderung der Aggression. Einzuwenden wäre allgemein, dass die Standardisierungen der jeweiligen Gesprächssituationen nicht ideal möglich sind, Unterschiede bleiben hier bestehen und können sich prinzipiell in den Ergebnissen niedergeschlagen haben. Zudem ist die Stichprobe, obwohl (im Ansatz) randomisiert und nicht zu geringen Umfangs, u. U. doch mit bedeutsamen Anomalien behaftet. Besonders der *kulturelle* Hintergrund der nordamerikanischen Mittel- und Oberschichtzugehörigkeit der Kinder könnte sich (gerade) in Aggressionsbereichen ausgewirkt haben. Daneben scheint es, wie bereits Werbik anmerkte[48], fraglich, ob die Handlung des Auf-ein-Bild-Schießens, welches dem Provokateur ähnlich sieht, ohne Weiteres als Aggression gegen diesen klassifiziert werden kann. Allerdings ist es durchaus auffällig, wie eine alleinige Reinterpretation die Wirkung einer Frustration derart abschwächen konnte, dass sie von einem nicht frustrierten (erfolgreichen) Tun nicht mehr zu unterscheiden war.

---

48 Werbik (1974, S. 76).

Nach diesen beiden Vorläuferuntersuchungen kommen wir nun zum Bericht über die Überprüfung der eigentlichen Berkowitz'schen Reformulierung der Theorie von Dollard et al., was experimentell von Dill und Anderson von der *University of Missouri-Columbia* als eine der ersten im Jahr 1995 ausdrücklich in den Fokus genommen worden war. Ausgehend von der geschilderten Frustrations-Aggressions-Hypothese von Dollard et al.[49] und einer von Berkowitz zuvor durchgeführten Studie sollte die Ausübung relativ *offener* Aggression betrachtet werden. Berkowitz hatte im Jahr 1981 nur die Wirkung späterer Frustrationsrechtfertigungen auf die Neigung zur *Verschiebung* der Aggression (die trotz ausreichender Legitimierung aus der primären automatischen Aggressionsinduktion „übriggeblieben" war) auf unschuldige Dritte untersucht, die direkte und offene Aggression gegenüber der eigentlich frustrierenden Person aber nicht erhoben. Bis zu diesem Zeitpunkt existierten keine hinreichenden Belege, dass auch eine komplett legitimierte Frustration eine gesteigerte offene Aggression gegenüber der am nähesten assoziierten Person zur Folge haben kann.

Eine adäquate Prüfung dieser speziellen Vorhersage aus der reformulierten Frustrations-Aggressions-Hypothese von Berkowitz[50] erforderte

(1) eine Experimentalbedingung, in der die Erreichung einer erwarteten Gratifikation in einer hinreichend *ungerechtfertigen* Weise blockiert wird,

(2) eine Gruppe, die möglichst dieselbe Frustration, jedoch in einer *gut begründeten* Art erfährt, und

(3) eine Kontrolleinheit, deren vergleichbare Belohnungserwartung *nicht* enttäuscht würde.

Dabei legten Dill und Anderson die Attributionstheorie von Weiner zugrunde[51] und nahmen an, dass eine später als gerechtfertigt (unabwendbar) angesehene Frustration als *extern* zugeschrieben, und damit *außerhalb* der Kontrolle der betreffenden Person liegen müsse. Aggressive Tendenzen, die aus einem frustrierenden Ereignis stammten, würden kognitiv hinsichtlich ihrer *Kontrollierbarkeit* in die eine oder andere Richtung interpretiert. Frustrationen, die hierbei als willkürlich (und eigentlich vermeidbar) wahrgenommen würden, sollten zu mehr Aggression führen, als bei unbeeinflussbaren Frustrationen. Darüber hinaus sollte die initial durch die primäre, *automatische* Stimulation negativen Affekts erzeugte Aggression, trotz der späteren rechtfertigend-abschwächenden Attribuierung, *nicht völlig* eliminiert werden. Eine Begründung im Nachhinein wäre also stets unzureichend, sodass ein gewisser „Betrag" an Aggression durch die ursprüngliche Frustration immer erhalten bliebe. Dill und Anderson postulierten daher die Vermutung, dass eine etwaig festgestellte feindselige Aggression, die einer frustrierenden Person gegenüber erlebt wird,

(1) bei ungerechtfertigter Frustration am höchsten sein würde und

---

49 Dollard et al. (1939/1973).
50 Berkowitz (1989, 1990, 1993, 2012). Berkowitz und Harmon-Jones (2004).
51 B. Weiner (1985, s. auch 1986) bzw. B. Weiner, Graham und Chandler (1982).

(2) in der Bedingung mit der legitimierten Störung stärker ausgeprägt wäre als in der
     Kontrollgruppe.[52]

Zur Überprüfung dieser Hypothese rekrutierten die Autoren 36 Probanden, wobei
zwei Personen ausschieden, da ihnen die notwendigen Instruktionen nicht hinreichend gegeben werden konnten: Schließlich nahmen zwölf Personen in der Gruppe
mit der ungerechtfertigten Frustration teil, 13 in der mit der legitimierten, und neun
Probanden in der Kontrollbedingung.[53] Angeblich sollte die visuell-räumliche Sehfä-
higkeit getestet werden. Jeder experimentelle Durchlauf erforderte den Einsatz von
zwei versuchsdurchführenden Personen, wobei die eine als Konföderierte des Versuchsleiters fungierte. Alle Teilnehmer wurden (je zusammen mit dem Eingeweihten) zunächst begrüßt, in das Labor geleitet, wo sie sich nebeneinander setzten, mit
dem Versuchsleiter *gegenüber* am anderen Ende des Tisches. Darauf folgte die Einweisung und eine initiale Fragebogenerhebung, ob beide Personen sich derzeit frustriert fühlten bzw. aktuell aggressive Empfindungen verspürten. Daraufhin wurden
beide angewiesen, eine komplizierte *Origami*-Aufgabe zu absolvieren, d. h. konkret
aus einem Blatt Papier einen Vogel zu falten. Später würde dies zeitlich erfasst
(und unter Zeitdruck) wiederholt werden. Die Instruktion wurde dabei nur *einmal*
gegeben, der spätere Erfolg jedoch hinge von der Geschwindigkeit der Problembe-
wältigung ab. Der Experimentalleiter zeigte also sowohl der eingeweihten als auch
der jeweiligen (echten) Versuchsperson, wie die Gestaltung des vorliegenden Bogens
Papier – Faltung für Faltung – durchzuführen sei, wobei beide aufgefordert waren,
jede Veränderung an ihren Blättern nachzuvollziehen. Die Geschwindigkeit, die
der Versuchsleiter vorlegte, war indes vorsätzlich stets *zu hoch*, als dass man folgen
konnte. Der Konföderierte unterbrach aus diesem Grund systematisch das Prozedere
wegen des zu schnellen Vorgehens und sagte in möglichst gleicher Weise bei jedem
Teilnehmer: „Excuse me, but could you slow down a little, I'm having a hard time
keeping up with you."[54] Während dieser Unterbrechung gab er dem Versuchsleiter
mittels verabredeter (und für den Probanden nicht zu dechiffrierender) Handzeichen
bekannt, welche der drei Experimentalbedingungen jener nun umsetzen sollte. Dies
würde sich in drei inhaltlich verschiedenen verbalen Repliken manifestieren. So
sagte der Versuchsleiter, die *unbegründete* Frustrationsbedingung verwirklichend,
in selbstsüchtiger Weise: „I would like to hurry and get this over with. My boy-/girl-
friend is coming soon to pick me up and I don't want to make him/her wait."[55] Zur
Umsetzung der *legitimierten* Frustration wurde bekannt gegeben: „My supervisor has
scheduled someone else in this room very shortly and has pressured me to do this

---

52 Dill und Anderson (1995).
53 Dill und Anderson (1995).
54 Dill und Anderson (1995, S. 364).
55 Dill und Anderson (1995, S. 364).

as quickly as I can. I'm afraid I'm not able to slow down."[56] In der *Kontrollbedingung* wurde demgegenüber kommuniziert: „Oh, O.K., I didn't realize that I was going too fast. Let me back up a little and go more slowly"[57], und der Versuchsleiter verlangsamte daraufhin tatsächlich sein Vorgehen.

Nach dieser Unterweisung geleitete man die Versuchsperson jeweils in einen weiteren Raum, wo sie die Origami-Faltung allein zu absolvieren hatte. Ein Bogen Papier, eine Stoppuhr und ein Selbsteinschätzungsfragebogen mit Umschlag lagen auf dem Tisch. Den Probanden war aufgetragen, zuerst den Fragenkatalog auszufüllen, in das Kuvert zu legen, um es sodann dem Versuchsleiter zu überbringen: Durch diese Mitteilungen erhoben Dill und Anderson die Werte der postexperimentellen Aggression sowie der zugrunde liegenden Frustration. Wie im ersten Test gab man auch hier eine elfstufige Ratingskala von eins (überhaupt nicht, „not at all") bis 11 (sehr, „very") vor. Als abhängige Variable maßen Dill und Anderson zusätzlich ebenso die Einschätzung des Probanden zum jeweiligen *Versuchsleiter*. Dazu war neben dem gerade genannten Inventar ein zusätzlicher Fragebogen auszufüllen und dem Umschlag beizufügen. Getarnt als anonyme Erhebung zur Güte der wissenschaftlichen Forschung, mit der eine spätere Belobigung, geldliche Unterstützung oder Auszeichnung – oder aber Rüge bzw. finanziellen Nachteile verbunden sein könnten, forderte man die Probanden auf, ihre *wahre* Meinung zum jeweiligen Versuchsleiter abzugeben. Die Fragen bildeten konstruierend vier Faktoren (je aus der Sicht der Probanden, auf einer fünfstufigen Likertskala ermittelt) ab:
-    Respekt gegenüber anderen,
-    die Fähigkeit, Dinge zu erklären,
-    die Eignung als Lehrkraft sowie
-    Zuneigung.

Hier gaben die Item-Antworten zu Sympathie und zu Respekt wieder, wie es die Probanden empfanden, als sie vom Experimentator unterwiesen wurden. Dill und Anderson zogen beide Werte, da sie eine *Hauptdimension* repräsentierten, zu einem Parameter zusammen. Anzunehmen war, dass sich die Versuchsteilnehmer unter der Bedingung der *legitimierten* Frustration voraussichtlich nicht weniger gut fühlen würden als in der Kontrollgruppe. Bei *nicht gerechtfertigter* Frustration sollten sich hingegen verminderte Werte bezüglich Respekt und Zuneigung ergeben, denn hier war der Grund tatsächlich nachvollziehbar durch nicht rein externe Umstände bedingt, sondern vor allem der (weniger freundlichen) Intentionen des Leiters zuzuschreiben. Die Items zur Eignung als Lehrkraft bzw. zur Fähigkeit, Dinge zu erklären, würden indessen die zweite Dimension der Wahrnehmung des Versuchsleiters durch die Probanden abbilden, d. h. ein Maß zu *Fähigkeit und Kompetenz* darstellen, und wurden daher wiederum zu einem Kennwert verrechnet. Hier war zu erwarten, dass

---

56 Dill und Anderson (1995, S. 364).
57 Dill und Anderson (1995, S. 364).

sich eine etwa linear fallende Score-Ausprägung in den drei Gruppen ergebe, mit der schlechtesten Bewertung von Fähigkeit und Kompetenz bei unlegitimierter Frustration, gefolgt von der Gruppe mit der gerechtfertigten, und schließlich den Werten der Kontrolleinheit. Als weitere, zusätzlich abhängige Variable wurde noch die mehr mit *feindseliger* Aggression in Verbindung stehende Einschätzung des Experimentators auf einer Skala bzw. in fünf Graden von *A, B, C, D* oder *F* erbeten. Die Versuchsteilnehmer konnten den Leiter bei der ersten Messung zwischen eins (*horribly incompetent*) und zehn (*unbelievably wonderful*) einordnen und in der zweiten die angegebenen Noten erteilen. Nach der Abgabe aller Auskünfte und Überbringung des Umschlags beim Experimentator, wurden die Probanden eingehend über den Versuch aufgeklärt und dann entlassen.[58]

In der Auswertung unterschieden sich die präexperimentellen Werte bezüglich Frustration und Aggression über alle Gruppen nicht wesentlich voneinander. Veränderungen ermittelte man in diesem Zusammenhang generell durch die Subtraktion der prä- von den postexperimentellen Scores, was ergab, dass die *selbstberichtete* Frustration und Aggression, die aus den verschiedenen Versuchsbedingungen resultierten, nicht bedeutsam differierte. Die zwei zusammengesetzten Parameter zu den Dimensionen *Neigung* bzw. *Fähigkeit und Kompetenz* (als Zuschreibung von Eigenschaften des Versuchsleiters) ergaben nach einer Varianzanalyse nun allerdings das in Abbildung 4.2 verdeutlichte Verhältnis. Die diesbezügliche Verrechnung erbrachte zunächst einen erwartbaren Haupteffekt für beide Dimensionen über die drei Bedingungen.[59] Die *Differenz* der Werte der beiden Dimensionen war in der Kondition mit legitimierter Frustration größer als in den beiden anderen Einheiten (s. das mittlere Balkenpaar in Abb. 4.2). Dieser Kontrast erwies sich auch als statistisch bedeutsam.[60] Abbildung 4.2 zeigt daneben, dass die Versuchspersonen in der Kontrollgruppe, wie auch jener mit der begründeten Frustration, etwa gleich ausgeprägte *Zuneigungen* zum Experimentator entwickelten. Probanden unter ungerechtfertigter Frustration teilten dabei gleichwohl deutlich verminderte Sympathiewerte mit. Bezüglich der Dimension *Fähigkeit und Kompetenz* ergab sich eine stetig abnehmende Einstufung (dargestellt als inverse Werterhöhung) von der Kontrollgruppe hin zur ungerechtfertigten Frustrationsbedingung.[61]

---

58 Dill und Anderson (1995).
59 $F(1, 31) = 22.93$, $p < .0001$, *F* bzw. *t* sind statistische Prüfgrößen, *p* die α-Fehler-Wahrscheinlichkeit (Dill und Anderson, 1995, S. 366).
60 $F(1, 31) = 4.66$, $p < .04$ (Dill und Anderson, 1995, S. 366).
61 Dill und Anderson (1995).

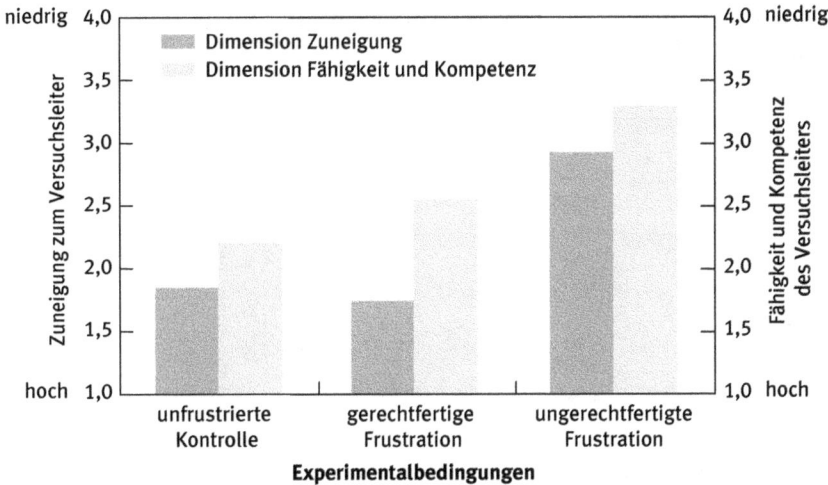

Abb. 4.2: Bewertung der Zuneigung zum (s. linke Ordinate) sowie Fähigkeit und Kompetenz (s. rechte Ordinate) des Versuchsleiters nach Experimentalbedingung (hohe Zahlenwerte bedeuten eine je niedrige Wertschätzung). (Eigene Darstellung verändert nach Dill und Anderson, 1995, S. 366, mangels Mitteilung konkreter Zahlenwerte nur ungefähre Darstellung durch Ablesung und Übertrag aus der Originalabbildung).

Die Ergebnisse aus den Einordnungen bezüglich einer *feindseligen Aggression* erläutert darüber hinaus Abbildung 4.3. Bei der statistischen Auswertung zeigte sich hier ein Haupteffekt über alle Gruppen bezüglich der *Noteneinstufung*.[62] Der Experimentator wurde in der Kontrollgruppe mit dem Äquivalent einer A-Bewertung ($M = 3.67$), einem B unter legitimierter Frustration ($M = 2.92$), und einem C in der Gruppe mit der ungerechtfertigten Frustration ($M = 1.92$) bewertet. Dabei offenbarte der Vergleich zwischen den Personen der gerechtfertigten mit der unlegitimierten Frustrationsbedingung einen statistisch signifikanten Unterschied.[63] Die Gruppe mit der gerechtfertigten Frustration unterschied sich von der Kontrolleinheit gleichfalls signifikant.[64]

Zur zehnfach gestuften Bewertung der feindseligen Aggression maßen Dill und Anderson wiederum einen Haupteffekt über alle Gruppen.[65] Der Vergleich zwischen der ungerechtfertigten mit der Gruppe der begründeten Frustration erwies sich ebenso als statistisch signifikant.[66] Daneben wurde ein jedoch *nur* marginaler Unter-

---

62 $F (2, 31) = 9.06, p < .001$ (Dill und Anderson, 1995, S. 366).
63 $t (31) = 2.37, p < .04$ (Dill und Anderson, 1995, S. 366 f.).
64 $t (31) = 2.32, p < .04$ (Dill und Anderson, 1995, S. 367).
65 $F (2, 31) = 6.89, p < .004$; dabei waren $M_{(Kontrolle)} = 8.33$, $M_{(legitimierte\ Frustration)} = 7.15$ und $M_{(ungerechtfertigte\ Frustration)} = 5.66$ (Dill und Anderson, 1995, S. 367).
66 $t (31) = 2.10, p < .05$ (Dill und Anderson, 1995, S. 367).

schied zwischen den Probanden unter gerechtfertigter Frustration und denen der Kontrollgruppe festgestellt.[67]

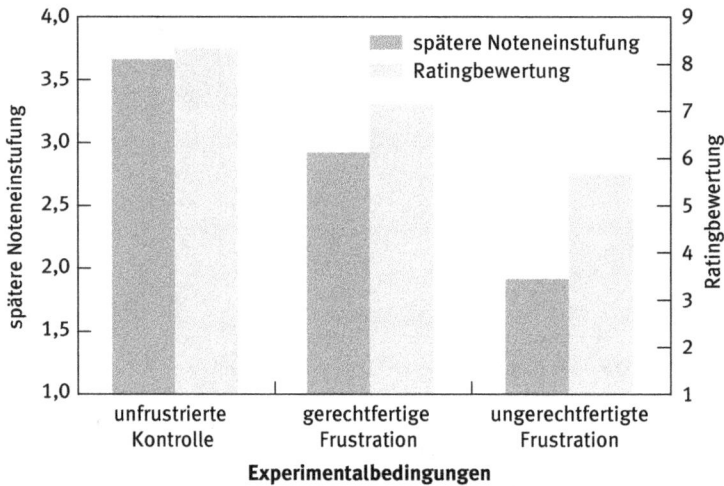

Abb. 4.3: Noteneinstufung (s. linke Ordinate) und Ratingbewertung (s. rechte Ordinate) des Versuchsleiters durch die Versuchspersonen, je nach Experimental-Bedingung (eigene Darstellung verändert nach Dill und Anderson, 1995, S. 367).
Bei der Noteneinstufung entspricht ein *A* dem Wert vier, *B* drei, *C* zwei, *D* eins, und ein *F* dem Wert null (nicht dargestellt). Das Rating (auf der rechten Achse) bezieht sich auf die oben angegebenen Abstufungen zwischen eins (*horribly incompetent*) und zehn (*unbelievably wonderful*).

Diese Ergebnisse stützen nun ausreichend klar die genannten theoretischen Positionen, die hinter der Erwartung einer abgestuften Ausprägung der Aggression liegen. Die aus ungerechtfertigter Frustration stammende Feindseligkeit war in der Tat größer als bei einer sonst vergleichbaren Frustration, die begründet schien, und Mitglieder dieser beiden Gruppen agierten wiederum aggressiver als die aus der nicht frustrierten Kontrolleinheit. Dabei ist das Fehlen eines bedeutsamen Unterschieds in der selbstberichteten Frustration sowie der Aggression der Probanden (Prä-post-Vergleich) in allen Gruppen nicht wirklich überraschend. Ähnliches hatten schon Kregarman und Worchel im Jahr 1961 sowie Brunstein und Worchel im Jahr 1962 in ihrer Kritik der Arbeiten Pastors[68] und Cohens[69] abgehandelt, als sie die Neigung zu sozial erwünschten, konformen Reaktionen herausstrichen.[70] Interessanterweise fand sich jedoch darüber hinaus ein korrelativer Zusammenhang zwischen der *postexperimen-*

---

67 *t* (31) = 1.93, *p* < .07 (Dill und Anderson, 1995, S. 367).
68 Siehe Pastore (1952).
69 Siehe A. R. Cohen (1955).
70 Dill und Anderson (1995).

tellen Frustration mit der, durch die Notenvergabe an den Versuchsleiter, gemessenen *Aggression* in Höhe von $r = .40$.

All diese Ergebnisse stehen im Einklang mit den Vorhersagen der Cognitive-Neoassociation Theory von Berkowitz[71], dass Frustrationen einen Zustand negativer Affektion produzieren, aufgrund dessen sich das Individuum in gesteigerter Feindseligkeit gegen die Quellen der Frustration wendet. Scheinbar hatte die inadäquate, weil zu schnelle Instruktion bei der relativ schwierigen Papiergestaltungsaufgabe in Verbindung mit den jeweiligen Auskünften des Versuchsleiters, warum er so handelte, eine hinreichend divergierende Störung des Lernerfolgs beim Origami-Falten bewirkt, was stets als mehr oder weniger frustrierend erlebt wurde. Nach Weiner und seinen Mitarbeitern[72] sollte nun besonders dann Ärger entstehen, wenn eine Beeinträchtigung als *internal* und *kontrollierbar* zugeschrieben wird. Dies war, wie gesagt, vornehmlich während der nicht entschuldigend begründeten Frustration der Fall.

Man könnte daneben u. U. annehmen, die Versuchsteilnehmer hätten vielleicht die Mitteilung des Versuchsleiters in der Bedingung mit der legitimierten Frustration nicht gänzlich geglaubt und daher auch hier, zumindest partiell, unter einer nicht hinreichend gerechtfertigten Frustration gestanden. Dann jedoch wäre zu erwarten gewesen, dass auch die Zuneigungswerte entsprechend vermindert gewesen wären, was allerdings nicht der Fall war. Es ist also durchaus an den Daten abzulesen, dass die Probanden die Erklärungen des Experimentators als wahr annahmen, und dadurch eine jeweils abgeänderte Zuschreibung (extern-unkontrollierbar vs. intern-kontrollierbar) vornahmen.

Nach den Berkowitz'schen Hypothesen sollte eine unerwartete Blockade einer erhofften und erwünschten Gratifikation einen automatisch generierten negativen Affektzustand zur Folge haben, der wiederum bis zu einem gewissen Grad Kognitionen bahnt, die mit Aggressionstendenzen verbunden sind. Damit aktivierte sich eine bestimmte Neigung zur Feindseligkeit gegenüber dem Versuchsleiter. Als die Probanden dessen Erklärungen zum zu schnellen Lehren der Origami-Technik vernahmen, bildeten sie ein Zuschreibungsmuster bezüglich des aversiven Ereignisses. Weil internal-kontrollierbar attribuiert, verursachte eine ungerechtfertigte Frustration die vergleichsweise höchste Aggressionstendenz, gefolgt von der external-unkontrollierbaren Zuschreibung in der Gruppe mit der legitimierten Frustration. Dass diese Aggressionswerte schließlich noch ausgeprägter waren als die der Kontrollpersonen, ist leicht zu verstehen, da dort gar keine Frustration erfolgte. Dill und Anderson zogen aus dem Gesagten den, wie es scheint, plausiblen summarischen Schluss: „In conclusion, the present examination presents evidence supporting Berkowitz' reformulation of the frustration-aggression hypothesis as well as Weiner's attributional analysis of anger and aggression. Further research seems merited, especially that which is designed to test for the presence of the initial negative affect and aggression-related

---

71 Berkowitz (1989, 1990, 1993, 2012). Berkowitz und Harmon-Jones (2004).
72 B. Weiner et al. (1982).

cognitions stimulated by frustration."[73] Wenn man den relativ geringen Umfang der Stichprobe und ihren unklaren Erhebungsmodus in Rechnung stellt, wäre eine erweiterte Nachprüfung auch deswegen sinnvoll.

Eine jüngere Studie, die die Frustrations-Aggressions-Hypothese ausdrücklich näher evaluierte, besteht in dem Experiment von Breuer, Scharkow und Quandt von den Universitäten Münster bzw. Hohenheim aus dem Jahr 2015, in dem die Verfasser die Folgewirkungen von Frustrationen in Bezug zu Videospielen ins Visier nahmen. Dabei wurde untersucht, wie in wettkämpfenden Akteuren eines Videogames negative Affekte, und in der Folge davon, Aggressionen entstehen können. Ausgehend von der frühen Frustrations-Aggressions-Hypothese Dollards und Kollegen[74] und deren Reformulierung durch Berkowitz aus dem Jahr 1989 testete man konkret die Frage, ob der Spielgewinn oder -verlust in einem elektronisch realisierten sportiven Wettkampfszenario und die diesbezüglichen verbalen Interaktionen mit einem räumlich anwesenden Gegner Aggression begünstigen – und ob dies ggf. durch die Entstehung eines negativen Affekts vermittelt wäre. Obwohl es eine relativ lange Forschungstradition in diesem Bereich gibt, existiert immer noch eine Debatte über die Höhe und Art des Einflusses digitaler Spiele auf die Aggression. Dies mag daran liegen, dass man meist nur den Inhalt der einschlägigen Games betrachtete und andere potenziell einfließende Faktoren wie die mechanische Form der Spielmanipulation, vor allem aber den *sozialen Kontext* weniger intensiv beforschte. Tatsächlich wird besonders das letztere Segment ungebührlich vernachlässigt, obwohl es wesentlich sein könnte.[75] Aus diesen Gründen scheint die Studie von Breuer et al. wertvoll und innovativ.

Eine mögliche Quelle der Frustration liegt allgemein in der Konkurrenzsituation selbst begründet. Obwohl Wettbewerb auch Spaß bereiten kann, ist mit der Gefahr eines Verlustes u. U. ein aversives emotionelles Erlebnis verbunden, was wiederum die Wahrscheinlichkeit für die Entstehung von Aggression erhöht. Dabei lassen die Resultate von Studien vermuten[76], dass hier die Gegnerschaft generell wie auch Faktoren aus einem ggf. realisierten Wettkampfteam einwirken. Auf diese Dimension haben sich schon andere Autoren bezogen und (bezüglich Videospielen) konsistent eine jeweils erhöhte Ex-post-Aggression bei je stärker ausgeprägter Wettkampforientierung gefunden.[77] Daneben untersuchten Adachi und Willoughby im Jahr 2011 Videospiele nach dem Grad ihrer Schwierigkeit bzw. danach, wie friedlich ihr Inhalt war, und korrelierten diese symbolische Gewalttätigkeit neben der Wettkampforientierung mit einer ggf. später real auftretenden Aggression der Probanden. Die Forscher kamen dabei zu dem Ergebnis, dass das Ausmaß der *Konkurrenz* in den Spielen und nicht ihr gewaltnaher Inhalt für ein Ansteigen von aggressivem Verhalten verant-

---

73 Dill und Anderson (1995, S. 369).
74 Dollard et al. (1939/1973).
75 Breuer et al. (2015).
76 Siehe Nelson et al. (1969), Worchel et al. (1977), Sherif et al. (1961).
77 Siehe Anderson und Morrow (1995), Carnagey und Anderson (2005) bzw. Schmierbach (2010).

wortlich sei. Dazu kontrastierend ermittelten Anderson und Carnagey im Jahr 2009 jedoch einen positiven Einfluss von *inhaltlicher* Gewalt in Videogames auf die nachmalig manifeste Aggression. Zusammengenommen legen beide Resultate nahe, dass der gewalttätige Content eines Videospiels allein nicht ausreicht, die Effekte auf eine spätere Aggression der Spieler zu erklären.[78] Da das ungünstige Spielergebnis typischerweise ein aversives Erleben impliziert, welches das Spielvergnügen beeinträchtigt[79] und die aktuelle Feindseligkeit (*state hostility*) erhöht[80], postulierten Breuer und Kollegen als zu testende Vermutung nun: „*H1: Losing in a competitive colocated video game will increase postgame aggressive behavior*".[81] Darüber hinaus sahen sie als weitere Quelle negativer Emotionen und potenzieller aggressiver Neigungen bei Multiplayer-Videospielen die *unfreundliche* verbale Interaktion mit anderen i. S. v. leidenschaftlichem Aufbrausen respektive „minderwertigem Gerede" (*trash-talking*) an, und vermuteten als zweite Forschungshypothese: „*H2: Trash-talking by an opponent will increase postgame aggressive behavior*".[82] In diesem Kontext machten die Autoren auf der Basis der reformulierten Frustrations-Aggressions-Hypothese nach Berkowitz und verschiedenen einschlägigen Vorstudien anderer die zusätzlichen Annahmen: „*H3: Negative affect will mediate the effect of the outcome of the game (i.e., winning or losing) on aggressive behavior*"[83] und „*H4: Negative affect will mediate the effect of trash-talking on aggressive behavior*".[84]

Die Überprüfung dieser Aussagen wurde daraufhin mit einer gemischten, anfallenden Stichprobe von 48 Frauen und 28 Männern (im Alter von 19 bis 36 Jahren[85]), von denen 63 Prozent Universitätsstudenten waren, in einem sogenannten *2 x 2 Between-subjects-Design* experimentell realisiert. In einer statistischen Analyse bestimmt man hierbei die Wirkungen je zweier unabhängiger Faktoren*stufen* zweier unabhängiger Variablen auf eine abhängige Variable, indem man den dann vier Experimentalbedingungen Probanden zuweist und sie untersucht. Konkret fungierte bei Breuer et al. das unterschiedlich spezifizierte Verhalten eines *eingeweihten Versuchsteilnehmers* als unabhängige Variable(n), durch die die Ausprägung des späteren Handelns der Probanden bestimmt sein sollte(n). Insgesamt nahmen 91 Versuchspersonen teil, die Daten von 15 wurden aus verschiedenen Gründen (wie z. B. Sprachproblemen, vorzeitiger Verdacht, das Experiment zu durchschauen, oder Bekanntschaft mit dem Konföderierten) ausgesondert. Die Teilnehmer erhielten für ihre Mitarbeit universitären *Course credit* oder eine finanzielle Entschädigung i. H. v. zehn Euro. Als Material

---

78 Breuer et al. (2015).
79 Siehe Jin (2012), Schmierbach, Xu, Oeldorf-Hirsch und Dardis (2012).
80 Siehe Shafer (2012).
81 Breuer et al. (2015, S.128, fett und kursiv im Original).
82 Breuer et al. (2015, S.128, fett und kursiv im Original).
83 Breuer et al. (2015, S.129, fett und kursiv im Original).
84 Breuer et al. (2015, S.129, fett und kursiv im Original).
85 *M* = 22.6 und *SD* = 3.2, wobei *M* wieder den Mittelwert, *SD* die Standardabweichung symbolisieren (Breuer et al., 2015, S. 130).

benutze man das Fußball-Videospiel *FIFA World Cup 2010* auf einer *Xbox-360-Konsole* sowie als Software *PsychPy 2*.[86]

Der Eingeweihte war nun je nach Experimentalbedingung instruiert, in festgelegter Art gegen die jeweilige Versuchsperson zu *gewinnen* oder zu *verlieren*, und dabei entweder *freundlich zu unterstützen* oder verbalen *Trash* zu produzieren (bzw. sarkastische Kommentare zu den Spielfertigkeiten seines Gegners abzugeben): In vier Experimentalkonditionen examinierte man die Ursachen des späteren Aggressionshandelns der Probanden. Da der Verbündete vorab einschlägig *trainiert* hatte, war sein Spiellevel hinreichend überlegen, sodass ihm diese experimentelle Kontrolle möglich sein würde. Das *Trash Talking* plante man dabei als realistische Interaktion in den Spielablauf einzufügen. Dafür generierten Breuer und Kollegen eine Liste mit entsprechenden sprachlichen Wendungen, die der Verbündete je nach Spielsituation verwenden sollte.[87]

Jeder Proband erhielt nach dem Eintreffen im Labor eine Einweisung, wobei er auch gefragt wurde, ob er bereits Spielerfahrung mit (dem relativ populären) FIFA World Cup 2010 auf der Xbox-360-Konsole habe. War dies nicht der Fall, spielte er probeweise fünf Minuten gegen einen Computergegner geringen Niveaus. Danach folgte die praktische Experimentalphase, in der der Proband zwei Spielzüge von je fünf Minuten Dauer gegen den Konföderierten in je einer der vier Bedingungen absolvierte. Sodann war er aufgefordert, einen Onlinefragenkatalog auszufüllen, der Antworten zur Spielerfahrung, den personalen Basisdaten, dem Videospielgebrauch und emotionalen Status respektive einer Einschätzung von Sympathie zum bzw. Fertigkeiten (*skills*) des Konföderierten erbat. Dieser sollte angeblich die selben Fragen in einem angrenzenden Raum beantworten. Negativer Affekt wurde hierbei mit vier Items des ins Deutsche übersetzten *Positive Affekt Negative Affekt Schedule*[88] gemessen, der je fünffach gestufte Skalen einsetzte und die Bereiche des gefühlten Ärgers, der Irritation, Scham und Frustration während des Fußballspiels abdeckte. Anschließend führte man ein Konkurrenz-Reaktionszeitaufgabe (*Competitive Reaction Time Task*) durch, während derer die manifest *agierte* Aggression erfasst wurde. Dafür trugen die Teilnehmer Kopfhörer mit voller Lautstärke, die Systemlautstärke des Betriebssystems (*Windows 7*) setzte man auf 50 Prozent. Die Probanden wurden informiert, dass nun genau die Person, gegen die sie vorher schon das Fußballvideospiel absolviert hatten, auch hier ihr Gegner sei, und derjenige mit einem lauten Geräusch bestraft würde, der bei der Konkurrenzaufgabe verlöre. So konnte das von der Yale-Gruppe um Dollard und danach von Berkowitz im Jahr 1989 postulierte Aggressionsverhalten, das sich am intensivsten gegen die *Quelle* der Frustration richte, überprüft werden. Die Konkurrenzaufgabe bestand darin, einfach nur die Leertaste auf einem Com-

---

86 Breuer et al. (2015).
87 Breuer et al. (2015).
88 Nach Watson, Clark und Tellegen (1988), deutsche Bearbeitung siehe Krohne, Egloff, Kohlmann und Tausch (1996).

puterkeyboard so schnell wie möglich zu drücken, sobald auf dem dazugehörigen Bildschirm die Aufforderung *JETZT* erschiene. Vor jedem der Durchläufe fragte man die Versuchsperson, wie lange ihr Gegner mit einem festgelegten Geräusch beschallt werden sollte: Hier konnten Werte von ein bis neun Sekunden frei eingestellt werden; die Lautstärke selbst war vorgegeben, da sie sich anderenorts[89], als dort *korreliertes* Maß (von Dauer *und* Lautstärke), nicht als hinreichend aussagekräftig erwiesen hatte. Die hier eingesetzte Version des Competitive Reaction Time Task beinhaltete zehn Runden, in denen die Anzahl und Sequenz von Gewinn und Verlust für alle Teilnehmer vorgegeben waren (d. h. konkret in 50 Prozent der Fälle Siege, in 50 Prozent Niederlagen). Die *Dauer* der Beschallung durch den imaginären Gegner randomisierten Breuer et al. für jede Versuchsperson und Runde. Davon nahm man den ersten Durchlauf aus, den jeder Teilnehmer stets verlor, sodass er einen akustischen Eindruck von der Art des (unangenehmen) Geräuschimpulses, der ihm via Kopfhörer zugeleitet wurde, bekam. In die spätere Analyse flossen jedoch einzig die Zeitspanne der ersten Noise-blast-Gabe des Probanden ein, sodass „Zweitrundeneffekte", also die Kontamination gegebener Aggressionen durch die zuvor erhaltenen (bestrafenden) Beschallungen des angeblichen Gegners, ausgeschaltet werden konnten. Das schließliche Debriefing der Versuchspersonen fand zudem erst nach völligem Abschluss des Experiments per E-Mail statt. Damit war anzunehmen, dass der wahre Grund des Versuchs und die Rolle der eingeweihten Versuchsperson ausreichend lange geheim blieb.[90]

Als Befund ergaben sich relativ eindeutige Wertgrößen. Zuerst zeigte sich, dass die Männer[91] aus der Stichprobe signifikant häufiger spielten, d. h. mehr Spielerfahrung besaßen als die Frauen[92]. Vier Items des Post-Game-Fragenkatalogs ermöglichten dabei den Einblick in die Wirkungen der unterschiedlichen Experimentalbedingungen. Hier steht die Zahl Eins für die geringste, und Fünf für die höchste Zustimmung. Probanden in der Verlierer-Kondition[93] fühlten sich signifikant weniger ihrem Gegner überlegen, als die in der Gewinn-Bedingung[94]. Verlierer[95] erlebten sich durch den Wettkampf auch überbeanspruchter als Personen in der Gewinn-Konstellation[96]. Versuchspersonen, die ohne Trash Talk des Konföderierten spielten[97], schätzten diesen als signifikant sympathischer ein, als diejenigen Teilnehmer, die dem „minderwertigen Gerede" ausgesetzt

---

89 Siehe Ferguson und Rueda (2009).

90 Breuer et al. (2015).

91 $M = 3.87$, $SD = 3.9$ (Breuer et al., 2015, S. 131).

92 $M = 1$, $SD = 3.17$ und $t(48) = 3.3$, $p < .05$, $d = .81$, wobei t die statistische Prüfgröße, p die α-Fehler-Wahrscheinlichkeit, d das Maß für die Effektstärke darstellen. Der Gesamtdurchschnitt der Stichprobe belief sich auf 2.1 Stunden pro Woche mit $SD = 3.7$ (Breuer et al., 2015, S. 131).

93 $M = 1.2$, $SD = .5$ (Breuer et al., 2015, S. 131).

94 $M = 3.0$, $SD = 1$ und $t(74) = 10.1$, $p < .001$, $d = 2.4$ (Breuer et al., 2015, S. 131).

95 $M = 3.2$, $SD = 1.3$ (Breuer et al., 2015, S. 131).

96 $M = 2.2$, $SD = 1.2$ und $t(74) = 3.5$, $p < .001$, $d = .81$ (Breuer et al., 2015, S. 131).

97 $M = 4.6$, $SD = .5$ (Breuer et al., 2015, S. 131).

waren[98]. Wenn der Verbündete freundlich-unterstützend[99] agierte, äußerten sich die Teilnehmer als mehr daran interessiert, noch einmal gegen ihn anzutreten, als wenn er im Spiel negative Bemerkungen abgab[100].

Zur konkreten Beantwortung, ob die o. g. Hypothesen *H1* bis *H4* anzunehmen seien, dienen die folgenden Ausführungen.[101] Die erste Vermutung, dass ein Sieg respektive eine Niederlage die real ausgedrückte Aggression beeinflussen, also speziell sich Personen unter der Verlustbedingung aggressiver verhalten würden, wurde mit einer Varianzanalyse getestet. Es zeigte sich an dieser Stelle ein kleiner, aber signifikanter *Haupteffekt* bezüglich der Niederlage auf die erstmalig bestrafende Lärmbeschallung des Konföderierten.[102] Diese Probanden wählten[103], in Einklang mit den Erwartungen der Autoren, eine *längere Zeitdauer* des Noiseblasts als jene Teilnehmer, die gewonnen hatten[104]. Obwohl diejenigen, die während des Spiels unter Trash Talk litten, höhere Beschallungszeiten bestimmten[105] als jene in der Bedingung ohne entsprechende Kommentare[106] des Konföderierten, war dieser Effekt statistisch von Null nicht zu unterscheiden[107]. Das Trash Talking hatte also *keinen* hinreichenden Einfluss auf die später ausgedrückte Aggression. Die Hypothese *H1* kann damit angenommen, die Hypothese *H2* muss hinsichtlich dieser Daten verworfen werden. Die Hypothese *H3*, die voraussagt, negativer Affekt vermittele die Wirkung der Frustration auf die nachfolgende Aggression, wurde mit einem *Pfadmodell* und der Software *Amos 21.0* überprüft. Den negativen Affekt behandelten Breuer et al. als latente Variable, die sich in den Auskünften der vier Items zur emotionellen Befindlichkeit observierbar ausdrücke. Potenziell kovariierende Größen wie das Geschlecht der Versuchsperson und ihr durchschnittlicher Einsatz von Videospielen pro Woche waren mitzubeachten. Diese Korrelationen zwischen allen gemessenen Variablen wie auch die dazugehörigen Mittelwerte des *Structural Equation Models* veranschaulicht Tabelle 4.3. Die darin offengelegten Ergebnisse der χ^2-Tests unterstützen ein vollständiges Vermittlungsmodell der angegebenen Entitäten.[108] In diesem Kontext ergab die Niederlage im Video-

---

98 $M = 3.8$, $SD = 1.0$ und $t(74) = 4.5$, $p < .001$, $d = 1.1$ (Breuer et al., 2015, S. 131).

99 $M = 4.1$, $SD = .8$ (Breuer et al., 2015, S. 131).

100 $M = 3.3$, $SD = 1.0$ und $t(74) = 4$, $p < .001$, $d = .93$ (Breuer et al., 2015, S. 131).

101 Nach Breuer et al. (2015).

102 $F(1, 72) = 4.2$, $p < .05$, $\omega = .2$, wobei ω das diesbezügliche Maß für die Effektstärke darstellt (Breuer et al., 2015, S. 131).

103 $M = 3.3$, $SD = 2.1$ (Breuer et al., 2015, S. 131).

104 $M = 2.4$, $SD = 1.8$ (Breuer et al., 2015, S. 131).

105 $M = 3.1$, $SD = 2.0$ (Breuer et al., 2015, S. 132).

106 $M = 2.7$, $SD = 2.0$ (Breuer et al., 2015, S. 132).

107 $F(1, 72) = .85$, $p = .36$, $\omega = 0$ (Breuer et al., 2015, S. 132).

108 Wobei: χ^2 *(df = 24) = 21.3*, $p = .62$; Wurzel des quadrierten mittleren Schätzfehlers (*root mean square error of approximation*) = .00; standardisierte Wurzel des mittleren quadrierten Residuals (*standardized root mean square residual*) = .06; vergleichender Passungsindex (*comparative fit index*) = 1 (Breuer et al., 2015, S. 132).

Fußballwettkampf einen signifikanten Effekt auf den negativen Affekt.[109] Man fühlt sich also wirklich nicht besonders gut, wenn man verliert … In diesem Zusammenhang hatte das „schrecklich unnötige Gequatsche" des Konföderierten (trash talking) jedoch nur einen kleinen und *nicht* signifikanten Einfluss.[110] Allerdings maßen die Autoren einen, wenn auch geringen, so doch wieder signifikanten Effekt der negativen Affektion auf die spätere Aggression.[111] Die indirekte Auswirkung eines Spielverlustes auf die nachmalige Aggression führte ebenfalls zu signifikanten Werten.[112] Zu ersehen war demgegenüber kein bedeutsamer *indirekter* Einfluss des Trash Talkings auf aggressives Verhalten. Die Wirkungen des Geschlechts der Teilnehmer sowie ihrer Videospielerfahrung auf den negativen Affekt und die Aggression ergaben schließlich kleine, aber *nicht* signifikante Ausprägungen.[113]

Tab. 4.3: Korrelationen und Beschreibungen aller Variablen im *Structural Equation Model* (eigene Darstellung verändert nach Breuer et al., 2015, S. 133).

Variable	1	2	3	4	5	6	7	8	9
(1) Niederlage	–	−.03	.38**	.38**	.09	.50**	.23*	−.03	.02
(2) Trash Talk		–	.09	−.03	.05	.13	.10	−.01	.06
(3) Ärger			–	.47**	.35**	.62**	.24*	−.05	−.06
(4) Scham				–	.44**	.74**	.15	.04	−.09
(5) Irritation					–	.34**	.11	.16	−.20
(6) Frustration						–	.27*	.08	−.09
(7) Aggression[a]							–	.18	−.08
(8) Geschlecht[b]								–	−.38**
(9) VS-Gebrauch[c]									–
M	0.51	0.53	1.32	1.58	1.34	1.63	2.87	0.63	2.10
SD	0.50	0.50	0.68	0.93	0.78	0.98	2.00	0.49	3.70

[a] Beschallungszeit während der ersten Noise-blast-Gabe in der Konkurrenz-Reaktionszeitaufgabe.
[b] Mann = 0, Frau = 1.
[c] Videospiel-Gebrauch in Stunden pro Woche.
* $p \leq .05$.
** $p \leq .01$.

---

109 $\beta = .53$, $p < .001$, wobei β eine Effektgröße darstellt. Dieses statistisch bedeutsame Ergebnis bleibt auch dann stabil, wenn statt der dichotomen Variablen *Sieg* vs. *Niederlage* die genaue Tordifferenz betrachtet wurde (Breuer et al., 2015, S. 132).
110 $\beta = .13$, $p < .2$ (Breuer et al., 2015, S. 132).
111 $\beta = .28$, $p < .05$ (Breuer et al., 2015, S. 132).
112 Bootstrapped fehlerkorrigiertes 95-Prozent-Konfidenzintervall für den standardisierten indirekten Effekt: .01 und .33 (Breuer et al., 2015, S. 132).
113 Breuer et al. (2015).

Zur Diskussion ihrer Ergebnisse teilen Breuer et al. u. a. Folgendes mit:

> The current results corroborate previous research and provide further support for the contention that factors other than violent content play a role in the effects of digital games on aggression. However, with regard to the frustration-aggression hypothesis, our results slightly differ from those of previous studies. While Barlett, Branch, Rodeheffer, and Harris[114] [...] and Schmierbach[115] [...] found aggressive cognitions to be the most important mediator, our study shows that negative affect can mediate the effects of the outcome of a competitive colocated game on aggressive behavior.[116]

Zu beachten seien dabei allerdings die unterschiedlichen Herangehensweisen und Operationalisierungen, durch die die Resultate an Vergleichbarkeit einbüßten. Des Weiteren könnten der Modus des jeweiligen Videogames, der Spielablauf bzw. die ggf. vorhandenen Interaktionen mit gegnerischen Partnern einwirken: „Whereas coplayer or opponent behavior increases aggressive inclinations via negative affect, game mode might, for example, increase aggression through priming of aggression-related concepts"[117]. Darüber hinaus wiesen die gemessenen Werte auch darauf, dass die *Wettkampfsituation* allein nicht die einzige Einflussgröße auf die nachmalige Aggression darstellte – es scheint eben doch eine *reale* Frustration, wenn jemand am Erreichen eines Zieles (d. h. hier: dem Spielgewinn) gehindert wird, wie im experimentellen Videofußballspiel geschehen. An dieser Stelle wäre in der Tat eher die Frustrations-Aggressions-Hypothese denn *Priming* anzunehmen. Für mehr kurzfristige Effekte auf die Aggression könnten zudem Phänomene, die durch die *Excitation-Transfer Theory* nach Zillmann[118] beschrieben werden, in Betracht kommen. In dem Zusammenhang mag die Niederlage im Videospiel u. U. erregender gewesen sein als ein Gewinn und der Übertrag des Arousals auf die spätere Konkurrenzzeitaufgabe leichter bzw. stärker möglich werden. Freilich wäre nun wieder zu fragen, warum ein Verlust mehr Exzitation produzierte als ein Sieg, was erst genauere Untersuchungen klären könnten. Durch die Anwendung der Theorie der Erregungsübertragung würden daher letztlich wohl vor allem nur die Auswirkungen eines Mitspielers oder die generellen Folgen des Videospiels miterklärt werden.[119]

Allgemein scheint die Erfahrung der Frustration damit nicht der einzige Grund späteren aggressiven Verhaltens zu sein, sie spielt aber wahrscheinlich ein maßgebliche Rolle. Darauf weisen zum Ersten starke signifikante Effekte der t-Tests für die Fragebogen-Items zur Frustration mit dem jeweiligen Videospielergebnis[120]. Daneben

---

114 Barlett, Branch, Rodeheffer und Harris (2009).
115 Schmierbach (2010).
116 Breuer et al. (2015, S. 132).
117 Breuer et al. (2015, S. 132), s. Anderson und Morrow (1995).
118 Zillmann (1988).
119 Breuer et al. (2015).
120 $d = 1.43$, $p < .001$, wobei d die Effektstärke bezeichnet (Breuer et al., 2015, S. 133).

korreliert (s. Tab. 4.3) die Frustration signifikant mit dem Maß für die Aggression und sehr signifikant mit Ärger, Scham und Irritation. Dies könnte als starkes Indiz für die von Berkowitz angenommene negative Affektion dienen, die die Frustration mit der Aggression verbinde.

Allerdings sind auch gewisse Beschränkungen und Mehrdeutigkeiten zu beachten. So ist das Trash Talking – da nicht manifest zieldurchkreuzend – vielleicht kein hinreichend frustrierendes Ereignis i. S. v. Dollard et al. und hatte u. U. deshalb keinen bedeutsamen Effekt. Andererseits ist zu bedenken, dass es einfach zu mild gewesen sein könnte, um frustrierend zu wirken. Zudem sind die Ergebnisse (aus einem Video-fußballspiel) nicht ohne Weiteres auf andere Spielformen, Genres und Modi übertragbar. Es wäre daneben u. U. auch zu befürchten, dass der Aggressionstest in der Konkurrenzzeitaufgabe in Wahrheit (relativ) unvalide sei, obschon einige Nachprüfungen Evidenz für ihn fanden.[121] Eine wirkliche Zufallsauswahl der Stichprobe war schließlich nicht gegeben; ob eine randomisierte Zuweisung zu den Experimentalbedingungen durchgeführt wurde, wird von den Autoren zudem nicht berichtet.

Letztlich dürfte sich aber wohl doch (zumindest) eine gewisse Bestätigung für den Zusammenhang von Frustration mit Aggression ergeben. So kommen auch die Autoren der Studie zum Schluss: „While it seems that different processes, such as priming or excitation transfer, also play a role for the effects of competitive multi-player games, we believe that the frustration-aggression hypothesis is a valuable perspective for research on video games and aggression that can help to broaden the theoretical scope and to disambiguate some of the contested findings in this field."[122]

Nach diesen Referaten experimenteller Befunde werden in Kapitel 4.3 wissenschaftstheoretische Erwägungen vorgestellt, die die Art der Formulierung und implizite Aussagekraft psychologischer Daten und Theorien betrachten. Darin wird deutlich werden, wie beschränkt wissenschaftlich-psychologische Hypothesen z. T. sind – und wie abhängig vom Zeitgeist, kulturellen Bedingungen oder historischen Gegebenheiten.

4.3 Exkurs: Zur Forschungsmethodologie und Wissenschaftstheorie der Psychologie

Die Psychologie ist forschungspraktisch im Vergleich zu Naturwissenschaften wie der Physik prinzipiell im Nachteil, denn sie hat es mit einem lebendig-fluktuierenden, stets sich (wesentlich) ändernden Erkenntnisgegenstand zu tun, der sich nicht wie etwa Gestein nahezu beliebig, willkürlich wiederholbar experimentell manipulieren lässt. Zudem arbeitet ein biologisches System meist nicht nach *linearen* Gleichungen, sondern fernab vom thermodynamischen Gleichgewicht mit oft sehr komplexen u. a.

---

121 Siehe Breuer et al. (2015).
122 Breuer et al. (2015, S. 135).

chaostheoretisch zu beschreibenden Zusammenhängen. Damit nicht genug, muss die wissenschaftliche, empirische Psychologie noch dazu mit oft nicht direkt beobachtbaren (konstruktiven) Entitäten, wie z. B. vermuteten Motiven, Einstellungen oder Emotionen zurechtkommen, wodurch Daten zu in Wahrheit meist vielgestaltig beeinflussten, relativ unbestimmten Größen werden. Daher erzielen ihre Interpretationen geradezu regelhaft nur weniger eindeutige Aufklärungen. Dieses Dilemma zwischen dem hohen Anspruch und der „niederen Minne" der Wirklichkeit bezüglich der Aussagekraft von Experimenten ist forschenden Psychologen leidlich bekannt, sodass man sich teils mit sehr geringen Effektgrößen zufriedengibt.

In diesem Kontext hat Smedslund schon im Jahr 1979 die inhärenten (tückischen) Schwierigkeiten der empirisch arbeitenden Psychologie gesehen, als er konstatierte, dass generelle psychologische Theorien dazu neigten, mehr oder weniger erfolgreiche Versuche zu sein, konzeptuelle theoretische Beziehungen in einem *System der Alltagssprache* zu formulieren. „As seen from this perspective, much theory-oriented research in psychology is futile, since it involves attempts to test logically necessary propositions by means of data. This is equivalent to proving the Pythagorean Theorem by empirical measurements. Such efforts may be labelled *pseudo-empirical*."[123] Die entsprechende Forschung sei in beträchtlichen Teilen (übermäßig) von weiteren, jedoch z. T. nicht explizierten Annahmen abhängig: kulturellen Bedingungen, historischen Zusammenhängen, wie etwa die Zugehörigkeit zu bestimmten Subpopulationen, mit spezifischen Denk- und Handlungsmustern.

> The psychologist cannot avoid having subjects with individual life histories, belonging to particular families and local groups, and to a particular culture in a given period of time. Hence, the behavioral regularities that he may be able to document, tend to reflect these historically determined, from a theoretical point of view arbitrary, constraints. The psychologist's hypotheses more often than not turn out to be empirically valid, precisely because they are tailored to fit the historically given circumstances. But this concession to the arbitrary also prevents them from telling us anything universally and eternally valid about Man.[124]

Diese teilweise als Gefährdungen der *externen Validität* bekannten Komplikationen würden partiell nicht genug beachtet, sodass das, was nach Popper als *Kühnheit*[125] von Hypothesen aufscheine, mitunter eigentlich gar nicht vorläge, weil diese in Wirklichkeit *nicht leicht genug* zu scheitern vermögen. Aber ebenso Gefährdungen der *internen Validität* könnten bestehen, wenn beispielsweise *konfundierte* externe Einflüsse, Reifungsprozesse, mangelnde Reliabilität der Messinstrumente, Übungseffekte oder eine Selektion durch fehlende Randomisierung u. a. m. auftreten.[126]

---

123 J. Smedslund (1979, S. 130, Hervorhebung im Original).
124 J. Smedslund (1979, S. 130).
125 Popper (1972/1998, S. 16 f.; vgl. 1934/1984 u. 1963/2000).
126 Vergleiche z. B. Bortz und Döring (2006) bzw. Bortz und Schuster (2010).

Unbedachte, unbemerkte *analytische* Annahmen i. S. logisch notwendiger All-
tagssprachentheorien durchsetzten viele empirisch-humanwissenschaftliche Hypothesen der Psychologie, sodass diese eigentlich nicht mehr widerlegt werden könnten.
Dazu kämen *unvollständige* Aussagen wie: „Ein Mensch isst, wenn er hungrig ist",
was erst unter Zufügung hinreichend spezifischer Zusatzhypothesen wirklich falsifizierbar wird (da z. B. niemand ohne Nahrung zu besitzen, Nahrung zu sich nehmen
wird).[127] Die Kultur- und teils Situationsgebundenheit verweise in diesem Kontext auf
ein Trilemma:

> This contradiction can be understood as a consequence of the triple aim of formulating theories
> which are general *and* empirically testable *and* valid. Theories which aim at being testable and
> empirically valid must fit the local cultural conditions and, hence, cannot be general. Theories
> which aim at being general cannot fit particular local conditions and hence cannot be testable
> and empirically valid. Their validity has to be purely formal.[128]

Ob hier jedoch eine Bedeutsamkeit für alle Menschen zwangsläufig immer eine konkrete lokale Prüfung aufgrund dann rein analytischen Zusammenhangs ausschließe,
ist nicht erwiesen und kann auch logisch nicht dargetan werden, denn es drohte ein
infiniter Begründungsregress – ähnlich wie genau bei dieser Behauptung auch.

Zu all den Widrigkeiten kommen nun z. T. noch unzureichende Erklärungen theoretischer Begriffe, die teils in der einen Weise, teils in anderen Auslegungsvarianten eingesetzt werden könnten. Diese Verwirrung durch unhinterfragte Anwendungspraxen von
Sprache wurde schon von Wittgenstein kritisiert[129], hat daneben in neuerer Zeit indes
auch in der Kritik der Neurowissenschaften berechtigten Niederschlag gefunden[130].
Bezüglich der Psychologie ist die *logische Unabhängigkeit* von Definitionsbestand-
teilen zu oft nicht ausreichend gegeben[131], sodass viele psychologische Theorien und
Hypothesen Gefahr laufen, (nahezu) tautologisch zu sein.[132] Smedslund hat in diesem
Zusammenhang versucht, die *implizite* Struktur unserer alltäglichen Welt psychologischer Grunderfahrungen in *Propositionen* zu explizieren, um ihre innere logische und
sprachliche Struktur aufzuzeigen.[133] Dabei war ihm vor allem auch der Aspekt der subjektiven Deutung wichtig, Interpretationen also von kausalen Situationen, Ereignissen
oder Relationen, die für den extern forschenden Beobachter anders sein könnten als
für einen Teilnehmer (einer anderen kulturell-sozialen Welt). Durch das Scheuen der
Einsicht in das Problem der subjektiven Auslegung von Gegebenheiten usw. weiche
man auch dem Gedanken aus, dass subjektive Geschehnisse in einem logischen Netz-

---

127 J. Smedslund (1979).
128 J. Smedslund (1979, S. 139, Hervorhebungen im Original).
129 Siehe Wittgenstein (1953/1984a, 1918/1984b).
130 Siehe Bennett und Hacker (2012).
131 Siehe J. Smedslund (1979, 1999, 2002, 2011).
132 G. Smedslund (2008).
133 J. Smedslund (1988, 1997).

werk auf anderes bezogen seien und nicht alleine nur kausal einwirkten. Wir handelten auch aus *Gründen* (wie wir jedenfalls meinen ...) und sind (wie wir glauben ...) nicht nur Spielbälle äußerer Faktoren. Smedslund nahm dabei an, dass das empirische Forschungsmodell insbesondere der Physik auf die Psychologie nicht sinnvoll angewendet werden könne, da die einschlägigen psychologischen Phänomene eben *nicht* unabhängig von Personen geschähen, sondern *für* Personen, also gleichermaßen als Produkte untereinander bezogener logischer Komponenten (Gründen, Einstellungen, Interpretationen) aufgefasst werden müssten.[134] Lebendige Menschen sind eben fühlende, denkende, urteilende Menschen und keine toten Gesteine. Smedslund versuchte hierbei, in seiner Explikation einer *Psychologik* der hermeneutischen Strategie eines ermittelnden (nicht angelsächsischen) Richters zu folgen, und nicht der, der methodisch physikalistisch orientierten, experimentellen z. B. behavioristischen Psychologie. Ein Netzwerk der *Kernkonzepte* wie als Skelettsystem, das die wichtigsten unterlegten sinntragenden Spracheinheiten bildet, soll die gültige Offenlegung des Common Sense, gesunden Menschenverstands i. S. einer Art Sprachanalyse oder Sprachphilosophie der Psychologie sein. Während die Schlüsse der formalen Logik unabhängig vom jeweiligen Gehalt sind, wäre dies bei den Bedeutungen dieser impliziten psychologischen Annahmen gerade nicht gegeben.[135] Er extrahierte damit aus der Alltagssprache ein konzeptuelles System des Meinens und Schließens, das die Vorhersage konkreten Verhaltens bei gegebenen zureichenden Informationen erlaubt.

Dies kann nach unserer Auffassung durchaus begrüßt werden, bedarf aber auch gewisser Einhegungen. Zwar ist aufgrund des Forschungssujets der Psychologie oft auch die *Erste-Person-Perspektive* des Individuums gefragt, wenn es z. B. darum geht, Gefühle oder Einstellungen zu bewerten, deren Erlebnisqualität, die *Qualia*, man ja gerade nicht im Paradigma der Physik objektivieren kann. Allerdings darf dies wiederum nicht dazu verführen, die Introspektion selbst als *objektive* Methode misszuverstehen – wie im Extrem schizophren Halluzinierende glauben, die Stimmen, die sie hören, wären auch wirklich außerhalb gegeben. Vielmehr bedarf es mehrerer unabhängiger Dimensionen, die kritisch vernünftig miteinander in Relation gesetzt ein stimmigeres, vollständigeres Bild der Welt erzeugen. „Innen" und „Außen" müssen zusammen betrachtet werden, künden aber von *einer* Welt: in unterschiedlichen Sprachen und auf unterschiedlich klare Weise. Alle empirisch-psychologische Forschung als im Grunde überflüssig zu erachten, ist daher unvalide, weil es auch in der Psychologie experimentelle Befunde gibt, die sich schlicht an der Wirklichkeit bewähren. Allzu einschneidende *Ausschaltungen* des Subjektiven münden jedoch in der „Blackbox-Dunkelkammer" des Behaviorismus, in dem kognitive Regungen für unwesentlich erklärt werden.

Sind nun, vor dem Hintergrund dieser Darlegungen zur Überprüfung der Frustrations-Aggressions-Hypothese, spätere Gefühle des negativen Affekts und der Aggression de facto dermaßen *logisch-analytisch* abhängig von Frustrationen, dass man sie

---

134 Siehe J. Smedslund (1988, S. 1–6).
135 G. Smedslund (2008).

in Wahrheit gar nicht sinnvoll (also *real* falsifizierbar) untersuchen kann? Sind die eingesetzten Messinstrumente tatsächlich so selbstreferenziell, um nur das zu ermitteln, was der Forscher gerne hätte? Und ist das vom Probanden hervorgebrachte Ergebnis durchweg von anderen Interpretationen abhängig (von denen er uns nichts wirklich sagt)? Das wäre ähnlich der Annahme, die Physik müsste *notwendig* nur das als Naturgesetz erkennen, was durch die human konstruierten Messgeräte bereits an sie als Entität „herangetragen" wird. Dass Gefahren und Einschränkungen hinsichtlich der Validität gegeben sein könnten, ist kaum zu bestreiten, aber wird dadurch gleich die gesamte Forschungsanstrengung absurd? Würde man die Frustrations-Aggressions-Behauptung allein in der frühen Form von Dollard et al. als Verhinderung einer Zielerreichung formulieren, könnte ein analytischer Zusammenhang konstruiert werden: Denn die Zielerreichung des einen würde (oft) die Erfüllung konkurrierender Wünsche eines anderen verhindern, und damit zur zwangsläufigen Frustration (nebst ggf. später folgender Aggression) beitragen, womit eine logische Abhängigkeit vorhanden sein könnte. Sähe man die Frustration jedoch allgemeiner als aversives *Event*, ließen sich nicht so schnell Beziehungen aufzeigen, die sich lediglich sprachlogisch aufeinander bezögen. Ein aversiver Zustand hat (neben der relativen Independenz bezüglich personaler Handlungen) eben auch somatisch vermittelte Gefühlskomponenten, ein Ärgernis bringt reale Ärgergefühle mit sich. Ein (hinreichend) unabhängiger Emotionsstatus wäre bewirkt, ein relativ autonomer Affective State: Daher schiene eine rein logische Abhängigkeit nicht mehr so leicht zu befürchten. Im Sinne der Berkowitz'schen Theorie wäre eine Frustration durch Verhinderung einer Zielerreichung hierbei lediglich ein Spezialfall. Allgemein muss die (revidierte) Frustrations-Aggressions-Hypothese im gemeinten (lebenspraktischen) Grunde damit als eine *naturwissenschaftliche* (insbesondere neurologische) Ursache-Wirkungs-Behauptung angesehen werden, nicht nur als ein *intellektueller* Vorgang, der keine sonstigen emotionalen Konsequenzen habe. Weil Schmerzen *wirklich* wehtun, frustrieren sie *wahrhaft*: Deshalb aktivieren sich neuronal (ggf.) virulente, impulsive manifeste Aggressionen. (Man könnte dem Zahnarzt nur dann einen Fausthieb „zukommen" lassen, wenn er lächelnd ohne Narkose bohrt). Es wurden bei den meisten der in Kapitel 4.2 dargelegten Experimenten zudem nicht intentionale Beziehungen implizit als Hilfshypothesen eingefügt, sondern im Grunde hinreichend klar gegebene Gefühlswahrnehmungen, d. h. physiologisch bedingte, relativ autonome Vorgänge evaluiert bzw. abgefragt und in ihren Werten verglichen. Will man hier wirklich behaupten, dass die Empfindung von Ärger z. B. solchen Unklarheiten und Willkürlichkeiten unterliege, dass ihre Fragebogenerkundung nicht möglich sei oder das letztere Instrument dergestalt ungültig wäre und missverstanden werde, dass die Versuchsperson etwas ganz anderes damit verbinde? Das eher zu verneinen, scheint der Wirklichkeit hier näher zu stehen.

Der Einwand schließlich, dass es im asiatischen Raum auf Frustrationen hin eher zu *Verzicht*, denn zu vermehrten Anstrengungen hinsichtlich der Zielrealisierung komme, verengt den Blickwinkel wiederum auf die (oft nur als leistungsmotiviert) theoretisierte Zielerreichung durch Dollard und Kollegen und verleugnet den basaleren Zusammenhang, dass aversive Ereignisse teils schlicht Abwehrtendenzen (nichts anderes sind Aggressionen oft) zur Folge haben werden. Wirklich niemand leidet gerne – diese allgemeine Proposition steht hierbei dahinter. Sekundäre kulturspezifische Verarbeitungen, Hemmungen usw. der schmerzenden, frustrierenden neurologischen Aktivation wären allerdings denkbar (wie schon Berkowitz ausführte).[136] Die Neigung, auf Frustrationen zu antworten, hängt daneben auch nicht *nur* von Bewertungsprozessen ab. Es gibt einen grundlegenden aversiven Lebenszustand, der aus sich heraus die Beendigung des Leides *ultimativ* fordert. Niemand wird unter sehr starken Schmerzen noch fragen, ob es vielleicht böswillig ist oder nicht, was ihm zugefügt wird, er *muss* die sofortige bedingungslose Beendigung der Qual wollen, und dies mit allen zur Verfügung stehenden Mitteln der Abwehr. Daher ist die Frustrations-Aggressions-Hypothese im Grunde eine Frustrations-Frustationsbeseitigungs-Beziehung und diese ein naturgesetzlicher Nexus des Lebendigen, das möglichst in dem für es optimalen Milieu leben will. *Jeder* Lebende und Fühlende zuckt unwillkürlich mit der Hand zurück (o. Ä.), wenn er sich plötzlich an ihr verbrennt.

Neben all dem ist zu beachten, dass wohl jede Explikation des Alltagsverstandes selbst nicht abschließend begründet werden könnte, da auch hier ein infiner Regress drohte und auf einem *zirkulären* Vorgehen beruhte: Man müsste, um den Common Sense zu verklaren, selbst bereits Konzepte aus ihm anwenden. Auch die Sprachanalyse benutzt bereits Sprache. Man kann nicht mit Sätzen über Sätze *hinaussteigen* und dann diese „Leiter" wegwerfen, wie der frühe (noch uneinsichtige) Wittgenstein forderte.[137] Es gibt im realen Leben für Lebendige nichts wirklich Absolutes (und auch diesen Satz nicht als Absolutum) – also epistemisches „Sumpfland" wohin man (a posteriori) blickt. Daher sollte man die simplizistisch klingende Behauptung vom Mehrwert des Probierens über das alleinige Studieren durchaus nicht als naive Banalität, sondern als Erkenntnis versprechende evolutionäre Überlebensstrategie sehen, insofern es im Modus kritischer Vernünftigkeit und Methodik abläuft.

Man darf also schon noch thematisieren, dass es komplexere psychische Vorgänge geben könnte, die eben nicht hinreichend nur in der Sprache ablesbar, bestimmbar und detektierbar, damit lediglich intentional oder analytisch sind. Als Beispiele mögen z. B. die bekannten Phänomene des insbesondere operanten Konditionierens, die pharmakologischen Wirkungen von serotonin- oder dopaminreaktiven Substanzen auf Depressionen bzw. Psychosen verschiedener Formen stehen. Was ist daran verfehlt, solche Fragen naturwissenschaftlich beschreiben und lösen zu wollen? Warum wird ein von Bluthochdruck geplagter Choleriker bei sommerlichen 35 Grad Celsius jähzornig, wenn ihm eine Stubenfliege vor der Nase summt und sich partout nicht verscheuchen lässt? Etwa, weil

---

136 Die groß angelegte, ostasiatische und europäische Stichproben bezüglich Aggression und Erziehungsstilen vergleichende Feldforschung von Kornadt (2011), siehe Kap. 8.1, zeigt hierbei nur Differenzen im *sekundären* Umgang mit den, durch aversive Stimuli erzeugten, negativen Gefühlen wie Ärger und nicht etwa eine tiefer liegende generelle biologische Verschiedenartigkeit auf.
137 *Tractatus logico-philosophicus*, Nr. 6.54 (Wittgenstein, 1918/1984b, S. 85).

sie ihn (vor dem Hintergrund situational wie personaler Besonderheiten) doch schwer (wohl eher als „letztem Tropfen" in einem Fass vor dem Überlaufen) frustriert? Oder impliziert die Prämisse vom summenden Insekt bereits in der Sprache des Common Sense die Frustration? Dies glaubhaft zu machen, scheint kaum möglich, denn Vertreter der Art *Musca domestica* (Gemeine Stubenfliege) sind erst einmal logisch unabhängig von humanen psychischen Effekten. Die These, dass es keine relevanten naturwissenschaftlich zu beschreibenden, evaluierenden, psychologischen Phänomene (auch jenseits des Blackbox-Behaviorismus) gibt, muss erst noch bewiesen werden.

Andererseits ist es jedoch offensichtlich genauso rational, dass sprachanalytische Belange beachtet werden *müssen*, damit eine statistische Hypothesenprüfung nicht zur wohlfeilen, weil scheinaussagenden Wissenschaftsprozedur verkommt, hinter der sich die Unergründetheit (und Unergründlichkeit vielleicht) eines nicht erfassten empirischen Relativs verbergen – und die bornierte Unfähigkeit der Forscher für die Klarifikation ihrer Hypothesen zu sorgen. Ignoranz führt nicht zum Erkenntnisgewinn, sondern zur Verschwendung von Forschungsmitteln. Deswegen sollte in humanwissenschaftlichen Bereichen als Optimierung der wissenschaftlichen Standardmethodik neben der statistischen Auswertung auch eine stets beizufügende Begriffs- und Hypothesenexplikation erfolgen. Gleichfalls zur Regel gemacht wie eine umfassende Darstellung der Methodik und Resultate, müssten hier die zu examinierenden Behauptungen auf ihre logische Form und Sinnhaltigkeit hin untersucht werden.[138] So könnten die Fälle der unnützen Überprüfung analytischer Behauptungen durch empirische Daten i. S. des: Die Erde ist rund ($p < .05$)[139] von den tatsächlich sinnvollen Untersuchungen des Rotationsgeoids Erde mit all seinen „Dellen" und „Beulen" unterschieden werden, welcher uns aufgrund begrenzter optischer Bezüge so herrlich kugelförmig erscheint.

4.4 Kognitive Aspekte am Beispiel des General Affective Aggression Model

Im deutschsprachigen Raum wurden schon weit vor den Berkowitz' schen Reformulierungen der Frustrations-Aggressions-Hypothese Diskussionen geführt, die die Sinnhaltig- und Untersuchbarkeit der entsprechenden grundlegenden Experimentalbehauptungen von Dollard et al. kritisch hinterfragt haben und insbesondere kognitive Vorgänge als wichtige Modifikatorfaktoren aggressiven Handelns sahen.[140] Diese umfassendere Sicht kommt natürlich den Verhältnissen näher, denn der Mensch ist nun einmal (zum Glück) kein reiner Reiz-Reaktions-Automat mit stets eindeutig vorhersagbarem Verhalten, sondern unterliegt in der Regel der Kontrolle durch die Macht seiner geistigen Einsicht und Überlegung.

---

138 Ähnlich bereits G. Smedslund (2008).
139 Übersetzt nach J. Cohen (1994).
140 Siehe Werbik (1974), Kempf (1978) und Hilke und Kempf (1982).

individuelle Unterschiede (*personological variables*): Traits (Feindseligkeit als Persönlichkeitsmerkmal), Einstellungen gegenüber Gewalt, gewaltbezogene Überzeugungen und Werte sowie Fähigkeiten (z.B. beim Kämpfen)		situative Variablen (*situational variables*): aggressive Hinweisreize (z.B. Waffen), Unbehagen, Beschwerden, Schmerz (z.B. hohe Temperaturen), Frustration, Attacke, Provokation, Rauschmitteleinfluss

"innerer" Zustand (*accessible affects*): Gefühle der Feindseligkeit, expressive motorische Reaktionen

bewusste Kognitionen (*accessible cognitions*): aggressive Gedanken, aggressive Skripts

Erregung (*arousal*): physiologisch; wahrgenommen

automatische Bewertungsprozesse (*automatic appraisals*): Interpretation der Situation (z.B. Bedrohung)

kontrollierte Neubewertung (*controlled reappraisal*): z.B. Rache

Beginn eines neuen Kreislaufs

Verhalten (*behavior*): z.B. Beschimpfung

Reaktion der Zielperson (*target's response*): z.B. Schlag ins Gesicht

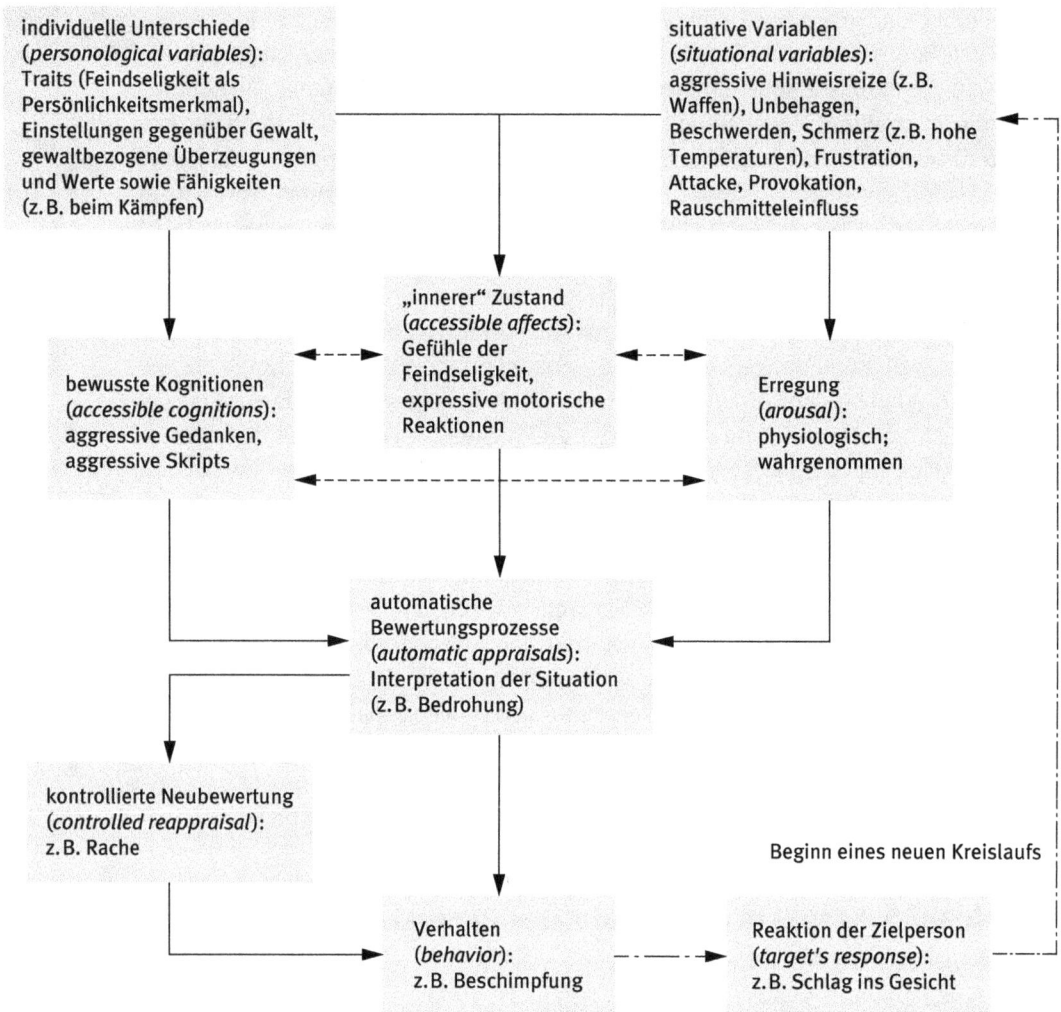

Abb. 4.4: Andersons *General Affective Aggression Model* (eigene Darstellung verändert nach Anderson und Dill, 2000, S. 773, unter Einbezug von Details nach Lindsay und Anderson, 2000, S. 534).

Neben der besprochenen Cognitive-Neoassociation Theory von Berkowitz[141] haben es auch Anderson und seine Kollegen in den späteren 1990er-Jahren, also einigen Jahren nach Berkowitz' Reformulierung 1989, unternommen, den vielfältig experimentell beforschten Sektor der menschlichen Aggression zu systematisieren. Im von

---

141 Berkowitz (1989, 1990, 1993, 2012) bzw. Berkowitz und Harmon-Jones (2004).

Anderson vorgestellten *General Affective Aggression Model*[142] spielen hinsichtlich der Entstehung von Aggression verschiedene kognitive Einflüsse eine entscheidende Rolle (s. Abb. 4.4). Als *domänenübergreifende Rahmentheorie* will das Modell auch Phänomene anderer Forschungsfelder integrieren, namentlich die der *sozial-kogniti-ven Lerntheorie* Banduras[143], Berkowitz' Cognitive-Neoassociation Theory, Zillmanns Excitation-Transfer Theory[144] sowie der *Skripttheorie* von Huesmann[145] und der *Social Interaction Theory*[146]. Es wird dabei angenommen, dass Wissensstrukturen

(1) aus der Erfahrung entstehen,
(2) die Wahrnehmung auf mehreren Stufen von der einfachen hin zur komplexeren Perzeption beeinflussen,
(3) sich durch den Gebrauch verselbstständigen (*automatized with use*),
(4) affektive Zustände, Verhaltensprogramme oder Überzeugungsinhalte implizieren, respektive damit in Verbindung stehen, und dadurch
(5) Individuen mittels ihrer Interpretationen und späterer externer Verhaltensrück-wirkungen durch den sozialen sowie physischen Lebensbereich geleiten.

Perzeptuelle und personelle Schemata als auch verhaltensorientierte Skripte seien hierbei wirksam.[147] Im Folgenden wird das Modell näher erläutert.

Die vielleicht wesentlichste *personelle Variable* beschreibt die Aggression als *Trait*, d. h. als eine überdauernde *Neigung* zu aggressivem Verhalten. Die menschli-chen Unterschiede sich zu ärgern, verbal aggressiv zu reagieren oder gar gewalttä-tig zu handeln, wären in dieser Sicht als relativ unveränderliche Merkmale (über die Zeit wie auch Situationen) aufzufassen. Und in der Tat zeigte eine Metaanalyse von 16 Längsschnittstudien zur zeitlichen Konstanz von Aggression bei männlichen Per-sonen von der Kindheit bis ins Erwachsenenalter eine bemerkenswerte Beständigkeit, die sich im von Olweus[148] gemessenen mittleren Stabilitätskoeffizienten von $r = .76$ für ein Jahr, $r = .69$ für fünf Jahre, und $r = .60$ für zehn Jahre ausdrückte. Aggression (hier als mehrdimensionales Konstrukt bestehend aus körperlicher und verbaler Aggression, Ärger sowie Feindseligkeit) im jüngeren Alter sagte damit erstaunlich gut die Aggressivität in späteren Entwicklungsphasen voraus. In diesem Zusammenhang ist ein *feindseliger Attributionsstil* (*hostile attribution bias*) der schließlich agierten

---

142 Siehe hier insbesondere Anderson (1997), Anderson und Bushman (2002) bzw. Lindsay und An-derson (2000).

143 Bandura (z. B. 1979).

144 Zillmann (1983).

145 Huesmann (1998).

146 Nach Tedeschi und Felson (1994). Aggressives Handeln würde in diesem Sinne wie andere Zwangsmittel eingesetzt, um den Adressaten zu gewünschten Verhaltensänderungen zu bewegen. Dabei kann es um die Gewinnung von irgendwie gearteten Werten, indes ebenso um die Befriedigung immaterieller Ziele gehen.

147 Anderson und Bushman (2002).

148 Olweus (1979).

Aggression förderlich. Dieser Terminus will eine Tendenz bezeichnen, einer schaden-verursachenden Person eine manifest negative *Intention* zu unterstellen, *ohne dass klar wäre*, ob das mehrdeutige Verhalten versehentlich oder vorsätzlich eintrat. Auch hier hat eine ziemlich umfangreiche Metaanalyse mit 41 Studien und mehr als 6000 Teilnehmern ergeben[149], dass signifikante Zusammenhänge zwischen einer feindse-ligen Zuschreibung und aggressivem Verhalten bei Kindern und Jugendlichen beste-hen. Aber auch bei Erwachsenen resultierten entsprechende Korrelationen – zudem lässt sich der Charakterzug der Aggression durch den feindseligen Attributionsstil vorhersagen.[150] In entgegengesetzter Richtung konnte die Aggression im Kindergarten wiederum die Art voreingenommener negativer Zuschreibungen in der 8. Schulklasse prognostizieren[151], sodass gemutmaßt werden kann, feindselige Bewertungsmuster trügen zur Stabilität der Aggressivität über die Zeit bei. Außerdem scheint eine solche verfestigte Art zu urteilen zu den interindividuellen Unterschieden im Bereich der Aggression beizutragen.[152] Soziale Beziehungen werden in diesem Kontext somit eher als unversöhnlich erlebt und erzeugen daher leichter (oder mehr) Aggression: In einer „Welt der Feinde" überfreundlich zu sein, wäre nicht sehr klug.

Als weiteres personales Merkmal kann wohl das biologische Geschlecht des Indi-viduums gelten. Betrachtet man allein die Kriminalstatistiken verschiedener Länder, findet man männliche Personen bei Gewaltverbrechen etwa im Verhältnis acht zu eins überrepräsentiert.[153] Metaanalysen ergaben ebenfalls Hinweise für eine höhere Ausprägung verbaler sowie physischer Aggression bei Jungen und Männern.[154] Diese Resultate sind zwar statistisch signifikant, indes nur mit bestenfalls mittleren Effekt-stärken nachgewiesen, zumal die für verbale Aggressionen geringer ausfielen denn bei körperlichen. Wie transkulturelle Untersuchungen nahe legen, scheint sich der Zusammenhang jedoch als allgemein gültiges Phänomen zu bestätigen, das auch in anderen Gesellschaften auftritt.[155] Allerdings ist darauf aufmerksam zu machen, dass Frauen im Bereich der *indirekten* Aggression, d. h. dem Schaden sozialer Beziehun-gen, mindestens gleiche Werte wie Männer, wenn nicht sogar höher ausgeprägte, aufweisen.[156] Eine umfassende Betrachtung aller Befunde von Archer und Coyne aus dem Jahr 2005 ergab hierbei indes ein uneinheitliches Ergebnis. Einerseits war die durch *Verhaltensbeobachtung* ermittelte indirekte Aggression bei Mädchen stärker als bei Jungen. Studien mit *Fremdberichten* ergaben aber typischerweise keinen solchen

---

149 Orobio de Castro, Veerman, Koops, Bosch und Monshouwer (2002).
150 Dill, Anderson, Anderson und Deuser (1997).
151 Burks, Laird, Dodge, Pettit und Bates (1999).
152 Nach Krahé (2014).
153 Siehe Moffitt et al. (2001) und Archer und Lloyd (2002).
154 Archer (2004), Eagly und Steffen (1986).
155 Archer und McDaniel (1995).
156 Siehe z. B. Österman et al. (1998).

Unterschied. Erwachsene differierten ebenso nicht deutlich: *Beide Geschlechter agierten hier eher indirekt.*[157]

Wie Anderson und Bushman in Erläuterung der (von ihnen nur *General Aggression Model* genannten) Systematisierung ausführen[158], kommen als zusätzliche personenbezogene Inputs Überzeugungen (*beliefs*), Einstellungen (*attitudes*), Werte (*values*), Skripte[159] (*scripts*) und langfristige Ziele (*long-term goals*) infrage.[160]

Als situationale Variablen wären aggressive Hinweisreize (*aggressiv cues*) wie Waffen[161], Provokationen, Frustrationen, Schmerz i. w. S., physisch unangenehme Lebensbedingungen (z. B. Hitze[162]), medial vermittelte Anreize inklusive derjenigen durch kommerzielle Werbung, allgemein also jedes wünschenswerte Vorbild[163], sowie Alkohol nebst Drogen denkbar.[164] Schon der mäßige Konsum alkoholischer Getränke begünstigt dabei aggressives Verhalten.[165] Alkohol spielt oft eine wichtige Rolle bei Gewaltverbrechen wie Morden[166], häuslicher Gewalt einschließlich Kindesmisshandlung, sexueller Aggression, Partnergewalt[167], ferner bei Gewalt zwischen Gruppen allgemein, hier z. B. im Sport, bei Krawallen, Vandalismus, Hooliganismus[168]. Wie epidemiologische Daten zeigten, sind etwa 80 Prozent aller Gewalttäter alkoholisiert.[169] Allerdings gibt es ebenso *interindividuelle Unterschiede*: Dispositionell empathielosere Individuen wurden in Experimenten unter Alkoholeinfluss aggressiver als eher empathiefähige, deren Aggressionsniveau sich kaum steigerte.[170] Generell wird angenommen, dass Alkohol zu einem kognitiven Aufmerksamkeitsdefizit, der sogenannten „Alkohol-Kurzsichtigkeit" führt[171], die eine umfassende und damit korrektere Beurteilung der Lage erschwert bzw. schließlich ganz verunmöglicht und auch die Hemmwirkung von verinnerlichten Normen beeinträchtigt. Außerdem werden Perso-

---

157 Nach Krahé (2014).

158 Anderson und Bushman (2002).

159 Das heißt kognitive Schemata bezüglich Verhalten, also die normierte(n) Vorstellung(en), *wie* etwas zu tun sei.

160 Siehe dazu auch die Ausführungen in Kap. 5.

161 Berkowitz und Le Page (1967). Siehe für eine Replikation des sogenannten *Waffeneffekts* insbesondere Carlson, Marcus-Newhall und Miller (1990).

162 Siehe Anderson (1989), Anderson und Anderson (1996), Anderson, Bushman und Groom (1997), Anderson, Anderson, Dorr, DeNeve und Flanagan (2000).

163 Siehe dazu die Ausführungen in Kap. 5.

164 Anderson und Bushman (2002).

165 Siehe Bushman und Cooper (1990) bzw. Ito, Miller und Pollock (1996).

166 Parker und Auerhahn (1999).

167 Barnett, Miller-Perrin und Perrin (2011).

168 Russell (2004).

169 Murdoch, Phil und Ross (1990).

170 Giancola (2003).

171 Giancola und Corman (2007).

nen, die unter reduzierter Informationsverarbeitungskapazität leiden, empfänglicher für singuläre Außenweltreize, z. B. Waffen aller Art.[172]

Diese personalen und situationalen Inputgrößen differenzierten durch den je spezifisch durch sie erzeugten, aktuellen internalen Status (*present internal state*) dasjenige Handeln bzw. Verhalten, welches sich als Reaktion darauf darstellt.[173] Kognition(en), Affekt(e) und physiologische Erregung zeichneten sich hierbei als zentrale Instanzen der Vermittlung aus. Feindselige Gedanken erleichterten durch Priming den Zugriff auf weitere aggressive Konzepte und Gedächtnisinhalte: Je nachdem, wie ausdauernd die dementsprechende Aktivation ist, sei die Verfügbarkeit der aggressiven Konzepte eher kurz oder würde chronisch.[174] Dazu sind die von Huesmann beschriebenen Vorgänge der Einwirkung kognitiver Skripte von Bedeutung.[175] Stimmungen und Emotionen vermögen darüber hinaus direkt auf die Genese aggressiven Verhaltens hinzuwirken. „Many personality variables are related to hostility-related affect. For example, trait hostility as measured by self-report scales is positively related to state hostility".[176] Expressive motorische Reaktionen besonders im Gesicht, die schon von Berkowitz im Jahr 1993 berücksichtigt wurden, stehen dabei in Verbindung mit spezifischen Emotionen und laufen mehr oder weniger automatisch ab. *Arousal* kann die Aggression in diesem Zusammenhang auf drei Wegen bestimmen. Entspringt die Erregung aus einer irrelevanten Quelle, vermag sie die Dynamik der *dominanten* Aktionstendenz inklusive eines aggressiven Handelns zu stärken.[177] Daneben kann diese unspezifische physiologische Aktivation als Ärger *missgedeutet* werden, wenn die diesbezügliche Situation hinreichend augenfällig entsprechende Provokationen bereithält.[178] Zudem könnte (noch spekulativ) vermutet werden, dass auch unüblich hohe bzw. niedrige Arousal-Niveaus *selbst* als aversive Zustände fungieren und mithin Aggressionen auslösen würden. „A large number of situational variables influence both physiological and psychological arousal. Exercise increases both, whereas alcohol decreases both. Interestingly, changes in physiological and psychological arousal do not always coincide. Hot temperatures increase heart rate while simultaneously decreasing perceived arousal. This suggests that heat might increase aggression through the arousal route [...]."[179] Wie in Abbildung 4.4 dargestellt, seien diese Wege relativ hochgradig miteinander verknüpft. Dabei geht die Idee, dass Kognitionen und Arousal die affektive Seite in Form von Emotionen beeinflussten auf die Arbeiten von Schachter und Singer aus dem Jahr 1962 respektive auf die von James aus dem Jahr 1890 zurück. Umgekehrt könnten Affekte und Emotionen

---

172 Nach Krahé (2014).
173 Anderson und Bushman (2002).
174 Siehe Bargh, Lombardi und Higgins (1988) bzw. Sedikides und Skowronski (1990).
175 Siehe Huesmann (1998).
176 Anderson und Bushman (2002, S. 39).
177 Siehe Geen und O'Neal (1969).
178 Im Sinne der Excitation-Transfer Theory Zillmanns (s. dazu Zillmann, 1978, 1983, 1988).
179 Anderson und Bushman (2002, S. 39 f.), siehe Anderson et al. (2000).

indessen ebenso geistige Inhalte und die damit verbundene Erregung bestimmen.[180] Gefühle sind z. T. die Marker, an bzw. mit denen Menschen sich ihre Urteile bilden.[181]

Als dritter bedeutender Bereich im General Affective Aggression Model sind die automatischen bis zu den mehr kontrollierten *Bewertungen* zu besprechen.[182] Situationale Inputs, die durch personale Bedingungen moderiert würden, bestimmten (wie gezeigt) die affektualen, kognitiven und erregungsdominierten Vorgänge, welche sodann zu einer *automatischen* Einschätzung der vorliegenden Ereignisse leiten sollen. Hier scheint die unmittelbare Bewertung relativ mühelos und spontan ohne Bewusstheit abzulaufen: Der aktuelle internale Status lenke in weiten Bereichen die wahrscheinliche Form der Reaktion. Personen mit *aggressiven* Gedanken würden, in einem Beispiel von Anderson und Bushman, einen Schlag in einem mit Menschen überfüllten Raum leichter als Angriff werten als ein nicht aggressiv-aktiviertes Individuum, das den Stoß nur auf die räumliche Enge zurückführte. Die unmittelbaren Einschätzungen implizierten emotionale, zielorientierte und damit auch intentionale Informationen. Wo und wann hier Ärger, Aggression und ggf. Racheimpulse entstünden, hinge natürlich wiederum von der sehr individuellen sozialen Lerngeschichte und den kognitiven Strukturen eines Menschen ab. Nach solchen unmittelbar-unwillkürlichen Bewertungsvorgängen würden weitere Einschätzungen auch und besonders von den Ressourcen (d. h. der Zeit und kognitiven Kapazität) einer Person bedingt.

Eine u. U. ablaufende *Neubewertung* beinhalte ferner die Suche nach alternativen Sichtweisen der betreffenden Situation, ihren tieferen Hintergründen usw., und vermöge sich in vielfältigen Gedanken-Kreisen zu manifestieren. Wenn das Individuum dabei im obigen Beispiel zum Schluss käme, dass der Schlag potenziell gefährlich wäre, könnte ein manifester Gegenschlag resultieren, der dann ggf. zur weiteren Eskalation führte.

Aus dieser gerafften Darstellung des General (Affective) Aggression Model ist der gemeinte grundlegende psychische Vorgang alltagsweltlich nachzuvollziehen. Er kommt der erlebten Realität von Menschen entgegen, zumal, da diese nicht als roboterhafte „Reiz-Reaktions-Maschinen" aufgefasst werden, sondern etwas wie Seele, Geist und Urteilsfähigkeit zugesprochen bekommen – so unklar diese Begriffe auch immer sein mögen. Die mehr philosophische Frage des Leib-Seele-Problems, ob Gedanken tatsächlich etwas *bewirken* können, also *Ursachen* seien und nicht nur (eher epiphänomenale) Begründungen eines längst sich schon intrinsisch gebildeten Schlusses, wird auch hiermit nicht absolut entschieden. Da wir aber unser Handeln scheinbar durch Argumente beeinflussen lassen können, muss die Causa der *Wirkungsmacht* von Gründen behandelt werden. Auch wenn diese relativ spätere Abkömmlinge eines *unbewusst* ablaufenden Gehirnprozesses sein sollten, könnten sie durch den erzeug-

---

180 Siehe z. B. Ciompi (1997).
181 Siehe Damasio (1996, 2000, 2003).
182 Nach Anderson und Bushman (2002).

ten inneren Zustand und damit oft auch eines Gefühls mittels der ihnen zugrunde liegenden somatischen Determinanten auf nachfolgende Prozesse Einfluss ausüben. Warum sonst sollte sich auf Erden etwas wie Geist und Wissensdurst evolutiv herausbilden, wenn sie nicht prinzipiell sehr hilfreich und überlebensförderlich wären. Ein reines Epiphänomen, aus dem keinerlei Handlungsänderungen folgen könnten, nützte niemanden und wäre (biologisch-phylogenetisch betrachtet) hochgradige Energieverschwendung: Die vielfältigen Anwendungserfolge der Wissenschaft(en) müssen als starke Belege für die reale Macht von Gedanken gelten.

Selbst wenn das o. g. Modell relativ plausibel erscheint, ist damit noch nicht erklärt, dass es die nun endgültig stimmige und abschließende Beschreibung der menschlichen Aggression wäre. Da es zudem als Rahmentheorie konzipiert wurde, die bisherige Ansätze integriert, dürfte es eher schwierig sein, das Modell zu *falsifizieren*: Ähnlich wie die Trieblehren Freuds „stimmt" es scheinbar einfach (nahezu) immer. Ob jedoch die Kühnheit[183] in psychologischen Bereichen überhaupt sehr groß zu sein vermag, ist (s. die Ausführungen zu Smedslund in Kap 4.3) zumindest teilweise zweifelhaft. Trotz aller Fragwürdigkeiten des neurowissenschaftlichen Ansatzes[184], sollte der Weg, tiefere Erkenntnisse über die Funktionen des menschlichen Gehirns zu gewinnen, doch als erfolgversprechend eingestuft werden, um (auch) die Determinanten der Aggression des Menschen weiter zu erhellen.

---

183 Im Sinne von Popper (1972/1998, S. 16 f.; vgl. 1934/1984 u. 1963/2000).
184 Siehe Bennett und Hacker (2012) und daneben Kap. 2.

Stephan Straßmaier

5 Soziale Lerntheorie nach Albert Bandura

5.1 Zur Definition des Begriffs „Aggression" – die Etikettierungsprozesse

Bei der semantischen Bestimmung realer Vorgänge trifft man regelhaft auf das Problem, dass Begriffe (nur) Begriffe sind – Abstraktionen, die damit die Wirklichkeit stets irgendwie einengen, simplifizieren und mundgerecht machen. Andererseits ist genau das notwendig, wenn man über ein komplexes Thema wie hier konkret das der *Aggression* sinnvoll reden möchte: Jedoch sollte man wissen, wie *genau* man spricht. Diese philosophisch von Wittgenstein[1] herkommende Forderung führte (indes auch allein aus der Sache heraus) zu Versuchen einer möglichst treffenden Definition des Begriffs der Aggression, um den sich in der Vergangenheit verschiedene Autoren bemüht haben.

So hoben im Jahre 1939 Dollard, Doob, Miller, Mowrer und Sears das Verhaltens- bzw. Handlungsziel zu *schädigen* als zentrales Charakteristikum von Aggressionen hervor, was in der Folgezeit ein bedeutender Aspekt geblieben ist.[2] Selg[3] hat Aggression als ein *gerichtetes* Austeilen schädigender Reize gegen einen Organismus (oder Organismussurrogat) definiert. Recht ähnlich sieht Wahl[4] Aggression als bio-psycho-soziales Ensemble von Mechanismen der Selbstbehauptung respektive Durchsetzung gegen andere mit schädigenden Mitteln, wobei Form und Stärke durch genetische, soziale bzw. gesellschaftliche Umstände aktiviert oder gehemmt würden. Fraglich muss hierbei allerdings sein, ob Aggressionen per se eine Schädigungsabsicht beinhalten müssen: Gibt es nicht auch diejenigen Verhaltensweisen aggressiver Prägung, denen der Hautgout des ethisch Zweifelhaften, wie man meinen könnte, nicht anhaftet? So zeigt bereits der Wortstamm des Substantivs „Aggression", das sich vom lateinischen *aggredior* ableitet, das *heranschreiten, angreifen, gerichtlich verfolgen* aber auch *sich nähern, beginnen, versuchen* als Bedeutungen auf, was zwar teils nahezu tautologisch wirkt, aber (v. a. in den letzteren drei Bedeutungen) durchaus nicht eindeutig negativ gewertet werden muss, vielmehr meist als vitales, sozial akzeptiertes Verhalten. Ohne das fähige Herantreten an eine Sache würde diese nie erledigt werden. Der damit eröffnete Bereich der *instrumentellen* Aggression, den man von einer *feindseligen* abgrenzen könnte[5], ist in dieser Dualität jedoch wiederum schwer zu begründen: Die „Um-zu-Relation" im aggressiven Handeln und Verhalten umfasst ein weites

---

1 Wittgenstein (1953/1984a).
2 Dollard et al. (1939/1973, S. 19).
3 Selg (1968, s. Selg et al., 1997, S. 4).
4 Wahl (2009, S. 10).
5 Siehe Feshbach (1964).

DOI 10.1515/978311052203-7-005

Feld, von der „nützlichen" destruktiven Kriegshandlung bis zum produktiven Werkzeuggebrauch eines Schlossers, eine festsitzende, verrostete Mutter mit aller Kraft zu lösen. Und schließlich sind Aggressionen teils schlicht selbst die „Werkzeuge", derer sich Menschen (wie egoistisch auch immer) bedienen, um etwas für sie Wertvolles zu erlangen oder zu behalten, d. h. als Mittel, gewünschte Ergebnisse zu erzielen, die anders nicht (bzw. nicht so einfach) bewirkt werden könnten. Bandura erkannte dabei, dass „die sogenannte feindselige Aggression gleichermaßen instrumentell"[6] ist, sodass diese Definitionskriterien hier nicht die Wesentlichen zu sein scheinen. Aggressionshandlungen sind daneben oft wirklich vielgestaltiger Natur, die selbst bei einer klar schädigenden Tat *andere Ziele* als die einer reinen Schädigung verfolgen können, beispielsweise bei Verbrechen von Menschen, allein, um einer kriminellen Vereinigung als Mitglied anzugehören. So zeigt sich, dass auch die Schädigungsabsicht als *alleiniges* Kriterium nicht hinreichend und zielführend ist.

Diese Problemlage veranlasste Bandura dazu, neben dem schädlichen Verhalten auch die damit verbundenen *sozialen Beurteilungen* i. S. v. sozialen Etikettierungsprozessen zu berücksichtigen, die in Menschen vor sich gehen, wenn sie Verhaltensweisen als aggressiv einordnen.[7] Hierbei kommen zunächst auch *Charakteristika des Verhaltens selbst* in Betracht, Lebensabläufe, die *wahrscheinlich* aversive Folgen zeitigen, insbesondere also in den Modi des Angriffs, der Demütigung oder Zerstörung stattfinden, gleichgültig, welche tatsächlichen Fakten schließlich auftreten. Dass hierbei die Intensität der Reaktionen die Etikettierung beeinflussen wird, ist nicht verwunderlich. Sanfte Zärtlichkeit tut niemandem weh. Lautes Geschrei, unerwartete Impulsivität sowie (taktlose) Grobheiten allerdings wesentlich eher; sie treten einem vielleicht *zu* nahe – näher als man es sich wünschte. Dies wurde in einer experimentellen Prüfung, die Walters und Brown im Jahre 1963 durchführten, evident, da Kinder, nachdem man sie für lebhafte Reaktionen (dem Schlagen einer automatischen Plastikpuppe) belohnt hatte, später mehr zwischenmenschliche Aggressionen zeigten, als diejenigen Kinder, die nur zu einem weniger intensiven Reaktionsstil angeleitet worden waren. Dies weist zwar auf die Möglichkeit der theoretischen Stimmigkeit der Komponente „Intensivität" hin, allerdings bleibt zu fragen, ob hier nicht eine gewisse Zirkularität vorliegt.[8] Daneben führt Bandura den Ausdruck von Schmerz und Verletztsein durch die Zielperson als wesentlich für die Beurteilung als aggressives Verhalten an, was natürlich sehr von der insgesamten Konstitution und psychischen Verfassung derjenigen Person abhängt, die den entsprechenden Verhaltensweisen ausgesetzt ist. Zwang ausübende oder manifest verletzende Handlungen werden dabei mit höherer Wahrscheinlichkeit negativ beur-

---

6 Bandura (1979, S. 17).
7 Bandura (1979, S. 19 ff.).
8 Weil man meint, die Intensivität wäre ein Teilaspekt der Aggression, setzt man sie theoretisch ein und findet sie, nachdem man sie praktisch verstärkt hat, als Bestätigung seines Aggressionsurteils wieder – allein, weil man die Intensivität als Teil des Konzepts sieht bzw. sehen will. Wildheit i. S. v. Ausgelassenheit muss dabei an sich nicht aggressiv sein (gesetzt, man weiß, was das genau ist).

teilt werden, als ein in stillschweigendem Einverständnis ablaufendes Tun. Auch die Absichten, die dem Handelnden unterlegt werden, bestimmen die Art und Weise der sozialen Kategorisierung, wobei Unabsichtliches nicht leicht als aggressiv zu werten sein wird, wenngleich die Grenzen zur passiven Aggression respektive unbewussten Rache fließend sein können. Ferner spielen die *Charakteristika derjenigen Person, die etikettiert* sowie die *Charakteristika des Aggressors* eine Rolle. Aggressiv-antisoziale Personen oder Paranoide werden leichter Feinde finden als fröhliche Hedonisten, Hungrige leichter revoltieren als saturierte wohlversorgte Bürger – und schließlich durchsetzungsstarke Frauen eher als aggressiv eingeschätzt werden als energische Männer. Mittels all dieser Attribute bestimmt Bandura Aggression nun als *„schädigendes und destruktives Verhalten [...], das im sozialen Bereich auf der Grundlage einer Reihe von Faktoren als aggressiv definiert wird, von denen einige eher beim Beurteiler als beim Handelnden liegen."*[9] Kontroversen bei der Zuschreibung können in diesem Zusammenhang bei indirekten oder versteckten Formen der Aggression, Zersplitterung der Verantwortlichkeiten und insbesondere bei kollektiven Verhalten auftreten: „die Gewalt des einen [mag so als] der selbstdefinierte Altruismus des anderen"[10] interpretiert werden.[11]

5.2 Die Theorie des sozialen Lernens

Menschen als selbststeuerungsfähige, denkende Organismen können einsichtsvoll und vorausschauend handeln und sich bis zu einem gewissen Grad kontrollieren. Weder scheinen wir einseitig nur von inneren Kräften getrieben noch reines Produkt und hilf-

---

9 Bandura (1979, S. 22, Hervorhebungen im Original). Allerdings wäre auch hier nach nötigen Abänderungen die erwähnte Zirkularität zu vermuten. Die Gefahr besteht, dass man als aggressiv lediglich das bezeichnet, was man (mehr oder weniger gut abgestützt und gefühlhaft bewertet) aggressiv findet. Diese relative Unklarheit des Begriffs birgt Vorteile, denn er ist breit angelegt und scheint auf den ersten Blick recht praktikabel, jedoch auch intransparent, weil in wesentlicher Weise durch teils subtile subjektive Einschätzungen kontaminiert, und damit Gefahr läuft, willkürlich zu sein. Er dürfte daher wohl eher im Nachhinein als *Deutungsform* sinnvoll sein, einer Hilfe zum *Verstehen* bereits abgelaufener Handlungen, und weniger für eine hinreichend exakte Klassifikation derselben.
10 Bandura (1979, S. 25).
11 Dass man sich dem Begriff der Aggression auch anders nähern kann als Bandura zeigt z. B. Werbik, der Handlungen dann als aggressiv bezeichnet, wenn sie dem *Willen* des Betroffenen widersprechen, und *Gewalt* als eine Maßnahme sieht, die den *Rechten* bzw. dem *anerkannten Bedarf* einer Person zuwiderlaufen, was aufgrund der (menschenrechtlichen) Unveräußerlichkeit im Begriff des Bedarfs nicht zu konventionalistisch scheinen muss (s. Kap. 7). Bei der Erforschung der Intention einer Person ist allgemein für eine Annahme einer Aussage als *wahr*, neben dem notwendigen aber noch nicht hinreichenden Verzicht auf die Sanktionsmacht des Befragers, dem Willen zur Wahrung seiner Integrität als Forscher, dem Datenschutz und der Freiwilligkeit der Teilnahme zusätzlich zu prüfen, ob die gemachte Erklärung (bzw. ihre Form, ihr personaler Vortrag usw.) Hinweise für eine Täuschung erkennen lassen. Erst wenn man hier zum Schluss käme, dass die Aussage als wahr gelten kann, könnte die Proposition, die Behauptungen, als Kriterium (für die Intention der befragten Person) bestehen (s. Kap. 7).

lose Spielbälle äußerer Einwirkungen. Vielmehr sind es die *wechselseitigen* Beeinflussungen des individuellen Verhaltens mit seinen kontrollierenden Bedingungen, die veränderte Umwelten hervorzubringen vermögen, die dann auf die Person zurückwirken.[12]

Neue Verhaltensformen können mittels unmittelbarer Erfahrung oder Beobachtung des Verhaltens anderer erworben werden. Erstere sind weitgehend durch die belohnenden respektive bestrafenden Konsequenzen bestimmt und entwickeln sich mit Versuch und Irrtumskorrektur, indem günstigere (bzw. ungünstigere) Konsequenzen entsprechend Einfluss nehmen. Die zweite Variante des *Beobachtungslernens* ist nicht so mühsam (und teils gefährlich), denn *Vorbilder* wirken auf uns, zeigen die Folgen von Verhaltensweisen im Guten wie Schlimmen, bilden dadurch u. U. emotionale Reaktionen und führen ggf. zu Verbesserungen. Dabei setzt die biologisch-genetische Ausstattung des Organismus natürlich Grenzen der Vervollkommnung, bestimmt das Ausmaß wie die Art des Fertigkeitserwerbs.

Die Theorie des sozialen Lernens nimmt in diesem Zusammenhang drei hauptsächliche Regulationssysteme an:

(1) die primären Verhaltensanlässe,
(2) die darauf folgenden Feedbackwirkungen sowie
(3) steuernde kognitive Vorgänge.

In dieser Sicht wird die menschliche Aggression wie anderes Verhalten auch *gelernt:* Es steht unter teils wechselwirkender Kontrolle der Stimuli, Bekräftigungen und Kognitionen. Leistungsfähiges Handeln erfordert *antizipatorische* Fähigkeiten und eine Verhaltensabstimmung aufgrund von Informationen über die Umwelt. Durch die *Assoziierung* mit Erfahrungen unmittelbarer, symbolischer oder stellvertretender Art erhalten zuvor neutrale Reize mit der Zeit motivierende, reaktionslenkende Eigenschaften. Einst *indifferente* Umweltreize werden damit zum Auslöser physiologischer, emotionaler Reaktionen. Allerdings sind solche Prozesse häufig auch subtil und komplexer, wenn *stellvertretende* symbolische Konditionierungen auftreten. Hierbei können emotionale Reaktionen anderer – jedoch bei einem selbst – hinsichtlich eines Zieles festgeschrieben werden. Beispielsweise vermag die Ablehnung einer von einem anderen verachteten Minoritätsgruppe oder Nationalität zu eigenem Hass zu werden, obschon man selbst gar keine schlechten Erfahrungen gemacht hat. Dies trifft unter geänderten Vorzeichen auch auf emotionserregende Bilder und Worte zu, die z. B. feindselige Reaktionen heraufbeschwören können. Allgemein lassen sich ferner provozierende Gedanken anführen, die zu entsprechenden Gefühlen i. S. einer *Selbsterregung* anleiten, wenn Dinge mit positiver oder negativer Valenz ausgestattet werden. *Hinweisreize*, die Verhaltenskonsequenzen wahrscheinlich machen, bekommen bei diesen Vorgängen eine regulatorische Macht. So sollte man diensthabende, uniformierte Polizisten, wenn man längerfristig bei guter Laune bzw. Gesundheit bleiben will, höflich behandeln und sie

---

12 Kapitel 5.2 referiert die Theorie des sozialen Lernens nach Bandura (1979, S. 55–85); vgl. dazu auch Halisch (1984).

nicht dominant herumschubsen. Abstrakt sind es die Kombinationen von zeitlichen, sozialen und situationalen Merkmalen, praktisch insbesondere optische und verbale Hinweise oder solche aus der Aktivität anderer, die Menschen zu ihrem Tun bzw. Lassen anleiten. Feedback, welches qua Aktivität der Person entsteht, wirkt in großem Umfang ein, kontrolliert die weiteren Folgen: Lohnendes wird beibehalten, Ungünstiges aufgegeben, je nachdem, welche Reaktionen der Akteur erfahren hat. Hier führt sonderlich die *intermittierende* Verstärkung (d. h. der nur gelegentliche Erfolg) dazu, dass ein Verhalten fortgesetzt wird, wobei öfter v. a. *symbolische Bekräftigungen* (Anerkennung, Rügen, Aufmerksamkeit, Ablehnung usw.) einfließen. Dies gilt ebenfalls für die Selbstverstärkung, beispielhaft bei erworbenen Fertigkeiten als Quelle persönlicher Befriedigung, die unabhängig von materiellen Anreizen ist, und jene dadurch aufrechterhalten. Mittels *stellvertretender* Verstärkung lernt der Mensch wiederum gleichermaßen aus den Erfahrungen anderer: beobachtete Gratifikationen (respektive Nachteile), die ein Vorbild erwirbt, modifizieren das eigene Verhalten entsprechend und liefern zudem Bezugsnormen, die Werte oder Tadelnswertes definieren. Die Reaktionsrelationen (i. S. v. sozialen Vergleichen) sind hier generell wichtig: Wird man für etwas weniger belohnt als ein Vorbild, wirkt dies als Quasibestrafung. Das gleiche Quantum positiver Bekräftigung schmeichelt indes, wenn andere schwächer bedacht wurden. Der *interaktive* Einfluss von unmittelbarer versus stellvertretender Verstärkung auf menschliches Verhalten ist hier von größerer Bedeutung als ihre jeweiligen Einzelwirkungen. Selbstkritik und Selbstbekräftigung respektive andere selbst erzeugte Verhaltensfolgen kontrollieren uns jedoch genauso gut oder sogar besser, als äußere Verstärker, die mit ihnen gleichziehen bzw. konkurrieren können, denn Handlungen haben regelhaft ein externes Ergebnis *und* eine innere Bewertung. Die Antizipation von Selbstvorwürfen hält uns dabei (wie zu hoffen ist) im Rahmen der gesunden inneren Maßstäbe. Überwiegt demgegenüber der äußere Teil der Bekräftigung (bspw. der Gelderwerb bei fragwürdigen Geschäftspraktiken), resultiert eher nur freudlose Willfährigkeit (u. U. mit einer gewissen Selbsttäuschung zur Gewissensberuhigung, wenn die Folgen der Handlungen kontrovers gesehen werden). Entsprechend umgekehrt sind die Gegebenheiten bei Rebellen, Andersdenkenden und Nonkonformisten, deren Verhalten nur bei schwerwiegenden, real zu erwartenden Folgen wirksam gehemmt werden kann. Wenige sind es schließlich nur, die sich für ihre edlen Überzeugungen Jahre inhaftieren lassen. Externe Verstärker sind allgemein dann am wirkungsvollsten, wenn sie mit den inneren übereinstimmen, belohnte Verhaltensweisen stellen hier auch eine Quelle des Stolzes (negativ gesehen eine der Missbilligung) dar, was im positiven Falle zum Anschluss an Personen führt, die Unterstützung für das *Selbstbewertungssystem* garantieren. Durch Variationen dieses ethisch-psychologischen Konstrukts werden wiederum teils drastische Verhaltensänderungen möglich, und Personen sind ohne sich selbst abzuwerten manchmal zu Grausamkeiten in der Lage, die sie früher abgelehnt hätten (bspw. durch *Dehumanisierung* der Opfer). Es sind also ebenso *kognitive Vorgänge* notwendig, wenn Bestrafung oder Verstärker einen nennenswerten Einfluss auf menschliches Verhalten ausüben sollen. Was *nicht* gesehen, gewusst, erkannt wird in seinem Effekt, kann und wird nicht berücksichtigt, d. h. nimmt keinen Einfluss. Konditionierte Reaktionen sind also erst durch geistige Vorgänge wirklich mächtig: Vorausschauendes Verhalten reguliert uns dementsprechend in hohem Maße. Dabei müssen wir uns natürlich auf kognitive Fehleinschätzungstendenzen (sonderlich bei Rauschmittelkonsum) und ggf. Irrtümer einstellen, die die Ergebnisse entsprechend (meist ungünstig) modifizieren. Vorwegnahmen von Verhaltenskonsequenzen anhand von *Prädiktoren* (den Ergebnissen anderer, oder dem, was man liest bzw. gesagt bekommt u. Ä.), die nicht *genau* genug sind, konditionieren zunächst nur relativ schwach, bis dann zusätzliche Erfahrungen realistischere Einschätzungen ermöglichen. Symbolisch gespeicherte, vergangene Verhaltensweisen und Erfahrungen können in diesen Zusammenhängen wieder aufleben, wenn man sie sich vor Augen führt, von ihnen spricht. Bedeutsam werden kognitive Vorgänge insbesondere beim Beobachtungslernen, dessen Erfolg erst bei einer passenden Gelegenheit sichtbar aufzuscheinen vermag.[13] Die oben umrissenen drei Hauptsysteme in der Theorie des sozialen Lernens beeinflussen uns wiederum nicht unabhängig voneinander, denn meist sind es zwei oder mehr Komponenten, die das Verhalten bestimmen. „Kognitive Ereignisse fungieren [dabei] jedoch nicht als autonome Verhaltensursachen. Ihre Natur, ihre emotionserregenden Eigenschaften und ihr Auftreten stehen unter Stimulus- und Verstärkerkontrolle."[14] Es sei aufgrund dessen immer zu beachten, was die Gedanken einer Person beeinflusst.

Das als wahr zu erweisen, ist jedoch niemandem im Universum möglich, denn Es-gibt-Sätze wie: „Es gab, gibt bzw. wird mindestens ein kognitives Ereignis geben, das nicht unter Stimulus- bzw. Verstärkerkontrolle steht", sind schon allein theoretisch nicht zu widerlegen. Je nachdem, wie streng man den Begriff „autonom" interpretiert, ändert jene Aussage noch dazu ihr Gewicht. Bei einem relativ abgeschwächten Begriff der Autonomie müsste man hier in Anbetracht neuerer kognitiver psychologischer Ansätze Bedenken anmelden. Insbesondere wäre es dabei schwer zu erklären, wie außergewöhnliche geistige und kreative Leistungen von Menschen möglich sind. Bei einer sehr strengen Begriffsauslegung i. S. eines (wirklich) freien Willens, würde Autonomie zur Fähigkeit einer Setzung prima causa, eines ersten unbewegten Bewegens, mithin eine *existentia* ohne *essentia* vorliegen[15], was jedoch ein Widerspruch in sich selbst wäre. Immanuel Kant will das Problem zwischen der von ihm angenommenen strikten Naturkausalität und der ebenso bejahten Freiheit des Willens lösen, indem er diesen als *intelligibel* annimmt, der nicht im Bereich der Erscheinungen, nur dem der Dinge an sich wirke[16]: Der „Wille [...] kann nur unter der Idee der Freiheit ein eigener Wille sein"[17]. Das Wort „Idee" bedeutet wiederum letztlich, dass lediglich nur die Denkmöglichkeit der *transzendentalen* Willensfreiheit nachgewiesen ist, nicht etwa ihr wahres Vorhandensein. Der *Kategorische Imperativ* ist gleichwohl

---

13 Wäre es Menschen nicht möglich, intern *probeweise* zu handeln, wenn sie Probleme lösen, wäre dies wirklich ermüdend und evolutiv zum Nachteil. Glücklicherweise können wir z. B. Häuser gedanklich in der hinreichend optimalen Form *planen*, und müssen sie nicht so lange real bauen, bis eine Konstruktion nicht mehr einstürzt. Die beste bekannte symbolische Lösung wird (bzw. sollte) folglich am wahrscheinlichsten umgesetzt werden.
14 Bandura (1979, S. 70; vgl. Bandura, 1977b).
15 Schopenhauer (1841/1912, S. 527 f.).
16 Kant (1781/1992b, S. 488–494 [B 560–B 569]).
17 Kant (1785/1974, S. 83 [BA 101]).

unter Erfordernis dieser Idee der Freiheit konzipiert[18], „aber wie diese Voraussetzung selbst möglich sei, läßt sich durch keine menschliche Vernunft jemals einsehen"[19]. Bandura, so viel kann gesagt werden, ist also kein überzeugter Kantianer.

Die Voraussagen des gerade behandelten Ansatzes unterscheiden sich teils von der Frustrations-Aggressions-Hypothese. Eine aversive Behandlung erzeugt nach Bandura nicht selbst Aggressionen, sondern einen allgemeinen Zustand *emotioneller Erregung*, der je nach den bislang erlernten Reaktionsmustern des Individuums, Stress abzubauen, eine Vielzahl von Verhaltensweisen fördert, abhängig von der relativen Wirksamkeit der bereits vorhandenen Antwortarten. Hier sind v. a. zu nennen: Hilfe- und Unterstützungssuche, Leistungsstreben, Rückzug und Resignation, Aggressionen, erhöhte somatische Aktivität, Betäubung mit Rauschmitteln und meistens intensivierte, konstruktive Versuche, die Notlage zu überwinden, die aus der erhöhten emotionellen Stimulation resultieren können. Positive Anregungsquellen wie Freude oder lohnende Erlebnisse sind mit Feindseligkeit fast unvereinbar, wirken also als Hemmfaktoren.[20]

Hinweisreize und Reaktionskonsequenzen dienen allgemein als wirksame Regulatoren aggressiven Verhaltens – und viele Aggressionshandlungen werden ausgeführt, weil sie letztlich schlicht nutzen. Bereits länger persistierendes aggressives Verhalten lässt sich dennoch relativ zuverlässig durch Methoden reduzieren, die Folgendes zum Ziel haben:

(1) die Modellierung alternativer Reaktionen (durch Veränderung der Verstärkungsbedingungen),
(2) die Eliminierung von *fantasierten* Auslösern gewalttätiger Ausbrüche,
(3) den Ausbau von Kompetenzen, die für neue Belohnungsmöglichkeiten sorgen,
(4) die Reduktion aversiver sozialer Lebensbedingungen.

Es sei also gerade kein Aggressionstrieb, der unwiderruflich wirke, wie Freud[21] meinte, noch wäre eine Frustration *zwingende* Voraussetzung für Aggressionen. Frei-

---

18 Kant (1785/1974, S. 98 f. [BA 124 f.]).
19 Kant (1785/1974, S. 99 [BA 124]). Siehe Straßmaier (2006), Kaulbach (1988) und Höffe (1996).
20 Einige Experimente scheinen diese Sicht einer eher unspezifischen Exzitation zu bestätigen, siehe dazu z. B. Nisbett und Schachter (1966), Ross, Rodin und Zimbardo (1969) bzw. Schachter und Singer (1962), die durch drogeninduzierte Erregung eine je nach Umweltreizen variable Emotionalität feststellten, was aber später relativiert wurde (s. z. B. Reisenzein, 1983, und Mezzacappa, Katkin und Palmer, 1999). Geen und O'Neal (1969) fanden die Strafbereitschaft durch einen die Anspannung steigernden Geräuschpegel erhöht, besonders, wenn zuvor aggressive Modelle gezeigt worden waren (s. zum Einfluss von Lärm auf die Aggression auch Geen, 1978, Geen und McCown, 1984, Donnerstein und Wilson, 1976, bzw. Gaur, 1988). Nonaggressive Erregungsquellen mehrten bei den Untersuchungen von Tannenbaum (1972) Aggressionen, wenn diese die einzig mögliche Reaktionsart waren (vgl. ähnlich auch Zillmann, 1971). Allgemein kann auch der Grad an Selbstwirksamkeitserwartung (Bandura, 1977a, 1982) mit bedeutsam sein, welche Antwortart gewählt wird.
21 Freud (1989c [zuerst 1916/17 bzw. 1932/33]).

lich stellt die Letztere bei Menschen, die gelernt haben, auf Einschränkungen aggressiv zu reagieren, die wahrscheinlichere Handlungsform dar, eine wirklich *notwendige* Bedingung ist jene Frustration indes dafür nicht.[22] Die charakteristischen Reaktionen von Vorbildern wirken hier ebenfalls auf die bevorzugte Handlungsweise ein.[23] Eine Kultur (oder was man dafür hält) kann dabei sehr aggressive Menschen hervorbringen, ohne ein hohes Frustrationsniveau zu realisieren, allein, indem aggressive Fertigkeiten entsprechend geschätzt, erfolgreiche aggressive Modelle dargeboten werden und sichergestellt ist, dass aggressives Verhalten sich auszahlt. Als deviant etikettierte Reaktionen benötigen für ihre Entstehung und Aufrechterhaltung daher ebenso geeignete soziale Lerneinflüsse, denn Menschen werden nicht mit einem vorgeformten Repertoire aggressiver Verhaltensweisen geboren, sie müssen sie vielmehr lernend entwickeln.

Abschließend ist darauf hinzuweisen, dass zwischen dem Erwerb und der *Ausführung* von Handlungen zu unterscheiden ist. Vieles von dem, was Menschen lernen, können sie mangels entsprechender Gelegenheiten oder wegen fehlenden Rüstzeugs nicht in die Tat umsetzen, obwohl sie an sich dazu in der Lage wären.[24] Wie sich dieses Lernen konkret gestaltet, erläutern die Kapitel 5.3 bis 5.6 genauer.

5.3 Beobachtungslernen

Schwerwiegende Fehler werden vermieden und fatale Irrtümer umschifft, wenn Menschen von Modellen lernen, die ihnen *stellvertretend* zeigen, wie und was zu tun ist, oder besser gelassen werden sollte – und mancher Fertigkeitserwerb, wie das Sprechenlernen einer Muttersprache, ist darüber hinaus unumgänglich an lehrende Vorbilder geknüpft.[25] Allgemein können bei Beobachtern von Modellen drei Arten von Wirkungen auftreten:

(1) der Erwerb *neuer* Verhaltensmuster,
(2) die Stärkung (respektive Schwächung) der *Hemmung* bereits gelernten Verhaltens,
(3) die Förderung *ähnlicher* (nicht gehemmter) Verhaltensweisen.

---

22 Siehe dazu Davitz (1952), der zeigte, dass Kinder, denen man aggressives Verhalten beibrachte, auf willkürlich beleidigende Behandlung aggressiver reagierten, als Kinder, denen man einen kooperativen Stil vermittelte.
23 Siehe Bandura und Walters (1963).
24 So zeigte die Untersuchung von Bandura (1965), während der er Kindern ein aggressives Filmmodell vorführte, das belohnt bzw. bestraft wurde oder keine Reaktionen erfuhr, dass sich die zuerst gemessenen deutlichen Unterschiede in der Verhaltensimitation der Kinder (und der Geschlechtsdifferenzen) ausglichen, wenn die Kinder eine *Belohnung* für die Imitation der Aggressionen erhielten. Selbst Mädchen waren dann so aggressiv wie Jungen, egal, ob sie das bestrafte oder belohnte Modellverhalten sahen oder das, welches keine Konsequenzen erfuhr.
25 Kapitel 5.3 referiert dazu nach Bandura (1979, S. 85–133); vergleiche auch Halisch (1984, 1992).

Vier aufeinander bezogene Subprozesse (der Aufmerksamkeit, des Erinnerns, der motorischen Reproduktion bzw. Bekräftigung und Motivation) greifen hier regelnd ein. Zu Beginn ist natürlich eine hinreichende *Aufmerksamkeit* des Lernenden unumgänglich, denn wer das Modell nicht klar erkennt, kann kaum Informationen gewinnen – und nur, was beachtet wird, manifestiert sich ggf. auch als (subjektiv) bedeutend. Dabei ist der *funktionale Wert* einer Verhaltensweise ausschlaggebend, welches Vorbild eingehend beobachtet und welches ignoriert wird.[26] Teils sind es die greifbaren Belege, teils der Status (als Ausweis von Kompetenz und früheren Erfolgen), die die Wirksamkeit eines Modells ausmachen. Menschen mit hohem Status in Prestige-, Macht- und Kompetenzhierarchien besitzen eine entsprechend höhere Wahrscheinlichkeit als Vorbild zu fungieren, auch weil sie mehr Aufmerksamkeit auf sich ziehen. Das geflügelte Wort „Nichts ist erfolgreicher als der Erfolg" verdeutlicht dies. Daneben wirkt die *zwischenmenschliche Anziehungskraft*, d. h. Personen, die interessante und gewinnende Eigenschaften besitzen, werden aufgesucht, andere mit nicht so vorteilhaften Merkmalen eher ignoriert und abgelehnt, selbst wenn sie alternative Vorzüge besitzen. Das Beobachtungslernen erfolgt dabei weder passiv noch gleichförmig.[27] Meistens sind es Verschmelzungen von Elementen verschiedener Modelle[28] und die Mischung derselben variiert individuell. Vorbildlernen scheint ein *kontinuierlicher* Vorgang des Erwerbs und der Modifizierung von Verhaltensmustern, weil Einflüsse verschiedener aktueller und symbolischer Modelle in allen Lebensperioden verinnerlicht werden können. In diesem Zusammenhang ist natürlich eine hinreichende *Gedächtnisleistung* erforderlich, also die Bildung symbolischer Repräsentanzen, ohne die kein Mensch etwas Gelerntes behalten und damit sinnvoll reproduzieren kann. Personen, die modellierte Verhaltensmuster verbalisieren oder sich in Form von Symbolsprachen „vor Augen" führen[29], innerlich repetieren oder praktisch ausführen, vertiefen die Lernwirkung. Gewaltsame Formen des Verhaltens beispielsweise können hier auch allein durch innere Wiederholung ohne praktisches Handeln erhalten bleiben. Um die modellierten Verhaltensweisen tatsächlich zu verwirklichen, müssen die dazu notwendigen Fertigkeiten bzw. erforderlichen körperlichen Merkmale hinreichend vorhanden sein. Das Beherrschen untergeordneter Teilfertigkeiten bewirkt dabei die zuverlässigere Ausführung als wenn diese fehlen, da dann die symbolischen Lernprozesse ganz unwirksam bleiben müssen bis die nötige Geschicklichkeit entwickelt ist. Schließlich greifen *Bekräftigungs- und Motivationsprozesse* insofern ein, als negativ sanktioniertes oder sonst ungünstig aufgenommenes Verhalten eher unterlassen und belohntes leichter ausgeführt werden wird. Die Klugheit rät, nicht inopportun anzuecken – wie weise das

---

26 Ob eine Person das Verhalten einer anderen *nachahmt*, hängt davon ab, welche Ziele Erstere anstrebt und ob sie erwartet, diese durch Imitation des Verhaltens (besser) erreichen zu können.
27 Zudem ist es nicht an *direkte* Kontakte gebunden, sondern kann durch Medien aller Art (TV, Video, Internet, Bücher usw.) erfolgen.
28 Siehe Bandura, Ross und Ross (1963a).
29 Siehe Bandura, Grusec und Menlove (1966), Bandura und Jeffery (1973) und Gerst (1971).

auch immer sei. Zudem werden, neben dem Ausdruck des bereits gelernten Verhaltens, auch das Maß an Aufmerksamkeit und damit die Lernwirkung des Modells durch diese Verstärker moderiert. Anreize fördern spezifisch die Merkfähigkeit für diejenigen Reaktionen, die einen hohen funktionalen Wert besitzen, indem z. B. die symbolische Repräsentierung (Kodierung) bzw. Wiederholung verbessert werden. Das *Ausbleiben* imitativen Verhaltens kann, insgesamt besehen, deshalb mit fehlerhafter Beobachtung, Gedächtnisverlusten, inadäquater symbolischer Repräsentation oder unzureichender Wiederholung, motorischen Unzulänglichkeiten respektive der mangelnden Bereitschaft, ungünstige Konsequenzen zu tragen, zusammenhängen.

Kontrollierte Untersuchungen in der Vergangenheit haben die Übermittlung aggressiven Verhaltens via Beobachtungslernen einwandfrei nachgewiesen. So ließen Bandura, Ross und Ross im Jahre 1961 Kinder im Alter von etwa vier Jahren, die zufällig auf vier experimentelle Bedingungen und eine Kontrollgruppe aufgeteilt waren, zehn Minuten lang eine Modellperson beobachten, die sich in einem Part der Fälle in körperlicher und verbaler Weise aggressiv gegenüber einer großen aufgeblasenen Plastikpuppe („Bobo-Puppe") auslieβ, in den anderen Gruppen aber ruhig blieb und sich mit Bauklötzen beschäftigte. Zusätzlich unterteilte man generell gemäß dem Geschlecht der Versuchsteilnehmer. Die Vorbild-Aggressionen entsprachen dabei nicht dem bisher verzeichneten Verhaltensrepertoire der Kinder bzw. wurden von ihnen nur selten gezeigt. Die Modellperson schlug die Puppe mit einem Hammer auf den Kopf, warf sie um, setzte sich auf sie, boxte sie in die Nase, kickte sie im Raum umher u. Ä., was noch dazu von ausgesprochen feindseligen Bemerkungen begleitet war. Nach den Beobachtungsbedingungen gab man dem jeweiligen Kind attraktives Spielzeug – nahm es ihm allerdings nach zwei Minuten mit der Begründung wieder weg, es müsse für andere Kinder aufbewahrt werden: Dies sollte als Frustrationsreiz dienen. Daraufhin brachte man jedes Kind in den Versuchsraum, in dem sowohl Spielwaren, die sich für aggressive Spiele eigneten, als auch solche für nicht aggressive Beschäftigungen lagen – ferner befand sich die aufgeblasene Plastikpuppe im Raum. Man ließ das Kind dort alleine, beobachtete 20 Minuten durch eine Einwegscheibe sein Verhalten. Der Beobachtungszeitraum wurde in Fünf-Sekunden-Intervalle geteilt und jedes der so geschaffenen Segmente mithilfe eines einheitlichen Kategorienschemas bewertet. Zeigte das Kind dabei Verhalten, das dem aggressiven Vorbild äquivalent war, indizierte man dies als „nachgeahmte Aggression"[30]. Diejenigen Kinder, die eine aggressive Modellperson betrachtet hatten, zeigten im Vergleich zu denen der anderen Gruppen eine signifikant größere Häufigkeit von Verhaltensweisen, die als „nachgeahmte Aggressionen" eingestuft wurden. Kinder, die die aggressive Modellperson gesehen hatten, ließen auch im Vergleich zu denjenigen, die das friedliche Vorbild beobachteten, eine signifikant größere Häufigkeit anderer Aggressionen (d. h. solcher, die nicht als „nachgeahmt" klassifiziert werden konnten) erkennen. Insgesamt imitierten Jungen häufiger männliche Vorbilder, Mädchen mehr weibliche. Die wichtigsten Ergebnisse sind in Tabelle 5.1 zusammengefasst.

---

30 Das jedoch auch unabhängig davon, ob das Modell tatsächlich beobachtet worden war.

Tab. 5.1: Mittlere Anzahl von Aggressionen in der Spielsituation in Abhängigkeit von der Art der beobachteten Modellperson (nach Bandura, Ross und Ross, 1961, S. 578).

	„experimentelle" Gruppen				Kontroll-gruppe
	aggressives Modell		nicht aggressives Modell		kein Modell
Verhaltenskategorie	Modell weiblich	Modell männlich	Modell weiblich	Modell männlich	
nachgeahmte körperliche Aggressionen					
Mädchen	5.5	7.2	2.5	0.0	1.2
Jungen	12.4	25.8	0.2	1.5	2.0
nachgeahmte verbale Aggressionen					
Mädchen	13.7	2.0	0.3	0.0	0.7
Jungen	4.3	12.7	1.1	0.0	1.7

Bandura, Ross und Ross führten eine weitere Studie durch, um festzustellen, ob der Darbietung von *Filmen*, in denen Modellpersonen aggressives Verhalten zeigen, ebenfalls höhere Werte für aggressive Taten der Beobachter folgen.[31] Eine Anzahl Kindergartenkinder sah dabei, wie im zuvor geschilderten Experimentalmodus eine Modellperson die aufgeblasene Bobo-Puppe tätlich und verbal aggressiv attackierte. Einer zweiten Kindergruppe wurde dasselbe allerdings als Filmvorführung präsentiert. Eine dritte Schar von Kindern betrachtete die Vorbildperson als „Katze" verkleidet ebenfalls aggressiv gegen die Bobo-Puppe vorgehen. An diese Darstellungen anschließend kam es wie in der Voruntersuchung zu einer kleinen Frustration durch Wegnehmen von Spielsachen. Im Vergleich zur Kontrollbedingung ergab sich in allen Einheiten, die mit einem aggressiven Modell konfrontiert worden waren, eine bedeutsam größere Häufigkeit sowohl *nachgeahmter* als auch *nicht nachgeahmter* Aggressionen. Es besteht also ein über alle Darbietungsbedingungen ähnlicher Lerneffekt für aggressives Modellverhalten, egal ob direkt oder indirekt vermittelt (s. Tab. 5.2).

Der Einfluss eines aggressiven Modells auf die Aggressionswahrscheinlichkeit von Kindern ist indes ebenso davon abhängig, welche *Konsequenzen* das Verhalten für die Person hat, die es ausübt. In diesem Zusammenhang belegt die Untersuchung von Bandura, Ross und Ross[32], dass Kinder *nur bei erfolgreichem* Modellverhalten dieses (in einer bewertenden Reaktion) übernehmen wollten, *auch* wenn sie es als moralisch schlecht beurteilten. Offensichtlich diente mehr die Nützlichkeit des aggressiven Tuns, Zugang zu lohnenden Ressourcen zu gewinnen, denn eine ethische Einschätzung als primäre Grundlage der Nachahmung. Die Kinder lösten den Konflikt zwischen ihrem

---

31 Bandura, Ross und Ross (1963b).
32 Bandura, Ross und Ross (1963c).

Wollen und Sollen, indem sie das Opfer herabsetzten, ihm erniedrigende Eigenschaften zuschrieben, die Angriffshandlung als nützlich rechtfertigten, mangelnde Abwehr als Unfähigkeit hinstellten sowie die fehlende Bereitschaft, das Begehrte abzutreten, kritisierten. Belohnende Konsequenzen können also ein Wertesystem ausstechen – die Kinder nahmen die Verhaltensweisen eines erfolgreichen Aggressors an und achteten ihn sehr, gleichwohl sie wussten, dass seine Handlungen sittlich zu tadeln waren.

Tab. 5.2: Mittlere Anzahl von Aggressionen in der Spielsituation unter verschiedenen Bedingungen der Darbietung eines aggressiven Modells (gemittelte Werte für beide Geschlechter nach Bandura, Ross und Ross, 1963b, S. 6 f.).

	„experimentelle" Gruppen			Kontrollgruppe
	lebensecht	Film	Cartoon-Film	kein Modell
nachgeahmte Aggressionen	$21.3_{a,c}$	16.4_a	$12.0_{a,d}$	2.85_b
Aggressionen insgesamt	82.925_a	91.5_a	99.05_a	54.3_b

Anmerkung: Innerhalb jeder Reihe sind Mittelwerte, die mit demselben Buchstaben bezeichnet sind, bei mindestens $\alpha = 0.01$ nicht signifikant voneinander verschieden. Die zusätzlich mit den Indices c und d bezeichneten Werte unterscheiden sich voneinander signifikant auf dem 5 %-Niveau.

Neben der Modellierung konkreten Verhaltens kann es ferner zur Ausbildung *allgemeiner Taktiken* kommen, bei denen Beobachter ein *abstrahiertes Prinzip* gewinnen, wie sie in nicht identischen, doch hinreichend ähnlichen Situationen, reagieren.[33] Vorbildaggressionen beeinflussen hierbei nicht allein das *Verhalten* von Beobachtern, sondern ebenso deren *Einstellungen* und *Werte*, die sie z. B. gegenüber Berufen, Rassen, ethnischen Gruppen ggf. auch in Form von *Stereotypen* herausbilden und weiterentwickeln. Bei einem Lernen durch Erfahrung wird Verhalten mittels seiner Folgen zu neuen Mustern geformt, was auch für die Aggression gilt. Beobachtungslernen bewirkt in diesem Zusammenhang gewöhnlich eine ungefähre Annäherung an das gewünschte Verhalten, das dann durch Konditionierungsprozesse weiter verfeinert wird. Aggressive Handlungsweisen können jedoch auch allein durch das *Reaktionsfeedback* aufgebaut werden, was freilich weit weniger gut wirkt als ein Vorbild. In Tierversuchen erzeugte erfolgreiches Kampfverhalten brutale Aggressoren, schwere Niederlagen erzeugten dauerhafte Submissivität. Auch beim Menschen können belohnende Konsequenzen aggressive Verhaltensstile fördern – in modernen Gesellschaften spielen dabei drei Hauptquellen bei der Modellierung aggressiven Verhaltens eine Rolle:

---

33 Siehe Bandura (1971a).

(1) die Familie,

(2) die Subkultur,

(3) symbolische Vorbilder in Massenmedien.

Verschiedene Studien belegen, dass Gewalt in der Familie wiederum Gewalt der Sprösslinge erzeugt, und die elterliche Förderung aggressiver Handlungsstile auch bei gutsituierten Verhältnissen zu Aggressionen der Kinder führt.

Dabei kommen jenseits genetischer Determinanten und Suchtmittelkonsum (Tabak, Alkohol, Drogen) der Mutter während der Schwangerschaft das Vorbildverhalten der Eltern, die Art ihrer emotional-sozialen Bindung und Beziehung zu ihren Kindern, der Erziehungsstil, wie auch die Weitergabe von Verhaltensmaßstäben in Betracht. Eine sichere Bindung i. S. v. Bolby[34] und Ainsworth[35] an die Mutter bzw. den Vater korreliert dabei meist mit weniger Aggressivität der Kinder und spricht für einen moderaten Einfluss des Bindungsmusters auf die Aggressionsentstehung. Elterliche Wärme zeigt bei Kindern eine schwächere Externalisierungsneigung einschließlich Aggressivität. Diese korreliert wiederum positiv mit einem familiären Schweigen über Gefühlsthemen. Aggressiv *ausagierte* Partnerkonflikte der Eltern und ein unharmonisches Familienklima stehen ebenso in Verbindung mit vermehrter Aggression der Kinder. Dazu gibt es Hinweise, dass eine zu starke, autoritäre Kontrolle, aber auch die zu schwach leitende Vernachlässigung bzw. Nichtbeachtung sowie die inkonsistente Erziehung, verbunden mit emotionaler Kälte und wenig Unterstützung, die Aggressivität der Kinder fördern. Misshandelte, nicht sicher gebundene Kinder sind später weniger einfühlsam und (auch daher) aggressiver. Frühkindlich erlittene Vernachlässigung respektive Missbrauch *verändern das Gehirn* und bewirken eine andere *epigenetische* Genexpression, wodurch emotionale Prozesse ggf. anders (z. T. dysfunktionaler) ablaufen. Zudem sind hormonelle, aber auch strukturell-funktionelle Modifikationen bzw. Störungen (insbesondere in der *Hypothalamus-Hypophysen-Nebennierenachse* und im *Serotoninsystem*) zu befürchten.[36]

Unerwünschtes Verhalten wird am ehesten dann vermindert, wenn das Angestrebte klar definiert sowie die unakzeptablen Handlungen mit Festigkeit, ohne Entschuldigung und Wankelmut behandelt werden.[37] Eine subkulturelle Vermittlung aggressiver Strategien findet z. B. in Gangs und delinquenten Banden aller Art statt, allerdings auch in so honorablen Institutionen wie dem Militär, das dem Töten einen Anstrich heldenmütiger, ethischer Rechtfertigung verleiht. Insbesondere audiovisuelle Medien wie Fernsehen, Video und Internet liefern daneben eine große Zahl von Handlungs- und Selbstbehauptungsstilen und nahezu die ganze Bandbreite grausamer, verbrecherischer Verhaltensweisen frei Haus, die dort konsumiert und so zu einem Stimulans für soziales wie aggressives Verhalten werden können – ggf. inklusive Nachahmungstaten. Solches kann recht singulär sein, wie bei Kapitalver-

---

34 Bowlby (1984).

35 Ainsworth, Blehar, Waters und Wall (1978).

36 Wahl (2009, S. 128–140); zu den neurobiologischen Konsequenzen siehe Strüber et al. (2008), Strüber und Roth (2014), Roth und Strüber (2014), Saimeh (2012) und Remschmidt (2012, 2014).

37 Dies gilt auch für Polizeivorgesetzte, wenn sie rechtsstaatswidriges, brutales Vorgehen ihrer untergebenen Beamten entschuldigen, und damit *verstärken*.

brechen, reicht aber ggf. auch in die Dimension einer Art epidemischen sozialen Verbreitung neuer (auch aggressiver) Schemata hinein, ähnlich einer Ansteckung, die durch ein herausragendes Vorbild verursacht wird. Dabei sind positive als auch negative Formen möglich: Mahatma Gandhis Weg der Gewaltlosigkeit bildete die Folie mancher Protestbewegung; das Kidnapping von Flugzeugen wiederum stellt beispielhaft die andere Seite der Medaille dar, durch die in eindrucksvoller Weise der rapide Anstieg und Rückgang einer kollektiven Modellierung aggressiven Verhaltens belegt werden kann.

Wie Bandura berichtet[38], gab es in den USA keine Luftpiraterie bis 1961 ein Geschäftsflugzeug nach Havanna entführt wurde. Nur kubanische Maschinen waren davor in die Vereinigten Staaten gekidnappt worden. Aufgrund dieser Zwischenfälle hob darauf eine Welle von Kaperungen im In- und Ausland an, die 1969 ihren Höhepunkt erreichte, dann in den USA zurückging, dabei indes auf andere Länder übersprang, sodass Luftpiraterie später ein fast alltäglicher Vorgang wurde.

Hier befinden sich natürlich wiederum die Massenmedien als allgemeine Informationsquellen in einer herausragenden, teils jedoch auch kritisch zu sehenden Funktion. Zum Schluss sei angemerkt, dass kulturelle Gewohnheiten i. S. v. Sozialisationspraxen menschliche Persönlichkeiten *entsprechend* entwickeln: Werden kämpferische, kriegerische Haltungen durch positive gesellschaftliche Vorstellungen bzw. Rollenvorbilder und reale Konsequenzen hinreichend eindeutig belohnt, werden sie sich stärker ausprägen oder häufiger entstehen; umgekehrt gilt Ähnliches für friedliebendere Gesellschaften und Charaktere. Wie aggressives Verhalten konkret *ausgelöst* werden kann, stellt Kapitel 5.4 dar.

5.4 Auslösebedingungen der Aggression

Einerseits ist es möglich, aggressives Verhalten (qua *klassischer Konditionierung*) mit einem ursprünglich neutralen Stimulus zu assoziieren, der dann allein die entsprechenden Reaktionen hervorruft, was für manifeste Aggressionen, aber auch schon für Drohverhalten gilt, wie in Tierversuchen gezeigt wurde. Konkrete Eigenschaften einer Person können auf diesen Wegen als Auslöser dienen, wenn sie durch frühere Erfahrungen gebahnt wurden.[39] Öfter allerdings scheinen hier symbolische bzw. stellvertretende Erlebnisse anderer wesentlicher zu sein. Im Weiteren werden aggressive Handlungen dann unter die Kontrolle von Hinweisreizen gebracht, wenn sie mit divergenten Verhaltenskonsequenzen (i. S. einer *operanten Konditionierung*) verknüpft werden. Es sind dabei v. a. auch *antizipierte* Handlungsergebnisse, vermittelt durch soziale Informationen, wichtig, die das Verhalten steuern: Die erkennbaren Folgen

---

38 Bandura (1979, S. 124 f.).
39 Kapitel 5.4 referiert dazu nach Bandura (1979, S. 134–205).

moderieren das Tun. Konkret kann beispielsweise das *Strafverhalten* eines Modells bei Kindern wie auch Erwachsenen Aggressionen enthemmen, was für reale Vorbilder, aber ebenso bei symbolischer Vermittlung gilt; umgekehrt vermag die zurückhaltende Reaktion eines Modells auf eine Provokation die Äußerung von Aggressionen bei Beobachtern zu reduzieren. Allgemein ist die Strafbereitschaft höher, wenn eine Person wütend ist, wobei eine eventuelle Vergeltungsreaktion anderer dann nicht so stark berücksichtigt werden wird. Allerdings scheint die Annahme einer Wuterregung i. S. eines Aggressionstriebs nicht nötig, um Aggressionsäußerungen zu erklären. Die Bereitschaft, auf ein Vorbild zu reagieren, wird generell wesentlich von den *Bekräftigungskontingenzen*, die mit dem Verhalten assoziiert sind, den Eigenschaften der Modelle und den Charakteristika der Beobachter bestimmt. Attribute des Erfolgs und andere Status verleihende Symbole besitzen einen informativen, *indikativen* Wert, um die Konsequenzen eines Vorbildverhaltens abzuschätzen. Diese Würdigung kann sich auf andere Bereiche und andere Personen generalisieren, wenn sie hinreichend ähnlich sind, und es im Vergleich zur Eigenentwicklung neuer Verhaltensmodi einfach und sinnvoll genug scheint, das Modell zu imitieren. Eine antizipierte Bestrafung von Aggressionen wirkt entsprechend umgekehrt auf diese – egal, ob sie selbst erlebt oder beobachtet wurde. Im Großen und Ganzen sind durch ein Vorbildverhalten gleicherweise Reaktionshemmungen (positiv oder negativ) beeinflussbar. Je nach Subpopulation werden Aggressionen mehr geschätzt und erleichtern daher ihresgleichen oder abgelehnt, womit sie eher unterbindende Funktionen erhalten; gewöhnlich liegen beide Prozesse vor. Zum Beispiel vermag die Beobachtung fehlender negativer Konsequenzen bei missbilligtem Tun anderer die Hemmungen beim Betrachter zu *vermindern*: Eine chronisch überlastete Polizei und unterbesetzte Gerichte haben keinen verstärkten Abschreckungseffekt. Zustimmung und allein schon Interesselosigkeit bei Aggressionsäußerungen werden nicht nur als Akzeptanz gewertet, sondern teils als *Aufforderung*, jene in ähnlichen Situationen zu zeigen. Zudem bewirkt das Ausüben angstbesetzter, indes konsequenzenlos bleibender Handlungen eines Modells die *Löschung von Furcht* beim Beobachter, was auch in der *Verhaltenstherapie* von Phobien bekannt ist. Angst vor Schlangen z. B. kann behoben werden, indem der Kranke Vorbilder sieht, die diese, ohne Schaden zu nehmen, berühren.[40] Vertretbare Gewalthandlungen wiederum legitimieren sich daneben u. U. ebenso durch Vorbilder. Die Hemmung aggressiver Lösungen bei sozialen Problemen wird hier ggf. abgeschwächt. Dies gilt (unbeabsichtigt) auch dann, wenn Berechtigte straflos und legal unter dem Schutz des Gesetzes Gewalt gegen Rechtsbrecher anwenden. Allerdings wäre dabei auch eine stärkere Hemmung des *ungesetzlichen* Verhaltens denkbar, obschon es wahrscheinlich nicht generell zu bestimmen sein wird, welcher Mechanismus überwiegt, sodass wohl stets der Einzelfall entscheidet. Bei *verminderten* Hemmungen wird ein Verhalten im Effekt dann stärker kognitiv und von seinen

---

40 Siehe dazu etwa Fliegel, Groeger, Künzel, Schulte und Sorgatz (1998) und allgemein in vertiefender Hinsicht Margraf und Schneider (2009a, 2009b, 2009c).

Folgen her kontrolliert, reguliert sich also eher selbst, wobei auch Eigenbewertungs-reaktionen respektive weiterführende Überlegungen eingreifen können. Entspre-chende Auslöser vorausgesetzt, läuft ein nicht gehemmtes Verhalten also schneller, stärker bzw. häufiger ab. Je mehr Auslösebedingungen vorhanden und je wirksamer sie sind, desto wahrscheinlicher wird eine aggressive Reaktion. Berkowitz und Le Page haben an dieser Stelle im Jahre 1967 gezeigt, dass das alleinige Vorhandensein einer *Pistole* im Versuchsraum (als Gegenstand mit einer klar aggressiven Valenz) dazu führen kann, auch anderes aggressives Verhalten zu *steigern*.[41] Da es viele Men-schen gibt, bei denen Waffen Ängste und nicht Aggressivität auslösen, sind jedoch ebenso divergente Reaktionen denkbar.[42] Summarisch betrachtet können Modelle auslösend, enthemmend, reizsteigernd oder emotionserregend wirken. Allgemein sagt die Theorie des sozialen Lernens eine tendenziell stärkere Modellwirkung bei einer Ähnlichkeit der wahrscheinlichen *Konsequenzen* für den Beobachter voraus als bei ähnlichen persönlichen *Eigenschaften*. Die voraussichtlichen Folgen aggressi-ven Tuns ändern sich dabei von Person zu Person; zeitliche, situationale und andere Hinweisreize erwerben einen Informationswert zur Handlungsregulation. Menschen greifen so nicht nur die an, die sie ablehnen, sondern auch diejenigen, die sie relativ unbehelligt angreifen können bzw. bei denen es vorteilhaft ist, sie anzugreifen. Die antizipierten Konsequenzen haben die Macht, Auslösewirkungen sozialer Charakte-ristika zu steigern, zu schwächen oder völlig aufzuheben.

Die alleinige kognitive *Vorstellung* von (eigenen) angezielten Reaktionen besitzt, wie Untersuchungen nachweisen, keine Triebreduktionsfunktion. Erstere vermindert eine vorhandene Wut nicht – und auch verletzendes Verhalten lässt Aggressionen nur seltener abflauen. Die Vorstellung von der *Ersatzbefriedigung in der Fantasie* ist aus Sicht der Theorie des sozialen Lernens erwiesenermaßen empirisch widerlegt. Wenn man sich erwünschte Zieltätigkeiten geistig vorstellt, nehmen diese Verhaltensweisen eher zu, als ab.[43]

Wütende Gedanken können Aggressionen auslösen; dies ist eine Vorstellung, die sich (sinngemäß umgekehrt) in der verhaltenstherapeutischen Aggressionsverminderung durch Elimination der ent-sprechenden Fantasien bewährte. Untersuchungen[44] zeigen, dass mediale Gewaltdarstellungen (z. B. in Filmen) den Betrachter zu Aggressionen *leiten* können; erkennbar fiktive Gewalt reduziert diese eben gerade *nicht*. Ständiger Konsum medialer Gewalt leistet aggressiven *Gewohnheiten* Vor-schub. Aggressoren wiederum fühlen sich selektiv zu aggressiven Modellen hingezogen, die dann entsprechendes Verhalten weiter ausformen und enthemmen (können). Als legitim dargestellte Ge-walthandlungen erhöhen nicht nur die Wahrscheinlichkeit aggressiven Verhaltens, sondern auch die Bevorzugung aggressiver Spiele, belastender Stimmungszustände bzw. die Wahl aggressiver

---

41 Siehe für eine Replikation des sogenannten *Waffeneffekts* insbesondere Carlson, Marcus-Newhall und Miller (1990). Einen knappen Überblick dazu geben Bushman und Bartholow (2010, S. 314).
42 Selg et al. (1997, S. 154).
43 Dem relativ entgegengesetzt fanden jedoch wiederum Pytkowicz, Wagner und Sarason (1967), dass sich aggressive Tendenzen durch *Tagträumen* reduzieren ließen.
44 Siehe Bandura (1979, S. 159 ff.) und Selg et al. (1997, S. 155 ff.).

Konfliktlösungsansätze. Generell wird der Verlauf aggressiven Handelns durch die mit den konkret bekräftigenden Konsequenzen der reaktiven Umwelt kombinierten medialen Anreizwirkungen bestimmt: Induzierte Aggressionen werden somit, wenn sie sich für die Person als real wirkungsvoll und brauchbar herausstellen, aufrechterhalten, sodass der Medienkonsum von Gewalt, langfristig besehen, zur Ausbildung aggressiver *Verhaltensstile* beitragen kann. Über lehrende und enthemmende Funktionen der symbolischen Modellierung ist das Fernsehen (u. Ä.) in der Lage, *Dispositionen* zu aggressivem Verhalten zu schaffen und zu aktivieren.[45] Insgesamt kann die Wirkung medialer Gewalt vermutlich dann am besten vorhergesagt werden, wenn man die präexistente aggressive Einstellung der Konsumenten, ihre diesbezüglichen Hemmungen, und das Verhältnis zwischen Bestrafung und Bekräftigung hinsichtlich aggressiven Verhaltens berücksichtigt (eine Zusammenstellung aller wichtigen Ansätze zu diesem Themenkomplex geben Tabelle 5.3 und 5.4).[46]

Zwischenmenschliche Aggressionen haben indes auch ihre *positiven Seiten,* sie können nicht nur Misshandlungen *abwenden*, indem sie Gegner einschüchtern, sondern auch die soziale Behandlung vorteilhaft verbessern, wenn sie die latenten Gründe für Feindseligkeiten beseitigen. Berechtigte reaktive Aggressionen anderer steigern u. U. ferner die Furcht vor den schädigenden Folgen eines Gebarens bzw. die Selbstkritik als hemmender Instanz gegenüber destruktiven Strebungen, womit, teils offenkundig, ein friedlicherer und klügerer Stil Einzug hält. Allerdings kann die fälschliche Zuschreibung negativer Absichten dessen ungeachtet genau die Gegnerschaft erzeugen, die man voreingenommen vermutete, und sich so in einer *selbsterfüllenden* Weise scheinbar bestätigen, was besonders für paranoide Menschen zum erheblichen Problem wird, gleichwohl es ebenfalls (ohne ausgeprägte psychotische Wahnsymptomatik) beispielsweise bei einer *paranoiden Persönlichkeitsstörung* im Zuge des Abwehrmechanismus der *Projektion*[47] festzustellen ist. Allgemein kann vielleicht gelten, dass ein klares, wahres, freundliches Wort oft hilft, echte Missverständnisse zu beseitigen.[48]

---

45 Bandura (1979, S. 296).
46 Siehe für eine aktuelle Behandlung der Problematik z. B. Gentile, Coyne und Walsh (2011), da Matos, Ferreira und Haase (2012), Krahé, Busching und Möller (2012), Bleckmann, Seidel, Pfeiffer und Mößle (2013) und Bitzer, Bleckmann und Mößle (2014). Bandura (1979, S. 241 ff.) gibt daneben eine Einschätzung zum Prozedere der Gewaltmedienproduktion und ihrer fragwürdigen Rechtfertigungsstrategien (zum Beitrag der Massenmedien s. Bandura, 1979, S. 293–311).
47 Siehe Freud (1989c [zuerst 1916/17 bzw. 1932/33]), zur Psychodynamik verschiedener Typen der Paranoia u. Ä. insbesondere Freud (1911/1973, S. 186 ff.).
48 Wobei natürlich ein wirklich Wahnkranker eben genau nicht mehr durch Argumente überzeugt werden kann, da ihm die Fähigkeit fehlt, seiner Nebenrealität zu entkommen und die allgemein akzeptierte Sicht der Dinge anzunehmen.

Tab. 5.3: Theoretische Vorstellungen und Erklärungsansätze zur Wirkung von Gewaltdarstellungen in Medien (eigene Darstellung nach Remschmidt, 2012, S. 50: dort zitiert nach Kunczik und Zipfel, 2005; Lukesch und Schauf, 1990; Lukesch, Bauer, Eisenhauer und Schneider, 2004). Fortsetzung in Tabelle 5.4.

Konzept	wesentliche Annahmen und Argumente	Bewertung
These der Wirkungslosigkeit	Ausschlaggebend seien nicht die Medien, sondern die Persönlichkeit; langfristige Auswirkungen seien nicht bewiesen, Laborexperimente nicht überzeugend.	Die Theorie kann heute als widerlegt gelten.
Katharsis- und Inhibitionsthese	Jede Aggression führe zu einer Verminderung des Anreizes für weitere Aggressionen.	Die These ist überholt, es gibt kein Abreagieren von Aggressionen, diese werden eher gesteigert.
Konzeptsuggestionsthese	Mediengewalt führe unter bestimmten Bedingungen bei bestimmten Personen zur Nachahmung. Empirische Daten hierfür existieren für Suizide (sog. Werther-Effekt), Morde und Amokläufe.	Die These ist gut empirisch belegt, allerdings nicht i. S. einer einfachen Nachahmung, sondern im Rahmen eines komplexeren Geschehens (z. B. bei einem Zusammentreffen mit einer kritischen individuellen Situation, Depression oder narzisstischen Kränkung).
Habitualisierungsthese	Die Gewöhnung an Gewalt stumpfe ab, was am Nachlassen emotionaler Reaktionen abgelesen werden könne. Dies trifft aber bei Weitem nicht auf alle Personen zu.	In Analogie zur systematischen Desensibilisierung bei Angststörungen existieren Befunde zur Stützung dieser These. Es gibt aber auch gegenteilige Ergebnisse, weshalb diese Ansicht keineswegs als belegt gelten kann.
Kultivierungsthese	Die mediale Gewalt kultiviere ein bestimmtes Weltbild, das Gewalt als universell auftretendes Machtmittel akzeptiert.	Die These kann teilweise bestätigt werden. Fernseherleben (auch emotionales Erleben) wird auf die eigene Lebenswirklichkeit mehr oder weniger übertragen.

Tab. 5.3: (Fortsetzung)

Konzept	wesentliche Annahmen und Argumente	Bewertung
lerntheoretische Konzepte	Im Rahmen der sozial-kognitiven Lerntheorie finde eine permanente Interaktion zwischen Person, Umwelt und Verhalten statt, wobei verschiedene Lernprozesse induziert würden (z. B. Lernen am Modell, Beobachtungslernen unter Nutzung des imaginativen oder verbalen Systems).	Die These, die weitreichender ist als die Suggestions- bzw. Imitationsthese und Interaktionsprozesse umfassend einbezieht, ist gut belegt.

Selbstgewendete Aggressionen wiederum können einen *funktionalen Nutzen* (i. S. eines kleineren Übels) erfüllen. Reaktionen der Eigenbestrafung sind, so besehen, gleichermaßen von den tatsächlichen Bedingungen der Bekräftigung bestimmt, vermögen sich allerdings danach von ihnen lösen, wenn sie nur noch rein *eingebildete* Bedrohungen abwenden. Dies haben Sandler und Quagliano[49] mit Affen gezeigt, die auch dann fortfuhren, sich Elektroschocks zu erteilen, als die damit vermiedene Bedrohung gar nicht mehr vorhanden war. Bei psychotischen Störungen wird eine Selbstbestrafung häufig durch *wahnhafte* Annahmen aufrechterhalten, beispielsweise in Versündigungsvorstellungen banale Verhaltensweisen betreffend – Reaktionen, die durch Verminderung kognitiven Unbehagens verstärkt werden, perpetuieren sich leicht selbst.

---

49 Sandler, J. und Quaglinano, J. (1964). *Punishment in a signal avoidance situation*. Paper presented at the meeting of the Southeastern Psychological Association, Gatlinburg, Tennessee, zitiert nach Bandura (1979, S. 174 u. 376).

Tab. 5.4: Theoretische Vorstellungen und Erklärungsansätze zur Wirkung von Gewaltdarstellungen in Medien (eigene Darstellung nach Remschmidt, 2012, S. 50 f.: dort zitiert nach Kunczik und Zipfel, 2006; Lukesch und Schauf, 1990; Lukesch et al., 2004). Fortsetzung von Tabelle 5.3.

Konzept	wesentliche Annahmen und Argumente	Bewertung
Stimulationsthese (modifizierte Frustrations-Aggressions-These)	Eine präexistente Erregung, z. B. Frustration, führe bei Auftreten stimulierender Reize zu aggressiven Reaktionen.	Die These ist durch empirische Daten belegt, kann aber nur einen Teil aggressiver Verhaltensweisen erklären.
Priming-Konzept	Das zerebrale Netzwerk u. a. bestehend aus Bereichen zur Steuerung von Kognitionen, Emotionen und Verhaltenstendenzen werde durch einen Stimulus (z. B. Gewalt in den Medien) an einem bestimmten Knoten des Netzwerks angeregt (Priming), der Informationen in andere Bereiche des Netzwerks aussende. Diese beeinflussten die Interpretation neuer Stimuli, z. B. i. S. einer Bedrohung, und lösten aggressives Verhalten aus.	Die Existenz von Priming-Effekten konnte empirisch bestätigt werden. Die zugrunde liegenden zerebralen Prozesse sind aber noch unklar. Fraglich ist auch, ob langfristige Effekte durch diese Theorie erklärt werden können.
Skript-Theorie	Sie kombiniert in einem Konzept der Informationsverarbeitung Elemente der Lerntheorie und des Priming-Konzepts. Skripte sind definiert als mentale Programme, die im Gedächtnis gespeichert und zur Verhaltenssteuerung (automatisch) aktiviert werden.	Die Theorie konnte teilweise in empirischen Studien bestätigt werden, jedoch ist die angenommene zerebrale Basis hypothetisch.

Tab. 5.4: (Fortsetzung)

Konzept	wesentliche Annahmen und Argumente	Bewertung
integratives General Aggression Model (s. Kap. 4.4)	Gewalthandlungen beruhten auf Lernprozessen bzw. der Aktivierung aggressionsbezogener Gedächtnisinhalte und ergäben sich aus der Interaktion von Inputvariablen (Person und Situation), gegenwärtigem inneren Zustand des Individuums und verschiedenen Einschätzungs- und Entscheidungsprozessen.	Das Modell integriert mehrere Theorien, ist aber lerntheoretischen Konzepten nicht überlegen. Das Zusammenspiel der postulierten Faktoren ist noch unklar.
kognitiv-physiologischer Ansatz[50]	Kognitionen und die physiologisch erfassbare Erregung bei der Rezeption von Mediengewalt würden miteinander in Verbindung gesetzt, wobei die Auswirkung(en) der Gewalthandlung auf das jeweilige Opfer im Vordergrund stehe.	Das Konzept integriert mehrere Erklärungsansätze (z. B. lerntheoretische Konzepte, Habitualisierung). Dies und der Fokus auf der Opferperspektive unterscheidet den Ansatz von anderen Theorien.
These der Angstauslösung durch Gewaltdarstellungen in den Medien	Diese These nimmt eine individuell sehr variable und häufig anzutreffende Angstreaktion auf die Wahrnehmung gewalttätiger Medieninhalte an. Empathie mit dem Opfer könne hierbei beim Rezipienten auch *präventiv* im Hinblick auf eigene aggressive Impulse wirken.	Diese Ansicht hat nur einen begrenzten Erklärungswert. Es besteht eine hohe interindividuelle Variabilität, die auch die angst- und furchtauslösenden Stimuli (z. B. Verletzungen, Naturkatastrophen, Furcht vor anderen Personen) betrifft. Zudem sind die Reaktionen auf die angsteinflößenden Stimuli unterschiedlich. Beispielsweise wirken in den Medien gezeigte Inhalte furchtauslösend, wenn sie Reizen entsprechen, die auch in der Realität Furcht einflößen.

Eine der sichersten Methoden Aggressionen zu erzeugen, ist die körperliche *Attacke*. In dem Maße, in dem dadurch erzeugte Gegenaggressionen von weiteren Übergriffen abhalten, werden sie durch die Schmerzreduktion verstärkt, erhalten mithin einen hohen funktionellen Wert.[50] Experimente mit Tieren, die durch Elektroschocks über den metallenen Gitterboden ihres Käfigs schmerzhaft aktiviert wurden, zeigen, dass stereotypes Kampfverhalten gegenüber verschiedenen Zielobjekten (Tieren der eigenen Spezies oder anderen Arten, aber auch leblosen Objekten) umso wahrscheinlicher wird, je länger die elektrische Reizung anhält bzw. je intensiver sie ist. Diese *Schock-Angriff-Reaktion* scheint bei einer Vielzahl von Gattungen aufzutreten, bei einigen allerdings nicht, beispielhaft bei bestimmten gelehrigen Tieren.[51] Zudem können neben Elektroschocks auch andere Formen der aversiven Stimulation (wie physische Schläge und starke Hitze) Aggressionen provozieren.[52] Das Schock-Angriff-Verhalten scheint indes schlichtweg zu variabel, um es einer einfachen *genetischen* Determination i. S. eines *ungelernten* Reflexes zuzuschreiben; tatsächlich legen zahlreiche Umweltfaktoren fest, ob es hervorgerufen wird oder nicht.[53] In Untersuchungen, in denen den Tieren die Wahl gelassen wurde, zu kämpfen oder zu fliehen, zeigte sich eher die *Flucht*. Wenn diese jedoch soziale Konfrontationen notwendig macht, kann ein Elektroschock leichtes Kampfverhalten aktivieren, wird andererseits rasch, sofern möglich, vom Entkommenwollen verdrängt und erscheint erst wieder, wenn Flucht aussichtslos ist.[54] Zu Paaren gruppierte Tiere flüchten hier gemeinsam, ohne gegeneinander zu kämpfen.[55] Werden Hunde wiederholt *willkürlich* geschockt, erwerben sie die passive Haltung einer *gelernten Hilflosigkeit* und können sich später selbst bei realen Möglichkeiten nicht mehr erfolgreich selbst behaupten.[56] Es ist also, wenn man allein diese Ergebnisse betrachtet, durchaus zweifelhaft, ob schmerzhafte Reize *angeborene* Aggressionsauslöser sind. Die Ergebnisse stützen insgesamt nur die Hypothese, dass solche negativen körperlichen Sensationen bestenfalls *bahnend* wirken, in der Regel hingegen nicht ausreichen, um (zwingend) Aggressionen zu erzeugen.[57] Das in diesen Experimenten angewandte relativ lebensferne Untersuchungssetting erleichtert zudem eine Generalisierung der Ergebnisse auf das natürliche Umfeld der Organismen gerade nicht. Es bleibt darüber hinaus zu fragen, ob die Befunde, die

---

50 Vergleiche Berkowitz und Le Page (1967), Pisano und Taylor (1971), und Helm, Bonoma und Tedeschi (1972).

51 Siehe Ulrich und Azrin (1962).

52 Dies gilt bezüglich hoher Temperaturen teils auch für den Menschen (s. Anderson, 1989; Anderson und Anderson, 1996; Anderson, Bushman und Groom, 1997 sowie Anderson et al. 2000).

53 Wie z. B. die Käfiggröße: In einem kleinen Raum von 15 mal 15 Zentimetern können fast 90 Prozent der Schocks Kampfverhalten auslösen, in einem größeren Käfig von 60 mal 60 Zentimetern jedoch nur zwei Prozent (Ulrich und Azrin, 1962).

54 Siehe Azrin, Hutchinson und Hake (1967) und Wolfe, Ulrich und Dulaney (1971).

55 Siehe Logan und Boice (1969).

56 Siehe Seligman und Maier (1967).

57 Um relativ sicher zu erreichen, dass Kampfverhalten nach schmerzvoller Behandlung bei Tieren auftritt, müssen diese auf engen Raum gehalten und unmittelbar mit dem Zielobjekt konfrontiert werden. Die aversiven Reize sollten sehr kurz sein und nicht auf Angriffsreaktionen folgen. Außerdem müssen die Tiere Kampferfahrung besitzen und dürfen keinerlei Fluchtmöglichkeit haben.

meist mit Nagern gewonnen wurden, überhaupt auf den Menschen übertragbar sind, was zumindest bei gelernter Hilflosigkeit möglich scheint.

In sozialen Konflikten ist es typisch, dass verbale Drohungen über Beleidigungen zu körperlichen Aggressionshandlungen eskalieren.[58] Demütigende Insulte, invektive Gefährdungen des Rufes, hauptsächlich jedoch Statusaffronts sind Ereignisse, die leicht zu Gewalt führen. Verbal fähige Menschen lösen solche Streite häufig durch sprachliche Mittel und stellen ihre Selbstachtung damit wieder her ohne tätlich zu werden, was umgekehrt bei mangelhafteren sozialen Techniken nicht der Fall ist. Dass aggressive Personen leichter zu Gewalthandlungen neigen, hängt natürlich sehr von der Art ihrer Aggression ab, ob eher eine *instrumentelle* oder *impulsive* Form bzw. eine *Psychopathie* mit beispielhafter Dominanzsucht vorliegen.[59] Nichtsdestotrotz stiftet eine herabwürdigende Schmähung selbst bei Personen, die gewöhnlich aggressives Verhalten meiden, die Tendenz zum Gegenangriff[60], wobei eine Verletzung z. T. nur dann die Strafbereitschaft erhöht, wenn ein feindseliges Modell *und* enthemmende Einflüsse sie unterstützen.[61] Die plausibelste Erklärung, wodurch Beleidigungen ein aggressionprovozierendes Potenzial bekommen, liefert vielleicht die Hypothese der differenziellen Bekräftigung: Herabsetzungen, denen die Opfer nicht erfolgreich entgegentreten, können in dieser Sicht für sie weitreichende Folgen haben, denn *duldsame* Empfänger von Verunglimpfungen bieten sich implizit zum Empfang weiterer Schmähungen an, werden (letztlich) ihre Stellung in der sozialen Hierarchie (mit der dazugehörigen Macht und Reputation) verlieren, weil sie sich als unfähig erwiesen, der Demütigung entgegenzutreten – und erleiden einen Verlust an Selbstachtung aus eben diesem Grund. Senkt eine Bestrafung von Beleidigungen allerdings den Ausdruck der Beschimpfung, wird die entsprechende Aggressionsreaktion fest begründet. *Bestrafte* Vergeltungsaktionen des Insultierten (z. B. durch überlegene Drittinstanzen) fördern jedoch wieder die Wahrscheinlichkeit für eine stillschweigend hingenommene soziale, respektive Selbstabwertung des Verletzten.

Haben sich Menschen (aber auch andere Säugetiere) einmal daran gewöhnt, dass Verhaltensweisen auf gegebene Art *belohnt* werden, wirkt der Entzug oder die Reduktion von Verstärkern wie ein *aversives* Ereignis funktionell als Strafe, was Aggressionen auszulösen vermag – und zudem den Weg darstellt, um negative Merkmale auf vorher neutrale Vorgänge zu konditionieren. *Löschungsinduziertes* Aggressionsverhalten wurde (neben vielfältigen Tierstudien, z. B. bei Hunden) schon von frühen

---

58 Siehe für eine Metaanalyse zu diesem Thema Bettencourt, Talley, Benjamin und Valentine (2006).
59 Zur Psychopathie siehe Hare (2005). Überhaupt betritt man hier das weite Feld vielfältig möglicher psychischer Störungen und sie unter einen Nenner bringen zu wollen, ist wahrscheinlich nicht sachdienlich.
60 Siehe Berkowitz (1965a) und Geen (1968).
61 Siehe hier schon Hartmann (1969) und Wheeler und Caggiula (1966). Die Metaanalyse von Barlett (2013) legt dabei umgekehrt nahe, dass *besänftigende* Informationen Aggressionen tatsächlich abmildern können, wenn sie nicht nur billige, schal-unglaubwürdige Entschuldigungen darstellen und die Provokation relativ gering war.

Verhaltenstherapeuten beschrieben: Der Entzug sozialer Bekräftigung für deviantes Auftreten ruft teils eine vorübergehende Intensivierung aggressiver Reaktionen hervor.[62] Daneben wird die Übervölkerung oft als aggressionauslösend genannt: Sie erhöht die Konkurrenzbereitschaft um Dienstleistungen und erwünschte Güter, allgemein die logistischen Probleme und begünstigt damit soziale Reibereien, zumal sich die physischen Umweltbedingungen zumeist verschlechtern. Ein Gefühl der Anonymität, das rücksichtslosem Verhalten Vorschub leistet, hält Einzug, verstärkt vielleicht durch ausgeprägt liberale Wirtschaftsordnungen, die wesentlich auf Konkurrenz aufbauen und damit gemeinsinniges, kooperatives Handeln weniger wichtig nehmen.[63] Gleichzeitig darf vermutet werden, dass die Anwendung beispielsweise tödlicher Gewalt durch Privatpersonen mit den *verfügbaren* Waffen korreliert, die durch eine diesbezüglich restriktivere Gesetzgebung vermindert würde. Derartige Überlegungen zeigen, dass das humane Kampfverhalten eher von den herrschenden sozialen Sanktionen und Kontrollsystemen, denn von der reinen Bevölkerungsdichte abhängen könnte. Da der Mensch ein sehr anpassungsfähiges Tier ist, muss ein beengtes Leben nicht unbedingt auch zu mehr Aggressivität führen, es könnten sich andere (positive wie negative) Strategien der Bewältigung erhöhter Anforderungen einstellen. Die Drohungen durch gesetzliche Verbote und zwischenmenschliche Vergeltung halten Personen meistens davon ab, sich aggressiv-gewaltsam zu nehmen, was sie gerne hätten. Erst ein *massives* Wachstum der Bevölkerung, das die Organisation der Gesellschaft erheblich *überfordert*, erhöht auch die Wahrscheinlichkeit weit verbreiteter aggressiver Taten. In Zuständen des Zusammenbruchs regiert, leichter wohl als alles sonst, das existenzielle Faustrecht des Stärkeren.

Nach der Frustrations-Aggressions-Hypothese[64] sollen eine Interferenz oder Durchkreuzung von zielgerichteten Verhaltensweisen aggressives Handeln herausfordern, weil Menschen daran gehindert würden, das zu bekommen, was sie gerne hätten, sich dies verzögert, anderweitig erschwert oder ganz verunmöglicht. Widrige Bedingungen, so zeigen Untersuchungen, rufen neben anderen Reaktionen in der Tat teils gewalttätige, aggressive Aktionen hervor – die gewünschten Bekräftigungen sind durch die intermittierenden Hürden weniger leicht erreichbar geworden.[65] Physische oder soziale Barrieren, ärmliche Lebensbedingungen, Hindernisse bzw. Entbehrungen aus Übervölkerung, restriktive Gesetze, diskriminierende Sozialpraxen, aber auch persönliche Einschränkungen sowohl physischer als auch psychologischer Art

---

62 Siehe bereits Williams (1959) und Wolf, Risley und Mees (1964); vgl. Fliegel et al. (1998, S. 38 ff.).
63 Die psychologischen Konsequenzen allein der Übervölkerung sind jedoch empirisch-wissenschaftlich schwer zu ermitteln, da sie meist mit anderen Faktoren, wie Armut, ethnischer Zugehörigkeit oder speziellen sozialen Bedingungen (z. B. Arbeitslosigkeit) konfundiert sind.
64 Berkowitz (1965b), Dollard et al. (1939/1973). Siehe weiterführend auch Berkowitz (1988, 1989, 1990, 1993, 2003, 2012) sowie Berkowitz und Harmon-Jones (2004).
65 Auch Beobachter reagieren intensiver, nachdem sie wahrgenommen haben, wie ein in Reichweite befindliches Ziel durch Fremdeinwirkung verfehlt worden ist.

kommen hier in Betracht.[66] Insgesamt machen eine Vielzahl von Experimenten mit Erwachsenen und Kindern wahrscheinlich, dass die Handlungsvereitelung ein relativ schwacher, nicht vorhersagbarer Auslöser von Aggressionen ist.[67] Allerdings scheint die begriffliche und operationale Bedeutung von Deprivation bzw. Frustration nicht exakt, sondern lädt zu Interpretationen ein, was zu Unterschieden in den Resultaten führen könnte. In diesem Zusammenhang ist es nicht gleichgültig, ob Menschen ihre Lebensumstände hinsichtlich ihrer Ziele, früheren Verhältnisse oder den Bedingungen anderer bewerten. Darüber hinaus würden unterschiedliche Quellen der Ungerechtigkeit, vermutlich divergente Wirkungen aufweisen und eine wirtschaftliche Schlechterstellung anders wirken, als die soziale oder politische Diskriminierung.[68] Gleichwohl ist die Macht einer Modellwirkung, des früheren Einübens und der funktionelle Wert aggressiver Verhaltensweisen einer alleinigen Frustration gegenüber oft höher zu veranschlagen.[69] Trivialer als in einer mühevolleren Durchkreuzung ihrer Absichten sind Menschen durch Beleidigungen provozierbar, doch auch *unberechtigte* Handlungsbehinderungen erzeugen (bei ähnlicher Einschränkung der Zielerreichung) im Vergleich zu befugten, eher Aggression. Eine akute Vereitelung o. Ä. kann Handlungen vorübergehend verstärken, die hohe reaktive Intensität wird dabei leichter als aggressiv *etikettiert*, deshalb eine lebhaftere Reaktion auf die Behinderung, das Zielverfehlen, Nichtbelohntwerden umstandsloser als Aggression aufgefasst werden kann. Heftigeres Verhalten erweist sich im Allgemeinen bei der Überwindung von Hürden zudem als erfolgreicher als mutloses Agieren, woraus eine differenzielle Bekräftigung zugunsten einer intensiveren Handlung folgt. Konkrete Beschränkungen oder hindernde Personen können in diesem Kontext zu Hinweisreizen werden und potenziell indes ebenfalls zur *Abschwächung* der Reaktion (auf Frustration) hinleiten, je nachdem, ob jene sich lohnt (bzw. generell nach der Erfahrung wirkungsvoll ist) oder nicht.

Wenn das Verhinderungsverhalten nicht ausreicht, heftige Reaktionen zu generieren, kann das daran liegen, dass die Person keine genügend positiven Bekräftigungen erfahren hat, um eine *Belohnungs-erwartung* zu entwickeln. Auch Menschen, die weit vor einem Ziel behindert werden, sodass dieses unerreichbar wird, zeigen keine intensiven Verhaltensweisen. Tatsächlich führen die persistierende Vereitelung und Nichtbelohnung von Anstrengungen schließlich zur Apathie.

---

66 Die Positionen in Status- und Machthierarchien bedingen auch das Maß an Kontrolle mit, das eine Person über die eigenen Tätigkeiten und das eigene Leben ausüben kann, und damit die Form und Stärke ggf. wirkender Frustrationen. Daneben beschränken selbst auferlegte Zwänge, Hemmungen und selbstkritische Reaktionen eventuell die real mögliche Befriedigung.

67 Zur empirischen Prüfung der Frustrations-Aggressions-Hypothese siehe exemplarisch z. B. Gustafson (1989), Dill und Anderson (1995), Priks (2010), Breuer et al. (2015).

68 Siehe für ein neueres integratives kognitives Modell von Ärger und reaktiver Aggression z. B. Wilkowski und Robinson (2010). Daneben ist hier auch das *General Aggression Model* u. a. nach Anderson und Bushman (2002) zu erwähnen (s. Kap. 4.4).

69 Siehe A. H. Buss (1966a), Gentry (1970), Jegard und Walters (1960), Kuhn, Madsen und Becker (1967) und Walters und Brown (1963).

So sind ernsthafte Frustrationen in gesellschaftlichen Verhältnissen im Allgemeinen eher von Gefühlen der Hoffnungslosigkeit, Verzweiflung und Unterwürfigkeit (teils wegen der Konzentration auf das reine Überleben) begleitet und können in diesem Bezug damit meist bloß eine notwendige, allein keine hinreichende Ursache für kollektive Aggressionen (i. S. v. sozialen Protestbewegungen) sein. Als gerechtfertigt eingestufte Entbehrungen sind erträglich, führen meist nicht zur Empörung, während ernsthafter ungerechtfertigter Mangel leichter übelgenommen wird. Dabei reduzieren die Zuversicht auf Beendigung der negativen Bedingungen und ihre Entschuldbarkeit ihr aggressionsförderndes Potenzial; die realen *Möglichkeiten* zur Gewaltausübung respektive Ohnmacht treten variierend hinzu. Gesellschaftliche Unzufriedenheit spielt insbesondere dann im Rahmen von historischen Revolutionen eine einflussreiche Rolle, wenn die Schwelle des Unerträglichen überschritten und der bare Hunger zur gewaltigen, gewalttätigen Macht wird, die letztlich vor nichts zurückschreckt.

In der Regel scheinen aversive Ereignisse, die unter dem Begriff der Frustration zusammengefasst sind, damit eher *erleichternde* als wirklich notwendig-hinreichende Faktoren bei der Entstehung von Aggressionen, und werden diese wahrscheinlich besonders bei denjenigen Personen aktualisieren, die den *funktionalen Wert* des entsprechenden Verhaltens erfahren (und gelernt) haben.

Allgemein können ferner *Instruktionen* dazu führen, Aggressionen auszulösen: Im Verlauf des speziell konservativ-autoritär gestalteten Sozialisationsprozesses erziehen Menschen Menschen, Befehlen zu gehorchen, womit Verhalten durch differenzielle Konsequenzen für gehorsame versus unfolgsame Reaktionen unter verbale Kontrolle eines anderen gebracht wird. Anweisungen büßen allerdings schnell ihre Wirkung ein, wenn sie nicht hinreichend ernsthaft mit nachteiligen Konsequenzen bewehrt sind, falls ein Rebell, Renegat oder auch nur freiheitsliebender Bürger es wagen sollte, Sozialisationsagenten, Institutionen oder Machtverhältnissen zu trotzen, was in höchstem Maße für solche Situationen oder Gesellschaften gilt, bei denen der strikte Gehorsam unabdingbar für den Erhalt des Ganzen angesehen wird, wie in *totalen Institutionen*, Diktaturen oder im Krieg. Wenn Menschen bereit sind, den Befehlen anderer zu gehorchen, können als rechtmäßig sich bezeichnende „Autoritäten" wiederum erfolgreich aggressives Handeln einfordern, was besonders dann einen *subjektiv* zwingenden Charakter annimmt, wenn Forderungen als legitim und notwendig dargestellt werden und die Befehlsgeber potente Machtmittel innezuhaben scheinen.

In diesem Kontext illustrieren die Experimente Stanley Milgrams[70], wie inhuman und destruktiv sich Gehorsamsforderungen anscheinend befugter Autoritäten bei Menschen potenziell ausgestalten, wenn diese nicht willens oder in der Lage sind, wirksam zu widersprechen. Auch der *kollektive* Druck einer *Peer-Gruppe* kann gleichfalls in Betracht kommen, da allein schon das *Beobachten* der folgsamen Erfüllung von Strafanordnungen anderer, willfähriges Aggressionsverhalten eines Betrachters steigert. Entgegengesetzt lassen sich allerdings ebenfalls Effekte der Reduktion von Gefügigkeit ausmachen.[71] Unter den Umständen der Bejahung und Billigung von Macht- und Gewaltausübung, wie in kriegerischen Auseinandersetzungen oder

---

70 Siehe Milgram (1963) und daneben Milgram (1964, 1965a, 1965b).
71 Siehe Powers und Geen (1972).

während der Verfolgung von Minoritäten, reduzieren sich auf diese Weise Hemmungen oder entfallen sogar völlig, den grausamen Verfügungen eines Instruktors zuwiderzuhandeln.[72] – Für die Theorie des sozialen Lernens wären also eher nur geeignete soziale Einflüsse, keine wahrhaft abscheulichen Menschen nötig, um ethisch zu missbilligende Taten hervorzubringen.[73]

Die Milgram-Experimente

Im ersten Versuch[74] wurde bezahlten, freiwilligen Erwachsenen verschiedener Berufe, Altersgruppen und Ausbildungsniveaus von einem wissenschaftlichen Leiter befohlen, einer sich in einem Nebenraum befindlichen zweiten Person (die in Wirklichkeit ein Verbündeter des Experimentators war) im Rahmen eines angeblichen Lernexperiments bei Fehlern mit der Zeit ansteigende elektrische Schocks zu erteilen. Sie wurden durch dreißig beschriftete, vor den Probanden befindliche Schalter gegeben und würden leichte bis hin zu angeblich lebensbedrohlichen Stromstöße aktivieren. Bei jedem Fehler sollte das Schockniveau ansteigen, egal, ob der Verbündete des Leiters (der „Schüler") dagegen protestierte oder nicht. Auch qualvolle Schreie wurden vom Experimentator, der sich davon nicht beunruhigt zeigte, mit dem Hinweis an die Versuchsperson, *fortzufahren*, beantwortet. Dabei zeigte sich u. a. (als hauptsächliches Ergebnis), dass 26 von 40 Versuchspersonen trotz ihrer emotionalen Betroffenheit über das von ihnen verursachte Leiden den Anweisungen *bis zum Ende* Folge leisteten und auch Schocks versetzten, die als lebensgefährlich gekennzeichnet waren. Diejenigen, die sich weigerten, waren dazu nur vom Trommeln gegen die Wand des scheinbar verzweifelten „Schülers" im Nebenraum genötigt. Erstaunlich ist dabei insbesondere das *Ausmaß* des destruktiven Gehorsams, weil der Experimentator keinerlei wirklich zwingenden, strafenden Einfluss hatte bzw. geltend machte, um seine Befehle durchzusetzen. Zu vermuten ist, dass dieser hochgradige Gehorsam z. B. der Anonymität des speziellen Settings und dem Schutz vor Vergeltung und Wirkung der Vertragsverpflichtung hinsichtlich der Versuchspersonvergütung geschuldet waren. Hinzu kamen eine Verantwortungsverschiebung auf die Autorität des Versuchsleiters sowie die subjektive Gewissheit, dass dieser keine real gefährlichen Handlungen ohne die nötigen Vorsichtsmaßnahmen fordern würde.

Milgram[75] stellte fest, dass der Gehorsam abnimmt, je hervorstechender die Konsequenzen der Strafhandlungen werden: 34 Prozent der Teilnehmer widersetzten sich, wenn das Opfer vom Nebenraum an die Wand trommelte; 37,5 Prozent, wenn das Opfer gequält durch die halb offene Tür schrie; 60 Prozent, wenn der „Schüler" in Gegenwart des Täters um Unterlassung bat; 70 Prozent, wenn der Aggressor die Hand des Opfers gewaltsam auf eine Schockelektrode legen musste, um es (wie befohlen) zu strafen. Wenn die Anordnung, die Härte der Bestrafung zu erhöhen, *telefonisch* und ohne jede Überwachung gegeben wurde, *missachteten* die Versuchspersonen die Befehle und übten dann nur die schwächsten Schocks aus.

---

72 Vergleiche z. B. Browning (1993), Welzer (2005) und Neitzel und Welzer (2011).

73 Siehe dazu den sogenannten *fundamentalen Attributionsfehler* (Heider, 1958/1977; Ross, 1977) der uns die Einflüsse der Außenwelt, gegenüber denen des Charakters der Person *unterschätzen* lässt. Nichtsdestoweniger könnten Aggressivität und ganz besonders sadistische Neigungen, z. B. auch durch Vorgänge der *Verdrängung*, entstehen, welche sich dann sekundär (und ggf. unter situativer Bekräftigung bzw. kognitiver Kontrolle) in entsprechenden Konflikten real zeigen: Früh gestörte, durch verkehrte Formen der Erziehung befriedigungs- und liebesunfähig gemachte Menschen, haben teils einfach wesentlich mehr destruktiv einsetzbare Emotionen.

74 Milgram (1963).

75 Milgram (1965b).

Ein weiteres Experiment Milgrams[76] wies nach, dass Menschen es ähnlich schwierig finden, wie gegenüber einer Einzelperson in Autoritätsfunktion, sich den Willensmaximen einer *Gruppe* zu widersetzen. Ohne Einflüsse derselben werden nur schwache Schocks versetzt. Dem *Druck der Peers*, die immer schmerzvollere Aktionen verlangten, war es zu verdanken, dass der „Schüler" trotz seiner verzweifelten Schreie mit ansteigender Härte bestraft wurde.

Jedoch gehorchten nur etwa 10 Prozent der Versuchspersonen, wenn beobachtete andere Personen sich den Aufforderungen des Experimentators widersetzten.[77] Modellierter Widerstand reduziert das Aggressionsverhalten dann schwach, wenn die widerständigen Personen emotional aus der Fassung gebracht werden; bei durch ihren Ungehorsam nicht Beunruhigten gelingt diese Modellwirkung in höherem Ausmaß.[78]

In kritischer Hinsicht wären neben den bedenklichen ethischen Aspekten (Gefahr der Traumatisierung der Versuchspersonen) v. a. die fehlende Zufallsauswahl von Stichproben und der Verzicht auf ein Design zu nennen, das selbsterfüllende Versuchsleitereffekte ausschließt. Zudem wussten die Versuchspersonen, dass es sich um eine künstliche Experimentalsituation handelte, die teils nicht hinreichend authentisch war, und haben darauf u. U. ihr Verhalten geändert bzw. angepasst. Allerdings gelten die Studien Milgrams als sorgfältig repliziert und sind in unterschiedlicher Form dem Grunde nach bestätigt worden.[79]

Nach diesem Überblick zur Auslösung von Aggression geht es nun um die Umstände für deren Andauern.

5.5 Bedingungen für die Beibehaltung aggressiven Verhaltens

Wird aggressives Verhalten belohnt, steigt die Wahrscheinlichkeit, dass es stärker auftritt, was für Bestrafungen entsprechend umgekehrt gilt, denn Reaktionsmodi können allgemein durch konkrete Verstärkerbedingungen hervorgerufen, eliminiert oder wiederhergestellt werden.[80] Die Theorie des sozialen Lernens unterscheidet hier drei Formen der Kontrolle der Bekräftigung: Die *unmittelbare*, die *stellvertretende* (beobachtete) und die *Selbstverstärkung*. Eine Notwendigkeit zur Belohnung tritt besonders dann hervor, wenn die hemmenden „Kosten" von Aggressionen (namentlich tätlicher Art) sehr groß sind. Generell scheint dabei wieder der *funktionale Wert* als ausschlaggebende Variable, der das Auftreten aggressiven Verhaltens moderiert. Allerdings ist das Ausmaß der materiellen Wirkungen hierbei in der natürlichen Umwelt oft schwer zuverlässig zu bestimmen: Vieles läuft im Verborgenen ab, ist den Blicken entzogen und könnte dazu auf divergente Weise wirken. Wie jedoch aus kontrollierten Tierexperimenten bekannt ist, konditionieren die Gabe von Nahrung

---

76 Milgram (1964).
77 Milgram (1965a).
78 Siehe Powers und Geen (1972).
79 Selg et al. (1997, S. 126); siehe z. B. Burger (2009).
80 Kapitel 5.5 referiert dazu nach Bandura (1979, S. 206–270).

oder Wasser aggressives Kampfverhalten und erhalten es ggf. aufrecht.[81] Menschen werden im täglichen Leben für bestimmtes Verhalten allerdings oft nicht so regelmäßig belohnt; das Muster und die Häufigkeit einer Verstärkung variieren zudem. Diejenigen, die bisher *konsistent* bekräftigt wurden, geben bei Wegfall der Gratifikation meist schnell enttäuscht auf, während Individuen, die lediglich *intermittierend* (d. h. relativ unregelmäßig) verstärkt worden waren, trotz eventueller Rückschläge ausdauernder fortfahren. Fehlen bessere Alternativen, kann solch ein Verhalten seiner Löschung sehr resistent *widerstehen* – es wirkt die langfristige Überzeugung darin, dass man schließlich doch obsiegen werde. Intermittierend dotierte aggressive Reaktionen beharren dabei nicht nur stärker, sie lassen sich auch leichter auf andere, neue Situationen übertragen.[82]

Soziale Belohnungen unterscheiden sich von solchen des *Status* deutlich, auch wenn sie gemeinsame Merkmale aufweisen. Man kann in vorteilhafter Art anerkannt werden, ohne in einer Statushierarchie aufzusteigen, wenngleich die Statusbelohnung relativ überlegen zu sein scheint.[83] Der Wegfall einer *singulären* Verhaltensbekräftigung wird leichter verschmerzt, sodass diese nicht so sehr ins Gewicht fällt. Für den Erhalt eines erreichten Status sind jedoch vielfältigere, erfolgreiche Rollenhandlungen nötig, und die Drohung seines Verlusts verhindert demgemäß den Niedergang einer breiteren Front von Verhaltensformen, zumal die Konsequenzen einer Statuserniedrigung meist auch umfangreicher sind. Am intensivsten wirkt der Druck zu vorbildlichen Leistungen, wo es für Statuspositionen viele Konkurrenten gibt. Allgemein lässt sich feststellen, dass Personen, die für aggressives Verhalten honoriert werden, sich auch weiterhin stärker strafend verhalten und gleichfalls feindseligere Gedanken auf entsprechende Hinweisreize entwickeln, auch nachdem ihre Aggressionen nicht mehr belobigt werden.[84] Soziale Gratifikation macht weitere Aggressionen nicht nur wahrscheinlicher, sie kann ferner ebenso andere Formen derselben steigern, die nicht explizit gefördert worden waren; eine stellvertretende Verstärkung durch *Beobachtung* ist hier ebenso möglich. Die *Permissivität* gegenüber Aggressionen scheint mithin auch ihre *Generalisierung* zu stärken.

Aggressives Verhalten bewirkt bei den Opfern meist Verletzungen, körperliche oder seelische Schmerzen. Wenn ein Aggressor nun immer dann *positive* Wirkungen erzielt, wenn er andere kränkt oder verwundet, werden die Leidenszeichen als Hinweisreiz verstärkende Eigenschaften gewinnen.[85] Entgegengesetzt vermögen Schmer-

---

81 Siehe dazu beispielhaft die Untersuchung von Azrin und Hutchinson (1967) zum Verhalten von Tauben: Je häufiger die Kampfaktionen der nahrungsdeprivierten Tiere belohnt wurden, desto aggressiver waren sie. Wenn das Futter zufällig, ohne das Verhalten zu berücksichtigen, gegeben wurde, sanken die Aggressionen (wiederholt) auf nahezu Null ab.

82 Siehe Walters und Brown (1963).

83 Siehe Martin, Burkholder, Rosenthal, Tharp und Thorne (1968).

84 Siehe dazu z. B. Geen und Stonner (1971) bzw. Geen und Pigg (1970).

85 So können Schmerzensäußerungen z. B. das erotische Vergnügen steigern, wenn sie mit sexueller Befriedigung assoziiert werden und einen Bekräftigungswert erhalten.

zen aber ebenso zu hemmen, je nachdem, in welchem sozialen Kontext die Person sich bewegt. Die meisten Menschen erwerben gesellschaftliche Maßstäbe, die auch zum Zweck der Selbstbeurteilung dienen. Allerdings können diese Sollsysteme nach Situation flexibel gehandhabt werden. In westlichen Gesellschaften wird in Friedenszeiten aggressiv verursachtes Leiden anderer wohl jedoch meist eher Furcht vor Vergeltung, sozialer Verurteilung oder Schadenersatzforderung und eine gewisse Tendenz zur Selbstabwertung erwecken. Je nach Verstärkerbedingungen sind indes auch andere, bizarrere Reaktionen real möglich: Belobigte, anerkannte Grausamkeit wird mit höherer Wahrscheinlichkeit Menschen hervorbringen, die Freude daran finden, anderen Schmerz und Leiden zuzufügen, wie z. B. bei SS-Schergen oder Frontsoldaten, die für nachweislich getötete Feinde Gratifikationen in Form von Ehrenzeichen oder Urlaub erhalten. Bösartige Bekräftigungskontingenzen erheben das Zufügen von Leid so zur Quelle von Befriedigung. Gleichwohl verstärken Zeichen der Verletzung und die Qual der Betroffenen *allein* die Aggressivität des Täters *nicht*[86], vielmehr scheinen die Leiden der Opfer Aggressionen eher zu *hemmen*. Generell verstärken hier normalerweise nur die Erleichterung oder Aufhebung einer aversiven Situation oder der Gewinn eines anderen Nutzens. Nicht das Peinzufügen per se scheint so das Wesentliche, sondern die in seinem Gefolge erhoffte bzw. bewirkte Linderung *eigenen* Leidens bzw. der Gewinn eines Vorteils.

Aggressionen können Belohnungen sichern, aber auch schmerzvolle Stimuli beseitigen, aversive Behandlungen abmildern und werden folglich teils effektiv mehrfach bekräftigt. Bei Kämpfen versucht das Opfer beispielsweise, den Schlägen des Gegners zu entgehen, indem es selbst eigene defensive Angriffe einleitet, was indes u. U. in eine Eskalation mündet. Jedoch vermögen es oft mehr auch die *antizipierten* Konsequenzen einer Handlung (wie stimmig sie auch immer sein mögen) und nicht ihre sofortige Wirkung verteidigendes Aggressionsverhalten aufrechtzuerhalten. So kann Feigheit den schmerzlich gefühlten Verlust von Selbstachtung zur Folge haben, ein Sich-nicht-Wehren reale Furcht vor künftigen Belästigungen bzw. Demütigungen, was wiederum defensive Gegenangriffe wahrscheinlicher werden lässt. Menschen sind eben keine gedankenlose Roboter, die *einzig* durch das unmittelbare Feedback gesteuert werden.

Allgemein beeinflussen *beobachtete* Belohnungen die entsprechenden Verhaltenstendenzen ähnlich wie direkt erlebte Folgen, können daneben indes ebenso bisherige Einschätzungen von Handlungsresultaten abwandeln, je nachdem, wie diese *im Vergleich* eingestuft werden.[87] Dabei ist die hemmende Wirkung einer *stellvertretenden Bestrafung* in hohem Maße auf die konkret modellierte Tätigkeit beschränkt. Erfährt ein solches Vorbild entgegen der Erwartung gleichwohl keine Sanktionen, vermittelt dies den Eindruck der Permissivität und mildert die Ängste des Beobachters, damit seine Hemmungen, das aggressive Verhalten auszuführen. Auch das Mit-

---

86 Siehe z. B. A. H. Buss (1966b).
87 Siehe dazu die genaueren Ausführungen zum Beobachtungslernen in Kapitel 5.3.

erleben *selbst verhängter* verhaltensbezogener Bestrafungen sowie Billigungen durch das Modell wirkt auf Beobachter in gleicher Weise.[88] In diesem Kontext beeinflussen vielfältige mediale und künstlerische Darbietungen Menschen teils manifest handlungswirksam. In nicht gerade wenigen Produktionen finden sich, wohl weniger weltliterarisch wertvoll als Sophokles, z. B. Gut-Böse-Klischees, sachlich unzutreffende Darstellungen, emotional unsensible Vergröberungen, teils Verharmlosungen der sozialen und faktischen Folgen von Aggressionen, die zusammen wiederum das zumindest latente Potenzial haben, ethische Richtlinien bzw. die Einschätzungen z. B. zu gerechtfertigter Aggression zu verschieben.

Häufiges Spielen gewalthaltiger Computergames erhöht die Strafhärte; für häufigen Konsum filmischer oder TV-Gewalt sind solche (signifikanten) Effekte nicht erhoben worden[89], was jedoch nicht heißt, dass jene Darstellungen gänzlich folgenlos wären. Dowler belegte 2003, dass durch das Sehen von *Crimeshows* die Kriminalitätsfurcht und damit *indirekt* u. U. auch die befürwortete Strafhärte ansteigen können. Ähnliches gilt für das *Lesen von Nachrichten* aus Boulevardformaten, nicht jedoch für die Niveaupresse.[90]

Man kann annehmen, dass es eine *informative Funktion* des Modells gibt, das den Imitierenden unterrichtet, was in welcher Situation von wem mit welchen Reaktionen bedacht werden wird. Aggressives Handeln wird dadurch prinzipiell ebenso auf der Grundlage der Erfolge und Fehler *anderer* reguliert – und modifiziert. Zudem liegt ein *motivationaler Anreiz* vor, wenn man sieht, wie jemand für sein Verhalten, speziell seine Aggressionen, mit sozialer Anerkennung oder anderen Vorteilen honoriert wird, berufliche Ziele erreicht, Einkommen und bedeutendes Vermögen erwirtschaftet sowie gesellschaftliche Statuspositionen einnimmt. Je höher die beobachtete Belohnung für Aggressoren dabei rangiert, desto wirksamer wird sie sein.[91] Je häufiger andere die erwünschten Resultate erzielen, desto länger werden Beobachter auch bei Entmutigung weitermachen. Die erlebten Emotionen eines Vorbilds schreiben sich dabei auf das modellierte Verhalten oder die Situation, in der es gezeigt wird, fest. Hier ist die *stellvertretende* Konditionierung, wie ferner Löschung von Angst zu erwähnen, durch die Veränderungen der Aggressivität der Beobachtenden verständlich werden. Ferner kann schon die reine *Empfänglichkeit* für unmittelbare Einflüsse der Bekräftigung

---

88 Siehe Bandura (1971b).
89 Baier et al. (2011, S. 139). Vergleiche Anderson und Dill (2000) bzw. Anderson et al. (2010).
90 Nach Baier et al. (2011, S. 125 ff. u. S. 132).
91 Wer als „Golden Boy" eine (intern) herausragende Person im Eigenhandel einer internationalen Großbank ist, weil *er allein* durch Spekulationsgeschäfte einen substanziellen Teil des Konzerngewinns sichert, für die meisten anderen Menschen unerreichbar viele Millionen US-Dollar an jährlichen Boni einnimmt, wird seiner bis in hohe derivative Verantwortungslosigkeiten gehenden Finanzvorteilsuche Sporen geben – und zum Vorbild und Maßstab anderer aufsteigen. Wobei zu fragen ist, wie hoch die Punktezahl auf der *Psychopathie-Checkliste* von Hare (Hare, 2005; Hare und Neumann, 2012) wohl gewesen sein mag, um dies zu erreichen.

durch eine beobachtete Reaktionsbereitschaft anderer in die eine oder andere Richtung abgeändert werden. Eine u. U. erfolgende Entwicklung im Status des Modells wird den Beobachter auch hier wiederum zu entsprechenden Reaktionswahrscheinlichkeiten bringen. Missbrauchen Bekräftigungsagenten ihre Belohnungs- oder Bestrafungsmacht, *untergraben* sie damit ggf. die Legitimation ihrer vordergründigen Rechtmäßigkeit, die wahre Anerkennung, Reputation des Amtes, dem sie obwalten, und erzeugen Unmut. Die Wahrnehmung einer ungerechtfertigten Bestrafung erzürnt Beobachter und befreit sie eher von Selbstkritik, als sie zur Anpassung oder Willfährigkeit zu leiten. Sonst rücksichtsvolle Menschen können sich dann, eben durch die beobachteten Ungerechtigkeiten, insofern diese nur groß genug sind, ohne Gewissensbisse aggressiv und schließlich ebenso grausam verhalten wie das kritisierte Objekt.[92]

Neben beobachteten und direkt erfahrenen Handlungswirkungen kommen bei denkenden Wesen auch die *selbst hervorgerufenen* Verhaltenskonsequenzen in Betracht, die den sozialen Lebensprozess genauso regulieren. Selbstbekräftigungen sind teilweise *internalisierte* Bewertungen *anderer*, v. a. der Eltern, Lehrer und dem sonstigen sozialen Umfeld, die durch Loben versus Tadeln, Verhaltensmaximen respektive Handlungen als akzeptabel, gut oder abzulehnen bzw. untauglich darstellen. Diese differenzielle Behandlung von Lebensäußerungen induziert mit der Zeit die Fähigkeit zur Selbstbeurteilung, Billigung oder Kritik von eigenem Verhalten nach den Kriterien der vermittelten (mehr oder weniger) kongruenten und (mehr oder weniger) allgemein akzeptierten Maßstäbe, die bis zu einem mit Gefühlen assoziierten *Sollsystem* ausgeprägt sein können.[93] Dabei übernehmen Menschen allgemein eher diejenigen Selbstbekräftigungsmaßstäbe, die von *vorbildlichen* Modellen stammen, bewerten sich unter Bezug darauf und fungieren so als Agenten ihrer eigenen Belohnung bzw. Bestrafung. Deshalb haben Aggressoren oft auch mit sich selbst zu ringen, wenn sie andere verletzen, was teils antizipiert als speziellerer Teil in die konkrete Verstärkungsformel einfließen kann. In diesem Zusammenhang gibt es erstens die Möglichkeit, dass das Selbstbekräftigungssystem Aggressionen als *Quelle* des persönlichen Stolzes, Selbstwerts oder der Selbstzufriedenheit (o. Ä.) definiert – und diese als Gefühle erlebbar machen, was insbesondere für deviante Subgruppen, aber auch Schergen verbrecherischer Regime gilt, wobei zum Teil versucht wird, inhumane Wert-, Handlungs-, bzw. Moralsysteme auf ganze Gesellschaften auszudehnen.[94] Zweitens ist es möglich, dass sich Individuen eigenständig bestrafen oder durch anti-

---

92 Womit das Problem der insbesondere soziopolitischen Gewaltspiralen anhebt, die mit entsprechenden Abänderungen als destruktive Aggression ähnlich beim *Mobbing* auftreten, und die die Lösung von sozialen, gesellschaftlichen Konflikten erschweren, weil jede Seite „gute" Gründe zu haben glaubt und teils hat, die je andere zu hassen, aber beide Seiten oft nicht weise und gesund genug sind, jene Gründe auf einem vernünftigen, konstruktiven Weg zugunsten einer besseren Zukunft in ihrer fatal-faktischen Wirkung auszusetzen (s. dazu z. B. den Nahostkonflikt).
93 Siehe dazu Bandura (1977b).
94 Siehe dazu z. B. die Diktaturen Hitlers, Stalins, des Mao Tse-tung, der Roten Khmer oder das Machtgebilde des sog. Islamischen Staates.

zipierte Selbstkritik von verletzenden Taten abhalten – denn es existiert vielleicht kein vernichtenderes Verdikt als die Selbstverachtung. *Antizipierte* Vorwürfe gegen sich für allgemein abgelehntes aggressives Verhalten können hier glücklicherweise als motivierende Einflussgrößen auftreten. Im Falle der Tatbegehung resultieren in diesem Kontext ggf. Selbstmissbilligung, Gewissensbisse bzw. Wiedergutmachungsversuche.[95] Wie anderes Verhalten auch, fallen selbst verstärkte Reaktionen unter diskriminative Kontrolle, was offensichtlich bei sozialem Druck wird, wenn Menschen Dinge tun, die sie sonst ablehnen, und sich im Gefolge davon Mechanismen der Selbsttäuschung bedienen, um ihre Inhumanität zu entschuldigen.[96] Aggressives, oder gewalttätiges Handeln kann hier vor allem durch

(1) vorteilhafte Vergleiche bagatellisiert,
(2) durch Heranziehung höherer Prinzipien angeblich gerechtfertigt,
(3) durch Verschiebung und
(4) Verschleierung der Verantwortlichkeit erleichtert sowie mittels
(5) Dehumanisierung der Opfer,
(6) der Schuldattribution auf diese vordergründig vertretbar,
(7) durch graduelle Desensibilisierung und schließlich
(8) dem Herunterspielen und selektiven Vergessen der Verhaltenskonsequenzen (scheinbar) annehmbar, erträglich, respektive legitimiert werden.

Bagatellisierung
Bagatellisierung tritt v. a. als Vergleich mit (noch) schrecklicheren Taten auf und ist eine effektive Methode, Gewalt akzeptabel zu machen. Sie wird deshalb meist von allen Konfliktparteien genutzt. Welzer[97] beschreibt z. B. ein Mitglied eines deutschen Exekutionskommandos in Russland während des Zweiten Weltkriegs, der als Teilnehmer von Massenliquidierungen aussagte, er habe keinen Säugling mit seiner Mutter erschossen, sondern nur solche Kinder, die von der Mutter an der Hand geführt wurden, und wäre deswegen in einer wirklich glücklicheren Lage gewesen.

Rechtfertigung durch angeblich höhere Prinzipien
Es regiert meist die fragwürdige Maxime, dass der Zweck die Mittel heilige, beispielsweise, dass das Massakrieren von Andersgläubigen religiös tolerabel oder sogar Pflicht sei, wie während der christlichen Kreuzzüge im Mittelalter oder in den Taten islamistischer Fundamentalisten.[98] Selbstgerechte Eiferer, Zwang ausübende, gewaltsame Sozialreformer aller Zeiten konnten so die selbstabwertenden Folgen ihrer Taten neutralisieren.

Verschiebung der Verantwortlichkeit
Siehe beispielsweise die dargestellten Experimente Milgrams aus den Jahren 1963 bis 1965, in denen offenkundig wurde, dass u. a. die Verantwortungsübernahme durch den Experimentator zur Gabe von

---

95 Diese allerdings nicht bei allen (s. Hare, 2005) und nicht in gleicher Weise (s. Bandura und Walters, 1959).
96 Siehe Zimbardo (2008).
97 Siehe Welzer (2005, S. 142).
98 Siehe dazu die Befunde von Bushman, Ridge, Das, Key und Busath (2007), die nahelegen, dass Aggressionen insbesondere bei Gläubigen dann ansteigen können, wenn diese sich auf von Gott in religiösen Texten gebilligte Gewalt berufen konnten.

Elektroschocks führte. Da eine solch klare Rechenschaftsverschiebung im praktischen Leben nicht immer explizit erfolgt (und vonseiten der Vorgesetzten teils auch kaum erwünscht ist), herrscht oft eine Mischung aus Duldung, heimlicher Ermutigung, Unklarheit und Verschweigen der mehr oder weniger latent erwünschten Destruktivität vor. Man versteckt sich im Falle des Publikwerdens gern hinter juristischen Argumenten z. B. nach dem Muster, nur „Befehle" ausgeführt bzw. unter „Befehls-notstand" gestanden zu haben, oder spricht von „schwarzen Schafen" bzw. „bedauerlichen Missver-ständnissen".

Die Frage bleibt in diesem Zusammenhang indes bestehen, warum die sogenannten „ganz normalen Menschen"[99] (bei entsprechenden Bekräftigungen usw.) in so großer Zahl überhaupt so grausam sein konnten und nur relativ wenige gegen entsprechende Taten bzw. Aufforderung dazu widerstanden, obschon das teils gar nicht so schwer oder gefährlich sein muss, wie Welzer[100] schreibt. Den Mitgliedern der berüchtigten *Reserve-Polizeibataillone 101* und *45* während des Russlandkriegs Hitlers, die aus relativ willkürlich rekrutierten Reservisten mittleren Alters bestanden, war es durch die Kommandeure teils ausdrücklich freigestellt, an Massenexekutionen teilzunehmen oder nicht: Niemand wurde wirklich dazu gezwungen[101], doch nur „10 oder 12 Männer"[102] haben davon Gebrauch gemacht. Zwar ist es richtig, dass viele Faktoren hinsichtlich der Psychologie von Gruppen für einen solchen Kadavergehorsam sprechen, und vielleicht nur das Mitgefühl bzw. die ethische Überzeu-gung, nicht zu töten (sei sie philosophisch oder religiös motiviert) dagegen, aber was bleibt, ist doch die Frage, was u. a. diesen Empathiemangel hat aufkommen lassen können, denn es waren wohl eben gerade nicht alles Psychopathen (mit u. U. abnormen Hirnen). Die sozial-kognitiven Bekräftigungen, Gruppendynamik mit den psychischen Veränderungen im Krieg usw. allein reichen vermutlich meist einfach nicht hin, solche Taten gänzlich zu erklären, was auch die Wirkung durch den rassistischen Referenzrahmen der Wir- und Sie-Gruppe, für die Menschenrechte nicht gelten würde, betrifft. Da-für spricht auch, dass nach Welzer „ohne Zweifel [...] ganze [Kompanie-]Züge *Spaß* [Hervorhebung d. Verf.] an den Erschießungen fanden"[103], „sadistische Quälereien, Vordrängen beim Erschießen, sexuelle Übergriffe und in großem Umfang persönliche Bereicherungen"[104] auftraten, aber bei den Kompaniemitgliedern neben einzelnen Nervenzusammenbrüchen, Schreikrämpfen, Selbstmorden auch eine mehrheitlich starke, abendliche psychische Belastung besonders derjenigen, die tags als Schützen in Massen gemordet hatten, bis hin zur Nicht-mehr-Ansprechbarkeit.[105]

Im (frühen, kindlichen) Grunde scheint der Mensch einen eher gutmütigen, kooperativen, altruis-tischen Charakter zu besitzen, wie neuere Untersuchungen nahelegen.[106] Ungünstige psychophysische Erstarrungen (Panzerungen, die eine orgastische Impotenz i. S. v. Reich[107] verursachen, s. Kap. 3.4) dis-ponieren ihn (neben anderen Faktoren) jedoch u. U. mehr als gedacht zum „Untier" oder willig-mörde-rischen Befehlsexekutor wie Eichmann, obwohl systematische Untersuchungen hierzu bislang fehlen (und auch kaum sehr einfach durchgeführt werden könnten). Nichtsdestotrotz ist die Frage nach der Normalität (i. S. v. entspannter Natürlichkeit, wahren Gesundheit, nicht nur ICD-10-Diagnose-Freiheit) der von Welzer apostrophierten menschlichen „Normalität" wichtig und zu stellen.

---

99 Welzer (2005, Buchtitel).
100 Welzer (2005, S. 113 ff.), in einer Reanalyse eines Falls von Browning (1993) bzw. Goldhagen (1996).
101 Siehe Welzer (2005, S. 113 ff. u. 159–165).
102 Welzer (2005, S. 113), das Bataillon 101 betreffend.
103 Welzer (2005, S. 160).
104 Welzer (2005, S. 160).
105 Welzer (2005, S. 159–165).
106 Siehe Warneken und Tomasello (2006, 2007, 2009), Warneken, Hare, Melis, Hanus und Tomasel-lo (2007), Liszkowski, Carpenter, Striano und Tomasello (2006), Olson und Spelke (2008), Rakoczy, Warneken und Tomasello (2008) und Warneken (2013); vergleiche ebenso Gazzaniga (2012, S. 167 ff.).
107 Reich (1933, verändert 1949/1989).

Verschleierung der Verantwortlichkeit
Kollektive Aggressionen erfordern in modernen Zeiten einen Organisationsapparat und damit die Aufgliederung der Verantwortung durch Teilung in administrative Einzelschritte, was die individuellen Grade der Verstrickung mindert und damit auch ein ggf. auftretendes Gefühl der Mitverantwortung, insbesondere bei „kleinen" Mitläufern, die relativ harmlose Tätigkeiten verrichtet haben. Gruppenentscheide, bei denen sich letztlich niemand mehr persönlich haftbar fühlt, können noch dazu die Ausführung von organisierter kollektiver Aggression erleichtern, die ggf. auch mittels undeutlicher und diffuser Befehlsstrukturen (bzw. rechtlich nicht bindenden mündlichen Erwartungen) ermöglicht bzw. vereinfacht wird.

Dehumanisierung der Opfer
Den Zielpersonen werden dabei regelhaft höhere menschliche Qualitäten streitig gemacht und jene stattdessen stereotyp als Objekte mit erniedrigenden Eigenschaften etikettiert. Wer Juden z. B. als „Gottesmörder", „Brunnenvergifter" oder „Weltverschwörer", schwarze Menschen als „Nigger", politische Gegner als Ungeziefer hinstellt, ihnen die unveräußerliche Würde des Menschen abspricht, legitimiert die eigenen Aggressionen (und ggf. die anderer). Diese letztlich willkürlichen Behauptungen oder emotionalen Diskreditierungen mindern die Gefahr der Selbstabwertung aufgrund unsozial-destruktiver Handlungen. Ähnliches gilt auch für die In-group- versus Out-group-Einteilung, da sie eine die Entmenschlichung fördernde Entfremdung begünstigt. Allgemein ist es in diesem Zusammenhang natürlich manchmal nicht leicht, eine vertretbare Abwägung der individuellen Freiheitsrechte mit denen anderer Menschen auf sozial akzeptable Weise zu gewährleisten: Es wird wohl immer irgendwo gewisse Härten geben (müssen), dazu ist allein der Verteilungskampf um knappe Güter im bürokratisierten, automatisierten, urbanisierten Umfeld zu groß. Wir alle sind indes auch aufgrund unseres eigenen evolutionären Überlebensinteresses dazu aufgerufen, die Grundlagen des ökologischen und sozialen Zusammenhalts zu wahren, das sachlich Richtige, langfristig Weise und wirklich Gesunde zu schützen.

Schuldattribution auf die Opfer
Eine Strategie zur Selbstberuhigung bei (bzw. nach) aggressiver Tat liefert der Satz „Sie sind doch selber schuld!", durch den die Opfer zu den eigentlich verantwortlichen Urhebern des Geschehens gemacht und damit noch einmal verletzt werden. *Schändliche* Gegner seien es, die Personen *guten* Willens *zwängen*, aggressiv oder gar gewaltsam vorzugehen. Bei solchen Zusammenstößen bringen die wechselseitig eskalierenden Angriffe oft Möglichkeiten hervor, dem Kontrahenten durch Herauspicken und *einseitiger* Deutung eines *Handlungsaspekts* die Schuld für das Ganze zuzuschreiben. Dies gilt ähnlich auch für Beobachter, die (die so als teilweise selbst verantwortlich bezeichneten) Opfer empört abwerten, die Aggressoren dadurch moralisch unterstützen, auf dass diese noch brutaler vorgehen können. Ist die gesellschaftliche Destruktivität tiefer verwurzelt, kann es leichter sein, den Leidtragenden vorurteilsvoll negative Eigenschaften zuzuschreiben, als gegen die systematische Diskriminierung, die akzeptierter Teil der „sozialen" Ordnung ist, anzugehen. Man vermeidet in diesem Falle das Unbehagen, gegen offensichtlich Unbegründetes nichts unternommen zu haben. Schließlich können Opfer (wie Juden in Nazideutschland) das glauben, was die Täter ihnen einprügeln und sich dafür selbst verachten.

Graduelle Desensibilisierung
Die genannten Prozesse werden einen einfühlsamen Menschen nicht über Nacht in einen brutalen Aggressor verwandeln. Dies ermöglicht nach Bandura erst eine stufenweise fortschreitende Desensibilisierung, die den Betroffenen vielleicht gar nicht bewusst wird. Anfangs bringt man Personen dazu, noch tolerable Aggressionen zu begehen, die durch die wiederholte Ausführung von Unbehagen und Selbsttadel befreit und weiter bis zu extrem grausamen Handlungen verstärkt werden. Drill, Training, einschlägige militärische Ausbildungen helfen hierbei u. a., abschreckende Eigenreaktionen

zu *löschen.* Propaganda leitet zur Aktivierung von Gegenaggressivität; verbale Abstraktionen wie etwa die vom „bedauerlichen Kollateralschaden", der „Ausschaltung von Gegnern", „Endlösung der Judenfrage" (s. die Analyse der Sprache des Dritten Reiches bei Klemperer[108]) tragen zur Verminderung von Hemmungen bezüglich der Begehung von Brutalitäten bei. Zudem erzeugt die soldatische Kameradschaft eine emotionale Gruppenbeziehung, die bei Angriffen von außen dazu führt, stärkere Aggressionen der Gruppenmitglieder gegen den gemeinsamen Feind zu mobilisieren.

Herunterspielen und Vergessen
Bagatellisierungen finden sich in vielen Varianten und Bereichen des menschlichen Lebens: Väter (und Mütter), die ihre Kinder schlagen, erklären es z. B. zur Lappalie (die diesen noch dazu genutzt hätte), und Kriegswirkungen werden untertrieben, weil sie einer politischen bzw. religiösen Doktrin oder Machtinteressen widersprechen. Nach Festinger[109] suchen Personen durch Vermeidung kognitiver Dissonanz daneben kongruente Informationen auf und meiden widersprechende Nachrichten, um eine gefällte Entscheidung oder bestehende Einstellung zu bewahren.

Aggressivität hat nach Bandura[110] seinen Ursprung nicht im Individuum als immerwährender Aggressionstrieb, sondern in den Bekräftigungs- und Anreizsystemen der Außenwelt, sodass es für ein förderliches soziales Miteinander v. a. auch effektiver organisatorische Schutzmittel bedarf, um zu verhindern, dass eine institutionelle Macht nicht ausbeuterisch oder destruktiv wirkt – was allerdings wie ein frommer Wunsch klingt, wenn man die realen, z. B. kapitalistischen Gesellschaften und ihre teils asozialen und individuell gesundheitsschädliche Strukturierungsmächtigkeit betrachtet. Ohne jene referierten sozial-kognitiven Mechanismen prinzipiell infrage zu stellen, sollte man nichtsdestotrotz auch diskutieren, ob es in der psychischen Verfassung des modernen Menschen nicht regelhaft *ebenso* Vorgänge gibt, die sich über Mechanismen der *Verdrängung* (und anderer tiefenpsychologischer Abwehrmechanismen, s. Freud[111] und seine Schüler) verstehen lassen, und oft eine unnatürliche, vermeidbare *Verhärtung* des Individuums mit Einschränkungen seiner Lebendig- und Lustfähigkeit zur Folge haben, auf deren Grundlage je aktuellere sozial-kognitive Prozesse ein- und wechselwirken. Dazu muss gleichfalls beachtet werden, wie das physische Gehirn in seiner lebenden neuronalen Struktur respektive *epigenetisch* über abgeänderte Genomexpressionen (mittels Verschiebungen der zellulären Stoffproduktion nach einwirkenden Umweltfaktoren), hier betreffend durch konkrete *soziale* Erfahrungen, beeinflusst wird, und dadurch künftiges Reagieren tendenziell bahnt, d. h. begünstigt bzw. verhindert (was insbesondere bei traumatischen Erlebnissen, wie z. B. Hunger, Krieg, kindlicher Verwahrlosung ausgeprägter der Fall ist).[112]

---

108 Klemperer (1996).
109 Festinger (1962).
110 Bandura (1979, z. B. S. 246 f.).
111 Freud (1989c [zuerst 1916/17 bzw. 1932/33]).
112 Hier scheint Banduras (1979) etwas unklare Aussage: „In den ersten Jahren der Entwicklung üben Umweltereignisse – bis auf die, *die von Natur aus schmerzvoll sind* [Hervorhebung v. Verf.] – relativ geringen oder gar keinen Einfluß auf Säuglinge und kleine Kinder aus" (S. 61), weniger sinnvoll für die Herstellung eines gesunden sozialen Miteinanders zu sein und schwer nachzuvollziehen, wenn man

Schädliche Formen aggressiven Verhaltens werden tendenziell eliminiert, wenn man die sozialen Bedingungen, die sie auslösen, und die positiven Bekräftigungen, die sie aufrechterhalten, beseitigt. Handeln, das aversive Effekte stiftet oder erwartbar macht, wird in der Regel ebenfalls unterlassen bzw. weniger oft ausgeführt: Abschreckende, mehr oder weniger stringent kodifizierte Strafdrohungen sind ein wirksames Mittel dazu.[113] Mehrere Faktoren bestimmen dabei, wie effektiv eine Bestrafung ist: die Höhe der manifesten Belohnung aggressiven Handelns, das Vorhandensein alternativer Mittel zur Zielerreichung, die Chancen, nicht erwischt und belangt zu werden, die Art, Schärfe, Dauer der ggf. auftretenden negativen Folgen, die Zeit zwischen der Tat und den Bestrafungskonsequenzen und schließlich die Merkmale des Aggressors und derjenigen Person oder Instanz, die die Strafen androhen.[114]

Dollard und seine Mitarbeiter nahmen an[115], dass die Stärke der Hemmung der Straferwartung *proportional* sei und Aggressionen desto unwahrscheinlicher würden, je mehr Sanktionierung antizipiert werde, was so nicht mehr aufrechterhalten werden kann.[116] Vielmehr sind Strafen für den Betroffenen auch ein negatives *Modell*: Körperlich züchtigende Eltern fungieren daher als fragwürdiges Vorbild dessen, was sie zu beheben vorgeben, und haben oft besonders aggressive Kinder.[117] Richtiger wäre es, prosoziale Lösungen zu belohnen und destruktive Aggressionen durch *Entzug von Gratifikationen* (d. h. einer *negativen Verst*ärkung) zu vermindern.

Niemand weiß gleichwohl, wie hoch eine Verbrechensquote wäre, wenn Sanktionen rechtlich nicht zu befürchten stünden. Ein Rückgang nach der Einsetzung der Bestimmung könnte durch andere, vielfältige Fluktuationen erfolgt sein – und man müsste daneben schon die Strafen mehrmals einführen und wieder abschaffen (bzw. mit anderen, nicht gesetzlich geregelten Situationen vergleichen), um methodisch einigermaßen korrekt nachzuweisen, ob Sanktionen wirken, was in einer Demokratie (für den ersteren Fall) jedoch kaum jemand vertreten würde. Bei sozial respektive materiell belohnten Aggressionen ohne die Möglichkeit anderweitigen Verhaltens, sich das Erwünschte zu sichern, muss eine Bestrafung in erheblicher Stärke erfolgen, um die Vorteile der unrechtmäßigen Tat aufzuwiegen, was jene real wahrscheinlich auch nur

---

entwicklungspsychologische Erkenntnisse und neurobiologische Ergebnisse betrachtet und das „von Natur aus schmerzvoll" auf reine körperliche Schädigungen bezieht (s. z. B. Remschmidt, 2012, 2014).

113 Formalisierte Strafandrohungen bestehen mindestens seit der Zeit der ägyptischen Pharaonen, siehe die jüngere, rund 3800 Jahre alte, mesopotamische Diorit-Stele mit den Rechtssätzen des *Codex Hammurabi*. Eine wiederholte Bestrafung (oder Beobachtung derselben) insbesondere aggressiven Verhaltens gegenüber Personen, an bestimmten Orten oder in nicht berechtigter Weise gegen Dinge, stattet dieses in aller Regel mit einem furchterregenden Aspekt aus, ruft damit bei Ausübung Angst hervor, die wiederum die Hemmungskontrolle aktiviert. Später vermag hier meist die kognitive Vorstellung allein, im Zuge der Antizipation und Generalisierung, das Handeln zu regulieren.

114 Siehe dazu Bandura (1969) und Campbell und Church (1969).

115 Dollard et al. (1939/1973).

116 Selg et al. (1997, S. 127).

117 Vergleiche Bandura und Walters (1963).

teils vorübergehend könnte, wodurch die Gefahr einer Problemverschärfung (durch inkonsistente, intermittierende Verstärkung) virulent würde. Hinreichend erfahren-realistische, intelligente Täter werden ihre verbotenen Operationen nach der zu erwartenden Ermittlungs- und „Straftaxe" *kalkulieren*, extreme Delikte bzw. zu hohes Risiko meiden, wie v. a. im wirtschaftskriminellen Bereich. Antisoziale Handlungen, die einen hohen funktionellen Wert besitzen, werden mithin durch Bestrafung *verfeinert* – raffinierter, damit in sicherer Form verübt, um Fehlschläge künftig zu vermeiden und der Sanktion zu entgehen. Daneben sind Maßregeln bedenklich, wenn sie *zu häufig* angewendet werden und unbeabsichtigt aggressiven Verhaltensformen Vorschub leisten, denn die strafende Kontrolle ist, wie gesagt, auch ein *Stilvorbild*, erzeugt u. U. selbst aggressives Verhalten.[118] Sie kann daneben beim Beobachter ferner Aggressionshemmungen reduzieren, was wiederum insbesondere für befugte und hochgestellte Persönlichkeiten gilt, wenn sie Aggressionen rechtfertigen. Autoritäten, die die ihnen zur Verfügung stehenden Zwangsmittel benutzen, um legitime Beschwerden zu unterdrücken, fördern dabei eine zynische Geringschätzung für offizielle Gewaltverurteilungen.

In diesem Zusammenhang ist zu erwähnen, dass die *Todesstrafe* Mordquoten nicht reduziert, vielmehr eher als institutionalisierte Rache zu werten ist, die sich selbst überhebend die Würde des Lebens verachtet, und teils ungerecht selektiv Randgruppen trifft, die ihre Rechte nicht optimal verteidigen können.

> Aus humanitären Gründen kann keinem Staat das Recht zustehen, durch diese Sanktion über das Leben seiner Bürger zu verfügen. Vielmehr erfordert es der Primat des absoluten Lebensschutzes, daß eine Rechtsgemeinschaft gerade durch den Verzicht auf die Todesstrafe die Unverletzlichkeit menschlichen Lebens als obersten Wert bekräftigt. Darüber hinaus erscheint es unbedingt geboten, der Gefahr eines Mißbrauchs der Todesstrafe durch Annahme ihrer ausnahmslos gegebenen Unzulässigkeit von vornherein zu wehren. Fehlurteile sind niemals auszuschließen. Die staatliche Organisation einer Vollstreckung der Todesstrafe ist schließlich, gemessen am Ideal der Menschenwürde, ein schlechterdings unzumutbares und unerträgliches Unterfangen.[119]

Während schwache Aggressoren schädliche Verhaltensweisen bei Vergeltungsdrohungen zurückhalten, gilt dies für starke Aggressoren gerade nicht, denn diese haben in ihrer Lerngeschichte oftmals bestätigenden Erfolg bei der gewalttätigen Machtausübung genossen und Gegenangriffe auf sie *eskalieren* dementsprechend leichter die Situation. Wenn es hauptsächlich nur die Furcht vor negativen Konsequenzen ist (und kein höheres Moralniveau i. S. v. Kohlberg[120] vorliegt), sich nicht aggressiv zu verhalten, schwächen Bedingungen, die das Bestrafungsrisiko senken, auch die Tathemmungen. Dieser als *Enthemmung* bekannte Vorgang tritt einerseits bei vorlie-

---

118 Siehe dazu z. B. schon Glueck und Glueck (1950) bzw. Bandura und Walters (1959).
119 Bundesgerichtshof der Bundesrepublik Deutschland, Urteil vom 16.11.1995 – 5 StR 747/94, zitiert nach: *Entscheidungen des Bundesgerichtshofes in Strafsachen BGHSt*, 41, S. 325.
120 Siehe Kohlberg (1981, 1984, 1995).

gender *Anonymität* zutage, und ist andererseits insbesondere für in Gruppen begangene Handlungen bedeutsam.[121] Dort nämlich fühlt sich niemand wirklich persönlich für die Effekte der kollektiven Aktionen haftbar. Große Gruppen erzeugen noch dazu eine zusätzliche Sicherheit, da diese nicht leicht bestraft werden können, und selbst das Bewusstsein, grausame Taten begangen zu haben, hemmt die Akteure wenig.[122] Die Beziehung zwischen eigenem Handeln und seinen Wirkungen wird reduziert, senkt die ggf. zu befürchtende Selbstverurteilung und mindert gleichfalls das Risiko, belangt zu werden. Eine anerkannte Autorität ist in der Lage, andere zu verleiten und sich aggressiv zu verhalten, die sonst von Drohungen abgeschreckt würden, wenn sie nur bereit ist, die Folgen der Tat zu tragen oder wenn mildernde Umstände erfunden werden respektive die Tat als sozial akzeptabel umdefiniert wird. Auch Dehumanisierung enthemmt in diesem Kontext: Menschen, zum lebensunwert deklarierten Ungeziefer abgewertet, lassen sich leichter vernichten als hochgeachtete (aber verbrecherische) Anführer.[123]

Bei aggressiven Aktionen von Gruppen wird der jeweils andere auch zum Vorbild und schwächt damit die hemmende Wirkung eventuell angedrohter Bestrafung oder die Angst vor Revanche. Wie komplexe soziale Proteste lehren, kann ein rigides, normorientiert-strafendes Vorgehen die Situation mittelfristig verschärfen, weil durch dann oft auch brutales Vorgehen von Behörden u. a. ein Identifikationspotenzial erzeugt wird, andere, zuvor unbeteiligte Personen mit zu involvieren. Kollektive Aggressionen können z. B. unbeliebte aversive Kontrollen beseitigen, legitime Rechte und Privilegien restaurieren, Machtabtretungen oder organisatorische Veränderungen erzwingen – und teils ziehen gerade die Nachgiebigen Nutzen aus den Protesten der Militanten, die sie früher kritisierten. Gegenmaßnahmen blockieren zwar den berechtigten Protest möglicherweise kurzfristiger, führen jedoch oft zu einer langfristigen Ausweitung des Konflikts, der *dann* die größten Chancen hat, zugunsten einer wahren Veränderung entschieden zu werden, wenn die kritisierten Umstände wirklich unhaltbar sind und sich eine breite Front gesellschaftlicher Kräfte dagegenwendet. Grundlegende Veränderungen, denen sich eine etablierte Schicht oder Administration widersetzen, sind am leichtesten in einem wesentlich gewaltfreien Modus der beharrlichen, gemeinschaftlichen Aktion zu erreichen, weil hier mehr Anhänger

---

121 Vergleiche Zimbardo (1969): In einem Elektroschock-Experiment zeigte sich, dass Anonymität die Strafbereitschaft gegen geliebte wie ungeliebte Opfer erhöht. Bestätigende Ergebnisse dazu berichten Rogers und Ketschen (1979).

122 Es ist dies natürlich das Problem nicht nur der willigen Vollstrecker, sondern auch der Mitläuferschaft insbesondere in staatlichen Systemen, denen hohe ethische Güter oder Rechtsgüter wenig (oder gar nichts) bedeuten. Orte wie Auschwitz, als Synonym für genozitalen Massenmord, wären nicht möglich, wenn nicht viele Menschen direkt oder indirekt daran mitgearbeitet hätten.

123 Zum *Lynchmob* als temporäre Organisation siehe z. B. Klatetzki (2015). Über die Mechanismen bei z. T. höchst grausam-aggressiven *Vorwärtspaniken* informiert Collins (2015).

gewonnen als abgeschreckt werden.[124] Zu bemerken bleibt aber, dass sozialreformeri-sche Gruppengewalt, da sie meist *unmittelbarere* Konsequenzen hat, wirkungsvoller (konditional) kontrolliert wird als der mit eher verzögerten Folgen bekräftigte friedfer-tige Widerstand: Das Vertrauen in die Macht der Gewaltlosigkeit steigt demgemäß im Maße der *direkten* Verstärkungen, seien sie rechtlich, tatsächlich materiell oder durch ein Glaubenssystem bewirkt, was den Erfolg langfristig wahrscheinlich macht, sofern man nur ausdauernd genug ist. Veränderungsorientierter Protest wird eher scheitern, wenn die infrage stehenden Ungerechtigkeiten zwar vorhanden, jedoch zum Vorteil einer hinreichend breiten Mehrheit sind, wie etwa bei ausgebeuteten Arbeitern aus Billiglohnländern, die in Fabriken und auf Baustellen Leben und Gesundheit für Hun-gerlöhne riskieren. Je mehr der kritisierte Zustand Rückhalt findet, je zufriedenstel-lender er (noch) ist, desto aussichtsloser wird ein Kampf dagegen, und desto schlech-ter das Ansehen der Protestierenden. Auf die Hauptpunkte verkürzt kann mit Gurr[125] gesagt werden, dass Länder, die unpopuläre Regierungen besitzen und *traditionell* militante Gegenmaßnahmen befürworten bzw. durchführen, selbst bei relativ gerin-gen Niveaus der sozialen Unzufriedenheit häufiger öffentliche Proteste erleben.[126] Daneben scheinen starke soziale Unzufriedenheit allgemein, wie auch die Macht der Dissidenten, Zwang auszuüben, als die wichtigsten Determinanten revolutionärer Gewalt.

Neue Formen kollektiven Protest- und Aggressionsverhaltens haben teils wie Moden ein gewisses Ansteckungspotenzial, sie sind anfangs avantgardistisch „in", schließlich schal, und dann vielleicht „megaout". Eine Anzahl an Bekräftigungsein-flüssen können auf sie wirken: effektive Gegenmaßnahmen, stärkere Strafen, sich ändernde Unterstützungen, finale Destruktionen, die eine Wiederholung faktisch unmöglich machen. Und u. U. sind es schlicht Überdruss, Langeweile bezüglich der abgedroschenen Phrasen von nicht mehr recht glaubwürdigen Anführern. Oft wird auch der Verlauf kollektiver Aggressionen falsch eingeschätzt und eine kontinuierli-che Steigerung derselben angenommen, wo eigentlich schon ein Abflauen zu bemer-ken ist, das sich bei *überzogenen* Gegenmaßnahmen nochmals umkehrt, die sich somit verlängernd auf die Unruhen o. Ä. auswirken.

---

124 Allerdings ist das Wirkungsgefüge bei sozialen Vorgängen häufig vielfältig (z. B. durch Verzö-gerungen, Spät- und unbeabsichtigten Nachwirkungen sowie Zufällen) verkompliziert, sodass die obigen Ausführungen nur einen sehr groben Hinweis geben können und man stets den betreffenden Einzelfall betrachten sollte.
125 Gurr (1970). Vergleiche Gurr (2010).
126 Nach Bandura (1979, S. 267 f.).

5.6 Modifikation und Kontrolle aggressiven Verhaltens

Für die Theorie des sozialen Lernens liegen die Ursachen eines Benehmens im Hier und Jetzt und nicht in längst verflossenen Vergangenheiten (wie u. a. die Vertreter der Psychoanalyse meinen), deshalb seien günstige Veränderungen des Verhaltens am besten durch Untersuchung und Modifikation *dieses selbst* zu erreichen.[127] Damit rücken das *konkrete* Tun bzw. Lassen außerdem die spezifischen *Orte* einer Handlungsweise in den Blick und auch die Behandler (als Agenten der Therapie) widmen ihre Bemühungen eher den sozialen Bedingungen, die ein insbesondere aggressives Verhaltensdefizit hervorrufen, und weniger den alleinigen Berichten darüber: Die Erfolgschancen werden insofern erhöht, da eine Anwendung dieser Heilmethode möglichst in der Umgebung abläuft, in der das Aggressionsproblem auch auftritt. Schwierigkeiten in Gruppen bedürfen somit der Lösung innerhalb (und mit) denselben und nicht der Besprechung in einer abstrakten Art von Nebenrealität. Es müssen die *sozialen Auslöser* von Aggressionen respektive Gewalt identifiziert und abgewandelt werden, genauso wie die üblichen, vorherrschenden *Bekräftigungspraktiken,* um bleibende, fundamentale Änderungen zu erzielen. Wegen der mitunter übergroßen Herausforderung, strukturelle Effekte von Gruppen zu modifizieren, sind straffällige Individuen aber meist aus ihrer gewohnten Umgebung zu entfernen, um sie dann *konkurrierenden* Erfahrungen auszusetzen. Bei einer wirklichen Übernahme der neuen Maßstäbe verliert die Person die alte Grundlage der Selbstbeurteilung und auch die Mittel, um in der devianten Subkultur anerkannt sowie respektiert zu werden, was bisweilen vielfältige Widerstände der Betroffenen hervorruft. Zudem fallen Straffällige nach Rückkehr in ihre gewohnte Umgebung teils schnell in alte Muster zurück, was bei Menschen, die oft sehr verminderte Chancen auf eine gesicherte bürgerliche Existenz haben, dafür aber ggf. unter Persönlichkeitsstörungen sowie Suchterkrankungen leiden, nicht immer verwundern muss. Es sollte daher angestrebt werden, *konstruktive* Rollenvorbilder und hinreichende Anreize *in der Subkultur selbst* anzubieten, durch die angepasstere, sozial verträglichere Handlungs- bzw. Rollentwürfe entwickelt werden können und eher Bestand haben.[128] Am effektivsten werden Behandlungen dann sein, wenn sie von Personen durchgeführt werden, die unter eingehender professioneller Supervision einen *intensiven* Kontakt mit dem Aggressor aufrechterhalten, sodass sie eine wesentliche Kontrolle über die spezifischen Bedingungen ausüben können, die für schädliches wie auch prosoziales Benehmen maß-

---

127 Kapitel 5.6 referiert dazu nach Bandura (1979, S. 271–355).

128 Siehe dazu das in ähnliche Richtung gehende von Hare (2005, S. 178 ff.) dargestellte Programm für Psychopathen, das weniger auf die Ausbildung von Gewissen und Empathie zielt, sondern sie davon überzeugen soll, ihre Einstellungen und Verhaltensweisen zu ändern, da diese nicht in ihrem eignen Interesse seien, und sie ihre Stärken und Fähigkeiten besser einsetzen könnten, wenn sie ihre Bedürfnisse sozialverträglich befriedigen würden.

geblich sind. Je mehr man davon abweicht, desto weniger wahrscheinlich zeigen sich anhaltende Erfolge.

Als weiteres Merkmal des sozial-lerntheoretischen Ansatzes ist die Formulierung *klarer* Ziele zu nennen sowie die Evaluierung der entsprechenden Interventionen. Anfangsaufgabe eines sozialen Lernprogramms muss mithin sein, die Art der gewünschten Veränderung(en) *explizit* darzustellen, weil sonst weder adäquate Marker für den Klienten noch solche für die Ex-post-Bestimmung des Erfolgs existieren.[129] Der zweite Schritt umfasst die kausale Analyse des betreffenden individuellen Problems, um so die antezedenten Wirkfaktoren und die (dadurch erzeugten, die Schwierigkeiten aufrechterhaltenden) Konsequenzen zu erforschen. Eine sich anschließende Verhaltensmodifikation sollte *stufenweise* ablaufen und die Lernerfahrung so gestalten, dass ein *kontinuierliches* Fortschreiten ermöglicht wird, was auch komplexes Verhalten am ehesten verbessert. Andauernde Wirkungsüberprüfungen lassen rasch erkennen, wenn ein Vorgehen nicht optimal sein sollte, und u. U. abgeändert werden muss: Dieses selbstregulierende Element stellt nicht nur eine Vorsichtsmaßnahme dar, sondern beeinflusst auch die Quote der positiven Ergebnisse. Da das Problemverhalten in kleinen, wachsenden Schritten umgeformt wird, erkennen Patienten z. T. den Fortschritt selbst *nicht*, sodass sie ein objektiveres Feedback über den tatsächlichen Fortschritt motiviert und dadurch gleichfalls die sukzessive Besserung beschleunigt (was anders wäre, würden die Interventionen nicht stetig in ihrer Wirkung bestimmt).

Aggressoren neigen dazu, ihre Gewaltmaßnahmen als auf Grundsätzen beruhend zu rechtfertigen und die ihrer Gegner als ethisch tadelnswert zu schmähen: Die dabei sich oft entwickelnde Rhetorik der Gewalttätigen und ihrer Widersacher lässt vielerlei philosophisch schwierige Argumente zu, um insbesondere kollektive Aggressionen gegen behauptete Missstände zu legitimieren. Aus der Sicht Banduras besteht die effektivste Methode, ohne moralische Dilemmata, aggressives Verhalten von Menschen zu mindern ganz generell darin, den *Wert* der *prosozialen* Handlungsalternative zu steigern, womit z. B. Diskussionen über konservative versus revolutionäre Tugenden o. Ä. und deren praktische Berechtigung bzw. Einhaltung relativ akademisch würden. Um aggressives Verhalten bei Individuen zu reduzieren, müssen effektivere Mittel der Problemlösung wie erfolgreichere Handlungsarten modelliert werden, denn Menschen bestehen allgemein auf suboptimalen Reaktionen, solange sie über keine überlegeneren verfügen. Es gibt dabei verschiedene Methoden, Verhalten zu korrigieren, allerdings bewähren sich nicht alle gleich gut. Die relativ besten Resultate werden erzielt, wenn man

(1) zuerst vorteilhaftere alternative Reaktionsformen wiederholt aufzeigt, damit modelliert,

(2) dem Lernenden die nötige Anleitung (mit Feedback) und entsprechende Gelegenheiten verschafft, das Neue (unter günstigen Bedingungen) zu üben und,

---

129 Siehe Bandura (1969).

nachdem die innovative Fertigkeit durch mehrfache Verstärkung, d. h. realen Erfolgserlebnissen, einen funktionellen Nutzen erlangte,
(3) die habituelle Anwendung gelingt.

Die Wirksamkeit gründet dabei wesentlich auf der realitätsnahen Modellierung effektiverer Verhaltensformen für Situationen, denen der Klient in seinem alltäglichen Leben typischerweise gegenübersteht. Hilfreich ist zudem, dass auch nicht professionelle Personen als Rollenmodelle fungieren können. Beim Aufbau kooperativerer Handlungsstile bei aggressiven Menschen, die oft unter mangelhafter Verbalisierungsfähigkeit und Defiziten anderer sozialer Fertigkeiten leiden, können beispielsweise gewaltlose (humorvollere) Methoden mit Widersachern umzugehen, durch Rollenspiele trainiert, aber ebenso filmische Darstellungen eingesetzt werden.

Straftäter werden im Rahmen eines *Anti-Aggressions-Trainings* zum Beispiel auf einem „heißen Stuhl" in der Mitte einer Gruppe verbal provoziert. Man führt u. a. Rollenübungen durch, in denen sie ohne Gewalt antworten lernen sollen. Daneben kommen als Techniken insbesondere Kooperationsschulungen und ein Kämpfen nach Regeln zum Einsatz sowie das forcierte Einnehmen der Opferperspektive.[130] Um die Selbstbeurteilungsmaßstäbe eines Aggressors zu ändern, müssen alternative Handlungsstile aufgewiesen werden, die zu größerer Zufriedenheit führen: Analysen der Determinanten aggressiven Verhaltens schaffen das nötige Wissen dazu.

Allgemein ist hier ein Feedback durch Zuschauer oder mittels Videoaufzeichnungen förderlich, teils auch nötig, denn die Selbstachtsamkeit jener Klienten reicht z. T. nicht aus, zumal wesentliche Kleinigkeiten im Verhalten manchmal unbewusst bleiben, obwohl sie sich dysfunktional auswirken. Der Erfolg der neuen Strategie setzt einen belohnenden Wert und bekräftigt sie dadurch. Schließlich passen sich die Einstellungen, Gesinnungen der betreffenden Personen an[131]: Wenn gewinnbringende Kompetenzen erlangt und Verhaltensdefizite überwunden werden, revidieren Menschen ihre Selbsteinschätzung in günstige Richtung.[132]

In entgegengesetzter Richtung werden Menschen, die nicht selbstsicher auftreten, leichter einen übermäßigen sozialen Einfluss durch andere erleiden: *Assertive* Verhaltenstaktiken für submissive Personen können hier freilich genauso eingeübt und mittels Feedback, Fehlerkorrektur und Belohnung als neuer Handlungsstil

---

130 Siehe u. a. Weidner (1995, 1997), Eggert und Feuerhelm (2007) und daneben Ohlemacher, Sögding, Höynck, Ethé und Welte (2001), die dort eine leichtere Verbesserung bezüglich der Rückfallintensität innerhalb des relativ engen Konzepts der Legalbewährung feststellten, verglichen allerdings mit einer, mit anderen Programmen therapierten Kontrollgruppe.
131 Siehe Bandura (1969).
132 Wobei die Macht unbewusster Gefühlswelten nicht verleugnet werden sollte, die uns wohl doch sehr langwierig (und teils in umfassenderen Lebensdimensionen als die von Bandura ins Visier genommenen) ohne unsere Kenntnis einzugrenzen vermag. Zudem wären, wie gesagt, soziale Einflüsse auf die Gehirnentwicklung und epigenetische Genomexpressionen mit zu berücksichtigen.

konsolidiert werden, wie bei der oben skizzierten (umgekehrt wirksamen) Korrektur unsozial-aggressiven Benehmens.[133] Anfangs ist oft ein Widerwille gegen die Behandlung zu verzeichnen, eine Furcht vor aufgedeckten Unzulänglichkeiten, die eine teilnehmende, nicht bedrohliche Form der Hilfe abmildert, weil sie darauf zielt, Kompetenzen sowie Vertrauen zu entwickeln und nicht nur Schwächen bloßzulegen. Perfektionismus wird zudem nicht erwartet, lediglich das ernste Bemühen um Verbesserung: So kann anfängliche Unbeholfenheit toleriert und schließlich zu größerer Handlungskompetenz werden. Eine vorhergehende Modellierung stellt nützliche Anhaltspunkte bereit, das eigene Auftreten in individuell abgestuften Schwierigkeitsgraden zu berichtigen, was die Angst letztlich sukzessive löscht. Darauffolgend gewährleistet ein Transferprogramm, die neu erworbenen Fähigkeiten (z. B. in Exkursionen) in der gewohnten Umgebung sinnvoll anzuwenden. Der Veränderungsagent gibt hier mehr und mehr aus dem Hintergrund heraus nützliche Hinweise, während der Klient sich freier neuen Bedingungen stellt, die er im optimalen Fall meistert: schlussendlich kulminierend in der Ausführung einer Reihe selbstständiger Handlungsaufgaben, die Selbstsicherheit erfordern.[134]

Einer der gesellschaftlichen Bereiche, in denen es regelmäßig zu Problemen mit aggressivem Benehmen kommt, ist die Polizeiarbeit, die es per se mit sich bringt, Konflikte mehr oder weniger täglich „hautnah" zu erleben. Gewaltbereite Fußball-Hooligans, ideologisch und ggf. materiell munitionierte Demonstranten mit weit gefassten Freiheitsbegriffen oder schlicht angetrunkene, renitente Autofahrer sowie ertappte Kriminelle neigen eher zu unerfreulichem Auftreten. Die Rassenunruhen in den USA in Vergangenheit oder Gegenwart[135] zeigen, dass der zu leichtfertige, unkluge Gebrauch unmittelbaren Zwanges in eine ungewollte Eskalation der Situation münden kann, da Maßnahmen von bewaffneten Amtspersonen z. T. Widerstand der Betroffenen herausfordert, die diese Autoritätszurschaustellung respektive praktische Umsetzung staatlicher Macht als Demütigung und Ungerechtigkeit ansehen.[136]

---

133 Siehe Margraf und Schneider (2009a, 2009b, 2009c) aber ähnlich bereits Friedman (1972). Dort erwies sich die verhaltensbezogene Modellierung, ergänzt durch angeleitete Einübung, als das (im Vergleich mit anderen Formen, wie alleiniger Beschreibung, Verhaltensdemonstration oder Darbietung rekonstruierter Beispiele) wirksamste Verfahren, um selbstsicheres Verhalten zu steigern.
134 Dieses, als *Training sozialer Kompetenz* in der Verhaltenstherapie bekannte Verfahren (s. Fliegel et al., 1998), ist bei einer breiten Palette von psychischen oder psychosomatischen Problemen gut wirksam und bei selbstunsicheren Patienten die Methode der Wahl (s. Grawe et al., 2001, S. 275–309). Vergleiche zur Vertiefung Margraf und Schneider (2009a, 2009b, 2009c).
135 In diesem Zusammenhang von *Urban riots* zeigt Sutterlüty (2015) die Errungenschaften und Grenzen einer situationistisch-interaktionistischen Theorie der kollektiven Gewalt auf, die eine, sich aus der Ausgangssituation entwickelnde Situationsdeutung sowie die interaktiv sich aufbauende Eskalationsdynamik umfasst.
136 Zumal es, wie bei den Unruhen in den USA, auch zu deutlichen rassistischen Benachteiligungen schwarzer Bürger gekommen ist.

Allein der Umstand, dass Polizeibeamte in der Regel feuerbereite Schusswaffen (als Instrumente gewalthafter Konnotierung) mit sich führen, trägt, siehe die Untersuchung von Berkowitz und Le Page aus dem Jahre 1967, u. U. zu einer aggressiven „Aufladung" der Situation bei – vielleicht v. a., da die körperliche Erregung der Betrachter ansteigt. Die Gefahr besteht, dass eine unbedachte Anwendung von Zwangsmitteln sich durch ihren meist kurzfristig positiven Effekt *verstärkt* und selektiv weiterentwickelt, auch weil sich die meisten Menschen der Amtsgewalt gegenüber leichter fügen. So wird ein ggf. übermäßig aggressiver Handlungsstil modelliert (s. z. B. das teils überzogene Vorgehen der Polizei in den USA), der wiederum selbst direkt oder indirekt den Rechtsfrieden bedroht. Das Innehaben von Machtmitteln erzeugt eben auch die Möglichkeit, sie zu missbrauchen, insbesondere, wenn es keine Zeugen gibt. Deshalb scheinen interne Kontrollen der Polizeibehörden und ein Bürger-Feedbacksystem durchaus sinnvoll.[137]

Die Entscheidung, als Polizeibeamter einzuschreiten, erfordert daher Fingerspitzengefühl und Erfahrung, eine unangemessene Anwendung von Machtmitteln verschärft oft die Situation und untergräbt zudem die polizeiliche Autorität. Anzweiflungen dieser durch den Bürger provozieren wiederum leichter Aggressionsneigungen im Beamten. Auch deshalb ist meist eine Deeskalationsstrategie anzuraten. Es muss geübt werden, mit *Macht* umzugehen[138]: Die Polizeimitglieder sind auch nur Bürger, die sich, wie alle, an Recht und Gesetz zu halten haben. Dabei ist es in schwierigen Situationen natürlich nicht immer einfach, die Rechtslage korrekt einzuschätzen. Schulungen und ggf. Supervision sollten darauf abzielen, eine persönliche, moralische Voreingenommenheit bezüglich der Einschätzung von Situationen zur vernünftigen Korrektheit hin abzuändern: Es geht um Recht, nicht um Rache – ein falsch verstandener Korpsgeist, der alles duldet, ist nicht zielführend.

Ganz allgemein wird schädliches Verhalten erfolgreich über die Folgewirkungen, die es zeitigt, verändert. Praktisch bedeutet dies, zuerst eine Grundrate der Aggressionsprobleme zu bestimmen, um dann das konstruktive(re) Handeln *differenziell* zu belohnen, während negatives Verhalten mit *Entzug* von Belohnungen gelöscht wird. Welche Anreizarten hier die am ehesten angemessenen und effektivsten sind, bemisst sich weitgehend durch das Entwicklungsniveau der entsprechenden Funktionsprozesse. Anreize[139] können sich modifizieren, wenn der Mensch sich im Laufe der Zeit ändert. In einem gut geplanten Programm erfolgt erst eine Verhaltensanalyse, die die sozialen Bedingungen identifiziert, die das aggressive Verhalten aufrechterhalten. Daran schließen sich detaillierte Instruktionen der Veränderungsagenten an, wie sie sich zu verhalten haben: wie genau zu belohnen bzw. negativ (durch Entzug) zu

---

137 Nach Bandura (1979, S. 291).

138 Siehe dazu Schmalzl und Bodamer (2012).

139 Dies können zunächst körperlich belohnende Erfahrungen sein, aber auch nicht sozial symbolische, wie z. B. das Gutschreiben von Bonuspunkten o. Ä., die später in begehrte Güter eingetauscht werden können (sog. *Token-Programme*, s. Fliegel et al., 1998, S. 41 ff.). Auf dem höchsten Funktionsniveau regulieren sich Menschen dann durch selbst bewertete Handlungskonsequenzen mit selbst zugeteilten Belohnungen.

bekräftigen sei.[140] Hier ist eine problemspezifische, individuelle Anleitung (mit Feedback) anzuraten (die ggf. mit Videoaufzeichnungen und Rollenspielen konkretisiert wird). Supervision ist in diesem Zusammenhang hilfreich, bis die Agenten die Fachqualifikation erlangen, ohne Anleitung zu behandeln. In der Anfangsphase einer solchen Therapie kann es zu einem vorübergehenden *Anstieg* der unerwünschten Verhaltensweisen kommen, weil der Klient versucht, die Vorteile derselben wiederherzustellen. Dies wirkt sich negativ auf die Motivation der Behandler aus, fortzufahren, da es keine unmittelbare Verstärkung dafür gibt, sondern, in entgegengesetzter Weise, sogar noch mehr Probleme aufzutauchen scheinen: Hier ist *soziale Unterstützung* der Veränderungsagenten zu empfehlen, damit die „Durststrecke" ausgehalten wird, bis sich eine positive Verhaltensänderung des Patienten zeigt, die dann ebenso die Behandler verstärkt. Reziproke Befriedigungen stabilisieren am Ende die betreffenden Verhaltensmuster, sodass langfristig Belohnungen auf das Normalmaß zurückgenommen werden können.

Lehrer haben es zum Teil mit aufsässigen und aggressiv-dominierenden Schülern zu tun, die den Unterricht ernsthaft stören. In manchen dieser Fälle sind die Betreffenden immer wieder darin bekräftigt worden, aufzufallen und ihre soziale Umgebung zu beherrschen, und es fehlen ihnen einfach die nötigen Mittel, Anerkennung auf eine andere Weise zu erhalten. Negatives, die Aufmerksamkeit erzwingendes Verhalten ist gegenüber einer Veränderung sehr resistent, weil selbst Maßregelungen als Belohnungen fungieren: Aversives Verhalten produziert die Belustigung der Mitschüler, was Klassenclowns weiter bekräftigt. Ermahnungen zu korrektem Verhalten können die unangenehmen Verhaltensweisen eher noch verstärken. Eine dauerhafte Lösung zeigte sich schon in der Untersuchung von Madsen, Becker, Thomas, Koser und Plager aus dem Jahre 1968, als die Unterrichtsstörungen einfach ignoriert und eifriges Lernen gelobt wurden. Ein Herumschreien des Lehrers wird sehr nachteilig durch die kurzfristige Ruhe des Störenfrieds bekräftigt, unterstützt allerdings sein Aufmerksamkeit suchendes Verhalten, sodass beide, Lehrer und Schüler, sich wechselseitig eskalieren. Wenn störendes Verhalten indessen ignoriert, konstruktives dagegen befördert wird, wird der Schüler zum positiven, nachahmenswerten Modell, wobei nicht zu befürchten steht, dass diese differenzielle Behandlung negative Effekte auf andere Schüler zur Folge hat.[141]

Wenn die gerade erwähnte Intensivierung aggressiv-aversiver Taktiken, um den Gratifikationsverlust zu korrigieren, *nachgiebig-willfährige* Reaktionen erzwingt, ist das Ergebnis schlechter, als wenn gar nichts unternommen worden wäre: Denn in diesem Falle wird der Aggressor nicht nur dafür belohnt, *extremere* Maßnahmen angewandt zu haben, sondern er lernt ebenso, dass sich Beharrlichkeit auszahlt. Hier muss an die intensivierenden Effekte einer intermittieren Verstärkung erinnert werden, die induzieren kann, dass sich das betreffende Verhalten auf andere Personen oder

---

140 Das bedeutet häufig, die bisherigen Verstärkungsgewohnheiten umzupolen: Aggressive oder gar gewalttätige Verhaltensweisen dürfen (insbesondere bei Kindern) nicht mehr mit Aufmerksamkeit honoriert und müssen wenn notwendig abgelehnt werden. Prosoziales Benehmen darf dagegen nicht ignoriert oder verachtet werden, sondern muss Gratifikationen erfahren.

141 Für eine umfassendere und aktuellere Behandlung des Themas siehe z. B. Winkel (2006).

Bereiche ausdehnt. Dies kann dann schließlich auch dadurch Fakt werden, wenn die näheren versus fernerstehenden Personen im sozialen Feld des Klienten unterschiedlich bekräftigen, sodass er lernt, zwischen den Situationen, in denen sich Aggressionen lohnen oder nicht, zu unterscheiden.

Trotz der guten Ergebnisse der Verhaltenstherapie ist sie nicht allmächtig. Einige Formen aggressiven Benehmens sind ihr zugänglicher als andere. Bei verbalen Angriffen, wie ferner störenden, widerborstigen Reaktionen ist die Löschung durch Ignorieren erreichbarer, als z. B. bei manifester, brutaler, körperlicher Gewalt, die auf die Opfer keine Rücksicht nimmt und ihrer, den Täter wiederum lerntheoretisch beeinflussenden, Kooperation damit nicht bedarf. Dies dürfte insbesondere bei Personen, die unter einer *antisozialen Persönlichkeitsstörung*[142] leiden, der Fall sein, wenn objektivierbare Hirnanomalien vorliegen, das Lernen aus Fehlern und nachteiligen Konsequenzen i. S. einer Konditionierung durch Furcht habituell erschwert sind.[143] Generell scheint die kombinierte Methode der Verhaltensextinktion durch ignorieren bzw. bestrafen *und* positiver Verstärkung erwünschten Handels jedoch eher geeignet, da diese auch zeigt, was genau denn an Verbesserung gewollt ist, zumal wenn der Aggressor (noch) keine ausreichend positiven Verhaltensstile zur Verfügung hat. Explizit strafende Konsequenzen sind dabei freilich ein Instrument mit mehreren Aspekten, die nicht alle gleich vorteilhaft einzuschätzen sind. Beim alltäglichen Einsatz sind Sanktionen typischerweise unangemessen hoch, inopportun, teils unberechenbar und werden oft einzig aus unkluger (vielleicht auch unbewusst etwas Früheres wiederholender, agierender[144]) *Rache* verhängt, ohne mit Anleitungen zu positiveren Verhalten ergänzt zu sein. Es sind zum Teil v. a. die eigenen Schwächen, die viele strafen lassen – nicht etwa höhere Werte oder Weisheit – und man bevorzugt jene Maßregeln, weil sie den Bestrafenden bekräftigen und dem störenden Verhalten vermeintlich schnell ein Ende setzen. Die mit dieser „normalen" Art zu ahnden verbundenen Nachteile[145] lassen sich indes vermeiden. Die ungünstigen Wirkungen fallen nicht unbedingt der Methode selbst zu Last, denn mehr ihrer fehlerhaften Anwendung: und der Entzug von begehrten Gütern oder Rechten avanciert damit als Sanktion in eine als wesentlich sachgerechter, gesünder und humaner zu bezeichnende Position.[146] Zu bedenken ist ebenso, dass die direkte Bestrafung von Aggressoren, die bestimmte nötige, soziale Fertigkeiten schlecht beherrschen, nur

---

142 Siehe die Box „Kriterien für die narzisstische, paranoide bzw. dissoziale (antisoziale) Persönlichkeitsstörung des ICD-10" in Kap. 9.3.
143 Siehe dazu Hare (2005), daneben z. B. Wahl (2009, S. 9 f., S. 56 ff.), Strüber et al. (2008) und Saimeh (2012).
144 Siehe hierzu einführend Reichard (1997, 2002).
145 Bei körperlich schmerzhaften Strafen wäre hier v. a. die *Gegenaggression* zu nennen oder das *Vermeiden* der strafenden Person, sodass diese wiederum keinen Einfluss mehr ausüben kann. Auch eine dauerhafte Schädigung der sozialen Beziehung kommt an diesem Punkt in Betracht.
146 Denn es entsteht eine schwächere emotionale Beunruhigung; der Kontakt zur strafenden Person wird gefördert, da sie die entzogenen Entitäten auch wieder gewähren kann. Wenn die Zurückerstat-

zu einer vorübergehenden selektiven *Hemmung* des schädigenden Verhaltens führt, wenn nicht gleichzeitig belohnbare *Kompetenzen* gebildet und bekräftigt werden. Unerwünschte emotionelle Effekte durch strafende Handlungen reduzieren sich beträchtlich, wenn in einem vorherigen *Behandlungsvertrag* die allgemeinen Grenzen zulässigen und zu sanktionierenden Verhaltens ausdrücklich festgelegt wurden. Auf diese Weise wird es relativ gut vermieden, Maßregeln als feindselige Handlungen zu deuten: Man sieht sie im Zuge dessen viel eher als notwendiges Übel eines an sich wünschenswerten Vorgehens.

Es hängt dabei vom Erfahrungskontext ab, ob Strafen dysfunktionale Furcht oder Abwehrmaßnahmen hervorrufen. Gelegentlich schmerzvolle Erlebnisse inmitten einer sonst neutralen oder positiven Szenerie werden kaum unangebrachte Ängste verursachen.[147] Wenn die Agenten einer Veränderung indes *nur* strafen und ansonsten keinen positiven Kontakt unterhielten, wären sie wohl Schrecken oder Ärger erregende Gestalten. In gut geplanten Behandlungsangeboten agieren sie indes auch förderlich und belohnend, wobei einige klar definierte Sanktionen die ansonsten guten Beziehungen nicht trüben. Es zeigt sich, dass eine warmherzige, belohnende Person unerwünschtes Verhalten wirksamer reduziert als eine kaltherzigere.[148]

Der *Verstärkerentzug* hat sich insgesamt als effektives Mittel erwiesen, Verhalten, das die Entwicklung des Aggressors schädigt oder andere ernsthaft gefährdet, zu behandeln.[149] Bei Kindern wendet man an dieser Stelle bei Übertretung von Verboten den Ausschluss von der sozialen Teilhabe von etwa 10 bis 15 Minuten Dauer (ggf. auch länger) an, während derer sie in ein anderes, neutrales (nicht aversiv gestaltetes) Zimmer geschickt werden, wobei die Wirksamkeit dieser Time-out-Methode[150] natürlich von der Valenz der Situation abhängt, aus der das Kind entfernt wird. Eine Abwertung des Kindes oder Rache an ihm erzeugen hier hingegen mehr Probleme als sie lösen. Allgemein ist anzustreben, die soziale Aufmerksamkeit im Rahmen der Sanktion so gering wie möglich zu halten, denn diese kann die zugrunde liegenden, zu vermindernden Verhaltensweisen unabsichtlich bekräftigen: In dem Zusammenhang zu argumentieren, zu moralisieren oder zu rechtfertigen ist daher meist eher nachteilig. Kurze Ausschlusszeiten können genauso gut oder sogar besser als ein ausgedehnterer Belohnungsentzug wirken. Kinder vermögen bei Ersteren leichter das Niveau ihrer Selbstkontrolle zu erhöhen und die Ergebnisse eines längeren Aus-

tung von positiven Änderungen des Verhaltens abhängig gemacht wird, werden tatsächlich oft relativ schnell gute Ergebnisse erzielt.

147 Siehe Rescorla (1969).

148 Siehe Margraf und Schneider (2009a, 2009b, 2009c) sowie bereits Parke (1969). Vergleiche für eine detailliertere Darstellung der komplexen Befundlage hierzu auch Halisch (1984, S. 41 ff.).

149 Siehe dazu allgemein z. B. Fliegel et al. (1998) sowie Grawe et al. (2001).

150 Siehe Petermann (2015) und für eine frühe Ergebnisübersicht Forehand und MacDonough (1975).

schlusses sind wohl ebenso mittels Honorieren von Leistungen als durch maßregeln von Übertretungen zu erzielen.[151]

Stehen indes eventuell involvierte Peers (insbesondere die Mitinhaftierten in Gefängnissen) den „offiziellen" Maßnahmen feindlich gegenüber, erreichen Strafen bestenfalls eine *vorübergehende* Kontrolle über das unerwünschte, aggressive Verhalten. Aversive Sanktionen haben in Strafanstalten daher wahrscheinlich nur einen geringen Rehabilitationswert: Es bleibt meist bei einer eher kurzfristigeren, opportunistischen Verhaltensbesserung.

Körperlich schmerzvolle Konsequenzen werden nur dann wirklich erforderlich, wenn die zu löschenden Verhaltensweisen sehr selbst- oder fremdschädlich sind.[152] Massive Verhaltensstörungen bei schwer psychisch Gestörten oder untergebrachten Retardierten etwa mögen dies u. U. ganz ausnahmsweise rechtfertigen, aber auch nur in Extremfällen, wobei genaue Rechts- bzw. Verantwortungstatbestände (sonderlich der Betreuer) abzuwägen sind: z. B. körperliche Unversehrtheit versus Menschenwürde, zumal es durchaus sinnvollere, humanere Möglichkeiten gibt, siehe den Einsatz moderner Psychopharmaka bei Schizophrenien.

Deviantes Verhalten kann in Einrichtungen, die auf eine Verwahrung ausgerichtet sind, durch differenzielle Bekräftigungen verändert werden. Praktisch geschieht dies z. B. über Token-Programme[153] mit Punkten o. Ä., die für erwünschtes Handeln gewährt, für unerwünschtes abgezogen werden, und gegen die man knappe Güter eintauscht. Solch ein Anreizsystem wirkt neben den rechtlichen Regularien bezüglich vorzeitiger Entlassung usw. in totalen Institutionen wie Gefängnissen i. S. einer *utilitaristischen* Anpassung, führt ggf. zu tadellosem Verhalten der Insassen, jedoch oft ohne nennenswerte dauerhafte Überzeugungsbildung und tiefer gehende Befähigung zu einem reiferen Leben nach dem Freiheitsentzug. Die gewaltgeneigte, antisoziale Gefängnissubkultur der Peers tut ein Weiteres, diesbezügliche konstruktive Bemühungen Einzelner zu sabotieren. Um diese Schwierigkeiten (und die, die durch Faktoren im Betroffenen verursacht sind) zumindest ein wenig mehr in Angriff zu nehmen, bedarf es *sozialtherapeutischer Anstalten*, in denen eher verantwortungsbewusstes Handeln u. U. mit Psychotherapie eingeübt wird.[154] Eine Behandlung hat dabei allgemein wahrscheinlich dann mehr langfristigen Erfolg, wenn sie neben der Entwicklung einschlägiger beruflicher wie sozialer Kompetenzen auch die Präferenzen im Umgang mit anderen Menschen abändert, insbesondere die Kraft und Überzeugung stärkt, den schädlichen Einflüssen krimineller Kreise zu widerstehen, und ferner die eigenen Handlungstendenzen (z. B. im sexuellen Bereich) rechtskonform zu managen hilft.

---

151 Wenn eine *generalisierte* Reduktion eines Verhaltens anvisiert wird, sollten Sanktionen in verschiedenen Umgebungen von je anderen Personen verhängt werden, um daher breiter zu wirken.

152 Siehe dazu Bucher und Lovaas (1968) bzw. Rachman und Teasdale (1975).

153 Siehe etwa Fliegel et al. (1998, S. 41 ff.).

154 Für eine Vertiefung des Themas siehe z. B. Wischka, Pecher und van den Boogaart (2012).

Der Einfluss externer Bekräftigungen wird reduziert, indem man ausgleichende *Selbstverstärkungsfunktionen* im Individuum schafft, d. h. neue Maßstäbe, durch die Menschen bei prosozialen Verhaltensstilen bleiben, weil diese eher Selbstzufriedenheit schenken und selbstabwertende Konsequenzen umgehen. Dazu ist es sinnvoll,

(1) die erwünschten Verhaltensmuster, Soll-Systemhaltungen usw. beispielhaft an einem Modell vorzuführen und

(2) jene Richtlinien mit abgestuften Anreizen zu verbinden,

sodass bei fortschreitender Übernahme verbesserter Handlungsweisen jeweils mehr Freiheit, Vergünstigungen oder Zugang zu erwünschten Aktivitäten gewährt werden können, wobei der Nützlichkeitswert entscheidet.

Die Fähigkeit zur Selbstbekräftigung wird entwickelt, indem man die entsprechenden Funktionen allmählich vom Veränderungsagenten auf den Klienten „überträgt": Zuerst beurteilt dieser noch unselbstständig, ob sein Verhalten eine Belohnung rechtfertigt und andere kontrollieren ihn darin. Sobald hinreichende Maßstäbe für eine korrekte Selbstbeurteilung existieren, wird ebenfalls die bekräftigende Funktion „übertragen", sodass der Klient sein eigenes Verhalten beurteilt, wie auch die Gabe von Verstärkungen selbst regelt. Darüber hinaus kann das Rollenspiel (ggf. zusammen mit Peers) eingesetzt werden, z. B. um offizielle Funktionsträger zu mimen, was wiederum eine Internalisierung von deren Art zu denken und zu leben erleichtert. Entsprechend vergrößerte Vorteile sichern dabei die Bereitschaft, Rollen zu übernehmen, die mehr Mühe und Verantwortung implizieren. Darin erfolgreiche Peers können wertvolle Verhaltensvorbilder für andere werden. Schließlich bleibt zu erwähnen, dass die Schaffung hinreichender Selbststeuerungskompetenzen noch nicht beinhaltet, dass solche Personen auch die Mittel haben, in prosozialen Gruppen Fuß zu fassen und dort anerkannt zu werden. Ein wirklich effektives Programm sollte daher gleichfalls die hierbei nötige Anleitung und Unterstützung offerieren: Je besser das gelingt, desto eher wird der Klient auch bei positiven Handlungsstilen bleiben, und nicht ins deviante Milieu zurückfallen.

Banduras sozial-lerntheoretischer Ansatz kommt, wie aus der Zusammenschau in diesem Kapitel ersichtlich wird, eine relativ große Bedeutung in vielfältigen Kontexten zu, zumal er empirisch gut untersucht und bewährt ist. Er kann oft wichtige Einsichten bei der Erklärung menschlichen Verhaltens liefern, insbesondere indem er die jeweils aktuellen Lebensverhältnisse in ihrer realen Wirkungsmacht berücksichtigt. Allerdings ist damit die Frage, ob es zusätzliche Handlungsdeterminanten gibt, nicht aus der Welt geschafft, und Einengungen auf Vorgänge der Konditionierung oder des lernenden Beobachtens sind keineswegs zwingend richtig.

Hans Werbik, Stephan Straßmaier

6 Handlungstheorie der Aggression

6.1 Begriffe, Strukturen und Erklärungsformen des Handelns

Die Handlungstheorie nimmt allgemein an, dass Menschen im Rahmen ihres Lebens und relativ zu den darin auftretenden Situationen prinzipiell zwischen mehreren Möglichkeiten des Verhaltens wählen können. Bereits im Jahre 1911 unterscheidet Wundt hier zwischen *Wahlhandlungen*, *Willkür*- und *Triebhandlungen*:[1]

- Bei *Wahlhandlungen* sind mehrere Möglichkeiten des Sichverhaltens im Bewusstsein des Handelnden klar beschrieben.
- Die *Willkürhandlungen* beziehen sich auf den Begriff des *Kürens*, welcher eine schwache Form des Wählens bezeichnet. Eine klar beschriebene Verhaltensmöglichkeit wird dabei ihrer Negation vorgezogen.
- Bei der *Triebhandlung* ist nur eine Verhaltensmöglichkeit bewusst. Allerdings kann die Triebhandlung durch ein Veto der Vernunft blockiert werden. Das heißt aber, dass der Person auch bei Triebhandlungen eine zweite Handlungsmöglichkeit gegeben ist, nämlich die der Unterlassung.

Daher können wir insgesamt sagen, dass der Begriff des Handelns immer mit dem Vorhandensein von *Wahlmöglichkeiten* verbunden ist. Rohracher schreibt: „Die unerlässliche Voraussetzung für die Entstehung eines Wollens ist das Bestehen einer Wahlsituation; es müssen mehrere, wenigstens aber zwei Verhaltensmöglichkeiten gegeben sein".[2] Die Notwendigkeit der Wahl kann allerdings auch zur Belastung werden. Der Mensch „sieht sich unentwegt vor solche Wahlen gestellt: er *muß* wählen, er *muß* sich für die Ausführung oder Unterlassung dieser oder jener Handlung entscheiden, er ist, wie es die Existenzialisten bisweilen ausdrückten, geradezu zur Freiheit verurteilt, ja verdammt".[3] Die Vorstellung der Wahl-, Entscheidungs- und Handlungsfreiheit sowie der partiellen Autonomie besagt jedoch nicht, dass Personen in ihren Handlungsmöglichkeiten keinerlei Grenzen gesetzt wären. „Die Handlungsspielräume jedes einzelnen sind durch Naturgesetze begrenzt, sie werden durch die Bedürftigkeit des Menschen bestimmt, schließlich durch die historischen und soziokulturellen, praktisch-kommunikativen Regeln und gesellschaftlichen Institutionen strukturiert, das heißt: sowohl eröffnet als auch eingegrenzt".[4]

Aggression ist also zumeist eine gewählte Handlung, für die das Subjekt verantwortlich gemacht zu werden vermag. Aggression kann unter Berücksichtigung der

---

1 Wundt (1911).
2 Rohracher (1971, S. 502).
3 Straub (1999, S. 17, Hervorhebungen im Original).
4 Straub (1999, S. 18).

DOI 10.1515/9783110522037-006

soziokulturellen Regeln vollzogen werden oder gegen sie verstoßen. Eine aggressive Handlung kann Mittel zum Zweck (instrumentelle Aggression) oder Selbstzweck sein (feindselige Aggression). Da die Zwecke selbst als Mittel zur Erlangung von Gütern (z. B. Macht) interpretiert werden können, ist u. U. von einer Hierarchie der Zwecksetzungen zu sprechen.

Zum Handlungsbegriff gehört nicht nur das Feststellen mehrerer Handlungsmöglichkeiten, sondern auch das (zumindest rudimentäre) Abwägen zwischen diesen Alternativen sowie der Entschluss, eine bestimmte Handlungsoption auszuführen.[5] Das Abwägen zwischen den Handlungsmöglichkeiten erfordert Voraussicht der sicheren, wahrscheinlichen und möglichen Folgen der einzelnen Handlungsoptionen. Wählt die Person eine aggressive Handlung, so nimmt sie die erwartbaren Folgen dieser Handlung in Kauf.

Man kann den Handlungsbegriff indes nicht mit dem des bewussten, zielgerichteten Tuns gleichsetzen. Umgekehrt ist der Ausdruck „Nichthandeln" auch nicht durch den Ausdruck des „Nichttuns" zu ersetzen, denn es gibt die ebenso bedeutsame Form der Handlungsunterlassung. Von einer Unterlassung sprechen wir dann, wenn ein bestimmtes Handeln erwartet oder gefordert, aber nicht vollzogen wird. Die Strafrechtslehre verwendet das Wort „Unterlassung" allgemein bei der Tatbestandsverwirklichung durch Unterlassung, z. B. hinsichtlich einer unterlassenen Hilfeleistung oder im Kontext der Vernachlässigung eines Kindes. Beide damit begrifflich gemeinten Vorgänge können als Formen der indirekten Aggression interpretiert werden.

Während wir bisher das Erkennen von Wahlmöglichkeiten als konstitutiv für den Handlungsbegriff bezeichnet haben, geht Weber einen anderen Weg zu seiner Definition:

> „Handeln" soll [...] ein menschliches Verhalten (einerlei, ob äußeres oder innerliches Tun, Unterlassen oder Dulden) heißen, wenn und insofern als der oder die Handelnden mit ihm einen subjektiven Sinn verbinden. „Soziales" Handeln aber soll ein solches Handeln heißen, welches seinem von dem oder den Handelnden gemeinten Sinn nach auf das Verhalten *anderer* bezogen wird und daran in seinem Ablauf orientiert ist.[6]

Aggression ist damit offensichtlich oft ein soziales Handeln. „Sinn ist hier entweder [...] der tatsächlich [...] in einem historisch gegebenen Fall von einem Handelnden oder [...] [der] durchschnittlich und annähernd in einer gegebenen Masse von Fällen von den Handelnden oder [...] [der] in einem begrifflich konstruierten *reinen* Typus von dem oder den als Typus *gedachten* Handelnden subjektiv *gemeinte* Sinn".[7]

Weber nennt den *tatsächlichen* Sinn, den der Handelnde mit einer Handlung verbindet, das *Motiv* der Handlung. Der Sinn einer aggressiven Handlung kann damit unterschiedlich sein, je nachdem, ob es sich um eine individuelle oder eine kollektive

---

5 Kamlah (1972).
6 Weber (1964, S. 8, Hervorhebung im Original), vgl. auch Weber (1984).
7 Weber (1964, S. 8, Hervorhebungen im Original), vgl. auch Weber (1984).

Aggression, z. B. Mobbing in der Schule bzw. am Arbeitsplatz oder den sogenannten „Shitstorm" im Internet handelt. Die Kategorie des subjektiven Sinnes kann dabei allerdings als zu unbestimmt aufgefasst werden, da sie beispielsweise keine gute Unterscheidung zwischen Motiven und Gründen, motivierenden und normativen Gründen zulässt.[8] (Motivierende Gründe sind solche, die eine Person tatsächlich zum Handeln veranlassen, normative Gründe dagegen die, die für eine Handlung sprechen.) Im rationalen Handeln werden indes meist beide Arten von Gründen konvergieren: Die guten Gründe für eine Handlung könnten auch motivational wirksam sein, was in Webers Definition aber nicht zur Geltung kommt, weil dort ein guter Grund nicht einfach unter dem Begriff des subjektiven Sinnes gefasst zu werden vermag.[9]

Wir wollen zunächst Überlegungen anstellen, wie man das feststellen kann, was Weber den *subjektiven* Sinn eines Verhaltens nennt. Die Methode der Feststellung hängt davon ab, ob die Handelnden noch „verfügbar" sind, sodass wir sie auffordern können, das von ihnen gezeigte Verhalten selbst zu interpretieren, oder ob wir mittels bestimmter Deutungsregeln nachträglich den Sinn längst vergangener Verhaltensweisen interpretieren müssen. Weber trennt diese beiden Fälle nicht streng voneinander. Er hält auch die Befragung als Methode der Feststellung des subjektiven Sinnes einer Handlung für zulässig, denn „‚Motiv' heißt ein Sinnzusammenhang, welcher dem Handelnden selbst oder dem Beobachtenden als sinnhafter ‚Grund' eines Verhaltens erscheint".[10] Bei der Feststellung dessen, was dem *Handelnden* als sinnhafter Grund einleuchtet, ist der Beobachter meist auf dessen Äußerungen angewiesen. Auf der anderen Seite kann der Sinn einer Handlung auch mithilfe von allgemeingültigen Interpretationsregeln (Deutungsregeln) festgelegt werden.[11] Menschliches Handeln lässt sich aus drei Perspektiven betrachten:

(1) der Perspektive des erlebenden Subjekts (also die der sogenannten Ersten Person),
(2) der Perspektive eines Gesprächs- bzw. Dialogpartners (Zweite Person) und
(3) der Perspektive des Beobachters (Dritte Person).[12]

Die naturwissenschaftliche Psychologie bezieht sich ausschließlich auf die Perspektive des Beobachters. Die Perspektive des erlebenden Subjekts ist mit dem Begriff der *Introspektion* verbunden. Allerdings gibt es einige Einwände gegen die introspektive Psychologie, v. a., dass die Introspektion eine unmögliche Teilung des Subjekts in ein erlebendes und beobachtendes Subjekt voraussetzt. Dieser Einwand lässt sich ent-

---

8 Vergleiche Nida-Rümelin und Özmen (2012).
9 Für diesen Hinweis danken wir Herrn Dr. phil. Jens Kertscher, Institut für Philosophie der Technischen Universität Darmstadt.
10 Weber (1964, S. 17).
11 Werbik (1978, S. 19).
12 Zu den unterschiedlichen erkenntnistheoretischen Implikationen der drei Perspektiven siehe Werbik (in Kertscher und Werbik, 2014, S. 14–23).

kräften, wenn man annimmt, dass die sogenannte Introspektion immer *Retrospektion* ist, also eine Rekonstruktion des bewussten Erlebens aufgrund des Gedächtnisses.[13]

Die menschliche Psyche als Ganzes ist unerkennbar. Psychologische Aussagen sind stets perspektivenabhängig und beschreiben (vermutlich) immer nur einen Ausschnitt der Wirklichkeit. Die drei Perspektiven haben unterschiedliche kommunikative Voraussetzungen. Bei der Perspektive der Ersten Person tritt das Subjekt zu sich selbst in eine reflexive Beziehung, bei der Perspektive der Zweiten Person wird eine dialogische Ich-Du-Beziehung, bei der Perspektive der Dritten Person eine Ich-Er/Sie/Es-Beziehung vorausgesetzt.[14] Die unterschiedlichen kommunikativen Vorbedingungen können auch *pragmatische* genannt werden.[15] Die drei Herangehensoptionen lassen sich im Falle der Aggression u. U. noch mit

(1) der Perspektive des *Täters*,

(2) der Perspektive des *Opfers*, respektive

(3) der Perspektive eines neutralen Vermittlers

kombinieren.

Eine Erklärung einer aggressiven Handlung muss damit die mögliche *Perspektivenvielfalt* und ihre Implikationen insbesondere bezüglich der kommunikativen Darstellung v. a. der Kriterien für die Glaubwürdigkeit berücksichtigen. Was z. B. konnte ein Täter während der Tatbegehung zur Kenntnis nehmen, was weiß nur er allein, was musste er annehmen? Oder: Kann das mögliche Opfer einer Straftat gegen die sexuelle Selbstbestimmung wirklich hinreichend genau und konkret den Tathergang berichten, fallen ihm spezifisch-einmalige Umstände, scheinbar unbedeutende Kleinigkeiten ein (die später evtl. wesentlich werden) oder wirkt alles glatt und mundgerecht? Passt jenes dann zu den vorgefundenen Verletzungen oder deuten diese in eine andere Richtung? Solche Belange der Glaubwürdigkeitsbeurteilung sind ein Bereich der forensischen Psychologie und bedürfen eines theoretischen Fundaments.

Bevor wir aber die Fragen der Erklärung von Handlungen besprechen, erläutern wir die handlungstheoretische Terminologie.

6.1.1 Ergebnis und Folge

Ein wichtiger Gesichtspunkt ist hier die Unterscheidung von *Ergebnis* und *Folge* einer Handlung. Jedem Handelnden ist es selbstverständlich, dass er aus seiner Sicht eine Handlung, die er selbst initiiert hat, von einer äußeren, nicht von ihm initiierten Änderung der Situation unterscheiden kann. Für einen Beobachter aber, der feststellen soll, ob eine Person handelt, ist ein solches unmittelbares Wissen nicht verfügbar. Er

---

13 Brentano (1874).
14 Buber (1994).
15 Kertscher und Werbik (2014, S. 14–15).

muss sich die Frage stellen: Woran erkennt man, dass der Andere handelt? Ein erster Schritt zur Lösung des Problems besteht darin, dass man jedem Vollzug einer Handlung eine bestimmte Situationsänderung zuordnet. Dabei muss man die Beobachtungssituation so gestalten, dass vorauszusehen ist, dass sich diese Änderung nicht von selbst ergibt. Diese Voraussetzung trifft man, wenn man gemäß aller bekannten Naturgesetze eine autonome Veränderung der Situation ausschließen kann. Eine Situationsänderung, die eindeutig einer bestimmten Handlung zugeordnet werden kann, wird von v. Wright „Ergebnis der Handlung" genannt. Die Unterscheidung zwischen Ergebnis und Folge wird von v. Wright folgendermaßen eingeführt:

> Es ist zweckmäßig, zwischen dem *Tun* und dem *Herbeiführen* von etwas zu unterscheiden [...] Dadurch, dass wir gewisse Dinge tun, führen wir andere herbei. Ein Beispiel: Dadurch, dass wir ein Fenster öffnen, lassen wir frische Luft in das Zimmer (führen eine Luftzirkulation herbei) [...] Was wir so herbeiführen, sind die Wirkungen unserer Handlung. Das, was wir tun, ist die Ursache dieser Wirkungen. Die Ursache werde ich auch das *Ergebnis* und die Wirkungen die *Folgen* unserer Handlung nennen [...] Zwischen einer Handlung und ihrem Ergebnis besteht ein innerer Zusammenhang, also ein logischer und kein kausaler (äußerer). Wenn das Ergebnis nicht zustande kommt, ist die Handlung nicht vollzogen worden. Das Ergebnis ist ein „wesentlicher" Teil der Handlung selbst.[16]

Die Unterscheidung zwischen Ergebnis und Folge ist *relativ* zu dem Niveau, auf dem ein Handlungszusammenhang betrachtet wird. Folgendes Beispiel verdeutlicht dies:

> Wenn ich sage, dass ich das Zimmer dadurch lüfte, dass ich das Fenster öffne, dann ist das Ergebnis meiner Handlung in diesem Fall, dass sich das Fenster öffnet (offen ist). Wenn ich sage, dass ich das Fenster dadurch öffne, dass ich den Griff drehe usw., so ist die Veränderung in der Position des Griffes usw. das Ergebnis, die Veränderung in der Position des Fensters die Folge.[17]

Diese Relativität der Unterscheidung von Ergebnis und Folge hängt mit dem Prinzip der *hierarchischen Organisation* des Handelns[18] zusammen (s. Kap. 6.1.5 und Kap. 6.3).

6.1.2 Handlung und Aufforderung

Aggressionen sind *zielgerichtete* Handlungen (was nicht allen Handlungen zukommt). Dabei stellt sich die Frage, wie man erklären kann, was ein *Ziel* ist. In unserer elementaren Lebenspraxis haben wir gelernt, was eine Aufforderung bedeutet (z. B. „Kaufe Brot!"). In einem zweiten Schritt können wir lernen, Aufforderungen an uns selbst zu richten. Ein Ziel ist dann eine Situationsänderung, zu der sich die Person selbst auffordert, sie herbeizuführen.

---

16 v. Wright (1974, S. 68–70, Hervorhebungen im Original).
17 v. Wright (1974, S. 70).
18 Werbik (1978, S. 22–23).

6.1.3 Erwartung

In Übereinstimmung mit dem üblichen Sprachgebrauch können wir sagen, dass jemand, der ein bestimmtes Handlungsergebnis hergestellt hat, darauf wartet, dass die Folgen eintreten. Wir können auch sagen: Er *erwartet* die Folgen des Handlungsergebnisses. Bezeichnen wir mit E das Ergebnis der Handlung und mit F die Folgen, so können wir folgende Formen von Erwartungen unterscheiden:

(1) Erwartung einer ganz bestimmten Folge: Wenn das Ergebnis E hergestellt ist, dann tritt die Folge F_i ein.

Beispiel: Wenn ein Schüler bei einer Klausur ein leeres Blatt abgibt, so erhält er die Note ungenügend: $E \rightarrow F_i$

(2) Erwartung einer Menge von Ereignissen in konjunktiver Verknüpfung. Die einzelnen Glieder der Konjunktion können gleichzeitig oder in einer bestimmten zeitlichen Reihenfolge erwartet werden.

Beispiel: Ein Selbstmordattentäter erwartet, dass durch Zündung des Sprengsatzes er selbst und viele andere Menschen getötet werden: $E \rightarrow (F_1 \wedge F_2 \wedge \ldots F_i \ldots \wedge F_k)$

(3) Erwartung einer Menge von Ereignissen in adjunktiver Verknüpfung. Das bedeutet, dass mindestens ein Element aus eben dieser Menge als Folge des Handlungsergebnisses erwartet wird.

Beispiel: Ein Angestellter bittet um eine Gehaltserhöhung (er weiß nicht, wie sein Chef entscheiden wird): $E \rightarrow (F_1 \vee F_2 \vee \ldots F_i \ldots \vee F_k)$

Erwartungen können enttäuscht werden. Das setzt voraus, dass die Erwartung als sichere Vorhersage beurteilt wird. Der Begriff „Erwartung" ist eine Verallgemeinerung des Terminus „bedingte Prognose"[19]. Ersteres bezeichnet eine *subjektive Prognose*, die aus einer subjektiven Ansicht über die Ausgangslage und einem subjektiven Wissen über Zusammenhänge zwischen Ausgangslage und nachfolgendem Zustand abgeleitet ist. Es gibt aber auch Erwartungen, die sich auf Wahrscheinlichkeiten beziehen: Die Chancen, ein Ziel zu erreichen, seien bei Wahl der Handlung H_1 größer als bei Wahl der Handlung H_2. Dieser Vergleich der Chancen verschiedener Handlungen beruht auf dem *komparativen* Wahrscheinlichkeitsbegriff.

Während der komparative Wahrscheinlichkeitsbegriff im Zusammenhang mit Handlungen unproblematisch ist, führt der mathematisch-statistische Wahrscheinlichkeitsbegriff zu Problemen. Betrachten wir dazu die Aussage $p\,(F/E) = k$. Diese Wahrscheinlichkeitsaussage ist mit beliebigen singulären Aussagen über den Eintritt oder Nichteintritt der Folge F verträglich. Außerdem ist der mathematische Wahrscheinlichkeitsbegriff über den Begriff des Zufallsexperiments eingeführt. Ein Zufallsexperiment ist die Anwendung eines Zufallsgenerators (z. B. eines Würfels, einer Ziehung von Zufallszahlen in einer Lotterie). Handlungen können jedoch nur

---

19 Popper (1934/1984).

selten so betrachtet werden, als wären sie durch Anwendung eines Zufallsgenerators entstanden, da sie subjektiv Sinn und Bedeutung aufweisen.

6.1.4 Vorsatz, Zweck, Mittel

Eine erste, noch unpräzise formulierte Selbstaufforderung kann *Absicht* genannt werden. Ist die Selbstaufforderung, einen bestimmten Sachverhalt herbeizuführen, eine gewisse Zeit konstant, so können wir diese Selbstaufforderung einen *Vorsatz* nennen. Eine Person, die den Vorsatz hat, einen bestimmten Zustand herbeizuführen, macht sich daran, einen bestimmten Plan zu seiner Erreichung auszuführen oder sie sucht nach entsprechenden Wegen. Nicht jeder Vorsatz wird dabei jedoch ausgeführt. Vorsätze können aufgegeben werden, wenn die Person einen vorbereitenden Teil des Planes, der zu dem gewünschten Zustand führen soll, für undurchführbar hält, oder wenn Maßnahmen, welche den Zustand herbeiführen können, mit der Erwartung des Eintretens so ungünstiger Nebenwirkungen verbunden ist, dass die Person darauf verzichtet, den Plan umzusetzen.[20] Beispielsweise hat ein Schüler vor, seinem Lehrer einen Streich zu spielen; er gibt diesen Vorsatz indes auf, *weil* er die Bestrafung durch den Lehrer fürchtet.

Mit dem Wort „Zweck" bezeichnen wir solche Vorsätze, die ausgeführt werden. Der Zweck ist jeweils diejenige Folge eines Handlungsergebnisses, welche mit dem Vorsatz übereinstimmt. Wird der Vorsatz ausgeführt, so nennen wir die Handlung selbst, bzw. alle mit ihr verbundenen Teilhandlungen, Mittel zu diesem Zweck. Die ältere Lehrmeinung bezüglich der Zweck-Mittel-Relation bestand darin, dass man versucht hat, diese über die Relation von Ursache und Wirkung einzuführen.[21] Der Grundgedanke dazu lässt sich folgendermaßen darstellen: Haben wir eine Menge von Handlungen (Handlungsergebnissen) und eine Menge von Ereignissen, die als Folgen dieser Handlungen eintreten können, so können wir zunächst von einer bestimmten Handlung ausgehen und danach fragen, welche Ereignisse als Folgen dieser Handlung eintreten werden. Dies wäre eine *kausale* Betrachtung der Zusammenhänge zwischen Handlungen und Ereignissen. Die Handlungen wären hier als *Ursachen* der durch sie bewirkten Ereignisse aufgefasst worden. Wir können aber umgekehrt auch von einem bestimmten Ereignis ausgehen und danach fragen, durch welche Handlungen dieses Ereignis bewirkt wird (bzw. bewirkt werden kann). Dasjenige Ereignis, das wir herausgreifen, würde dann dem *Zweck* entsprechen. Die Zweck-Mittel-Beziehung erscheint so als eine „rückwärts gelesene" Ursache-Wirkungs-Beziehung.[22]

Es ist zwar richtig, dass die Zweck-Mittel-Relation Ursache-Wirkungs-Beziehungen voraussetzt. Aber das ist nicht ihr wesentliches Merkmal. Vielmehr ist die Zweck-

---

20 Miller, Galanter und Pribram (1973, S. 70–71).
21 Wundt (1911).
22 Werbik (1978, S. 26).

Mittel-Relation eine *Wertrelation unter den Wirkungen des Handelns.* „Die Zwecksetzung besagt, dass der Wert der bezweckten Wirkungen *ungeachtet der Werte oder Unwerte der Nebenwirkungen bzw. der aufgegebenen Wirkungen* anderer Handlungen das Handeln zu begründen vermag [...] Der Zweck postuliert [...] die Wertrelation: Wirkung A ist besser als ‚nicht-A'[...] Der Zweck soll die Mittel heiligen, das heißt zur Inkaufnahme der ‚Kosten' des Handelns legitimieren".[23] Die hier von Luhmann vorgeschlagene Einführung der Zweck-Mittel-Relation deckt auch ein wichtiges Merkmal des Zweckbegriffs ab, nämlich die *Persistenz zu etwas hin (oder von etwas weg),* die bereits von Tolman[24] hervorgehoben worden war. Nach Tolman ist die Aussage: „Die Person verfolgt den Zweck *Z"* gleichbedeutend mit der Feststellung, dass sie über Versuche und Irrtümer beharrlich an ihrer Tätigkeit festhält, bis ein bestimmtes Ziel (durch Hin- oder Wegkommen) erreicht ist.

6.1.5 Die Auffassung einer Handlung als eine hierarchische Organisation von Selbstaufforderungen

Innerhalb bestimmter Grenzen kann jedes Ziel bzw. jeder Zweck als Mittel für ein übergeordnetes Ziel (Oberziel, Oberzweck) interpretiert werden. Umgekehrt kann jedes Mittel als Ziel für ein untergeordnetes Mittel gelten. Die grundsätzliche Auffassung einer Handlung als einer hierarchischen Organisation von *Selbstaufforderungen*[25] kann in der Weise präzisiert werden, dass wir dem Handlungsergebnis eine hierarchische Struktur von Selbstaufforderungen zuordnen. Hat eine Person den Vorsatz, das Ziel z_0 zu erreichen, so kann die Person entweder die Selbstaufforderung $z_0!$ wieder zurücknehmen (d. h. auf die Erreichung von z_0 verzichten) oder sich zu Erreichung eines Ziels z_1 auffordern, das sie für ein geeigneteres Mittel für die Erreichung des Ziels z_0 hält. Grundsätzlich vermag jedes Ziel, zu dessen Erreichung sich die Person auffordert, als untergeordnetes Ziel zu einem übergeordneten verstanden zu werden. Infolgedessen kann die Ausführung einer Handlung mit dem Ergebnis z_0 als Selbstaufforderung zur Erreichung des Zieles z_0 und zur Erreichung eines, dem Ziel z_0 untergeordneten Zieles z_j auf jedem tiefergelegenen Niveau $j = 1, 2, 3 \ldots$ der hierarchischen Organisation aufgefasst werden.[26]

Allerdings sind die hierbei möglichen Niveaus endlich. Auf der untersten Ebene stehen die *Basishandlungen* (das sind Handlungen, die nicht weiter in Elemente zerlegt werden können): z. B. eine Muskelkontraktion. Auf der obersten Ebene stehen Güter, die Menschen anstreben (z. B. Gesundheit, Macht, Reichtum, Ansehen, Liebe). Außerdem besteht eine Differenz zwischen der hierarchischen Organisation der

23 Luhmann (1973, S. 44–46, Hervorhebungen im Original).
24 Tolman (1926, S. 355).
25 Lewin (1963), Kaminski (1970), Miller et al. (1973).
26 Werbik und Kempf (1972), Hilke und Kempf (1976).

Selbstaufforderungen und dem tatsächlichen Eintreten des Handlungsergebnisses, weil das Handlungsergebnis aus Selbstaufforderungen nicht abgeleitet werden kann. Bezugnehmend auf die Unterscheidung zwischen *Persönlichkeit* und *Organismus* von Parsons aus dem Jahre 1968 können wir sagen, dass die hierarchische Organisation von Selbstaufforderungen nur dem System „Persönlichkeit" zugeordnet werden kann, wogegen das Handlungsergebnis ohne Mitwirkung des Organismus nicht zustandekommen kann.[27]

6.1.6 Die Erklärung des Handelns

„Eine individuelle Tatsache nennt man erklärt, wenn man ihre Ursache nachgewiesen, das heißt, das oder die ursächlichen Gesetze festgestellt hat, von deren Wirksamkeit ihre Enstehung ein einzelner Fall ist".[28] Die Diskussion innerhalb der Philosophie hat sich – was die Erklärung des Handelns betrifft – von diesem Verständnis von *Erklärung* wegbewegt. Ein wichtiger Zwischenschritt war die Erkenntnis von Davidson[29], dass es keine *deterministischen* psychologischen Gesetze gibt, und auch auf der Ebene alltagspsychologischer Erklärungen keine strikten Gesetze existieren, die hinreichend bewährbare, generalisierte *Voraussagen* über mentale Ereignisse und das Verhalten von Personen erlauben. Dieses Manko scheint allerdings v. a. dem überkomplexen, chaostheoretisch zu verstehenden Entstehungszusammenhang zuzuschreiben zu sein, und widerlegt daher weder schlüssig noch empirisch evident, dass das Denken, Fühlen, Handeln von Menschen grundsätzlich somatische Ursachen besitzt.

Auf die Frage: „Warum tust du das?", antworten wir meist mit der Angabe von Gründen. Gründe sind keine Ursachen, sondern *Normen*. Die Erklärung einer Handlung durch Gründe ist eine selbstständige Form einer Erklärung, die nicht aus der Definition einer kausalen Erklärung wie Mill sie formulierte, abgeleitet werden kann. Eine aggressive Handlung könnte damit, in Übereinstimmung mit geltenden Normen, mit *Notwehr* bzw. *Verteidigung gegen einen Angriff* oder (fragwürdiger) als *Präventionsmaßnahme* begründet werden.

Schon in den 1970er-Jahren hat von Wright die Erklärung einer Handlung durch Ziele bzw. Zwecke, die sogenannte *teleologische Erklärung*, als selbstständige Form einer Erklärung ausformuliert.[30] Diese teleologische Erklärung basiert auf dem folgenden Schema, das v. Wright in Anlehnung an Aristoteles *praktischen Syllogismus*[31] nennt, seine Bestandteile sind folgende Aussagen:

---

27 Werbik (1978, S. 28–29).
28 Mill (1872, II, S. 172).
29 Davidson (1963/1990).
30 v. Wright (1974).
31 v. Wright (1974, S. 93).

- *A* beabsichtigt, *p* herbeizuführen.
- *A* glaubt, dass er *p* nur dann herbeiführen kann, wenn er *a* tut.
- Folglich macht sich *A* daran, *a* zu tun.

„Es kann sein, daß sich der Handelnde irrt, wenn er die Handlung als kausal relevant für den von ihm anvisierten Zweck ansieht. Sein Irrtum läßt jedoch die vorgeschlagene Erklärung nicht ungültig werden. Was der Handelnde glaubt, ist hier die einzig relevante Frage".[32]

Das oben gegebene Schema ist aus verschiedenen Gründen verbesserungsbedürftig: Es muss zusätzlich angenommen werden, dass die Person vom Zeitpunkt der Formulierung ihrer Absicht bis zum Zeitpunkt der Ausführung der Handlung ihre Absicht nicht ändert, dass sie weder an ihrer Ausführung gehindert wird, noch vergisst, die geplante Handlung auszuführen. Zur Berücksichtigung dieser Aspekte schlägt v. Wright das folgende, erweiterte Schema eines praktischen Syllogismus vor:

- Von jetzt an beabsichtigt *A*, *p* zum Zeitpunkt *t* herbeizuführen.
- Von jetzt an glaubt *A*, dass er *p* zum Zeitpunkt *t* nur dann herbeiführen kann, wenn er *a* nicht später als zum Zeitpunkt *t'* tut.
- Folglich macht sich *A* nicht später als zu dem Zeitpunkt daran, *a* zu tun, wo er glaubt, dass der Zeitpunkt *t'* gekommen ist – es sei denn, er vergisst diesen Zeitpunkt oder er wird gehindert.[33]

Implizit ist hierbei noch die Voraussetzung enthalten, dass der Person *Rationalität* unterstellt werden muss.[34]

In diesem Schlussschema sind alle Prämissen und die Conclusio nur aus der Perspektive der Ersten Person feststellbar. Auch das Sich-daran-Machen zur Ausführung einer Handlung ist aus der Beobachterperspektive nicht erkennbar. Betrachten wir dazu das folgende fiktive Beispiel: Jemand will einem anderen Menschen, der ein Tierliebhaber ist, Schaden zufügen. Er glaubt, dass er diesem Menschen nur dann Schaden zufügen kann, wenn er dessen Katze tötet, will aber seine Tat verheimlichen. Folglich wartet er, bis die Katze außer Haus ist, lockt sie mit Futter an, das er zuvor vergiftet hat. Bei diesem Beispiel ist klar, dass ein *externer* Beobachter wenig ausrichten kann. Er müsste den Moment beobachten, in welchem das Subjekt das Futter mit dem Gift vermischt; aber der Betreffende hat Vorkehrungen getroffen, dass diese Handlung von außen nicht beobachtet werden kann. Der Hergang der Tat ist nur aus der Perpektive der Ersten Person, des Täters also, dokumentierbar. Im Sonderfall, dass dieser zu einem Psychotherapeuten oder zur Beichte geht, könnte die Tat aus der Perspektive der Zweiten Person beschrieben werden (aber die berufsethischen Verpflichtungen bzw. das Beichtgeheimnis verbieten zumeist eine öffentliche Kom-

---

32 v. Wright (1974, S. 94).
33 v. Wright (1974, S. 102).
34 Siehe dazu Stegmüller (1983, Kap. VI).

munikation der Tat). Aus der Perspektive des Opfers ist zunächst nur feststellbar, dass die Katze tot ist. Der Tierarzt stellt fest, dass sich im Magen bzw. im Blut Gift befindet, das den Tod der Katze verursachte. Wenn niemand gesehen hat, wie der Täter die Katze fütterte, dann bleibt die Tat unaufgeklärt – es sei denn, man findet beim Täter den Napf mit Spuren des giftigen Futters, wodurch ihm der Vorgang zugeordnet werden könnte. Aus der Perspektive des (menschlichen) Opfers ist jedoch die Frage nicht beantwortbar, *warum* die Katze getötet wurde. Der Psychotherapeut könnte in den Dialogen mit dem Täter darüber hinaus jedoch z. B. zur Erkenntnis kommen, dass die Tat eine Machtdemonstration sein sollte.

Aus der Tatsache, dass die Handlungserklärung am besten aus der Perspektive der Ersten Person bzw. ihrer Spiegelung in der Perspektive der Zweiten Person formuliert werden kann, folgt nicht, dass der Ersten Person eine besondere Autorität zugesprochen werden muss. Vielmehr kann diese Handlungserklärung aus der Wir-Perspektive kritisiert werden.

Kertscher geht davon aus, dass jede Handlung einem *Gut* zugeordnet werden kann.[35] Die Liste der Güter ist gesellschaftlich akzeptiert, sodass wir von legitimen Gütern sprechen können. Diese Liste ist dabei gleichwohl gesellschaftlichen Wandlungsprozessen unterworfen. So ist in Deutschland als Folge des Zweiten Weltkriegs und der sinkenden Akzeptanz für eine patriarchalische Familienstruktur die *Ehre* aus der Liste der legitimen Güter weitgehend verschwunden. In der Türkei beispielsweise ist diese jedoch sehr wohl noch ein weithin anerkanntes Motiv. So wird erklärlich, warum der *Ehrenmord* in Deutschland als ein verabscheuungswürdigeres Verbrechen gilt, während er in der Türkei zumindest in Teilen als moralisch nicht verwerflich angesehen, wenn nicht sogar als geboten erachtet wird. Nach Kertscher ist die Rationalität einer Handlung damit ihre *Begründbarkeit durch legitime Güter*. Rationalität sei immer formal, d. h. unabhängig von den konkreten Inhalten. Ein Beispiel für Rationalität ist folgende Handlungsregel: Wer sich ein bestimmtes Ziel setzt, sucht so lange nach Mitteln, bis er wenigstens ein geeignetes gefunden hat – es sei denn, er verzichtet auf das Ziel. Kertscher argumentiert nun, dass jedes Handeln normativ sei, da es von einem logisch-grammatischen Zusammenhang zwischen den Begriffen „Handlung" und „Gut" ausgehe.[36] Kertschers Überlegungen basieren hier auf den Thesen von Schueler aus dem Jahr 2010: „1. Erklärungen durch Gründe sind eine von kausalen Erklärungen distinkte Erklärungform. Sie erklären auf grundsätzlich andere Weise als kausale Erklärungen. 2. Erklärungen durch Gründe sind selbst normativ ‚bis auf den Grund' (Brandom[37] [...]): Sie machen von normativen Gedanken nicht nur in der Zuschreibung aus der drittpersonalen Perspektive Gebrauch".[38] Akzeptiert man dies, so wird erkennbar, dass auch die Handlungsgründe nach normativen Stan-

---

35 Kertscher (2014).
36 Kertscher (2014, S. 84).
37 Brandom (2000, S. 92).
38 Kertscher (2014, S. 80).

dards bewertet werden können. Es gibt gute Gründe für die Wahl einer Handlung und weniger gute Gründe. „Solche Abwägungen haben ihren Ort im logischen Raum der Gründe und transzendieren damit eine bloß subjektive Perspektive".[39]

> Die Frage, ob eine Handlung oder ein Ziel tatsächlich (d. h. nicht nur für „mich") gut ist, verhält sich analog zur Frage, ob eine Überzeugung tatsächlich wahr ist. Das heißt aber nichts anderes als, dass das Gute der *formale* Gegenstand des Handelns ist, so wie das Wahre der formale Gegenstand des theoretischen Denkens (dazu ausführlich Rödl[[40]] [...]). Die aristotelische Einsicht, wonach alles Handeln nach einem Gut strebt, ist daher zunächst nur eine formale Bestimmung. Folgt aber daraus, dass alles absichtliche Handeln nach einem Gut strebt auch, dass es ein (höchstes) Gut gibt, nach dem alles strebt? Dieser Fehlschluss wird manchmal Aristoteles zugeschrieben (für eine Diskussion vgl. Tugendhat[[41]] [...]). Aristoteles' Argumentation kann aber so verstanden werden, dass die Annahme eines höchsten Guts notwendig ist, um untergeordnete und relative Güter nach ihrem Wert ordnen zu können. Dazu ist der formale Begriff eines höchsten Guts erforderlich.[42]

Nehmen wir das Beispiel des Tyrannenmords. Das Gut, das durch den Tyrannenmord angestrebt wird, ist Freiheit für alle. Ob Freiheit für alle tatsächlich das *höchste* Gut ist, ist eine Frage der Ethik und nicht der Handlungstheorie und lässt sich, wie zu vermuten steht, wohl auch nicht ein für alle Mal logisch schlüssig begründen.

6.1.7 Subjektive Wahrscheinlichkeit, Grundlagen der Entscheidungstheorie

Die Axiome der Wahrscheinlichkeit von Kolmogoroff[43] definieren den Begriff der Wahrscheinlichkeit nicht, sondern geben lediglich Verwendungsregeln für ihn an. Eine Definition des Terminus ist allerdings mithilfe des Begriffs des zufälligen Ereignisses möglich. Ein Ereignis ist zufällig *dann, und nur dann,* wenn es durch Anwendung eines Zufallsgenerators (z. B. eines Würfels, einer mechanisch-blinden Ziehung von Zufallszahlen) herbeigeführt wird. Der Begriff der *subjektiven Wahrscheinlichkeit* wird in Analogie zum Begriff der objektiven Wahrscheinlichkeit gebildet. Allerdings können handlungsvorbereitende Überlegungen kaum so betrachtet werden, als wären sie durch einen Zufallsgenerator entstanden. Die Begriffe „Handlung" und „Zufall" schließen sich gegenseitig aus. Es gibt sprachanalytisch betrachtet keine zufälligen Handlungen, da der bewusste Vorsatz stets vorliegen muss. Außerdem widerspricht ein quantitativer Wahrscheinlichkeitbegriff unseren Denkgewohnheiten: Im Alltag verwenden wir nur einen *komparativen* Wahrscheinlichkeitsbegriff, indem wir sagen,

---

39 Kertscher (2014, S. 84).
40 Rödl (2010).
41 Tugendhat (1993, S. 239 ff.).
42 Kertscher (2014, S. 88–89, Hervorhebung im Original).
43 Kolmogoroff (1933).

die *Chancen* oder *Aussichten*, unser Ziel zu erreichen, *scheinen uns* bei Wahl der Handlung *A* größer als bei Wahl der Handlung *B*.

Damit müssen die folgenden Erwägungen zu den Entscheidungskalkülen menschlichen Handelns als Darstellung metrisierter *Modelle* erkannt werden – Modelle, die nicht etwa behaupten, dass der Mensch selbst als lebendes intentionales Wesen ebenso funktioniere. Vielmehr stellen sie mathematische Beschreibungen und Approximationsversuche dar, wie ein überkomplexer Zusammenhang eingeschätzt, ja überhaupt allererst näherungs- und ausschnittweise numerisch bestimmt werden könnte.

Allgemein lassen sich Entscheidungen klassifizieren, indem man den Grad an *subjektiver* Kenntnis oder Folgeneinschätzung der handelnden Person bezüglich der erwartbaren Konsequenzen betrachtet. Es kommt daher stets nur darauf an, wie sich die objektiven Gegebenheiten im Bewusstsein des Handelnden widerspiegeln. Außerdem sind in der Regel das Gesamtziel (und nicht nur Einzelabsichten) in der Beurteilung wesentlich. Allgemein können *Entscheidungen unter Sicherheit, Entscheidungen unter Risiko* und *Entscheidungen unter Unsicherheit* differenziert werden[44] (s. Abb. 6.1).

Führt eine Handlung *mit Bestimmtheit* zu gewissen Resultaten – Beispiele wären Kaufentscheidungen bei bekannten Preisen, Weglängen bei der Wahl von Transportrouten u. Ä., die sich eindeutig indexieren und vorhersagen lassen, – ist man sich über die eintretenden Folgen also im Klaren und eine Abschätzung erwartbarer Folgen könnte von sicherer Grundlage ausgehen. Eine Entscheidung unter *Risiko* läge vor, wenn bei einer Handlung verschiedene Ergebnisse auftreten könnten, von denen je nur eine *subjektive Wahrscheinlichkeit* bekannt ist. Hier behilft man sich, indem man das Bayes'sche Kriterium ansetzt, nach dem diejenige Handlung zu wählen sei, für welche der Erwartungswert der Wünschbarkeit maximalisiert wird. (Rechnerisch wird ein konkreter Erwartungswert hier als Produkt aus der dazugehörigen Wahrscheinlichkeit mit der diesbezüglichen Wünschbarkeit dargestellt.)[45] Wenn man nicht einmal mehr imstande ist, den Folgen seiner potenziellen Handlungen Wahrscheinlichkeiten zuzuordnen, wäre der dritte Fall von Entscheidungen unter *Unsicherheit* gegeben. Dem Aktor sind hier zwar die möglichen Zustände, infrage kommende Handlungsalternativen und daraus resultierende Konsequenzen mit ihren Wünschbarkeiten bekannt, allein es mangelt ihm letztlich an Kenntnis über die Wahrscheinlichkeiten für die jeweiligen Handlungskonsequenzen.

Um diese unvorteilhafte Situation verantwortlich handhabbar(er) zu machen, sind verschiedene rationale Entscheidungskriterien (letztlich logisch willkürlich) *pos-*

---

44 Stegmüller (1983, Kap. VI, 7.c); vergleiche Jungermann, Pfister und Fischer (2010).
45 Allerdings ist diese subjektive Einschätzung wiederum nicht mit einem objektiven Wahrscheinlichkeitsbegriff zu verwechseln; die Erstere kann in Näherung als fairer Wettquotient dargestellt werden: Ein rational Handelnder wäre mithin nicht bereit, ein System von Wetten anzunehmen, bei denen er nur verlieren, aber nicht gewinnen könnte.

tuliert worden, deren Adäquatheit zudem vor dem Hintergrund anderer Annahmen zur Grosso-modo-Natur der Welt (bzw. Spielumgebung) zu sehen ist. Je nachdem, ob man eine eher positive oder eher negative Grundansicht pflegt bzw. einnehmen muss, können unterschiedliche Handlungskriterien sinnvoll werden. Spielt man gegen einen gütigen Gott oder gegen einen Satan, gegen die Vernunft oder den Wahnsinn, einen Schachgroßmeister oder einen Anfänger, wird dabei zur wichtigen, ergebnisentscheidenden Frage. Als erstes Beispiel sei hier, als eines der am häufigsten verwendeten, das *Maximin-Nutzen-Kriterium*[46] vorgestellt. Wie der Name andeutet, weist es den Aktor an, jene Handlung zu wählen, die im *ungünstigsten Fall* den sich ergebenden Nutzen *maximalisiert*. Man spielt also unter ausgesprochen pessimistischen Vorzeichen gegen einen feindseligen Gegner, negativen Geist: Es komme, nimmt man hier an, *immer* so schlimm wie möglich, weshalb lieber ein kleinerer Gewinn, als gar keiner, vorzuziehen sei. Ein Beispiel von Hempel[47] illustriert diesen Gedanken:

> Jemandem wird als Geschenk erlaubt, einen beliebigen Zug aus einer von zwei Urnen, die Kugeln beinhalten, zu machen und die gezogene Kugel zu behalten. Die Kugeln sind von gleicher Größe und für den Tastsinn ununterscheidbar. In der ersten Urne befinden sich Blei- und Platinkugeln, in der zweiten Gold- und Silberkugeln. Die Häufigkeitsverhältnisse sind dem Ziehenden gänzlich unbekannt, so daß er für seine Entscheidung keine Wahrscheinlichkeitsverteilung verwenden kann. Die subjektiven Nützlichkeiten von Platin-, Gold-, Silber- und Bleikugeln seien in dieser Reihenfolge: 1000, 100, 10, 1. Die Maximin-Regel würde vorschreiben, die zweite Urne zu wählen; denn hier liefert ein Zug im ungünstigsten Fall eine Silberkugel, während bei Wahl der ersten Urne im ungünstigsten Fall bloß eine Bleikugel gezogen wird.[48]

Eine tendenziell sehr optimistische Einstellung bildet dagegen das *Maximax-Nutzen-Kriterium*[49] ab. Hier machte man sich die basale Überzeugung zu eigen, dass *jede* mögliche Handlung ein *bestmögliches* Resultat zeitigen wird, warum es vernünftig wäre, nur solche Handlungen zu wählen, deren Ergebnisse mindestens ebensogut sind, wie das einer Alternative. Im vorgenannten Beispiel würde man damit also aus der ersten Platin-Blei-Urne ziehen. Da aber in Wirklichkeit wohl niemals eine rein pessimistisch versus ausschließlich optimistisch zu beurteilende Welt vorliegen wird, ist es für einen Handelnden hinsichtlich des optimalen Resultats teils sinnvoll, weitere, darüber hinausgehende Abschätzungen zweiter (und höherer Art) zu unternehmen, und zudem kognitiv flexibel ggf. die Handlungskriterien zu wechseln, wenn dies nötig scheint. Hierbei kann es eine logische Sicherheit nicht geben. Um bei groben Disparitäten des Nutzens bei verschiedenen Handlungen zu vermeiden, dass unter rein pessimistischer Maximin-Annahme ein *sehr großer* Gewinn zugunsten eines *sehr geringen* Nutzens „verpasst" wird, wurden deshalb andere Kriterien, wie

---

46 Nach Stegmüller (1983, Kap. VI, 7.c).
47 In Stegmüller (1983).
48 Stegmüller (1983, S. 445).
49 Nach Stegmüller (1983, Kap. VI, 7.c).

e_1

e_2

e_3

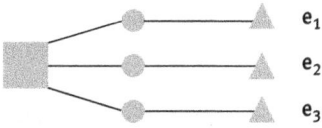

Der Aktor hat eine sichere Erwartung über den Eintritt bestimmter Ereignisse (Konsequenzen) als Folgen seiner Wahl ausgebildet.

(a) Entscheidung unter Sicherheit

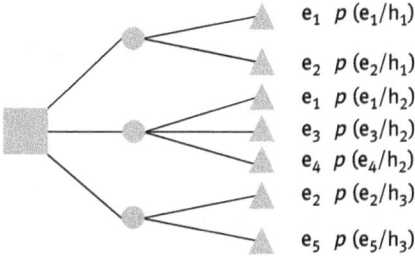

$e_1 \; p\,(e_1/h_1)$

$e_2 \; p\,(e_2/h_1)$

$e_1 \; p\,(e_1/h_2)$

$e_3 \; p\,(e_3/h_2)$

$e_4 \; p\,(e_4/h_2)$

$e_2 \; p\,(e_2/h_3)$

$e_5 \; p\,(e_5/h_3)$

Ein Aktor entscheidet unter Risiko, wenn jede infrage kommende Handlung zu verschiedenen Konsequenzen führen kann, wobei jeder Konsequenz eine gewisse subjektive oder objektive Wahrscheinlichkeit zukommt. Man beachte, dass verschiedene Handlungen zur selben Konsequenz führen können.

(b) Entscheidung unter Risiko

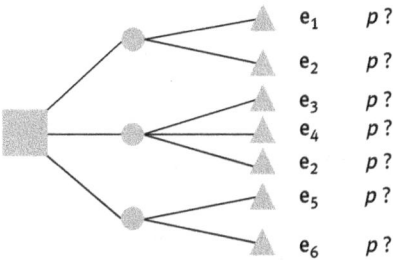

$e_1 \quad p\,?$

$e_2 \quad p\,?$

$e_3 \quad p\,?$

$e_4 \quad p\,?$

$e_2 \quad p\,?$

$e_5 \quad p\,?$

$e_6 \quad p\,?$

Der Aktor kennt die Handlungsalternativen sowie deren Konsequenzen, er verfügt aber über keine Wahrscheinlichkeitsverteilung für die Konsequenzen bei gegebener Handlung. Man beachte, dass auch hier verschiedene Handlungen wiederum zur selben Konsequenz führen können.

(c) Entscheidung unter Unkenntnis

Legende:
▓ = Entscheidungsknoten
● = Handlungsalternative
▲ = Konsequenz einer Handlung
e = Ereignis, das als Konsequenz einer Handlungsalternative auftritt
h = Handlungsalternative
p = Wahrscheinlichkeit
Der Schrägstrich symbolisiert die Bedingung, z. B.: $p\,(e/h)$, d. h. die Wahrscheinlichkeit des Ereignisses e unter der Bedingung h.

Abb. 6.1: Drei Arten von Entscheidungen (eigene Darstellung leicht verändert nach Werbik, 1978, S. 69).

z. B. das *Minimax-Risiko-Kriterium* von Savage oder das *Pessimismus-Optimismus-Kriterium* von Hurwicz vorgeschlagen.[50] Das Minimax-Risiko-Kriterium ersetzt dabei die Wünschbarkeits- durch eine Risikomatrix und fordert den Handelnden auf, dasjenige zu unternehmen, welches das *Maximalrisiko minimalisiert*. Bei einem sehr großen

---

50 Nach Stegmüller (1983, Kap. VI, 7.c).

Gewinn, dem eine nur sehr geringe Verlustmöglichkeit gegenüberstünde, wäre das Maximalrisiko klar gerade bei derjenigen Handlungsalternative anzusiedeln, die im Maximin-Fall den Nutzen maximalisierte (und deshalb umzusetzen sei). Können wir bei der einen Wahl, als Beispiel, einen Euro einbüßen (weil weniger erhalten), aber 1000 bei einer alternativen Handlung eventuell gewinnen, wäre es damit vernünftig, sich auf das relativ marginale Risiko des Nutzenverlustes von einem Euro einzulassen (um potenziell 1000 Euro zu erhalten). Auch das genannte Pessimismus-Optimismus-Kriterium schlägt hier einen ähnlichen Mittelweg zwischen einer ultrapessimistischen versus -optimistischen Sicht ein, und bestimmt aus dem Minimum und Maximum der Wünschbarkeit einer Handlung einen Kriteriumswert, den *α-Index*, wobei die Regel gilt, Handlungen mit höherem *α*-Index vorzuziehen.[51] Schließlich ist noch das sogenannte *Laplace-Kriterium* (Prinzip des unzureichenden Grundes) zu erwähnen, das vorschlägt, bei Unkenntnis alle verfügbaren Optionen (grundlos-willkürlich) als *gleich wahrscheinlich* zu betrachten, sodass man diejenige Handlung ausüben solle, deren *durchschnittlicher Nutzen am höchsten* einzuschätzen wäre.[52]

Die vorstehenden Betrachtungen zeigen (1), dass auch mittels Kriterien wie den dargestellten nicht eindeutig bestimmt werden könnte, welche Handlung zu wählen sei, denn es könnten gleichzeitig verschiedene optimal werden. (2) Es existiert bei vielen Entscheidungen nicht einmal eine Übereinstimmung darüber, welches Rationalitätskriterium zugrunde gelegt werden soll. (3) Es sind für die meisten praktischen Entscheidungsprobleme die für die Anwendung mathematischer Modelle nötigen Voraussetzungen *nicht* erfüllt. Es fehlt zudem oft der Überblick über mögliche Handlungsverläufe, deren Resultate und Wünschbarkeiten.[53] Das Leben ist und bleibt eben ein *komplexes*, „schwieriges" Problem – es ist kein hinreichend logisch-mathematisierbares Spiel wie etwa Schach, sodass Chancen und Risiken nicht vorab sicher errechnet werden können als wären es Zugvarianten in einem immer schon feststehenden Möglichkeitsraum.

6.2 Das Rubikonmodell

Als vielleicht bekanntestes Modell zur systematischen Erfassung psychologischer Handlungskomponeten gilt wohl das *Rubikonmodell der Handlungsphasen* nach Heckhausen.[54] Es wird aufgrund seiner Bedeutung hinsichtlich des praktisch-psychologischen Entscheidungsvorgangs kurz erläutert, denn es zeigt, wie verschiedene motivationale respektive volitionale Prozesse vor, während und nach der Hand-

---

51 Für eine Handlung A_i sei m_i das Minimum und M_i das Maximum unter den möglichen Wünschbarkeiten, sodass (nach Stegmüller, 1983, Kap. VI, 7.c, S. 447) gilt: $\alpha\text{-}Index = \alpha\,m_i + (1 - \alpha)\,M_i$.
52 Jungermann et al. (2010, S. 255).
53 Stegmüller (1983, Kap. VI, 7.c).
54 Heckhausen (1989, S. 203–218).

lung zusammenwirken können. Wie in Abbildung 6.2 dargestellt, gliedert es sich in vier Handlungsetappen, nämlich in einen motivational bestimmten Abschnitt des Wählens, einen volitional bedingten der Entscheidung und danach in die (ebenso volitionale) Phase der Handlungsausführung, die wiederum von einem motivationalen Abschnitt des Bewertens abgelöst wird: Eine voll ausgeprägte Handlung soll alle vier Stadien durchlaufen. Der Begriff „Rubikon" meint dabei in Anspielung auf die Überquerung des oberitalienischen Flusses Rubikon (vermutlich der heutige Rubicone) durch Cäsar[55], dass nach jenem Überschreiten Wahlprozesse von Volitionen abgelöst würden, daher nach Herstellung eines Entschlusses nicht ohne Weiteres wieder zum neuerlichen Wählen übergegangen werden könne: Etwas kaum Zurücknehmbares wie das Zerspringen eines Glases wäre geschehen.[56]

handlungspsychologische Phasenabfolge

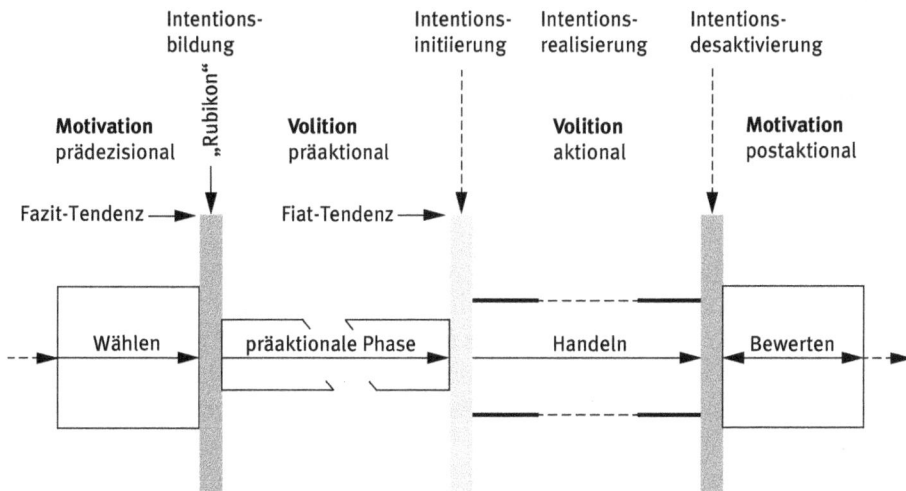

Abb. 6.2: Rubikonmodell (eigene Darstellung leicht verändert nach Heckhausen, 1989, S. 212).

Motivationale Gedanken bezögen sich in diesem Zusammenhang vornehmlich auf eine „anreizbetonte [...] Vergegenwärtigung der möglichen Folgen des eigenen

---

55 Wodurch er am 10. Januar 49 v. Chr. einen Bürgerkrieg auslöste.

56 Heckhausen (1989, S. 203–218) teilt zum Rubikonmodell einige bestätigende Experimentalergebnisse mit. Für jüngere Befunde zur Erforschung von diesbezüglichen *Bewusstseinslagen* (*mindsets*) siehe einführend z. B. Achtziger und Gollwitzer (2009). Bewusstseinslagen sind hier primär nicht als explizite Aufgabenanforderung oder Einstellung, wie von der *Würzburger Schule* (vgl. etwa Külpe, 1904) verstanden, zu sehen, sondern eher als implizite, weniger spezifisch-konkrete kognitive Orientierungen. Dass im Rubikonmodell eine *abwägende, planende* bzw. *bewertende* Bewusstseinslage unterschieden werden könnte, die zu unterschiedlichen Resultaten führe, ist für die ersten beiden in mehreren Experimenten (s. bspw. Achtziger und Gollwitzer, 2006) wahrscheinlich gemacht worden.

Handelns"[57], möglichst stimmig mit den jeweiligen Eintretenswahrscheinlichkeiten abgewogen, welche zumeist einen rein subjektiven Charakter aufweisen werden. Es lassen sich hier allgemein die *Situations-Ergebnis-Erwartung* (d. h. die Beurteilung, welches Ergebnis auch ohne eine Handlung eintreten würde) von der *Handlungs-Ergebnis-Erwartung* und der *Ergebnis-Folgen-Erwartung* (d. h. der *Instrumentalität* für weitere Folgen) unterscheiden.[58]

Die volitionale Bewusstseinslage sei demgegenüber *realisierungsorientiert*[59], der *Wille* metaphorisch als Wagenlenker, Steuermann[60] tätig. Wesentliche Funktionen der Volition wären:

(1) die Bestimmung des richtigen Zeitpunkts der Handlungsinitiierung,
(2) die Art und Weise der Handlungsdurchführung und
(3) die Festlegung, wann die Handlungsintention erfüllt worden ist.

Es herrsche eine selektive ziel- und durchführungsorientierte Aufnahme von Informationen; dabei Störendes würde ggf. mit Metavolitionen beiseitegeschoben. Die volitionale Bewusstseinslage intensiviere sich zudem bei steigender Vorausplanung und der Bildung von *Vornahmen*[61] sowie bei Verstärkung der Zielintention.

Die (problemvariable) *Fazit-Tendenz* würde daneben einen metavolitionalen Kontrollprozess darstellen, der ein überlanges Abwägen zur Intentionsbildung verhindere. Sie werde „umso stärker [...], je mehr die abwägende Person den Eindruck gewinnt, das, was geklärt werden kann, erschöpfend geklärt zu haben."[62] Die darüber hinausgehende sogenannte *Fiat-Tendenz* (von lat. *fiat*: „es werde") bezeichnet eine veränderliche Größe jeder Zielintention. „Bei konkurrierenden Zielintentionen findet jene mit stärkster Fiat-Tendenz Zugang zur Exekutive."[63] Die Fiat-Tendenz hänge somit von der Stärke der Zielintention und der Günstigkeit der Gelegenheit sie umzusetzen ab. Weiterhin könnten die Dringlichkeit und Anzahl der verpassten Gelegenheiten sowie die Zahl der bereits missglückten Versuche bedeutsam werden. Schließlich ist zu erwähnen, dass auch Ablaufstörungen durch Kollision mit plötzlich möglich gewordenen aber bislang unausgeführten Handlungsintentionen denkbar wären, was indes u. U. durch die Entwicklung von Vornahmen abgemildert werden könnte.

In der aktionalen Volitionsphase bestimme dann die Volitionsstärke der Zielintention (die vermutlich von der resultierenden Motivationstendenz beeinflusst werde) die Intensität und Ausdauer der Handlung: „Die Höhe der aktuellen Volitionsstärke

---

57 Heckhausen (1989, S. 204).
58 Heckhausen (1989, S. 203 ff. u. S. 468).
59 Heckhausen (1989, S. 204).
60 Weinert (1987, S. 16–19).
61 Das heißt Metavolitionen, die das Ergebnis *vorausplanender* Handlungsinitiierung und -ausführung sind (Heckhausen, 1989, S. 214), damit also vorbereitete Handlungen darstellen (Lewin, 1926, S. 383).
62 Heckhausen (1989, S. 213; s. dazu auch S. 203–218).
63 Heckhausen (1989, S. 214).

oder Anstrengungsbereitschaft hängt von der zu überwindenden Schwierigkeit ab. In diesem Punkt folgt das Rubikonmodell dem Ach-Hillgruberschen Schwierigkeitsgesetz der Motivation".[64]

In der postaktionalen Motivationsphase nach Abschluss der Handlung(en) würde eine Bewertung der erzielten Ergebnisse vorgenommen, die u. U. Schlussfolgerungen für das künftige Handeln implizierten. In diesem Kontext könnte auch eine Kausalattribution stattfinden, wenn das Ziel nicht oder nicht ganz erreicht worden sei. „Was dann den Schlußpunkt der rückblickenden Bewertung setzt, sind typischerweise Vornahmen für das künftige Herangehen an gleiche oder ähnliche Handlungen."[65]

Die dargestellte Phasenabfolge stellt jedoch eine Idealisierung dar, denn es „befinden sich zu jedem Zeitpunkt viele Intentionen in der präaktionalen Phase, d. h. in einem Wartezustand"[66]. Viele alltägliche Handlungen sind außerdem automatisiert und bedürfen keiner neuerlichen Abwägung oder Entscheidungsbildung. *Dauerintentionen*, die langfristig im Leben einer Person vorliegen, und (unbeherrschte, den Kräften des psychischen Feldes spontan gehorchende) *Feldhandlungen*[67] sind als Abweichungen vom idealtypischen Verlauf im Rubikonmodell denkbar – genauso wie z. B. die „Überlappung" der genannten Handlungsphasen. Wie meist, wenn man etwas theoretische Ordnung in die Welt bringen möchte, gerät man auch hier wegen der Komplexität möglicher Vorgänge schnell an Grenzen. Aber zumindest für einige „wohlgebildet" ablaufende Handlungen könnte das Modell durchaus sinnvoll sein.

Das begrifflich intentionale Rubikonmodell setzt damit primär (nur) die *Handlungsfreiheit* des Menschen an. Es ist falsifizierbar[68] und leidet nicht unter unvertretbaren Immunisierungstendenzen, die eine praktische Widerlegung sachlich unzutreffend verhinderten. Die Abfolge der einzelnen Handlungsabschnitte wird in erster Linie kognitiv von den subjektiven Erlebnissen des Handelnden her gefasst. Es berücksichtigt jedoch keine „motivationale' Steuerungslage [...], in der Handlungsverläufe im wesentlichen bedürfnisgesteuert und wenig oder gar nicht volitional kontrolliert sind [...], weil es motivationale Prozesse auf die Phase des Wählens beschränkt"[69]. Wahlmotivationen werden zudem mathematisiert im *Erwartungs-Wert-Ansatz* miteinbezogen, dessen wesentlichstes Problem schon kurz erläutert wurde. Heckhausen schreibt: „Je vollständiger man Gründe und Gegengründe [in der prädezisionalen Motivationsphase] für einen Entschluß abgewogen hat, umso näher fühlt man sich dem Akt des Entschlusses."[70] Ob es allerdings *bewusste volitionale Entschlüsse* im strengen Sinne (und nicht nur als eine Art Meldung über unbewusst Vorbereitetes,

---

64 Heckhausen (1989, S. 215).
65 Heckhausen (1989, S. 218).
66 Heckhausen (1989, S. 212; s. dazu auch S. 203–218).
67 Im Sinne von Lewin (1926, S. 378 f.).
68 Im Sinne von Popper (1934/1984).
69 Kuhl (1994, S. 23).
70 Heckhausen (1989, S. 213).

was wir dann als Willen bezeichnen) überhaupt geben kann, wird nicht erwogen. Das Rubikonmodell ist daher ein eher *pragmatisches* Modell der Handlungsabfolge, das nicht für alle denkbaren Handlungen gelten kann. Es beschreibt die summarischen Tendenzen, die dem Aktor gewahr werden und ihn subjektiv zu bestimmen scheinen, wobei keine Verbindung zu neurowissenschaftlich zu beschreibenden somatischen Vorgängen hergestellt wird.

Das Rubikonmodell mit seiner Bewusstseinslagenforschung hat gleichwohl zu einer Neubestimmung des Konzepts der *Motivation* beigetragen. Früher wurde dieser Begriff eingesetzt, um einerseits die Bereitschaft eines Menschen, bestimmte Handlungen zu zeigen, als auch andererseits die Intensität und Effizienz, mit der diese Handlungen umgesetzt werden, auszudrücken. In jüngerer Zeit diskutiert man ihn eher i. S. der Ausgestaltung zielgerichteter Handlungen im Hinblick auf motivationale Aspekte wie Wünschbarkeit und Erreichbarkeit möglicher Ziele (v. a. während der prädezisionalen sowie postaktionalen Phase). Die erfolgreiche *Durchführung* eines gewählten Handlungsverlaufs (hauptsächlich während der präaktionalen und aktionalen Phase) wird dagegen unter volitionalen Aspekten gesehen, wobei die Willenskraft der Person sowie ihre Selbstregulationsstrategien[71] wesentlich würden.[72]

6.3 Ein Schema zur Analyse von Handlungen

Werbik und Kempf sowie Werbik[73] haben ein Analyseschema für Handlungen ausgearbeitet, das als methodische Grundlage für die Erklärung von Handlungen dienen kann.[74] Es bezieht sich bei der Abgrenzung von Handlungseinheiten auf die *Absicht* des Handelnden.[75] Eine *Handlung* beginnt also mit einer *Selbstaufforderung z_0!* des Handelnden und endet mit der Rücknahme dieser Selbstaufforderung: entweder, weil das Ziel z_0 eingetreten ist, oder weil die Person auf die Erreichung von z_0 verzichtet. Es tritt nun das Problem auf, wie man in Versuchssituationen, in denen die Handlungen von Personen analysiert werden sollen, den Beginn der Handlung, also die erstmalige Selbstaufforderung, das Ziel z_0 zu erreichen, feststellen kann. Ein Weg zur Lösung dieses Problems besteht darin, dass man die Selbstaufforderung als Stellungnahme zu einer Aufforderung, die von einer anderen Person P_2 an die Versuchsperson P_1 gerichtet wird, deren Handlung betrachtet werden soll, darstellt. Man fragt also die Versuchsperson P_1, ob sie die gegebene Aufforderung befolgen will oder nicht. Stimmt sie zu, so sagen wir von ihr, dass sie die Aufforderung der anderen Person

---

71 Siehe den Intentionstheoretischen Ansatz bzw. die *Theorie des regulatorischen Fokus* in Brandstätter und Otto (2009).

72 Achtziger und Gollwitzer (2009).

73 In Werbik und Kempf (1972) bzw. Werbik (1974, 1976, 1978).

74 Kapitel 6.3. folgt inhaltlich Werbik (1978, S. 50–55).

75 Vergleiche Tolman (1951, S. 281).

P_2 als Selbstaufforderung übernommen hat. Die Darstellung der Selbstaufforderung als Antwort auf die Aufforderung einer anderen Person hat zudem den Vorteil, dass ein Bezugsniveau 0 festgelegt wird, von dem aus – gemäß dem Prinzip der hierarchischen Organisation einer Handlung – übergeordnete und untergeordnete Ziele betrachtet werden können. Die Analyse der Handlung h_0, welche dem Bezugsniveau 0 zugeordnet ist, beginnt mit der Feststellung, dass die Versuchsperson P_1 den Sprechakt der Person P_2 als an sie gerichtete Aufforderung erkannt hat, und endet mit der Feststellung des Eintretens des Ergebnisses z_0, wodurch die Aufforderung befolgt ist, oder mit der Feststellung, dass die Versuchsperson die gegebene Aufforderung zurückweist (weil sie grundsätzlich nicht bereit ist, sie zu befolgen, oder weil sie keinen geeigneten Weg zur Erreichung des Zieles findet). Diese Ausführungen sind nicht so zu verstehen, als sei damit gemeint, dass jede Handlung eine faktisch gegebene Fremdaufforderung beantwortet, also die Fremdaufforderung eine *notwendige* Bedingung des Handlungsbegriffs sei. Es wird lediglich behauptet, dass wir aus der Sicht des Beobachters nur solche Handlungen näher analysieren können, die sich auf eine faktisch gegebene Aufforderung einer anderen Person (zustimmend oder ablehnend) beziehen, die also als Handlungen aufgrund einer Aufforderung bezeichnet werden können.

6.3.1 Das allgemeine Analyseschema einer Handlung

Wir betrachten das Verhalten einer Person P_1 im Anschluss an eine Aufforderung einer anderen Person P_2 an P_1, einen bestimmten Zustand herbeizuführen. Wir untergliedern nun den Handlungsablauf so, dass wir die möglichen durch Beobachtung feststellbaren Resultate – oder Zwischenresultate der Handlung – als Ausgänge dreier Untersysteme darstellen, die hierarchisch ineinander geschachtelt sind (s. Abb. 6.3).

Das erste (übergeordnete) Untersystem heißt *Beurteilung der Aufforderung*, seine beiden Ausgänge heißen *Übernahme der Aufforderung als Selbstaufforderung* oder *Zurückweisung der Aufforderung*, die das Ende der Handlung bedeutet. Nur der erste Ausgang dieses Untersystems ist gleichzeitig Eingang in das zweite Untersystem, das wir *Suchprozess* nennen. Seine beiden Ausgänge sind die Wahl eines bestimmten Mittels z_1 für z_0 oder die Zurückweisung der Aufforderung, die das Ende der Handlung bedeutet. Die Wahl eines Mittels z_1 ist Eingang für ein drittes Untersystem, das wir *Ausführung z_1* nennen. Seine möglichen Ausgänge sind Erreichen des Ergebnisses z_1 oder Verzicht auf z_1. Die Feststellung des Erreichens von z_1 mag als *Test* im Sinne des *TOTE-Modells* von Miller, Galanter und Pribram aus dem Jahre 1973 aufgefasst werden. Wenn z_1 nicht erreicht ist, wird das Untersystem *Ausführung z_1* erneut aufgerufen, bis der Test ein positives Resultat hat oder die Person auf die Erreichung von z_1 verzichtet. In diesem Falle geht sie erneut an den Beginn des Suchprozesses zurück. Ist das Erreichen von z_1 festgestellt, so wird geprüft, ob damit das Ziel z_0 erlangt ist.

Ergibt dieser Test ein positives Resultat, so ist die Aufforderung befolgt und die Handlung beendet. Andernfalls wird das Untersystem „Suchprozess" erneut aufgerufen.

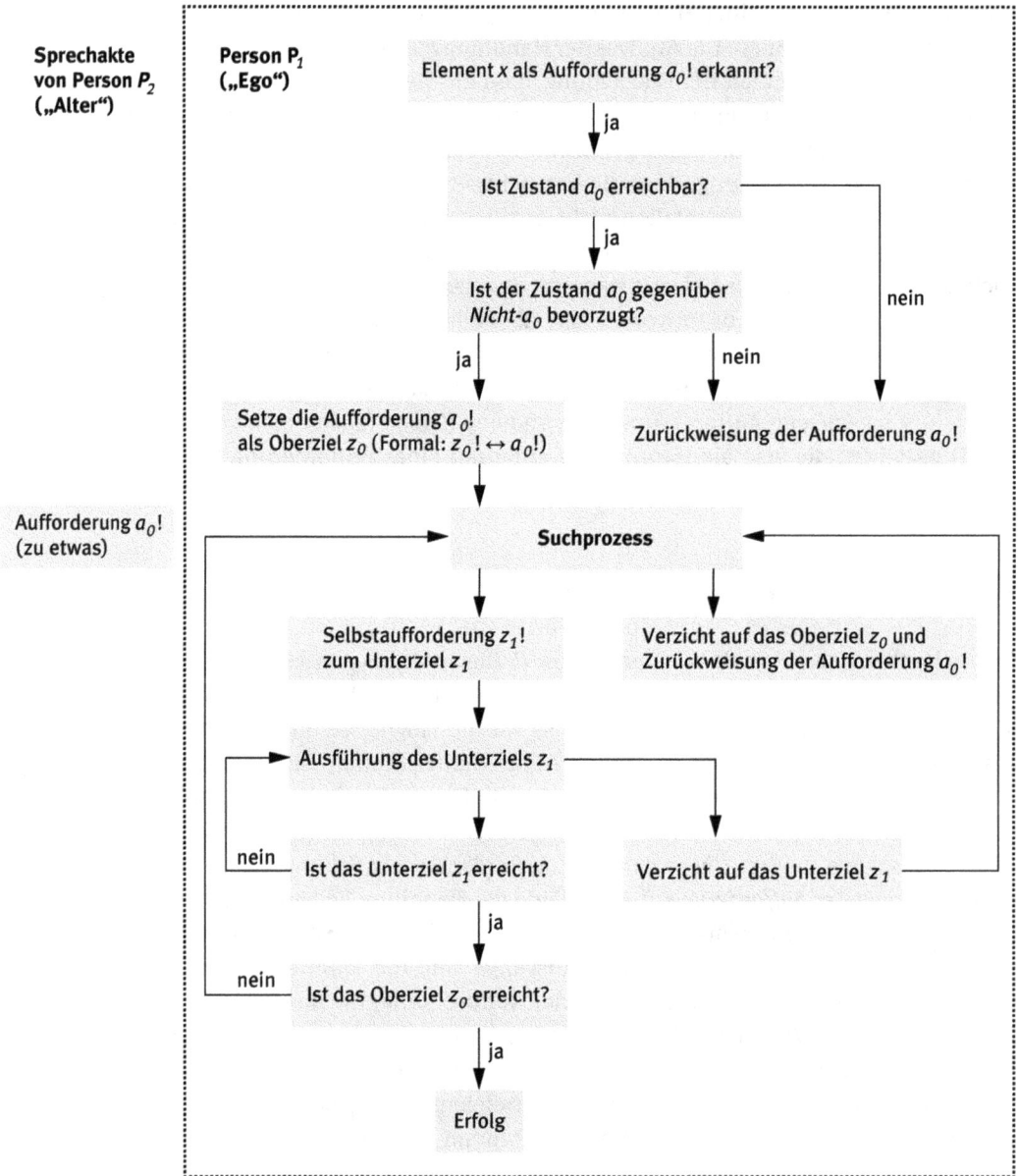

Abb. 6.3: Analyse- oder Prozessschema des Handelns (eigene Darstellung verändert nach Werbik, 1978, S. 51).

Damit haben wir eine Übersicht über den Zusammenhang der drei Untersysteme gegeben. Zu beachten ist, dass gemäß unserem Schema auch das System *Ausführung z_1* in zwei Untersysteme *Suchprozess z_2* und *Ausführung z_2* untergliedert werden kann. Das bedeutet, dass nach unserem Prinzip der hierarchischen Verhaltensorganisation z_1 nur dann ausgeführt werden kann, wenn ein geeignetes Mittel z_2 für die Herbeiführung des Ergebnisses z_1 gefunden wird und das Mittel z_2 auch ausgeführt werden kann usw. Untergliedern wir in dieser Weise die *Ausführung z_1*, so erkennen wir, dass zwischen *Suchprozess z_1* und *Ausführung z_2* einerseits und *Beurteilung der Aufforderung a_0* und *Ausführung z_0* (= *Suchprozess z_1* plus *Ausführung z_1*) andererseits analoge Relationen bestehen. In den Kapiteln 6.3.1.1 und 6.3.1.2 betrachten wir beide Untersysteme „Beurteilung der Aufforderung" und „Suchprozess" näher. Beide Systeme haben gemeinsam, dass in ihnen die Realisierbarkeit einer Aufforderung und die Bereitschaft der Person, ihr zu folgen, beurteilt wird.

6.3.1.1 Beurteilung der Aufforderung

Das Untersystem „Beurteilung der Aufforderung" enthält mindestens folgende Beurteilungsschritte (s. Abb. 6.3):

(1) Erkennen des Sprechakts der anderen Person als Aufforderung, einen bestimmten Zustand z_0 herbeizuführen.

(2) Feststellung, dass im Moment der Zustand z_0 nicht erreicht ist.

(3) Beurteilung, ob der Zustand z_0 erreichbar ist. Wird der Zustand z_0 als *nicht erreichbar* beurteilt, weist die Person die Aufforderung zurück.

(4) Beurteilung, ob der Zustand z_0 vor dem Zustand *non-z_0* bevorzugt wird, wenn nur die Alternativen z_0 und *non-z_0* bevorzugt zur Wahl stehen. Bevorzugt die Person den Zustand *non-z_0*, dann weist die Person die Aufforderung, z_0 herbeizuführen, zurück. Ist die Aufforderung, z_0 herbeizuführen, als solche von der Person erkannt worden, und hält sie den Zustand z_0 für momentan nicht gegeben aber für erreichbar und bevorzugt sie ihn vor dem Zustand *non-z_0*, dann können wir von der Person sagen, dass sie die Aufforderung, z_0 herbeizuführen, als Selbstaufforderung z_0! übernimmt.

6.3.1.2 Suchprozess

Die Selbstaufforderung z_0! ist der Eingang in den Suchprozess (s. Abb. 6.4), der zwei mögliche Ergebnisse hat: Auswahl eines bestimmten Zieles z_1, das die Person für ein geeignetes Mittel zur Erreichung von z_0 hält, oder Verzicht auf das Ziel z_0, weil der Betreffende kein geeignetes Mittel findet. Im zweiten Fall weist er die Aufforderung, die er zuvor als Selbstaufforderung übernommen hat, doch noch zurück.

Der Suchprozess ist in zwei Teilsysteme untergliedert. Im ersten Teilsystem wird in einem hierarchisch aufgebauten System von binären Entscheidungen beurteilt, ob eine Verhaltensweise als Mittel zur Erreichung von z_0 als *grundsätzlich akzeptabel* angesehen werden kann. Jede genannte Verhaltensweise wird dabei gesondert als grundsätzlich akzeptabel oder als grundsätzlich inakzeptabel beurteilt. Die Suche nach alternativen Verhaltensweisen und die Beurteilung ihrer Akzeptabilität wird so lange fortgesetzt, bis die Person die Menge der bislang von ihr aufgefundenen grundsätzlich akzeptablen Verhaltensweisen für *ausreichend* hält. Ist diese Testbedingung erfüllt, so wird das zweite Teilsystem des Suchprozesses aufgerufen. Dieses wählt aus der Menge der grundsätzlich akzeptablen Verhaltensweisen die bevorzugte aus, zu deren Ausführung sich die Person dann auffordert. Die Suche nach möglichen Mitteln für z_0 kann nur in Gang kommen, wenn die Person sich dafür entscheidet, die Behauptung vorläufig anzuerkennen, dass es für sie mindestens eine Verhaltensweise v_1 gibt, die als Mittel für z_0 infrage kommt. Erkennt die Person diese Verhaltensweise nicht an, so verzichtet sie auf die Erreichung des Zieles z_0 und weist damit die Aufforderung, die sie zuvor übernommen hat, zurück. Glaubt der Betreffende daran, dass es mindestens ein potenzielles Mittel für z_0 gibt, so ruft er einen Speicher auf, in dem Verhaltensweisen zu Zielen zugeordnet sind. Kann er die zuvor aufgestellte Behauptung, dass es für sie mindestens eine Verhaltensweise gibt, die dem Ziel z_0 zugeordnet ist, einlösen, indem er durch Abfrage des Speichers tatsächlich eine Verhaltensweise v_1 findet, so wollen wir sagen: Die Verhaltensweise v_1 ist *genannt*. Ist der Abruf des Speichers nicht erfolgreich, dann muss die Person erneut entscheiden, ob sie glaubt, mindestens ein potenzielles Mittel für z_0 zu finden. Die für den Einstieg in den Suchprozess notwendige Festsetzung der Person bezieht ich also darauf, ob sie ein Suchen nach Verhaltensweisen bzw. ein weiteres Suchen für erfolgversprechend hält.[76] Die Annahme oder das Verwerfen der Behauptung: „Es gibt ein v_1 für z_0" hängt sicherlich mit der Auswertung eines übergeordneten Wissens der Person darüber, was sie an möglichen Maßnahmen wissen kann, zusammen.

Jedes genannte Verhalten v_1 wird zunächst hinsichtlich seiner Tauglichkeit zum Herbeiführen von z_0 bewertet (*instrumentelle Bewertung*). Dabei wird angenommen, dass die Person für diesen Bewertungsschritt einen Speicher aufruft, in dem Erfahrungen über *Erfolge* oder *Misserfolge* des Verhaltens v_1 relativ zu z_0 enthalten sind. Als Ergebnisse der instrumentellen Bewertung setzen wir die folgenden Möglichkeiten fest:

(1) P_1 hält z_0 durch die Wahl von v_1 für erreichbar,
(2) P_1 hält z_0 durch die Wahl von v_1 für nicht erreichbar.

Die Beurteilung, dass z_0 über v_1 erreichbar ist, soll nur an die minimale Voraussetzung gebunden sein, dass die Person weder erwartet, dass der Zustand *non-z_0* mit Sicherheit eintritt, wenn sie v_1 wählt noch erwartet, dass der Zustand z_0 mit Sicherheit eintritt, wenn sie v_1 nicht wählt. Hält die Person das Ziel z_0 bei Wahl von v_1 für nicht erreichbar, so verwirft die Person v_1 als Mittel für z_0 und geht zurück an den Beginn des Suchprozesses, um ein neues Mittel für z_0 zu suchen. Beurteilt die Person z_0 als durch die Wahl von v_1 erreichbar, so muss sie entscheiden, ob sie den Zustand z_0 in

---

76 Vergleiche Langenheder (1975).

**Sprechakte
von Person P_2
(„Alter")**

**Person P_1
(„Ego")**

Selbstaufforderung z_0!
zur Zielerreichung

Aktor weiß, es gibt mindestens ein
Verhalten v_1 für die Oberzielerreichung z_0
(formal: $\exists\, v_1$ für z_0)

Informationen
über Vorrat
an Vorschlägen

ja

nein

Nenne das Verhalten v_1.

Verzicht auf das
Oberziel z_0

Verhaltensvor-
schläge für v

nein

Ist das Verhalten v_1 genannt?

ja

Informationen
zur Geeignetheit
des Verhaltens v_1
zur Oberzieler-
reichung z_0

Mittel,
Ziel,
Wissen

Ist das Oberziel z_0 durch das
Verhalten v_1 erreichbar?
(Abruf aus dem Gedächtnis)

ja

Normen,
Wissen

Soll das Oberziel z_0 durch das
Verhalten v_1 erreicht werden?
(formal: $v_1 \wedge z_0$ vor $\neg\, z_0$?)

Informationen
über „Neben-
wirkungen" des
Verhaltens v_1

ja

nein

nein

Akzeptiere das Verhalten v_1 als Mittel
für die Oberzielerreichung z_0.

Verwerfe das Verhalten v_1
als Mittel für die
Oberzielerreichung z_0.

nein

Gibt es genug geeignetes Verhalten?
Ist diese Menge V_0^* ausreichend?

ja

Wähle das bevorzugte Verhalten v_1^*.

Setze das Verhalten v_1^* als Unterziel
(zur Oberzielerreichung).
(formal: $z_1 \leftrightarrow v_1^*$).

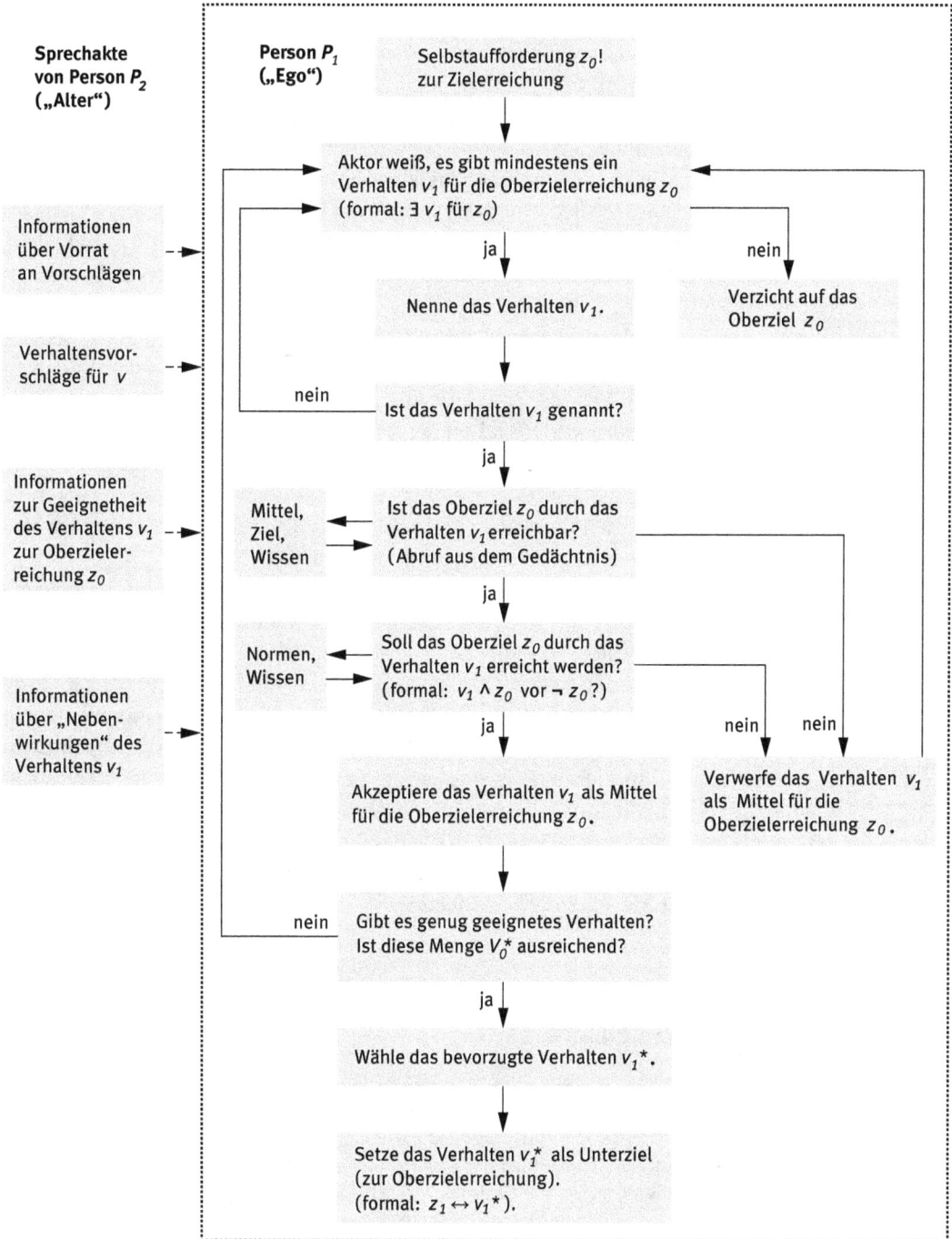

Abb. 6.4: Suchprozess (eigene Darstellung verändert nach Werbik, 1978, S. 53).

Verbindung mit dem Ergebnis v_1 vor dem Zustand *non-z_0* bevorzugt, wenn nur diese beiden Möglichkeiten zur Wahl stehen. Ist der Person die Konjunktion $v_1 \wedge z_0$, lieber als der Zustand z_0, dann akzeptiert sie v_1 als Mittel für z_0. Andernfalls verwirft sie v_1 als Mittel und geht an den Anfang des Suchprozesses zurück. Um diese Präferenzentscheidung verständlich zu machen, ist nötig, darauf hinzuweisen, dass die Ergebnisse von Maßnahmen – auch unabhängig von ihren Folgen – für die Person einen bestimmten *Eigenwert* haben. Hat das Ergebnis von v_1 eine extrem *negative Valenz*, so ist es durchaus möglich, dass die Person zwar den Zustand z_1 vor dem Zustand *non-z_0* bevorzugt, aber trotzdem den Zustand *non-z_0* vor der Konjunktion $v_1 \wedge z_0$ bevorzugt. Für die Bewertung der Konjunktion $v_1 \wedge z_0$ kann das Wissen der Person über Nebenfolgen, die speziell dann eintreten, wenn v_1 als Mittel für z_0 gewählt wird, bedeutsam sein. Eine Verhaltensweise, die innerhalb der instrumentellen Bewertung nicht verworfen, und deren Ergebnis in Konjunktion mit dem Zustand z_0 vor dem Zustand *non-z_0* bevorzugt wurde, wird als Mittel für z_0 akzeptiert. Es muss postuliert werden, dass die einzelnen, im ersten Teilsystem des Suchprozesses aufgefundenen Verhaltensweisen nebst ihren Bewertungsergebnissen in einen Zwischenspeicher eingehen, denn diese Daten werden im zweiten Teilsystem, das die einzelnen akzeptablen Verhaltensweisen miteinander vergleicht, nochmals benötigt.

Dieses zweite Teilsystem des Suchprozesses wird erst dann aufgerufen, wenn die Person durch einen Test feststellt, dass die Menge V^* der bisher aufgefundenen und als *akzeptabel* beurteilten Verhaltensweisen für sie ausreichend ist. Hat dieser Test ein negatives Ergebnis, so fordert sich die Person erneut auf, mögliche Mittel für z_0 zu suchen. Dabei kann als Komplikation auftreten, dass der Betreffende nun nicht mehr glaubt, dass es mindestens noch eine weitere Verhaltensweise gibt, die als Mittel für z_0 infrage kommt. In diesem Fall muss er entweder auf die Erreichung von z_0 verzichten (und damit die Aufforderung zurückweisen), oder er muss die Bewertungskriterien, die er bei der Beurteilung der Akzeptabilität der einzelnen Verhaltensweisen oder bei der Beurteilung der Menge V^* der akzeptablen Verhaltensweisen als *ausreichend* angewandt hat, entsprechend abändern.

6.4 Exkurs: Handlungstheoretische Positionen der deutschen Rechtswissenschaft

Mit der tatbestandsmäßigen, rechtswidrigen und vorwerfbaren (schuldhaften) Unwertverwirklichung steht die äußere Gestalt der strafbaren Handlung fest. Dieser Rahmen ist seit *Ernst Beling* und *Franz von Liszt* als *fünf-* bzw. *vier-* und nach heutigem Verständnis *dreistufiger Straftatbegriff* im Wesentlichen unumstritten. Fraglich ist, welche *Elemente* der gesetzlich beschriebenen strafbaren Handlung an welcher Stelle mit welchen Eigenschaften innerhalb des Stufenbaus zu platzieren sind (*Struktur der strafbaren Handlung*).[77]

---

77 Gropp (2015, S. 73, Hervorhebungen im Original).

Der materielle Gehalt der Straftat besteht dabei in der Nichtanerkennung eines strafrechtlich geschützen *Rechtsguts*, Negierung seines *Geltungsanspruchs*, wobei anzumerken ist, dass über deren Gestalt und Ausprägung bis heute teils heftig gerungen wird, obwohl die wesentlichsten davon, wie Leben, Gesundheit und Eigentum, meist keiner Diskussion mehr bedürfen. Der Unwert einer Handlung kann einerseits aus dem *Sachverhalt* selbst, d. h. der herbeigeführten Veränderung in der Außenwelt (z. B. dem Tod eines Menschen) oder aus der *Handlung* (z. B. beim Führen eines Kraftfahrzeugs trotz alkoholbedingter Fahruntüchtigkeit) herstammen, darüber hinaus allerdings auch aus dem sichtbar gewordenen *Willen* und der *Haltung* des Täters (z. B. den niedrigen Beweggründen beim Mord, die Rücksichtslosigkeit während einer Straßenverkehrsgefährdung) abgeleitet werden. Wie der Sachverhaltsunwert vermag, da sonst eine unstatthafte Gesinnungsbestrafung vorläge, auch der personale Unwert allein den Unwert der strafbaren Handlung nicht zu konstituieren, weshalb die Elemente des personalen Unwerts die des Sachverhaltsunwerts *ergänzen*. Um strafbar zu sein, muss die gesetzlich beschriebene Unwertverwirklichung noch dazu *rechtswidrig* sein, also im Widerspruch zur Gesamtrechtsordnung stehen – *Rechtfertigungsgründe* wie z. B. Notwehr müssen daher ausgeschlossen werden.[78]

Der Begriff der strafbaren Handlung kann indes nur dann wirklich sinnvoll sein, wenn er tatsächlich hinreichend *abgrenzt*. Dazu muss er insbesondere nicht willensgetragene Handlungen (wie Reflexbewegungen), Körperbewegungen Schlafender oder die während epileptischer Anfälle sowie jener durch Einwirkung unmittelbarer Kräfte i. S. einer *vis absoluta* (d. h. unwiderstehlichen Gewalt) zustande gekommenen, differenzieren können und ausklammern.[79] In der strafrechtlichen Diskussion sind in diesem Zusammenhang verschiedene Handlungsbegriffe gebildet und angewandt worden, von denen in den Kapiteln 6.4.1 bis 6.4.6 die wesentlichen, basierend auf den Ausführungen von Gropp[80], verkürzt referiert und bewertet werden.

6.4.1 Die kausale Handlungslehre nach Franz v. Liszt (1851–1919) und Ernst Beling (1866–1932)

Diese nimmt bei einer strafbaren Handlung eine „auf menschliches Wollen zurückführbare [...] *Veränderung in der Außenwelt*"[81] zur Grundlage, was später dahingend erweitert worden war, dass galt: „Handlung ist willkürliches Verhalten zur Außenwelt; genauer: Veränderung, d. h. Verursachung oder Nichthinderung einer Veränderung d.

---

78 Gropp (2015, S. 62–72).
79 Gropp (2015, S. 74).
80 Gropp (2015, S. 76–95).
81 v. Liszt (1891), *Strafrecht* (4. Aufl.), S. 128, zit. nach Gropp (2015, S. 76, Hervorhebungen im Original).

Außenwelt durch willkürliches Verhalten".[82] Somit konnte auch ein Unterlassen von Handlungen gleicherweise strafrechtlich belangt werden. In diesem Kontext muss der Wille (was immer das psychologisch-neurowissenschaftlich oder philosophisch auch sei, bleibt dahingestellt) des Delinquenten sich nicht einmal auf die Verwirklichung einer Straftat beziehen, sondern es reicht allein, das Verhalten *als solches* zu bewirken. Der Täter muss in dieser Auslegung somit gar nicht wollen, was er bewirkt, er muss es nur bewirken. Ein u. U. vorliegendes Wissen und Wollen hinsichtlich der Erfüllung einer Strafnorm kann hierbei als Vorsatz ausschließlich ein Element der Schuldhaftigkeitsfrage sein. „Der gesetzlich beschriebene *Unwert* und im Falle der Rechtswidrigkeit auch das *Unrecht* der strafbaren Handlung liegen somit bereits dann vor, wenn der Täter *willentlich* den Eintritt des Sachverhaltsunwerts verursacht."[83] Dieser, auf dem naturwissenschaftlich-mechanistischen Weltbild des 19. Jahrhunderts fußende Begriff beschränkt sich mithin darauf, Außenwelttatsachen zu beschreiben, die sodann auf ihre Rechtswidrigkeit untersucht werden, worauf sich die Prüfung der persönlichen Schuld des Täters anschließt. Stärken sind hier die Einfach- und Übersichtlichkeit, die der Rechtspraxis entgegenkommen. Zudem erfüllt der kausale Handlungsbegriff die Abgrenzungsfunktion zu den Nichthandlungen gut, unterscheidet jedoch vorsätzliches von fahrlässigem Tun nur in der späteren Phase der Bewertung der Schuldfrage. Als *Verbindungselement* kann der Ansatz, weil die inkriminierte kausale Handlung tatbestandsmäßig, rechtswidrig und schuldhaft verwirklicht wird, hinreichen. Wenn Straftaten nicht nur auf einer Verursachung, sondern auch auf *Bewertungen* beruhen, gerät er allerdings in Begründungsprobleme: Der Unwert einer Beleidigung z. B. ist weitgehend unabhängig von einer manifesten Veränderung in der Außenwelt (wie Luftschwingungen, neurologischen Aktivationen), sondern vornehmlich *intentional*. Ein Körperverhalten allein scheint darüber hinaus nicht per se zum gesetzlich normierten Unwert einer Handlung führen zu können: Es wäre dann nämlich gleicherweise mindestens Totschlag, eine Küchenschabe oder einen Menschen umzubringen. Vor allem aber beim *Versuch*, der durch einen subjektiven Entschluss geprägt ist, als auch dem Unterlassensdelikt, bei dem eine mechanistische Veränderung gar nicht stattfindet, müsste die kausale Handlungslehre in Bedrängnis geraten. Kommen als Elemente der Tatbestandsmäßigkeit Absichten (beispielsweise die Zueignungsabsicht beim Diebstahl) oder Motive (z. B. Tötung aus niedrigen Beweggründen) ins Spiel, können diese nur im Bereich der Schuldfrage erwogen werden. Aufgrund dessen nimmt der erweiternde neoklassische Begriff der Strafhandlung (als Produkt von Zugeständnissen der kausalen Handlungslehre) Einwände auf, sodass subjektive Merkmale und normative Elemente Eingang finden.[84]

---

82 v. Liszt (1919), *Strafrecht* (21./22. Aufl.), S. 116, zit. nach Gropp (2015, S. 76).
83 Gropp (2015, S. 76 f., Hervorhebungen im Original).
84 Gropp (2015, S. 76 ff.).

6.4.2 Die finale Handlungslehre nach Welzel (1904–1977) und Maurach (1902–1976)

Ihr Grundsatz lautet: *„Menschliche Handlung ist Ausübung der Zwecktätigkeit"*.[85] Rechtsphilosophische Basis wird damit die Auffassung, humanes Handeln nicht (nur) als schlichtes, wollendes Tatverursachen zu sehen, sondern ihm die Ausübung teleologischer Absichten, geistige Zielvorwegnahme, mithin eine vom Handlungssinn getragene Willentlichkeit (ggf. auch als Bestandteil des Unwerts und Unrechts) zuzubilligen, was zunächst einen vorrechtlichen Handlungsbegriff hinstellt, weil der sich an einer vermuteten Natur des Menschen orientiert. In diesem Kontext ist der Vorsatz ein *subjektiver Bestandteil* der Tatbestandsmäßigkeit, womit eine *personale* Unwert- und Unrechtslehre entsteht, in der die *Schuldhaftigkeit* nur noch durch die *Schuldfähigkeit*, die Vorwerfbarkeit des Handelns sowie im Ausschluss von Entschuldigungsgründen normiert wird. Der Wille des Täters steht damit nun im Mittelpunkt der Strafrechtswissenschaft. Wesentlich waren hierbei die Erkenntnisse der Psychologie nach dem Ersten Weltkrieg, jedoch gerade nicht die des Behaviorismus, der in seiner strengen Form eigentliche seelische Akte nicht berücksichtigte, sondern im Reiz-Reaktions-Denken verhaftet blieb. „Bis heute hat sich die finale Handlungslehre insoweit etabliert, als mittlerweile der Vorsatz im Sinne einer *personalen Unrechtslehre* ganz überwiegend als Bestandteil des Unwerts bzw. Unrechts der strafbaren Handlung verstanden wird."[86] Stärken dieser Interpretation liegen insbesondere darin, dass der Unwert und das Unrecht der Tat durch das Wissen und Wollen des Täters um die Verwirklichung der gesetzlich beschriebenen Straftat konstituiert wird. Die finale Handlungslehre leistet hier die nötige Abgrenzung zu Nichthandlungen und taugt als inneres Verbindungselement zwischen Tatbestandsmäßigkeit, Rechtswidrigkeit und Schuldhaftigkeit. Der Entschluss, als Unrecht des Versuchs, stellt keine theoretische Schwierigkeit mehr dar, was auch für andere subjektive Absichten und darüber hinausgehende personale Merkmale (hinsichtlich der Tatbestandsmäßigkeit) gilt. Als Schwächen sind allerdings gewisse Probleme bei der adäquaten Berücksichtigung von fahrlässigem Verhalten, insbesondere unbewusster Fahrlässigkeit, diskutiert worden. Auch wurden Einwände bezüglich der richtigen Erfassung der Unterlassungsstraftat formuliert.[87] (Für eine nähere Behandlung dieser Fragen siehe die bei Gropp angegebene einschlägige Literatur.)

In der Rechtspraxis wird heute meist eine zwischen kausaler und finaler Handlungslehre *vermittelnde* Struktur der strafbaren Handlung verwendet, die jedoch die grundlegende Unterscheidung zwischen beiden Ansätzen nicht ernstlich infrage zu

---

85 Welzel, H. (1969). *Das deutsche Strafrecht: Eine systematische Darstellung* (11. Aufl.), S. 33, zit. nach Gropp (2015, S. 79, Hervorhebungen im Original).
86 Gropp (2015, S. 81, Hervorhebungen im Original).
87 Gropp (2015, S. 79 ff.).

stellen vermag. Beispiele für modifizierende Ausgestaltungen sind die in Kapitel 6.4.3 bis Kapitel 6.4.6 folgenden Vorschläge.

6.4.3 Die soziale Handlungslehre

Diese verlangt zur Verwirklichung eines strafrechtsrelevanten Unwerts ein Handeln des Täters als gewillkürtes, die Lebenssphäre von Mitmenschen berührendes, menschliches Verhalten, durch das ein sozial erheblicher Sachverhaltsunwert bewirkt wird. Damit können prinzipiell alle Erscheinungsformen einer Straftat erfasst werden. Der Handlungsbegriff kann gut als Verbindungselement dienen, da das sozialerhebliche Verhalten tatbestandsmäßig, rechtswidrig und schuldhaft sein muss, um bestraft zu werden. Indes ist die Abgrenzungsmacht des Ansatzes hinsichtlich einer *vis absoluta* (unwiderstehlichen Gewalt) anzweifelbar, da auch daraus sich ergebenene Folgen sozial wesentlich sein können. Gleiches gilt für Bewegungen Schlafender. Akte *juristischer* (nicht natürlicher) Personen bereiten ebenso Schwierigkeiten. Die Bestimmung dessen, was sozial *erheblich* ist, muss zudem philosophisch betrachtet letztlich beliebig und zirkulär sein: Ein Verhalten wird als diesbezüglich sozial bedeutsam eingestuft, *indem* es strafgesetzlich normiert wird. Es ist damit tatbestandsmäßig und *erst hierdurch* wiederum sozial unwertig.[88]

6.4.4 Die negative Handlungslehre nach Herzberg

Nach dieser bestände die strafrechtsrelevante Handlung darin, dass der Täter eine Veränderung in der Außenwelt nicht vermied, obwohl er zur Vermeidung verpflichtet und in der Lage gewesen wäre, was auch bei Begehungsstraftaten (nämlich als Unterlassen der Vermeidung der sich aus der Begehung ergebenden Gefahren) vorläge. Als Nichtvermeiden sind Tun wie Unterlassen je deliktisch erfasst, wobei allerdings die Uneinheitlichkeit zwischen beiden kritisiert wurde: Das Nichtvermeiden durch Handeln sei etwas anderes als das Nichtvermeiden durch Unterlassen. Da der diesbezügliche Handlungsbegriff außerdem im Bereich der Tatbestandsmäßigkeit als Ausdruck menschlicher *Destruktivität* verstanden werde, würde er bereits voreilig werten, und der Differenzierung zwischen Unwert und Unrecht nicht ausreichend gerecht. Auch als Grenzelement könnte der Ansatz hinterfragt werden, da schon gedankliche Bildungen als Nichtvermeiden strafrechtlich bewertet werden könnten[89], was aber wiederum oft kaum bewiesen zu werden vermag.

---

88 Gropp (2015, S. 85 f.).
89 Gropp (2015, S. 86 f.).

6.4.5 Die machtorientierte Handlungslehre

Diese versteht die strafbare Handlung als Machtmissbrauch i. S. v. *Handlungs-* und der auf dem Wissen des Täters beruhenden *Normverletzungsmacht*. Fahrlässigkeits-delikte würden als *Ausdruck von Inkompetenz zur Organisation der eigenen Macht-sphäre* klassifiziert, weil die mögliche Voraussicht der Folgen zum Machtbereich des Täters gehört. Ein Unterlassen bedeutete die *Nichtausübung* einer aktualisierten Handlungsmacht trotz der individuell bestehenden Möglichkeit, der Versuch würde als *Folgenkenntnis* einer aktualisierten Handlungsmacht eingeordnet. Handlungen ohne eigene Steuerungsfähigkeit könnten damit gut abgegrenzt werden. Der macht-orientierte Handlungsbegriff eignet sich speziell hinsichtlich Mehrpersonenverhält-nissen, um den maßgeblichen Akteur und Verantwortlichen ausfindig zu machen.[90]

6.4.6 Die personale Handlungslehre nach Roxin, neuere Entwicklungen und Begrenzungen

Diese wird heute ganz überwiegend vertreten und interpretiert die strafbare Handlung als Persönlichkeitsäußerung eines Menschen, was sehr wörtlich als *Äußerung* dessel-ben zu nehmen ist, womit nicht beherrschbare Geschehensabläufe sowie Gedanken ausreichend als Nichthandlungen abgegrenzt werden können. Eine Äußerung als Grundelement stellen dabei alle Formen strafbaren Verhaltens einschließlich der Unterlassenstaten dar, weil bei den Letzteren eine Verhaltenserwartung besteht, die zurechenbar enttäuscht wurde. Der Ansatz einer *Persönlichkeitsäußerung* verbindet darüber hinaus theoretisch hinreichend das tatbestandsmäßige, rechtswidrige und ggf. schuldhafte Tun. Allerdings ist der universale personale Handlungsbegriff nicht spezifisch strafrechtlicher Natur, mithin teils konturlos.[91]

Schließlich ist anzumerken, dass von Gropp eine eigene Interpretation der straf-baren Handlung i. S. eines *rechtsgutbezogenen Handlungsbegriffs* vorgeschlagen wurde. Hierbei würde die handlungsmäßige *„Äußerung der Nichtbeachtung des durch die gesetzliche Unwertbeschreibung geschützten Wertes"*[92] zur Grundlage genommen, die die wesentlichen Kriterien eines praktikablen und theoretisch befriedigenden Handlungsbegriffs erfüllen soll, dessen Bewertung in der rechtswissenschaftlichen Diskussion jedoch noch nicht beendet scheint.

Wie aus den vorstehenden Darlegungen ersichtlich wird, ist es bis heute nicht gelungen, eine abschließende und letztbegründete Handlungstheorie in den Rechts-wissenschaften zu konstituieren, was wohl auch für die Zukunft gelten könnte, denn niemand vermutlich vermag dem All den ersten wahrhaft sicheren Fixpunkt abzurin-

---

90 Gropp (2015, S. 87).
91 Gropp (2015, S. 88).
92 Gropp (2015, S. 89, Hervorhebungen im Original).

gen, mit dem ein Argument i. S. der Denkfigur einer Ersten Ursache logisch schlüssig begründet werden würde. Der Skeptikereinwand der diesbezüglichen Willkürlichkeit ist schwerlich ausrottbar, obwohl er ab einem gewissen Grad, rein pragmatisch und dogmatisch-konventionell festgelegt, unbedeutender wird.

Ähnlich ist es auch in den Rechtswissenschaften letztlich wohl stets eine Frage der *Festlegung*, was gut, was schlecht sein soll, was wofür taugt und was nicht hinreicht. Man muss sich dabei vor Augen führen, dass das normorientierte positive Strafrecht meist und zumindest historisch auf einem naturrechtlichen Grund ruht und auf den Verhältnissen lebender Materie wie Energie, und nur richten kann, was zuvor „wesensmäßig" im Guten wie Schlimmen vorbereitet worden ist. Dabei mag der jeweils verwendete strafrechtliche Handlungsbegriff im wiederum willkürlich gesetzten positiven Falle mit ein Versuch sein, einen Zustand von Menschlichkeit, sozialer Gesundheit und Ordnung herzustellen, von dem man hofft, er möge sich ohne Zwang verwirklichen.

6.5 Soziologische Handlungstheorien

Der Begründer der *verstehenden Soziologie* Max Weber definiert soziales Handeln, wie bereits gesagt, als sinnhaftes Tun.[93] In jenem Kontext nennt er ein *Motiv* einen Sinnzusammenhang, der dem Handelnden selbst (oder einem Beobachter) einen sinnhaften Grund des Verhaltens vorstellt.[94] In *The Structure of Social Action* bestimmt Parsons[95] darüber hinaus einen Bezugsrahmen für die Analyse sozialen Handelns, der (s. Abb. 6.5) aus folgenden vier Begriffen besteht:

(1) Kondition,
(2) Mittel,
(3) Ziel und
(4) Norm.[96]

In Abbildung 6.5 bilden *Normen* einen Knotenpunkt und nehmen damit eine Sonderstellung innerhalb der voluntaristischen Handlungstheorie ein. Sie regulierten die Auswahl konkreter Ziele, den Einsatz von Mitteln zur Zielerreichung und die Standardisierung der sozial akzeptablen Anstrengungen von Individuen. Neben den konkreten Zielen orientiere sich der Handelnde an einem System von Werten, die Parsons *„ultimative ends"*[97] nennt. Werte würden wiederum durch Normen *konkretisiert*, die als allgemeine Verhaltensvorschriften definiert sind. Beide verwirklichten sich jedoch

---

93 Siehe Weber (1964, S. 8), vergleiche auch Weber (1984).
94 Weber (1964, S. 17).
95 Parsons (1968, S. 732).
96 Kapitel 6.5 führt knapp in die wesentlichsten Ansätze ein, für eine genauere Darstellung siehe z. B. Miebach (2014).
97 Parsons (1935, S. 293, Hervorhebungen im Original).

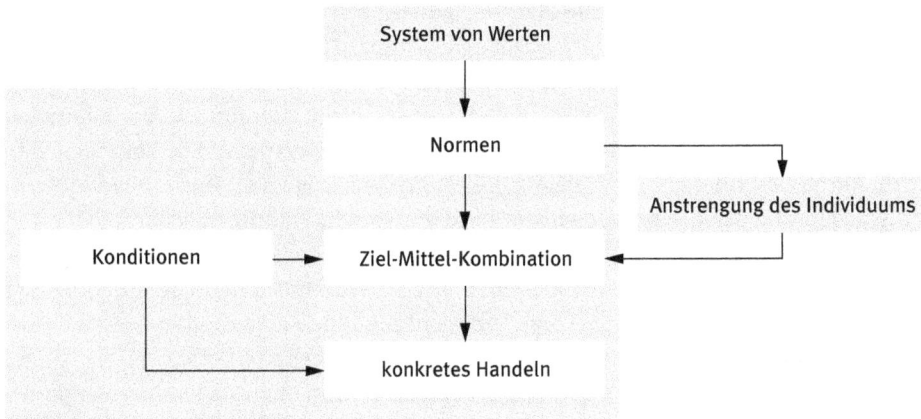

Abb. 6.5: Komponenten der voluntaristischen Handlungstheorie Parsons' (eigene Darstellung leicht verändert nach Miebach, 2014, S. 71).

nicht selbst, sondern müssten durch die Anstrengung der Person im Handeln zur Geltung gebracht werden.[98] Als Beispiel[99] könnte ein Unternehmen dienen, in dem in einer bestimmten Organisationseinheit die Stelle des Abteilungsleiters neu besetzt werden muss, weil der bisherige Stelleninhaber aus Altersgründen ausscheidet. Die Frage wäre nun, wie sich die Mitarbeiter in dieser Situation verhalten. Als Rahmenbedingung oder *Kondition* müsste man die hinreichende wirtschaftliche Kraft der Firma annehmen, um die Stelle überhaupt wieder zu besetzen. Außerdem würde bedeutend, ob die Arbeit der Abteilung innerhalb des Unternehmens in Zukunft weiter benötigt wird, d. h. keine Rationalisierungsmaßnahmen geplant sind. Beides als gegeben angesehen, kämen dann Unternehmensregeln ins Spiel, die festlegten, ob Stellen eher durch interne Mitarbeiter der jeweiligen Abteilung, durch Mitarbeiter anderer Unternehmensbereiche oder durch Bewerber von außen besetzt würden. Diese Norm bildete mithin einen *Handlungsrahmen*. Zudem würden sich nicht alle Mitarbeiter der Abteilung Hoffnungen auf eine Beförderung machen (können), denn auch hier wirkten Normen und Regeln, wie eine hinreichend lange Beschäftigungs- dauer, ein ausreichender Kenntnisstand bzw. eine überzeugende Bewährung. Diese Regel(n) könnten indes durchbrochen werden, wenn z. B. ein relativ neuer Mitarbei- ter vorhanden wäre, dessen fachliche Qualifikation deutlich über dem Niveau der anderen liegt. Die Entscheidung für den höher qualifizierten Bewerber würde in den meisten Unternehmen als *sachlich notwendig* kommuniziert – und nicht als normative Entscheidung. Hinter diesem Hinweis auf den Sachzwang, die Unternehmensfunktio-

---

98 Parsons (1935, S. 287).
99 Nach Miebach (2014, S. 71 f.).

nen optimal zu besetzen, stünde allerdings die Norm, dass das Qualifikationsniveau einen höheren Stellenwert als das Senioritätsprinzip innehabe. Nehmen wir an, es gäbe zwei Bewerber innerhalb der Abteilung, die begründete Aussicht auf die Stellenbesetzung hätten. Jeder würde sich also anstrengen, die ihm zur Verfügung stehenden Mittel optimal einzusetzen, um zum Erfolg zu gelangen. Ein Vorgehen wäre z. B., durch besonders hohen Einsatz die eigene Leistung zu steigern, neue Ideen zu entwickeln und praktische Vorschläge zu deren Verwirklichung auszuarbeiten.

Ein wichtiger soziologischer Begriff ist daneben der der *Rolle*. Nach Popitz[100] sind Rollen *Bündel von Verhaltensnormen*, die sich auf tatsächlich ablaufendes Verhalten beziehen. Die Rolle muss vom Inhaber individuell ausgestaltet werden, wozu der Begriff der *Rollendistanz* nötig ist. Da eine Person mehrere Rollen spielen könnte (z. B. die eines Familienvaters und Arbeitnehmers), kann es zu Widersprüchen in den Verhaltenserwartungen kommen, die von der Person flexibel beantwortet werden sollten, wenn soziale Komplikationen zu verhüten sind. Dabei kann das reale „Spielen" von Rollen durch Verwendung von Alltagsritualen vielfältig gestaltet werden. Auf der anderen Seite kann eine Verletzung von Alltagsritualen zu Unsicherheit, Verwirrung und Hilflosigkeit führen. Als Beispiel dazu soll eine Restaurantkommunikation dienen, die von Garfinkel als *Krisenexperiment* in Szene gesetzt wurde: ein Versuch, der in seiner Struktur an TV-Episoden erinnert, bei denen mit versteckter Kamera Reaktionen ahnungsloser Bürger auf vermeintlich ungewöhnliche Ereignisse gefilmt werden. In Garfinkels Experiment übernimmt dabei eine Studentin als Versuchsleiterin (*Vl*) die Aufgabe, einen *Professor* (*Vp*) beim Eintritt in das Universitätsrestaurant so zu behandeln, als hielte sie ihn für den *Kellner*. Sie ist dabei angewiesen, dem Professor möglichst keine Chance zu geben, sich aus der ihm aufgedrängten Rolle zu befreien. Aber sehen wir selbst, welcher Dialog sich nun entspinnt:

1 *Vl*: „Ich hätte gerne einen Tisch an der Westseite, einen ruhigen Platz, wenn es möglich ist. Und wie sieht die Speisekarte aus?"
Vp: (wandte sich der Vl zu und schaute an ihr vorbei in Richtung Eingangshalle) sagte, „Äh, äh, gnädige Frau, sicherlich".
5 *Vl*: „Sicherlich gibt es noch etwas zu essen. Was empfehlen Sie mir denn heute?"
Vp: „Ich weiß nicht, Sie sehen, ich warte ..."
Vl: (unterbricht ihn) „Bitte lassen Sie mich nicht hier stehen, während Sie warten. Sind Sie doch so nett und führen mich an einen Tisch"[.]
Vp: „Aber gnädige Frau, – –" (Er begann sich von der Tür wegzudrücken und in einem leicht
10 gekrümmten Bogen um die Vl herumzukurven);
Vl: „Mein lieber Mann – –" (hierauf errötete die Vp; die Augen des Herrn rollten und öffneten sich weit).
Vp: „Aber – – sie – – ich – – o je!" (Er schien die Fassung zu verlieren).
Vl: (nahm den Herrn am Arm und ging mit ihm, ihn leicht vor sich her schiebend, in Rich-
15 tung zur Tür des Speiseraums).

---

100 Popitz (1967).

Vp: (ging langsam, blieb jedoch plötzlich mitten im Raum stehen, drehte sich um und schaute zum erstenmal die Vl direkt und sehr taxierend an, nahm seine Taschenuhr heraus, warf einen Blick darauf, hielt sie an sein Ohr, steckte sie zurück und murmelte) „O je".

20

Vl: „Es kostet Sie nur einen Augenblick, mich an einen Tisch zu führen und meine Bestellung aufzunehmen. Dann können Sie zurückgehen und auf ihre Kunden warten. Schließlich bin ich auch ein Gast und ein Kunde"[.]

Vp: (stutzte, ging steif zum nächsten leeren Tisch, hielt einen Stuhl bereit, damit sich die Vl setzen konnte, verbeugte sich leicht, murmelte „ganz zu Ihren Diensten", eilte zur Tür, hielt an, drehte sich um und blickte mit verwirrtem Gesichtsausdruck auf die Vl zurück).[101]

Die Verwirrung des Professors zeigt einerseits die Selbstverständlichkeit von Alltagsritualen auf und auf der anderen Seite die Hilflosigkeit von Menschen, denen man die Basis für diese Rituale entzieht, indem man ihre sichere Verwendung einschränkt bzw. verunmöglicht. Es finden sich eine Reihe von Verletzungen sogenannter *Territorien des Selbst*[102] durch die Studentin und Versuche des Professors, einen korrektiven Austausch in Gang zu setzen. Nachdem die Studentin dem Professor zu verstehen gegeben hat, dass sie ihn für den Kellner hält (Zeilen 1 ff.), reagiert dieser mit einer *Orientierungskundgabe*, indem er an ihr vorbei in die Eingangshalle schaut (Zeile 3). Verbal lässt er sich auf die Definition der Situation durch die Studentin ein, ohne sie ausdrücklich zu bestätigen (Zeilen 3 f.). Mit Goffman könnte man diese Äußerung als *Beruhigungskundgabe* interpretieren, da sie die Situation durch Zeitgewinn entspannen soll. Nachdem die Studentin ihn erneut bedrängt, versucht der Professor mit seiner Erklärung, dass er warte, einen expliziten korrektiven Austausch zu ermöglichen. Anstatt sich auf diesen Versuch einzulassen, dringt die Studentin in das *Gesprächsreservat* des Professors ein, indem sie ihm ins Wort fällt (Zeilen 7 f.). Der Professor reagiert auf diese Unhöflichkeit leicht empört mit: „Aber gnädige Frau, – –" (Zeile 9), und versucht gleichzeitig, sich von der Eingangstür zu entfernen. Die Studentin antwortet mit einer noch massiveren Verletzung der Territorien des Selbst, indem sie mit dem Ausdruck: „Mein lieber Mann – –" (Zeile 11), zumindest symbolisch in den *persönlichen Raum* des Professors eindringt, der die Situation indes nicht zu korrigieren vermag. Auch auf das dann folgende physische Eindringen in den persönlichen Raum durch die Studentin, indem sie den Professor am Arm nimmt, reagiert dieser nicht durch verbales Handeln, sondern lediglich mit korrektiven Gesten. Zunächst schaut er die Studentin taxierend an und dringt damit in *ihr* persönliches Territorium ein. Dann lässt er von diesem Versuch ab, holt seine Taschenuhr heraus, um mithilfe dieser Orientierungskundgabe der Studen-

---

101 Garfinkel, zit. nach Miebach (2014, S. 125, Zeilenzählung v. Verf. verändert, Kursivierung voranstehenden Abkürzungen zugefügt).
102 Diese sind nach Goffman von Menschen räumlich als auch symbolisch beanspruchte Gebiete, die sie vor Verletzungen durch andere zu schützen suchen. Die „Benutzerordnung" dieser Bereiche wäre dabei auch moralisch festgelegt und könnte damit wie alle sozialen Regeln situationsspezifisch variiert und sogar missachtet werden, ohne dass *mechanisch* eine bestimmte Reaktion erfolgen müsste, ein tierhaftes *Instinktverhalten* also gerade ausbleibe (Miebach, 2014, S. 118 ff.).

tin erneut zu vermitteln, dass er auf jemanden warte und keinesfalls der Kellner sei. Sie reagiert darauf mit korrektivem Handeln, indem sie ihrem Gesprächspartner darstellt, dass es ihn nur einen kurzen Augenblick kosten würde, sie zum Tisch zu begleiten, und er dann weiter auf seine Gäste warten könne (Zeilen 19 ff.). Sie gibt auf diese Weise vor, ein Warten des Professors auf andere Gäste zu respektieren und erklärt ihm, dass es keine Regelverletzung bedeute, wenn er kurz seine Ruheposition verlasse. Am Schluss der Sequenz nimmt die Handlung einen etwas überraschenden Verlauf, weil der Professor den Versuch des korrektiven Handelns aufgibt und kurz die Rolle des Kellners übernimmt (Zeilen 22 ff.). Hier hat man den Eindruck eines spielerisch-ironischen Geschehens, das nicht wirklich ernst gemeint ist. Solche verbalen Äußerungen zielten meist nicht auf Verständigung, sondern sollen die nächste Runde eines *rituellen* Austauschs in Gang setzen. Goffman nennt sie daher *performative* Äußerungen. Alles in allem wird ersichtlich, wie durch die Einnahme von Standpunkten, Kundgaben sowie Gesten eine rollenbasierte Kommunikation oder zumindest eine Art Versuch dazu, umgesetzt wird, die mehr einer Zeremonie denn einer Unterhaltung gleicht.[103]

Unabhängig von der Rollentheorie hat die soziologische Handlungstheorie – seit Webers Unterscheidung des zweck- und wertrationalen, traditionalen und des affektuellen Handelns – grundlegende *Handlungstypen* formuliert. Üblich ist die Unterscheidung von Arbeit und Interaktion. So unterteilt auch Habermas in seiner *Theorie des kommunikativen Handelns*[104] drei Dimensionen der Kommunikation:

(1) Aussage („etwas sagen"),
(2) Handlung („handeln, indem man etwas sagt") sowie
(3) Absichtshandeln („etwas bewirken, dadurch dass man handelt, indem man etwas sagt").

In der Sprechakt-Theorie wird die erste Dimension *lokutionär*, die zweite *illokutionär* und die dritte Dimension *perlokutionär* genannt. Tabelle 6.1 vermittelt dabei die unterschiedlichen Begriffe Habermas', um diese drei Dimensionen des kommunikativen Handelns näher zu beschreiben.

Die drei Dimensionen lassen sich an folgendem alltagsweltlichen Beispiel verdeutlichen: Ein Ehepaar befände sich in der gemeinsamen Wohnung und plane einen Spaziergang. Die Frau schaue in diesem Zusammenhang zum Fenster hinaus und sage zu ihrem Mann: „Es regnet." Die *Aussagedimension* beinhaltete hier die reine Information, dass es nämlich draußen regne, vergleichbar mit den Informationen eines Wetterberichts. Zu einer *Handlung* würde der Satz hingegen erst, indem die Partnerin für den Wahrheitsgehalt desselben einstünde und mit dieser Handlung im Weber'schen Sinne einen *Sinn* verknüpft. Häufig wird diese zweite Dimension wohl mit dem Personalpronomen *ich* verbunden, um den Bezug zur eigenen Person und hierdurch die persönliche Verbindlichkeit auszudrücken. Um zu beschreiben, welche

---

103 Nach Miebach (2014, S. 123–127).
104 Habermas (1981a, 1981b).

Bedeutung die Partnerin genau mit diesem Satz meine, benötigten wir aber weitere Informationen über die Art ihrer Rede und den jeweiligen Kontext. So könnte die Aussage ein subjektives Unbehagen ausdrücken, dass der schöne Spaziergang durch das schlechte Wetter beeinträchtigt wird. Die dritte Dimension bezieht sich sodann auf die Wirkung der Aussage auf einen sozialen Partner. Mit der Aussage: „Es regnet", könnte dieser aufgefordert werden, sich durch Kleidung und Mitnahme eines Schirms auf den Regen einzustellen – oder der geplante Spaziergang solle noch einmal diskutiert und vielleicht verschoben werden, bis der Regen aufhört.[105]

Tab. 6.1: Dimensionen kommunikativen Handelns (eigene Darstellung nach Habermas 1981a, S. 414 f., 439, 448, zit. nach Miebach, 2014, S. 187).

Beschreibung	Sprechakt	Geltungs- anspruch	Form	Einstellung des Sprechers	Handlungs- typen
„*etwas* sagen"	lokutionär	konstativ (Konstativa)	elementare Aussagen	objektivierende Einstellung	Konversation
„handeln, *indem* man etwas sagt"	illokutionär	expressiv (Expressiva)	elementare Erlebnissätze (Erste Person Präsens)	expressive Einstellung	dramatur- gisches Handeln
„etwas bewir- ken, *dadurch dass* man handelt, indem man etwas sagt"	perlokutionär	regulativ (Regulativa)	elementare Aufforderungs-/ Absichtssätze	normenkonforme Einstellung	normen- reguliertes Handeln

Habermas unterscheidet das kommunikative Handeln vom strategischen Handeln. Das strategische Handeln ist bei ihm *erfolgsorientiert*, das kommunikative *verständigungs- orientiert*. Die Relationen zwischen diesen Begriffen vertieft Abbildung 6.6. Das Modell für das verständigungsorientierte kommunikative Handeln wäre nun der *Diskurs*, der auf der *Konsens-* oder *Diskurstheorie der Wahrheit* beruht. Für diese ist die erkenntnis- theoretische Auffassung charakteristisch, dass die Wahrheit einer Behauptung davon abhängt, ob sich allein durch Argumente ein zwangfreier allgemeiner Konsens herstel- len lässt – eine Ansicht, gegen die allerdings eingewandt worden ist, sie sei definito- risch und sachlich *zirkulär*. Denn eine (intersubjektive) Anerkennung einer Proposition p bedeutete[106] zu *glauben*, dass p wahr ist – im Definiens käme also das Definiendum „wahr" schon vor. Und dieser Glaube beruhte auf der den Glauben erst auslösenden Annahme, dass die Wahrheitskriterien von p erfüllt seien. Diese Wahrheitskriterien

---

105 Miebach (2014, S. 187 f.).
106 Siehe z. B. Lumer (2002).

können dann aber nicht beinhalten, dass man selbst schon an die Wahrheit von *p* glaubt. Solch eine Argumentation ist indes nur dann wirklich gültig, wenn man *voraussetzt*, dass die Zuschreibung des Prädikats „wahr" bei der Konsensfindung zwingend nötig ist, was aber wiederum bestritten werden könnte. So ließe sich die These aufstellen, eine Beurteilerübereinkunft wäre zunächst unabhängig von einer Feststellung der Wahrheit einer Aussage, die schließlich erst nach der Übereinkunft als wahr eingeschätzt würde.

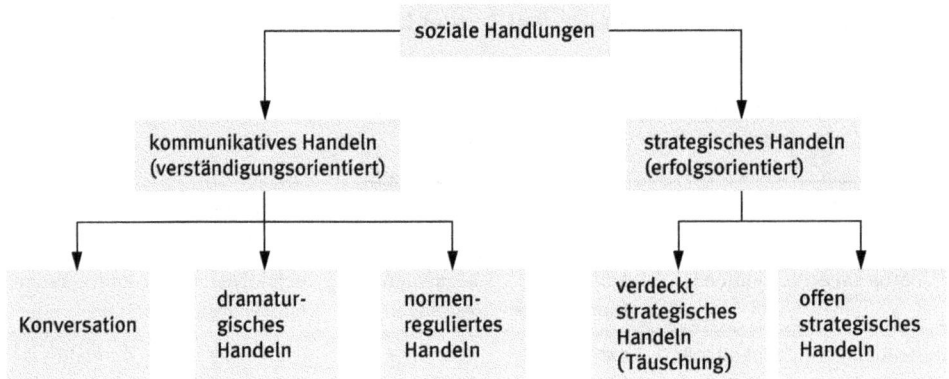

Abb. 6.6: Grundunterteilung des sozialen Handelns (eigene Darstellung leicht verändert nach Miebach, 2014, S. 190).

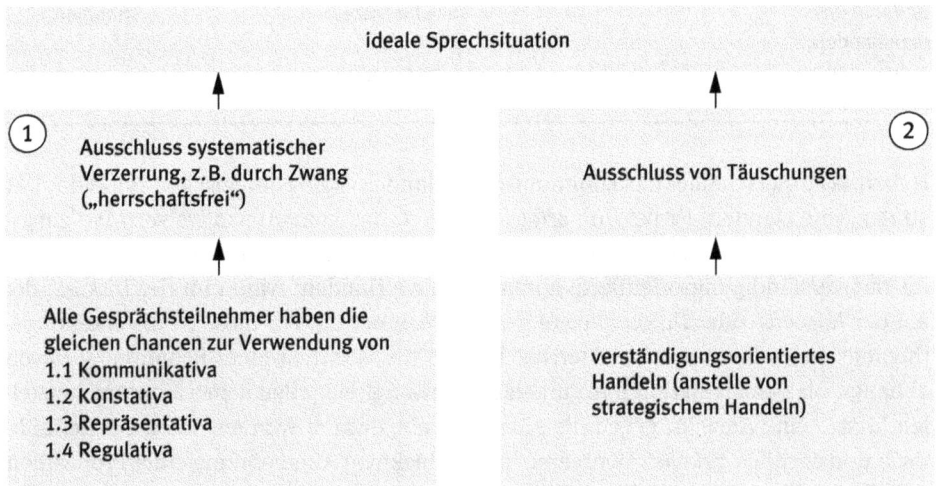

Abb. 6.7: Ideale Sprechsituation (eigene Darstellung leicht verändert nach Miebach, 2014, S. 191).

Eine Voraussetzung für den Diskurs ist zudem die ideale Sprechsituation (s. Abb. 6.7), in der die Gesprächsteilnehmer *stets* sagen, was sie meinen (Ausschluß systematischer Verzerrung der Kommunikation, etwa durch Zwang). Alle Gesprächsteilnehmer hätten hier im Diskurs die gleichen Chancen zur Verwendung von Kommunikativa, Konstativa, Repräsentativa und Regulativa. Die freie Verwendung von Kommunikativa bedeutete, dass die Diskursteilnehmer überhaupt zu Wort kommen und kommunizieren können. Die Unterscheidung von Kommunikativa, Konstativa, Repräsentativa und Regulativa erlaubt gleichwohl keine *Klassifikation* der Sprechakte, sondern ist nur eine idealtypische Unterscheidung. So wäre z. B. der Satz: „Lasst mich auch zu Wort kommen!", ein Kommunikativum und gleichzeitig ein Regulativum, weil er sich auf die Einhaltung einer Norm bezöge. Repräsentativa wären daneben Überzeugungen oder Meinungsaussagen über die Welt, Konstativa wahre oder falsche Propositionen, die sich darauf beschränken, etwas zu sagen.

Dieses Diskursmodell ist natürlich ein Ideal, von dem faktische Gespräche mehr oder weniger abweichen können, bzw. müssen. Für die Beurteilung des Diskursmodells ist wesentlich, dass wir im Alltag Gespräche führen, indem wir dem Gesprächspartner *vertrauen*, dass er sagt, was er meint. Dieser „Vertrauensvorschuss", den wir jedem Gesprächspartner geben, entspricht in der Theorie von Habermas der *kontrafaktischen* Unterstellung der idealen Sprechsituation. Diskurse müssen daher grundsätzlich Metakommunikation und auch eine Selbstreflexion zulassen. Beide Ebenen zusammen erlauben den Teilnehmern, Geltungsansprüche zu problematisieren.[107]

Nach diesem Abriss wichtiger soziologischer Ansätze stellt sich die weitergehende Frage, wie man eine ggf. festgestellte oder berichtete Handlung, einen Ablauf, seien sie bereits geschichtlich oder vor erst relativ kurzer Zeit vorgefallen, zu interpretieren habe. Dazu informiert Kapitel 6.6 zur Hermeneutik.

6.6 Zur Handlungsinterpretation und Hermeneutik

Sofern wir Handlungen in Form von Texten wie Protokollen oder narrativen Interviews darstellen können, kann der Sinngehalt auch durch formalere Interpretationstechniken erschlossen werden. Diese Verfahren verhandelt man seit etwa dem 17. Jahrhundert in der Philosophie und der Methodenlehre der Geisteswissenschaften unter dem Begriff „Hermeneutik", die eine Theorie des Verstehens und eine geregelte Form der Auslegung v. a. von gesprochener Rede oder schriftlich fixiertem Text sein will. Das neuzeitliche Kunstwort „Hermeneutik" leitet sich dabei vom altgriechischen Begriff „hermeneuein" (übersetzen, kundgeben) ab.[108] Schon aus der Antike sind allgemein ausgehend von der allegorischen Homerinterpretation insbesondere von Sokrates und Platon[109], Aristoteles[110] und der Stoa erste Zeugnisse der Beschäftigung mit der Thema-

---

107 Habermas (1974, S. 115).
108 Bühler (2002).
109 Platon: *Ion* und *Protagoras*.
110 Aristoteles: *De Interpretatione*.

tik überliefert. Nach diesen Anfängen in klassischer hellenischer Zeit (und einer hier nicht weiter wesentlichen Traditionsrichtung religiöser Exegeten wie Philo von Alexandrien, Origenes und Augustinus) entwickelte sich die Textkritik als *Ars citica* in der Renaissance zur eigenständigen Disziplin. Frühe Vertreter waren z. B. Johann Conrad Dannhauer mit seinem Werk *Idea Boni Interpretis* aus dem Jahr 1630, Johann Martin Chladenius mit der Einführung des Begriffs des *Sehe-Punktes* in der *Einleitung zur richtigen Auslegung vernünftiger Reden und Schriften* von 1742, und Georg Friedrich Meier mit seinem *Versuch einer allgemeinen Auslegungskunst* aus dem Jahre 1757 – im 19. Jahrhundert dann vor allem Friedrich Ast mit der erstmaligen modernen Beschreibung des *hermeneutischen Zirkels*[111], Schleiermachers *Psychologismus* (mit seiner Haupttthese der empathischen Hineinversetzung in die Verfassung des Autors), Droysens Einführung der Hermeneutik in die Geschichtswissenschaft sowie Dilthey (und u. a. dem Versuch der wissenschaftstheoretischen Unterscheidung von geisteswissenschaftlichen *Verstehen* vs. naturwissenschaftlichen *Erklären*). Diese zentral textbasierten Herangehensweisen unterscheiden jene Denkrichtung jedoch von der *Philosophischen Hermeneutik* i. S. einer *existenziellen Daseinsanalyse*, insbesondere bei Heidegger[112] oder Gadamer[113]. Später wird sich dem z. B. noch die *Transzendentale Hermeneutik* (i. S. der Universalität hermeneutischer Auslegungen als letzte Metasprache aller fachspezifischen Kalkülsprachen) Apels und auch Habermas' sowie in Auseinandersetzung mit Freud beispielsweise die *Tiefenhermeneutik* Recœurs anschließen.[114]

Während die frühen Hermeneutiker bis etwa Heidegger glaubten, objektive Interpretationen (wie noch beim späten Dilthey) zu erreichen, ließ man diesen Anspruch in der Folgezeit fallen. Denn allein schon die methodische Nowendigkeit, dass das Verstehen erst mit einem *Etwas*, einem *Vorurteil* anhebe – und beginnen muss, da sonst nichts wäre, worauf sich die neuen, zu verstehenden Zeichen und Zusammenhänge bezögen, forciert die Frage nach der Richtigkeit dessen, was man zu Anfang denkt. Vorurteile könnten unzutreffend sein (wie die stereotype Zuschreibung von Charaktereigenschaften zu Menschen mit besonderen Hauttypen) und ggf. durch Einflussnahme überwunden werden. Demgegenüber sind indes auch wahre Beschränkungen (immanente Vorurteile) möglich, die sich aus der notwendigen und nicht aufhebbaren Einbettung des verstehenden Subjekts in eine individuelle konkrete Welt, Weltsicht und Lebensweise auch i. S. einer historischen Zeitgebundenheit ergeben. Wir können, wie es scheint, letzterhand nie wahrhaft sicher wissen, ob, wo und wie genau solche Einschränkungen wirken (oder nicht) – auch wenn wir zufällig objektiv sein sollten, wüssten wir dies nicht mit logisch einwandfreier Bestimmtheit, was prinzipiell für alle Wissenschaften und nicht nur für die hermeneutisch orientierten gilt. Verstehen ist daher immer ein subjektiv interpretierendes Interagieren des Menschen

---

111 Ast (1808).
112 Heidegger: *Sein und Zeit.*
113 Gadamer: *Wahrheit und Methode.*
114 Detel (2011), Jung (2012).

mit einem teils unklaren Vorverständnis von, in und mit der restlichen Welt, durch das diese, vereinfachend gesprochen, zunächst in ihn gleichsam einzeichne, was zu vermitteln sie bereithält. Um das uns Umgebende dieses Seins an prozessierenden Dingen und Energien – das uns ontisch-phänomenal je ungleich scheinende, ständig Unstete, immer Fließende in einem textuellen Zeichenkonvolut zu interpretieren, gibt Ast im Jahr 1808 folgende kanonischen Erläuterungen:

> Das Grundgesetz alles [sic] Verstehens und Erkennens ist, aus dem Einzelnen den Geist des Ganzen zu finden, und durch das Ganze das Einzelne zu begreifen; jenes die analytische, dieses die synthetische Methode der Erkenntniß [sic]. Beide aber sind nur mit und durch einander gesetzt, eben so, wie das Ganze nicht ohne das Einzelne, als sein Glied, und das Einzelne nicht ohne das Ganze, als die Sphäre, in der es lebt, gedacht werden kann. Keines ist also früher, als das andere, weil beide sich wechselseitig bedingen und an sich Ein [sic] harmonisches Leben sind. [...] Der Zirkel, daß ich a, b, c u. s. w. nur durch A erkennen kann, aber dieses A selbst wieder nur durch a, b, c u. s. f., ist unauflöslich, wenn beide A und a, b, c als Gegensätze gedacht werden, die sich wechselseitig bedingen und voraussetzen, nicht aber ihre Einheit anerkannt wird, so daß A nicht erst aus a, b, c u. s. f. hervorgeht und durch sie gebildet wird, sondern ihnen selbst vorausgeht, sie alle auf gleiche Weise durchdringt, a, b, c also nichts anderes, als individuelle Darstellungen des Einen [sic] A sind.[115]

Dieses Vorgehen impliziert letztlich auf lange Sicht z. T. auch eine *Wirkungsgeschichte von Auslegungen*, die mehr oft aus einer neuen Lesart von Quellen resultieren und teils weniger durch anderweitige Erkenntniszuwächse entstanden, somit meist eine *Geschichte der Vorurteile* darstellen.

Stegmüller[116] hat jenes zentrale Institut des *hermeutischen Zirkels* (der jedoch kein echter logischer Zirkelschluss ist), wissenschaftstheoretisch genauer untersucht. Dabei zeigt sich u. a., dass dem hermeneutischen Textinterpreten in den *Fakten* auch sein *Hintergrundwissen* entgegenleuchtet, das er von den hypothetischen Komponenten im Tatsachenwissen von der Tendenz her oft nicht ausreichend zu trennen vermag. Er kann also gerade z. T. nicht zwischen *backround knowledge*, erhobenen Daten und ihrer Interpretation unterscheiden, wie dies z. B. der Physiker regelhaft(er) tut, obwohl auch dort durch die Theoriebeladenheit der gewonnenen Befunde u. a. bereits Gesetze bzw. gesetzesartige Hypothesen (z. B. zu den verwendeten Messinstrumenten) einfließen. Reines, *nur* empirisches Erkennen ist bereits seit Kants *Kritik der reinen Vernunft* zu Recht fraglich, weil es zudem tatsächlich dem Geist inhärente Anschauungsformen und Verstandeskategorien geben könnte, egal, ob diese nun synthetische Sätze a priori (wie Kant meinte) vorstellen, oder nicht.

Gleichzeitig jedoch kann der hier skizzierte Zusammenhang nicht zu einer strikten Trennung zwischen Geistes- und Naturwissenschaften dienen, denn erstens könnte in den Text „verschobenes" Hintergrundwissen des Hermeneutikers später wieder „zurückgeholt" und danach kritisch analysiert werden. Zweitens müssten auch nomologische

---

115 Ast (1808, Abschn. 75., S. 178 ff.).
116 Stegmüller (1979).

Wissenschaften z. T. Annahmen aus dem *Auswertungswissen* bereits im interpretativ wirksamen *Eingangswissen* berücksichtigen, sodass auch dort die volle Unabhängigkeit der Daten teils nicht gewahrt sei. Schließlich lässt sich festhalten, dass die Hermeneutik eine meist subjektivere und schwächere Datenqualität hervorbringt – Resultate, die deshalb vorsichtiger genutzt werden sollten, als es bei den „harten" Naturwissenschaften oft der Fall ist. Denn wo hat man von einer echten Wirkungsgeschichte eines physikalischen Experiments (ähnlich eines Kunstwerks oder einer Philosophie etwa) erfahren, bei dem eine Abfolge konkurrierender Auslegungen in den Zeitläuften zu bewerten war? Nomologisch-prüfende Experimentalergebnisse können mit mehreren Hypothesen verträglich sein, die verschiedene Forscher für wahr halten würden; jenes jedoch meist nicht für lange Zeit, denn irgendwann ist die experimentelle Frage doch oft hinreichend klar entschieden: Kein ernsthafter Forscher z. B. stellt heute mehr die Grundsätze der Relativitätstheorien Einsteins oder die der Evolutionsbiologie infrage.

Aufgrund dieser Zusammenhänge ist es sinnvoll, den hermeneutischen Zirkel eher i. S. einer *hermeneutischen Spirale*[117] zu reformulieren: Ein im Verlauf der Explikation gewonnener Verständniszuwachs entspräche deren Steigung, sodass ein Rückgang zur intuitiven Ausgangsbasis gar nicht mehr wirklich möglich (und teils wohl auch nicht nötig) wäre, weil eine entsprechende Revision der Ansichten stattgefunden hätte. Hier zeigt sich schließlich auch wieder, dass der Vorgang des auslegenden Verstehens, worauf bereits die geübte Wortverwendung in den einzelnen Fachwissenschaften hindeutet, keineswegs nur in den Geistes- oder Rechtswissenschaften stattfindet, also im Grunde das gesamte Unternehmen der Wissenschaft inklusive seiner stark deduktiv-nomologisch arbeitenden Disziplinen infiltriert, wobei natürlich auch die Frage nach der Art und Weise der angelegten Rationalitätskriterien virulent wird. Letztlich sollte man (logisch willkürlich gesagt) tunlichst darauf hinzielen, möglichst unabhängige Bestätigungsformen zu gewährleisten, denn das unabhängige *Funktionieren* von Anwendungen, die Bewährung i. S. v. Popper[118], ist und bleibt der gewichtigste Prüfstein für die Richtigkeit des Denkens.

Eine moderne Ausformung hermeneutischen Deutens hat sich insbesondere im Bereich der Kulturpsychologie gebildet, für die Straub den Begriff der *Interpretation* folgendermaßen bestimmt:

> Als Interpretation bezeichne ich ein in absichtsvoller und bewußter Einstellung realisiertes, explizites, methodisch kontrolliertes, auf Transparenz und intersubjektive Zustimmungsfähigkeit angelegtes Bemühen um das Verstehen von Texten bzw. Handlungen und anderen praktischen und pathischen Aspekten der menschlichen Existenz. Solche Interpretationen werden in handlungsentlasteten Situationen (meistens) *ex post facto* vorgenommen, also dann, wenn die interessierenden Handlungen schon vollzogen bzw. die zu interpretierenden Texte bereits verfasst sind [...].[119]

---

117 Stegmüller (1979, S. 36 f.); vergleiche dazu z. B. auch Bolten (1985).
118 Popper (1934/1984).
119 Straub (1999, S. 211, Hervorhebung im Original).

Straub unterscheidet dabei zwei Komponenten des Verstehens, die als *formulierende* und *vergleichende* Interpretation bezeichnet werden. Die vergleichende Interpretation kann sowohl als *bestimmende* als auch als *reflektierende* Interpretation aufgefasst werden. „Das zentrale Merkmal der formulierenden Interpretation besteht darin, daß der Interpret möglichst unmitttelbar an den gegebenen Text anschließt und sich *innerhalb* des Erfahrungs-, Erwartungs-, Deutungs- und Orientierungssystems [...] des jeweiligen ‚Sprechers‘ bewegt. Dessen Äußerungen werden hin und her gewendet, zusammengefasst oder verdichtet. In diesem Sinne ist die formulierende Interpretation ein *reproduktives* Verstehen [...]“.[120] Dieses reproduktive Interpretationsverfahren ist dann Voraussetzung für die produktiven, kreativen vergleichenden Interpretationen. Einzelne Textpassagen werden dadurch genauer verstanden, dass sie auf andere Textpassagen bezogen werden: „Vergleichende Interpretationen durchzuführen heißt, das infrage stehende Interpretandum durch die auf Vergleichshorizonte gestützte Konstruktion von Beziehungen entweder der Ähnlichkeit oder der Differenz zu erschließen. Genauer besehen kann sich die an den Akt des Vergleichens gebundene Interpretation zwei verschiedener Formen der Urteilskraft bedienen, nämlich der *bestimmenden* und der *reflektierenden*“.[121]

Straub bezieht sich bei dieser Unterscheidung auf Kants *Kritik der Urteilskraft*[122]. „Urteilskraft überhaupt ist“, wie Kant[123] sagt, „das Vermögen, das Besondere als enthalten unter dem Allgemeinen zu denken.“ Als solche ist sie „nicht bloß ein Vermögen, das Besondere unter dem Allgemeinen (dessen Begriff gegeben ist) zu subsumieren, sondern auch umgekehrt, zu dem Besonderen das Allgemeine zu finden“.[124] Während die bestimmende Urteilskraft über bereits formulierte Begriffe verfügt und „diese Schemata auf jede empirische Synthesis an[wendet]“[125], gehe es der reflektierenden Urteilskraft darum, Begriffe „zu gegebenen empirischen Anschauungen zuallererst“[126] zu finden. Der „gleichsam bloß mechanisch[en]“[127] Subsumption des Einzelnen unter einen bereits ausgebildeten Begriff durch die bestimmende Urteilskraft korrespondiere eine konstruktive, schöpferische oder *künstliche*[128] reflektierende Bewegung, die das Allgemeine im empirisch gegebenen Einzelnen erst suche und begrifflich zu artikulieren bemüht sei.[129]

Damit wird eine Textinterpretation teils zu einem Neubestimmen von noch nicht gänzlich verklarten Zusammenhängen, einem erweiterten Verstehen, das sich indes wiederum bewähren muss an den anderweitigen Fakten hinsichtlich Konsistenz und Plausibilität, Widerspruchsfreiheit und theoretischer Integrationsfähigkeit.

---

120 Straub (1999, S. 214, Hervorhebungen im Original).
121 Straub (1999, S. 218 f., Hervorhebungen im Original).
122 Kant (1790/1989).
123 Kant (1790/1989, [B XXV] S. 87).
124 Kant (1790/1989, [Einleitung] S. 22).
125 Kant (1790/1989, S. 25).
126 Kant (1790/1989, S. 25).
127 Kant (1790/1989, S. 26).
128 Kant (1790/1989, S. 26).
129 Straub (1999, S. 222).

Hans Werbik

7 Zur Terminologie der Begriffe „Aggression" und „Gewalt"

7.1 Einführung

In Fachkreisen ist die Meinung weit verbreitet, dass Überlegungen zur Definition des Begriffs „Aggression" überflüssig seien. Diese Ansicht wird durch den Etikettierungsansatz von Bandura[1] bestärkt. Wenngleich es ein Fortschritt ist, zu sehen, dass Aggression kein Beschreibungsprädikat, sondern ein Beurteilungsprädikat ist, so ist der Etikettierungsansatz jedoch inkonsequent: Interessiert man sich lediglich dafür, wie Personen Verhaltensweisen als *aggressiv* beurteilen und welche Verhaltensmerkmale für eine solche Beurteilung maßgeblich sein könnten, so ist es auf der anderen Seite unmöglich, über die Geltung bestimmter Erklärungsansätze für Aggression zu befinden, da jede wissenschaftliche Erklärung eines Phänomens eine terminologische Festlegung dessen, was erklärt werden soll, erfordert. Dieses Problem würde sich nur dann nicht stellen, wenn man glaubt, über eine allgemeine Verhaltens- oder Handlungstheorie zu verfügen, die imstande ist, jedes beliebige Verhalten zu erklären, sodass es keine Rolle spielt, ob dieses Verhalten Aggression genannt wird oder nicht. Dabei müsste man allerdings in Kauf nehmen, dass die Frage, ob eine gegebene allgemeine Theorie auch für den Bereich des aggressiven Verhaltens gilt, nicht mehr mit wissenschaftlichen Methoden beantwortbar ist. Der Zweck meiner Bemühungen zur Definition der Aggression ist

(1) eine Möglichkeit aufzuzeigen, wie man die Vermischung von Beschreibung und Bewertung, die im alltagssprachlichen Gebrauch des Wortes „Aggression" impliziert ist, aufheben kann,

(2) Argumente zusammenzustellen, die für eine Klassifikation des Handelns aufgrund der Intention des Handelnden bzw. für eine Klassifikation des Handelns aufgrund seiner Effekte sprechen, und eine Abwägung der Argumente vorzunehmen und

(3) eine Möglichkeit zu nennen, wie man *zulässige* von *unzulässigen* Handlungsweisen, die gemeinhin „Aggression" genannt werden, unterscheiden könnte. Dazu werden meine früheren Ansichten[2] erweitert und korrigiert.

Die Schwierigkeit meiner eigenen Argumentation besteht nun darin, dass die Lösungsvorschläge, die ich zu diesen drei Problemen entwickelt habe, nicht voneinander unabhängig sind. Mein Vorschlag, wie Beschreibung und Beurteilung von Handlun-

---

1 Bandura (1979). Siehe Kap. 5.1.
2 Werbik (1982).

DOI 10.1515/9783110522203-7-007

gen bezüglich Aggression voneinander getrennt werden können, setzt die Entscheidung voraus, dass die Beschreibung aufgrund der Intentionen des Handelnden vorgenommen werden soll, und diese Entscheidung setzt wiederum voraus, dass zwischen einem intentionalen *Handeln* und einem bloßen *Sichverhalten* unterschieden werden kann, welche Unterscheidung wiederum durch ein bestimmtes Vorverständnis von Aggression und den Aufgaben der *Aggressionsforschung* begründet ist. Ich betrachte Aggression als einen bestimmten Modus der *Austragung von Konflikten*. Aufgabe der Aggressionsforschung sei es, zu erkunden, wie in zwischenmenschlichen Konflikten aufgrund des ethischen Prinzips der Konfliktlösung ein einvernehmliches Ergebnis erzielt und eine gewaltsame Konfliktaustragung vermieden werden kann. Aufgrund dieser Zusammenhänge kann man sicherlich nicht sagen, ich hätte *bewiesen*, dass Aggression ohne Intentionalität nicht eindeutig definierbar sei.

7.2 Grundlegende Festlegungen für eine Handlungsbeschreibung

Erkennt man das Forschungsinteresse an, danach zu fragen, wie in zwischenmenschlichen Konflikten eine Einigung aufgrund des Prinzips der Konfliktlösung herbeigeführt werden kann, so ergibt sich daraus folgerichtig die Forderung, menschliche Verhaltensweisen als *argumentationszugängliche* Handlungen zu betrachten.[3] Wie auch immer der Handlungsbegriff festgelegt wird, es besteht Konsens, dass Handlungen als wählbare, *bewusst* und *absichtlich* ausgeführte Verhaltensweisen, für deren Ergebnisse wir *verantwortlich* gemacht werden können, von reflexartigen Verhaltensweisen abgegrenzt werden können.[4] Daraus ergibt sich bereits die Forderung, bei der Entwicklung von Beschreibungskategorien die Intentionen des Handelnden mit zu betrachten. Würde man die Frage, ob Beschreibungskategorien von Handlungen aufgrund der Intentionen des Handelnden oder aufgrund der faktischen Folgen oder gesetzmäßigen Wirkungen der Handlungen entwickelt werden sollen, unabhängig von den aufgrund des Forschungsinteresses getroffenen Festlegungen stellen, so würde sich ein Trilemma, eine Wahl zwischen drei Übeln, ergeben: Gegen die Ansicht, man solle die Beschreibung auf die faktischen Folgen des Handelns stützen, spricht das Argument der Unübersehbarkeit der faktischen Folgen einer gegebenen Handlung; gegen die Ansicht, man solle die Beschreibung auf die gesetzmäßigen Wirkungen stützen, spricht die Abhängigkeit der Beschreibung vom jeweiligen *objektiven* Wissen über Ursache-Wirkungs-Relationen, über das diejenigen, die die Handlungen beschreiben, eben gerade verfügen, sowie der Zweifel, ob im sozialen Kontext solche gesetzmäßigen Wirkungen von Handlungen überhaupt angenommen werden können. Die oben getroffene Vorentscheidung zugunsten einer intentionalen Beschreibung

---

3 Siehe hierzu bereits Lorenzen und Schwemmer (1975), Kempf (1978), Schwemmer (1976), Toebe, Harnatt, Schwemmer und Werbik (1977), Werbik (1974).
4 Riedel (1979, S. 139–160).

macht es wiederum erforderlich, weitere Festlegungen zu treffen und weitere methodische Überlegungen anzustellen, durch deren Hilfe dann das Problem der Feststellung von Intentionen weitgehend beseitigt werden kann: Die wichtigste Festlegung ist die Bereitschaft, verbale Aussagen der handelnden Person als *Kriterium* und nicht als *Symptom* – entsprechend der Unterscheidung von Wittgenstein – für Intentionen zu betrachten.[5] Diese Festlegung ist aber nur dann realistisch, wenn die Gesprächssituation, in der die handelnde Person vom Forscher nach Intentionen befragt wird, so gestaltet wird, dass aufseiten des Handelnden wahrhaftiges Sprechen ermöglicht wird. Bei der Bestimmung der Kriterien, aufgrund derer eine gegebene Gesprächssituation als *geeignet* beurteilt werden soll, kann man sich allerdings nicht auf empirische Untersuchungen stützen, da wir uns hier in einem Bereich befinden, in dem nach den Bedingungen der Möglichkeit von gültigen Befragungsergebnissen gefragt wird. Vielmehr müssen wir unsere Festlegungen aufgrund allgemeiner Lebens- und insbesondere Gesprächserfahrung treffen, mit dem Zugeständnis, diese Festlegungen für spätere Revisionen offenzuhalten. Damit mit wahrhaftigen Aussagen gerechnet werden kann, ist es erforderlich, dass der Forscher von sich aus auf seine *Sanktionsmacht* verzichtet, diesen Verzicht gegenüber der befragten Person deutlich kundtut, die *Freiwilligkeit* der Teilnahme am Gespräch sicherstellt und betont, von sich aus nichts zu unternehmen, was seine *Glaubwürdigkeit als Forscher* infrage stellen könnte, und schließlich auf peinliche Befolgung strenger *Regelungen des Datenschutzes* achtet. Können diese Voraussetzungen als erfüllt betrachtet werden, so spricht nichts dagegen, die Aussagen der handelnden Person als Kriterium für ihre Intention zu werten, insofern sich bei einer nachmaligen strengen Prüfung nicht Ungereimtheiten usw. herausstellen, die eine fahrlässig oder vorsätzlich kommunizierte Unwahrheit hinreichend wahrscheinlich machen. Auch sachliche Unstimmigkeiten müssen hier (i. S. einer *realistischen* Plausibilitätsprüfung) berücksichtigt werden. Damit wird der von Selg, Mees und Berg nachstehend wiedergegebene Einwand entkräftet:

> Allzu einengend ist [...] die Forderung, man solle nur dann von Aggressionen sprechen, wenn der Handelnde ausdrücklich aggressive Absichten zugibt [...]. Dadurch fallen gerade die m. E. relevantesten menschlichen Aggressionen aus der Forschung heraus, z. B. viele Straftaten (da hier oft die Absicht geleugnet wird) und auch die frühe Entwicklung menschlicher Aggressivität (da Kleinkinder kaum das vorausgesetzte sprachliche Niveau erreicht haben). Das würde bedeuten, daß wir nie erfahren, aus welchen Anfängen sich eigentlich die Vielfalt menschlicher Aggressivität entwickelt.[6]

Wenn also ein Straftäter kein Geständnis ablegt, sondern ggf. vehement (und u. U. gegen alle Logik) leugnet, und auch einer Vertrauensperson gegenüber die Motive seiner Tat nicht offenlegt, kann seine Handlung sehr wohl dennoch als Aggression

---

5 „Ein ‚innerer Vorgang' bedarf äußerer Kriterien" Wittgenstein (1953/1984a, S. 455, *Philosophische Untersuchungen*, § 580).
6 Selg et al. (1997, S. 3).

bzw. Gewalt *gedeutet* bzw. interpretiert werden, wenn hinreichende Kriterien dafür vorliegen. Eine gewisse Erleichterung ergibt sich zudem daraus, dass eine intentionale Beschreibung des Handelns nicht unbedingt erfordert, dass wir die Oberziele der handelnden Person *kennen*, es ist vielmehr ausreichend, zu wissen, welche von ihr erwarteten Folgen ihres Handelns sie *billigend* in Kauf nimmt (zum Aspekt bezüglich Kindern s. Kap. 7.3).

7.3 Beschreibungskategorien für Handlungen, die möglicherweise als aggressiv beurteilt werden

Eine relativ wertneutrale Beschreibung ermöglicht das folgende Kategoriensystem[7]:
(1) *Intentional-destruktive Handlungen:* Eine Handlung heißt intentional destruktiv, wenn die handelnde Person P_1 erwartet, dass als Folge ihrer Handlung der Tod einer anderen Person P_2 eintritt.
(2) *Intentional teilweise destruktive Handlungen:* Eine Handlung heißt intentional teilweise-destruktiv, wenn die handelnde Person P_1 erwartet, dass als Folge ihrer Handlung eine körperliche Verletzung (i. S. einer teilweisen Störung oder Zerstörung eines organischen Subsystems) einer anderen Person P_2 eintritt.
(3) *Intentional aversive Handlungen:* Eine Handlung heißt intentional aversionsproduzierend oder kurz: intentional aversiv, wenn die handelnde Person P_1 erwartet, dass als Folge ihrer Handlung bei einer anderen Person P_2 ein (permanenter) Zustand eintritt, von dem P_1 weiß, dass P_2 diesen Zustand beseitigen oder vermeiden will. (Ein solcher Zustand, dem eine gewisse Permanenz zukommt und den man beseitigen oder vermeiden will, heißt aversiver Zustand).

Logisch gesehen sind diese drei Kategorien Prädikate, die Handlungen zu- oder abgesprochen werden können. Sie bilden insgesamt *kein* Klassifikationssystem. Es ist durchaus möglich, dass einer gegebenen Handlung mehrere dieser Prädikate zugesprochen werden können.

Die oben gegebenen Definitionen können auf Gesprächssituationen zwischen der handelnden Person und einem Befrager angewandt werden. Die Voraussetzungen dafür, dass ein Anwendungsversuch gelingt, sind:
– Der Befrager kann mit wahrhaftigen Aussagen der handelnden Person rechnen.
– Der Bedeutungsgehalt der faktischen Aussagen der handelnden Person kann der in den Definitionen verwendeten Terminologie eindeutig zugeordnet werden.
– Die Gesprächssituation besteht schon während des Handlungsvollzugs oder die faktische zeitliche Verzögerung der Gesprächssituation gegenüber der Handlungssituation hat auf die Gesprächsergebnisse keinen Einfluss.

---

7 Werbik (1971, 1974, 1981).

Lischke hat gegen meinen früheren Vorschlag eingewandt, dass mein Ansatz offensichtlich für die Beschreibung des Verhaltens von Kindern und Tieren nicht tauge.[8] Dieser Einwand übersieht jedoch die Möglichkeit einer Analogiebildung. Wir können das Verhalten eines Kindes so betrachten, *als ob* es eine aggressive Handlung wäre. In diesem Fall können wir von einem *aggressionsähnlichen Verhalten* sprechen.

Wird eine Person P_1 betrachtet, die offensichtlich des Sprechens über Intentionen unkundig ist, so kann gleichwohl aus der Perspektive des Forschers eine Verhaltensweise so betrachtet werden, als ob P_1 erwarte, als Folge ihrer Handlung eine (physische) Verletzung von P_2 herbeizuführen. Selbstverständlich ist diese Betrachtung eine Deutung des Verhaltens, die auf einer Fiktion beruht: Es wird ein gegebenes Verhalten als vergleichbar mit einer bestimmten Handlungsweise einer sprachkundigen Person eingeschätzt. Entsprechende Deutungen finden sich bei Piaget[9]: Das Kind verhält sich so, als ob es das Wiederauftauchen eines Gegenstands erwarte, als ob es einen Gegenstand wiedererkenne usw. Bezüglich der Annahme solcher Deutungen wird man sich auf einen Konsens zwischen mehreren Beurteilern einer gegebenen Verhaltensweise in einer Situation berufen. Im Unterschied dazu kann sich unter *günstigen* Voraussetzungen die Beschreibung der Handlung auf einen Konsens zwischen handelnder Person und Forscher bzw. Beurteiler stützen.

Hilke und Kempf haben im Jahre 1976 den Gedanken, dass eine intentionale Beschreibung des Handelns nicht unbedingt wahrhaftige Aussagen der handelnden Person erfordert, weiter ausgearbeitet. Ein Beurteilerkonsens über die Intention des Handelns, und damit eine zweifelsfreie Deutung des Verhaltens, ist dann erwartbar, wenn in einer normierten Situation, der die handelnde Person unterworfen worden ist, eine eindeutige Zuordnung zwischen der Wahl einer bestimmten Verhaltensalternative und dem Auftreten einer bestimmten Wirkung bestanden hat. Für die folgenden gleichartigen Situationen kann dann damit gerechnet werden, dass die handelnde Person nunmehr *weiß*, welche Wirkungen eine bestimmte Verhaltensweise hat. Diese Annahme zu treffen entspricht unseren Denkgewohnheiten und ist offenbar unproblematisch. Die genannten Autoren haben außerdem die Kategorie der intentional teilweise destruktiven Handlungen (früher *teilweise destruktiv intendierte* Handlungen) weiter differenziert. Das Motiv für ihren Differenzierungsvorschlag ist die tatsächliche Möglichkeit, dass zwischen handelnder Person und betroffener Person unterschiedliche Ansichten darüber bestehen können, was eine *Verletzung* sei. Sie unterscheiden daher:

(1) *Einfach teilweise destruktiv-intendierte Handlungen:* Die handelnde Person P_1 erwartet, dass die Ausführung ihrer Handlung für die betroffene Person P_2 einen Zustand bewirken wird, von dem sie selbst weiß, dass er eine Verletzung ist, aber nicht weiß, wie ihn die betroffene Person P_2 beschreibt.

---

8 Lischke (1972, S. 28).
9 Piaget (1975).

(2) *Offenkundig teilweise-destruktiv-intendierte Handlungen:* Die handelnde Person P_1 erwartet, dass die Ausführung ihrer Handlung für die betroffene Person P_2 einen Zustand bewirken wird, von dem sie selbst weiß, dass er eine Verletzung ist, und von dem sie weiß, dass auch die betroffene Person ihn für eine Verletzung hält.

(3) *Verdeckt teilweise-destruktiv-intendierte Handlungen:* Die handelnde Person P_1 erwartet, dass die Ausführung ihrer Handlung für die betroffene Person P_2 einen Zustand bewirken wird, von dem sie selbst weiß, dass er eine Verletzung ist, aber weiß, dass die betroffene Person ihn nicht für eine Verletzung hält.

(4) *Disparat teilweise-destruktiv-intendierte Handlungen:* Die handelnde Person erwartet, dass die Ausführung ihrer Handlung für die betroffene Person einen Zustand bewirken wird, von dem sie selbst weiß, dass er keine Verletzung ist, aber weiß, dass die betroffene Person ihn für eine Verletzung hält.

Mees wies darauf hin, dass auch das Unterlassen einer bestimmten Handlung eine *aggressive* Bedeutung haben kann.[10] Dementsprechend haben Hilke und Kempf das Beschreibungssystem auf das Unterlassen einer Tätigkeit (eines Eingriffs in die Situation) ausgedehnt.[11]

Abschließend möchte ich – entgegen manchen früheren Ausführungen[12] – feststellen, dass das vorgeschlagene Beschreibungssystem nebst seinen Differenzierungen keine Definition des Begriffs „Aggression" (i. S. einer Wortersetzungsregel) ermöglicht, da zuerst noch die Frage geklärt werden muss, nach welchen Prinzipien und Gesichtspunkten eine Handlungsweise als Aggression beurteilt werden soll. Vielmehr ist mit dem Beschreibungssystem erst eine Zwischenstufe erreicht, durch die zunächst einmal die unzulässige Vermischung zwischen Beschreibung und Bewertung aufgehoben ist. Mit dieser Klarstellung ist die Kritik von Michaelis aus dem Jahre 1976 weitgehend gegenstandslos. Der Vorschlag, bezüglich der intentional aversiven Handlungen danach zu unterscheiden, ob der aversive Zustand für die betroffene Person, der vom Handelnden in Kauf genommen wird, nach Meinung des Handelnden im (wohlverstandenen) Interesse dieser Person liegt oder nicht[13], demnach also der Bauunternehmer, der in Kauf nimmt, dass der Lärm seiner Maschinen die Nachbarschaft am Schlafen hindert, aggressiv handelt, nicht dagegen der Zahnarzt, der eine Anästhesie aus medizinischen Gründen vermeidet, gibt bereits einen solchen Gesichtspunkt für eine Beurteilung einer Handlungsweise als Aggression an.

---

10 Mees (1974).
11 Hilke und Kempf (1976).
12 Siehe Werbik (1971).
13 Kraak (1972).

7.4 Adäquatheitsbedingungen für die Beurteilung von Handlungen als Aggression

(1) Aggression ist ein Prädikat zur Beurteilung von *Handlungen*. Ein bloßes reaktives Sichverhalten oder ein bloßer Gefühlsausdruck kann nicht als Aggression beurteilt werden. Dies ergibt sich schon aus der Etymologie des Wortes „Aggression" (vom lat. *aggredior*, hier v. a.: herausschreiten, sich nähern, angreifen). Ein emotionales Sichverhalten (z. B. ein Wutausbruch) ist nur dann eine Aggression, wenn es als zielgerichtete Handlung aufgefasst werden kann. Wenngleich allgemeingültige Grenzen nicht gezogen werden können, so vermag man doch im Einzelfall – bei hinreichender Kenntnis der Umstände und der Person – angeben, ob ein gegebenes emotionales Sichverhalten als Handlung betrachtet werden kann oder nicht.

(2) Aufgrund der Etymologie des Wortes „Aggression" kann gefolgert werden, dass Handlungen, welche keinen Eingriff in eine gegebene Situation oder einen gegebenen Situationsverlauf darstellen, nicht als Aggressionen prädizierbar sind.[14] Die Prädikation von Unterlassungen als Aggressionen bedarf daher einer besonderen Begründung.

(3) Die Prädikation einer Handlung als Aggression impliziert – zumindest im alltäglichen Sprachgebrauch – eine (zumeist negative) normative Bewertung dieser Handlung. Die Bewertung erfolgt aufgrund einer sozialen Norm oder eines Normensystems, die die beurteilende Person für die gegebene Situation für gültig hält. In vielen Fällen wird man annehmen können, dass eine von einer sozialen Norm *abweichende* Handlung als Aggression gewertet wird.[15]

(4) Jede Handlung in einem Interaktionszusammenhang kann aus drei Perspektiven beurteilt werden:
  (a) aus der Perspektive der handelnden Person,
  (b) aus der Perspektive der betroffenen Person,
  (c) aus der Perspektive eines (neutralen) Beobachters.
  Diese drei Perspektiven sind voneinander abhängig. Der Handelnde kann die Perspektive der betroffenen Person mitberücksichtigen. Der Beobachter kann sich bemühen, sowohl die Perspektive der handelnden Person als auch die der betroffenen Person zu erfassen und in Relation zu setzen. In der wissenschaftlichen Psychologie gehen wir – seit unserer Abwendung vom erlebnispsychologischen Ansatz – von der Perspektive des Beobachters aus und versuchen von dort aus, die Perspektiven des Handelnden und/oder der betroffenen Person, ggf. auch weiterer, nicht unmittelbar betroffener Personen *methodisch* durch Befragung, Deutung oder Rekonstruktion miteinzubeziehen. Daraus ergibt sich zunächst einmal, dass die wissenschaftliche Beurteilung einer Handlung als Aggression

---

14 Michaelis (1976).
15 Herrmann (1980).

nicht mit den diesbezüglichen Ansichten der Handelnden oder Betroffenen übereinstimmen muss. Ebenso ergibt sich, dass wir bezüglich einer bestimmten Handlung zu durchaus unterschiedlichen Beurteilungen kommen können, je nachdem, auf welche Perspektive wir uns beziehen. Unterstellt, wir hätten eine Beurteilungsregel für die Prädikation einer Handlung als Aggression und die Anwendung dieser Regel würde verschiedene Resultate ergeben, wenn wir uns als Beobachter auf die Perspektive des Handelnden oder der betroffenen Person beziehen, so würde die betreffende Handlung bei Beachtung der einen Perspektive als Aggression und bei Beachtung der anderen Perspektive als *Nichtaggression* prädiziert werden. Die Beurteilung einer Handlung als Aggression erfolgt also nicht absolut, sondern relativ auf eine bestimmte ausgewählte Perspektive einer am Interaktionsprozess beteiligten Person.

(5) Sachverhalte, die als Wirkung einer Handlung eintreten, können für eine andere Person zweierlei bedeuten:

    (a) Verhinderungen dessen, was die betroffene Person faktisch will

    (b) Verhinderungen dessen, was der betroffenen Person zuerkannt oder zugesprochen wird aufgrund von

        – kodifizierten Rechten und/oder

        – einem breiten faktischen Konsens innerhalb ihrer Bezugsgruppe.

Das, was eine Person will, muss nicht mit dem übereinstimmen, was ihr von ihrer Bezugsgruppe und/oder aufgrund eines Systems von Rechten zugesprochen wird. Es ist daher erforderlich, zwischen diesen verschiedenen Kategorien klar zu trennen. Der Gebrauch des Wortes „Schädigung", das traditionellerweise in Definitionen aggressiven Handelns verwendet wird[16], verwischt die angeführten notwendigen Unterscheidungen. Beispielsweise wird die Unschärfe des Begriffs „Schädigung" sofort deutlich, wenn man danach fragt, ob die Tötung auf Verlangen eine Schädigung (und somit eine Aggression) ist oder nicht. Aus diesen Überlegungen würde folgen, dass es nicht sinnvoll ist, den Aggressionsbegriff über den Begriff der Schädigung einzuführen.

(6) Soziale Normen, auf die man bei der Beurteilung einer Handlung als Aggression Bezug nehmen kann, können verschiedenen Ebenen zugeordnet werden. Zumindest sollte man unterscheiden zwischen

    (a) Sitte, Brauch,

    (b) juristischen Normen,

    (c) ethischen Normen.

Eine Handlung, die auf der einen Ebene geboten ist, kann auf der anderen Ebene verboten sein. (Ein Beispiel dafür ist die Nichtbeachtung von Höflichkeitsnormen aus ethischen Gründen.) Insbesondere ist es erforderlich, zwischen der moralischen und der juristischen Beurteilung einer Handlung zu trennen. Würde man die moralische Beurteilung mit der juristischen Beurteilung gleichsetzen, so hätte

---

16 Siehe bereits Dollard et al. (1939/1973), Selg et al. (1997) und in jüngerer Zeit z. B. Krahé (2014).

man keinerlei Möglichkeit mehr, bestimmte moralische Prinzipien aufzustellen, aufgrund derer ein gegebener Rechtssatz als *gerecht* oder *ungerecht* beurteilt werden könnte.[17] Auch könnten keine Prinzipien mehr benannt werden, die den Rechtsetzungsprozess leiten. Die mangelhafte Unterscheidung zwischen juristischer und moralischer Beurteilung bringt beträchtliche Schwierigkeiten mit sich, wie man z. B. die absichtliche Tötung eines Menschen in einer Notwehrsituation oder die Tötung auf Verlangen beurteilen soll: Die Tötung eines anderen Menschen aus Notwehr ist aus gutem Grund straffrei, weil man niemandem zumuten kann, sich töten zu lassen. Gleichwohl kann man die Tötung aus Notwehr nicht uneingeschränkt als moralisch erlaubte Tat bezeichnen. Die juristisch verbotene Tötung auf Verlangen kann aus der Befolgung des moralischen Prinzips, die ranghöchsten Interessen des anderen zu achten, erwachsen.

(7) Der wissenschaftliche Gebrauch des Beurteilungsprädikats „Aggression" muss wiederum mit dem alltäglichen Gebrauch dieses Wortes nicht übereinstimmen. Zum einen gibt es gar nicht *den* einheitlichen Sprachgebrauch, zum anderen wird in Erkenntnis der Tatsache, dass Begriffe handlungsleitend sein können, der Gebrauch wertender Prädikate aus politischen Interessen absichtlich verändert.[18]

Eine schlichte Übernahme eines alltäglichen gruppenspezifischen Sprachgebrauchs in die Wissenschaft kann daher nicht infrage kommen. Gleichwohl ist es sinnvoll, wenn die wissenschaftliche Begriffsbildung sich am alltäglichen Gebrauch orientiert und auf ihn Bezug nimmt. Ein methodisches Hilfsmittel dazu ist die Explikation des umgangssprachlichen Gebrauchs des Wortes „Aggression".[19]

7.5 Adäquatheitsbedingungen für die Beurteilung von Handlungen als Gewalt

(1) *Gewalt* ist ein Prädikat zur Beurteilung von aktuellen Handlungen, die gegen (natürliche) Personen gerichtet sind. Das Wort Gewalt soll also i. S. v. von *violentia* (übersetzt etwa als: Gewalttätigkeit) und nicht i. S. v. *potestas* (d. h. Kraft oder Macht) gebraucht werden. Es ist demnach auch *inadäquat*, von „struktureller

---

17 Tammelo (1977).
18 Wohl als erster hat Thukydides auf diesen Zusammenhang aufmerksam gemacht: „Und den bislang gültigen Gebrauch der Namen für die Dinge vertauschten sie nach ihrer Willkür: unbedachtes Losstürmen galt nun als Tapferkeit und gute Kameradschaft, aber vordenkendes Zögern als aufgeschmückte Feigheit, Sittlichkeit als Deckmantel einer ängstlichen Natur, Klugsein bei jedem Ding als Schlaffheit zu jeder Tat; tolle Hitze rechnete man zu Mannes Art, aber behutsames Weiterberaten nahm man als ein schönes Wort zur Verbrämung der Abkehr. Wer schalt und eiferte, galt immer für glaubwürdig, wer ihm widersprach, für verdächtig." (Thukydides, *Geschichte des Peloponnesischen Krieges* [III, 82], übers. 1962, Reinbeck: Rowohlt.)
19 Jüttemann (1978).

Gewalt"[20] zu sprechen. Gesellschaftliche Verhältnisse können allenfalls Voraussetzungen sein, unter denen das tatsächliche Auftreten von Gewalt möglich oder wahrscheinlich wird.

(2) Adäquatheitsbedingung (3) in Kapitel 7.4 gilt entsprechend.

(3) Adäquatheitsbedingung (4) in Kapitel 7.4 gilt entsprechend.

(4) Gewalt ist immer eine Verletzung eines Rechtes einer anderen Person. Dies gilt auch dann, wenn die Gewalt als legal angesehen werden kann. In diesem Falle spricht man davon, die der Gewalthandlung unterworfene Person hätte ihr Recht *verwirkt*. Aber nicht jede Rechtsverletzung, nicht jedes Unrecht ist auch Gewalt.

(5) Das Erfordernis einer Unterscheidung zwischen juristischen und ethischen Normen gilt auch für den Gewaltbegriff. Wird eine terminologische Bestimmung aufgrund juristischer Normen vorgenommen, so ist zu beachten, dass nur eine Verletzung grundlegender Rechte von Personen bzw. Menschenrechte, wie Recht auf Leben, körperliche Unversehrtheit, Bewegungsfreiheit, freie Partnerwahl, Glaubens- und Gewissensfreiheit usw. als Gewalt angesehen werden kann. Die Liste dieser grundlegenden Rechte ist als prinzipiell veränderbar anzusehen, um Wandlungen des Rechtsbewusstseins Rechnung tragen zu können. Jedoch gibt es nach unserer Rechtsauffassung *unveräußerliche* Menschenrechte, die jenseits eines je gesetzten positiven Rechtes eines Vertragsstaats existieren, daher nicht rechtswirksam verleugnet oder außer Kraft gesetzt werden können.[21] Allerdings ist diese Unveräußerlichkeit selbst nur *gesetzt*, nicht etwa logisch erwiesen, was i. S. v. Willkürlichkeit aber wohl bei allen Setzungen und auch Nichtsetzungen eingewandt werden könnte, und daher nicht als Makel gelten muss, wenn die dem Menschen am (zwanglos) *natürlichsten*, richtig *scheinende* Option rechtlich verwirklicht wird.

(6) Adäquatheitsbedingung (7) in Kapitel 7.4 gilt entsprechend. In diesem Zusammenhang sei darauf hingewiesen, dass sich gerade unscharfe Begriffe, aus denen Beliebiges gefolgert werden kann, für die politische Manipulation hervorragend eignen. Ein Beispiel dafür ist der Begriff der „strukturellen Gewalt" Galtungs:

---

20 Galtung (1971, 1975).

21 Die Menschenrechte wurden durch die *Erklärung der Menschen- und Bürgerrechte* während der französischen Revolution 1789 und später durch die *Allgemeine Erklärung der Menschenrechte*, UN-Resolution 217 A (III), in der Generalversammlung der *Vereinten Nationen* am 10.12.1948 verabschiedet. Da diese *UN-Menschenrechtscharta* kein völkerrechtlich bindender Vertrag ist, haben die Vereinten Nationen zwei Menschenrechtspakte verabschiedet, um die Menschenrechte in einer für alle Unterzeichnerstaaten rechtsverbindlichen Form festzulegen. Diese sind: (1) der *Internationale Pakt über wirtschaftliche, soziale und kulturelle Rechte* (Sozialpakt), und (2) der *Internationale Pakt über bürgerliche und politische Rechte* (Zivilpakt). Beide sind seit 1976 völkerrechtlich in Kraft. Sie sind für alle Mitgliedstaaten, die sie ratifiziert haben, bindendes Recht. Gemeinsam mit der *Allgemeinen Erklärung der Menschenrechte* bilden sie den *Internationalen Menschenrechtskodex*. Darüber hinaus existiert eine größere Anzahl von *UN-Konventionen*, die den Schutz einzelner Menschenrechte eingehender regeln.

Gewalt sei eine solche Einflussnahme auf Menschen, sodass ihre aktuelle und geistige Verwirklichung geringer ist als ihre potenzielle Verwirklichung[22], mit deren Hilfe man jedes beliebige gesellschaftliche System in einem undifferenzierten Sinn als *gewaltsam* bezeichnen könnte, insbesondere, da man in einem vernetzten System überhaupt nicht feststellen kann, was an *Selbstverwirklichung* für jeden einzelnen maximal möglich ist.

7.6 Vorschläge für eine terminologische Bestimmung von Aggression und Gewalt

Im Folgenden wird ein Vorschlag gemacht, wie Handlungen, für die bereits eine Beschreibung erarbeitet wurde, unter Berücksichtigung der in den Kapiteln 7.2 bis 7.5 genannten Voraussetzungen als Aggression oder Gewalt beurteilt werden können:

Eine Handlung soll dann und nur dann eine Aggression genannt werden, wenn ihr Ergebnis oder ihre Wirkungen dem *Willen* der betroffenen Person *widerspricht*. Für die Prädikation einer Handlung als Aggression soll also maßgeblich sein, ob das ethische Prinzip: „Achte den Willen Deines Mitmenschen!" missachtet wird. Daher sind auch *Unterlassungen*, die gegen den Willen der anderen Person gerichtet sind, den Aggressionen zuzurechnen. Eine Handlung soll dann Gewalt genannt werden, wenn ihr Ergebnis oder ihre Wirkung grundlegende Rechte dieser Person verletzt und/oder einem allgemein anerkannten *Bedarf*[23] dieser Person widerspricht. Für die Prädikation einer Handlung als Gewalt soll also maßgeblich sein, ob das ethische Prinzip: „Achte die Rechte und den Bedarf Deines Mitmenschen!" missachtet wird.[24]

Eine Beurteilung einer Handlung als Aggression oder Gewalt kann jeweils aus drei Perspektiven erfolgen:

(a) aus der Perspektive des Beobachters unter Berücksichtigung der Perspektive des Handelnden,

(b) aus der Perspektive des Beobachters unter Berücksichtigung der Perspektive der betroffenen Person,

(c) aus der Perspektive des Beobachters unter Berücksichtigung der Perspektive einer weiteren, ggf. unbeteiligten dritten Person.

Der Definitionsvorschlag von Kempf aus dem Jahre 1982, eine Handlung einer Person P_1 solle stets dann als eine Aggression gegen eine Person P_2 gelten, wenn P_1 der Meinung ist, dass mit oder durch die Handlung eine Situation eintreten wird, die

---

22 Galtung (1975, S. 9).

23 In diesem Zusammenhang wird das Wort „Bedarf" dem Wort „Bedürfnis" vorgezogen, weil in der Psychologie ebenso wie im alltäglichen Sprachgebrauch Bedürfnis oft i. S. v. *subjektiver Zielsetzung* oder *Wunsch* verwendet wird.

24 Vergleiche Kamlah (1973), Kempf (1978).

P_2 versucht zu vermeiden, kann der Beurteilungsperspektive (a) zugeordnet werden. Analog wäre aus der Beurteilungsperspektive (b) eine Handlung einer Person stets dann als eine Aggression gegen eine Person P_2 zu bewerten, wenn P_2 der Meinung ist, dass mit oder durch diese Handlung eine Situation eingetreten ist oder eintreten wird, die P_2 zu beseitigen oder zu vermeiden versucht.

Daraus, dass die Prädikation einer Handlung als Aggression oder Gewalt von der Missachtung einer bestimmten ethischen Norm abhängig gemacht wird, folgt noch nicht, dass die so prädizierten Handlungen unter Beachtung aller Umstände und anwendbaren ethischen Normen ethisch verwerflich sind. Vielmehr bedarf es weiterführender ethischer Überlegungen, wie bei Unvereinbarkeiten zwischen dem *Willen* der Person und ihren *Rechten* bzw. ihrem *Bedarf* entschieden werden soll.

Abschließend soll noch geklärt werden, wie sich der neue Vorschlag zur terminologischen Bestimmung von Gewalt zu den diesbezüglich älteren Vorschlägen[25] verhält: Sowohl die Tötung als auch jegliche permanente Einschränkung der Freiheit, Zielsetzungen, Werte oder Meinungen anderer Personen kundzugeben, kann entsprechend dem neuen terminologischen Vorschlag als Gewalt prädiziert werden, weil hier grundlegende Rechte der Person verletzt werden und wir auch darüber einig sind, dass jedermann *Leben* und *Meinungsfreiheit* als unverzichtbarer *Bedarf* zuerkannt werden soll. Dass aber auch die Verletzung *ranghöchster Oberzielsysteme* der betroffenen Person als Gewalt gelten soll, ist ohne zusätzliche Begründung nicht mit der hier vorgeschlagenen Sprachregelung in Einklang zu bringen. Gleichwohl besteht zwischen der Feststellung ranghöchster Oberzielsysteme und dem Bedarfszuschreiben ein Zusammenhang, auf den ich im Folgenden kurz eingehen möchte:

Es widerspräche jeglicher historischer Erfahrung und wäre zudem lebenspraktisch im höchsten Maße bedenklich, wollte man von der *historischen Invarianz* der Bedarfszuschreibungen ausgehen. Ebenso wie gemeinhin anerkannt wird, dass die Rechte von Personen sich durch Rechtsetzungsprozesse wandeln können, muss man auch zugestehen, dass die Bedarfszuschreibungen einem gewissen Wandel unterliegen. Oft geht eine Veränderung der Bedarfszuschreibungen einem Rechtsetzungsprozess voraus, der dann zu der Kodifikation neuer Rechte bzw. Grundrechte führt. Ebenso gibt es Wandlungsprozesse, in denen bestimmte kodifizierte Rechte von Personen gegenstandslos werden, weil ihnen keine Bedarfszuschreibungen mehr entsprechen. Woran erkennen wir, dass es angemessen ist, den Katalog unserer Bedarfszuschreibungen zu ändern? Wir stellen fest, dass eine größere Zahl von Menschen die Verfolgung eines bestimmten subjektiven Zieles oder die Realisierung einer bestimmten Wertvorstellung für wichtiger erachten als die Befriedigung von solchen Bedürfnissen, die wir ihnen zuerkennen. Macht jemand durch permanentes Verhalten deutlich, dass er die Erreichung einer bestimmten Wertvorstellung der Befriedigung eines zuerkannten Bedarfs bevorzugt, also den Verzicht auf das, was wir ihm zuerkennen, in Kauf nimmt, so können wir mit Recht sagen, dass dieses subjektive Ziel für ihn

---

25 In Werbik (1974).

das ranghöchste Oberziel oder diese Wertvorstellung für ihn den ranghöchsten Wert darstellt. In extremer Form gilt dies für den Märtyrer, der sein Leben für eine Ziel- oder Wertvorstellung hingibt, in abgeschwächter Form finden wir solche Präferenzen auch bei Angehörigen von Protestbewegungen. Hat jemand hinreichend deutlich gemacht, dass die Erreichung einer Ziel- oder Wertvorstellung für ihn so wichtig ist, dass er auf das, was wir ihm an Bedarf und/oder Rechten zuerkennen, verzichtet, so ist es für uns an der Zeit, unsere Bedarfszuschreibungen zu ändern. Eine Handlung, die eine andere Person daran hindert, ihre (zu tolerierenden, rechtmäßigen) ranghöchsten Ziel- oder Wertvorstellungen zu verfolgen, ist daher als Aggression anzusehen. Je schwerer die Rechtseingriffe werden, desto eher näherte man sich dabei u. U. auch der Anwendung von Gewalt: So etwa bei der zwangsweise Medikation von Psychotikern oder der Zwangsernährung eines Hungerstreikenden.

7.7 Schlussbetrachtung

Mancher wird fragen, welchen Sinn es hat, sich über einen Zeitraum von vielen Jahren mit dem Problem der terminologischen Bestimmung von Aggression und Gewalt zu beschäftigen.

Die Antwort wird wohl nicht jeden befriedigen. Mit Recht kann man lediglich sagen, dass Widersprüchlichkeiten und Mehrdeutigkeiten, die im bisherigen wissenschaftlichen Gebrauch des Wortes „Aggression" impliziert waren, beseitigt werden konnten. Insbesondere konnte nachgewiesen werden, dass der Begriff „Schädigung" zur Definition aggressiven Handelns nicht geeignet ist. Ferner konnte gezeigt werden, dass die Prädikation eines Handelns als Aggression *kulturabhängig* ist. Daher bestehen große begriffliche Schwierigkeiten, will man Aggression zur *Natur* des Menschen rechnen. Die Prädikation des Verhaltens von Kindern oder Tieren als Aggression dürfte voraussetzen, dass der Beobachter das Kind oder das Tier so betrachtet, *als ob* man ihm ein (rudimentäres) *Wollen* und *Erwarten* zuerkennen könnte. Die hier vorgeschlagenen terminologischen Festlegungen zu den Begriffen „Aggression" und „Gewalt" sind sicherlich noch unvollständig, daher wäre es verfrüht, diese als endgültige Definitionen aufzufassen. So wäre der Vorschlag zur Festlegung des Aggressionsbegriffs durch Bestimmungen zu ergänzen, wie verfahren werden soll, wenn der *Wille* der betroffenen Person *schwankt*. (Im Zahnarztbeispiel bevorzugt die betroffene Person die Fortsetzung ärztlicher Maßnahmen vor ihrer Unterlassung und nimmt den Schmerz in Kauf, dies gilt aber nur so lange der Schmerz nicht zu groß wird. Demnach wäre der Zahnarzt so lange nicht aggressiv, als er stets entsprechend der schwankenden Präferenzordnung der betroffenen Person handelt.) Der Vorschlag zur Festlegung des Gewaltbegriffs wäre durch Bestimmungen zu ergänzen, aufgrund welcher Kriterien man von einem Konsens über Bedarfszuschreibungen sprechen soll.

Zweifellos ist das Finden präziser Festlegungen der Begriffe „Aggression" und/ oder „Gewalt" eine notwendige Voraussetzung für das Aufstellen spezieller Theorien, aus denen relativ eindeutig nachprüfbare Hypothesen über die Bedingungen von Aggression und/oder Gewalt folgen. Freilich sind terminologische Erörterungen nicht nur dadurch gerechtfertigt, dass sie notwendige Voraussetzungen für empirische Forschung darstellen. Sie dienen auch der besseren gedanklichen Verarbeitung von Lebenserfahrung, insbesondere solcher Erfahrung, die durch Gespräche vermittelt wird. Die Ansicht, die Psychologie könne nur durch empirische Forschung zu wichtigen Erkenntnissen gelangen, halte ich für einen schwerwiegenden Irrtum.

Es konnte aber auch gezeigt werden, dass eine terminologische Präzisierung in einem Teilbereich der Psychologie (hier: Aggression) auf Fortschritte in der allgemeinen Theorienbildung (hier: Handlungstheorien) zurückzuführen ist. Daher sind die Resultate der bisherigen Bemühungen um eine Klärung des Begriffs „Aggression" auch für andere Bereiche der Psychologie interessant, in denen z. T. ähnliche Probleme bestehen.

Soziale Regelwerke sind in der Praxis allgemein meist aber nur dann wirklich notwendig, wenn ein *Einzelfall* entschieden werden soll; sie müssen nicht universell für alle Fälle aller Zeiten Geltung beanspruchen. Schließlich ist es auch eine soziale Frage, was als „gute" Aggression geduldet und was als „böse" unterbunden werden soll. Eine gewisse Art von immanenter *Willkür* wird solchen Unterfangen, wie die der Festlegung von Aggression und Gewalt, soweit wir bisher sehen, wohl immer beizumessen sein.

Stephan Straßmaier

8 Interkulturelle und historische Aspekte der Aggression und die Rolle der Erziehung

8.1 Kornadts et al. vergleichende Feldforschungen in Europa und Asien

Kulturübergreifende Studien durchzuführen ist meistens aufwändig und langwierig.[1] Um das Verhältnis von Erziehung und Aggression auch und besonders *psychologisch* und nicht nur ethnografisch zu erkunden, haben so z. B. Kornadt und seine Kollegen eine Jahrzehnte währende[2] und mehrere Kulturen in Europa bzw. Südostasien vergleichende Studie unternommen[3], deren Ergebnisse in Kapitel 8.1 referiert und bewertet werden. Konkret wurden Probandenstichproben aus Deutschland, der Schweiz, mit südostasiatischen Kulturen, namentlich der japanischen, der balinesischen (Indonesien) und der auf der Insel Sumatra beheimateten Kultur der *Bataker* (diese nochmals unterschieden in die eher indigenen Toba-Bataker im Nordteil der Insel, und den moderneren Batakern in Jakarta) mit projektiven als auch semiprojektiven Erhebungsinstrumenten sowie Interviews erforscht. Die Resultate sollten uns hinsichtlich der Erziehung von Kindern in Erinnerung bleiben.

Kornadts Aggressionstheorie[4] (s. Abb. 8.1), die auf dem Fundament der revidierten Frustrations-Aggressions-Hypothese von Berkowitz aus dem Jahre 1989 ruht, wurde in diesem Zusammenhang zur Grundlage genommen und einer Überprüfung unterzogen: Eine Frustration i. S. einer körperlich verletzend-behindernden oder ideell-beleidigenden *Beeinträchtigung* aktiviere einen *ärgerartigen Affekt*. „Hier ist ein angeborener biologischer Prozess zu sehen, der von spezifischen neurophysiologischen Subsystemen im Organismus gesteuert wird.“[5] Das *Erleben* eines solchen Affekts und die *Deutung* der ihn auslösenden Situation (als böswillig oder gefährlich) führe zur Aktivierung eines erfahrungsbedingten, überdauernden Systems von *Zielvorstellungen* sowie möglichen aggressiven Handlungsmustern – dies jedoch nur, wenn die Beeinträchtigung als *aggressionsrelevant* (also nicht dann, wenn sie nur als Folge eines Zufalls) verstanden würde. Jene Zielvorstellungen und Handlungsmuster bzw. Skripte sind individuell aus der Erfahrung aufgebaut: Lerntheoretische Erkenntnisse über den Lerneffekt von erfolgreichen oder nicht erfolgreichen Handlungen gingen

---

1 Für einen Überblick über die vergangene Aggressionsforschung in mehreren Ländern und Kontinenten siehe Goldstein und Segall (1983).
2 Begonnen in den 1970er-Jahren, beendet etwa Mitte 1995.
3 Siehe Kornadt (2011).
4 Kornadt (2011, S. 39 ff.).
5 Kornadt (2011, S. 40).

DOI 10.1515/9783110522037-008

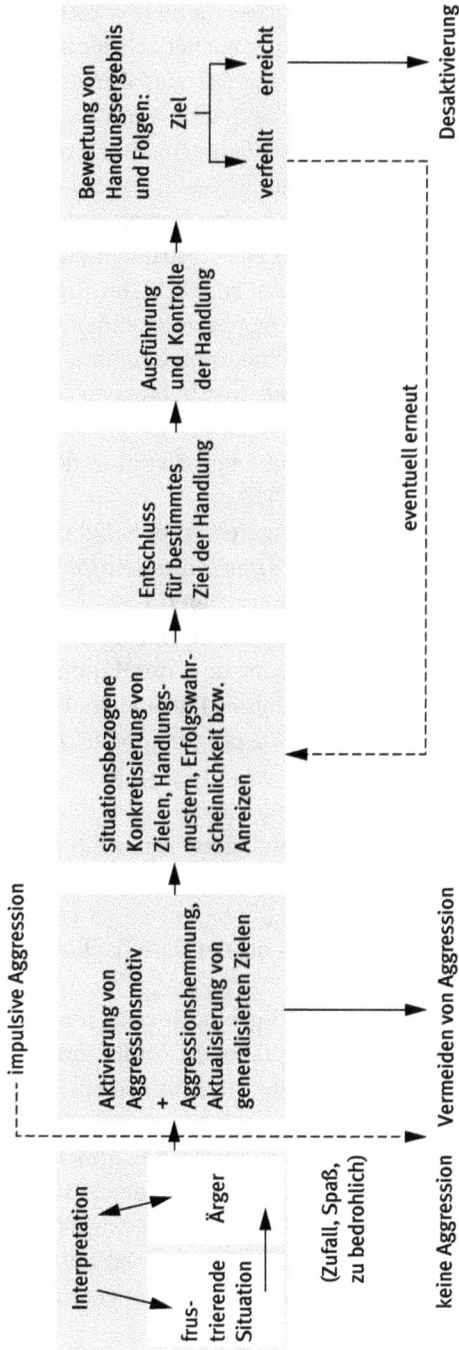

Abb. 8.1: Handlungsschema einer Aggressionshandlung i. S. v. Kornadt (eigene Darstellung nach Kornadt, 2011, S. 41).

hierbei entscheidend ein. Sofern nicht Gegenmotive wie Aggressionshemmung, Wertschätzung oder Angst vor Vergeltung ansprechen, würde sodann diejenige Handlung ausgeführt, die am ehesten geeignet scheint, das Ziel der Beseitigung der Frustrationsquelle zu erreichen, worauf das aktivierte *Motivsystem* abklinge. Leicht nachzuvollziehen ist dabei, dass an verschiedenen Punkten des Modells individuelle Unterschiede, z. B. hinsichtlich der Stärke des Ärgeraffekts, der Deutung bzw. Reaktion möglich sind, die der regelmäßig beobachtbaren interindividuellen Variabilität Rechnung tragen. Instrumentelle oder *eher* instrumentelle Aggressionshandlungen, bei denen in der theoretischen Reinform kein initialer Ärgeraffekt entsteht, könnten zusätzlich durch frustrationsbedingte Aggressionstendenzen (mit) motiviert sein. Die Aggression wäre damit im motivationstheoretischen Sinne aus mehreren Komponenten aufgebaut, d. h. gerade keine globale und homogene Eigenschaft. Es ergeben sich somit die nachstehenden zentralen Fragen:

(1) Ist die verhaltensrelevante globale Aggressivität in den verschiedenen Kulturen tatsächlich verschieden?

(2) Beruht eine eventuell niedrigere Aggressivität lediglich auf einer Unterdrückung der „eigentlichen" Aggressivität? (Das würde ein hohes Aggressionsmotiv und eine hohe Aggressionshemmung implizieren.)

(3) Lassen sich verschiedene Ausprägungen einzelner Motivelemente wie die der Ärgerschwelle, der Situationsdeutung oder der Handlungsabsicht nachweisen?

(4) Beruhen eventuelle individuelle Unterschiede in der Höhe der (globalen) Aggressivität auf der differierenden Ausprägung oder Ansprechbarkeit einzelner Motivelemente?[6]

Dabei war es kein Ziel Kornadts, generalisierte Aussagen über eine Kultur an sich zu treffen, sondern immer nur über Stichproben, die aus verschiedenen Kulturkreisen stammen.

Drei Erfahrungsbereiche scheinen bei der Sozialisation eines Kindes hinsichtlich seiner Aggression besonders wichtig:

(1) die geltenden und sanktionierten Regeln, Normen und Werte,

(2) die Vorbilder für erfolgreiches Verhalten in Konflikten,

(3) die eigenen Erfolgs- oder Misserfolgserfahrungen mit der Aggressionsausübung.[7]

Allgemein sind hier insbesondere Ergebnisse der Attachment-Forschung, Frustrations-Aggressions- und Emotionsforschung, der Forschung zur sozialen Lerntheorie sowie der Kognitionsforschung (zur Skripttheorie), wie sie teils in den vorstehenden Kapiteln (s. Kap. 4 und Kap. 5) expliziert wurden, wesentlich. Folgende Hypothesen zur Aggressionsgenese wurden von Kornadt konkret geprüft:

---

6 Nach Kornadt (2011, S. 45).
7 Kornadt (2011, S. 48 f.).

(1) Von *primärer Bedeutung* ist die *Mutter-Kind-Beziehung*; sie differiert vermutlich zwischen den verschiedenen Kulturen. Aggressionsrelevant sind im Einzelnen:
- Zuwendung, Bindung, Responsivität,
- Verhalten bei Fehlverhalten des Kindes: Eingehen auf die zugrunde liegenden Bedürfnisses des Kindes versus Ablehnung, Zurückweisung oder Strafe,
- Setzen und Vertreten klarer Regeln versus keine oder unklare Regeln respektive Nichtdurchsetzen,
- Verhalten im Interessenkonflikt: verständnisvolles Eingehen auf das Kind, Bemühen um Gemeinsamkeit versus verständnisloses Ablehnen bzw. Beharren; Konflikteskalation,
- Vermittlung von Werten: Nachgeben, Kooperation, Mitgefühl versus Selbstdurchsetzung, notfalls ohne Rücksicht, ggf. auch aggressiv.
(2) In den genannten Unterschieden im Mutter-Kind-Verhalten gibt es charakteristische Unterschiede zwischen Kulturen bzw. bestimmte Formen sind charakteristisch für einzelne Kulturen.
(3) Frühere Einflüsse der Mutter-Kind-Beziehung auf die Aggressivität können langfristige Nachwirkungen (bis ins Jugendalter und vermutlich darüber hinaus) haben.
(4) Der soziokulturelle Kontext, in den die Kinder hineinwachsen, kann
- Vorbilder bieten für aggressives oder nicht aggressives, rücksichtsvolles Verhalten – und für dessen Erfolg,
- dem Kind erfolgreiches Aggressionsverhalten ermöglichen oder Erfolg gerade für nachgiebiges, kooperatives, rücksichtsvolles Verhalten vermitteln,
- generell Aggression bzw. Altruismus positiv respektive negativ werten.[8]

Nach diesen eher theoretischen Präliminarien sind nun einige Worte über die speziellen Verhältnisse in den betrachteten südostasiatischen Kulturen der Japaner, Balinesen und Bataker sinnvoll (einschlägige Informationen über Deutschland und die Schweiz werden vorausgesetzt). Alle ost- und südostasiatischen Kulturen haben gemein, dass sie z. B. den Respekt vor der Autorität, Gehorsam gegenüber den Eltern sowie die gegenseitige Achtung und Hilfe (v. a. unter Familienmitgliedern) besonders wertschätzen, was wahrscheinlich kulturgeschichtliche Wurzeln, beispielsweise in religiösen Ansichten wie dem Buddhismus, Hinduismus oder Ahnenkult, hat.

Der hochindustrialisierte Inselstaat Japan war in der Zeit der Feldforschungen Kornadts (in den 1970er- bis 1990er-Jahren) als in wirtschaftlicher Hinsicht starker Konkurrent westlicher Länder angesehen und noch nicht von den Folgen des Platzens einer Immobilienblase nebst langanhaltenden deflationären Szenarien geplagt. Die sehr hohe Leistungsfähigkeit seiner damaligen Industrie verdankte es einer besonders effektiven Wirtschaftsform großer *Zaibatsu-Keiretsu-Konglomerate* mit einer Kooperation von Staat und Wirtschaft. Andererseits beruhte sie wohl auf einer besonderen

---

[8] Nach Kornadt (2011, S. 51).

kulturellen Basis, die durch eine Kombination traditioneller Werte, Verhaltensformen, hohem handwerklichen Können und sozialen Institutionen einerseits, aber auch von modernen technischen Fähigkeiten und Kenntnissen andererseits, gekennzeichnet ist. „Schon sehr früh ergänzten sich Shintōismus, Konfuzianismus und die besondere japanische Form des Zen-Buddhismus zu einer bedeutsamen Verhaltensethik. Als gemeinsamer und durchgängiger Wert ist ‚Harmonie' zu sehen, d. h. Harmonie mit der Natur im Shintōismus und mit den Mitmenschen und der Gemeinschaft im Buddhismus und Konfuzianismus."[9] Darüber hinaus wurde der den (in der Shōgun-Zeit aristokratischen) Samurais nachgesagte Ehren- und Wertkodex mit den wesentlichen Bestandteilen der Selbstdisziplin, Verzichtbereitschaft, Einordnung der eigenen Person in die Gemeinschaft, der des Weiteren Ehre und Treue beinhaltete, gewissermaßen zum Gemeingut und hohen Tugenden auch des gemeinen Mannes – normalen Bürgers. In neuerer Zeit trug all dies bei zur außergewöhnlichen Zuverlässigkeit, Pünktlichkeit, Freundlichkeit und Höflichkeit sowie der selbstverständlichen Achtung von sozialen Normen, öffentlichen Regeln und (staatlicher) Autorität: vom Polizisten über Lehrern bis zu Politikern. Hinzu kommen ein enormer Fleiß und Arbeitswille und die relative Konfliktarmut und Aggressionsfreiheit in allen möglichen sozialen Bereichen, vom Kindergarten bis zur Universität und den großen Firmen.[10] Japanische Mütter wenden sich oft nahezu uneingeschränkt ihren Kindern zu, v. a., wenn diese sehr klein sind, und sie tun dies mit hoher Sensitivität, auch wenn die Kinder älter werden, was auf eine dauerhafte, enge Mutter-Kind-Bindung hinausläuft.[11]

Bali ist geografisch die westlichste der Kleinen Sundainseln im indonesischen Archipel, von Ostjava durch die an der engsten Stelle nur 2.5 km breite Balistraße getrennt, 5501 km² groß, als Provinz Bali mit vorgelagerten Inseln 5563 km², mit etwa 3.15 Mio. Einwohnern und der Hauptstadt Denpasar. Bali ist überwiegend vulkanischen Ursprungs mit vier größeren Vulkankegelmassiven im Osten, wobei im Westen tief zerfaltete Gebirgsketten laufen; nur im Süden ist eine größere Ebene ausgebildet. Die Wirtschaft wird v. a. durch intensiven Reisanbau mit künstlicher Bewässerung, daneben durch den Fremdenverkehr charakterisiert. Für die Kultur sind Hinduismus und Elemente des Buddhismus bestimmend.[12] Bali war wohl schon im Neolithikum besiedelt, blieb lange von europäischer Kolonisierung verschont ein eigenständiges Königreich, bis es 1906 ganz unter die Herrschaft der Holländer kam, die u. a. eine zentrale Verwaltung einführten. Unter der indonesischen Regierung entwickelte sich danach ein verzweigtes Verwaltungs-, Militär- und Schulsystem. Der Massentourismus beschränkt sich allerdings meist auf die südlichen Gebiete mit seinen Sandstränden. Ansonsten, und v. a. in den bergigen Arealen, trifft man die relativ traditionelle balinesische Kultur an, die durch reichhaltiges Kunstschaffen, etwa Malereien, Skulpturen

---

9 Kornadt (2011, S. 59).
10 Kornadt (2011, S. 53 ff.).
11 Kornadt (2011, S. 212 ff.).
12 Bali (2007).

oder Holzschnitzereien, geprägt wird. Das soziale Leben zeichnet sich in solchen Siedlungen durch die Besonderheiten des engen Zusammenhalts der Dorf- und sonstigen Gemeinschaften aus. Es existieren verschiedene Arten von Organisationen, wie z. B. die *Banja*, die für zivile Angelegenheiten verantwortlich zeichnen, und die *Pemaksan*, die für religiöse Rituale zuständig sind. Von besonderer Bedeutung sind die *Subak*, die die oft sehr komplizierten und anspruchsvollen Wasserverteilungen von den Bergen und Flüssen auf die vielen Reisterrassen regeln und für deren Erhalt sorgen. All diese Organisationen funktionieren dabei im Prinzip als *kooperative* Zusammenschlüsse.[13] In der Erziehung betonen Balinesen explizit die Werte der Kooperation, der Nichtaggressivität und Harmonie, v. a. auch i. S. des Einbindens und Mitmachens in alle möglichen Gemeinschaftsaktivitäten.[14]

Die *Bataker* sind neben den eher friedlich-freundlichen Balinesen als relativ aggressive indigene Kultur beleumundet und leben in Nord-Sumatra. Sumatra ist eine der großen Inseln des Malaiischen Archipels und gehört politisch zu Indonesien. Es misst ca. 425.000 km² und hatte in den ersten Jahren des 21. Jahrhunderts etwa 43.3 Mio. Einwohner. Einem langgestreckten, nach der Küste steil abfallenden Faltengebirge im Westen mit mehreren tätigen, teils über 3500 m hohen Vulkanen ist im Osten eine Schwemmlandebene vorgelagert. Das Klima ist tropisch-heiß mit hohen Niederschlägen, die Vegetation besteht teils noch aus ursprünglichem Regenwald, der aber weithin Sekundärwald, Grasfluren und Farnheiden gewichen ist. Die tropischen Urwälder umfassen dabei drei Nationalparks, die UNESCO-Weltnaturerbe sind und eine sehr hohe Biodiversität aufweisen. Neben Reisanbau und Plantagenwirtschaft (Tabak, Kautschuk, Kaffee, Tee, Sisalagave und Ölpalmen) werden Harze und Edelhölzer gewonnen. Als Bodenschätze sind Erdöl, Zinn, Bauxit und Kohle bekannt.[15] Das Siedlungsgebiet der Bataker liegt am Tobasee (der etwa doppelt so groß ist wie der Bodensee) im zentralen Hochland mit durchschnittlich ca. 1000 m ü. NN. Trotz der Äquatornähe herrscht ein gemäßigtes Bergklima: Die umgebenden Gipfel ragen etwa 2500 m hoch auf. Das ganze Gebiet ist aufgrund dieser zerklüfteten Landschaft mit zum Teil sehr steilen Hängen, tropischem Urwald und tief eingeschnittenen Tälern nebst teils reißenden Flüssen schwer zugänglich – zudem bedarf es ortskundiger Führer. Solche geografischen Barrieren haben es den Batakern ermöglicht, lange Zeit unliebsame Besucher und äußere Einflüsse fernzuhalten. Während der holländischen Kolonisation, die im 16. Jahrhundert auf Java begann, behielten sie ihre sehr traditionelle Lebensweise und Religion[16] bei. Unter den sechs Untergruppen der etwa 1.5 Mio.

---

13 Kornadt (2011, S. 61 ff.).
14 Kornadt (2011, S. 222 ff.).
15 Sumatra (2007).
16 Diese war vor der Christianisierung (respektive Islamisierung) animistischer Natur und beinhaltete zentral den Glauben an *Tongi*, einer Art Körperseele und ubiquitär vorhandenen Lebenskraft, die mittels Zauberei und magischen Ritualen in guter oder schlimmer Weise durch einen Zauberpriester, dem *Datu*, beeinflusst werden könne (Kornadt, 2011, S. 229 ff.). Insgesamt handelte es sich bei der von

Menschen umfassenden Batakvölker gelten die von Kornadt untersuchten Toba-Bataker als die ursprünglich primäre Gruppe, deren traditionelle Lebensgrundlagen Landwirtschaft, Viehzucht und Fischerei beinhaltete. Weber- und Schmiedekunst sowie kunstvolle und aufwändige Hausbauten sind daneben charakteristisch. Die Dörfer der Bataker sind nicht nur weitgehend wirtschaftlich autark, sie bilden auch die eigentliche organisatorische Einheit, waren nicht selten untereinander verfeindet, daher oft befestigt mit Mauern oder Erdwällen, und führten Kriege gegeneinander. Das Dorfleben wurde und wird weitgehend bestimmt durch das *Adat*, den überlieferten Rechts- und Verhaltenskodex, der nahezu alle Bereiche des täglichen Lebens und die der Zeremonien bestimmt. Der *Marga* als patriarchalisch strukturierter Familienverbund spielt eine zentrale Rolle. In früheren Zeiten existierte die Sklaverei (der Kriegsgefangene und Schuldner verfielen), es gab rituellen Kannibalismus und grausame Strafpraxen. Jene relativ große Abgeschiedenheit, die bekannte hohe Wehrhaftigkeit, als auch die Kunde über grausame Sitten sowie Anthrophagie bewirkten, dass die Kolonisierungsbemühungen der Holländer nur langsam und schrittweise von Süden her fortschritten: Es dauerte bis ins Jahr 1908, bis die Bataker ganz der holländischen Kolonialverwaltung unterstellt und „befriedet" worden waren.[17] In heutiger (christianisierter) Zeit ergibt sich das Bild einer Erziehungsatmosphäre, die durch Verständnis für die kindlichen Bedürfnisse, das Eingehen auf die Wünsche des Kindes nach Nähe und Geborgenheit gekennzeichnet ist. Der Lebensbereich der Kinder ist v. a. die (Groß-)Familie und man darf von einer überwiegend sicheren Bindung zwischen Mutter und Kind ausgehen. Die Mütter vermuten bei Konflikten mit den Kindern in der Regel nicht bösartige Intentionen, sondern eher mangelnde Reife.[18]

Aus jeder dieser Kulturen sollten, um die gewünschten Daten zu gewinnen, nun Stichproben von Müttern und Jugendlichen gezogen werden. Eine Festlegung auf bestimmte Regionen und Orte sowie die Bildung nationaler Teams von Kulturangehörigen, die die Befunde würden erheben können, waren deshalb sinnvoll bzw. notwendig. Angestrebt wurde, innerhalb jeder Kultur aus zwei möglichst unterschiedlichen, d. h. einer eher modernen versus einer eher traditionellen Region Messungen zu erhalten, um u. a. einen intrakulturellen Vergleich zu ermöglichen. Für die Explorationen in den fremden Gesellschaften mussten zudem kompetente Kulturangehörige einsetzbar sein: Sozial-kommunikatives Geschick, einschlägige Sprachkenntnisse und die Sicherheit der korrekten Anwendung der Untersuchungsinstrumente waren hier erforderlich.[19] Die dazu nötigen Kenntnisse wurden ausgesuchten Mitarbeitern in konkreten, eingehen-

---

Kornadt untersuchten Stichprobe also meist um *christliche* Toba-Bataker, deren Einstellungen sich (auch durch moderne massenmediale Einflüsse) teils dementsprechend abgeändert haben dürften.

17 Kornadt (2011, S. 69 ff.).

18 Kornadt (2011, S. 237 ff.).

19 Die unten in diesem Kapitel mitgeteilten Ergebnisse beruhen dabei auf Auswertungen, bei denen eine hohe *Inter-Rater-Reliabilität* in der Größenordnung von 0.85 bis 0.9 erreicht wurde (Kornadt, 2011, S. 111).

den Schulungen vermittelt. Für Deutschland bestimmte Kornadt schließlich die Regionen Aachen und Konstanz, in der deutschsprachigen Schweiz eine Region nahe Bern, in Japan die Regionen Kyoto und die um Gifu (etwa 100 km nördlich von Kyoto gelegen), ferner die als traditionell angesehene Stadt Kanazawa. Auf Bali waren es das Gebiet um Denpasar sowie die Orte Pupuan, Munjan und Selat, die je im Hinterland lagen. Auf Sumatra wurden die eher traditionellen Bataker um den Tobasee als auch die „ausgewanderten", modernen Bataker in Jakarta exploriert. Neben den aus diesen Gebieten nach einem vorher festgelegten Untersuchungsplan aufgenommenen Befunden verwerteten die Feldforscher eine große Zahl eher unsystematisch gewonnener Daten.[20] Die später mitgeteilten Resultate stützen sich dabei v. a. auf Erhebungen mit formalisierten Verfahren von insgesamt 1733 Jugendlichen und 1133 Müttern. Die Gesamtzahl der Jugendlichen unterteilt sich in drei unabhängige Stichproben, die im Abstand von insgesamt etwa 14 Jahren untersucht worden waren. Von den Müttern liegen ebenso Daten aus drei verschiedenen Messungen vor, darunter ist eine Wiederholungsuntersuchung sowie eine zusätzliche Stichprobe aus Japan (Yokohama; s. Tab. 8.1).

Tab. 8.1: Aufteilung aller Probanden auf die Teilstichproben (eigene Darstellung verändert nach Kornadt, 2011, S. 92).

	ca. 1982 (t_1)		ca. 1986 (t_2)		ca. 1995 (t_3)	
	Jungen	Mädchen	Jungen	Mädchen	Jungen	Mädchen
Deutschland	98	98	137	98	45	45
Schweiz	–	–	111	30	–	–
Japan	345	345	226	67	57	57
Bali	176	176	235	56	43	43
Batak	180	180	225	63	(ca. 28)	(8)
∑	799	799	934	314	173	153
∑ $t_1 + t_2$[*]	1733 Jugendliche und 1113 Mütter					

[*]**Anmerkung:** Bei einigen Auswertungen sind einige Probanden ausgefallen. Das durchschnittliche Alter der Jugendlichen betrug etwa 14 Jahre.

In den Untersuchungen Kornadts und Kollegen wurden verschiedene sorgfältig ausgearbeitete, zum Teil mehrfach überprüfte und überarbeitete psychodiagnostische Verfahren eingesetzt: zwei davon (der *Aggressionsbezogene Thematische Apperzeptionstest*, A-TAT[21],

---

20 Kornadt (2011, S. 85 ff.).
21 Der A-TAT besteht aus acht Bildern mit abgestuftem Anreizwert, zu denen eine passende Geschichte frei erfunden werden soll. Der eigentliche Vorteil des Tests besteht in einem detaillierten Auswertungsschlüssel, der so konstruiert ist, dass der motivationale Gehalt der Geschichten unabhängig von ihren spezifischen Inhalten erfasst werden kann.

und der *Saarbrücken Aggression Scale*, SAS[22]) mit streng formalisierten Auswertungsvorschriften. Zwei weitere Fragebogenverfahren (der *Retrospective Adolescents Socialization Questionnaire*, RASQ, und der *Actual Parents Questionnaire*, APQ) dienten mehr der formalisierten Informationsgewinnung, ohne dass hier eine systematische quantitative Explorierung beabsichtigt war. Zudem setzte man zwei sorgfältig strukturierte Szenarioverfahren ein, nämlich den *Aggressions-Situations-Szenario-Test* (A-Sit) und den *Sozialisations-Situations-Szenario-Test* (So-Sit).[23] Sie stellten den zu untersuchenden Personen soziale Situationen vor, die vorab hinsichtlich ihrer Kulturverträglichkeit abgestimmt und einer systematischen Auswertung durch vorgegebene sehr ausführliche Verfahren zugänglich waren. Neben diesen teils eher bildbezogenen Instrumenten kamen zwei Interviewverfahren, das *Retrospective Adolescents Socialization Interview* (RASI)[24] und das *Actual Parents Interview* (API)[25], zum Einsatz, die ebenfalls im Wesentlichen einer zusätzlichen Informationsgewinnung dienten, weswegen sie nicht bei allen Probanden angewandt wurden. Ein Test zu kritischen Lebensereignissen erschien letztlich unbrauchbar und war somit schließlich irrelevant.[26]

Neben dieser formalisierten Datengewinnung wurden möglichst viele zusätzliche Informationen aus dem unmittelbaren Leben von Müttern und Kindern und deren Kontakt in der Alltagsumgebung requiriert. In Indonesien und auch in Japan waren dies Hausbesuche mit stundenlangen möglichst unauffälligen Beobachtungen der alltäglichen Mutter-Kind-Interaktionen. Daneben beobachteten Kornadt und Kollegen in verschiedenen Kindergärten über längere Zeit das Verhalten der Kinder: Reaktionen auf Übergriffe, Rangeleien, gegenseitige Hilfen, das entsprechende Verhalten der Kindergärtnerinnen, das Verhalten der Mütter vor und nach dem Kindergarten, und hielten dies in Videoaufnahmen fest. Während solches noch relativ systematische Beobachtungen darstellt, wurden Kinder und Mütter außerdem, wo immer möglich, auf Spielplätzen, dem Weg von und zur Schule oder zum Kindergarten, am Rande von Schul- respektive Dorffesten, in Bali insbesondere bei Kremationen und Tempelfesten, bei den Batakern z. B. auf dem Reisfeld beobachtet und mit Video aufgezeichnet. Damit war neben der allgemeinen Bereicherung der Kenntnisse über die Besonder-

---

22 Der SAS sollte als ergänzendes, gekürztes und revidiertes Erhebungsmittel Informationen über die Aggressivität und Aggressionshemmung der Jugendlichen liefern. Er setzt keine besonderen Anforderungen an die Untersucher und Jugendlichen voraus, liefert als Fragebogenverfahren jedoch leicht quantifizierbare Ergebnisse.
23 Beide letztgenannten Tests basieren ebenso wie der A-TAT auf bildlich dargestellten sozialen Situationen. Beide dienen der detaillierten qualitativen Erfassung der Komponenten des Aggressionsmotivs, wie es sich (nach Kornadt, s. Abb. 8.1) in Anregung, Entwicklung und Ausführung der Aggressionshandlung zeige.
24 Es handelt sich um ein halbstrukturiertes Interview, das für die entsprechende Gruppe von Jugendlichen in der Längsschnittstudie der 14- bis 15-Jährigen gedacht war, und ergänzende retrospektive Informationen über die eigene Erziehungserfahrung liefert.
25 Dabei handelt es sich ebenfalls um ein halbstrukturiertes Interview, in dem die Mütter (und ggf. auch Väter) nach ihren Erziehungsbedingungen und Erfahrungen mit ihren Kindern befragt werden.
26 Kornadt (2011, S. 93 ff.).

heiten der betrachteten Kulturen eine Möglichkeit gegeben, die Aussagekraft und Informationsbreite der eingesetzten, eher formalisierten Tests zu überprüfen.[27]

Als Forschungsresultate hinsichtlich der Unterschiede in der globalen Aggressivität europäischer im Vergleich mit ostasiatischen Kulturangehörigen teilt Kornadt[28] danach (u. a.) die in Abbildung 8.2 und 8.3 gezeigten Verhältnisse mit. Daraus ist ersichtlich, dass die Aggressivitätswerte der Stichproben aus Deutschland bzw. der Schweiz *erheblich* höher liegen als die der asiatischen Probanden. Es handelt sich hier jedoch wahrscheinlich nicht um ausgesuchte Sondergruppen (i. S. eines Stichprobenfehlers), denn bereits eine erste Messung der Aggressionswerte deutscher und japanischer Kulturangehöriger hatte im Jahre 1981 gleichsinnige, hoch signifikante A-TAT-Befunde erbracht. Zudem haben die anderen eingesetzten Verfahren (A-Sit und SAS) der Tendenz nach dementsprechende Daten geliefert. Dass dieses Hauptergebnis nun etwa auf einer erhöhten Aggressionshemmung bei asiatischen Menschen beruhe, scheint zudem widerlegt, da die Hemmungskomponenten (in Abb. 8.2 und 8.3) entsprechend niedrig ausgebildet sind.[29] Kornadt resümiert:

(1) Es zeigt sich in der Tat, dass bei unseren verschiedenen Stichproben aus den ostasiatischen Kulturen die Aggressivität deutlich und zwar hoch signifikant geringer ist, als in den beiden westlichen Kulturen Deutschland (und Schweiz).

(2) Es zeigt sich auch, dass die niedrigeren Aggressivitätswerte in den ostasiatischen Kulturen nicht auf einer höheren Hemmung beruhen, dass also diese Werte nicht ein Zeichen einer stärkeren Unterdrückung der Aggressivität dort ist. D. h. das Aggressionsmotiv ist dort in der Tat schwächer ausgeprägt [...].

(3) Ein deutliches Ergebnis besteht auch darin, dass diese Unterschiede nicht nur einmal, sondern dreimal hintereinander an unterschiedlichen Stichproben zu verschiedenen Zeiten gefunden wurden.

(4) In Indonesien zeigt sich ein tatsächlicher Unterschied zwischen der modernen und der traditionellen Stichprobe: in Bali wie in der von uns vermuteten Richtung. Bei den traditionellen Balinesen ist die Aggressivität signifikant niedriger als bei den mehr unter westlichem Einfluss stehenden Personen in Denpasar.[30]

In *qualitativer* Hinsicht ging Kornadt der Frage nach, ob auch der (in Abb. 8.1 angenommene) *Systemcharakter* des Aggressionsmotivs kulturübergreifend zutrifft bzw. ob in Teilkomponenten desselben Unterschiede zwischen den Gesellschaften auftreten, wobei sich die Situations-Ereignis-Schilderungen im A-Sit-Test als besonders ergiebig und aufschlussreich erwiesen. Nach Kornadts Feldforschungen scheinen so die von seiner Motivationstheorie postulierten Elemente in *allen* betrachteten Kulturen vorhanden zu sein. In der Regel zeigte sich eine Abfolge der in Abbildung 8.1

---

27 Kornadt (2011, S. 93 ff.).
28 Kornadt (2011, S. 105 ff.).
29 Die Werte der Aggressionshemmung sind außerdem von denen der Aggression unabhängig und korrelieren nur schwach mit dieser.
30 Kornadt (2011, S. 109 f., Form der Nummerierung gegenüber dem Original verändert).

genannten Komponenten, wie sie den internen Aufbau einer Aggressionshandlung ausmachten. Dabei schien nicht relevant, ob es am Ende tatsächlich zur Ausführung einer solchen Handlung kommt oder nicht. Darüber hinaus könnten erhebliche Differenzen bei jedem dieser einzelnen Handlungsschritte (den Motivkomponenten), ferner kulturgebundene Besonderheiten auftreten.[31]

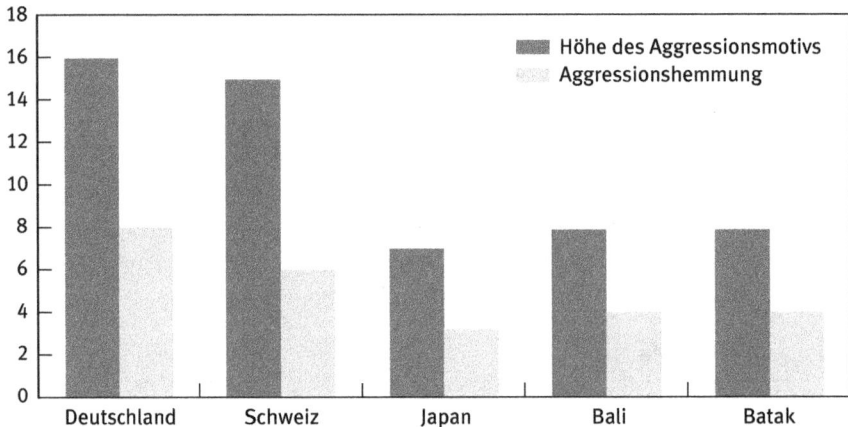

Abb. 8.2: Globale Aggressivität bzw. Aggressionshemmung 15-jähriger Jugendlicher im Jahre 1986 in den je betrachteten Kulturen nach A-TAT-Messung (eigene Darstellung mit grafisch übernommenen Schätzwerten nach Kornadt, 2011, S. 107).

Zur *Quantifizierung* der qualitativen Ergebnisse sind die Inhalte der Berichte (z. B. aus dem A-Sit-Test) hinsichtlich motivationstheoretisch relevanter Details analysiert worden, wobei Kornadt und Kollegen die jeweiligen kulturspezifischen Bedeutungen berücksichtigten, und jene sodann theoretisch relevanten Kategorien zuordneten. Auf diese Weise wurde ein z. B. in einer Kultur oder Subgruppe vorherrschendes Verhalten *interkulturell* vergleichbar gemacht. Insgesamt waren 57 Einzelkategorien definiert und jeweils durch konkrete Beispiele sehr genau erläutert. Es wurden 14 mehrstufige Konstrukt-Scores festgelegt, um die situations- und verfahrensübergreifende Einstufung generalisierter Haltungen respektive Handlungstendenzen usw. des Probanden zu ermöglichen. Es zeigte sich in diesem Zusammenhang, dass einer Aggressionshandlung immer eine Affektaktivierung i. S. v. *Ärger* und eine Deutung der Situation i. S. v. *Böswilligkeit* o. Ä. vorangingen. Dazu kamen als Handlungsintentionen (mögliche Handlungsziele und Verhaltensweisen) das *Verletzen* bzw. *Vergelten*. Aus diesem Befund ergibt sich die Persistenz der Motivkomponenten (in Abb. 8.1) und ihre prinzipielle Invarianz in den betrachteten Kulturen hinsichtlich des Ablaufs einer Aggressionshandlung. Die typischen Reaktionen von Jugendlichen der untersuchten Gesellschaften

---

31 Kornadt (2011, S. 119 f.).

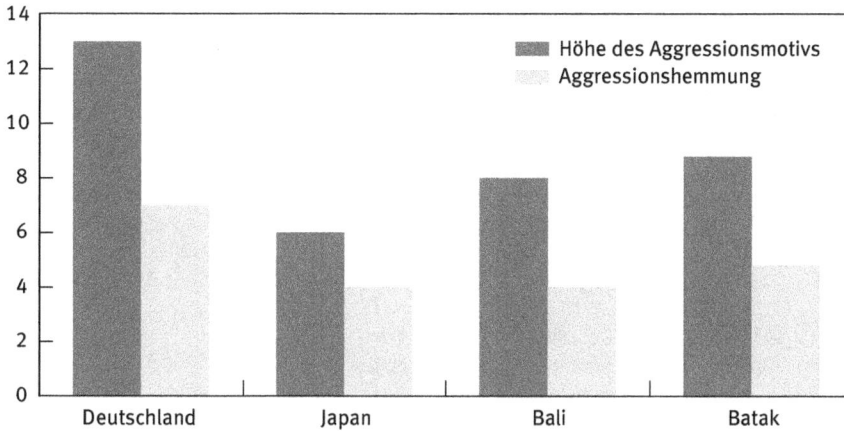

Abb. 8.3: Globale Aggressivität bzw. Aggressionshemmung 14-jähriger Jugendlicher in den Jahren 1995/1997 in den je betrachteten Kulturen nach A-TAT-Messung (eigene Darstellung mit grafisch übernommenen Schätzwerten nach Kornadt, 2011, S. 108). Die Daten resultieren aus einer Untersuchung von noch erreichbaren Probanden zwischen der Zeit t_2 (ca. 1986) und etwa neun Jahren danach.

auf eine *von allen* als frustrierend erlebte Situation gibt Tabelle 8.2 wieder. Ersichtlich wird dort, dass eine spezifische, statistisch signifikante Handlungstendenz zur Aggression deutscher respektive schweizerischer Probanden auftrat, wie es mit den nötigen Anpassungen schon bei den kulturspezifischen Divergenzen bezüglich der *globalen* Aggressivität zu sehen war. Zudem konkretisierten sich die gesellschaftlich verschiedenen Reaktions- oder Handlungsschritte: In den asiatischen Kulturen kommt es, im Unterschied zu den europäischen, u. U. *trotz* anfänglichem Ärger am Ende *nicht* zu einer Aggressionsreaktion oder Vergeltung (o. Ä.). Asiatische Kulturangehörige interpretierten die Prüfsituation weniger häufig in Richtung von absichtlicher Böswilligkeit bzw. Gemeinheit. Eher wird auf Zufall, eigene Unachtsamkeit oder unbedachten Regelverstößen (z. B. hinsichtlich eines höflichen Umgangs miteinander) erkannt, und mit Trauer über das vermutete eigene „Versagen" reagiert. Vor diesem Hintergrund ist es verständlich, solch eine Lage nur zu beklagen, schlimmstenfalls sich i. S. eines Vorwurfs zu beschweren. Viel häufiger aber und wahrscheinlicher sind jedoch *prosoziale* Handlungsentwürfe und Handlungen aus dem Bedürfnis oder Bemühen, wieder zu harmonischen Beziehungen zu finden – also gerade nicht sein Recht zu wahren respektive dem anderen zeigen zu wollen, dass er etwas nicht wieder machen darf – wie es typisch(er) für europäische Probanden ist. Die Höhe der individuellen Aggressivität scheint mithin auch generell durch solche Variablen (der Interpretation usw.) maßgeblich verursacht zu sein.[32]

---

32 Kornadt (2011, S. 123 ff.).

Tab. 8.2: Typische Reaktionen der Jugendlichen der je betrachteten Kulturen auf eine Beeinträchtigung (eigene Darstellung leicht verändert nach Kornadt, 2011, S. 127).

Kultur	Affekt/Reaktion	Situations-Intentions-Deutung	Handlungs-absicht	Verhalten	signifikant (*)
Deutschland	Ärger/ Frustration	böswillig	vergelten/ verletzen	Aggression	*
Schweiz	Ärger/ Frustration	böswillig	vergelten/ verletzen	Aggression	*
Japan	Ärger	böswillig	beklagen	beklagen	*
	Kummer	harmlos/ gutwillig	prosozial	prosozial	*
Bali	Kummer/ Frustration	gutwillig	prosozial	prosozial	*
Batak	Kummer	gutwillig	prosozial	prosozial	*
	Ärger	gutwillig	beklagen	prosozial	*

Diese deutlichen Unterschiede asiatischer versus europäischer Kulturangehörigen bezogen auf die Aggressivität wurden von Kornadt et al. hinsichtlich der *entwicklungspsychologischen* Bedingungen, insbesondere der *Mutter-Kind-Beziehung* bzw. allgemeinen soziokulturellen Umgebungen, untersucht. Biologische bzw. erbgenetische Einflüsse blieben dabei unberücksichtigt, zumal die Gen-Umwelt-Interaktion hier sehr komplex zu sein scheint. Das Ziel dieses Teils der Feldforschungen war, das *Interaktionsgeschehen* in dem wohl besonders aggressionsrelevanten Teilbereich der Mutter-Kind-Beziehung zu erfassen und auswertbar zu machen.[33] Dazu sollte bestimmt werden:

(1) das Verhalten der Mütter, wie sie kindliche Bedürfnisse befriedigen oder frustrieren,

(2) die Bedingungen, unter denen Kinder ihre Vorstellungen darüber entwickeln, wie sie sich in der Welt behaupten können,

(3) die Faktoren und Situationen, durch die Ärger aktiviert wird und die u. U. ebenso zum Aufschaukeln von Ärger führen, oder die, die im Gegensatz dazu mehr Gelassenheit vermitteln (d. h. letztlich auch mehr Frustrationstoleranz),

(4) die wesentliche Frage, ob die Mütter den Kindern ermöglichen, Erfolg mit dem Agieren von Aggressionen zu haben oder ob sie Fehlverhalten aggressiv bestrafen und damit zum (schlechten) Vorbild für die Aggressionsausübung werden bzw.

---

33 Dies bedeutet natürlich eine Beschränkung, da es neben diesem Segment auch andere für die Aggressionsentstehung wesentliche soziale Erlebniswelten gibt: Väter und Peers z. B., allgemeine und individuelle sozioökonomische und kulturelle Bedingungen sowie mediale Einflüsse (vgl. dazu insbesondere Farrington, 1995; Moffitt, Caspi, Dickson, Silva und Stanton, 1996; Moffitt et al., 2001; Moffitt, Caspi, Harrington und Milne, 2002).

ob sie es unaggressiv unterbinden, also ob sie Situationen schaffen, in denen Aggression gar nicht auftritt,

(5) die positiven oder negativen Wertschätzungen des aggressiven Durchsetzens, die von den Müttern vertreten oder vermittelt wurden.[34]

Diese zunächst nur allgemeinen Maximen nach (1) bis (5) sind für eine spätere quantitative Verarbeitung präzise definiert und in Kategorien eingeteilt worden, um damit statistisch auswertbare Daten zu ergeben. Die Ergebnisse dazu zeigen die Tabellen 8.3, 8.4 und 8.5 bzw. Abbildung 8.4[35].

Tab. 8.3: Typische Reaktionssequenzen von Müttern bei Schwierigkeiten mit ihrem Kind (eigene Darstellung nach Kornadt, 2011, S. 147).

Emotion	Selbstwert des Kindes	verletzende Kritik	Umgang mit kindlichen Bedürfnissen	überzufällig häufige Sequenzen in	p
unspezifisch/ Empathie	schonend/ stützend	nein	Harmonisierung	Japan, Bali, Batak	***
Ärger/frustriert sein	beeinträchtigend	meistens ja	Konflikt	Deutschland	***

Anmerkung: p*** = hoch signifikante Häufigkeit; die ostasiatischen Stichproben unterscheiden sich ferner hoch signifikant von der deutschen.

Tab. 8.4: Reaktionssequenzen von Müttern nach Ärger zum Zeitpunkt t_2 (etwa 1986; eigene Darstellung leicht verändert nach Kornadt, 2011, S. 148).

Emotion	Deutung des Verhaltens des Kindes	verletzende Kritik	Umgang mit Bedürfnissen des Kindes	hoch signifikante Abfolge in
Ärger	böswillig	ja	Konflikt	Deutschland
Ärger	neutral/gutwillig	ja	unspezifisch	Bali, Batak
Ärger	gutwillig	nein	harmonisch oder konfliktfrei	Japan

---

34 Kornadt (2011, S. 135 ff.).

35 Wobei hier aus Platzgründen nur die Hauptresultate mitgeteilt werden können, für Einzelheiten s. Kornadt (2011).

Tab. 8.5: Typische Handlungsabläufe nach einer Frustration bei einem Vergleich von Deutschland mit Japan (eigene Darstellung nach Kornadt, 2011, S. 148).

	Affekt	Interaktions-deutung	Konflikt	Umgang mit Bedürfnissen des Kindes	Signifikanz
Deutschland	Ärger	selbstwert-belastend	ja	Zurückweisung	***
	Ärger	gutwillig	nein	neutral	
Japan	keiner oder Empathie	neutral	nein	Harmonisierung	***
	Ärger	belastend	nein/ja	neutral	

Anmerkung: *** = statistisch besonders häufige Handlungssequenzen; die Stichproben unterscheiden sich hoch signifikant mit $p < .001$

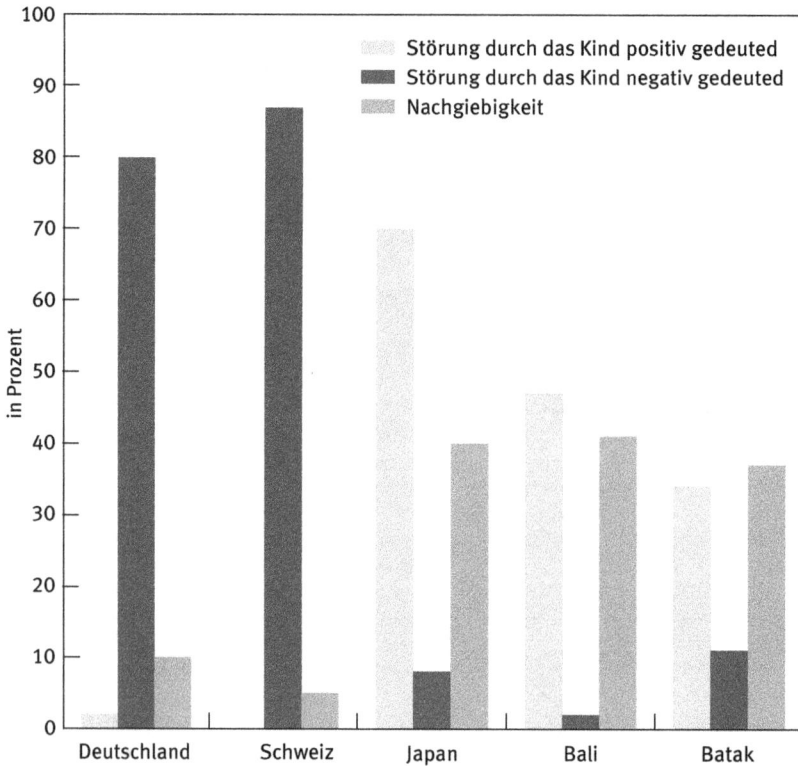

Abb. 8.4: Reaktionen der Mütter auf Störungen durch das Kind (eigene Darstellung mit grafisch übernommenen Schätzwerten nach Kornadt, 2011, S. 150).

Wie in Tabelle 8.3 zu sehen, reagierten die deutschen Mütter im Umgang mit ihren Kindern besonders häufig *selbstwertbeeinträchtigend*: Sie ärgerten sich, kritisierten ihre Kinder auf verletzende Weise und konnten zudem oft im weiteren Verlauf einen Konflikt mit ihnen nicht vermeiden. Im Gegensatz dazu ist bei allen asiatischen Stichproben eine eher *verständnisvolle* Reaktionsfolge am häufigsten: Die Mütter deuteten das Verhalten des Kindes im Konfliktfall als verstehbar-angemessen, sie ärgerten sich nicht oder fühlten eher empathisch mit dem Kind mit und sie brachten es (eher) fertig, ihre Wünsche und Bedürfnisse mit denen des Kindes in Einklang zu bringen. Allerdings waren auch einige wenige deutsche Mütter mit entsprechenden harmonieorientierten Haltungen und empathischen Reaktionen dem Kind gegenüber zu beobachten, sodass besonders unter den Deutschen eine nicht unerhebliche Varianz in ihrem diesbezüglichen Verhalten zu konstatieren ist. Noch deutlicher sind die Unterschiede zwischen Deutschland, Bali und Japan, wenn für dieselbe Berechnung der signifikant häufigsten Reaktionssequenz diejenigen Mütter ausgewählt werden, die auf einen Konflikt am Anfang mit *Ärger* antworteten (s. Tab. 8.4). Bei den japanischen Müttern ist hier *immer* mit selbstwertschonender Deutung und einem Verzicht auf verletzende Kritik reagiert worden. Die Bedürfnisse des Kindes wurden aber (s. Tab. 8.5) wiederum tendenziell kulturspezifisch unterschiedlich repliziert: am häufigsten neutral, indes ebenso mit Verständnis und Harmonie sowie gleich oft mit einem Konflikt. Aus einer retrospektiven Erhebung von Jugendlichen[36] ließ sich dieses Bild zudem schließlich bestätigen. Auch hier zeigten die Aussagen die eher belastend deutenden, ärgerlich-frustrierten Mütter in Deutschland bzw. der Schweiz, die mit ihren Kindern selbstwertverletzend interagierten – was von der Darstellung asiatischer Mütter überzufällig abwich (die wiederum als eher harmonisch-empathisch usw. beschrieben wurden).[37]

In einer Betrachtung von Einzelvariablen des mütterlichen Verhaltens stellt Abbildung 8.4 deutliche Unterschiede hinsichtlich einer exemplarisch herausgegriffenen Verhaltensweise dar. Es wurden dort wohlwollende Interpretationen des kindlichen Verhaltens[38] mit negativen, das Kind ablehnende Deutungen[39] über die gezogenen Stichproben hinweg verglichen: Europäische Mütter beantworteten eine Störung durch ihre Kinder hierbei *meist negativ*, sehr im Gegensatz zu den asiatischen. Zusätzlich wurde bestimmt, wie insbesondere Aggression, Nachgiebigkeit, Rücksichtnahme und Mitgefühl bzw. die Hilfsbereitschaft von den jeweiligen Müttern beurteilt respektive gefördert wurden.[40] Durchgängig lagen auch dabei die Werte für aggressionsfördernde Erziehungsbedingungen in den westlichen Kulturgruppen höher als in den ostasiati-

---

36 Indes zu anderen Müttern als denen, mit denen die Daten in Tabelle 8.3, 8.4 und 8.5 gewonnen wurden.
37 Kornadt (2011, S. 146 ff.).
38 Zum Beispiel: „Das Kind ist noch klein", „Es versteht es noch nicht richtig" oder: „Es ist zu sehr abgelenkt", „Es spielt einfach zu gerne", „Es meint es gar nicht böse".
39 Beispielsweise: „Das Kind ist eben einfach trotzig", „Es ist zu egoistisch", „Es will nur seinen eigenen Kopf durchsetzen" oder: „Es will die Mutter nur ärgern".
40 Die entsprechenden Grafiken wurden aus Platzgründen nicht dargestellt, s. dazu Kornadt (2011).

schen. Bei den aggressionsmindernden offenbarte sich ein durchweg umgekehrtes Resultat, denn deren Ausprägungen rangierten in den ostasiatischen Gruppen höher. Diese Differenzen zwischen den Kulturen ergaben im Ganzen (varianzanalytisch verrechnet) signifikante, im Einzelnen hoch signifikante Differenzen, besonders zwischen den westlichen und den ostasiatischen Stichproben. Allgemein zeigte sich eine stärkere Neigung zur Konflikteskalation und positiver Wertschätzung der Aggressivität durch die Mütter im Westen, dagegen eine ausgeprägtere Förderung von Nachgiebigkeit, Mitgefühl und positiver Einstellung zu anderen Kindern wie auch höhere Regelsicherheit bei den ostasiatischen Müttern.[41] Wie sich insbesondere aus dem Vergleich der Abbildungen 8.2 und 8.3 mit Abbildung 8.4 ergibt, waren in Kulturen mit höheren Aggressivitätswerten der Jugendlichen auch diejenigen Erziehungsformen bei den Müttern ausgeprägter, die als aggressionsfördernd angesehen wurden – und umgekehrt. Über alle Gesellschaften hinweg untermauern diese Ergebnisse daher die Hypothese von einer universellen, kulturübergreifenden Rolle, die bestimmte Erziehungsmaßnahmen oder Verhaltensweisen von Erziehungspersonen für die Aggressivität haben.[42]

Nach einer Berechnung der *Stabilität der individuellen Differenzen der Aggressivität* durch wiederholte Messung der Jugendlichen zum Zeitpunkt 1995 (t_3), die im Jahre 1986 (t_2) als etwa fünfjährige Kinder schon einmal erfasst worden waren, stellten Kornadt und Kollegen für das diesbezügliche Neun-Jahres-Intervall die in Tabelle 8.6 wiedergegebenen Verhältnisse fest. Diese Werte liegen in der Größenordnung der auch von anderen Autoren erhobenen Ausprägungshöhe bei entsprechenden Personen.[43]

Tab. 8.6: Stabilität der Aggressivität für das Intervall von neun Jahren (eigene Darstellung nach Kornadt, 2011, S. 162).

	r	n
Deutschland	.34	40
Japan	.15	43
Bali	.10	43
(Batak)*	(–.12)	(25)
Gesamtkorrelation über alle Probanden	.27	148

* Die Daten aus Batak müssen hier aufgrund untersuchungstechnischer Kennzeichen als besonders unzuverlässig eingeschätzt werden.

---

41 Dies wurde ferner durch die o. g. retrospektive Befragung von Jugendlichen zum Erziehungsverhalten ihrer Mütter wiederum bestätigt.

42 Kornadt (2011, S. 150 ff.). Allerdings ist dies zunächst nur ein genereller *korrelativer* Zusammenhang, der einen direkten kausalen Schluss nicht erlaubt: Denn es waren nicht die Mütter derjenigen Jugendlichen, deren Aggressionsmotiv gemessen worden war, deren Erziehungsverhalten sich auch als aggressionsfördernd (oder nicht) darstellte.

43 Kornadt (2011, S. 161 f.).

Tab. 8.7: Langfristige Bedeutung von Erziehungsmethoden für die Aggressivität (eigene Darstellung nach Kornadt, 2011, S. 165).

---

positive Korrelationen (r) zwischen frühen Erziehungsmerkmalen und späterer Aggressivität i. S. einer aggressionsfördernden Funktion des Erziehungsmerkmals:

selbstwertverletzende Kritik der Mutter am Kind	.58
Ärger in der Interaktion auf beiden Seiten	.48
Konflikteskalation	.41
positive Wertschätzung von Aggression durch die Mutter	.35
Konfliktperseveration	.33
Unvereinbarkeit der Interessen von Mutter und Kind	.32

negative Korrelationen r i. S. einer aggressionsmindernden Funktion:

Vermittlung von Einfühlung und Mitgefühl durch die Mutter	−.46
Vermittlung einer positiven Wertung von Nachgeben und Rücksicht	−.45
Förderung eines positiven Selbstbilds beim Kind	−.42
wohlwollende verständnisvolle Deutung des Kindverhaltens im Dissens	−.41
„Responsivität" der Mutter in der Interaktion mit dem Kind	−.35
verständnisvoller Umgang mit dem Bedürfnis des Kindes	−.33
Induktion von Schuldgefühlen	−.33
Förderung von Empathie	−.23

Anmerkung: Alle Korrelationen sind mindestens auf dem $r < .01$-Niveau signifikant ($n = 148$).

Den Zusammenhang von Erziehung und Aggressivität im neunjährigen Längsschnitt für eine Reihe wichtiger Erziehungsmerkmale in allen betrachteten Kulturen zeigt Tabelle 8.7. Darin wird als zentrales Ergebnis die *langfristige* Bedeutung von Erziehungsmethoden für die Aggressivität, sozusagen die *universelle* Sicht über alle Kulturstichproben hinweg, gegeben. Kornadt und Kollegen bestimmten hier jeweils die Ausprägung des betreffenden Erziehungsmerkmals der Mütter aus der frühen Untersuchung zum Zeitpunkt 1986 (t_2) und setzten diesen Wert mit dem zur Aggression des inzwischen vierzehnjährigen Kindes zum Zeitpunkt t_3 (d. h. etwa 1995), hier jedoch jeweils im Vergleich zum Verhalten der individuellen Mutter, in Beziehung, um dann die Korrelation der jeweiligen Paare über alle Kulturen hinweg zu ermitteln. Dass dabei ebenso allgemeine Variablen des soziokulturellen Kontextes der betrachteten Gesellschaften zum Tragen kommen, ist möglich. Diesbezügliche Unterschiede der jeweiligen kulturellen Umgebungen lassen sich vor dem Hintergrund der universellen Basis ebenfalls (und vielleicht besser) erkennen.[44]

Pfadanalysen zeigten dabei den komplexen Zusammenhang zwischen Entwicklungsbedingungen und Aggressivität sowie zum empathischen Altruismus auf individuellem Niveau. Mit einem gewissen Vorbehalt können diese Analysen die tatsächlichen komplexen, mehrdimensionalen und teils wechselwirkenden Genesefaktoren

---

44 Kornadt (2011, S. 163 ff.).

(i. S. eines Wirkgeflechts) durch die (und in der) Erziehung über den neunjährigen Abschnitt der Persönlichkeitsentwicklung erkennbar machen.[45] Zwei Einflusspfade lassen sich hierzu hauptsächlich unterscheiden:

Einerseits:
Bedingungen, die auf die Entwicklung von Aggressivität einen fördernden Einfluss haben (d. h. eine „positive" Beziehung):
- Wertschätzung der (aggressiven) Selbstbehauptung
- Nicht-Eingehen auf die oder auch Abweisen der Bedürfnisse des Kindes
- Gegenseitiger Ärger von Mutter und Kind
- Nicht-Vermeiden bzw. gegenseitiges Steigern von Konflikten

Andererseits:
Bedingungen, die antagonistisch zur Aggressivitäts-Entwicklung wirken, zugunsten eine [*sic*] freundlichen, wohlwollenden Einstellung zu anderen Menschen (und vielleicht auch sich selbst gegenüber), (d. h. eine „negative" Beziehung). Das sind bei der Mutter:
- Deutungen des Kindes in Konflikten, die Verständnis zeigen und es eher entschuldigen, ihm entgegenkommen
- Vermeiden von Konflikten und Ärger
- Vermittlung von Mitgefühl und Kooperation statt unbedingter Selbstdurchsetzung
- Vertrauen auf die natürliche Reifung des Kindes und auf Vorbildwirkung statt auf ständige Einwirkung (posit/negat. Sanktionen).[46]

Bezüglich des empathischen Altruismus ergaben die entsprechenden Analysen ein etwas anderes Bild. Diejenigen Faktoren aufseiten der Mütter, die in eher unmittelbarem Zusammenhang mit der Entwicklung von Altruismus stehen, sind

(1) die Vermittlung von Mitgefühl,
(2) die naive Erziehungstheorie der natürlichen Reifung, welche eher Zurückhaltung gegenüber zu viel erzieherischem Eingreifen übt, und
(3) das Setzen klarer Grenzen, die eindeutig, indes ohne affektiven Druck vertreten werden (wodurch deren Einhaltung erleichtert und Unsicherheiten vermieden werden), was die Akzeptanz und Internalisierung dieser Regeln beim Kind erleichtert.[47]

Als Hauptergebnis der Studien von Kornadt, wenn also alle vorgenannten Befunde zusammengenommen werden, kann gelten, *dass die frühe Erziehung durch die Mütter einen individuellen Einfluss auf die Aggressivität ihrer Kinder bis ins Jugendalter hinein hat.* Für die Art der Erziehung und die Höhe der Aggressivität ist wiederum der kulturelle Kontext von erheblicher Bedeutung.[48]

---

45 Kornadt (2011, S. 163 ff.).
46 Kornadt (2011, S. 167, Hervorhebungen im Original; Form der Aufzählungszeichen verändert).
47 Kornadt (2011, S. 171).
48 Kornadt (2011, S. 172).

8.2 Wesentliche Befunde der Entwicklungspsychologie und Delinquenzforschung

Die Entwicklung der Aggression im Kindesalter stellt sich überblickshaft[49] wie folgt dar: Bereits im Alter von weniger als zwölf Monaten treten bei Kleinkindern Konflikte darüber, wer einen Gegenstand haben darf, auf – wobei insbesondere der Versuch beobachtet werden kann, einander etwas wegzunehmen[50], dies jedoch meistens noch ohne wirklich aggressive Interaktionen wie etwa Schlagen[51]. Solche körperlichen Aggressionen, d. h. Schlagen und Stoßen, heben erst im Alter von etwa einheinhalb Jahren an und werden bis zum Alter von ungefähr zwei oder drei Jahren häufiger.[52] Danach sinkt indes mit ansteigenden sprachlichen Fähigkeiten das Auftreten dieser Formen und die verbale Aggression, d. h. Hohn, Spott und Beleidigungen nehmen zu.[53] Zu den verbreitetsten Ursachen der Aggression in den Jahren vor dem Schuleintritt gehören (eher instrumentell aggressive) Konflikte zwischen Gleichaltrigen darüber, wem etwas gehört[54], und inhaltlich vielfältige Streitereien zwischen Geschwistern[55]. Manchmal setzen Kinder in diesem Alter auch Beziehungsaggression ein[56], die darauf abzielt, zu schaden, indem Peer-Beziehungen anderer angegriffen werden, was unter Vorschulkindern in der Regel durch den Ausschluss eines Peers von einem Spiel oder aus einer sozialen Gruppe umgesetzt wird[57]. Der Rückgang körperlicher Aggressionen während der Vorschulzeit beruht wahrscheinlich auf verschiedenen Faktoren. Einerseits kommt hier die steigende Fähigkeit der Kinder, verbale und auf Beziehungen gerichtete Aggression einzusetzen, in Betracht; andererseits ebenso die zunehmende Kompetenz zum verbalen Lösen von Konflikten und zur Kontrolle der eigenen Gefühle sowie Handlungen.[58] Offene physische Aggressionen werden bei den meisten Kindern somit während der Grundschulzeit immer seltener, wobei allerdings eine kleine Gruppe von Kindern – und hier vorwiegend Jungen[59] – in diesem Alter häufige und schwerwiegende Probleme hinsichtlich Aggression und antisozialem Verhalten entwickeln[60] und noch in der frühen Adoles-

---

49 In Anlehnung an Siegler, Eisenberg, DeLoache und Saffran (2016).
50 Hay et al. (2011).
51 Coie und Dodge (1998), Hay und Ross (1982).
52 Alink et al. (2006), Hay et al. (2011), Shaw, Gilliom, Ingoldsby und Nagin (2003).
53 Bonica, Arnold, Fisher, Zeljo und Yershova (2003), Dionne, Tremblay, Boivin, Laplante und Pérusse (2003), Mesman et al. (2009), Miner und Clarke-Stewart (2008).
54 Fabes und Eisenberg (1992), Shantz (1987).
55 Abramovitch, Corter und Lando (1979).
56 Crick, Casas und Mosher (1997).
57 Underwood (2003).
58 Coie und Dodge (1998).
59 Siehe Moffitt et al. (2001), Moffitt und Caspi (2001).
60 Cairns, R. B., Cairns, B. D., Neckerman, Ferguson und Gariépy (1989), Campbell et al. (2010), Shaw et al. (2003).

zenz zeigen[61]. Die Aggression von Grundschulkindern ist in relativem Gegensatz zu der (instrumentellen) jüngerer Kinder oft feindselig, also vom Verlangen getragen, einen anderen zu verletzen oder aber vom Wunsch, sich gegen eine wahrgenommene Bedrohung des eigenen Selbstwerts zu schützen.[62] Kinder, die körperliche Aggressionen einsetzen, verüben hier meistens auch Angriffe auf Beziehungen[63], wobei das Verhältnis, in dem sie die eine oder andere Form der Aggression einsetzen, durch die gesamte Kindheit hinweg relativ konstant zu sein scheint[64]. Insgesamt sinkt gleichwohl das Auftreten offener Aggressionen bei den meisten Teenagern[65], zumindest nach der mittleren Adoleszenz[66]. In der Kindheit treten daneben auch *verdeckte* Formen antisozialen Verhaltens wie Stehlen, Lügen oder Betrügen auf und werden für einen Teil der Kinder mit Verhaltensproblemen bereits hier kennzeichnend.[67] Dies könnte im Vergleich zum eher offenen antisozialen Verhalten in den ersten Schuljahren ein noch besserer Prädiktor für eine Reihe antisozialer Verhaltensweisen sein, die sich dann u. U. drei oder vier Jahre später zeigen[68]. Schwere Gewaltanwendungen nehmen in der mittleren Adoleszenz deutlich zu, ebenso Eigentumsdelikte und Verstöße wie Trinken und Schwänzen.[69] Männliche Jugendliche und Erwachsene sind jedoch insgesamt weit öfter in gewalttätige Handlungen und Verbrechen verwickelt als weibliche Personen.[70]

Wichtige Erkenntnisse zum Bereich „Aggression" und „Gewalt" stammen zu guten Teilen aus groß angelegten Studien wie der neuseeländischen *Dunedin-Longitudinal Study*[71] oder der britischen *Cambridge Study in Delinquent Development*[72] von 1961 bis 1981. Insgesamt scheint es mindestens zwei relativ unterschiedliche Formen von juveniler Delinquenz zu geben: eine, die schon in der Kindheit mit Verhaltensauffälligkeiten i. S. einer *Störung des Sozialverhaltens* (F91, ICD-10[73], s. die Box „Beispiele für Störungen des Sozialverhaltens nach dem ICD-10, 10. Revision") anhebt und eine, die erst in der Adoleszenz manifest wird.[74] Loeber und Stouthamer-Loeber bestimmen dazu einen Typus mit spätem Delinquenzbeginn erst im Erwachsenenalter.[75] Darüber

---

61 Xie, Drabick und Chen (2011).
62 Dodge (1980), Hartup (1974).
63 Card, Stucky, Sawalani und Little (2008).
64 Ostrov, Ries, Stauffacher, Godleski und Mullins (2008), Vaillancourt, Brendgen, Boivin und Tremblay (2003).
65 Di Giunta, Pastorelli, Eisenberg, Gerbino, Castellani und Bombi (2010), Loeber (1982).
66 Karriker-Jaffe, Foshee, Ennett und Suchindran (2008).
67 Loeber und Schmaling (1985).
68 Snyder, Schrepferman, Bullard, McEachern und Patterson (2012).
69 Lahey et al. (2000).
70 Coie und Dodge (1998), Elliott (1994).
71 Moffitt et al. (2001).
72 Farrington (1994a), Überblick in Farrington (1995).
73 Weltgesundheitsorganisation (1997).
74 Moffitt et al. (1996).
75 Loeber und Stouthamer-Loeber (1998).

hinaus kann eine langfristige (*life course persistant*) von einer eher nur auf die Jugend- und junge Erwachsenenzeit beschränkten (*adolescence limited*) Delinquenzart differenziert werden, wobei die weibliche Form der lebenslangen Kriminalität extrem selten ist.[76] Frauen wie Männer des dauerhaften Typs teilen ähnliche Risikofaktoren wie Disziplinschwäche, ungünstige familiäre Bedingungen, kognitive Defizite, unterkontrolliertes Temperament, Hyperaktivität und Zurückweisung durch Peers. Dazu treten natürlich auch Faktoren der Tatsituation.[77] Fast alle weiblichen Rechtsbrecherinnen gehören hier dem Adolescence-limited-Typ an. Moffitt et al. identifizieren als *familiäre* Risikoprädiktoren für antisoziales Verhalten der Kinder:

(1) deviante Mutter-Kind-Beziehungen bereits im Kleinkindalter (i. S. v. negativem mütterlichen Affekt, überkritischen Beurteilungen respektive körperlichen Misshandlungen des Kindes),

(2) (über-)strenge Bestrafungen des Kindes (z. B. durch Schlagen, Erschrecken bzw. Ängstigen),

(3) inkonsistente Disziplinierungsmaßnahmen,

(4) konfliktuöse Familienatmosphäre,

(5) Anzahl der Wechsel bezüglich der materiellen Versorgung des Kindes (z. B. durch Tod, Trennung der Eltern oder Heimaufenthalte),

(6) Zahl der Wohnungsumzüge,

(7) Zeitraum der Alleinerziehung des Kindes durch nur einen Elternteil,

(8) sozio-ökonomischer Status der Familie sowie

(9) die Beziehungsqualität des Kindes mit den Eltern (i. S. der Möglichkeiten des Vertrauens in diese, der Kommunikation mit ihnen bzw. Entfremdung von ihnen).[78]

Neben diesen nachteiligen Einflüssen kommen Alkoholismus und Drogenkonsum respektive psychiatrische Erkrankungen in der Familie in Betracht, eine gewaltbelastete Wohnumgebung, die soziale Isolierung, ungünstige schulische Bedingungen (i. S. v. Aufsichtsmängeln, Mobbing und Gewalt) bzw. der Kontakt zu kriminellen Gleichaltrigen und delinquenten Cliquen (Peers).[79] Typisch sind dabei das Schulschwänzen, Lügen und Stehlen in Verbindung mit Drogenkonsum und einem niedrigen Schulab-

---

[76] Moffitt et al. (2001, 2002), Moffitt und Caspi (2001).

[77] In diesem Zusammenhang kommt es durch bestimmte Auslösereize und Interaktionen zur Manifestation von Verhaltensdispositionen beispielsweise in konkreten Gewaltakten. Eine Rolle spielen so z. B. motivierende Anreize, das Modelllernen, daneben konstellative Faktoren wie psychotrope Substanzen oder auch ein ggf. herrschender Gruppendruck (Sass und Herpertz, 2009). Remschmidt (2012, S. 52 ff.) konkretisiert in diesem Kontext die affektiv aufgeladene und ggf. provokative Situation, Alkohol- und Drogenkonsum, Waffenzugang bzw. -besitz, Gruppendruck respektive ihre Dynamik, Tatgelegenheit und ideologische sowie politische Einstellungen hinsichtlich Konfrontationen.

[78] Moffitt et al. (2001, S. 95 ff.). Die eher biologisch-neurologischen Risikofaktoren werden in Kap. 2 behandelt.

[79] Remschmidt (2012, S. 41 ff.).

schluss, die die Delinquenz begründen.[80] Auch Vandalismus und körperliche Auseinandersetzungen treten ggf. auf.

Beispiele für Störungen des Sozialverhaltens nach dem ICD-10, 10. Revision

F91 Störungen des Sozialverhaltens

Störungen des Sozialverhaltens sind durch ein sich wiederholendes und anhaltendes Muster dissozialen, aggressiven und aufsässigen Verhaltens charakterisiert. Dieses Verhalten übersteigt mit seinen gröberen Verletzungen die altersentsprechenden sozialen Erwartungen. Es ist also schwerwiegender als gewöhnlicher kindischer Unfug oder jugendliche Aufmüpfigkeit. Das anhaltende Verhaltensmuster muss mindestens sechs Monate oder länger bestanden haben. Störungen des Sozialverhaltens können auch bei anderen psychiatrischen Krankheiten auftreten, in diesen Fällen ist die zugrunde liegende Diagnose zu verwenden.

Beispiele für Verhaltensweisen, welche diese Diagnose begründen, umfassen ein extremes Maß an Streiten oder Tyrannisieren, Grausamkeit gegenüber anderen Personen oder Tieren, erhebliche Destruktivität gegenüber Eigentum, Feuerlegen, Stehlen, häufiges Lügen, Schulschwänzen oder Weglaufen von zu Hause, ungewöhnlich häufige und schwere Wutausbrüche und Ungehorsam. Jedes dieser Beispiele ist bei erheblicher Ausprägung ausreichend für die Diagnose, nicht aber nur isolierte dissoziale Handlungen.

[...]

F91.0 Auf den familiären Rahmen beschränkte Störung des Sozialverhaltens

Diese Verhaltensstörung umfasst dissoziales oder aggressives Verhalten (und nicht nur oppositionelles, aufsässiges oder trotziges Verhalten), das vollständig oder fast völlig auf den häuslichen Rahmen oder auf Interaktionen mit Mitgliedern der Kernfamilie oder der unmittelbaren Lebensgemeinschaft beschränkt ist. Für die Störung müssen die allgemeinen Kriterien für F91.- erfüllt sein. Schwer gestörte Eltern-Kind-Beziehungen sind für die Diagnose allein nicht ausreichend.

F91.1 Störung des Sozialverhaltens bei fehlenden sozialen Bindungen

Diese Störung ist charakterisiert durch die Kombination von andauerndem dissozialen oder aggressiven Verhalten, das die allgemeinen Kriterien für F91.- erfüllt und nicht nur oppositionelles, aufsässiges und trotziges Verhalten umfasst, mit deutlichen und tief greifenden Abweichungen der Beziehungen des Betroffenen zu anderen Kindern.
Nicht sozialisierte aggressive Störung
Störung des Sozialverhaltens, nur aggressiver Typ

F91.2 Störung des Sozialverhaltens bei vorhandenen sozialen Bindungen

Diese Störung beinhaltet andauerndes dissoziales oder aggressives Verhalten, das die allgemeinen Kriterien für F91.- erfüllt und nicht nur oppositionelles, aufsässiges und trotziges Verhalten umfasst, und bei Kindern auftritt, die allgemein gut in ihrer Altersgruppe eingebunden sind.
Gemeinsames Stehlen
Gruppendelinquenz
Schulschwänzen
Störung des Sozialverhaltens in der Gruppe
Vergehen im Rahmen einer Bandenmitgliedschaft

---

80 Petermann, Kusch und Niebank (1998, Kap. 13).

F91.3 Störung des Sozialverhaltens mit oppositionellem, aufsässigem Verhalten

Diese Verhaltensstörung tritt gewöhnlich bei jüngeren Kindern auf und ist in erster Linie durch deutlich aufsässiges, ungehorsames Verhalten charakterisiert, ohne delinquente Handlungen oder schwere Formen aggressiven oder dissozialen Verhaltens. Für diese Störung müssen die allgemeinen Kriterien für F91.- erfüllt sein: deutlich übermütiges oder ungezogenes Verhalten allein reicht für die Diagnosenstellung nicht aus. Vorsicht beim Stellen dieser Diagnose ist vor allem bei älteren Kindern geboten, bei denen klinisch bedeutsame Störungen des Sozialverhaltens meist mit dissozialem oder aggressivem Verhalten einhergehen, das über Aufsässigkeit, Ungehorsam oder Trotz hinausgeht. [...][81]

Diesen Risikofaktoren stehen allgemein *protektive* Faktoren gegenüber, die unterschiedliche Wirkungsschwerpunkte haben sowie zeitlich verschieden weit reichen – da sie eigenständige Merkmale und Umstände darstellen, wäre es unrichtig, sie lediglich über die Abwesenheit von Risikobedingungen zu bestimmen. Beispiele sind: Eine günstige genetische Disposition ohne familiäre Auffälligkeiten und Erkrankungen; eine sich im Normbereich bewegende vegetative Reagibilität des autonomen Nervensystems; überdurchschnittliche Intelligenz; Empathiefähigkeit; Erfolgserlebnisse in der Schule und im sozialen Umfeld; ein harmonisches Familienklima mit erziehungskompetenten Eltern sowie hinreichend gute familiäre und soziale Entwicklungsbedingungen.[82] Insgesamt wechselwirken die biologisch-neurologischen und psychosozialen Risikofaktoren mit den schützenden Kräften und Bedingungen in der konkreten Situation auf der Grundlage des jeweiligen individuellen Phänotyps: also des realen, lebenden Menschen, wozu (meist) eine wie auch immer intrinsisch bestimmte Willensentscheidung (ob frei oder nicht) des Betreffenden hinzutritt, etwas zu tun oder zu unterlassen.

Aggressive bzw. antisoziale Kinder und Jugendliche unterscheiden sich im Durchschnitt von ihren diesbezüglich unauffälligen Altersgenossen in vielfältiger Weise. Besonders ein *schwieriges Temperament* sowie die Tendenz, *soziale Informationen negativ zu verarbeiten*, sind zu nennen. Die folgende Überschau[83] referiert die wesentlichen Resultate hierzu. Kinder mit aggressiven Verhaltensproblemen lassen oft schon von sehr frühem Alter an ein schwieriges Temperament und daneben Defizite in der Selbstregulierungsfähigkeit erkennen.[84] Längsschnittuntersuchungen zeigen, dass Säuglinge und Kleinkinder, die häufig intensive negative Emotionen zum Ausdruck bringen und viel Aufmerksamkeit erfordern, vom Vor- und Grundschulalter über die gesamte Schulzeit hinweg zu ausgeprägteren Problemverhalten neigen.[85] Ähnlich sind

---

81 Bundesministerium für Gesundheit der Republik Österreich (2014, S. 243).

82 Remschmidt (2012, S. 57–60).

83 Nach Siegler et al. (2016).

84 Espy, Sheffield, Wiebe, Clark und Moehr (2011), Rothbart und Bates (2006), Yaman, Mesman, van Ijzendoorn und Bakermans-Kranenburg (2010).

85 Bates, Bayles, Bennett, Ridge und Brown (1991), Joussemet et al. (2008), Olson, Bates, Sandy und Lanthier (2000).

Kinder, denen es in den Jahren vor dem Schuleintritt an Selbstkontrolle fehlt und die dafür Impulsivität, ferner ein hohes Aktivierungsniveau erkennen lassen und noch dazu sehr reizbar bzw. ablenkbar sind, im Alter zwischen neun und 15 Jahren zu Schlägereien u. a. antisozialen sowie kriminellen Verhaltensformen disponiert: Als Erwachsene (besonders wenn es Männer sind) werden sie leichter zu Gewaltverbrechern.[86] Allerdings tendieren Kinder, die Aggression *instrumentell* zum Erreichen bestimmter Ziele einsetzen, weniger zu unregulierten negativen Gefühlen und körperlichen Attacken als Kinder, die auf Provokationen mit Wutausbrüchen antworten.[87] Einige dieser Kinder und Jugendlichen scheinen gegenüber anderen weder Schuldgefühle noch Mitgefühl und auch keine empathische Anteilnahme zu empfinden.[88] Häufig sind sie *charmant*, indes unehrlich und herzlos. Diese Mischung aus Impulsivität, Aufmerksamkeitsproblemen sowie Gefühllosigkeit in der Kindheit stellt einen besonders verlässlichen Prädiktor für Aggression, antisoziales Verhalten und Konflikte mit der Polizei in der Adoleszenz dar[89], was u. U. ebenso für das Erwachsenenalter gilt[90]. Aggressive Kinder tendieren dazu, die Welt durch eine „aggressive Brille" zu sehen. Sie schreiben anderen öfter als nicht aggressive Kinder (i. S. eines *Attributionsfehlers der Feindseligkeit*) negative Motive zu, wenn die tatsächlichen Beweggründe und Absichten der anderen Person nicht eindeutig sind.[91] Kaum verwunderlich ist, dass sich die Ziele aggressiver Kinder bei sozialen Begegnungen häufiger feindlich und situationsunangemessen konstellieren als bei nicht aggressiven Kindern, etwa wenn sie versuchen, einen Gleichaltrigen einzuschüchtern oder ihm etwas heimzuzahlen.[92] Dementsprechend können aggressive Kinder in einer vorgestellten negativen sozialen Situation nicht so viele optionale Konfliktlösungsreaktionen angeben wie nicht aggressive Kinder – und diese wenigen Optionen bestehen häufiger noch dazu darin, sich aggressiv oder störend zu verhalten.[93] Zu diesen Neigungen kommt, dass aggressive Kinder im Vergleich zu friedfertigeren aggressive Reaktionen oft als vorteilhafter einschätzen, während sie kompetente, prosoziale Reaktionen für weniger günstig halten[94] – insbe-

---

86 Caspi, Henry, McGee, Moffitt und Silva (1995), Caspi und Silva (1995), Tremblay, Pihl, Vitaro und Dobkin (1994), Moffitt et al. (2001).

87 Scarpa, Haden und Tanaka (2010), Vitaro, Barker, Boivin, Brendgen und Tremblay (2006).

88 de Wied, van Boxtel, Matthys und Meeus (2012), Lotze, Ravindran und Myers (2010), McMahon, Witkiewitz und Kotler (2010), Pardini und Byrd (2012), Stuewig, Tangney, Heigel, Harty und McCloskey (2010). Eine erhöhte Neigung zu *Scham* könnte gleichwohl u. U. als *Risikofaktor* hinsichtlich Delinquenz wirken (Stuewig, Tangney, Kendall, Folk, Meyer und Dearing, 2015).

89 Christian, Frick, Hill, Tyler und Frazer (1997), Frick und Morris (2004), Hastings, Zahn-Waxler, Robinson, Usher und Bridges (2000).

90 Lynam (1996).

91 Dodge, Lansford und Dishion (2006), Lansford, Malone, Dodge, Pettit und Bates (2010), MacBrayer, Milich und Hundley (2003), Nelson, Mitchell und Yang (2008).

92 Crick und Dodge (1994), Slaby und Guerra (1988).

93 Deluty (1985), Slaby und Guerra (1988).

94 Crick und Dodge (1994), Dodge, Pettit, McClaskey, Brown und Gottman (1986).

sondere bei zunehmendem Alter[95]. Das liegt zum Teil daran, dass aggressive Kinder mit der Zeit auf ihre Fähigkeit der körperlichen und verbalen Aggression vertrauen[96] und sich davon Erfolg versprechen oder Schutz vor negativer Behandlung durch andere erhoffen[97]. Unter solchen Bedingungen einer eher positiven Verstärkung überrascht es nicht, dass diese Kinder aggressive Verhaltensweisen bevorzugt wählen.[98] Umgekehrt scheint solches Handeln wiederum die spätere Tendenz der Kinder zu verstärken, aggressives zwischenmenschliches Benehmen positiv zu bewerten, was das Ausmaß späteren antisozialen Verhaltens weiter erhöht.[99] Gleichwohl weisen nicht alle aggressiven Kinder dieselben Verzerrungen in ihrer sozialen Kognition auf: Solche mit der Neigung zur emotionsgesteuerten, *feindselig reaktiven* Aggression nehmen die Motive anderer hier besonders häufig als feindselig wahr[100], antworten auf Provokationen oft mit aggressiven Verhaltensmustern und bewerten ihre eigenen Reaktionen eher als moralisch akzeptabel[101]. In relativem Gegensatz dazu nehmen Kinder, deren Aggression nicht dergestalt emotional begründet ist, tendenziell häufiger an, dass ihre (dann sogenannte *proaktive*) Aggression eher positive soziale Folgen hat, wenn es z. B. darum geht, einem Bedürfnis nachzukommen oder sich einen Wunsch zu erfüllen.[102]

Schwierige Temperamenteigenschaften werden leichter zur Grundlage problematischer familiärer Interaktionen, wenn die kompensierenden Kräfte der Eltern zu schwach sind, weil sie selbst z. B. psychische Störungen, Suchterkrankungen aufweisen oder gar einen kriminellen Lebensstil pflegen. Solche Bedingungen implizieren meist weitere Erziehungsprobleme, wie etwa ablehnendes und inkonsistentes Verhalten der Eltern, mangelnde Aufsicht nebst Verwahrlosung, die regelhaft ein Fehlen von Wärme, Akzeptanz und emotionaler Unterstützung sowie teils leichte(re) Reizbarkeit und erhöhte Ungeduld des sozialen Nahfelds bedeuten.[103] Wenn Kinder und Jugendliche in einem antisozialen Milieu aufwachsen, findet somit eher eine Identifikation mit *aggressiven Rollenmodellen* statt. Prosoziale Vorbilder stehen weniger zur Verfügung. Dabei geht die kriminologische Delinquenztheorie von Farrington[104] für die Entwicklung eines dissozialen Selbstkonzepts von einer *engen Verschränkung kriminogener Faktoren* in der sozialen Umgebung (i. S. einer *life course theory*) aus.[105] Loeber charakterisiert den über den Lebenslauf stabilen Entwicklungstyp der

---

95 Fontaine, Tanha, Yang, Dodge, Bates und Pettit (2010).

96 Barchia und Bussey (2011), Quiggle, Garber, Panak und Dodge (1992).

97 Dodge et al. (1986), Perry, D. G., Perry, L. C. und Rasmussen (1986).

98 Calvete und Orue (2012), Dodge et al. (2006).

99 Fontaine, Yang, Dodge, Bates und Pettit (2008).

100 Crick und Dodge (1996).

101 Arsenio, Adams und Gold (2009), Dodge, Lochman, Harnish, Bates und Pettit (1997).

102 Arsenio et al. (2009), Crick und Dodge (1996), Dodge et al. (1997), Sijtsema, Veenstra, Lindenberg und Salmivalli (2009).

103 Loeber (1990), Farrington (1992, 1995), Moffitt et al. (2001).

104 Farrington (1992).

105 Sass und Herpertz (2009).

Dissozialität als *Stufenfolge*, die von der Schwangerschaft (nebst prä- und perinatalen Bedingungen) über ein schwieriges Temperament, hyperkinetischen Störungen (bzw. oppositionellem Trotzverhalten) zu Schulproblemen, Aggression, sozialen Defiziten und Problemen (auch mit Gleichaltrigen) in die soziale Isolation respektive in die Delinquenz führt. Auf jeder „Sprosse" dieser Entwicklung sind „Abzweige" zu speziell-individuellen Lebensverläufen denkbar, jedoch gestalten sich die Probleme mit zunehmender Zeit regelmäßig immer schwerwiegender und änderungsresistenter. Zudem könne eine Diversifikation der Verhaltensstörungen anheben. Je höher die *Frequenz*, die *Intensität*, je größer die *Vielfalt* des dissozialen Verhaltens sowie die *Vielzahl der betroffenen Bereiche* sind, *je früher es beginnt*, indiziert einen umso schwereren Verlauf.[106]

Neben dem Verbot des § 225 Strafgesetzbuch (StGB) (Misshandlung von Schutzbefohlenen) ist in Deutschland im *Bürgerlichen Gesetzbuch* (BGB) § 1631, Absatz 2 festgelegt: „Kinder haben ein Recht auf gewaltfreie Erziehung. Körperliche Bestrafungen, seelische Verletzungen und andere entwürdigende Maßnahmen sind unzulässig"[107]

Hier wenden wir uns nach Mitteilung der einschlägigen deutschen Rechtsnormen dem Überblick über die *Erziehungsbedingungen*[108] zu. Bei antisozialen Kindern ist in diesem Punkt nachweislich eine schlechtere Erziehungsqualität festzustellen als bei anderen.[109] Beispielsweise neigen Kinder aus ungeordneten Verhältnissen (d. h. bei Mangel an Struktur, Ordnung, vorhersehbaren Regeln mit Vorliegen von Unruhe und Ablenkung) in relativ hohem Maß zu störendem Verhalten, wobei dies nicht genetisch bedingt zu sein scheint.[110] Viele der Kinder, die von ihren Eltern häufig streng, allerdings nicht misshandelnd körperlich bestraft wurden, tendieren zu Problemverhalten in den frühen Lebensjahren, zu Aggression in der Kindheit und zu Kriminalität im Jugend- und Erwachsenenalter.[111] Das gilt besonders dann, wenn die Erziehungspersonen generell emotional kalt und ahndend vorgehen[112], wenn die frühe Eltern-Kind-Bindung unsicher ist[113], ein schwieriges kindliches Temperament vorliegt bzw. die Kinder dauerhaft ungehalten respektive unreguliert sind[114]. Körperliche Züchtigungen

---

106 Loeber (1990), Petermann et al. (1998).
107 *Bürgerliches Gesetzbuch* [Online-Ressource] (nicht datiert) [abgerufen am 16.8.2016].
108 In Anlehnung an Siegler et al. (2016).
109 Dodge et al. (2006), Scaramella, Conger, Spoth und Simons (2002).
110 Jaffee, Hanscombe, Haworth, Davis und Plomin (2012).
111 Burnette, Oshri, Lax, Richards und Ragbeer (2012), Gershoff (2002), Gershoff et al. (2010), Gershoff, Lansford, Sexton, Davis-Kean und Sameroff (2012), Olson, Lopez-Duran, Lunkenheimer, Chang und Sameroff (2011), Lansford et al. (2014).
112 Deater-Deckard und Dodge (1997).
113 Kochanska, Barry, Stellern und O'Bleness (2009), Kochanska und Kim (2012).
114 Kochanska und Kim (2012), Mulvaney und Mebert (2007), Xu, Farver und Zhang (2009), Yaman et al. (2010).

gehen ähnlich wie Schimpfen und Anschreien der Kinder in vielen Kulturen wie China, Indien, Kenia, Italien, den Philippinen und Thailand eher mit hohen Aggressionsniveaus der Kinder einher, wobei dieser Zusammenhang schwächer ist, wenn die Kinder diesen Erziehungsstil als Norm ansehen.[115] Misshandelnde Bestrafung korreliert indes mit hoher Wahrscheinlichkeit mit der Entwicklung antisozialer Verhaltenstendenzen, unabhängig von der jeweils betrachteten ethnischen Gruppe.[116] Ein sehr harter körperlicher Disziplinierungsstil führt wohl zum Teil zu Formen sozialer Kognition, die mit Aggression in Verbindung stehen, wie etwa die Unterstellung feindlicher Absichten bzw. die Annahme, dass Aggressionsverhalten Probleme löse und positive Folgen habe.[117] Zudem werden misshandelnd strafende Eltern ihren Kindern darin (fragliche) Vorbilder für aggressives Verhalten, regen mithin zur Nachahmung an[118] – wie in einer schier nicht endenden generationellen Perpetuierung der Gewalt. Kinder, die einer solchen Bestrafung ausgesetzt sind, entwickeln häufiger Unausgeglichenheit und Wut, sodass sie sich weniger so verhalten, wie ihre Eltern es gern hätten.[119] Wahrscheinlich besteht ein reziprokes Verhältnis zwischen dem Benehmen der Kinder und den strafenden Erziehungspraktiken ihrer Eltern[120]: Sprösslinge mit hohen Ausprägungen an antisozialem Verhalten, d. h. insbesondere von Gefühl- und Gewissenlosigkeit, Unehrlichkeit oder die Neigung, andere zu manipulieren bzw. mit geringer Selbstregulation rufen häufig strenge Erziehungsmaßnahmen hervor[121]. Umgekehrt verstärkt eine solche maßregelnde Erziehung das Problemverhalten wiederum[122]. Hier scheint auch eine biologische Komponente zu wirken. Eltern, die genetisch zu Wut und Gewalt disponiert sind, werden tendenziell Kinder mit ähnlichen Eigenschaften haben, und mithin häufiger als andere Eltern zu strengem und strafendem Erziehen neigen.[123] Zwillingsstudien weisen jedoch darauf hin, dass diese Beziehung *nicht nur* auf Erbfaktoren zurückzuführen ist.[124] Die Negativität der Mutter (d. h. reduzierte emotionale Wärme) bedingen auch bei *eineiigen* Zwillingen *differente* Ausprägungen späteren antisozialen Verhaltens, mit höheren diesbezüglichen Werten bei einem negativen Erziehungsstil.[125] *Unwirksame Erziehungsmaßnahmen* können

115 Gershoff et al. (2010).
116 Luntz und Widom (1994), Weiss, Dodge, Bates und Pettit (1992).
117 Alink, Cicchetti, Kim und Rogosch (2012), Dodge, Pettit, Bates und Valente (1995).
118 Dogan, Conger, Kim und Masyn (2007).
119 Hoffman (1983).
120 Arim, Dahinten, Marshall und Shapka (2011), Eisenberg, Guthrie, Murphy, Shepard, Cumberland und Carlo (1999).
121 Lansford, Criss, Dodge, Shaw, Pettit und Bates (2009), Salihovic, Kerr, Özdemir und Pakalniskiene (2012).
122 Sheehan und Watson (2008).
123 Davies, Sturge-Apple, Cicchetti, Manning und Vonhold (2012), Dogan et al. (2007), Thornberry, Freeman-Gallant, Lizotte, Krohn und Smith (2003).
124 Boutwell, Franklin, Barnes und Beaver (2011), Jaffee, Caspi, Moffitt, Polo-Tomas, Price und Taylor (2004), Jaffee, Caspi, Moffitt und Taylor (2004).
125 Caspi et al. (2004).

daneben, als weiterer Faktor, das antisoziale Verhalten von Kindern steigern. Eltern, die bei ihren Disziplinierungsmitteln und -versuchen *inkonsequent* sind, haben öfter als andere Eltern aggressive und kriminelle Kinder.[126] Gleiches gilt für Eltern, die das Verhalten und die Aktivitäten ihrer Kinder nicht hinreichend überwachen und beaufsichtigen, denn ältere Kinder und Jugendliche gesellen sich dann u. U. eher zu antisozialen und devianten Peers und kommen leichter in „schlechte Gesellschaft".[127] Außerdem könnte die Kenntnis über antisoziales Verhalten ohne elterliche Begleitung geringer sein. Bei schwierigen, aggressiven Jugendlichen verursacht die Beaufsichtigung indes teils derart heftige Konflikte, dass sich die Eltern zurückziehen müssen.[128] Eine unbeabsichtigte Verstärkung unerwünschten Gebarens von Kindern (s. Kap. 5) kann dabei allgemein die *unrichtige* (schwache) Nachgiebigkeit der Eltern darstellen.[129] Kinder, die häufig Zeuge von verbaler und physischer Gewalt zwischen ihren Eltern werden, tendieren daneben dazu, sich antisozialer und aggressiver zu verhalten als andere Kinder[130] – und dies selbst dann, wenn genetische Faktoren berücksichtigt werden[131]: Streitende Eltern sind schlechte Modelle. Ein weiterer Grund mag darin begründet sein, dass Kinder, deren Mütter körperlich misshandelt werden, eher zur Überzeugung kommen, dass Gewalt ein akzeptabler, ja sogar notwendiger Bestandteil der Familieninteraktionen darstellt.[132] Zudem ist in solchen Konstellationen zerstrittener Elternpaare oft auch eine geringere Erziehungsfähigkeit gegeben, sodass man unfreundlicher mit den Kindern umgeht.[133] Eine Folge kann sein, dass die Aggressionsneigung der Kinder verstärkt wird[134], was auch in Adoptionsfamilien festzustellen ist, also nicht nur genetisch bedingt zu sein scheint[135]. Darüber hinaus sind Kinder aus einkommensschwachen Familien in der Regel antisozialer und aggressiver als die aus wohlhabenderem Hause.[136] Ein wichtiger Grund (von vielen möglichen) liegt hier wohl in der größeren Zahl der Stressoren, denen Kinder aus armen Familien ausgesetzt sind: Stress in der Familie (Krankheit, häusliche Gewalt, Scheidung, allgemeine finanzielle Probleme respektive diesbezügliche Ängste, ggf. Illegalität) und

---

126 Dumka, Roosa und Jackson (1997), Frick, Christian und Wootton (1999), Sampson und Laub (1994).

127 Dodge et al. (2008), Patterson, Capaldi und Bank (1991).

128 Laird, Pettit, Bates und Dodge (2003).

129 Snyder, Reid und Patterson (2003).

130 Cummings und Davies (2002), Feldman, Masalha und Derdikman-Eiron (2010), Keller, Cummings, Davies und Mitchell (2008), Van Ryzin und Dishion (2012), Gustafsson et al. (2014), Holmes (2013).

131 Jaffee, Moffitt, Caspi, Taylor und Arseneault (2002).

132 Graham-Bermann und Brescoll (2000).

133 Buehler, Anthony, Krishnakumar, Stone, Gerard und Pemberton (1997), Davies et al. (2012), Emery (1989), Gonzales, Pitts, Hill und Roosa (2000).

134 Li, Putallaz und Su (2011).

135 Stover et al. (2012).

136 Goodnight et al. (2012), Keiley, Bates, Dodge und Pettit (2000), NICHD Early Child Care Research Network (2004), Stouthamer-Loeber, Loeber, Wei, Farrington und Wikström (2002).

Gewalt in der Wohnumgebung gehören dazu.[137] Auch (hohe) Jugendarbeitslosigkeit, Bandenbildung, mangelnde Freizeitmöglichkeiten, z. B. in Vereinen, sind ungünstig. Daneben ist ein niedriger sozioökonomischer Status häufiger mit der Alleinerziehung durch nur einen Elternteil verbunden (*Broken-Home-Situation*), oder das Kind wurde von einer minderjährigen Mutter geboren, wobei solche Faktoren mit erhöhter Aggression und antisozialem Verhalten zusammenhängen.[138] Schließlich verhalten sich einkommensschwache Eltern wegen der vielen Stressoren häufiger als andere Eltern ablehnend gegenüber ihren Kindern und zeigen weniger Wärme. Auch ein eher inkonsequenter, drohender und harter Erziehungsstil tritt leichter auf; zudem beaufsichtigen sie ihre Kinder in geringerem Umfang.[139]

Zu den Einflüssen der Art der *Bindung* an Beziehungspersonen, insbesondere an die Mutter, haben Bowlby und Ainsworth die einschlägigen Grundlagen gelegt.[140] Die Box „Wichtige Bindungsmuster i. S. v. Bowlby (1984) und Ainsworth et al. (1978)" zeigt die unterschiedlichen Bindungsmuster.[141] Ohne dass es hier möglich wäre, die komplexen Verhältnisse in diesem Bereich zu entscheiden, kann doch als wesentliches Ergebnis der (bisherigen) Bindungsforschung gesagt werden, dass eine *sichere Bindung* mit *weniger Aggressivität* der Kinder einhergeht.[142] Elterliche Wärme zeitigt bei Kindern eine schwächere Externalisierungsneigung einschließlich Aggressivität.[143] Kochanska und Kim[144] untersuchten hier z. B. ($n = 101$) 15 Monate alte Kinder zuerst in der Fremden Situation sowie (bei 86 Kindern) das Verhalten im Alter von sechseinhalb und acht Jahren. Eine unsichere Bindung mit beiden Elternteilen hatte einen robusten Effekt, denn doppelt-unsicher gebundene Kinder berichteten mehr Probleme und auch ihre Lehrer stuften sie als mehr externalisierend ein. „Security with either parent could offset such risks, and security with both conferred no additional benefits. High resistance toward both parents in Strange Situation may confer ‚dual risk' for future externalizing behavior".[145] Seibert und Kerns[146] erforschten daneben, wie der Bindungsstatus mit den späteren Peer-Beziehungen zusammenhängt. Als Hauptergebnis teilen sie u. a. mit, dass sicher gebundene Kinder weniger

---

137 Vanfossen, Brown, Kellam, Sokoloff und Doering (2010).

138 Dodge, Pettit und Bates (1994), Linares, Heeren, Bronfman, Zuckerman, Augustyn und Tronick (2001), Tolan, Gorman-Smith und Henry, (2003), Trentacosta, Hyde, Shaw, Dishion, Gardner und Wilson (2008).

139 Conger, Ge, Elder, Lorenz und Simons (1994), Dodge et al. (1994), Odgers, Caspi, Russell, Sampson, Arseneault und Moffitt (2012).

140 Siehe Bowlby (1984) sowie Ainsworth et al. (1978).

141 Zu eher praktischen Fragen der Bindungsentwicklung und Beeinflussung durch die Eltern (auch i. S. einer Erziehungsberatung) siehe Posth (2010).

142 Wahl (2009, S. 129 ff.), Petermann et al. (1998, Kap. 13).

143 Kochanska et al. (2009), Kochanska und Kim (2012), Lansford et al. (2014), Cyr, Pasalich, McMahon und Spieker (2014), Healy, Murray, Cooper, Hughes und Halligan (2015).

144 Kochanska und Kim (2013).

145 Kochanska und Kim (2013, S. 283).

146 Seibert und Kerns (2015).

häufig als vermeidend oder desorganisiert gebundene von ihren Peers zurückgewiesen wurden, was jedoch nur für Jungen statistisch signifikant war. Der Typ der frühen Bindung scheint damit eher eine Art *Katalysator* späterer Entwicklungen zu sein, als ein (lineares) Agens für *spezifische* Eigenschaften oder Verhaltenstendenzen des Kindes. Deshalb könnte man erwägen, unsichere Bindungsmuster als *Risikofaktoren* späterer aggressiver Entwicklungen einzustufen, obwohl sie nicht zwingend dorthin führen müssen.

Wichtige Bindungsmuster i. S. v. Bowlby (1984) und Ainsworth et al. (1978)

Fremde-Situation-Test: Ein von Ainsworth entwickeltes Verfahren i. S. einer Trennungssituation, um die Reaktion und damit Bindung von Kleinkindern an ihre primären Bezugspersonen zu beurteilen.

Sichere Bindung: Säuglinge oder Kleinkinder erleben eine qualitativ hochwertige, relativ eindeutige Beziehung zu ihrer Bindungsperson. Im Fremde-Situation-Test wird ein sicher gebundenes Kind vielleicht emotional erregt, wenn die Bezugsperson weggeht, freut sich aber auch wieder, wenn sie zurückkehrt, und erholt sich schnell von seinem Unbehagen. Die Bezugsperson ist eine sichere Basis für die Kinder zur Erkundung ihrer Umwelt.

Unsicher-ambivalente Bindung: Eine Form der unsicheren Bindung, bei dem Säuglinge klammern und nahe bei der Bezugsperson bleiben wollen, anstatt ihre Umwelt zu erkunden. Im Test der Fremden Situation werden unsicher-ambivalent gebundene Kinder häufig ängstlich, wenn die Bezugsperson sie allein im Raum lässt, und können von Fremden nicht leicht beruhigt werden. Kehrt die Bezugsperson zurück, lassen sie sich nur schwer wieder beruhigen; einerseits suchen sie Trost, andererseits widersetzen sie sich den Tröstungsbemühungen der Bezugsperson.

Unsicher-vermeidende Bindung: Eine Art unsicherer Bindung, bei dem Säuglinge oder Kleinkinder gegenüber ihrer Bezugsperson relativ gleichgültig erscheinen, diese u. U. sogar meiden. Im Test der Fremden Situation erscheinen sie der Bezugsperson gegenüber indifferent, bevor diese den Raum verlässt, bzw. gleichgültig respektive vermeidend, wenn sie zurückkehrt. Wenn sie weinen, nachdem die Bezugsperson sie allein gelassen hat, können sie von einem Fremden ebenso leicht beruhigt werden wie von der Mutter oder dem Vater.

Desorientierte Bindung: Ein Typ der unsicheren Bindung, bei dem Säuglinge oder Kleinkinder in der Fremden Situation keine konsistente Stressbewältigungsstrategie zeigen. Sie verhalten sich häufig konfus, sogar widersprüchlich und erscheinen oft benommen oder desorientiert.[147]

8.3 Bemerkungen zu Pinkers These der historischen Verminderung der Gewalt

Steven Pinker hat mit einer sehr umfangreichen Darstellung zur Geschichte der humanen Gewalt zu begründen versucht, warum diese im Lauf der bisherigen Geschichte der Menschheit anscheinend deutlich – wie seine Daten nachweisen

---

147 Nach Siegler et al. (2016, S. 400 ff.).

sollen – zurückgegangen sei.[148] Pinker skizziert zuerst den Übergang von archaisch-anarchischen Jäger- und Sammlerkulturen zu protostaatlichen Organisationsformen im Zuge der neolithischen Revolution, d. h. der Sesshaftwerdung von Menschen in Siedlungen, in deren Umfeld sie Ackerbau und Viehzucht betrieben. In diesem Zusammenhang interpretiert Pinker ethnografisches und paläoanthropologisches Material, weil anderes oft nicht zur Verfügung steht. Dies bringt er in Verbindung mit dem Leviathanmodell von Hobbes[149], nach dem der Krieg aller gegen alle und die damit verbundene ständige Bedrohung durch das hoheitliche Gewaltmonopol eines Gebietssouveräns abgewendet werde, wodurch eine teils drastische Verminderung der Mordrate bzw. der Todesfälle durch kriegerische Konflikte einhergehe.[150] In einem weiteren Schritt wird der Prozess der Zivilisation untersucht, genauer: der Übergang vom Mittelalter zur Neuzeit, hinsichtlich dessen sich Pinker stark am von ihm verehrten Norbert Elias[151] anlehnt. Durch diesen Zivilisationsvorgang habe sich, so Pinker, die Anzahl der Morde in Europa, grob gesprochen, auf etwa ein *Dreißigstel* reduziert. Gewohnheiten der Hygiene, Verhaltensverfeinerung, Selbstbeherrschung u. Ä., die einst gerade einmal der höfische Hochadel übte, wurden über eine mehr oder weniger willentliche respektive notwendige Anpassung auch niederen Aristokraten zu eigen, denn sonst hätten sie z. B. an Reichsfürstenhöfen ihre Ziele nicht erreicht. Über die Vorbildfunktion jener örtlichen Herrschaften mutierten jene im Laufe der Zeit indes ebenso zu Tugenden des aufkommenden Bürgertums. Niemand schnäuzt sich heute mehr die Nase ins Tischtuch, wie es das Etikettehandbuch des Erasmus von Rotterdam *De civilitate morum puerilium* (d. h.: Über den Anstand der Sitten von Knaben), 1530[152], gegeben für ein *gehobenes* Publikum explizit für weniger vornehm vorstellte. Daneben (und zudem) gewannen nach dem Dreißigjährigen Krieg die großen Königreiche wie England, Frankreich und mit gewissen Abstrichen auch die ausgedehnteren Gebietssouveräne im Heiligen Römischen Reich Deutscher Nation eine größere militärtechnisch basierte, ordnende Macht. Die Zahl der unabhängigen politischen Einheiten sank ferner deutlich u. a. durch die Gebietsarrondierungen der Zentralfürsten, womit sie sich kleinere Baronien, Grafschaften u. Ä. einverleibten. Raubrittertum

---

148 Kapitel 8.3 soll als Darstellung der Position Pinkers (2011) und einer Replik des Verfassers i. S. einer *Streitschrift* gelesen werden. Es gibt keine lehrbuchartige Auskunft einer in hinreichend großen Evidenz gefestigten Erkenntnis wieder.

149 Hobbes (1651/1996).

150 Zum Vergleich setzt er u. a. die geschätzte *relative Todesfall* bzw. *Mordrate* ein (die die betrachteten Vorkommnisse je in Bezug zu 100.000 Personen quotieren), die er von anderen Autoren (z. B. Bowles, Keeley und Gat) übernimmt, die beispielsweise Grabungsbefunde auf Hinweise von Waffengewalt auswerteten und dies prozentual hochrechneten. Auch für spätere Epochen dienten als Grundlage teils Ergebnisse anderer Forscher (wie die von Gurr, Wright und Eisner), wobei z. B. Gerichtsunterlagen, örtliche Aufzeichnungen u. Ä., später natürlich auch Statistiken ausgewertet wurden (zur einschlägigen Forschungsliteratur s. Pinker, 2011).

151 Elias (1939/1999, 1939/2010).

152 Elias zit. nach Pinker (2011, S. 118 ff.).

und Revierstreitigkeiten marodierender niederer Adliger, die mit einem abgerissenen Haufen von Bauern im Gefolge Nachbarherrschaften heimsuchten und Ressourcen zerstörten, die dem König besser gedient hätten, wurden erfolgreicher bekämpft und sicherten das, was man damals den *Königlichen Frieden* nannte.[153]

Der mittelalterliche (europäische) Mensch war wohl (ohne Abwertungswunsch gesprochen) im Vergleich zur heutigen Zeit wesentlich kindischer und impulsiver, d. h. weit weniger kontrolliert. Die Inquisition wütete, die Aufklärung lag noch vor ihm – grausame Strafpraxen und vernunftwidriger Aberglaube wirkten auch aufgrund des noch sehr rudimentären naturwissenschaftlichen Wissens weit mächtiger denn in unseren Tagen. Dabei sollten – was Pinker nicht will und tut – psychologische Erklärungen *mit* berücksichtigt werden. Die (mutmaßlichen) damaligen psychischen Störungen, die durch ein grausameres, „dunkleres" gesellschaftliches Prozedere und Klima mit verursacht wurden und u. a. durch es charakterisiert sind, sind vermutlich auch andere und öfter vielleicht ebenso schwerere (psychosenähere) gewesen als später. Wirklich regelhaft *geübte* Strafpraxen der Verstümmelung und Folter, absolutistische Macht von fürstlichen Souveränen und ihren örtlichen Vertretern, die Vorstellung noch dazu von jenseitigen Höllenqualen infolge menschlicher Verfehlungen müssen wahrhaft schrecklichere, weil *realere* Ängste (insbesondere in Kindern und Jugendlichen) erregt haben. Allein mündliche Berichte davon, insbesondere aber die Ansicht der Hinrichtungen sind vermutlich in ihrer schädigenden Potenz schwer zu überschätzen. Wer dabei behauptete, dass Kinder damals keine (zärtlichen) Gefühle gehabt hätten, rohe „Klötze" gewesen seien und erst zur heutigen „Verfeinerung" hätten vordringen müssen, wäre schlicht ein schwer gepanzerter Schwarzpädagoge.

Die humanitäre Revolution im Zeitalter der Aufklärung, die insbesondere von den führenden Philosophen und Literaten jener Zeit, z. B. Hobbes, de Spinoza, Descartes, Locke, Hume, Voltaire, Rousseau und später Kant[154], forciert wurde, führte zur zunehmenden, zunächst v. a. nur intellektuellen Ächtung von despotisch-menschenverachtenden Gewaltherrschaften, der Sklaverei, Folter sowie den Tötungen aus Aberglauben (d. h. Menschenopfern, Hexen- und Ketzerverfolgungen u. Ä.) und daneben zur fortschreitenden Infragestellung der Sinnhaftigkeit von Duellen (die mehr und mehr lächerlich wurden) – als kleinstes Übel im Vergleich mit den vorgenannten. Die politische Unabhängigkeit der Vereinigten Staaten von Amerika, ebenso Einflüsse durch die Französische Revolution sind hier des Weiteren zu nennen. Ganz besonders scheint aber die stark anwachsende Verbreitung von Druckerzeugnissen nach Gutenbergs Erfindung des Buchdrucks mit beweglichen Metallettern etwa zur Mitte des 15. Jahrhunderts positiv eingewirkt zu haben – Bücher, die zudem nicht

---

153 Pinker (2011, S. 126).
154 Nicht zuletzt auch durch seine Schrift: „Zum ewigen Frieden" (Kant, 1795/1977) in der er v. a. die republikanische (heutiger Begriff: parlamentarisch-demokratische) Verfassung eines Staates, die Geltung eines Völker- und Weltbürgerrechts mit einem kooperativ arbeitenden Völkerbund als Grundlage des zwischenstaatlichen Friedens sieht.

nur Aristokraten zur Verfügung standen, könnten es (i. S. einer Gelehrtenrepublik) sehr wohl gewesen sein, die neben der Urbanisierung, einer Senkung der Analphabetenrate und den Notwendigkeiten ökonomischer Handelsbeziehungen hier weitere gesellschaftliche Änderungen in Richtung Humanität motivierten. Ein guter Händler sollte hinreichend empathisch sein, also die Kundenwünsche erspüren und berücksichtigen, um gute Geschäfte zu machen. Denn Überschüsse des einen zu verkaufen, um die Überschüsse des anderen zu erwerben, bildet für beide Parteien ein *Positivsummenspiel*: Alle gewinnen, wenn wirtschaftlich vernünftig-redlich kooperiert wird. Es seien also v. a. das Aufkommen des *Leviathan* und der zunehmende *geldbasierte Handel*, die, so Pinker, neben einer verstärkten Arbeitsteilung und technisch-handwerklichen Evolution zu einem Rückgang der Gewalt beitrugen. Einfühlungsvermögen und Selbstbeherrschung würden mit ihnen und durch sie zur zweiten Natur eines an sich barbarischen Menschen, wie Pinker[155] glaubt.

Sodann untersucht Pinker die Entwicklung der *zwischenstaatlichen* Gewalt und kommt dabei u. a. zu dem Schluss, dass das 20. Jahrhundert keinesfalls das gewaltbelastetste der bekannten Menschheitsgeschichte gewesen sei, weder der Erste noch der Zweite Weltkrieg (die zivilen Opfer dazugerechnet) Spitzenplätze einnähmen – wenn man die diesbezüglich Getöteten ins Verhältnis zur jeweilig historisch gegebenen Weltbevölkerung setze.[156] Der *korrigierte* erste Rang würde danach dem An-Lushan-Aufstand, einer Rebellion während der chinesischen Tang-Dynastie, im achten Jahrhundert n. Chr. gebühren, bei dem geschätzte 36 Millionen Personen ums Leben gekommen sein sollen, was umgerechnet nach der Weltbevölkerung Mitte des 20. Jahrhunderts 429 Millionen Opfer bedeutete. Der zweite Rang wäre den mongolischen Eroberungen im 13. Jahrhundert zuzuordnen. Der Zweite Weltkrieg käme so nur auf einen abgeschlagenen neunten Platz. Natürlich beruhen solche Zahlenspiele zum Teil auf groben Schätzungen. Sie sind deshalb angreifbar.[157] Der Ausbruch von Kriegen sei zudem mit Lewis F. Richardson[158] in einem *Poissonprozess*, d. h. der je „erinnerungslosen" Zufälligkeit jedes Ereignisses zu beschreiben. Eine vergangene

---

155 Pinker (2011, Kap. 3 u. 4) in Anlehnung an Elias (1939/1999, 1939/2010).
156 Pinker (2011, S. 296 ff.).
157 Der Politikwissenschaftler Herfried Münkler (2011) schreibt in der *Frankfurter Allgemeine Zeitung* dazu: „Aber sind die Zahlen, die Pinker teilweise übernimmt, teilweise selbst errechnet hat, wenigstens zuverlässig? Hier sind erhebliche Zweifel angebracht, haben doch die Chronisten früherer Zeiten mit den von ihnen gemachten Angaben oft nur die Größe und Ungeheuerlichkeit eines Ereignisses zum Ausdruck bringen wollen. Selbst wenn sie ihre Angaben hätten empirisch verifizieren wollen, hätten sie es nicht gekonnt [...] und womöglich haben sie dabei intuitiv bereits den Faktor der Vervielfachung angewandt, mit dem Pinker ihre Zahlenangaben noch einmal multipliziert hat. Wir wissen es nicht – und auch Pinker weiß es nicht. Aber die Zahlenkolonnen, die er aufbietet, und die an- und absteigenden Linien seiner Grafiken erwecken den Eindruck, er wüsste es ganz genau. Das ist in einigen Fällen auch so, etwa bei den dramatisch rückläufigen Raten der Tötungsdelikte in Europa oder der Anzahl der zum Tode Verurteilten und Hingerichteten in aller Welt. Andere Grafiken dagegen beruhen auf vagen Schätzungen, kommen aber mit demselben wissenschaftlichen Dignitätsanspruch daher."
158 Richardson (1960).

Ereignishäufung beeinflusste hier also gerade *nicht* die Inzidenz des zukünftigen Geschehens. Historische Überlegungen zur Ballung bezüglich Kreisläufen, Zyklen oder Dialektiken von Konflikten (oder zu notwendigen Triebentladungen infolge einer Aggressionsstauung) wären schlicht Irrtümer. Nur das Maß der Zufälligkeit, d. h. die Kriegswahrscheinlichkeit könne i. S. eines *nicht stationären* Poissonprozesses geschichtlich betrachtet variieren. Drei Bereiche hoher Tötungszahlen sind in der Vergangenheit Europas dabei zu berücksichtigen: der Dreißigjährige Krieg, die Revolutions- und Napoleonischen Kriege sowie die beiden Weltkriege, nach denen vermutlich durch politisches Handeln die Wiederholung eines Blutbads *vermieden* werden sollte, d. h. eine Verminderung der Kriegswahrscheinlichkeiten eingesetzt haben könnte. Die Wahrscheinlichkeit jedoch für unterschiedlich große und opferreiche Konflikte folge nach Richardson allgemein einer *Potenzgesetzverteilung*: Die für sehr viele Menschen tödlichen Großkonfrontationen sind sehr, indes *nicht astronomisch* unwahrscheinlich (und das ist die politische Gefahr auch heute). Das heißt: Es könnte ebenso in der Zukunft außerordentliche, katastrophale Kriege mit Millionen Toten geben, die dann aber nicht durch eine ganz besondere „Planung" bedingt sein würden, sondern allein statistisch zu erklären wären. Hätte Gavrilo Princip, der Attentäter von Sarajevo, durch einen scheinbar marginalen Stolperer etwa wegen eines herumliegenden Steins den habsburgischen Thronfolger Franz Ferdinand mit seinem Pistolenschuss *nicht* getroffen, die Geschichte wäre wesentlich anders verlaufen, denn auch Adolf Hitlers Aufstieg (und der v. a. *nur* in dessen *Person* begründete Zweite Weltkrieg) müsste ohne die Präliminarien des Ersten Weltkriegs als kaum wahrscheinlich eingestuft werden.

Trotz der zwei sehr opferreichen Weltkriege im 20. Jahrhundert sei eine Zahl besonders herauszuheben:[159] *Nullmal* wurden bislang nach Hiroshima und Nagasaki Atomwaffen eingesetzt; *nie* bekriegten sich die Supermächte des Kalten Krieges direkt; *kein einziges Mal* kämpften Großmächte spätestens seit dem Jahre 1953 überhaupt gegeneinander (was in früheren Jahrhunderten gang und gäbe war). *Null* ist die Zahl der bewaffneten Konflikte seit dem Jahr 1945 zwischen Staaten in Westeuropa (für Gesamteuropa gilt dies seit dem Ungarnaufstand im Jahre 1956)[160]; *niemals* gab es seit 1945 Krieg zwischen den größeren (44) Industriestaaten mit dem höchsten Pro-Kopf-Einkommen (Ausnahme ist wieder Ungarn, 1956). *Null* Industrieländer haben seit etwa dem Jahre 1950 ihr Territorium durch Eroberung anderer Staaten erweitert (für eine teilweise Gebietsakquirierung irgendeines Landes an einem anderen gelte dies seit 1975)[161]. Es existieren *keine* imperialistischen Konflikte mehr einzig zum Erwerb von Kolonien, und daher sind auch *keine* Kolonialkriege zur Aufrechterhal-

---

159 Pinker (2011, S. 376 ff.).
160 Dabei wäre nach Pinker zu bedenken, dass europäische Staaten bis dahin, seit der Zeit um 1400, durchschnittlich zwei neue bewaffnete Konfrontationen *pro Jahr* neu begonnen hätten.
161 Ausnahme ist in neuester Zeit die (Quasi-)Annexion der Krim durch die Russische Föderation im Jahre 2014.

tung desselben Besitzes mehr zu verzeichnen. *Null* Staaten sind schließlich seit dem Ende des Zweiten Weltkriegs durch Eroberung von der Landkarte verschwunden (eine Ausnahme bildet hier vielleicht Südvietnam im Jahre 1975), was im Vergleich zu früheren Jahrhunderten eine außergewöhnliche Feststellung und Entwicklung bedeutet. Dies sei auf einen *Mentalitätswechsel* der politisch Verantwortlichen wie auch einer diesbezüglichen Änderung in den Bevölkerungen zurückzuführen. „Alle Bestandteile der kriegsfreundlichen Geisteshaltung – Nationalismus, territoriale Ansprüche, eine internationale Kultur der Ehre, die allgemeine Befürwortung von Kriegen und die Gleichgültigkeit gegenüber dem Preis an Menschenleben – wurden in den Industriestaaten während der zweiten Hälfte des 20. Jahrhunderts unmodern."[162] Dazu erhalte die These von der *friedensstiftenden Macht* echter, ausgereifter, stabiler, parlamentarischer Demokratien, die dem Wohle ihres Volkes stärker verpflichtet seien als z. B. absolutistische Monarchien oder Autokratien, an Gewicht, da die Etablierung der Ersteren mit dem Rückgang der kriegerischen Gewalt korreliere. Reife Demokratien führten einfach *seltener* Krieg.[163] Der sogenannte *Demokratische Frieden* sei damit kein Produkt von Bündnissen, z. B. i. S. einer *Pax Americana* während des Kalten Krieges oder einer *Pax Britannica*. Neue, zerbrechliche Demokratien, denen insbesondere das innere Band der bürgerschaftlichen Gemeinschaft zivilisierter Einstellungen fehle, neigten dabei indes z. T. zum Bürgerkrieg. Die Ideen des *klassischen Liberalismus* und seiner Betonung politischer sowie (hier besonders wirksam zu sein scheinenden) wirtschaftlichen Freiheiten könnten darüber hinaus in der Tat kriegsverhindernd wirken. Zudem würde die Bildung von bzw. die Mitgliedschaft in überstaatlichen internationalen Organisationen wie den *Vereinten Nationen* oder der *Europäischen Union* Konfrontationen tendenziell verhüten: Kant[164] behält hierbei wohl Recht. Aber auch in den *moralischen* Normen der einflussreichen Industrieländer könnte schließlich die Überzeugung an Raum gewonnen haben, „dass Krieg wegen seiner Kosten für das Wohlergehen von seinem Wesen her unmoralisch ist und [...] man ihn [deshalb] nur bei jenen seltenen Gelegenheiten rechtfertigen kann, in denen er mit Sicherheit noch größere Kosten [...] verhindert."[165] Hierbei spielt u. U. auch das multimedial, telekommunikativ und durch die Möglichkeit von schnellen Flugreisen bedingte Zusammenwachsen der Welt i. S. eines globalen Dorfes mit hinein, in dem Grausamkeiten an einem Ende die Menschen am anderen schwerer ganz kalt lassen (können). Inwieweit hier auch Veränderungen genuin psychologischer Verhältnisse wie dem Grad an aggressiv-charakterlicher Rigidität wesentlich sind, wird von Pinker durch Nichtberücksichtigung als unwesentlich abgetan. Doch zu fragen bleibt, ob sich nicht auch die augenscheinlich sehr verbreiteten psychischen Beeinträchtigungen und Störungen (hierzulande vornehmlich narzisstischen Typs), die oft

---

162 Pinker (2011, S. 387).
163 Pinker (2011, S. 421 ff.) mit Russett und Oneal (2001).
164 Kant (1795/1977).
165 Pinker (2011, S. 436 f.).

mangels Schwere nicht als ICD-10-Kategorien diagnostizierbar sind, heute erheblich von denen, wie sie vor Jahrzehnten bzw. Jahrhunderten auftraten, beispielsweise hinsichtlich ihrer Lustorientierung und Verwüstungsneigung unterscheiden. Eine Interaktion zwischen technologisch-ökonomischen und kulturellen Variablen (in deren Wandel) und denen der tieferen individuellen charakterlichen Befindlichkeiten, hin zu einer politisch friedlicheren Handlungsweise, mit in Betracht zu ziehen scheint dabei erwägenswert. Die Menschen könnten, insbesondere in westlich orientierten, reif demokratischen Gesellschaften, u. U. charakterlich (*etwas*) anders, ggf. gesünder, d. h. weniger destruktiv, dafür aber *teils* lustfähiger und rationaler geworden sein. Wilhelminisch-militaristische „Zackigkeit" steht mittlerweile in Deutschland nicht mehr nur so hoch im Kurs, sie ist auch weniger oft charakterlich verwirklicht als unter der Ägide des zackig-unklugen Wilhelm II. Am Ende ist es gar keine blauäugige, oberflächliche Naivität, dem Menschen einen guten Kern der Liebe und sozialen Lebensfreude seinesgleichen gegenüber zuzuerkennen[166], der durch Vernunftgebrauch und Aufklärung nach und nach aus seiner Erstarrung „gelöst" werde und nicht nur vom evolutionären Eigennutz und Egoismus irgendwelcher Gene zu reden[167]? Hilfsmittel der Vernunft und Wissenschaft führen u. U. dazu, das menschlich Suboptimale zu korrigieren, um jenes Primäre, epochal betrachtet, zum Vorschein zu bringen. Der Kampf um knappe Güter ist zwar real, eine Hobbes'sche Falle der potenziellen Bedrohung aller durch alle infolge der Abwesenheit eines Leviathans als *sekundäre* Folge plausibel, doch ohne Kooperation und Liebe wären wir als Art inexistent.[168] Aggressionen *dienen* im Grunde wie als nachrangige Befähigung: Hunger will gesättigt, wahre Feinde müssen abgewehrt werden. *Sadismus* scheint dabei jedoch eher wie eine Krankheit, von der die charakterlich nekrophilen Attitüden der Welt- und Lebensvernichtung eines Hitlers eine der unteren Spitzen bilden.

Es zeige sich also seit Ende des Zweiten Weltkriegs eine deutliche, jedoch nicht stetig lineare Verminderung der *Toten* durch bewaffnete staatliche Konflikte, Kriege oder Bürgerkriege (mit relativen Gipfelwerten für die Zeit des Korea- und Vietnamkriegs sowie für die Jahre um 1985). „In absoluten Zahlen ist die Zahl der Kriegstoten um mehr als 90 Prozent gesunken: von ungefähr einer halben Million pro Jahr Ende der 1940er Jahre auf rund 30.000 in den Jahren nach 2000."[169] Dies liege, selbst

---

166 Siehe dazu Warneken und Tomasello (2006, 2007, 2009), Warneken et al. (2007), Liszkowski et al. (2006), Olson und Spelke (2008), Rakoczy et al. (2008) sowie Warneken (2013).

167 Vergleiche für eine ähnliche Kritik auch Bauer (2006, 2011).

168 Als singuläres Indiz möge hier die in Pinker (2011) mitgeteilte Aussage im Kontext der Kolonialherrschaft Australiens über Papua Neuguina (und dem dortigen indigenen Volk der Enga) gelten, durch die „viele Enga [...] erleichtert [waren], dass sie die Gewalt beiseitelassen und ihre Meinungsverschiedenheiten durch ‚Kämpfe vor Gericht' anstatt auf dem Schlachtfeld beilegen konnten" (S. 148).

169 Pinker (2011, S. 451). Indes wurden hier nur solche Konflikte gezählt, bei denen mindestens auf einer Seite eine Regierung stand, rein nicht staatliche Auseinandersetzungen fielen unter den Tisch und verzerren ggf. das Bild. Zudem kamen nur Todesfälle, die Kampfhandlungen mit Kriegswaffen verursachten, in Betracht. Allerdings würden durch die rein nicht staatliche Form der Konfrontation

wenn man es mit dem Faktor fünf multiplizierte, für die jüngste Zeit unterhalb der weltweiten Mordquote von jährlich 8.8 Delikten je 100.000 Menschen. Bei der *Anzahl* der Konflikte habe sich jedoch ein *Anstieg von Bürgerkriegen* ergeben, was wohl als Erstes durch die Auflösung europäischer Kolonialreiche und die Verschlechterungen in der hoheitlichen Verwaltung bedingt sei, weniger an Armut und auch nicht primär an demografischen Variablen wie der Zahl junger Männer liege.[170] Viele dieser Länder wurden (und werden) als anokratische Halbdemokratien respektive „Prätorianerregimes" einfach schlecht regiert: Kleptokratischer Nepotismus, Tribalismus und Verachtung wirklich gelebter rechtstaatlicher Maximen sind zum Nachteil des Volkes nicht gerade selten anzutreffen. Jean-Bédel Bokassa, ehemaliger Kaiser von Zentralafrika, mag für die Vergangenheit hier ein beredtes Beispiel sein. Bodenschätze mutierten so oft zum *Fluch*, da sie die Bereicherung sozialwidrig agierender Herrscher bzw. Warlords alimentierten. Jene „Anokratien[171] [erleben] ‚ungefähr sechsmal häufiger als Demokratien und zweieinhalbmal häufiger als Autokratien neue Ausbrüche gesellschaftlicher Konflikte‘[172] wie Bürgerkriege [...], Revolutionskriege und Staatsstreiche"[173] und lebten im 21. Jahrhundert teils wie im europäischen 14. Jahrhundert: Bürger- und Bandenkriege, Seuchen und Unwissenheit geißelten sie. Mit dem Ende des Kalten Krieges und den staatlichen Versuchen zum Kommunismus entfielen indes auch viele Stellvertreterkriege, die jedoch nur ein Fünftel der Konflikte ausmachten.[174] Dazu seien wohl auch eine Stärkung echter Demokratien in manchen Teilen der Welt, z. B. Südafrika unter Nelson Mandela, zu verzeichnen. Großmächte, Geberländer und internationale Organisationen, ferner UNO-Friedenstruppen hätten häufiger Einfluss genommen, unfähige Tyrannen eher geächtet und bestraft, wodurch sich Fehlentwicklungen tendenziell verminderten. Offenheit gegenüber weltwirtschaftlichem Handel, ausländischen Investitionen, Entwicklungshilfe und Zugang zu modernen elektronischen Medien seien hier u. U. Faktoren eines eher günstigen Verlaufs. Bezüglich der Zahl an Bürgerkriegen ist jedoch wiederum zu fragen (was Pinker nicht will und tut), ob nicht auch eine unsägliche Zahl schwerer psychischer Traumen, z. B. durch kriegerische Konfrontationen, Warlords, Genozide, Folterdiktaturen nebst gewalthaltigen Sozialpraxen aller Art entstehen, die nachteilige Folgen noch in Generationen unterhalten werden und dann die neue charakterologische Grundlage künftiger Gewalt bilden. Was wird aus den Kindern, die heute in Syrien

---

wahrscheinlich nicht so viele Menschen umkommen, dass dies ein Gegenbeispiel hinsichtlich der weltweit sinkenden Opferzahlen darstellen könnte. Die durchschnittlich sehr zahlreichen indirekten zivilen Opfer von Kriegen wären schon immer in relativ gleichbleibender Zahl zu beklagen gewesen, z. B. im Dreißigjährigen Krieg oder Ersten Weltkrieg, bzw. für Konflikte jüngeren Datums sogar gesunken (Pinker, 2011, S. 470 ff.).

170 Pinker (2011, S. 451 ff.).

171 Das heißt Mischformen zwischen Demokratie und Autokratie.

172 *Global Report on Conflict, Governance and State Fragility.*

173 Pinker (2011, S. 462).

174 Pinker (2001, S. 459 ff.).

leben, einst werden? Mit denen im Irak? Werden sie friedlicher sein, wenn sie v. a. Tod und Zerstörung kennenlernten? Meint man, dass Bombenterror und Krieg hier spurlos einfach ohne psychosoziale Folgeentwicklungen vorbeigingen?

Zu ethnischen Massentötungen seit den großen Genoziden der Nazis, in der UdSSR bzw. durch Japan in China und Korea sagt Pinker, dass „man den Rückgang der Völkermorde während der letzten 30 Jahre auf die Stärkung der gleichen Faktoren zurückführen [könne], die auch zwischenstaatliche Kriege und Bürgerkriege vermindert haben: stabile Regierungen, Demokratie, Offenheit für den Handel und eine humanistische Herrschaftsphilosophie, die das Interesse des Einzelnen über den Streit zwischen Gruppen stellt."[175] Änderungen bezüglich der charakterlichen Grundlagen werden abermals negiert. Es wären für Ausrottungstaten v. a. sozialpsychologische Motive (i. S. einer Wir- und Sie-Gruppe), eine Hobbes'sche Dynamik aus Habgier, Angst und Rachegelüsten, die moralische Überhöhung von Ekel u. Ä. (i. S. v. menschlichen „Parasiten", die es zu vertilgen gelte) in Verbindung mit utopischen Ideologien wesentlich.[176] Dass so etwas wirklich dadurch geschehen kann, auch das „Böse" sehr real ist, soll nicht bestritten werden. Nur scheint die gewaltsame Durchsetzung mit solchen „Gründen" und Emotionen usw. und auch die oft eher passive Duldung durch eine Bevölkerung gerade nicht als das wirklich Normale und Gesunde am Menschen auf. Nicht, dass destruktive Handlungsmöglichkeiten, quasi „Programme", existieren, sondern dass sie so *mächtig* werden (und wurden) gegenüber der positiven Potenz ist *das* psychologisch-soziologische Problem des Menschen. Hier scheint zumindest in den westlichen Gesellschaften ein größerer „Riegel" zur Vermeidung wahrhaft destruktiv-irrationaler Politiken entstanden zu sein. Auch wenn sich die charakterologische Grundlage der Population nicht sehr verändert haben sollte, wirkt dieser doch zumeist zu tragfähig gesünderen Entschlüssen.

Über jene Wirkungen liberaler und Kant'scher Faktoren (des Handels, der Demokratie etc.) hinaus hat eine *Revolution der Rechte* im 19. und v. a. in der zweiten Hälfte des 20. Jahrhunderts die *Menschenrechte* zunehmend etabliert und durchgesetzt.[177] Die Abschaffung der Sklaverei, Aufhebung von Rassentrennung, Verwirklichung von Frauen- und Kinderrechten sowie die Entkriminalisierung der Homosexualität sind hier maßgeblich. Auch dies führte in der generellen Tendenz zur Gewaltverminderung. Beispielsweise ist das bei den Lynchmorden in den USA der Fall, die zwischen 1882 und 1969 von etwa 150 Fällen pro Jahr auf nahezu Null zurück-

---

175 Pinker (2011, S. 509); Pinkers Urteil zum internationalen Terrorismus, dass „terroristische Bewegungen den Samen ihrer eigenen Zerstörung in sich [tragen]" (S. 536) scheint glaubhaft. Da der Terrorismus von der Größenordnung der Opferzahlen mit Kriegen nicht ganz vergleichbar ist und nach den Daten Pinkers keinesfalls sehr deutlich anstieg, sondern insgesamt, mit relativ hohen Werten am Anfang des neuen Jahrtausends, eher zurückging, kann man ihn hier aus Platzgründen etwas vernachlässigen.
176 Pinker (2011, S. 493 ff.).
177 Pinker (2011, Kap. 7).

gegangen sind.[178] Ähnliches ist ferner bei einer die Rassentrennung befürwortenden Einstellung zu beobachten, die von 75 Prozent der befragten Weißen in den Vereinigten Staaten im Jahre 1940 vertreten wurde, was bis etwa ins Jahr 2000 auf Werte im unteren einstelligen Prozentbereich sank.[179] Daneben seien in den USA ein Rückgang bei Vergewaltigungen, beim Kindsmord, der Prügelstrafe nebst Kindesmisshandlungen zu verzeichnen, wobei allgemein relativ starke Unterschiede zwischen den Kulturen zu erwarten sein werden. Vorreiter dürften hier wohl wieder die westlich orientierten Länder in Europa und Amerika sein. Zudem wurden in Teilen der Welt vermehrt Gesetze hinsichtlich des Tierschutzes und der Verhütung von Grausamkeiten gegen Tiere erlassen.

Pinker schreibt als Resümee all dieser Fakten:

> In einem Diagramm nach dem anderen haben wir gesehen, wie das erste Jahrzehnt des neuen Jahrtausends ganz am unteren Ende einer Böschung steht, die den Gebrauch der Gewalt zu verschiedenen Zeiten darstellt. Bei aller Gewalt, die es in der Welt auch heute noch gibt, leben wir doch in einer außergewöhnlichen Epoche. Vielleicht ist sie eine Momentaufnahme auf einem Weg zu einem noch größeren Frieden. Vielleicht flacht sie sich zu einem neuen Normalzustand ab, nachdem die einfachen Rückgänge bereits alle stattgefunden haben und weitere immer schwieriger werden. Vielleicht ist es auch ein glückliches Zusammentreffen [günstiger geschichtlicher Umstände], das sich schon bald in Luft auflösen wird.[180]

Im Folgenden diskutiert Pinker in zwei umfangreichen Kapiteln die Psychologie der Gewalt aus *evolutionspsychologischer* und *neurobiologischer* Sicht. Er untersucht die destruktiven Kräfte der menschlichen Natur und benennt hier insbesondere die Raublust, das Streben nach Dominanz, die Rache, den Sadismus und die Neigung zur Ideologie. Dem stellt er Mechanismen gegenüber, die die Gewalt einschränken können. Empathie, Selbstbeherrschung, (die ihm jedoch zweifelhaft scheinende) Moral und das Tabu sowie die Vernunft seien hier zu nennen, wobei auch die Rolle der Intelligenz (i. S. des *Flynn-Effekts*[181]) diskutiert wird. Zudem scheint ihm die Feminisierung in gesellschaftlichen Bereichen und der Politik eine friedensstiftende Entwicklung zu ermöglichen. Nicht beachtet werden psychiatrische oder tiefenpsychologische Ansätze.

Selbstwertdienliche Verzerrungen, die Minderung kognitiver Dissonanz und eine gewisse Art des tugendhaft-tuenden *sozialen* Betrugs sicherten, dass Menschen die Vorteile des sozialen Zusammenlebens einheimsen könnten. Menschen hätten die überwältigend starke Neigung, selbst begangene schädliche Handlungen unrichtigerweise zu ihren Gunsten zu interpretieren.[182] Daraus resultierten u. U. auch vielfältige soziale und politische Narrative, auslegende *Erzählungen* von beispielsweise

---

178 Pinker (2011, S. 571).
179 Pinker (2011, S. 580).
180 Pinker (2011, S. 710).
181 Das heißt die Zunahme der je gemessenen Intelligenzhöhe von verschiedenen Kohorten im Lauf längerer (auch historischer) Zeiträume (s. Flynn, 1987, 2012).
182 Pinker (2011, S. 721 ff.).

geschichtlichen Ereignissen, die wiederum zu neuen (gewalthaltigen) Taten leiten könnten. Das „Böse [werde] in Wirklichkeit von Menschen begangen […], die vorwiegend ganz normal sind und auf die Umstände einschließlich der Provokationen durch das Opfer auf eine Weise reagieren, die sie selbst für vernünftig und gerecht halten."[183] Inwieweit hier von Pinker u. U. ähnlich selbstwertdienlich psychologische Motive und Störungen ausgeblendet werden, eruiert er nicht.

Am offenkundigsten in der Natur ist wohl ohne jeden Zweifel die aggressive Beziehung von Fressfeinden und ihren Beutetieren, welche indes aus biologischer Sicht „etwas völlig anderes als die Aggression gegen Konkurrenten und Bedrohungen"[184] darstelle, weil divergierende Gehirnschaltkreise darin involviert seien. Bei Säugetieren müssten neuronale Zentren der Angst- und Wutreaktion, respektive Nahrungssuche sowie des Dominanzstrebens unterschieden werden – Ähnliches gilt bei einem voluminöseren Großhirn auch für Homo sapiens. Gewalt habe keine *einzelne* psychologische Ursache, sondern sei multidimensional zu verstehen, wobei die *Gründe* eines Verhaltens (und nicht nur die Emotionen usw.) zu beachten seien.[185]

Räuberische (instrumentelle) Gewalttätigkeit ist so vielfältig wie die Ziele des Menschen; hemmende Faktoren wie Mitgefühl oder moralische Bedenken seien nicht vorhanden, was für imperialistische, historische Ereignisse (z. B. bei den Römern, Mongolen oder der Konquista), indes ebenso für „normalere" ökonomisch motivierte Morde und einigen mütterlichen Neonatiziden, daneben oft auch für Gräueltaten einer modernen Soldateska gelten könne.[186] *Positive Illusionen* und selbstwertdienliche *Verzerrungen* könnten generell bei *Gegenwehr* der Angegriffenen eine Spirale der Rache und Vergeltung (oder Zermürbungskriege) in Gang setzen. *Unrealistischer Optimismus* und Selbstüberschätzung zeichnen hier v. a. *Männer* aus. Dabei seien mangelnder Informationsfluss (i. S. einer Abkapselung der Entscheider) und mangelnde Korrektur der Fehleinschätzungen die nachteilig wirkenden Größen.

Dem kontrastiert tendenziell das *Dominanzstreben*, das i. S. eines Streites aus relativ nichtigen, trivialen Ursachen zu folgenschweren Konfrontationen ausarten kann.[187] In Dominanzwettbewerben gehe es primär um die Information, d. h. die Schaffung bzw. Bewahrung des Rufes der Stärke und real drohenden Vergeltung, der jeder potenzielle Angreifer verfalle, was eine *Anpassung an die Anarchie* sei. Bei vorliegenden gemeinsamen Interessen würden Primaten solche Streite indes irgendwann abbrechen und sich wieder versöhnen, weil der andere schlicht noch gebraucht werde. Ansonsten jedoch drohte die Tötung. In allen Gesellschaften scheinen Männer weit mehr als Frauen zu Dominanzauseinandersetzungen direkt oder über Surrogate wie die berufliche Stellung, Macht bzw. Reichtum disponiert. Männer hätten evolutionspsychologisch durch

---

183 Pinker (2011, S. 733).
184 Pinker (2011, S. 735).
185 Pinker (2011, S. 751).
186 Pinker (2011, S. 752 ff.).
187 Pinker (2011, S. 761 ff.).

einen mehr oder weniger gewalttätigen Wettbewerb mehr (sexuelle Gelegenheiten sich fortzupflanzen) zu gewinnen als Frauen, denen es eher auf das eigene Überleben und das ihrer Kinder ankomme. Soziale Dominanz (archaisch gesprochen: Stammesdenken) sei eine Transformation dieser individuellen Dominanz auf die Gruppenebene. Im Nationalismus etwa „verbinden sich drei Dinge: der emotionale Impuls, der hinter dem Stammesdenken steht; eine kognitive Vorstellung von der ,Gruppe' als Menschen, die Sprache, Territorium und Abstammung gemeinsam haben; und der politische Staatsapparat. [...] Verbindet sich Narzissmus mit Nationalismus, so wird daraus [...] *Ressentiment*"[188], womit wiederum Kriege und Völkermorde eher möglich, weil legitimierbar würden. Eine Verminderung von Dominanzstrebungen und insbesondere ihre Überhöhungen im Ressentiment reduzierte damit im Allgemeinen wahrscheinlich individuelle wie auch politische Konflikte. Inwieweit eine charakterliche *Neigung* zur (systematischen) politischen *Irrationalität* hier durch pathogen wirkende, erziehungsbedingte, tiefenpsychologische Panzerungsprozesse wesentlich mit verursacht wird, wird von Pinker allerdings nicht in den Fokus genommen.

Als Nächster der „inneren Dämonen" wird die *Rache* betrachtet.[189] Sie ist weithin „anerkannt", nach deutscher Rechtsprechung des Bundesgerichtshofs nicht per se niedriger Beweggrund[190], teils verwandelt als Verhältnismäßigkeitsgrundsatz auch in religionsstiftenden Werken wie dem Alten Testament (s. 2. Buch Mose 21, u. a. 23–25) oder dem Koran erkennbar, daneben als eher private Blutrache, Vendetta oder als institutionalisiertes weltliches *lex talionis* schon mindestens seit dem Codex Hammurabi als Strafmaßnahme, Gleiches mit Gleichem zu vergelten, eingeführt. Ein guter Teil aller Morde, Amokläufe in Schulen, privat oder politisch motivierten Bombenanschläge, Kriegshandlungen und paramilitärischen Vergeltungsmaßnahmen gehen auf ihr Konto. Als Blutrache wurde und wird sie in Stammeskriegen angewandt, mehr als 95 Prozent aller Kulturkreise sollen diese nach Pinker generell befürworten. Wie verrückt und nutzlos es allerdings ist, Schmutz mit Schmutz abzuwaschen, hat bereits Heraklit[191] beklagt. Die Beziehung von Frustration und Aggression wird (s. Kap. 4) hier anfangs wesentlich und über einschlägige neuronale Verschaltungen aktiviert, sodass Wut entsteht, die sich dann *sekundär* in Rachestrebungen verwandele, wobei sie Mitgefühle tendenziell außer Kraft setzte: Letzteres jedoch mehr bei Männern als bei Frauen.[192] Die Funktion der Rache sei dabei evolutionspsychologisch wiederum die der Abschreckung, wichtig wird also aufs Neue der Ruf, sie zu üben.[193]

---

188 Pinker (2011, S. 775, Hervorhebung im Original).
189 Pinker (2011, S. 783 ff.).
190 Siehe z. B. BGH 3 StR 425/11 – Urteil vom 1. März 2012 (Bundesgerichtshof, 2012).
191 Heraklit. (1989). *Fragmente: Griechisch und deutsch* (10. Aufl.). (Hrsg. B. Snell). München: Artemis. (Fragment B 5).
192 Singer, Seymour, O'Doherty, Stephan, Dolan und Frith (2006). Unter Umständen sind Frauen in diesem Versuch jedoch nur vor *körperlichen* Strafen abgerückt und hätten andere, eher indirekt benachteiligende Maßnahmen durchaus ergriffen.
193 Vergleiche Diamond (1977).

„Rache ist keine Krankheit: Sie ist eine Voraussetzung für Kooperation, denn sie verhindert, dass ein netter Kerl ausgebeutet wird."[194] Das *Wie du mir, so ich dir*, bestraft spieltheoretisch die soziale Abtrünnigkeit von der Kooperation, ist dabei aber auch verzeihend, wenn der andere wieder zusammenarbeitet.[195] Bedingungslos großzügige Vergebung kann das Gegenüber wieder auf den Weg der Kooperation zurückbringen, was indes bei einseitigen Spielmustern (einem psychopathischen: immer abtrünnig, gepaart mit einem naiven: immer kooperieren) nachteilig wird, da das unkooperative Subjekt sich sodann evolutionär respektive als gesellschaftliche Macht vermehrt. Unterscheiden *beide* Beteiligten die durch ein Versehen etwa gerechtfertigte von der ungerechtfertigten Abtrünnigkeit, verzeihen bei der ersten und schlagen bei der zweiten zurück, vermag die Kooperativität jedoch erhalten bzw. wiedererlangt zu werden. Vorausgesetzt werden muss allerdings das langfristigere wiederholte Zusammentreffen der involvierten Individuen.[196] Dass es trotz alledem oft zu einer Racheeskalation kommt, erkläre sich nach Pinker mit der unzutreffenden Einschätzung der vermeintlich größeren eigenen und geringeren fremden Schäden und würde durch die neutrale Instanz eines (klug-anständigen) Leviathan gesellschaftlich tendenziell verhütet. Mitgefühl, eine wichtige Beziehung zum Gegner, z. B. durch Verwandtschaft oder Bündnisse u. Ä., die es zu erhalten gilt, und die Versöhnungsbereitschaft an sich wirkten hier zudem positiv; authentische Entschuldigungen des Täters ebenso.

Im *Sadismus*, institutionalisiert als Folter, habe der Ausübende indes regelmäßig *keinen* direkten materiellen oder evolutionären Nutzen.[197] Folter könnte jedoch für Machtorganisationen ein „Körnchen" utilitaristischer Zweckmäßigkeit beinhalten, das jedoch durch die Unzuverlässigkeit der erpressten Antworten teils zunichte gemacht würde. Auch ein gewisses Maß an allgemeiner Abschreckung wäre hier u. U. als machiavellistisches Moment denkbar – sadistische Praktiken seien zudem in Vorwärtspaniken bei gruppenorientierten Konflikten[198] möglich. Die Fälle sadistischer „Serienmörder [sind] im Gegensatz zu einer verbreiteten Ansicht [jedoch] kein Produkt unserer kranken Gesellschaft, sondern sie tauchen [...] seit Jahrtausenden immer wieder auf. [...] Serienmörder kommen nicht durch eine *erkennbare* [Hervorhebung v. Verf.] Veränderung, eine Schädigung des Gehirns oder Kindheitserlebnisse

---

194 Pinker (2011, S. 791).
195 Vergleiche Axelrod (1987).
196 Mit entsprechenden Abänderungen gilt Ähnliches für die *Allmendetragik* (die Ausnutzung von Gemeingütern), die dann zumeist *verhütet* wird, wenn Nassauer effektiv bestraft werden können. Dabei gibt es anscheinend wesentliche kulturelle Unterschiede, je nach Grad der bürgerschaftlichen Normen, s. Herrmann, Thöni und Gächter (2008). Dass übertriebener Egoismus sich letztlich oft nicht auszahlt, zeigen ferner die Resultate zum *Ultimatumspiel*, in dem untersucht wird, in welchem Maße der Mensch nur den sich aus dem Spielgegenstand ergebenden Nutzen maximiert oder bei seinen Entscheidungen auch andere Interessen mit einbezieht. Siehe zu beiden Themen Pinker (2011, S. 793 ff. und die dort angegebene Literatur).
197 Pinker (2011, S. 810 ff.).
198 Siehe z. B. Collins (2015).

zu ihrer Nebenbeschäftigung."[199] In der Schadenfreude, Rache bzw. Sexualität könne Sadismus zudem mehr oder weniger versteckt ausgelebt werden. Verhindert würde er durch das Mitgefühl respektive Mitleid, Sympathie und Empathie mit den Mitgeschöpfen, die Fähigkeit zum Schulderleben, kulturelles Tabu und Konventionen sowie den instinktiv vorhandenen Widerwillen, anderen Menschen Schaden zuzufügen.[200] Tiefenpsychologische Faktoren kindlicher Schädigungen wären letztlich unwesentlich und ihre Ansetzung daher kaum zielführend: Vielmehr nimmt Pinker eine *morbide Faszination* an der Verletzlichkeit von Lebewesen und das (ebenso unhinterfragte, nicht i. S. abgewehrten Ohnmachterlebens interpretierte) Gefühl der *Dominanz* als wesentlich an. Sadismus vermag damit, allgemein besehen, im Rahmen eines Sucht- bzw. Gewöhnungsprozesses und einer erworbenen Vorliebe im Leben einer Person zusehends Raum zu greifen[201], sodass Sadisten schließlich schlicht Spaß am Leiden ihrer Opfer gewönnen. Insgesamt scheint es indes bedauerlich, dass die evolutionär-psychologische Sicht hier nicht durch individualpsychologische Aspekte potenziert und eine blockierte sexuelle Befriedigbarkeit[202] als mögliche Quelle des Sadismus überhaupt nicht in Betracht gezogen wird.

Als letzten der „inneren Dämonen" umschreibt Pinker die *Ideologie*, die es (im relativem Gegensatz zu den genannten Motiven) ermögliche, dass eine große Zahl von Menschen gewalttätig i. S. eines instrumentellen Mittels zum Zweck handelt.[203] „Eine Ideologie kann aus mehreren Gründen gefährlich sein. Das unbegrenzte Gute, das sie verspricht, hält die wahrhaft Gläubigen davon ab, ein Abkommen zu schließen. Es erlaubt, dass man eine beliebige Zahl von Eiern zerbricht, um das utopische Omelett zuzubereiten. Und es macht die Gegner der Ideologie zu etwas unendlich Bösem, das eine unendliche Bestrafung verdient hat."[204] Dominanzstreben, Rache sowohl selbstwertdienliche kognitive Verzerrungen als auch die Bildung von Gruppenidentitäten und die Erklärmacht der Ideologie zu z. B. geschichtlichen Ereignissen, wären hier u. a. bedeutsam. In Verbindung mit narzisstischen Führungen, d. h. einem Empathiemangel, Fantasien von unbegrenztem Erfolg, Macht und Größe usw., könne sie bei einer versuchten Umsetzung Millionen den Tod bringen. Die Frage, wie solche Leitungspersonen in der Breite Menschen infizieren können, sieht Pinker in gruppenpsychologischen Phänomenen beantwortet, die insbesondere zu einer Kohärenzstärkung, Filterung widersprechender Daten, zu Konformität, pluralistischer Ignoranz (und dem Teufelskreis aus Bestrafung von Abtrünnigen, um nicht selbst bestraft zu

---

199 Pinker (2011, S. 813) in Anlehnung an Schechter (2003).
200 Vergleiche Milgram (1963, 1964, 1965a, 1965b), Browning (1993), de Waal (1997), Preston und de Waal (2002). „Der Historiker Christopher Browning führte Gespräche mit Nazi-Reservisten, die den Befehl erhalten hatten, Juden aus nächster Nähe zu erschießen; dabei konnte er nachweisen, dass die erste Reaktion ein körperlicher Widerwille gegen die Tat war" (Pinker, 2011, S. 819).
201 Vergleiche Baumeister (1997).
202 Reich (1933, verändert 1949/1989).
203 Pinker (2011, S. 824 ff.) .
204 Pinker (2011, S. 824).

werden), Anpassung i. S. eines *Groupthink* oder sozialen Gehorsam[205] führten. Hier ist auch das *Stanford-Prison-Experiment* von Zimbardo[206] zu nennen, das die Tendenz zur barbarischen Machtausübung für die die Macht innehabenden Personen in einer simulierten totalen Institution aufzeigt. Ob jedoch diese Erscheinungen nicht mindestens zum Teil durch einen sehr individuellen charakterlichen Habitus des betreffenden Menschen i. S. v. massenweise auftretenden seelischen Beeinträchtigungen respektive Störungen begünstigt oder wesentlich mit verursacht werden, wird wiederum kaum erwogen. Doch vielleicht (oder auch sehr wahrscheinlich) liegt die Wahrheit dazwischen: Gruppenpsychologische und ebenso evolutionspsychologische Tendenzen, wie beschrieben, treten auf, aber sie werden in *nicht* unerheblichen Maßen durch individualpsychologische Faktoren moderiert.[207] „Die Alternative zum Mythos des reinen Bösen lautet: Das meiste, was Menschen anderen Menschen antun, entspringt Motiven, die jeder normale Mensch in sich trägt. Daraus folgt, dass der Rückgang der Gewalt von Menschen ausgeht, die diese Motive seltener, in geringerem Umfang oder unter weniger Voraussetzungen in die Tat umsetzen."[208] Das scheint der Punkt, an dem die bioenergetische Panzerung i. S. v. Reich[209] eingreift, und die Neigung zur Gewalt (bei orgastischer Impotenz) u. U. bis ins irrational Destruktive ansteigen lässt – und ein wichtiger Grund, warum entsprechend orientierte psychotherapeutische Verfahren bei Konfliktlösung befriedend wirken können.

Als Teil der „besseren Engel", die die Gewalt zum Teil in Schach hielten, beschreibt Pinker danach zuerst die *Empathie*.[210] Mitgefühl, die Fähigkeit zum Perspektivenwechsel, Mentalisierung, eine Theorie des Geistes werden dabei als begriffliche Interpretation klassifiziert. Bedeutsam seien insbesondere die Fähigkeit zum Lesen von Gedanken (welche z. B. bei Autisten gestört ist) sowie die zum Erfassen von Gefühlen anderer (gestört z. B. bei psychopathischen Personen) respektive das generelle Wichtignehmen der Befindlichkeit anderer Wesen, das wohl in erster Linie durch das Mit-Erleben von Gefühlen i. S. einer emotionellen Ansteckung ausgelöst wird. Empathie sei jedoch mehr als diese und gehe über eine reine Nachahmung hinaus. Ob die Intaktheit von Spiegelneuronen dabei zentral ist, sei umstritten, denn bei der Empathiereaktion scheinen vielfältige Gehirnstrukturen involviert: Auch das Hormon Oxytocin z. B. könne sie auslösen bzw. steigern. Zudem vermöchten Formen entgegengesetzter Impulse wie Rache oder Konkurrenz das Mitgefühl auszuschalten. „Je nachdem, wie Betrachter eine Beziehung wahrnehmen, fällt ihre Reaktion auf die Schmerzen eines anderen empathisch, neutral

---

205 Milgram (1963, 1964, 1965a, 1965b), vergleiche auch Bandura (1979), genauer dargestellt in Kap. 5.
206 Zimbardo (2008).
207 So zeigte die teilweise Replikation des Milgram-Experiments durch Burger (2009) ungefähr eine Verdopplung der Gehorsamsverweigerung im Vergleich zu den 1960er-Jahren, und diese wäre u. U. noch größer gewesen, wenn die Stichprobe entsprechend der von Milgram untersuchten (weißen amerikanischen Mittelschicht) bestanden hätte (vgl. Twenge, 2009).
208 Pinker (2011, S. 843 f.).
209 Reich (1933, verändert 1949/1989), siehe Kap. 3.4.
210 Pinker (2011, S. 846 ff.).

oder sogar gegenempathisch aus."[211] „Mitgefühl kann [...] [dabei] zu echter moralischer Besorgnis im Kant'schen Sinn führen [...] [Es] kann [...] unsinnige Ausbeutung und aufwendige Vergeltung abmildern."[212] In der Regel fühle man in *gemeinschaftlichen* Beziehungen mit, die ebenso von Schuldgefühlen und Nachsicht begleitet sein können. Eine Perspektivenübernahme wirke sich, jedoch in Abhängigkeit von moralischen Bewertungen, positiv auf das Mitgefühl aus.[213] „Deshalb müssen der kognitive Prozess des Einnehmens einer fremden Sichtweise und das Mitgefühl für die Erklärung vieler historischer Rückgänge der Gewalt eine Rolle spielen."[214] – Auch in diesem Bereich ist bei Pinker über charakterlich-individuelle Mechanismen der Panzerung, Verdrängung usw. und deren Einflüsse auf das Mitgefühl i. w. S. nichts zu erfahren. Dass Menschen hart, egoistisch und grausam allein durch früh einsetzende und daher tiefreichende emotionelle Erstarrungen werden könnten, liegt scheinbar außerhalb seiner Weisheit.

„Gewalt ist zum größten Teil ein Problem der Selbstbeherrschung"[215], wobei die Letztere nach Elias auch für die Verminderung der Morde in Europa der Neuzeit im Vergleich zum Mittelalter verantwortlich sei. „Aus einer Kultur der Ehre, in der Männer respektiert wurden, weil sie sich gegen Beleidigungen zur Wehr setzten, wurde eine Kultur der Würde: Jetzt respektierte man Männer, die ihre Impulse unter Kontrolle hatten."[216] Die Fähigkeit zum *Belohnungsaufschub*[217] scheint hier von Bedeutung – und auch ein Prädiktor zu sein, u. a. für eine langfristig höhere Leistungsfähigkeit, einen gesünderen Lebensstil und bessere Stressbewältigungsfähigkeiten.[218] Ein intaktes Frontalhirn ist dabei, natürlich neben anderen Arealen des Cerebrums, die Grundvoraussetzung: Frontalhirngeschädigte werden vornehmlich als *reizgetrieben*, impulsiv und rücksichtslos mit unpassendem, gewaltgeneigtem Sozialverhalten beschrieben.[219] Schwächere Stirnlappen (um es salopp zu sagen) disponieren u. U. zu impulsiver Aggression

211 Pinker (2011, S. 856).
212 Pinker (2001, S. 867).
213 Denkbar sei, dass Belletristik ebenso dahingehend wirke und die Empathie stärke.
214 Pinker (2011, S. 875). Empathie und Fairness könnten allerdings (i. S. v. Mitgefühl, das zu ungerechten Folgen führt) auch konfligieren; die Erstere dürfe mithin nicht überschätzt werden. Allgemeine Belange sind zum Teil abstrakt zu berücksichtigen, wobei u. a. die Vernunft und Herrschaft des Rechtes bei Geltung unveräußerlicher Grundrechte wesentlich würden.
215 Pinker (2011, S. 877).
216 Pinker (2011, S. 878).
217 Vergleiche Mischel (2015).
218 Im fMRT-Gehirnscan korrelativ repräsentiert als eher fronto-parietale Hirnaktivation versus hauptsächlich der von Teilen des limbischen Systems, siehe McClure, Laibson, Lowenstein und Cohen (2004).
219 Wobei hier allerdings streng betrachtet oft unklar bleiben muss, welches genaue prämorbide Funktionsniveau vorlag, welche Hirnareale exakt zerstört wurden bzw. ob diese Hirngebiete wirklich unabdingbar für die betreffenden personalen Funktionen waren, d. h. nicht auch soziale Gründe bzw. Ursachen für das auffällige Verhalten vorlagen (vgl. Bellebaum, Thoma und Daum, 2012, S. 17 sowie Werbik und Benetka, 2016, S. 53–58).

und Gewalt.[220] Klug-selbstbeherrschte Menschen führen tendenziell ein besseres, weiseres, erfolgreicheres Leben, ohne damit unbedingt verklemmter und angespannter zu sein. Und nicht zuletzt begehen sie wohl auch weniger Verbrechen.[221] Dabei sind allerdings auch die psychosozialen Bedingungen der Erziehung zu beachten, tiefenpsychologische Prozesse der Panzerung und Verdrängung sind nicht widerlegt, zumal ferner andere Faktoren wie das *Sensation seeking*[222] wesentlich sein könnten. Eine singuläre Reduktion von impulsivem (u. ä.) Verhalten allein auf eine Gehirnanomalie ist oft nicht möglich. Schließlich könnten auch andere Einflussgrößen, wie z. B. die Intelligenzhöhe, zu mehr (respektive weniger) Gewaltverbrechen führen, sodass relativ unklar bleiben muss, ob aus der Korrelation hinsichtlich Selbstbeherrschung und rechtstreueren, gesünderen usw. Lebensstils tatsächlich eine dahingehende kausale Verursachung anzunehmen ist. Untersuchungen scheinen aber daneben zu bestätigen, dass es etwas wie *Ich-Erschöpfung* gibt, was die bewusste Willenskraft meint, Selbstbeherrschung zu üben, wobei diese die Unterschiede zwischen Menschen verschleiern könnte.[223] Eine einzige Eigenschaft wie die Selbstbeherrschung kann daher u. U. relativ vielfältige (im Mittelalter stärker geübte) Zügellosigkeiten moderieren, je nachdem, ob jene stärker oder schwächer wird. Es gibt experimentelle Hinweise[224], dass auch Gewalt hierunter fällt. Soziologische Unsicherheiten der Umwelt und die auch damit verknüpfte psychologische Sorglosigkeit eines Menschen, etwa, weil dieser nicht glaubt, sehr alt zu werden, und daher nicht zukunftsorientiert und langfristig plant, wären in diesem Zusammenhang ebenso zu beachten. Plausibel ist hier zudem, „dass realistische Umstände, die für die Stirnlappen eine Beeinträchtigung darstellen – niedriger Blutzuckerspiegel, Alkohol- oder Drogenrausch, Parasitenbefall oder ein Mangel an Vitaminen und Mineralstoffen – in einer verarmten Gesellschaft die Selbstbeherrschung der Menschen vermindern könnten und sie anfälliger für impulsive Gewalt machen".[225] Dass das Maß an Selbstkontrolle jedoch neben privater Übung, Selbstbeschränkungen, ethischen „Moden" des Verehrten oder Verhassten und kognitiven Strategien der Uminterpretation eines Affronts beispielsweise, auch durch die sehr individuellen psychischen Befindlichkeiten i. S. mehr oder weniger pathologischer Charakterzüge, mehr oder weniger hohen Anteilen an sekundärer Destruktivität verändert wird, gesteht Pinker wiederum nicht ausdrücklich zu. Doch ein subklinischer Zwangscharakter unterscheidet sich von einer subklinisch emotional instabilen oder eher antisozial-impulsiven Person; schizoide Gleichgültigkeit hat andere Folgen als narzisstische Empfindlichkeit. Man muss auf jeden Fall ebenso die psychischen Leiden bzw. entsprechend

---

220 Vergleiche Lee, Chan und Raine (2008) und Kap. 2.
221 Siehe Tangney, Baumeister und Boone (2004) und dazu, neben der in Kap. 8 zitierten, auch die von Pinker (2011) relativ detailliert angegebene, vielfältige Literatur.
222 Zuckerman (1994).
223 Siehe z. B. Baumeister, Gaillot, DeWall und Oaten (2006).
224 Zum Beispiel bei DeWall, Baumeister, Stillman und Gailliot (2007).
225 Pinker (2011, S. 902).

diagnostizierbaren Störungen und deren Folgen mit einrechnen, die eine Gesellschaft konkret produziert.[226]

Als Nächstes widmet sich Pinker der *Moral* und dem *Tabu*, deren Einflüsse auf die Gewalt hier nur kurz zusammengefasst werden.[227] „Moralgefühl [...] kann [...] jede Gräueltat entschuldigen und stattet [...] mit den Motiven für Gewaltakte aus, die [...] keinen greifbaren Nutzen bringen."[228] Alle Morde aus „Moral" in Ideologien, Revolutionen oder Religionen usw. oder in Selbstjustiz lägen zahlenmäßig wohl deutlich über denen von reinen Raubzügen. Indes wären daneben auch positive Wirkungen jener zu sehen, so bei humanitären oder rechtlichen Reformen u. Ä. Moral könne zudem eine „wirksame Bremse für gewalttätiges Verhalten [sein]"[229] und auf unterschiedliche Bereiche, z. B. des Göttlichen, die Gemeinschaft oder das Individuum i. S. v. Selbstbestimmungsrechten usw. fokussieren.

> Bei allen Unterschieden [...] stimmen die Theorien von Shweder, Haidt und Fiske in der Frage, wie das Moralgefühl funktioniert, überein. Keine Gesellschaft definiert alltägliche Tugenden und Missetaten mit der Goldenen Regel oder dem Kategorischen Imperativ. Moral besteht vielmehr darin, dass man eines der Beziehungsmodelle [...] respektiert oder verletzt: Betrug, Ausbeutung oder Untergraben eines Bündnisses; Verunreinigung des eigenen Ich oder der eigenen Gemeinschaft; Ablehnung oder Beleidigung einer legitimen Autorität; Schädigung eines anderen ohne Provokation; Annehmen eines Nutzens ohne Bezahlung der Kosten; Veruntreuung von Mitteln oder Missbrauch von Privilegien.[230]

---

226 Hier erinnere ich an Reichs (1975) Abhandlung über die von Malinowski (1979), vgl. auch Malinowski (1927/1937) und Malinowski (o. J.), untersuchte mutterrechtlich organisierte freundlich-aufgeschlossene Eingeborenenpopulation auf den Trobriand-Inseln östlich Papua Neuguinea, die bis auf bestimmte Ausnahmen für besondere Personen (die für eine Kreuz-Vetter-Basen-Heirat vorgesehen waren) keine pathologischen sexuellen Unterdrückungen aufwies. Bis auf ganz vereinzelte Fälle waren Neurosen oder Perversionen nicht zu verzeichnen und zudem nur eine recht geringe Verbreitung schwerer Verbrechen zu beklagen. Die auf der (relativ) benachbarten Amphlett-Insel beheimateten schon teils *patriarchalischen* (in Bräuchen, Sprache und Rasse ähnlichen) Ureinwohner übten dagegen Praktiken sexueller Repression und zeigten vielfältige psychische Auffälligkeiten („mein erster und stärkster Eindruck [war], daß das eine Gemeinschaft von Neurasthenikern ist [...] Von den offenen, freudigen, herzlichen und zugänglichen Trobriandern kommend, war es erstaunlich, sich in einer Gemeinschaft zu finden, die jedem neuen Ankömmling mißtraute, ungeduldig war bei der Arbeit, arrogant in ihrem Auftreten" (Malinowski, 1927/1937, S. 87 f., übersetzt zit. nach Reich, 1975, S. 44). (Vgl. dazu allgemein auch Powell, 1957, 1969a, 1969b sowie A. B. Weiner, 1988; daneben, mit von Malinowskis Annahme eines *Matrilinearkomplexes* abweichender Bejahung hinsichtlich des Vorliegens eines Freud'schen *Ödipuskomplexes* bei Trobriandern, auch Spiro, 1982: Ob hier eine wirklich fragliche Validität des Ersteren mit validen Aussagen zum Zweiteren kritisiert wird, bleibt indes schlicht offen). Rein von den ethnografisch beobachtbaren objektiven Fakten her gesehen und ohne weitere psychoanalytische Interpretationen scheint damit gleichwohl nicht widerlegt, dass Menschen dann gutmütig, ähnlich i. S. der oft belächelten These vom „edlen Wilden" sind, wenn sie sexuell natürlich leben können und orgastisch befriedigbar sind.
227 Pinker (2011, S. 923 ff.).
228 Pinker (2011, S. 923).
229 Pinker (2011, S. 927).
230 Pinker (2011, S. 932).

Je nach Art und Weise der zugrunde gelegten *Kognition* (ob eine sog. *Nullbeziehung* vorliegt, ein nicht soziales Beziehungsmodell, die Autoritätsrangfolge oder ein Denken i. S. gegenseitigen Austauschs) könnten Menschen quasi zu Dingen entmenschlicht oder zu defektuösen „Untermenschen" degradiert respektive als Untertanen oder Gleiche gesehen bzw. Vorgänge i. S. einer utilitaristischen Marktpreisratio bewertet werden – natürlich mit den entsprechenden Handlungskonsequenzen. Dass hier eine historische Tendenz zu Austauschbeziehungen freier Märkte auch zu einer Änderung der moralischen Ansichten hin zu eher aufgeklärt-vernünftigen Haltungen der Gleichberechtigung, Fairness, Selbstbestimmung und Rechtlichkeit mit einer tendenziellen Verminderung von Gewalt führen könnte, ist plausibel. Daneben spielt eine gesteigerte Mobilität, Bildung, eine offene Gesellschaft und der Zugang zu modernen elektronischen Massenmedien hier wohl mit hinein. Allerdings müssten ferner auch die eher tiefenpsychologischen Vorgänge ins Auge gefasst werden, die davon abweichende, z. B. rigid-autoritäre Denk- und Gefühlsmuster, mithin ebenso die auf sie bauenden politischen Systeme begünstigen. Auch die Formen der Religiosität sind – siehe Islam – erheblich. Allgemein dürfen hier nicht nur externe Faktoren, sondern es müssen ebenso die individualpsychologischen sowie die Interaktionen beider eingehend berücksichtigt werden. Ist das Subjekt unseres Gemeinschaftsgefühls die gesamte Menschheit, resultieren abstrakte Menschenrechte für alle: Dass manche Menschen andere Menschen z. B. nicht als Menschen anerkennen (um sie danach z. B. zu vernichten), scheint dabei aber zum Teil eher eine Folge sekundärer, meist irrational-neurotischer Prozesse zu sein bzw. von diesen erheblich begünstigt zu werden – denn es gibt einen ursprünglichen, spontan-natürlichen Altruismus[231].

Sodann untersucht Pinker die Wirkungen der *Vernunft* von der er, trotz des teils mäßigen Gebrauchs, den die Menschheit davon macht, als friedensstiftende Macht überzeugt ist.[232] „Trotz aller Torheiten sind die modernen Gesellschaften klüger geworden, und unter ansonsten gleichen Voraussetzungen ist eine klügere Welt auch eine weniger gewalttätige Welt."[233] Verkürzt gesagt seien viele Wandlungen der Moral dabei intellektuell begründet, beispielsweise die Abschaffung grausamer Strafen und der Sklavenhaltung. Allein der Grad an unrichtigen Anschauungen vermindert sich à la longue durch fortschreitende vernünftige Erfassung und Beschreibung der Verhältnisse. Mehr oder weniger destruktiver Unsinn wie etwa Menschenopfer, Gottesgnadentum, Zauberei usw. würden entkräftet und machtlos(er) und richteten daher auch weniger Schaden an. (Indem man den Krieg als *Problem* beispielsweise der Spieltheorie nimmt, könne man es ggf. vernünftig lösen.) Außerdem erhöhe die Vernunft das Maß an Selbstbeherrschung, „das Durchdenken der langfristigen Folgen einer Hand-

---

231 Siehe dazu wiederum Warneken und Tomasello (2006, 2007, 2009), Warneken et al. (2007), Liszkowski et al. (2006), Olson und Spelke (2008), Rakoczy et al. (2008) sowie Warneken (2013).
232 Pinker (2011, S. 953 ff.).
233 Pinker (2011, S. 954).

lung [...] gibt dem Ich Gründe, sich selbst unter Kontrolle zu halten."[234] Aber gleichfalls eher spontane Reaktionstendenzen könnten so relativiert werden. Vernünftiges Denken tritt ferner mit den genannten Moralgefühlkategorien in Wechselbeziehung und verändert sie. Der einst aufklärerische Impetus der Psychoanalyse zeigte hier ähnliche Wege.[235] Wesentlich scheint generell – und das ganz i. S. der delphischen Aufforderung *Nichts im Übermaß!* – irrationale Übertreibungen zu verhindern, d. h. die Verhältnismäßigkeit der Reaktionen zu wahren. Diese stellt sich nicht unbedingt von alleine her, sondern müsse durch die Vernunft kultiviert werden. Insoweit diese indes nur ein Mittel zum Zweck sei, könne sie ebenso der Zerstörung dienen. Allerdings ergäben sich „aus den Annahmen von Eigeninteresse und sozialem Dasein in Verbindung mit der Vernunft eine Moral, in der Gewaltlosigkeit ein Ziel darstellt."[236]

Solch eine Interpretation ist wertvoll, sollte aber zugestehen, dass es gleicherweise explizit unvernünftige gesellschaftliche Großentscheidungen (und das auch in ausgereiften wesentlich demokratisch regierten Systemen, siehe z. B. die EU-feindlichen Engländer) geben könnte, die eher emotional, d. h. ggf. massenneurotisch motiviert sind. Plausibel ist dabei allerdings, dass eine, noch nicht umfassend verstandene, kohortenmäßige Steigerung der Intelligenz i. S. des Flynn-Effekts[237] vielfältige positive Folgewirkungen auf Gesellschaften haben könnte. Engstirnigkeit reduziere sich mithin, die Abstraktionsfähigkeit nehme zu: Ob es dabei jedoch einen moralischen Flynn-Effekt gibt, wie Pinker meint, ist allerdings nicht hinreichend sicher. Kulturelle Rückschläge i. S. v. Entzivilisierungsprozessen oder große, gar nukleare, Kriege mit schwerwiegenden Folgen sind nicht auszuschließen. Pinker nennt zur Glaubhaftmachung sieben direkte Verbindungen zwischen der Ratio eines Menschen und potenziell friedensstiftendem Handeln:

(1) Höhere Intelligenz führe zu weniger Gewaltverbrechen.
(2) Intelligenz erhöhe die Kooperativität.
(3) Klügere Menschen seien (im klassischen Sinne politisch-moralisch) liberaler.
(4) Intelligentere Menschen dächten mehr wie Wirtschaftsfachleute.
(5) Intellektuelle Leistungsfähigkeit nebst Bildung stärkten demokratische Einstellungen.
(6) Höhere Bildung verhindere tendenziell Bürgerkriege.

---

234 Pinker (2011, S. 957).
235 Von deren „phantasievollen [...] Vermutungen" Pinker (2011, S. 770) allerdings nichts hält: Freud wird nicht zitiert.
236 Pinker (2011, S. 961). Dies in Anlehnung an Peter Singers (2011) *Theorie des sich erweiternden Kreises*, nach der die Vernunft bildlich eine subjektiv unerkannte Rolltreppe (Pinker meint: eher einen Aufzug) mit entsprechenden Eigengesetzlichkeiten darstelle und jeder der sie (unwissentlich) besteige, nicht mehr exakt vorsehen könne, wohin der Gebrauch schließlich führe.
237 Flynn (1987, 2012). Hierbei jedoch eher nur als Verbesserung hinsichtlich abstrakter Teilleistungen wie Ähnlichkeitsvergleichen und Mustertests. In diesem Zusammenhang mag u. U. ein Wandel u. a. schulischer Bildungsziele hin zu einer eher formal symbolisierten wissenschaftlichen Analytik eingewirkt haben; reine Ernährungsverbesserungen u. Ä. wären wohl meist kaum wesentlich.

(7) In einer höher entwickelten politischen Diskussion mit mehr integrativer Komplexität, d. h. weniger rhetorischer Einfalt, befürworteten Menschen weniger Gewalt.

Es seien damit nicht die Zwangsläufig- oder Determiniertheiten durch die jeweils gegebene Bewaffnung bzw. Abrüstung respektive die Konkurrenz um Ressourcen (Rohstoffe) für die epochale Verminderung der Gewalt wesentlich.[238] Auch der Wohlstand an sich sei kein genereller kausaler Faktor, denn allein bei sehr armen Staaten korreliert die Wahrscheinlichkeit von Unruhen mit dem Sinken des jährlichen Bruttoinlandsprodukts pro Kopf unter 1000 US-Dollar.[239] Ferner wären Religionen für einen Rückgang der Gewalt im historischen Maßstab nicht wesentlich, obwohl bestimmte religiöse Strömungen durchaus dem Frieden zuarbeiteten. Demgegenüber sollte nach Pinker die Nutzenstruktur des *Pazifistendilemmas*[240] so verändert werden, dass Aggressoren aus Eigennutz Gewalt nicht mehr unterstützten. Die gesellschaftlichen Gesamtkosten der Kriege müssten so erhöht werden, dass es sich nicht mehr „lohne", sie zu führen – was ein sinnvoller Vorschlag ist, um der destruktiven Erstarrung von Entscheidern usw. nebst unsozialem Egoismus u. Ä. m. „vernünftige Eisen" anzulegen, ihnen den Handlungsspielraum zu nehmen. Fünf Entwicklungen hätten die Welt durch Veränderungen im Pazifistendilemma Richtung Frieden weitergebracht:

(1) die Etablierung eines weise-anständigen Leviathan,
(2) sanfter Handel[241],
(3) Verweiblichung (i. S. der Stärkung von Frauenrechten, einer Verminderung kriegerischer Dominanz, Konkurrenz und Risikogeneigtheit o. Ä. bzw. des Geschlechterverhältnisses sowie der Zahl ausgegrenzter junger Männer),
(4) ein sich erweiternder Kreis der potenziellen Sympathie auf alle Menschen (die Menschheit) sowie
(5) die progressive Eigengesetzlichkeit des Vernunftgebrauchs und ihre Folgen.

Resümierend betrachtet bleibt es vor dem Hintergrund der relativ unklaren Datenbasis allerdings teils spekulativ, ob die Gewalt *tatsächlich* in historischen Zeiträumen

---

238 Pinker (2011, S. 996 ff.).
239 Human Security Centre (2005), Pinker (2011, S. 455).
240 Grob gesprochen handelt es sich hierbei um folgendes Problem: Eine Person (oder ein Bündnis) könnte sich durch eine räuberische Aggression im siegreichen Fall den Gewinn eines begehrten Guts sichern (und würde dabei gegenüber jemandem, der kooperiert, abtrünnig). Gleicherweise soll der Nachteil einer Niederlage vermieden werden, wenn ein Feind aufgrund der gleichen Versuchung ebenso aggressiv agiert. Entscheiden sich indes beide für die Aggression, führt das in einen schädlichen Krieg gegeneinander (d. h. in die beiderseitige Abtrünnigkeit), sodass es am Ende beiden schlechter geht, als wenn sie den Lohn des Friedens (in beiderseitiger Kooperation) erhalten hätten (Pinker, 2011, S. 1007 ff.).
241 Einschränkend sollte allerdings erwähnt werden, dass ein ungezügelter (neoliberaler) Kapitalismus selbst oft raubtierhaft destruktiv wirkt, es also auf das rechte (u. a. soziale) Maß in einer Marktwirtschaft sehr ankommt.

abgenommen hat, was aber schließlich durchaus der Fall sein könnte und hier nicht prinzipiell bestritten werden muss. Zu bedenken ist dabei indes (wie Pinker selbst weiß und einräumt), dass sich positive Entwicklungen auch umkehren können und man sie in einer Momentaufnahme überschätzt. Die Gefahr dafür steigt insofern, als Pinker die weit verbreiteten neurotischen (u. Ä.) Erstarrungen des Menschen nicht ausreichend berücksichtigt, also einen u. U. doch sehr wesentlichen Sektor, der insbesondere politisch organisierte Gewalttätigkeit[242] energetisch unterstützen kann, recht eigentlich gar nicht beleuchtet. Die Erziehungsbedingungen von Kindern und ihre gesellschaftlichen Folgen können jedoch nicht einfach „weggekürzt" werden. Es müssen alle wahren Aspekte, auch die derjenigen Autoren, die man nicht schätzt, ausreichend berücksichtigt werden, um die Wahrheit des Gesamten zu erreichen.

Dass die im vorletzten Absatz erwähnten fünf Mechanismen zu einer Reduktion von Gewalt führen können, ist einerseits möglich. Ob dies andererseits aber nicht durch je aktualisierte destruktive Einflüsse latenter emotionaler Kräfte und mit ihr zum Teil einhergehenden u. a. politischen Irrationalitätsneigungen nicht immer wieder gesellschaftlich zunichte gemacht werden würde, solange die (vermutete) wesentlichste charakterologische Basis der sadistischen Destruktivität bestehend aus der blockierten sexuellen Erlebnisfähig- und Befriedigbarkeit[243] verleugnet wird, ist nicht auszuschließen. Denkbar wäre allerdings, dass die Eigengesetzlichkeit des Vernunftgebrauchs[244] hier zu einer weiteren Aufklärung führt, diese u. U. tiefer liegende, sekundär-emotionale Grundlagen der Gewalt des Menschen langsam mit erkennt und langfristig versucht, sie zu beseitigen. Die (mythologisch gesprochen) wie aus einem Paradies vertriebene Menschheit würde dadurch und nicht nur auf vergangen-glückseligeren trobriandischen Inseln zu ihrem eigentlichen emotionalen Wesen und ihren auch liebend-kooperativen Wurzeln (jedoch auf höherem geistigen Niveau) „zurückkehren", sodass diese dann so wirkmächtig würden, um gesamtgesellschaftlich betrachtet destruktive Prozesse grosso modo nicht mehr handelnd zuzulassen, denn es gäbe schlicht viel real Erotischeres, Befriedigenderes als Vernichtung, Despotentum und Gewalt. Wenn das zutrifft, wären *epochale* Strategien nötig.

---

242 Siehe Reich (1933/1986).
243 Reich (1933, verändert 1949/1989).
244 Im Sinne von P. Singer (2011).

Stephan Straßmaier

9 Individuelle Gewalt: jugendliche (und andere) Mörder

9.1 Neonatizid

Delikte gegen das Leben eines Kindes lösen oft sehr schmerzliche Gefühle und Abscheu bei denen aus, die davon erfahren. *Neonatizid* bedeutet hierbei die Tötung eines Säuglings innerhalb von 24 Stunden nach der Geburt, in den meisten Fällen durch die Mutter als alleiniger Täterin. Wird das Kind innerhalb eines Zeitraums von einem Tag bis zu einem Jahr nach der Geburt umgebracht, bezeichnet man dies als *Infantizid.* Der Terminus *Filizid* findet für getötete Kinder, die älter als ein Jahr waren, Anwendung.[1] In Deutschland zählte die Neugeborenentötung bis zum Jahre 1998 zu einem Sonderstraftatbestand des damaligen § 217 Strafgesetzbuch (StGB) und wurde mit maximal fünf Jahren Freiheitsstrafe belangt.[2] Heute wird das Delikt überwiegend mit § 212 StGB (Totschlag) oder § 213 StGB (minder schwerer Fall des Totschlags) geahndet, nur in Ausnahmefällen als Mord nach § 211 StGB oder anderen Vorschriften wie § 227 (Körperverletzung mit Todesfolge), § 222 (fahrlässige Tötung) oder § 221 (Aussetzung).[3] In den meisten von Höynck et al. betrachteten deutschen Fällen aus den Jahren 1997 bis 2006 thematisierte man die Anwendbarkeit des § 20 (Schuldunfähigkeit wegen seelischer Störungen) bzw. § 21 StGB (verminderte Schuldfähigkeit) während des Strafverfahrens. Rechtskräftig festgestellt wurde § 20 StGB dabei in einem Fall, § 21 StGB in 44 Fällen.

Es werden im typischen Modus operandi eines Neonatizids „weiche" Tötungsmethoden bevorzugt und kaum massive oder scharfe Gewalt angewandt. Dominierend sind die fehlende postpartale Fürsorge sowie das Ersticken, Strangulieren und Ertränken. Der Tatort ist häufig die elterliche oder eigene Wohnung der Kindsmutter. Typisch ist auch das Belassen der Babyleiche am Tatort respektive ein nur notdürftiges Verbergen in Taschen oder Plastiktüten. Gelegentlich kommt es zu einer Entsorgung des Kindes in den Müll.[4]

Für Deutschland wird aktuell von etwa 30 Neonatizidfällen pro Jahr ausgegangen, wobei die unbekannten Delikte im Dunkelfeld nicht mitgezählt wurden, was die geringste Anzahl seit jeher zu sein scheint. Beginnend in den 1950er-Jahren sank die Prävalenzrate in Deutschland und blieb ab 1990 in etwa konstant. Da die Täterinnen Schwangerschaften verheimlichen können, die Leiche des Säuglings klein und dadurch leichter zu verbergen ist und seine Existenz u. U. niemandem bekannt war,

---

1 Beyer, McAuliffe Mack und Shelton (2008).
2 Schöne, Peter, Dobrowolny und Bogerts (2015).
3 Höynck, Behnsen und Zähringer (2015, S. 98–144).
4 Saimeh (2009, S. 166), Höynck et al. (2015, S. 98–144).

DOI 10.1515/9783110522203-7-009

muss von einem relativ großen Dunkelfeld an verheimlichten Tötungen ausgegangen werden. Wird später doch noch eine Kinderleiche gefunden, könnte die Zuordnung zur realen Mutter schwierig werden, wenn deren Gravidität zuvor niemandem aufgefallen war.[5]

Höynck et al. legen u. a. konkrete Zahlen für die sozialen Verhältnisse von 96 Tätern oder Täterinnen von Neonatiziden (wiederum für Deutschland der Jahre 1997 bis 2006) vor, 92 von ihnen stellten auch die biologischen Mütter dar: 16.3 Prozent der Delinquentinnen waren zum Tatzeitpunkt jünger als 18 Jahre, 20.7 Prozent zwischen 18 und 20 Jahre alt. Die größte Altersgruppe bildeten die 21- bis 29-jährigen Frauen (43.5 %), der Rest war älter. Das durchschnittliche Alter lag mit knapp 24 Jahren damit nur ein bis zwei Jahre unter dem mittleren Alter aller Mütter in Deutschland bei ihrer ersten Geburt. Die meisten Täterinnen (59.8 %) wuchsen bei beiden leiblichen Eltern auf; ein Viertel bei ihren biologischen Müttern, zum Teil gemeinsam mit einem neuen Partner derselben. Ein kleinerer Teil der Frauen (10.9 %) erlebte ihre Kindheit bzw. Jugend in wechselnden Wohnsituationen oder bei verschiedenen Personen (bzw. beidem). Nur ein sehr kleiner Teil waren Heimzöglinge (3.3 %). In ihrer eigenen Kindheit hatten 15.2 % der Täterinnen Misshandlungen erlitten, wobei es sich meist um körperliche Gewalt (10.9 %), in selteneren Fällen um sexuellen Missbrauch (3.3 %) und in einem Fall um beides handelte. In wenigen Einzelfällen blieb dabei allerdings unklar, ob die Täterinnen in ihrer Kindheit Misshandlungserfahrungen gemacht hatten. Knapp ein Viertel gaben keine aktenkundigen Einlassungen zu diesem Thema. Aus der Abwesenheit von Informationen kann aber gerade bei zeitlich recht weit zurückliegenden Vorkommnissen nicht geschlossen werden, dass solche nicht auftraten. Keine der Frauen war bis zum Tötungsdelikt wegen einer vorsätzlichen Körperverletzung oder Tötung eines Kindes verurteilt worden, 16.3 Prozent indes wegen anderer Übertretungen zuvor strafrechtlich in Erscheinung getreten. Deutlich am häufigsten handelte es sich hierbei um Eigentums- und Vermögensdelikte ($n = 11$), in Einzelfällen um Körperverletzungen, sonstige nicht einschlägigen Taten oder um mehrere dieser Deliktgruppen. In den meisten Fällen (48.9 %) hatten die Frauen einen mittleren Schulabschluss. Der Anteil mit einem niedrigen schulischen Abschluss liegt bei 25 Prozent, einen hohen Bildungsabschluss erreichten 14.2 Prozent. Ohne allgemeinen Schulabschluss blieben nur 4.3 Prozent. Jeweils im einstelligen Prozentbereich liegt auch der Anteil der Frauen mit einem Abschluss einer Lernbehinderten-, Sonder- oder Förderschule (2.2 %) respektive einem ausländischen Schulabschluss (5.4 %). Fast die Hälfte der Täterinnen (48.9 %) besaß keinen beruflichen Abschluss, zum Teil allerdings, weil sie noch zur Schule gingen. Von den Täterinnen mit beruflicher Qualifikation wiesen nahezu alle eine abgeschlossene (39.1 %) bzw. laufende (8.7 %) Berufsausbildung auf. In Einzelfällen besuchten die Mütter zum Tatzeitpunkt auch eine Hochschule oder planten, eine Berufsfachschulausbildung anzutreten. Keine absolvierte jedoch erfolgreich eine Fachhochschule oder Universität. Die

---

5 Schöne et al. (2015), vergleiche Häßler, Schepker und Schläfke (2008).

meisten Täterinnen von Neonatiziden (37 %) gingen zum Tatzeitpunkt einer abhängigen Beschäftigung nach, arbeitslos waren 31.5 Prozent. Ein Viertel der Mütter waren noch schulpflichtig. Im einstelligen Prozentbereich bewegte sich der Teil, der sich zum Tatzeitpunkt in Mutterschutz, Erziehungsurlaub respektive Elternzeit befand bzw. dessen Beschäftigungsstatus unklar blieb. Gesundheitliche Auffälligkeiten, d. h. akute oder chronische Erkrankungen, wurden allgemein nicht festgestellt. Drei Viertel der Täterinnen waren zum Zeitpunkt der Tat ledig, 14.1 Prozent verheiratet, knapp 10 Prozent wieder geschieden oder lebten dauerhaft vom Ehemann getrennt. Von den Täterinnen hatten 51.1 Prozent weitere biologische Kinder: 35.9 Prozent ein bis zwei, 10.9 Prozent drei oder vier und nur vier Täterinnen fünf oder mehr Kinder. Ein Rauschmittelkonsum wurde für einen Zeitraum von bis zu einem Jahr vor der Tat erhoben, wobei in den meisten Fällen kein problematischer Konsum von Alkohol, Drogen o. Ä. vorlag: Die Missbrauchs- oder Abhängigkeitsraten bewegten sich jeweils im untersten einstelligen Prozentbereich. Medikamenten- oder Heroinabhängigkeit z. B. war bei keiner der Täterinnen gegeben und nur von einer Mutter war bekannt, dass sie gelegentlich Kokain konsumierte. Falls ein Konsum geübt wurde, handelte es sich meist allein um eine Substanz, nur drei Frauen konsumierten zwei Rauschmittel.[6]

Abbildung 9.1 zeigt die möglichen Formen der Schwangerschaftsverarbeitung. Bei der *nicht wahrgenommenen Schwangerschaft* wird die Gravidität erst mit Beginn der Geburt bemerkt. Frauen, die diese verleugnen, realisieren oder ahnen zwar zunächst ihren Zustand, drängen dieses Wissen aber aus dem Bewusstseinsfokus. Bei der *ignorierten Schwangerschaft* sind sich die Betroffenen ihres Zustands bewusst, machen sich jedoch keine Gedanken darüber. Während der *verheimlichten Schwangerschaft* besteht ebenfalls das Wissen, guter Hoffnung zu sein, wobei sich die Frauen jedoch gedanklich intensiver damit auseinandersetzen, indem sie z. B. vage darüber nachdenken, ihr Kind nach der Geburt zur Adoption freizugeben. Zudem wenden sie viel Energie auf, ihre Schwangerschaft vor allen anderen zu verbergen. Es sind des Weiteren indes auch Neonatizide möglich, bei denen die Frauen im Vorfeld der Tat kein Geheimnis aus ihrer Schwangerschaft gemacht haben, was allerdings die Ausnahme ist.[7]

Schöne et al. haben durch eine clusteranalytische Auswertung von deutschen Strafakten aus 63 Neonatizidfällen (Taten zwischen 1986 und 2009) die in Abbildung 9.2 angegebenen Verhältnisse gefunden.[8] Zu bedenken ist dabei jedoch generell, dass die Angaben der betreffenden Frauen ggf. (vorsätzlich) unrichtig sein könnten, z. B. um bei Gericht eine günstigere Entscheidung zu erwirken. Aber auch Selbsttäuschungen könnten prinzipiell u. U. auftreten. Die in der bisherigen Literatur verbreiteten Annahmen, wonach die Täterinnen durchschnittlich mit Anfang bis Mitte

---

6 Höynck et al. (2015, S. 98 ff.).
7 Schöne et al. (2011, 2015).
8 Schöne et al. (2015).

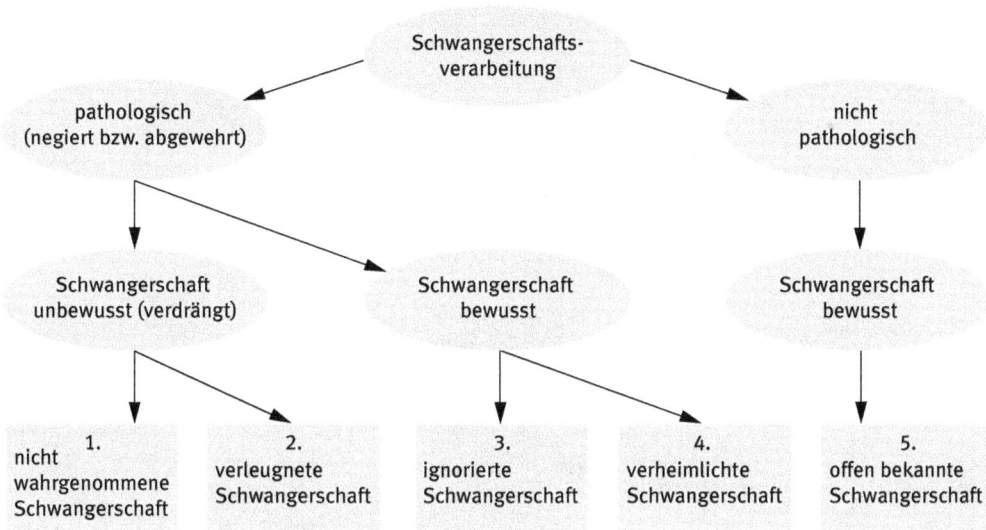

Abb. 9.1: Arten der Schwangerschaftsverarbeitung (eigene Darstellung nach Schöne, Peter und Bogerts, 2011, S. 637)

20 Jahren noch sehr jung, in den meisten Fällen Erstgebärende sowie nicht psychisch krank seien und noch bei ihren Eltern wohnten, konnten in der Untersuchung von Schöne und Mitarbeitern nur teilweise bestätigt werden. Mit hinreichender statistischer Trennschärfe wurden zwei Prägnanztypen ermittelt. Eine Gruppe von ihnen (s. Abb. 9.2 a) mit den dort angegebenen Charakteristika) wurde bislang als typisch eingestuft. Jedoch ergaben die Auswertungen die darüber hinaus gehende Vermutung, dass daneben noch die unter Abbildung 9.2 (b) bezeichneten Delinquentinnen als separater Typ existiere. Hundert Prozent dieser Frauen hatten bereits mindestens ein Kind geboren, was den oft vermuteten *Risikofaktor der Unerfahrenheit* aufgrund einer erstmaligen Schwangerschaft relativiert. Zudem waren sie etwas älter als jene der ersten Gruppe sowie oft bereits von zu Hause aus- und mit ihrem Partner zusammengezogen, wobei dieser in den allermeisten Fällen auch der Kindsvater war. Eine von den Frauen möglicherweise als unglücklich empfundene Partnerschaft kann hier mithin als potenzieller Risikofaktor in Betracht gezogen werden. Auch Amon und Klier[9] hatten bei einer Evaluierung der psychosozialen Faktoren von Neonatizid bei 28 österreichischen sowie finnischen Fällen (aus den Jahren 1995 bis 2005) ein durchschnittliches Alter der Täterinnen von 28 Jahren bei oft bestehender Partnerschaft festgestellt.[10] Zudem wurden hier eine signifikant höhere Fertilitätsrate und ein beträchtliches Aufkommen an Schwangerschaftsnegierung (in 75 % der Fälle), bei

---

9 Amon und Klier (2012).
10 Vergleiche auch Wessel, Gauruder-Burmester und Gerlinger (2007).

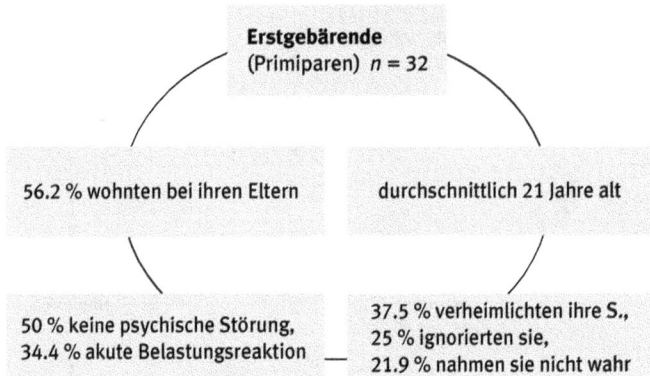

(a)

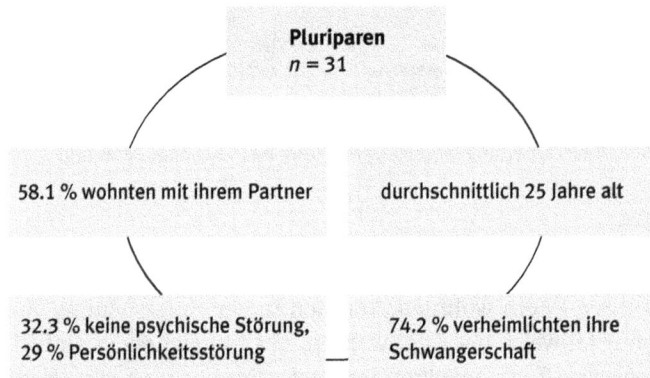

(b)

Abb. 9.2: Täterinnentypologie (a) in Cluster 1 und (b) in Cluster 2 (eigene Darstellung nach Schöne et al., 2015, S. 599).

49 Prozent der Delinquentinnen Traumata in der Kindheit sowie eine mangelhafte Achtsamkeit des jeweiligen sozialen Feldes hinsichtlich der Schwangerschaft und Geburt festgestellt. Man diagnostizierte 13 von 23 dieser Täterinnen bei der forensischen Begutachtung eine psychiatrische Erkrankung (28 % eine affektive Störung, 33 % eine Persönlichkeitsstörung und 11 % eine Psychose). Letzteres kontrastiert etwas mit der Studie von Schöne et al. aus dem Jahre 2015, in der zumindest für Deutschland schwere psychische Störungen wie Psychosen bei den Täterinnen gutachterlich nicht festgestellt wurden.[11]

---

11 Allgemein ist in Anlehnung an Swientek (2004) in methodologischer Hinsicht anzumerken, dass Aktenanalysen zum Teil mehrfach „gefilterte" Daten implizieren, man deshalb stets einen kritischen Blick bewahren sollte, wer was wichtig fand, etwas aus Dokumenten übernahm (oder nicht), etwas recherchierte und interpretierte. Bei relativ „harten" Daten wie dem Alter, Personen- und Bildungsstand, anderweitigen Verurteilungen u. Ä. ist der diesbezügliche subjektive Faktor kaum relevant;

Fallbeispiel „Primiparen". Als die 19-jährige Heranwachsende von ihrem Freund trotz Einnahme eines Kontrazeptivums schwanger wurde, bemerkte sie dies nicht. Sie führte ihr alltägliches Leben ohne Kenntnis der Schwangerschaft weiter. Die junge Frau war auf der Suche nach einer Lehrstelle, absolvierte Praktika, verbrachte viel Zeit mit ihrem Freund und wohnte weiterhin noch bei ihren Eltern. Als sie an Gewicht zunahm, erklärte sie auf Nachfrage, dass sie viel essen würde, was ihr geglaubt wurde. Auftretende Schmierblutungen hielt sie für ihre Menstruation. Auftauchende Gedanken, sie könnte schwanger sein, drängte sie sofort beiseite. Sie setzte sich nicht weiter mit ihrer Ahnung bzw. überhaupt der Möglichkeit, schwanger zu sein, auseinander. Als sie eines Nachts zu Hause Bauchschmerzen sowie einen starken Druck im Unterleib verspürte, begab sie sich auf die Toilette. Dort gebar sie ein Kind. Sie legte das Mädchen in einen Eimer, bedeckte diesen mit einem Putzlappen, stülpte eine Plastiktüte darüber und stellte den Eimer auf dem Nachbargrundstück ab. Anschließend säuberte die als dependent-ängstlich und unreif beschriebene junge Frau das Bad und legte sich wieder ins Bett. Die Täterin wurde gemäß § 21 StGB (schwere andere seelische Abartigkeit: akute Belastungsreaktion, ICD10: F43.0) sowie §§ 212, 213 StGB (minder schwerer Fall des Totschlags) zu einer Jugendstrafe von 2 Jahren und 6 Monaten verurteilt.[12]

Fallbeispiel „Pluriparen". Die 25-jährige Zahnarzthelferin, Mutter einer 4-jährigen Tochter, lebte gemeinsam mit ihrem Partner in einer Mietwohnung. Von der ungeplanten Schwangerschaft erfuhr sie im 4. Schwangerschaftsmonat. Anders als bei der vorherigen, ebenfalls ungeplanten Schwangerschaft, verheimlichte sie diese erfolgreich. Nicht einmal ihr Ehemann bemerkte, dass seine Frau schwanger war. Nachdem die Frau schließlich ihr Kind heimlich nachts im Bügelzimmer gebar, legte sie es auf einer Decke ab und ging schlafen. Am nächsten Morgen fand sie ihren Sohn tot auf, legte ihn in eine Plastiktüte und versteckte das Bündel im Keller. Der forensisch-psychiatrische Sachverständige bescheinigte der Täterin eine „schwere andere seelische Abartigkeit" aufgrund einer ängstlichen und abhängigen Persönlichkeitsstörung (ICD10: F60.6 & F60.7) und empfahl die Schuldunfähigkeit wegen seelischer Störung (§ 20 StGB). Dem folgte das Gericht.[13]

Nach diesen einführenden, v. a. epidemiologischen bzw. sozialen Daten kommen wir nun zu eher genetisch-psychologischen Überlegungen. Schon vor Jahrzehnten hat Gerchow[14] das Phänomen der *Schwangerschaftsverdrängung* beschrieben, die meist als Unterform der allgemeineren *Schwangerschaftsnegierung* (*denial of pregnancy*) aufgefasst wird[15], wobei der Begriffsgebrauch in der Literatur zum Teil uneinheitlich ist und differiert. Nach Gerchow bestehe diese Art von Verdrängung als „zweckintendierte abnorme Erlebnisreaktion"[16] darin, dass die mehr oder weniger dunkel erahnte Gravidität abwehrend aus dem Blickfeld des Bewusstseins hinausgeschoben, ein Erkennen quasi psychisch umgangen werde. Es handele sich also nicht um ein im eigentlichen psychoanalytischen Sinne einstmals Vollbewusstes, das danach ins Unbewusste verschoben würde, sondern drücke sich vielmehr teils als unbewusste

---

problematisch wird er jedoch u. U. bei Interpretationen zum psychischen Befinden und Erleben u. a. während der Tat.

12 Schöne et al. (2015, S. 601). Vergleiche für weitere Beispiele, die bei Tötungsdelikten geradezu zeitlos interessant sein können, auch bereits Lempp (1977).

13 Schöne et al. (2015, S. 601).

14 Gerchow (1957).

15 Siehe Wessel, Wille und Beier (2007).

16 Gerchow (1957, S. 67, die Hervorhebung im Original durch Textsperrung wurde weggelassen).

Verdrängung im Nichtwissen und Nichterkennen aus, teils (und das meist im späteren Verlauf) im Nicht-wissen- und Nicht-erkennen-Wollen, wobei das Erstere ins Letztere übergehen könne.[17] Die Schwangere gerate durch die Schwangerschaft in eine Grenzsituation, weil ihre psychosozialen Bewältigungsressourcen subjektiv nicht hinzureichen scheinen und sie sich der Situation nicht gewachsen fühle.

Wenn die Kindsmutter ihren Zustand tatsächlich nicht erkennt, spricht man als Unterform der negierten von einer nicht wahrgenommen Schwangerschaft, die nach Marneros[18] von der subjektiven Gewissheit der Frau, nicht schwanger zu sein, dem Fehlen eindeutiger Schwangerschaftszeichen respektive der Umdeutung von doch vorhandenen, einer Unbefangenheit in sozialen Situationen, die zur Aufdeckung führen könnten, und einem unveränderten Sexualverhalten charakterisiert sei (s. Abb. 9.1). Die Diagnose der Schwangerschaft ergibt sich dabei in der Regel eher zufällig, häufig auch erst kurz vor der Geburt. Daher würden die einsetzenden Wehen öfter verkannt und die Frau von der Geburt wirklich überrascht. Wessel und Kollegen[19] schätzen die diesbezügliche Prävalenz der völlig unerwarteten Geburt auf eins zu 2455, was für Deutschland etwa 300 solcher Niederkünfte im Jahr bedeutet[20]: Bei jährlich ca. 20 bis 40 bekannten Fällen von Neonatizid[21] kann die nicht wahrgenommene Schwangerschaft daher die zwangsläufige Folge einer Neugeborenentötung nicht implizieren, muss aber wahrscheinlich als Risikofaktor dafür gesehen werden. Nach Schlotz, Louda, Marneros und Rohde[22] fände sich ein solches Nichterkennen der Schwangerschaft meist bei Frauen, die eine mangelnde Körperwahrnehmung aufweisen und auf körperliche Veränderungen nicht sensibel reagieren, daneben sowieso schon einen relativ unregelmäßigen Zyklus oder eine mehrmonatige Amenorrhö haben oder sich bereits in den Wechseljahren glauben. Klassische Schwangerschaftsanzeichen blieben hier typischerweise aus oder würden entsprechend uminterpretiert, Kindsbewegungen beispielsweise als Darmkontraktionen wahrgenommen, Gewichtszunahme vermehrtem Essen und mangelnder Bewegung zugeschrieben.

Anders als bei der gerade beschriebenen gänzlich fehlenden Wahrnehmung der Gravidität wird der betreffenden Frau bei den *ignorierten* bzw. *verleugneten Schwangerschaften* (als weitere Unterformen der negierten) ihr Zustand hinreichend rechtzeitig vor der Niederkunft bewusst – aber fatalerweise nicht entsprechend gewürdigt. Die Schwangere ahnt bei der *Schwangerschaftsverleugnung* zumindest, oder weiß gar, dass sie guter Hoffnung ist, schiebt indes alle Gedanken daran beiseite, bis sie in

---

17 Marneros (1998), vergleiche auch Wessel (2007, S. 156 ff.).
18 Marneros (1998).
19 Wessel et al. (2007), vergleiche auch Wessel, Endrikat und Büscher (2003) u. Rohde und Dorn (2007).
20 Nach den Zahlen des Statistischen Bundesamts wurden im Jahr 2015 in Deutschland 737.630 Kinder lebend geboren (Statistisches Bundesamt, 2016).
21 Jelden (2012, S. 1).
22 Schlotz, Louda, Marneros und Rohde (2009).

einer partiellen Realitätseinbuße selbst meint, dass das, was nicht sein darf (bzw. sein soll), auch wahrhaft nicht ist. Die verleugnende Schwangere oszilliert somit tendenziell psychisch zwischen einem Nicht-wahrhaben- und einem Nicht-bekanntmachen-Wollen.[23] Die ausgeprägte erfolgreiche Schwangerschaftsverleugnung zeigt dann eine soziale Unbefangenheit und Geburtsproblematik, wie sie auch bei der nicht wahrgenommenen Form auftritt. Bei einer *Ignorierung* ist dagegen eine klare Erkenntnis des Zustands vorhanden, doch setzt sich die Frau weder mit ihrer Gravidität, noch mit der Geburt auseinander, nimmt an Vorsorgeuntersuchungen nicht teil, behält ggf. schädlichen Konsum, wie z. B. von Alkohol oder Tabak bei, erklärt körperliche Veränderungen gegenüber anderen weg, lässt also bewusst jede aktive Auseinandersetzung mit ihrem Zustand und seinen Folgen vermissen. Die Geburt findet allerdings zumeist in einer Klinik statt; teils wird das Kind dann dort zurückgelassen.[24]

Bei der verheimlichten Schwangerschaft weiß die Betreffende um ihren Zustand, wehrt sich aber teils auch gegen die Anerkennung dieses Status quo und versucht, die Gravidität anderen gegenüber so gut es geht zu verbergen. Dabei greift sie z. B. auf probate Ausreden usw. oder entsprechend verdeckende Bekleidung zurück.[25]

Natürlich ist wie bei vielen Klassifikationsversuchen auch hier die relative Insuffizienz der Kategorien zu beklagen, denn in Wirklichkeit „überlappen" (mischen) sich diese u. U. in einem konkreten Fall oder gehen im zeitlichen Verlauf ineinander über. Das Leben und Lebendige sind überkomplex und vielgestaltig. Für eine Beurteilung scheint es insbesondere wesentlich, wann das Nicht-erkennen zu einem Nicht-wahrhaben-Wollen bzw. Nicht-bekanntmachen-Wollen wurde, ob es sich um Passivität der Schwangeren oder eine proaktive Verheimlichung handelte.[26] Zudem ist schließlich die soziale sowie seelische Lage der Frau zu berücksichtigen. Bei allen Formen der negierten Schwangerschaft trifft sie keine hinreichend vorab geplanten Vorbereitungen für die Geburt, hat keine „Muttergefühle" und nimmt das werdende Kind in sich nicht an.[27]

Die meisten Frauen, die später ihr Kind töten, beschäftigen sich gar nicht erst mit der Frage nach möglichen Alternativen. Eine mangelnde Auseinandersetzung mit der Schwangerschaft kann dabei in der Konsequenz nicht nur eine fehlende Vorbereitung auf die Umsetzung einer adäquaten Lösung (wie z. B. das Aufsuchen einer Babyklappe) nach sich ziehen, sondern in manchen Fällen zu Panik und Angstzuständen in der Geburtssituation führen. Als Konsequenz aus dem Bemühen, die von Verzweiflung geprägte Situation so schnell wie möglich zu beenden, können sich die Gedanken dabei auch um die Tötung bzw. die „Beseitigung" des Neugeborenen drehen.[28]

---

23 Saimeh (2009, S. 172).
24 Schlotz et al. (2009), Rohde und Dorn (2007).
25 Jelden (2012, S. 16).
26 Ähnlich bereits Marneros (1998).
27 Siehe Schlotz et al. (2009), Rohde und Dorn (2007) und Hübl (2013).
28 Schlotz et al. (2009, S. 617).

Grundsätzlich kann eine Kindstötung v. a. *klinisch-psychiatrisch* mit einer organischen oder endogenen Psychose, Schwachsinn oder Psychopathie, *psychologisch* aus der Persönlichkeit der Mutter bzw. *systemtheoretisch* als gesellschaftliches Produkt, z. B. hinsichtlich erschöpfter materieller Ressourcen, Kinderfeindlichkeit oder Überidealisierung der Mutterschaft mit dabei geradezu „notwendigem" Scheitern an diesen zu hohen Normen, aufgefasst werden.[29] Dazu kommt eine *evolutionär-psychologische* Sicht.[30]

Psychiatrisch betrachtet sind schwere Depressionen und schizophrene Psychosen als für das Kind gefährlich einzustufen, auch wenn sie nicht am häufigsten dafür verantwortlich scheinen, dass Mütter ihre Kinder umbringen. Amon und Klier[31] ermittelten, wie dargestellt, eine Rate von 39 Prozent (für affektive Störungen zuzüglich Psychosen); Höynck und Mitarbeiter[32] berichten für ihre Stichprobe ($n = 96$), dass fast alle Beschuldigten bzw. Angeklagten im Rahmen der Ermittlungen psychologisch bzw. psychiatrisch untersucht worden waren, wobei bei 42 von ihnen für den Tatzeitpunkt psychische Auffälligkeiten vorlagen. Das Spektrum der Befunde war indes sehr breit, häufig einhergehend mit akuten Belastungsreaktionen sowie ängstlich-vermeidenden Persönlichkeitsmerkmalen. In nur einem Fall wurde die Mutter gänzlich exkulpiert, in 44 Fällen eine Minderung der Schuldfähigkeit festgestellt, d. h. etwa die Hälfte der Stichprobe war psychiatrisch betrachtet nicht allzu schwer gestört. Als prominenteste Kandidaten für eine Tötung des Kindes durch die Mutter erscheinen manchen daneben wohl die *Wochenbettpsychosen*, respektive *-depressionen*, die auch i. S. eines Mitnahmesuizids ausgestaltet sein können, gleichwohl der Säugling hier meist nicht während oder kurz nach der Geburt umgebracht wird, sondern eher später Opfer z. B. eines intensiven depressiv-nihilistischen Pessimismus der Mutter[33] bzw. einer wahnhaften Entwicklung, z. B. im Rahmen einer Schizophrenie[34] wird.[35] Zudem treten beide Erkrankungen nicht allzu häufig auf, Saimeh referiert die Zahlen einschlägiger Studien und nennt für die schizophrene Wochenbettpsychose eine Häufigkeit von 0.1 bis 0.2 Prozent und für Wochenbettdepressionen ein Vorherrschen in 8 bis 15 Prozent

---

29 Saimeh (2009).
30 Siehe dazu z. B. D. Buss (2014) und Pinker (2011, S. 614 ff.).
31 Amon und Klier (2012).
32 Höynck et al. (2015, S. 98–144).
33 Beispielsweise mit dem emotional ehrlich erlebten Tenor: Die Welt, das Leben seien wahrhaft schlecht, schwer grausam, und es sei wirklich das Beste, das Kind und sich von beidem zu „erlösen".
34 Das Kind könnte hier z. B. im Zuge von Projektionen mütterlicher Hassimpulse als etwas „Teuflisches" erfahren werden, das es zu vernichten gilt (vgl. Wiese, 1996).
35 Bei drei Prozent handelt es sich in diesem Zusammenhang um ein erneutes Wiederauftreten einer schon durchgemachten endogen schizophrenen Erkrankung, wobei die Verschlimmerungsrate im Wochenbett vier- bis fünfmal höher ist als während der Schwangerschaft. Saimeh (2009) spricht dabei eventuell auftretenden imperativen Stimmen, dem Verfolgungswahn sowie *Capgras-Syndrom*, d. h. die unzutreffend-krankhafte Vermutung, dass das eigene Kind durch ein anderes ausgetauscht worden wäre, eine gewichtige Rolle zu.

aller Fälle.[36] Frauen, die in der Vergangenheit bereits bipolare affektive Psychosen hatten, erleiden daneben in 25 bis 40 Prozent der Fälle (leichter) erneut eine depressive Episode im Wochenbett. Das Risiko, eine stationär behandlungsbedürftige, nicht organische psychische Störung nach der Entbindung zu entwickeln, liegt für Erstgebärende bei 2.63 und für die wiederholte Mutterschaft bei 1.42 je 1000 Geburten. Darüber hinaus sind eine relative Vielzahl an möglichen *Persönlichkeitsstörungen*[37] denkbar, die zwar nicht die Steuerungsfähigkeit generell aufheben, aber mit psychischen Erstarrungen des Individuums einhergehen, wie emotionale Verhärtungen, charakterliche Unfähigkeiten, Verantwortungs- und Planungsschwächen, die als Faktoren in einer „Tatgleichung" zum schließlich tödlichen Ergebnis beitragen. Amon und Klier sahen 33 Prozent aller Täterinnen davon betroffen[38], Schöne et al. beim zweiten Prägnanztyp (s. Abb. 9.2 b) 29 Prozent aller Verurteilten[39], Höynck et al. 7.6 Prozent der betrachteten delinquenten biologischen Mütter (*n* = 92), wobei aber über 52.2 Prozent der hierzu insgesamt gerichtlich belangten Personen keine Angaben vorlagen[40]. Dass diese Erkrankungen in jeweils erlebten seelischen Traumata unterschiedlicher Provenienz mit begründet sein können, teils eigene schlimme Erfahrungen zur Grundlage haben, kann letztlich wohl meist nicht wirksam bestritten werden.[41] Eine relative Ausnahme mag u. U. für eine vor allem genetisch-neurologisch begründete *primäre* Form von Psychopathie[42] i. S. einer *Normvariante* gelten (wenn es sie denn gibt), wie ähnlich bei organisch-psychischen Störungen. Daneben kann eine Intelligenzminderung bei den einschlägig wegen Kindstötung Verurteilten nach den vorliegenden und hier dargestellten neueren Daten wohl meist nur eine untergeordnete Rolle spielen. Höynck et al. berichten hier, dass die kognitive Leistungsfähigkeit, allerdings nur bei 18 ihrer Fälle, bei der Begutachtung ermittelt wurde, wobei sechs Frauen mindestens eine leichte Intelligenzminderung (IQ = 50–69) zeigten, bei drei weiteren

---

36 Saimeh (2009).

37 Vergleiche Weltgesundheitsorganisation (1997).

38 Amon und Klier (2012).

39 Schöne et al. (2015).

40 Höynck et al. (2015, S. 116).

41 Amon und Klier (2012) erhoben so z. B. von 49 Prozent ihrer Täterinnen traumawürdige Ereignisse in der Kindheit, wie Krieg, Verlassen oder Tod eines Elternteils, sexuellen Missbrauch, schwere Krankheit oder Vernachlässigungen. Zwar können Korrelationen prinzipiell Kausalschlüsse nicht begründen, jedoch spricht die klinische Erfahrung dazu doch eher für die These einer Mitverursachung durch schädliche Kindheitserlebnisse. Anders argumentieren in diesem Kontext z. B. Schöne et al. (2011), die die Ansicht, dass die Täterinnen in ihrer Kindheit schwer nachteiligen Einflüssen oder Gewalt ausgesetzt, und deshalb bindungsunfähig wären, verwarfen. Allerdings muss hier eingewandt werden, dass auch subtilere schädliche Erziehungsformen gegeben sein könnten, die nicht nur die Bindungsfähigkeit betreffen, sondern die gesamte Charakterstruktur i. S. v. „ganz normaler", „unauffälliger" Gefühlskälte, Egoismus respektive mangelnder emotionaler Reife usw. (vgl. Reich, 1989, insbesondere zu orgastischer Potenz und genitalen Charakter und Kap. 3.4). Die Frage nach der Normalität des sogenannten *Normalen* ist auch hier sinnvoll.

42 Siehe Hare (2005).

wurde eine solche vermutet. Vier Täterinnen hatten einen unterdurchschnittlichen IQ (von 70–84), fünf einen durchschnittlichen IQ (von 85–115) und drei Frauen wiesen eine überdurchschnittliche kognitive Leistungsfähigkeit (IQ von über 115) auf. Insgesamt kann damit vermutet werden, dass bei etwa 10–15 Prozent aller Täterinnen eine Intelligenzminderung vorhanden sein könnte, die möglicherweise je nach Art und Schwere tatrelevant ist.[43] Wie alle diese Zahlen und Zusammenhänge deutlich machen, ist eine psychiatrische Sicht auf den Neonatizid als *alleinige* Perspektive damit wahrscheinlich nicht hinreichend, denn es bleiben zu viele relativ gesunde und normal intelligente Täterinnen übrig, die allgemeinen Annahmen zufolge durchaus in der Lage gewesen wären, rechtskonform zu handeln. Amon und Klier sprechen von 28 Prozent aller Täterinnen ohne psychiatrische Störungen[44], Schöne et al. von 32.3 bis 50 Prozent[45] (s. Abb. 9.2). Da bei Höynck et al. für 52.2 Prozent der Fälle überhaupt keine Angaben zu einer psychischen Störung zum Tatzeitpunkt gemacht werden konnten[46], relativiert dies die Zahl von 2.2 Prozent der Stichprobe, die dort als frei von erkennbaren psychischen Störungen galten.

Die vorherrschenden psychologischen Motive, Faktoren und Mechanismen sind neben den ausgesprochenen psychiatrischen Erkrankungen natürlich bei den relativ unklaren Taten der Neugeborenentötung besonders interessant, bleiben aber leider oft vage. Einerseits scheint es keinen psychologischen Typ von Neonatizidtäterinnen zu geben[47], andererseits muss auch das soziale Umfeld mit in Betracht gezogen werden. Solche Delikte sind wohl zumeist am ehesten aus *psychosozialen* Defiziten, d. h. sozialen in Interaktion mit psychischen, entstanden. Hier kommt besonders auch das Verhalten der jeweiligen Kindsväter zum Tragen bzw. generell der Grad an Achtsamkeit nahe- oder näherstehender Menschen: das Maß an Anonymität, Gleichgültigkeit, mehr oder weniger offener Menschenverachtung, respektive Hass auf den Nächsten. Dass sich dabei gesellschaftliche Reproduktionsformen, wie ein mehr oder weniger neoliberaler Kapitalismus von realsozialistischen Ordnungen oder einzelnen Stammesgesellschaften und diese wiederum untereinander, unterscheiden (bzw. unterschieden), ist anzunehmen. Soziologisch-systemtheoretische Erwägungen müssen also mit den individualpsychologischen in Beziehung gesetzt und können kaum sinnvoll getrennt behandelt werden.

Wenn die Schwangere wissend ein *passives* Verhalten hinsichtlich ihres Zustands einnimmt, einfach abwartet, die Gravidität „auszusitzen" versucht bzw. auf eine

---

43 Höynck et al. (2015, S. 166 f.). Messungen der kognitiven Leistungsfähigkeit dürften nur bei *einem Verdacht der Abweichung* in die eine oder andere Richtung (meist der Minderbegabung) erstellt worden sein – eine Vermutung, die bei 74 nicht entsprechend untersuchten Frauen mithin wohl eher nicht bestand.

44 Amon und Klier (2012).

45 Schöne et al. (2015)

46 Höynck et al. (2015, S. 116).

47 Siehe Wessel et al. (2007) bzw. Wessel (2007), die dies allein schon für die Schwangerschaftsnegierung verneinen.

irreale (wunderartige) Lösung ihres „Problems" hofft (die natürlich nicht eintreten kann), wird die Rolle des Kindsvaters und seine Unterstützung sehr wesentlich. „Steht er positiv zu Mutter und Kind, kommt es kaum zur Aussetzung, Adoptionsfreigabe oder sogar Tötung."[48] Allgemein werden von den Frauen oft die Scham, schwanger geworden zu sein, die Angst vor dem Verlassenwerden durch den Beziehungspartner, Überforderung durch die Schwangerschaft, Geburt und alleinigen Kindererziehung genannt.[49] Auch Amon und Klier geben (in 61 % der Fälle) als Hauptmotive der 28 von ihnen untersuchten Frauen für die Schwangerschaftsnegierung negative Reaktionen wichtiger Bezugspersonen respektive Verlustängste an.[50] Jelden ermittelte dabei indes keine so klaren Verhältnisse, denn nur ein relativ geringer Teil (drei Täterinnen) der von ihr dazu analysierten acht Neonatizidfälle gaben diesbezügliche Befürchtungen an.[51] Die Sorge vor der Reaktion des Kindsvaters auf die Schwangerschaft konnte damit von Jelden eher nicht für eine Negierung verantwortlich gemacht werden, denn die Hälfte der Frauen setzte sich mit der möglichen Reaktion des Partners genauso wenig auseinander wie mit der Schwangerschaft selbst. Wie Schlotz et al. empirisch zeigten, könnten solche *defizitären Kommunikationsmuster* im Zusammenhang mit Problemen oder negativen Gefühlen zur Negierung einer Schwangerschaft beitragen.[52] Die Dynamik der Negierung schien in ihrer Untersuchung von 14 Neonatizidtäterinnen versus 10 Frauen mit bislang nur negierter Schwangerschaft durch ein mehr oder weniger bewusstes Ignorieren und durch Vermeidung von damit assoziierten Informationen gekennzeichnet. Die untersuchten Frauen beider Gruppen wirkten teilweise auf den ersten Blick durchaus offen und selbstbewusst, dahinter zeigte sich aber meist ein Muster von Gehemmtheit und Introversion: Ein *Verschweigen* könnte hier die Vermeidung einer aktiven Auseinandersetzung mit der Situation oder den involvierten Gefühlen unterstützen. Somit wären auch psychosoziale Belastungsfaktoren, wie z. B. konflikthafte Partnerschaftskonstellationen, Angst vor der Reaktion der Umwelt insbesondere des Partners und den Eltern, Stress im Zusammenhang mit der Arbeitsplatzsituation etc., für die Negierung der Schwangerschaft bedeutsam. Dazu können nun aber auch vornehmlich *egoistische Motive* treten, wenn sich die Frau des Kindes einfach nur entledigen will, z. B. um Belastungen zu entgehen.[53] Auch eine Rache am Partner durch die Tötung seines Kindes könnte i. S. eines *Medea-Komplexes* vorkommen.[54] Inwieweit solche Neigungen selbst wieder psychologisch hinterfragt

---

48 Swientek (2004, S. 192).
49 Swientek (2004).
50 Amon und Klier (2012).
51 Jelden (2012, S. 25).
52 Schlotz et al. (2009).
53 Siehe z. B. Schöne et al. (2011) sowie Beyer et al. (2008). Eine Dehumanisierung des Neugeborenen zum Fremdkörper oder gar zum unlebendigen Ding würde die spätere Tötung (s. Bandura, 1979) erleichtern (s. Kap. 5).
54 Saimeh (2009), Bozankaya (2010, S. 40 f.).

werden müssten, wäre zu evaluieren.[55] Evolutionär-psychologische Mechanismen sollten dabei berücksichtigt werden, zumal nicht alle Kinder, z. B. in ressourcenarmen Umgebungen (Hunger, Kriege u. Ä.), reale Überlebenschancen hätten – was wiederum für die eher saturierten aktuellen mitteleuropäischen Verhältnisse wohl nur untergeordnet gelten kann. Amon und Klier ermittelten zu diesem Bedingungskomplex beispielsweise bei 13 Prozent der Neonatizidtäterinnen das ungewollte Kind als Grund, bei 17 Prozent indes gar kein Motiv.[56] Höynck et al. schreiben hinsichtlich der von ihnen betrachteten 92 deutschen Neonatiziddelinquentinnen (der Jahre 1997 bis 2006), also einer recht umfangreichen Stichprobe:

> Die Motive für eine Verheimlichung der Schwangerschaft bleiben weitgehend unklar. Die Frauen konnten sich ihr Verhalten in aller Regel nach der Tat selbst nicht wirklich erklären. Konkret benannte Gründe, wie z. B. die Angst, vom Partner verlassen zu werden, spielten ebenso wie die Begünstigung der Tat durch Drogen und/oder Alkohol nur in Einzelfällen eine Rolle. Ein nicht zu vernachlässigender Teil der Frauen hatte durchaus Erfahrung im Umgang mit ungewollten Schwangerschaften und konnte (sich) nicht erklären, warum sie im Fall des getöteten Kindes nicht auf diese Möglichkeiten zurückgegriffen hatten. In 20 Fällen hatten die Mütter ausweislich der Akten bereits eine oder mehrere Abtreibungen hinter sich. In acht Fällen hatten sie ein früher geborenes Kind oder sogar mehrere frühere Kind(er) (3 × 2 Kinder, 1 × 3 Kinder) zur Adoption freigegeben.[57]

Ob man solch einen Befund zum Anlass nimmt, über unbewusstes Abwehren zu spekulieren, ist gewissermaßen Geschmacks- und Glaubensfrage in einem. Wessel z. B. hat in seinen Untersuchungen eine psychoanalytisch orientierte Erklärung der Schwangerschaftsverdrängung versucht.[58] Die Gravidität ist nach ihm u. a. ein einzigartiges, mehr oder weniger krisenhaftes Lebensereignis, das auch die Gefahr z. B. der Regression, Verleugnung oder Verdrängung beinhalte, wenn kindheitsbedingte Ängste bzw. Konflikte aktualisiert würden und zur Erschütterung der Ich-Struktur führten. Beier ist hier von der Hypothese ausgegangen, dass, anders als beim Konfliktverarbeitungsmodus der Perversion des Mannes, bei dem es kompensatorisch zur Forcierung sexueller Impulse komme, unter funktionalen Aspekten eine *Stabilisierung des Selbstsystems* der Frau eher zu erwarten wäre, wenn bei dieser Konflikte im Bereich der Reproduktion (und nicht der Sexualität) thematisiert würden – in sprachlicher Analogie zur Perversion darum als *Reproversion* bezeichnet.[59] So könnte die Frau eine defizitäre Entwicklung ihres Selbstsystems, d. h. die Auswirkungen psychostruktureller Mängel mit einer brüchigen weiblichen Identität i. S. einer psychischen

---

55 Maaz (2003, u. a. S. 20 ff.) hat in anderem Zusammenhang z. B. von einem allgemeinen Lilith-Komplex gesprochen, d. h. den Auswirkungen verleugneter bzw. verdrängter kinderfeindlicher Tendenzen der Mütter.
56 Amon und Klier (2012).
57 Höynck et al. (2015, S. 117).
58 Wessel (2007, insbesondere S. 163 ff.).
59 Beier (1995, 2000).

„Plombenbildung" im Bereich der Schwangerschaft, u. U. respektive ihrer Negierung kompensieren. „Plombe" soll bedeuten, dass z. B. Gefühle von Leere oder Nichtigkeit, die durch tieferliegende verdrängte emotionale Konflikte entstanden sind, durch die genannten Mechanismen im reproduktiven Bereich abgewehrt, quasi psychisch „verschlossen", d. h. nicht mehr gefühlt würden. Hier trifft man natürlich wieder auf die typisch-vertrackten Validierungsprobleme, die nahezu jeder psychoanalytischen Erklärung anhaften. Inwieweit in solch einem Kontext auch ein nicht eingestandener Tötungswunsch aktualisiert zu werden vermag oder sich z. B. u. a. vermittels krimineller Gleichgültigkeit, Passivität, egoistischer Bequemlichkeit und Verachtung dem Neugeborenen gegenüber ausdrückt, lässt sich empirisch-wissenschaftlich bislang nicht hinreichend exakt sagen und differierte vermutlich auch zwischen den jeweiligen Frauen. Daneben ist wohl bei einem Teil diese Frauen auch die besondere psychische Ausnahmesituation der unverhofften Geburt wesentlich.

Gleichzeitig spielen allgemein vermutlich ebenso *soziologische Umgebungsfaktoren* eine oft nicht zu vernachlässigende Rolle, z. B. hinsichtlich der Ehrenhaftigkeit der unverheirateten Mutter, ihrer Arbeitsplatzsicherheit im Falle von Niederkunft und Kindererziehung, der Akzeptanz von Abtreibungen und deren konkret-praktischen Möglichkeiten, dem Verhalten der Kindsväter oder der generellen Kinderfreundlichkeit einer Gesellschaft u. a. m.[60] Wie ein Blick in die Geschichte lehrt, waren solche Variablen zum Teil (wie bspw. bei von ihren adligen Herrschaften geschwängerten Dienstmädchen, denen die Entlassung drohte) reale Einflussgrößen – d. h. nicht nur bei der Beseitigung unerwünschter Thronanwärter gegeben. Aber auch aus evolutionärpsychologischer Sicht ließen sich Hinweise erhalten, warum eine Tötung des eigenen Kindes die evolutionäre Gesamtfitness eines Individuums als Überleben des Geeignetsten positiv beeinflusst. Pinker referiert dazu in einem Überblick wesentliche Befunde:

Die natürliche biologische Selektion sorgt für eine möglichst hohe Fortpflanzungsleistung, damit sich sich das *Hauptziel der Erhaltung des Genoms* realisiere.[61] Dabei muss die Mutter jedoch die Kosten für die bereits gezeugten Kinder und auch die der eventuell zukünftigen mit denen für gerade geborene Nachkommen miteinander abwägen. Wenn ein Neugeborenes z. B. kränklich ist, die allgemeine Lebenssituation eher seinen Tod wahrscheinlich macht, bevorzugt sie das gesündeste Junge, wählt also dasjenige Kind aus, das die besten Chancen hat, erwachsen zu werden. Diese als *Triaget-Theorie* bekannte Auffassung wurde von Daly und Wilson in 60 nicht miteinander verwandten Gesellschaften überprüft, bei denen in der Mehrzahl Säuglingsmord vorkam.[62] Dabei passten die von Anthropologen genannten dortigen Gründe für ihn in 87 Prozent der Fälle zu den theoretischen Vorhersagen.[63] Zudem vermuteten die Autoren, dass die postpartale Depression respektive die abgeschwächte Form des

---

60 Siehe Milner (2000).
61 Vergleiche Storch et al. (2013).
62 Daly und Wilson (1988).
63 Pinker (2011, S. 614 ff.).

„Babyblues" weniger als hormonelle Fehlfunktion, denn eher das sinnvolle emotionale Vehikel in einem Zeitraum sein könnte, in dem sich entscheide, ob die Mutter z. B. aufgrund ihrer Lebensumstände, dem Kindesvater und der erfahrenen Unterstützung ihr Kind behalten kann bzw. will. Denn in einer milden Depression sind Menschen realistischer und machen sich weniger Illusionen; zudem fühlen sich Mütter in der postpartalen Niedergedrücktheit häufig emotional von ihrem Kind losgelöst und hegen vielleicht tatsächlich auch feindselige Gefühle gegen es. Erst mit dem Verschwinden dieser Deprimiertheit berichteten viele Frauen, dass sie ihr Kind wirklich angenommen hätten.[64] Kindstötungen erwachsen in dieser Interpretation damit oft nicht der Hartherzigkeit, sondern aus der Härte des Lebens, wie einer der Begründer der Anthropologie, Edward Tylor, sagte.[65] Ob der Neonatizid damit jedoch immer eine besondere Kategorie der Gewalt darstellt, die anders zu beurteilen wäre als der „normale" mutwillige Mord, kann auch wieder teils bezweifelt werden, wenn man das Phänomen der Tötung von *weiblichen* Neugeborenen (z. B. in China und Indien) betrachtet, welche evolutionär rätselhaft scheint, denn ein ausgeglichenes Geschlechterverhältnis zur Zeit der Geschlechtsreife bildet in einer Population ein stabiles Gleichgewicht und wird evolutionär bevorzugt. Hier könnten aber v. a. wirtschaftliche Anreize eine bedeutendere Rolle spielen, wenn Mädchen für die Eltern insgesamt betrachtet vornehmlich ein geldlicher Negativposten bezüglich Mitgift und späterer Versorgung im Alter darstellen, Söhne jedoch ein diesbezüglicher Vorteil sind.[66]

Wie dieser ökonomisch fundierter Vorgang erkennen lässt, müssen wohl auch generell stets *mehrere Faktoren* bei den hier infrage stehenden Taten des Neonatizids (wie auch allgemein) berücksichtigt werden. Eine Verkürzung auf allein evolutionär-psychologische Zusammenhänge scheint, weil es die Komplexität des Bedingungsgefüges verkennen würde, nicht zielführend. Wesentlich also sind nach dieser Auffassung stets genetische und psychologisch-psychiatrische Variablen sowie Umweltbedingungen (und nicht nur ein Teil davon), die zusammenwirken und einen in einem sozialen Feld denkenden und fühlenden Menschen in seinem Verhalten respektive Handeln bestimmen.

Zur Prävention des Neonatizids ist zum Schluss noch Folgendes zu sagen: Da die Täterinnen eher als unreif und passiv beschrieben werden und sich nicht aktiv um eine Lösung ihres Problems der ungewollten Schwangerschaft bemühen, erscheint es unwahrscheinlich, dass sie sich hinreichend differenziert mit der Nutzung einer *Babyklappe* auseinandersetzen können.[67] Zur Verhütung von Neugeborenentötungen ist diese daher nur für einen Teil der ungewollten Kinder hilfreich, sollte aber auf jeden Fall als Option beibehalten werden: Besser es gibt die Möglichkeit der Babyklappe, als wenn sie nicht existierte, egal wie viele Tötungen sie letztlich verhindert.

---

64 Pinker (2011, S. 618 ff.).
65 Milner (2000, S. 12).
66 Hawkes (1981), Milner (2000), Pinker (2011, S. 622 ff.).
67 Schöne et al. (2015).

Allgemein scheint die vorangegangene Schwangerschaft der entscheidende Ansatzpunkt für präventive Maßnahmen. Zu empfehlen ist, niedrigschwellige Beratungsangebote bzw. die Wissensvermittlung über Kontrazeptionsformen und dem Umgang mit ungewollten Schwangerschaften zu verbessern, ebenso wie die Wissensvermittlung über das nicht so seltene Phänomen der verheimlichten Schwangerschaft.[68] Frühe Warnsymptome der Überforderung der betreffenden Frau müssen ernst genommen werden und zu helfender psychosozialen Unterstützung durch andere führen. Bei bekannten psychischen Vorerkrankungen der werdenden Mutter ist zudem höchste Vorsicht und Sorge um das Ungeborene angebracht.[69]

Schlotz et al. empfehlen dem Arzt und insbesondere Gynäkologen, sich empathisch und sensibel Zeit zu nehmen, um die Hintergründe einer späten Wahrnehmung bzw. Auseinandersetzung mit der Schwangerschaft durch die werdende Mutter zu erfragen. Wann immer möglich, sollte trotz der meist gedrängten Sprechstundenroutine ein solches vertrauensvolles Gespräch *nicht* auf später verschoben werden: Die Patientin könnte den Weg in die Praxis aufgrund ihrer Persönlichkeitsproblematik vielleicht kein zweites Mal finden.[70]

9.2 Intimizid

Die Rechtsform der Ehe gilt im modernen Mitteleuropa des 21. Jahrhunderts als zum Teil etwas überholt, weshalb hinsichtlich Tötungsdelikten im Rahmen eheähnlicher Lebens- oder Intimpartnerschaften eine Ausweitung des antiquiert wirkenden Begriffs „Gattenmord" zum allgemeineren des „Intimizids"[71] – respektive des angloamerikanischen *Intimate partner homicide* – angezeigt ist. Interessanterweise ist die Zahl solcher Delikte trotz der gesellschaftlichen Veränderungen relativ konstant geblieben, was äußere Bedingungen, wie die Art der volkswirtschaftlichen Produktion oder des Bildungsstands, als ursächliche Faktoren relativiert.[72] Der Anteil des Intimizids – konfliktreiche Partnerbeziehungen gelten als die klassischen Ausgangsbedingungen für Affekttaten – beträgt weltweit durchschnittlich um die 13.5 Prozent aller Tötungsdelikte[73] und ist dabei in den meisten afrikanischen Staaten vergleichsweise gering, in den Ländern mit relativ hohem Einkommen jedoch etwas erhöht[74]. Dabei stellen Alkoholismus, Delinquenz, Arbeitslosigkeit, finanzielle Probleme, Eifersucht

---

68 Schöne et al. (2015).
69 Saimeh (2009).
70 Schlotz et al. (2009).
71 Marneros (2008).
72 Mützel, Auberlen-Pacholke, Lindemaier und Schöpfer (2014).
73 „Overall, one in seven homicides (13.5 %) are committed by an intimate partner. The proportion of murdered women killed by a partner is six times higher than the proportion of murdered men killed by a partner (38.6 % and 6.3 % of female and male homicides, respectively)" (Stöckl et al., 2013, S. 863).
74 Stöckl et al. (2013).

und Dominanzverhalten, zum Teil verbunden mit divergenten kulturellen Wertvorstellungen über Ehe und Zusammenleben, darüber hinaus aber auch körperliche oder psychische Erkrankungen von Täter und Opfer typische Problemkonstellationen und teils Voraussetzungen für einen finalen Intimizid dar.[75] Vorangegangene häusliche Gewalt gilt nicht nur als typisch, vielmehr scheint der Intimizid oft als die extremste Form derselben[76], wobei als Konstante die geschlechtsspezifische Zuordnung gilt: Das klassische Beziehungsopfer ist in der weit überwiegenden Mehrzahl der Fälle die Frau im Alter von 20 bis 40 Jahren.[77] Sie ist Hausfrau und Mutter, finanziell vom Partner abhängig und oftmals Ausländerin.[78] Der klassische Beziehungstäter ist weit überwiegend männlich und 30 bis 59 Jahre alt.[79] Er besitzt Schusswaffen, plant häufig die Tat, bevorzugt leicht verfügbare Tatwerkzeuge, tötet v. a. zu Hause und begeht oft nach der Tötung Suizid. An erster Stelle der Tatwerkzeuge stehen Stichwaffen, gefolgt von Feuerwaffen; eine Giftgabe erfolgt verhältnismäßig selten und gilt als Attribut des weiblichen Täters. Jedoch wird auch stumpfe Gewalt bzw. Gewalt gegen den Hals zur Tötung eingesetzt. Typischer Tatanlass und spezifisches Merkmal der Trennungstat ist häufig die oft sogenannte *letzte Aussprache*.[80]

Um die vielfältigen sozialen Konstellationen, aus denen sich ein Intimizid ergeben kann, systematisch aufzuarbeiten, hat Marneros im Jahre 2008 die in Tabelle 9.1 gegebene Einteilung vorgenommen, die auch die nun folgenden Darlegungen gliedert, wobei die Intimizide aus einer Erschütterung der Selbstdefinition, welche wiederum immer aus einem *Beziehungskonflikt* erwachsen, die häufigste und forensisch bedeutendste Gruppe bilden. Marneros nennt vier Stadien, die bei diesen Delikten aus Labilisierung des Selbst in der Regel auftreten[81]:

(1) die *Etablierung der Intimpartnerschaft* als relevanter Teil der Selbstdefinition des Täters (als längstes Stadium),

(2) die *Deetablierung der Intimpartnerschaft* (kürzer bzw. auch erheblich kürzer als das erste Stadium),

(3) eine *konzeptionelle Desorientierung* des Täters (signifikant kürzer als beide Stadien davor) sowie

(4) die *finale Bankrottreaktion* (die in Minuten, höchstens Stunden abläuft).[82]

---

75 Siehe z. B. Eke, Hilton, Harris, Rice und Houghton (2011), Weizmann-Henelius, Grönroos, Putkonen, Eronen, Lindberg und Häkkänen-Nyholm (2012), Marneros (2008), vgl. auch Lempp (1977) und Rasch (1964).

76 Siehe z. B. Smith, Fowler und Niolon (2014).

77 Vergleiche Stöckl et al. (2013) sowie Corradi und Stöckl (2014).

78 Mützel et al. (2014).

79 Burgheim (1993).

80 Burgheim (1993), Marneros (2008), Mützel et al. (2014), Rasch (1964), Steck (2005).

81 Marneros (2008, S. 46 ff.).

82 Das *Selbst* bzw. *Selbstkonzept* sind hier als die dynamisch-kontextabhängige Gesamtheit der Einstellungen, Beurteilungen und Werthaltungen eines Menschen zu seinem Verhalten, seinen Fähigkeiten oder Eigenschaften definiert. Der Begriff „Selbstdefinition" meint dabei die eher aktiv-abgrenzen-

Tab. 9.1: Intimizidformen (eigene Darstellung nach Marneros, 2008).

übergeordneter Intimizidtyp	konkrete Ausprägungsformen
Intimizid aus Erschütterung der Selbstdefinition des Täters	Intimizid durch den asthenischeren Intimpartner Intimizid durch den persistent narzisstisch gekränkten Intimpartner Intimizid durch den lebensbankrotten Intimpartner Intimizid durch den malignen Narzissten Intimizid durch den seine Lebensordnung als bedroht erlebenden Intimpartner Intimizid als autoprotektive Reaktion Intimizid als Emanzipations- und Befreiungsausbruch Intimizid in emotional etablierten homosexuellen Beziehungen Alternativtötung zum Intimizid
Intimizid im Rahmen von psychotischen Störungen und psychoseähnlichen Zuständen	psychotisch determinierte Intimizide Intimizid als erweiterter Suizid
Intimizid als Hinderniselimination und Profitakquisition	nicht näher spezifiziert
Intimizid in (noch) nicht etablierten, ephemeren oder sporadischen intimen Beziehungen	Intimizid aus sexuell-dynamischen Konstellationen Intimizid aus nicht sexuell-dynamischen Konstellationen
eher akzidenzieller Intimizid im Alkohol-, Drogen- und depraviert-dissozialen Milieu bzw. durch Intelligenzgeminderte	nicht näher spezifiziert

Im Zuge der Etablierung einer Partnerschaft entfalten nach Marneros[83] vier interferierende und interdependente „Systeme", d. h. Arten miteinander umzugehen, Beziehungs- und Erlebnisweisen, eine zwischenmenschliche, partnerschaftsgestaltende Macht. Dies sind:

(1) der Grad der *Fixierung* auf die Beziehung, also ihre subjektiv erlebte *Bedeutung* als Ressource der Selbstdefinition,

(2) das Maß an *teleologischer Symmetrie* i. S. relativ gleich hoher *Investitionen* in die Beziehung mit dem Ziel, sie als Quelle der Selbstdefinition aufrechtzuerhalten,

---

de Wahrnehmung und Definition einer Person bezüglich der vorgenannten Kriterien (vgl. Hannover, 1997).
83 Marneros (2008, S. 46 ff.).

(3) der Grad an *interaktionaler Komplementarität* i. S. eines Sich-einander-Ergänzen von Mustern oder Strategien hinsichtlich der Beziehungsgestaltung (wie z. B. bezüglich Machtansprüchen, Dissonanzen, Freiheiten und Aufgaben) sowie

(4) das Maß der Verfügbarkeit von potenten *Alternativressourcen bei der Selbstdefinition* (wie z. B. beruflicher Erfolg, anderweitige Interessen). Je stärker die Fixierung des späteren Täters auf die Beziehung, je größer die teleologische Asymmetrie, je insuffizienter die interaktionale Komplementarität, je weniger hinreichende Alternativressourcen vorhanden sind, desto größer wird die potenzielle Gefahr einer Entwicklung von prähomizidalen Konstellationen.

Viele Gründe, wie etwa innerpartnerschaftliche Konflikte, Umorientierung, verminderte Akzeptanz bestehender Abhängigkeiten, können darauf zu einer Deetablierung der Beziehung führen, die zumeist in die schließliche Trennung der involvierten Personen einbiegt, wobei unterschiedliche Modi der Entflechtung auftreten: ruhige versus unruhige, friedliche oder gewalttätige. Kommt es im Gefolge dessen zu einer *Entdefinierung des Selbstkonzepts*[84] bei einem oder bei beiden Partnern, kann eine homizidale Entwicklung anheben. Je nach den konkreten Ausgestaltungen hinsichtlich der vier Grade der Interferenz wird auch die Deetablierung relativ vernünftig oder traumatisch verlaufen. „Rettungsversuche", Aussprachen, Erklärungen treten ggf. auf den Plan und dies zumeist in hoher affektiver Beteiligung: mit Ängstlichkeit, Befürchtungen, Zweifeln, Misstrauen oder Eifersucht (u. a. m.). Die Deetablierung führt zum progredienten Verfall etablierter Partnerschaftsmuster, ohne die Institution als solche aufzuheben. Der spätere Täter wird zermürbt, labilisiert, es treten potenzierte Ängste und Zweifel auf, typischerweise in Form der Emotion des *doppelten Zweifels* an sich, wie am Beziehungspartner: Wer ist er (sie) eigentlich? Warum tut er (sie) mir das an? Woher nimmt er (sie) das Recht, mich so zu behandeln? Diese wesentlichen Fragen können schon allein aufgrund ihres frustrativen Gehalts auch auto- sowie fremdaggressive Tendenzen aktivieren. Ist die Selbstdefinition der Person stark mit der psychischen Institutionalisierung der Partnerschaft verknüpft, es im Grunde außerordentlich schmerzlich, die Beziehung zu verlieren, und sind zudem nur schwache Bewältigungs- respektive Abwehrmechanismen verfügbar, kann die Entwicklung ins dritte Stadium der konzeptionellen Desorientierung übergehen.

In diesem verfestigen sich solche Erlebnisweisen und entkräften das bisherige Selbstkonzept stark bis hin zu seinem vollständigen Verlust; Alternativen dafür können nicht entwickelt werden. In sehr individueller Art tritt eine Verzweiflung über die De- bzw. Entpotenzierung der eigenen Selbstdefinition (als z. B. liebenswerter, attraktiver oder wertvoller Mensch) auf: ein negativer Gefühlszustand, der ggf. als *Live event* und schwerster Verlust erlebt wird. Psychovegetative Reaktionen, wie z. B. Depression und Angst i. S. v. Anpassungs- oder akuten Belastungsstörungen, aber auch parasuizidale respektive suizidale Handlungen sind dabei möglich,

---

84 Marneros (2008, S. 51 ff.).

ebenso wie paranoide oder aggressive Reaktionen der Fremdentwertung. Ein *destruktives Bereitschaftspotenzial* greift u. U. Platz, Vorgestaltungen der Tat, aktive Fantasien oder passive Vernichtungswünsche. Gefühle der Ausweglosigkeit verbunden mit Entwertungseinstellungen, Wut respektive Zorn können u. U. die Enttabuisierung der finalen Tathandlung einleiten, was indes nicht gleichzusetzen ist mit einer kühlen Planung. Neue Lebenswege können vom späteren Täter hier nicht (mehr) gesucht, neue Lebensentwürfe nicht entwickelt werden, es herrscht eine *konzeptionelle* Desorientiertheit – und das spätere Opfer wird oft als verantwortlich für all diese Qualen gesehen. In einer davon abweichenden Form könnte indes ebenso das *eigene Versagen* und die Inkompetenz des späteren *Täters*, die vom Opfer lediglich als Juror gespiegelt werden, dazu führen, dass dieses vom negativ zensierten Täter zerstört wird, weil jene fremde(n) Einschätzung(en) inkompatibel mit dessen bisherigem Selbstkonzept, dessen Biografie und Erleben usw. sind: Der Spiegel des (angeblich) Schlechten würde auf immer zerstört – und daneben meist (durch Suizid) auch der Täter selbst.[85]

Auch das unmittelbare Tatvorfeld ist nicht zwangsläufig immer einseitig auf Vernichtung ausgerichtet, sondern *ambivalent*: Der Wunsch und die Hoffnung, die Beziehung zu retten, kontrastiert mit destruktiven Handlungstendenzen. Der das Selbstkonzept definierende Partner soll psychisch erhalten bleiben, egal ob tot oder lebendig. In einer schließlichen finalen Bankrottreaktion des (seelisch) extrem eingeengten Täters brechen zum Schluss der Entwicklung jedoch zivilisatorisch geprägte Tabus und Verbote als auch persönlichkeitsgebundene Bewältigungsmechanismen sowie Hemmungen, u. U. bisherige moralisch-ethische Vorstellungen unter dem Druck mörderischer *sthenischer* Gefühle zusammen. Primitiv-archaische Handlungsweisen treten als *Primitivierung* hervor, einerseits als *affektiv-eruptive* finale Bankrottreaktion (bei oft geminderter Steuerungsfähigkeit), daneben als *kognitiv-rächende*[86] oder auch *kognitiv-vorgestaltete*[87] Form derselben. In einer schicksalhaften Begegnung, oft als letzte Aussprache arrangiert, sind es meist Äußerungen des Opfers: Gesten, Handlungen, Sprechakte, die den Täter zur Tötung im eruptiven Affekt motivieren – denn es gibt Dinge, die man wirklich besser nicht sagt oder ausdrückt. In der finalen Haltung des Opfers in der letzten Begegnung reagiert der Täter i. S. einer unwiderruflichen Entscheidung als Antwort auf eine *existenzielle* Bedrohung aus dem übermächtigen Erleben der unabwendbaren und nicht reparierbaren Entwertung durch das Opfer,

---

85 Marneros (2008, S. 56 ff.).

86 Im Sinne einer Rückkehr zu atavistischen Bewältigungsmethoden einer rächenden Bestrafung, die jedoch kognitiv vorgeplant, also recht eigentlich nicht mehr als affektiver Durchbruch gesehen werden könnte: Es geht hierbei der zivilisatorische Überbau bankrott, die Steuerungsfähigkeit wäre demnach zumeist voll erhalten (Marneros, 2008, S. 57 ff.).

87 Hier würde das eigene Verschulden des Täters seine Selbstdefinition infrage stellen, aggressive Rache träte (meist) nicht auf. Durch die Vernichtung des Opfers würde das Problem, die eigene Insuffizienz nicht eingestehen zu können, scheinbar gelöst. Das dadurch verursachte Folgeproblem des Mordes löse der Täter sodann durch Selbstmord. Auch hier wäre die Steuerungsfähigkeit zumeist erhalten (Marneros, 2008, S. 57 ff.).

d. h. der endgültigen Zerstörung des Selbstkonzepts und Lebensentwurfs mit der *Vernichtung* des anderen.[88] Die *Endgültigkeit* im Opferhandeln produziert die Energie und Handlungsfreiheit zur tödlich-finalen Tat.[89]

Die folgenden Ausführungen beleuchten die eher spezifischen Persönlichkeitsdynamiken und charakteristischen Fallgestaltungen[90] hierzu:

Typologische Kennzeichen eines *Intimizids durch den asthenischeren Partner*, d. h. nahezu immer Männern, die trennungswillige Frauen töten, wären eine etablierte Intimpartnerschaft von unterschiedlicher Dauer mit einer *asymmetrischen* Beziehung *zu Ungunsten* des Täters. In der charakteristischen Form verursacht dieser durch seine relativ labilere Persönlichkeit und den damit einhergehenden z. B. ängstlichen, depressiven und zornigen Reaktionen eine Entfremdung, Deetablierung der Partnerschaft durch die Frau. Das wiederum wirkt auf den späteren Täter sekundär als weitere Destabilisierung zurück: Es entstehen (verschärfte) komplexe emotionale Zustände aus sthenischen und asthenischen Affekten mit häufig auch psychopathologisch relevanten Belastungsreaktionen. Daneben evoziert es u. U. ein destruktives Bereitschaftspotenzial mit auto- bzw. heteroaggressiven Intentionen. Die finale Bankrottreaktion ist in der Regel affektiv-eruptiver Natur und nur in Ausnahmen i. S. einer Problemlösung durch Vernichtung kognitiv-vorgestalt. Unterschieden werden könnten die Tötung durch den *versagenden*, den *dependenten* und den *asthenisch emotional-instabilen* Intimpartner.[91]

Bei der erstgenannten Form des Versagens liegt typischerweise eine lang andauernde Intimpartnerschaft mit *gemeinsamen* Zielen und Erwartungen vor, in der sich eine Rollenverteilung des „berichterstattenden", meist ausschließlich männlichen Täters und „rapportabnehmenden" Opfers etabliert. Im Zuge der Nichterfüllung von gesteckten Erwartungen des Opfers ergibt sich dabei eine spannungsvoll zermürbende Lebenssituation, die mit einer Labilisierung des Täters einhergeht, wozu Kränkungen, Demütigungen und das Gefühl des Ungerecht-behandelt-Werdens durch das Opfer hinzutreten. Vielfältige Aktivitäten des Täters, das Opfer zufriedenzustellen, scheitern letztlich, sodass wiederum teils intensiv kränkende oder demütigende Äußerungen hinsichtlich seines Versagens den Täter, der hier oft ganz oder zum

---

88 Marneros (2008, S. 57 ff.).

89 Bei den meisten Fällen eines Intimizids als autoprotektive Reaktion liegt eine finale Bankrottreaktion i. e. S. jedoch nicht vor, insbesondere nicht bei Notwehrsituationen.

90 Solche *heuristisch wertvollen* Typenbildungen sind letztlich zum Teil willkürlich und in ihrer kriteriologischen Substanz hinterfragbar. Stets ist es der Einzelfall, der beurteilt werden muss, seine sehr konkreten Ausgestaltungen, psychischen Besonderheiten, emotionalen Bedingungen. Deshalb kann die unten wiedergegebene Einteilung nur relativ grobe Schemata bieten, um etwas mehr Licht in die Vielgestaltigkeit menschlicher Verhältnisse zu bringen, zumal die Ausführungen hier noch dazu teils stark verkürzt werden mussten.

91 Marneros (2008, S. 61 ff.).

Teil unfähig ist, die Situation anders zu bewältigen, zur affektiv-eruptiven Tötung hinreißen.[92]

Der Intimizid durch den dependenten Partner setzt eine meist jahrelange Intimbeziehung voraus, bei der jedoch die Asymmetrie von Anfang an und für jeden sichtbar war, die Dominanz einseitig in nahezu allen Lebensaspekten beim späteren Opfer liegt, dem sich der Täter gänzlich bzw. in sehr vielen Lebensbereichen unterordnet. Dies ist jedoch nicht oktroyiert, sondern wird vom abhängigen Partner, da es seiner mehr oder weniger diesbezüglich gestörten dependenten Persönlichkeit entspricht, aktiv gewünscht. Dabei kommt es zur Gefahr des Dominanzmissbrauchs vonseiten des Überlegenen, der mit Verachtung, Geringschätzung, Entwertung u. Ä. einhergeht. Das Opfer vernachlässigt z. B. Pflichten, nutzt den späteren Täter ungebührlich aus, erniedrigt den dependenten Partner (z. B. durch Fremdgehen), was zur Destabilisierung und Deetablierung der Beziehung, einer Zunahme labiler Persönlichkeitsmerkmale des Täters sowie zu einer Abschwächung seiner Bewältigungsmechanismen führt. Der abhängige Part lebt hierbei in ständiger Ambivalenz hinsichtlich des Verlusts der sicherheitgebenden Interaktionsbeziehungen versus der Zuspitzung durch die Dominanz und ggf. Ausnutzung zwischen Anklammerung und Erlösungswünschen, die durch Trennung, aber auch Suizid imaginiert werden. Eine Geschlechtsspezifität ist hier auch aufgrund geringer Fallzahlen nicht erkennbar. In der final affektiv-eruptiven Bankrottreaktion kommt es dann, durch zu starke Kränkungen des Täters durch das Opfer, zu einen für ihn neuen, weil sein bisherig unterwürfiges usw. Bewältigungsrepertoire umkehrenden, destruktiven *sthenischen* Ausbruch.[93]

Beim Intimizid durch den ausgesprochen emotional-instabilen Partner, bei dem oft eine entsprechende *Borderline-Persönlichkeitsstörung* besteht, liegt ebenfalls eine asymmetrische Beziehung hinsichtlich der Persönlichkeit, Interaktionsformen und im sozialen Bereich vor, sodass ein *Anklammerungs-Entklammerungs-Antagonismus* mit der Folge einer Deetablierung der Partnerschaft anhebt: Der asthenische und emotional-instabile Part (oft der Mann) hängt sehr an der Beziehung und „klebt" an einem hyperidealisierten, u. a. dadurch aber letztlich schwer überlasteten Partner, der in der Tatsituation sodann schließlich völlig übergangslos entwertet wird. Das Zur-Last-Fallen, Hängen bzw. „Kleben" des späteren Täters am späteren Opfer engt dieses ein und lässt es mit Emanzipationsversuchen antworten, die den Täter indes wiederum motivieren, das Opfer noch stärker an sich binden zu wollen. Hier wirkt oft eine panische Angst des Täters vor dem Verlassenwerden, die konstruktive wie destruktive Sozialpraxen motiviert – häufig den Wunsch nach intensiven Gesprächen, um die Sache zu klären –, wobei das Opfer wechselweise hyperidealisiert aber eben auch entwertet wird. Eine erhöhte Kränkbarkeit des Täters potenziert das Geschehen, das durch konglomerierte Affekte wie Depression, Verzweiflung, Angst, aber auch Wut in den Modi der Selbst- und Fremdentwertung belastet erscheint, begleitet ggf.

---

92 Marneros (2008, S. 63 ff.).
93 Marneros (2008, S. 70 ff.).

von emotionalen Krisen bis hin zu Suiziddrohungen des Täters oder entsprechenden Taten. Die Tötung ist dann in der Regel als letzte Zuspitzung dieser emotional-instabilen Szenerie zu sehen, meist i. S. einer affektiv-eruptiven Tat, seltener in mehr überlegt-rächender Weise. Ein danach sich anschließender *Affektumbau*[94] ist regelhaft zu beobachten, oft auch eine Suizidgefahr des Täters.[95]

Beim Typus der Tötung durch den *persistent narzisstisch gekränkten Intimpartner* spielt die (jedoch auch in anderen Intimizidformen stets involvierte) narzisstische Kränkung eine überragende Rolle und weist, da sie nicht nur momentaner, vorübergehender oder sekundärer Natur ist, eine mehr oder weniger lange Vorgeschichte (von Wochen, Monaten oder gar Jahren) auf, wobei anderweitige Merkmale eher zurücktreten. Dabei scheint die Täter-Opfer-Beziehung zumeist sehr ambivalent: Zuerst ist sie für den Narzissmus des späteren Täters befriedigend, nach einer gewissen Zeit beginnt allerdings ein Wechselbad der Gefühle. Befriedigung und Enttäuschung narzisstischer Bedürfnisse wechseln sich permanent ab, was schließlich zu einem Überwiegen der Kränkung führt, also ihrer Persistenz, die den Täter labilisiert, ihn u. U. deprimiert, ggf. ängstigt und andere psychovegetative Syndrome bei ihm erzeugen kann. Es besteht dabei eine emotionale Abhängigkeit des späteren Täters vom die Beziehung lenkenden und formenden Opfer, das gleichwohl immer weniger interessiert ist, die narzisstischen Bedürfnisse des Täters dauerhaft zu befriedigen. Der meist kognitiv-rächende Tötungsvorgang erscheint dabei als die letztliche Übernahme der Handlungsinitiative des Täters zur Wiederherstellung seiner emotionalen Autonomie, seltener als affektiv-emotionale Befriedigung des gekränkten Narzissmus.[96]

Intimizide durch den lebensbankrotten Partner als weitere Kategorie ereignen sich vorwiegend in Beziehungen, die durch materiellen und Sozialprestige bringenden *Erfolg* gekennzeichnet sind, und denen all das verlorengeht. Meist sind die Täter männlich und töten ihre Frauen und ggf. die gesamte Familie sowie sich selbst, die für sie die Rolle der Bestätigenden und Verstärkenden innehatten, was infolge des Zusammenbruchs des bisher Erreichten ausbleibt, damit zu einer schweren Erschütterung der Selbstdefinition des Täters führt. Im typischen Fall ist es ein Mann, der die Position einer *initialen* oder *permanenten Überlegenheit* innehat, der sozial Erfolgreiche(re) bzw. derjenige ist, welcher im Ehrgeiz, seiner Familie das Bestmögliche zu bieten, handelt und dafür Anerkennung, Aufmerksamkeit respektive Bewunderung vonseiten des Partners bzw. der Familie erntet. Tief verwurzelt ist dies in einer oft eher zwanghaft-leistungsorientierten oder narzisstischen Persönlichkeit, die auch bei einfacheren sozialen Verhältnissen die erreichte Rolle als tragenden Pfeiler ihrer Charakterstruktur erlebt. In der Verschiebung der Täter-Opfer-Beziehung, einer drastischen *Rollenumkehr* hin zum Unterlegenen, Gescheiterten oder Degradierten,

---

94 Das heißt die Umwandlung sthenischer Emotionen wie Wut und Zorn in asthenische wie Angst, Panik oder Verzweiflung.
95 Marneros (2008, S. 75 ff.).
96 Marneros (2008, S. 85 ff.).

kehren sich die Machtverhältnisse ggf. vollständig um, was sich tatsächlich ereignen, aber auch nur befürchtet werden kann. Diesen drohenden Verlust der sozialen Wertigkeit, personalen Würde bzw. des Ansehens versucht der Täter regelhaft durch multiple verzweifelte Aktionen abzuwenden, mit Verschweigen des für ihn als Katastrophe erfahrenen Niederganges buchstäblich bis zur letzten Sekunde. Ohne akute Provokation und ggf. im Überspringen der Phase der Deetablierung der Partnerschaft kommt es schließlich zu einer meist kognitiv-vorgestalteten Tötung, der suizidale Impulse folgen können, weil eine andere Lösung nicht zugelassen werden kann.[97]

Der *Intimizid durch den malignen Narzissten*, der vermutlich meist von männlichen Tätern ausgeführt wird, setzt das Vorliegen eines *pathologischen* Narzissmus, d. h. nicht nur der relativ normalen Form, die um das Selbstwerterleben konstelliert ist, neben einer etablierten Beziehung voraus. Dieser krankhafte Narzissmus ist mit zusätzlichen *antisozialen* und teils *paranoiden* Elementen angereichert (s. dazu Tab. 9.2, 9.3 sowie die Box „Kriterien für die narzisstische, paranoide bzw. dissoziale (antisoziale) Persönlichkeitsstörung des ICD-10" in Kap. 9.3).[98] Es sind dies die Fälle, die eine manifest böse Vorahnung vom Kommenden hervorrufen. Eine Erschütterung der Selbstdefinition des Täters liegt insoweit vor, als nicht der emotionale Verlust der Partnerschaft, sondern vielmehr verletzte, narzisstisch imaginierte Grandiosität, Überlegenheit und Unantastbarkeit des Täters überwiegen, wobei eine gesündere Alternativlösung zur Tötung nicht erwogen wird bzw. werden kann. Die psychische Art und Weise des Handelns ist zumeist Rache sowie (angeblich) gerechte Wut. Das postdeliktische Verhalten wird geprägt von starken Tendenzen der Rationalisierung (d. h. einer scheinbaren kognitiven Rechtfertigung) und denen der Externalisierung, z. B. hinsichtlich der Schuld, die „eigentlich" bei anderen läge – und nie beim Täter.[99]

Bei der nächsten Kategorie des *Intimizids durch den seine Lebensordnung als bedroht erlebenden Intimpartner*, sollte man aufgrund praktischer Erwägungen zwei Hauptrichtungen unterscheiden: Die eher *endogen-psychologische* Ordnung durch tief verwurzelte Persönlichkeitsmerkmale und daraus resultierenden Erlebens- bzw. Verhaltensweisen und das eher *äußerliche* Regelungssystem, das durch Angehören zu bestimmten kulturellen, religiösen sowie subkulturellen Gesellschaften nebst praktizierender Akzeptanz entsprechender Kodizes manifest wird. In Fällen, bei denen ein eher innerer Gefügezustand gefährdet wird, besteht typischerweise eine lange bis sehr lange währende Intimpartnerschaft bei einer zwanghaft-konservativen Charak-

---

97 Marneros (2008, S. 88 ff.). Vom Intimizid durch den versagenden Partner wäre dies abzugrenzen, da (1) die narzisstisch-anankastische Persönlichkeit des Delinquenten dort nicht im Vordergrund steht, das Opfer eines Lebensbankrotteurs (2) nicht von Anfang an die stärkere Position innehatte, und (3) mittels der Verheimlichung des Lebensbankrotts durch den Täter.
98 Für eine relativ umfassende Darstellung zum Problem des Narzissmus, der narzisstischen Persönlichkeitsstörung, ihren Entwicklungsbedingungen und Therapiemöglichkeiten siehe den Sammelband von Kernberg und Hartmann (2010); speziell zum malignen Narzissmus informiert hierin Kernberg (2010).
99 Marneros (2008, S. 102 ff.).

terstruktur des Täters, der hier zumeist, aber nicht immer, männlich zu sein scheint. Dabei ist dieser auf Ordnung in zwischenmenschlichen, moralischen wie ebenso materiellen Segmenten festgelegt. Durch das Infragestellen dieses Lebenssystems infolge von Ausbruchsversuchen des anderen Partners aus der Beziehung wird diese deetabliert, was der Täter als tief greifende Erschütterung der bisherigen Selbstdefinition erlebt, weil er mit seinem Partner in Bezug zu seiner Lebensperspektive (v. a. im psychischen Erleben) *konfusioniert* ist. Daraus entsteht eine Entweder-oder-Situation: Wenn der Partner nicht bleibt, zerstört er die gemeinsame Lebensordnung, ohne die der Täter nicht existieren zu können glaubt. Aufgrund seiner rigiden psychischen Eingeschlossenheit in seine bisherige Welt und Lebensweise versucht er nun, diese insbesondere durch die Formulierung einer hinreichend eindeutigen Tatbereitschaft zu retten. Er kündigt in der Regel den Mord (wie auch einen hier oft folgenden Suizid) an, z. B. für den Fall des Verlassenwerdens. Zu einer Alternativlösung ist er nicht in der Lage. Die schließliche Tötung findet dann entweder im Rahmen einer emotional-affektiven oder einer kognitiv-rächenden finalen Bankrottreaktion statt. Bei der durch äußerliche Regeln getragenen Sonderform dieses Intimizidtyps wird die bedrohte Weltsicht bzw. Lebensordnung des späteren Täters v. a. kulturell-religiös definiert und durch den diesbezüglich divergenten Lebenswandel des Opfers infrage gestellt. Meist handelt es sich um moslemische, asiatische oder afrikanische Kulturangehörige, die einen Menschen, der zuvor als Ungläubiger, Dekadenter o. Ä. gebrandmarkt worden ist, nach einem Ehrenkodex privatim „richten": Die Welt des Täters ist aus den Fugen geraten und soll wieder in Ordnung gebracht werden. Allerdings kann eine solche sitten- und rechtswidrige „Begründung" einer Tötung auch reine Rationalisierung sein, etwa wenn persistent narzisstisch gekränkte Personen oder gar maligne Narzissten einen Vorwand für ihre Taten suchen. Insofern ist stets die wahre, glaubhafte Orientierung an den betreffenden Normen ausschlaggebend, um einen Intimizid dieser Art zu statuieren. Regelhaft würde es hier durch das Verhalten (meist der Frau) zu einem Konglomerat aus Verletzungen einerseits der *überindividuellen Prinzipien*, daneben aber auch zu *persönlichen* narzisstischen Kränkungen durch die Depotenzierung als männlicher Partner, den Verlust von Dominanz usw. kommen, wobei beides als Quelle der Selbstdefinition des späteren Täters dient. Als typisch scheint hier das Bild des „Ehrenmords" an muslimischen Frauen auf, getragen von der zum Teil anmaßend aggressiv-autoritären Lebensart orientalisch sozialisierter Männer. Nach erfolglosen, oft emotionalen Korrekturversuchen der Frau durch ihren Partner (o. Ä.) läuft die finale Bankrottreaktion dann nur seltener in affektiv-eruptiver Form, sondern meist als vorgeplante mehr oder weniger rächende Tat ab.[100]

Der nächste Typus des *Intimizids als autoprotektive Reaktion* ist relativ unspezifisch und universell, d. h. die Persönlichkeitsstrukturen und Interaktionsmuster von Täter und Opfer streuen breit über die Gesamtpalette aller Möglichkeiten. Zwar reklamiert so mancher Delinquent in strafmildernder oder schuldentlastender Absicht für

---

[100] Marneros (2008, S. 113 ff.).

sich die Notwehrsituation, jedoch zeigt die forensische Erfahrung, dass sie relativ selten vorkommt. Allgemein gesagt ist bei dieser Form der Tötung eine permanente Verschlechterung entweder einer Intimbeziehung zu verzeichnen, die prinzipiell frei von aggressiven Handlungen sein kann, oder zweitens einer Partnerschaft, die durch intermittierende bzw. gehäufte, meistens vom späteren Opfer ausgehenden aggressiven oder Gewalthandlungen gekennzeichnet ist. Deshalb sind Frauen hier häufiger die Täter, die den Selbstschutz, die Protektion der eigenen Kinder sowie Emanzipations- und Befreiungsgründe als wichtigste Motivkonstellationen angeben. Im typischen Fall wehrt der Täter bzw. die Täterin hier eine als lebensbedrohlich erfahrene Situation durch die impulsive Tötung ab, bei der Angst, Panik und Wut gemischt sind mit dem Willen, sich zu befreien. In der finalen Tatsituation liegen daher oft affektiv-eruptive und kognitiv-vorplanende Aspekte gleichermaßen vor, wobei das postdeliktische Verhalten meist von tiefer Betroffenheit zeugt. Insbesondere kann bei bis zur Tat gewaltfreien Beziehungen die Unerfahrenheit hinsichtlich bedrohlicher Situationen ein Faktor für die heftige Reaktion des Täters werden. Eine Bankrottreaktion ist mithin *nicht* in allen Fällen gegeben, v. a. nicht bei echter Notwehr – sehr wohl aber eine vorherige Deetablierung der Partnerschaft. Insgesamt sind starke Überlappungen zum Intimizid als Befreiung gegeben.[101]

Dieser Typ der *Tötung aus den Motiven der Emanzipation und Befreiung* findet sich in lange andauernden Intimpartnerschaften, in denen die Täter über beträchtliche Zeiträume unter der okkupierenden Dominanz des späteren Opfers litten: Sie sind im typischen Fall misshandelt, gedemütigt, ausgenutzt und verachtet, d. h. rücksichtslos diskriminierend in ihren Entfaltungsmöglichkeiten unterdrückt worden, wodurch oft auch eine soziale Abhängigkeit vom späteren Opfer erzwungen worden war. Anders als in der zuvor genannten Intimizidform währte solch eine Situation über längere Zeit, raubte dem späteren Täter Würde und soziale Autonomie und prägt somit auch die Tat in divergierender Art als es bei einer u. U. nur singulär auftretenden Notwehrsituation der Fall wäre. Die Tatkonstellation zeichnet sich dann in der Regel durch nichts anderes als die Wiederholung nahezu alltäglicher aggressiver oder gewalthafter Handlungen des Opfers aus, durch die sich die Antwort des Täters in der akuten Auslösesituation nun aber zur affektiv-eruptiven Tötung des bislang dominanten Partners zuspitzt, die zum Teil, hinsichtlich einer Autoprotektion, auch mit vorplanenden Elementen auftreten kann. Das Verhalten des hier öfter weiblichen als männlichen Beschuldigten nach der Tat ist in charakteristischer Weise durch einen Affektumbau gekennzeichnet.[102]

Ein *Intimizid in emotional etablierten homosexuellen Beziehungen* kann als weitere Form der Tötung, allgemein besehen, nicht als prinzipiell getrennte Kategorie rubriziert werden, sondern wird nach denselben Kriterien und Vorgehensweisen untersucht wie bei heterosexuellen Partnerschaften auch. Alle dort beschriebenen

---

101 Marneros (2008, S. 121 ff.).
102 Marneros (2008, S. 125 ff.).

Tötungsdynamiken können also ebenfalls bei homoerotischen Verbindungen auftreten. Allerdings sind solche Beziehungen zum Teil je nach Lebensort durchaus noch durch gesellschaftliche Vorurteile stigmatisiert und damit ggf. auch emotional belastet, was daher u. U. ebenso wesentlich zu sein vermag. Eine Aussage zur Geschlechtsspezifität lässt sich zum gegebenen Zeitpunkt jedoch nicht sicher treffen.[103]

Die nun folgende *inhomogene* Gruppe der *Alternativtötungen zum Intimizid* hat nur indirekt mit Beziehungstaten zu tun, nämlich insofern, als der Intimpartner zwar nicht das Opfer, aber als solches gemeint ist. Weder juristisch noch faktisch wird mithin er verletzt – indes ist die Entwicklung der Deetablierung der betreffenden Partnerschaft sowie eine konzeptionelle Desorientierung des Täters typischerweise vorhanden, sodass der Partner derjenige *sein soll*, der z. B. durch die Tötung eines relevanten Anderen, etwa eines geliebten Kindes bei Vorliegen des *Medea-Syndroms*, in rächender Weise bestraft wird. Darüber hinaus wäre auch eine scheinbar wahl- bzw. gesichtslose Konkretisierung des Destruktionspotenzials möglich, sodass bei diesen Delikten gar keine direkte oder relevante Tatbeziehung zum Intimpartner nachweisbar sein könnte. An sich unschuldige und unbeteiligte Dritte, die beispielsweise als frühere Geliebte emotional eben doch nicht ganz neutral für den Täter sind, kommen damit auf den Wegen der psychischen „Gefühlsverschiebung" zu für sie nachteiligen emotionalen Valenzen. Sie werden mit dem aktuellen Intimpartner zum Teil *bewusst* gleichgesetzt, übernehmen die Rolle des Ersatzopfers, das jedoch keine direkt mit konstituierende Wirkung auf die prähomizidale Situation hatte. Solche Taten könnten einerseits spontan impulsiv entstehen, andererseits auch kurz vorher angekündigt, daneben gleichfalls lange vorher erwogen oder gar planend vorbereitet worden sein. Meist handelt es sich um eher länger bestehende etablierte Partnerschaften, in denen der Täter durch dissoziale, narzisstische oder emotional-instabile Charakteristika diagnostisch bedeutsam auffällt (s. Tab. 9.2, 9.3 sowie die Box „Kriterien für die narzisstische, paranoide bzw. dissoziale (antisoziale) Persönlichkeitsstörung des ICD-10" in Kap. 9.3); ein *erhöhtes Kränkungserleben* wird somit wesentlich. Alle Stadien der Erschütterung der Selbstdefinition des Täters, wie sie oben beschrieben worden sind, werden angetroffen: Der Delinquent gerät also auch hier in eine konzeptionelle Desorientierung mit psychopathologischen Folgeerscheinungen, z. B. der Depressivität, Verzweiflung, Angst als Anpassungs- oder Belastungsreaktionen bis hin zu quasi-psychotischem Erleben und Verhalten. Die finale Bankrottreaktion kann schließlich eher affektiv-eruptive aber auch kognitiv-rächende Qualitäten aufweisen. Eine eindeutige Geschlechtsspezifität liegt dabei nicht vor.[104]

Allgemein scheinen psychotische Menschen nicht in dem Maß, wie populär zum Teil vermutet wird, zu Straf- bzw. Gewalttaten disponiert zu sein, obwohl teils ein erhöhter Bezug dazu vorhanden sein könnte, der jedoch geringer ausfällt als bei

---

103 Marneros (2008, S. 129 ff.).
104 Marneros (2008, S. 133 ff.).

Persönlichkeitsstörungen. Böker und Häfner[105] eruierten für die Zeit von 1955 bis 1964, dass lediglich drei Prozent der Gesamtzahl der in der damaligen Bundesrepublik Deutschland begangenen Gewalttaten auf das Konto von Geistesgestörten ging. Bentz und Noel[106] fassten die Ergebnisse von 19 diesbezüglichen Studien von 1918 bis 1980 zusammen und kamen zu Prävalenzraten psychischer Störungen bei Straftätern, die von 5 bis 95 Prozent reichten (Mittelwert: 32%, Standardabweichung: 26.1, Median: 22%). Teilweise hinsichtlich psychischer Störungen selektierte Stichproben, unterschiedliche Erhebungsinstrumente und uneinheitliche diagnostische Kriterien führten zu diesem relativ unklaren Befund.[107] Schanda fand in jüngerer Zeit ein erhöhtes Risiko für Gewalttaten bei psychotischen Menschen.[108] Besonders *positive* psychotische Symptome wie *florider* Verfolgungswahn können gefährlich werden. Allerdings sind hier auch stets mehrere Faktoren zu berücksichtigen, wie allgemeine Persönlichkeitseigenschaften, komorbider Substanzmissbrauch oder Inanspruchnahme von Therapie- und Hilfemöglichkeiten u. Ä. Zahlreiche Untersuchungen belegen indes, dass die Gewalttaten Schizophrener in ihrer schweren Form v. a. Mitglieder der eigenen Familie (und hier häufiger Frauen als Männer) betreffen.[109]

Bei einem *psychotisch determinierten Intimizid* ist der delinquente Partner nun nachweislich psychotisch, sodass sich die Tötungshandlung direkt ableitet aus diesem seelisch kranken Zustand oder einer defizitären Symptomatik, die die Psychose begleitet und sie ggf. mit konstituiert. Als nosologisch eigens definierte Form solchen Erlebens (F22.0 des ICD-10[110]) kann u. a. der *Eifersuchtswahn* bzw. das *Othello-Syndrom* gelten. Die Kranken sind hier absolut und unkorrigierbar von der Richtigkeit ihrer Annahme überzeugt, dass sie vom Intimpartner sexuell betrogen werden – und das auch dann, wenn dies faktisch unmöglich scheint. Dieses verkehrte Wähnen kann *niemand* argumentativ außer Kraft setzen, es ist ein Wahn-Sinn. Solche oft gereizten und aggressiven Patienten werden von ihrer Umgebung häufiger verkannt und auch deshalb zu wenig einfühlsam behandelt. Obwohl mehr oder weniger überwertige Eifersuchtsgefühle nicht so selten vorkommen, ist die Tötung aus reinem Eifersuchtswahn jedoch eine forensische Rarität; die potenzielle Gefährlichkeit desselben ist dabei gleichwohl unbestritten.[111] – Daneben kann ein Liebeswahn (*Erotomanie* oder *De-Clérambault-Syndrom*), bei dem der Betroffene wahnhaft unverrückbar glaubt, dass eine andere, in der Regel sozial höherstehende Person in ihn verliebt sei, zu einer Tötung (hier jedoch nicht des Liebespartners) führen. Er tritt vorwiegend bei

---

105 Böker und Häfner (1973).
106 Bentz und Noel (1983).
107 Marneros (2008, S. 147).
108 Schanda (2006), vgl. auch Soyka, Morhart-Klute und Schoech (2004), Wallace, Mullen und Burgess (2004), Rous (2005) sowie Swanson et al. (2006).
109 Nordstrom und Kullgren (2003), Marneros (2008, S. 147 ff.).
110 Weltgesundheitsorganisation (1997).
111 Für ausführlichere Darstellungen zu diesem Thema wird auf Marneros (2008, S. 149 ff.) und die dort zitierte Literatur verwiesen.

Frauen auf, die etwas in die Jahre gekommen sind und ohne etablierte Intimverbindung leben. Indes sind auch bei männlichen Schizophrenen respektive z. B. organischen Psychosen solche Wahnthemen möglich. Wiederum ist der reine, echte Liebeswahn selten und eine Tötung daraus noch viel weniger häufig anzutreffen. Eher scheint er andere psychische Krankheiten sekundär zu begleiten. Die Gefährlichkeit und forensische Bedeutung der Erotomanie liegt v. a. im *Stalking*, aber auch bezüglich aggressiven Handlungen gegen *Dritte* (i. S. eines Liebesbeweises für das Liebesobjekt) begründet, was insbesondere bei Männern auftritt, die eine Gewalttat verüben, um die sie angeblich anbetende „Angebetete" zu gewinnen.[112]

Opfer eines *Intimizids als erweiterter Suizid* sind darüber hinaus geliebte Personen oder solche, für die der Täter Verantwortung trägt, gewöhnlich Kinder. Diese Art von Tötung kommt am häufigsten bei depressiven Syndromen bzw. schizodepressiven Episoden vor. Aber auch im Rahmen anderer psychotischer bzw. psychischer Störungen ist ihr Auftreten belegt.[113] Die Ansicht, dass bei einem erweiterten Suizid immer (nur) altruistische Motive anzunehmen wären und egoistische gar nicht in Betracht kämen, ist dabei durchaus fraglich. Das *homisuizidale Syndrom*[114] liegt dabei beim erweiterten Suizid als auch bei der altruistischen Tötung zugrunde und beinhaltet ein prähomisuizidales Syndrom mit allen äußeren und inneren Umständen sowie die eigentlichen homisuizidalen Handlungen. Beim typischen erweiterten Suizid läge nun

(1) eine besondere obsessoid-hypernomische Persönlichkeit vor, die durch Ordentlichkeit, Fleiß, Gewissenhaftigkeit, engen zwischenmenschlichen Beziehungen und überdurchschnittlicher Empfindlichkeit des Gewissens, bei einer *Überidentifikation* mit der sozialen Rolle und den damit verbundenen Pflichten charakterisiert sei, was

(2) zu einer hohen Tendenz führe, den geliebten Personen nicht zu schaden.

Die Beziehung zu den Opfern wird dann eher symbiotisch oder okkupierend-überfürsorglich sein. Kommt dazu eine als scheinbar ausweglos erlebte Lebenssituation hinzu, die zum Suizid motiviert, bewegt dies den Täter aus Pflicht- und Verantwortungsgefühl, *auch* diejenigen Menschen zu töten, für die er tiefe Fürsorge empfindet. Solch eine Person flüchtete vor der unerträglich empfundenen Welt in den Tod und könnte seine Liebesobjekte aus einer übergewissenhaften Überidentifikation mit der sozialen Rolle und dem Wunsch, nicht zu schaden, in diesem „schrecklichen Leben" (wie er meint) nicht allein (leiden) lassen. Die Erlösungsintention beträfe hier also zuerst den Täter, der sekundär seine Opfer vor schlimmen Konsequenzen bewahren will. In einer altruistischen Tötung wäre dies genau andersherum: Zuerst würden dabei die Opfer „erlöst", worauf der Täter, da er die v. a. rechtlichen, moralischen und

---

112 Marneros (2008, S. 148 ff.).
113 Für eine Abgrenzung des erweiterten Suizids von einer Tötung mit nachfolgender Selbsttötung bzw. eines Doppelsuizids sowie die aus diesen begrifflichen Problemen resultierenden, unterschiedlichen Prävalenzraten siehe Marneros (2008, S. 162 ff.).
114 Marneros (1997, 2003).

emotionalen Konsequenzen seiner Tat nicht ertrüge, in den Tod flüchtete. Bei dieser Tötungsform wären die Phasen der Erwägung und Ambivalenz sowie die der Planung und des Entschlusses etwa gleich lang. Auch die Durchführung wäre eher überlegt und für das Opfer „günstig", wie z. B. beim Erschießen im Schlaf. Beim erweiterten Suizid hingegen zeigt sich durchschnittlich eine eher ausgeprägte Phase mit Erwägung und Ambivalenz, wobei Planung und Entschluss sowie die Durchführung in relativ kurzer Zeit meist *spontan-impulsiv* vonstattengehen, ja stürmisch aus dem Moment heraus unternommen werden. Kennzeichen des erweiterten Suizids scheint also nicht der Altruismus zu sein, sondern die Angst, den anderen zu schädigen (die *Blaptophobie*), was in erster Linie auf einer veränderten Emotionalität mit sekundären pathologischen Veränderungen in der Rationalität des Täters beruhte. Ein Entschluss zu einer altruistischen Tötung müsste dagegen vorwiegend in der verstandesmäßigen Überlegung des Täters zu suchen sein, weniger im primären Gefühlserleben.[115]

Bei einem, im Vergleich dazu kontrastierenden, *Intimizid als Hinderniselimination und Profitakquisition* steht der getötete Partner nun den hochgradig egoistischen Wunschhaltungen seines Mörders im Weg und muss deswegen sterben. Materielle Vorteile wie Erbschaften, Lebensversicherungen, aber auch ein durch das Ableben ggf. gewonnener Statusgewinn, respektive die Freiheit, eine neue Beziehung eingehen zu können o. Ä., können Gründe darstellen. Die etablierte Partnerschaft ist in der Regel eine Ehe von unterschiedlicher Dauer. Hier gibt es Verbindungen, die schon vorab einzig und allein mit dem tiefen Grund des späteren Mordes am vermögenden Partner eingegangen werden. Andererseits kann sich solch eine Tendenz auch erst im Laufe einer Beziehung entwickeln, wenn Entwertungsprozesse in Gang kommen, die schließlich tödlich enden. Eine Erschütterung der Selbstdefinition des Täters hätte also entweder nie stattgefunden oder wäre schon seit geraumer Zeit bedeutungslos geworden, weil die Partnerschaft längst emotional leer war oder als emotional negativ konnotiertes Erleben rein formal existierte. Der eigene, meist materielle Vorteil des Täters wird ihm mehr wert als das Leben des anderen: Diese *Enttabuisierung* findet sich u. a. bei Persönlichkeiten mit narzisstischer, insbesondere maligner narzisstischer Ausprägung, denen nur eine geringe Empathiefähigkeit, ausbeuterische Züge, schwache altruistische Einstellungen bei durchaus egozentrischen Gesamthaltungen eigen sind (s. die Box „Kriterien für die narzisstische, paranoide bzw. dissoziale (antisoziale) Persönlichkeitsstörung des ICD-10" in Kap. 9.3 sowie Tab. 9.2 und 9.3). Die Tat selbst wird verbrecherisch geplant, abgesichert und verdeckt. Das postdeliktische Verhalten konzentriert sich typischerweise aufs Leugnen u. Ä. sowie auf Versuche, möglichst nicht oder nur so wenig wie möglich belangt zu werden: Es ist dies die Stunde exzellenter Anwälte, wenn überhaupt, dann die der wohl erwogenen Worte. Eine affektive Beteiligung oder gar echte Reue ist regelmäßig nicht vorhanden.[116]

---

115 Marneros (2008, S. 162 ff.).
116 Marneros (2008, S. 170 ff.).

Bei *Tötungen in ephemeren oder sporadischen Intimbeziehungen*, die hauptsächlich der Befriedigung sexueller Interessen dienen, mangelt es überhaupt an der Etablierung respektive Deetablierung einer Partnerschaft. Charakteristischer sind dagegen akute Kränkungs-, Provokations- oder Eskalationssituationen, die v. a. bei Vorliegen tatrelevanter psychischer Störungen, meist Persönlichkeitsstörungen oder sexueller Perversionen, z. B. zu *Impulsdurchbrüchen* (oder Aversionstaten bzw. Sexualmorden) führen. Eine Täter und Opfer verbindende, gemeinsame biografische Vorgeschichte ist in dem Sinne wie bei festen Partnerschaften nicht vorhanden. Tötungsdelikte, die vorwiegend aus verbrecherisch-materiellen Zwecken begangen werden, wie ein Raubmord an Prostituierten beispielsweise, oder die als Unfälle im Rahmen von sexuell-devianten Praktiken geschehen, werden nicht als Intimizide gezählt.[117] Besteht im Rahmen der Tötung eine *sexuell-dynamische Konstellation* ist diese zumeist komplexer Art, sodass sich Wünsche, Konflikte und Intentionen im Geflecht mit aktuellen interaktionalen Aspekten verbinden. Kriterien eines Intimizids als *sexueller Impulsdurchbruch* wären nach Marneros[118], dass eine flüchtige, sporadische oder vorübergehende Intimbeziehung vorliegt, weder Täter noch Opfer an einer perikulären (gefährlichen) Paraphilie[119] leiden, deviante sexuelle Impulse erstmals während des Tötungsdelikts auftreten bzw. vorher nur sporadisch waren. Diese Taten waren dabei nicht schon vorab geplant, sondern erfolgten als Impulsdurchbruch im Rahmen einer krisenhaften oder sonst wie akuten Konfliktsituation; die Tötung geschieht zudem nicht zur Verdeckung eines anderen Delikts. Die oft psychologisch problematischen oder höchst pathologischen Täter sind vermutlich ausschließlich Männer. Ein Großteil der Sexualstraftaten wird allgemein nicht aus sexuellen Motiven, sondern z. B. denen der Dominanz oder Macht verübt.[120] Eindeutig ist dabei, dass die meisten sexuell-aggressiven Handlungen von Männern ausgehen, und gegen Frauen gerichtet sind. In sehr verkürzender Aufzählung können daneben v. a. folgende Paraphilien zum Intimizid führen:

(1) Sadismus und Masochismus,
(2) Nekrophilie sowie
(3) Anthrophagie bzw. Kannibalismus.

Marneros gibt dabei die folgende Zusammenfassung der Charakteristika eines *Intimizids als Ausdruck paraphiler Störungen*: Täter und Opfer praktizieren eine oder mehrere perikuläre Paraphilien, wobei die entstandene Sozialbeziehung einvernehmlich entweder ephemer, sporadisch oder passager ist. Die Tötung wird entweder vom Täter allein oder in seltenen Fällen *auch* auf vorherigen einvernehmlichen Wunsch des Opfers hin durchgeführt und dient dem direkten (wie etwa beim Sadismus) oder

---

117 Marneros (2008, S. 174 ff.).
118 Marneros (2008, S. 190).
119 Das heißt: als normabweichend angesehenes sexuelles Verhalten, siehe dazu z. B. Fiedler (2004).
120 Archer und Lloyd (2002).

indirekten sexuellen Lustgewinn (wie z. B. bei Kannibalismus oder Nekrophilie). Eine Verdeckung einer anderen Straftat oder das Motiv der Bereicherung spielen keine Rolle. Männer sind hierbei häufiger als Täter vertreten.[121] Intimizide aus *nicht sexuell-dynamischen Konstellationen* können einerseits in (noch) nicht etablierten Partnerschaften, die quasi „auf Probe" eingegangen worden sind, aber auch bei rein zufälligen und vorübergehenden Intimpartnern der Fall sein. Die Kennzeichen hinsichtlich der Verbindung auf Probe wären, dass eine erst kurz andauernde, noch nicht etablierte Intimbeziehung gegeben ist, die im Stadium der Erprobung *ambivalente* Einstellungen der Partner zeigt. Da den Täter in der Regel eine auffällige dysfunktionale Impulsivität auszeichnet, kommt es während einer akuten Provokations-, Bedrohungs-, Kränkungs- oder Eskalationssituation zu einer Impulsivitätsdysbalance mit der Tat als Impulsdurchbruch, wobei häufiger Männer als Täter betroffen sind.[122] Die Charakteristika der *Tötung des zufälligen und passageren Intimpartners* wären schließlich, dass weder eine etablierte Partnerschaft noch eine Beziehung auf Probe besteht, sondern eine zufällige, einmalige oder sporadische (vorübergehend-flüchtige) sexuelle Begegnung stattfindet, wobei der Täter wiederum nicht selten durch überdurchschnittliche dysfunktionale Impulsivität ausgezeichnet ist und in einer akuten Provokations-, Bedrohungs-, Kränkungs- oder Aversionssituation in einer Impulsivitätsdysbalance tötet. Diese Impulstat geschieht jedoch ohne reine Bereicherungsabsicht, nicht im Zuge einer sexuellen Perversion und auch nicht als sexueller Impulsdurchbruch. Ebenso muss eine Alternativtötung auszuschließen sein.[123]

In der letzten Kategorie des *eher akzidentellen Intimizids im Alkohol-, Drogen- und depraviert-dissozialen Milieu bzw. durch Intelligenzgeminderte* ist oft der Suchtmittelgebrauch wesentlich, der teils schon zu sekundären, neurologischen Folgeschäden bzw. psychischer Auffälligkeit führte bzw. dazu beiträgt. Zudem wird ein Intimpartner hier nur mehr oder weniger *zufällig* zum Opfer, sodass sich solch eine Tötung kaum von anderen Homiziden im randständig-depravierten Milieu unterscheidet. Charakteristisch wären eine Intimpartnerschaft, die in unterschiedlicher Dauer sowohl etabliert als auch flüchtig oder sporadisch unterhalten wird, sowie in der Regel Täter (und häufig auch Opfer) aus randständig-depravierten Sozialmilieus, oft alkohol- oder drogenabhängig bzw. intelligenzgemindert, mit häufig dissozialen und impulsiven Zügen. Das Delikt findet meist im intoxikierten Zustand als impulsiv-aggressive Handlung statt, häufig auch aus nichtigem Anlass. Täter wären hier wiederum oft Männer, Opfer meist Frauen.[124]

Nach dieser relativ knappen Darstellung der Formen der Partnertötung kommen wir in Kapitel 9.3 zur Besprechung von Amoktaten, die gleicherweise tragische Resultate zeitigen.

---

121 Marneros (2008, S. 186 f.).
122 Marneros (2008, S. 196).
123 Marneros (2008, S. 200).
124 Marneros (2008, S. 202 ff.).

9.3 Amok

Im westlichen, europäisch-amerikanischen Kulturkreis verbindet man mit der Tat eines Amokläufers einen heimtückischen, meist mit Feuerwaffen ausgeführten Angriff „aus heiterem Himmel", dem oft viele gänzlich unschuldige Menschen zum Opfer fallen. Die massenmörderische Attacke an der *Columbine High-School* im Jahre 1999 in den USA, der Angriff in Erfurt aus dem Jahre 2002 oder das *School Shooting*, wie es von amerikanischen Behörden genannt wird[125], in Emsdetten 2006 sind hier exemplarisch[126], wenn sie auch nicht das gesamte Spektrum möglicher Vorgehensweisen abdecken. Ursprünglich entstammt der Begriff „Amok" dem südostasiatischen Raum. Das malaiische Wort *amuk* für *zornig*, besser noch: *rasend*, zeugt davon – und kennzeichnete einst den Kampfruf von besonders furchtlos-todesverachtenden Kriegern, und daneben in den dortigen Schamkulturen eine Art, wie ein Mensch seine Ehre (oder das, was er dafür hielt) durch blindwütige Destruktion „wiederherzustellen" können glaubte. Indes sind auch in verschiedenen anderen Kulturen ähnliche Phänomene, wie etwa das skandinavische *Berserkergang*, feststellbar.[127] Im indonesischen Archipel des 14. Jahrhunderts existierte ferner eine islamisch geprägte, straffreie Form des Niedermetzelns von Ungläubigen, das *Juramentado* der Moros auf der südwestphilippinischen Insel Jolo.

Amokläufe haben in Deutschland eine sehr niedrige Prävalenz, die, aus drei Dekaden ab 1980 ermittelt[128], etwa mit einem Fall auf 5.8 bis 7.6 Millionen Männerjahren angegeben wird.[129] Die Täter sind bei überdurchschnittlich guter beruflicher Qualifikation zwei- bis fünfmal häufiger von Arbeitslosigkeit betroffen. Von der Altersstruktur her können für Deutschland Gipfelwerte zwischen dem 20. und 25. Lebensjahr sowie zwischen dem 40. und 45. (bei einem Mittelwert um die 35 Jahren) festgestellt werden. Eine psychosoziale Entwurzelung durch Migration scheint dabei nicht zu wesentlich mehr Amokereignissen zu führen. Knapp ein Drittel der Delinquenten suizidiert sich oder wird getötet, psychiatrische Erkrankungen lassen sich bei ca. 50 Prozent der Fälle feststellen, weitere 20 Prozent der Täter waren intoxikiert.[130] Allgemein scheint das hier betreffende homizidal-suizidale Verhalten mit deutlich über 90 Prozent der Fälle weit eher von männlichen Tätern als von Frauen gezeigt worden zu sein.[131]

---

125 Vergleiche Vossekuil, Fein, Reddy, Borum und Modzeleski (2004).
126 Siehe z. B. Payk (2008).
127 L. Adler (2000, 2015a, 2015b), Lübbert (2002).
128 Erste Dekade: 1.1.1980–30.8.1989, zweite: 1.1.1991–31.12.2000, dritte: 1.1.2001–30.12.2010.
129 L. Adler (2015a, S. 28 ff.).
130 Adler, Marx, Apel, Wolfersdorf und Hajak (2006).
131 Für westliche Länder siehe dazu Schünemann (1992), daneben auch Lübbert (2002) sowie Adler et al. (2006).

Zum phänomenalen Ablauf eines Amokangriffs sind von Schünemann folgende, aus Südostasien bekannte Stadien (nach Murphy[132]) in seinem Material teilweise bestätigt worden:

(1) Auf eine Kränkung, einen Objektverlust o. Ä. folge eine intensive Phase des Grübelns oder ein depressives Syndrom mit Isolation von der Umwelt.

(2) Der eigentliche Amok wird eruptiv mit rücksichtsloser Tötungsbereitschaft begangen.

(3) Dem sich anschließend findet eine oft mehrstündige anhaltende mörderische Raserei statt, bis der Amokläufer sich selbst tötet oder von anderen getötet bzw. kampfunfähig gemacht wird.

(4) Einige wenige der überlebenden Täter geben vor, kein Motiv gehabt zu haben bzw. sich nicht an die Tat erinnern zu können.[133]

Aufgrund der zunehmenden psychischen *Fokussierung* auf mörderisch-selbstmörderische Handlungen kann in diesem Zusammenhang eine gewisse Ähnlichkeit mit dem von Ringel[134] beschriebenen präsuizidalen Einengungssyndrom, das real oft im schließlichen Suizid endet, gesehen werden.

Kriterien für die narzisstische, paranoide bzw. dissoziale (antisoziale) Persönlichkeitsstörung des ICD-10

narzisstische Persönlichkeitsstörung [vorläufige Kriterien aus Anhang I des ICD-10]

A. Die allgemeinen Kriterien für eine Persönlichkeitsstörung (F60) müssen erfüllt sein.

B. Mindestens fünf der folgenden Merkmale:

(1) Größengefühl in Bezug auf die eigene Bedeutung (z. B. die Betroffenen übertreiben ihre Leistungen und Talente, erwarten, ohne entsprechende Leistungen als bedeutend angesehen zu werden),

(2) Beschäftigung mit Phantasien über unbegrenzten Erfolg, Macht, Scharfsinn, Schönheit oder idealer Liebe,

(3) Überzeugung, „besonders" und einmalig zu sein und nur von anderen besonderen Menschen oder solchen mit hohem Status (oder von entsprechenden Institutionen) verstanden zu werden oder mit diesen zusammensein zu können,

(4) Bedürfnis nach übermäßiger Bewunderung,

(5) Anspruchshaltung; unbegründete Erwartung besonders günstiger Behandlung oder automatische Erfüllung der Erwartungen,

(6) Ausnutzung von zwischenmenschlichen Beziehungen, Vorteilsnahme gegenüber anderen, um eigene Ziele zu erreichen,

(7) Mangel an Empathie; Ablehnung, Gefühle und Bedürfnisse anderer anzuerkennen oder sich mit ihnen zu identifizieren,

(8) häufiger Neid auf andere oder Überzeugung, andere seien neidisch auf die Betroffenen,

(9) arrogante, hochmütige Verhaltensweisen und Attitüden.[135]

---

132 Murphy (1982, Kap. 6).
133 Schünemann (1992).
134 Ringel (1953).
135 Weltgesundheitsorganisation (1997, S. 208).

F60.0 paranoide Persönlichkeitsstörung

A. Die allgemeinen Kriterien für eine Persönlichkeitsstörung (F60) müssen erfüllt sein.

B. Mindestens vier der folgenden Eigenschaften oder Verhaltensweisen müssen vorliegen:

(1) übertriebene Empfindlichkeit auf Rückschläge und Zurücksetzungen,

(2) Neigung, dauerhaft Groll zu hegen, d. h. Beleidigungen, Verletzungen, oder Missachtungen werden nicht vergeben,

(3) Misstrauen und eine anhaltende Tendenz, Erlebtes zu verdrehen, indem neutrale oder freundliche Handlungen anderer als feindlich oder verächtlich missdeutet werden,

(4) Streitbarkeit und beharrliches, situationsunangemessenes Bestehen auf eigenen Rechten,

(5) häufiges ungerechtfertigtes Misstrauen gegenüber der sexuellen Treue des Ehe- oder Sexualpartners,

(6) ständige Selbstbezogenheit, besonders in Verbindung mit starker Überheblichkeit,

(7) häufige Beschäftigung mit unbegründeten Gedanken an Verschwörungen als Erklärungen für Ereignisse in der näheren oder weiteren Umgebung.[136]

F60.2 dissoziale Persönlichkeitsstörung

A. Die allgemeinen Kriterien für eine Persönlichkeitsstörung (F60) müssen erfüllt sein.

B. Mindestens drei der folgenden Eigenschaften oder Verhaltensweisen müssen vorliegen:

(1) herzloses Unbeteiligtsein gegenüber den Gefühlen anderer,

(2) deutliche und andauernde verantwortungslose Haltung und Missachtung sozialer Normen, Regeln und Verpflichtungen,

(3) Unfähigkeit zur Aufrechterhaltung dauerhafter Beziehungen, obwohl keine Schwierigkeit besteht, sie einzugehen,

(4) sehr geringe Frustrationstoleranz und niedrige Schwelle für aggressives, einschließlich gewalttätiges Verhalten,

(5) fehlendes Schuldbewusstsein oder Unfähigkeit, aus negativer Erfahrung, insbesondere Bestrafung, zu lernen,

(6) deutliche Neigung, andere zu beschuldigen oder plausible Rationalisierungen anzubieten für das Verhalten, durch welches die Betreffenden in einen Konflikt mit der Gesellschaft geraten sind.

Kommentar: Andauernde Reizbarkeit und Verhaltensstörungen in der Kindheit und der Adoleszenz vervollständigen das klinische Bild, sind aber für die Diagnose nicht erforderlich.[137]

Die Allgemeinen Kriterien (F60) betreffen in der Hauptsache die unangepasst-unflexible bzw. unzweckmäßige Art des Betreffenden i. S. einer Normabweichung, was sich in mindestens zwei Bereichen (von Kognition, Affektivität, Impulskontrolle und Bedürfnisbefriedigung oder den zwischenmenschlichen Beziehungen bzw. des Umgangs mit ihnen) manifestieren soll. Daneben wird die Unzweckmäßigkeit und Unflexibilität des Verhaltens in vielen Situationen, persönlicher Leidensdruck, nachteiliger Einfluss auf die Umwelt (oder beides), der Nachweis der Langfristigkeit und Stabilität der Störung und ihr früher Beginn in der Kindheit bzw. Adoleszenz verlangt. Organische Störungen oder eine Gehirnverletzung, aber auch andere psychische Störungen des Erwachsenenalters, müssen ausgeschlossen sein.[138]

---

136 Weltgesundheitsorganisation (1997, S. 152 f.).

137 Weltgesundheitsorganisation (1997, S. 153 f.).

138 Weltgesundheitsorganisation (1997, S. 151 f.).

Das ICD-10[139] definiert Amok (im Anhang II) als eine kulturspezifische Störung, die unter anderen Namen in verschiedenen Kontinenten existiere und mit willkürlichem, anscheinend nicht provoziertem, mörderischem oder erheblich destruktivem Verhalten, gefolgt von Amnesie oder Erschöpfung des Täters einhergehe, wobei viele dieser Episoden in seinem Suizid[140] gipfelten. Ob die Annahme einer regelhaften Amnesie jedoch gerechtfertigt werden kann, scheint dabei insgesamt fraglich. Zudem ist Amok kein rein kulturgebundenes Syndrom[141], das nur bei Schamkulturen zu beobachten wäre, sondern tritt in allen westlich orientierten und auch älteren Kulturen auf.[142] Lothar Adler sieht in diesem Zusammenhang auch hinsichtlich einer Operationalisierung „tateinheitliche Angriffe auf mehrere Menschen in eindeutiger Tötungsabsicht mit zumindest billigend in Kauf genommener Gefahr der eigenen Tötung"[143] als Mindestanforderung einer Begriffsdefinition von Amok an. Abgrenzungsprobleme zu anderen Delikten wie erweiterten Selbstmorden sind hier wesentlich und zu beachten, weil sie zu ggf. erheblichen Abweichung bei den Fallzahlen sowie Diagnosen führen könnten.

Tab. 9.2: Erlebens- und Verhaltenstendenzen bei Narzissten (Cooper und Ronningstam, zit. nach Saimeh, 2008).

Unterschiedliche Symptome bei Narzissten in psychoanalytischer Perspektive	
Verhaltensweisen, die mit fragiler Selbstwertrepräsentanz zusammenhängen	– hypochondrische Störungen als somatisierter Ausdruck zentraler Unsicherheit im Bereich des Selbst, – Scham, Verlegenheit und Gefühle der Demütigung, wenn eigene Defizite und Bedürfnisse durch andere festgestellt werden,
Verhaltensweisen, die mit Grandiosität zusammenhängen	– Fantasie und Sehnsucht nach Vollkommenheit, – Bedürfnis nach unkritischer und fortdauernder Bewunderung, – exhibitionistische Neigung, – Perfektionismus in dem Bemühen, alles selbst können zu wollen, auch das, was andere können, – affektierte Darstellung seiner selbst (Kleidung, Sprache),

---

139 Weltgesundheitsorganisation (1997).
140 Oder seiner Tötung durch die Polizei, was aber nicht Teil der Definition ist.
141 Siehe Hempel, Levine, Meloy und Westermeyer (2000).
142 L. Adler (2015a, S. 39).
143 L. Adler (2015a, S. 26).

Tab. 9.2: (Fortsetzung)

Unterschiedliche Symptome bei Narzissten in psychoanalytischer Perspektive	
Besonderheiten in der zwischenmenschlichen Interaktion	– Unvermögen zu liebevoller Zuwendung und Empathie, daraus folgt: keine stabilen Objektbeziehungen möglich, – exzessive Selbstdarstellung, – durchgängiges Gefühl, im Recht zu sein, – Unfähigkeit, anderen zuzustimmen oder deren Bedürfnisse zu respektieren, – fehlende Konsensfähigkeit, verbunden mit zunächst Enthusiasmus und späterer Enttäuschung, – Neid auf erbrachte Leistungen anderer und Abwertung bis Verunglimpfung, Don-Juan-Gebahren, – rachsüchtige Wut als Reaktion auf erfahrene Kränkungen und persönliche Verletzungen,
Arbeitsverhalten	– erst früher Leistungserfolg, dann meist auffällige Mittelmäßigkeit, – chronische oder intermittierend auftretende Gefühle der Langeweile und Leere, wenn eigene Leistungen hinter den eigenen Erwartungen zurückbleiben, – nur geringes Interesse an der Tätigkeit selbst, – Befriedigung wird nur aus äußerer Anerkennung und Belobigung gezogen und nicht aus innerer Zufriedenheit über die erbrachte Leistung,
Stimmungsstörungen	– auffälliger Stimmungswechsel zwischen Depressivität und Euphorie bei schwankender Selbstwerteinschätzung, – unverhältnismäßige Neid- und Ärgergefühle,
Über-Ich-Störungen	– kein Anzeichen von schlechtem Gewissen, – besonders rücksichtslose Neigung, sich mit intellektuellen und materiellen Leistungen anderer zu schmücken, – strenge und perfektionistische Ansprüche sich selbst gegenüber, – selbstdestruktive Verhaltensmuster, – Ängste beim Erleben, im Mittelpunkt der Aufmerksamkeit zu stehen.[144]

---

144 Nach Cooper und Ronningstam zit. nach Saimeh (2008, S. 308 f., dort aus Fiedler, 2001).

Dass man bei einem solch schwerwiegend schädlichen Handeln versucht, psychische Erkrankungen, die u. U. durch kritische Lebensereignisse erst wirklich gefährlich wurden, verantwortlich zu machen, ist naheliegend. Gleichwohl darf dies nicht den Blick verstellen, dass es ferner durchaus *biologische* Risikofaktoren (s. dazu Kap. 2, z. B. zum Serotoninmangel) sowie *soziologische* (z. B. hinsichtlich den Möglichkeiten, gesichtswahrend Verletzungen oder Ärger zu verarbeiten oder zu den Formen akzeptierter Ehrenhaftigkeit bzw. der Verfügbarkeit von Waffen) geben könnte. Auch ist wahrscheinlich nicht für *alle* Fälle *eine* spezifische Erkrankung anzunehmen.[145] Ob der Sektor der Persönlichkeitsstörungen vor dem der Psychosen und schweren Depressionen u. U. stärker vertreten ist, bleibt unklar. Am augenfälligsten sind hier allerdings meist die Beziehungen zu einem *pathologischen Narzissmus* des Täters, insbesondere i. S. der verschärften Ausprägung einer *malignen narzisstischen Persönlichkeitsstörung*[146], die durch hohe Maße an narzisstischen, antisozialen und z. T. paranoiden Elementen (s. die Box „Kriterien für die narzisstische, paranoide bzw. dissoziale (antisoziale) Persönlichkeitsstörung des ICD-10" sowie Tab. 9.2 und 9.3) gekennzeichnet ist.[147] Adler schließt aus den vorhandenen Erhebungen aus den drei Dekaden zu beobachtbaren Persönlichkeitsauffälligkeiten der Amoktäter in Deutschland, dass diesen in der Regel *psychopathische* Eigenschaften zugeschrieben werden.[148] Konkret nennt er hier impulsiven bis massiven Jähzorn, vorhergehende Verurteilung(en) zu Kriminalstrafen, daneben querulatorisches oder paranoides Verhalten bzw. beides. Signifikant zugenommen haben nach seinen Auswertungen in der jüngsten Zeit, der dritten Dekade, Waffennarren und -sammler unter den Tätern, während aktive Sportschützen und die, die in sozial unüblichen Situationen schossen, eher leicht zurückgingen. Bei knapp einem Viertel waren *vor* dem Amokangriff psychiatrische Erkrankungen bekannt; krankhaft-auffällige Verhaltensveränderungen vor der Tat wurden etwa in einem Drittel der Fälle registriert.

Peter und Bogerts Strafaktenanalyse von 27 überlebenden Amokläufern[149] zeigte darüber hinaus, dass in den letzten 20 Jahren keine quantitative Steigerung von Amokläufen in Deutschland zu verzeichnen war, allerdings eine Zunahme von School Shootings, wobei etwa 74 Prozent aller Täter in ihrer Vergangenheit bereits unter einer psychiatrischen Vorerkrankung, d. h. konkret: 29.6 Prozent an Depressionen und Angsterkrankungen, 22.2 Prozent an schizophrenen Psychosen, 14.8 Prozent an einem Alkohol- bzw. 3.7 Prozent an einem Drogenproblem, ferner 3.7 Prozent an ADHS litten. Laut der gerichtlichen Sachverständigengutachten waren etwa 44 Prozent der Delinquenten als vermindert schuldfähig und rund 26 Prozent als schuldunfähig eingestuft worden. Als häufigste Diagnose bei Schuldunfähigkeit wurde eine paranoide Schizophrenie festgestellt. Diese Ergebnisse korrespondieren in etwa mit den von Adler und

---

145 Siehe beispielsweise L. Adler (2000, 2015a) und Adler et al. (2006).
146 Kernberg (2010), vgl. Saimeh (2008, 2015) sowie Paulhus und Williams (2002).
147 Marneros (2008, S. 16 ff. u. 103).
148 L. Adler (2015a, S. 32).
149 Peter und Bogerts (2012).

Tab. 9.3: Vergleich von offenem und verdecktem Narzissmus (Marneros, 2008, S. 15, dort nach Akhtar und Thomson, 1982a, 1982b).

Ebene	offener Narzissmus	verdeckter Narzissmus
(1) Selbstkonzept	inflationär hohe Selbstachtung (Grandiosität, Fantasien über Reichtum, Macht, Schönheit, Brillanz, Ansprüchlichkeit, Gefühl der Unverwundbarkeit)	Hypersensibilität, Gefühle der Unterlegenheit, Wertlosigkeit, Zerbrechlichkeit, Suche nach Stärke und Ruhm
(2) interpersonelle Beziehungen	Beziehungen ohne Tiefe, Verachtung, Geringschätzung und Entwertung anderer Personen, Rückzug in eine „splendid isolation"	chronische Idealisierung anderer Personen, Neid, enormer Hunger nach Beifall
(3) soziale Anpassung	sozialer Erfolg, Sublimierung im Dienste des Exhibitionismus, intensiver Ehrgeiz	chronische Langeweile, Unsicherheit, Unzufriedenheit mit der beruflichen und sozialen Identität
(4) Ethik, Standards und Ideale	Begeisterung und Enthusiasmus über Moral, sozialpolitische und ästhetische Angelegenheiten	Fehlen jeglicher Verpflichtungen, verführbares Bewusstsein
(5) Liebe und Sexualität	Promiskuität, Verführbarkeit, Fehlen von sexuellen Hemmungen, häufiges Verliebtsein	Unfähigkeit zu lieben oder verliebt zu bleiben, Neigung, die geliebte Person nicht als eigenständige Person, sondern als Selbstergänzung zu betrachten, perverse Fantasien, manchmal sexuelle Deviationen
(6) kognitiver Stil	egozentrische Wahrnehmung der Realität, geschickt in Ausdruck und Rhetorik, in der Argumentation logisch, aber schwer fassbar, wird leicht zum „Advocatus Diaboli"	Unaufmerksamkeit gegenüber objektiven Aspekten von Ereignissen, egozentrischer Sprachgebrauch, Fluktuation zwischen Überabstraktheit und Überkonkretheit, starke Tendenz, die Bedeutung der Realität umzuinterpretieren, wenn der Selbstwert bedroht wird

seinen Mitarbeitern[150] aus Presseberichten extrahierten Befunden. Es zeichneten sich bei Peter und Bogerts insgesamt drei Prototypen von Tätern ab (s. auch die Beispiele unten):

---

[150] Adler et al. (2006), L. Adler (2015a, 2015b).

(1) Jugendliche mit jahrelangem Misserfolg in Schule oder Ausbildung verbunden mit empfundener Ausgrenzungen und Suizidgedanken,
(2) paranoide Psychotiker sowie
(3) erwachsene Täter mit disponierender Persönlichkeitsstörung, bei denen stabilisierende soziale Faktoren, wie Partnerschaft, Arbeitsplatz o. Ä., weggebrochen waren.[151]

Als relativ oberflächliche Auslöser der Tat, Trigger, die nicht mit den tieferliegenden Ursachen bzw. Gründen zu verwechseln sind, können vielfältige kritische Lebensereignisse, d. h. v. a. psychische Verletzungen, Trennungen, Verluste, konkret oft Scheidungen u. Ä., Gerichtsprozesse, Partnerkonflikte und Entlassungen wirken. Die Tatzeit-Beziehung dazu ist nur lose, in etwa zwei Drittel der Fälle geschieht der Amoklauf unmittelbar bzw. binnen weniger Tage nach dem als einschneidend erlebten Ereignis.[152]

Beispiel zu (1):

> Seit seinem 4. Lebensjahr litt der zum Tatzeitpunkt 15-jährige A. an einer Sprachstörung. Aufgrund dieser wurde er von seinen Mitmenschen gehänselt und ausgegrenzt. In der Familie fühlte er sich lediglich von der Mutter geliebt. Nähe zum Vater erlebte er ausschließlich durch das gemeinsame Betrachten von Gewaltvideofilmen. Infolge des Todesfalls eines engen Familienmitglieds litt A. unter Ängsten und depressiven Episoden. Dies führte zu einem Leistungsabfall in der Schule. Unmittelbar vor der Tat plagten A. Versagensängste, die Schule nicht zu schaffen, gekoppelt mit vermehrten Suizidgedanken. Als das Nichterreichen des Klassenziels bevorstand, sah A. keinen anderen Ausweg mehr. Am Morgen des Tattages entschloss er sich nunmehr endgültig zur Tatdurchführung. Er betrat kurz nach Schulbeginn maskiert den Klassenraum und stach gezielt mit Messern auf den Lehrer und Mitschüler ein. Anschließend flüchtete A. ins Stadtzentrum, wo er von zivilen Einsatzkräften überwältigt wurde. Ein Opfer überlebte die Tat nicht.[153]

Beispiel zu (2):

> Der zum Tatzeitpunkt 25-jährige B. litt seit 2 Jahren unter einer paranoiden Schizophrenie (F 20.0, ICD-10) mit akustischen Halluzinationen und religiösen Wahnideen. Im Zentrum seines Wahnerlebens stand die Überzeugung, von Gott auserwählt und mit missionarischen Aufgaben betraut zu sein. Infolge der Erkrankung wurden massive Verhaltensänderungen mit aggressiven Anteilen beobachtet, die zu mehreren stationären Aufenthalten in psychiatrischen Kliniken führten. Am Tattag hörte er die Stimme Gottes, die ihm sagte, dass er seine Kirchengemeinde bekehren sollte. Um die Mission umzusetzen, bewaffnete er sich mit einem Samurai-Schwert und betrat die Kirche, wobei er sein Schwert aus den Händen verlor. B. geriet daraufhin in einen akuten psychotischen Angstzustand, der sein Denken völlig einengte und ihm den Impuls gab, mit dem Schwert zu schlagen, um wahllos die Menschen, die vor ihm waren, zu töten. In kurzer zeitlicher Abfolge schlug B. auf mehrere Personen ein, bis er von Gemeindemitgliedern abgedrängt werden konnte. Hierbei wurden 4 Personen verletzt, eine davon tödlich.[154]

---

151 Peter und Bogerts (2012).
152 Vergleiche Adler et al. (2006) sowie L. Adler (2015a, 2015b).
153 Peter und Bogerts (2012, S. 62).
154 Peter und Bogerts (2012, S. 62).

Beispiel zu (3):

> Der 40-jährige C. lebte zum Tatzeitpunkt mit seiner Lebensgefährtin und deren Kind in einer gemeinsamen Wohnung. Seit seinem 12. Lebensjahr konsumierte C. regelmäßig Alkohol, seit seinem 20. Lebensjahr Drogen (Heroin). Die langjährige Suchterkrankung führte zu unzähligen Aufenthalten in psychiatrischen Kliniken und Haftstrafen. Vor 3 Jahren wurde zusätzlich eine Krebserkrankung diagnostiziert. Bemühungen seitens C., wieder Fuß im Arbeitsleben zu fassen, blieben erfolglos. Während eines wiederholten Entzugs wird ihm neben der aussichtslosen Lage zu seiner Arbeitsfähigkeit bewusst, dass sich seine Partnerin vom [*sic*] ihm distanziert. Es kommt in der Tatnacht zu einem Streit der beiden, worin sie ihm gesteht, dass sie einen neuen Bekannten kennengelernt hat. Dies führte bei C. zu massiven Verlustängsten. Der als „Waffennarr" bekannte C. nimmt sich einige Revolver aus seiner Waffensammlung, betritt die nahe gelegene Kneipe und schießt wahllos auf anwesende männliche Gäste. Insgesamt wurden 5 Personen durch Streifschüsse verletzt.[155]

Anzumerken ist, dass überlebende Amokläufer im Vergleich zu denen, die bei ihren Taten umkommen, signifikant *andere* Verhältnisse aufweisen könnten, sodass – wie bereits Adler sagt[156] – eine sehr zurückhaltende Interpretation hinsichtlich eines Rückschlusses von überlebenden zu verstorbenen Tätern angebracht ist. Besonders die hochgefährlichen Schulamokangriffe der letzten Jahre, während derer in brutal massenmörderischer Manier agiert wurde, wobei die Täter ausnahmslos nicht überlebt haben, könnten u. U. eine spezielle Kategorie bilden. Da Psychosen, Persönlichkeitsstörungen und auch mit ihnen kombinierte frustrierende Lebensereignisse weit häufiger auftreten als die extrem seltenen Amoktaten (und damit nicht spezifisch sein können), bleibt die Frage nach den validen inneren Ursachen respektive Gründen der Letzteren schließlich bis heute unbeantwortet.[157] Auffällig ist aber, wie intensiv besonders bei School Shootern die Wünsche zu töten, zu sterben sowie der Wunsch getötet zu werden, agiert und in Szene gesetzt werden. Nach Menninger[158] wären diese Fantasien allen selbstmörderischen und homizidalen Handlungen in psychoanalytischer Hinsicht zugrundezulegen – was indes als genetische Erklärung (die mehr sagt, als die Begriffe, die sie schon verwenden) nicht ausreicht. Dass es sich zumindest bei den nicht psychotisch motivierten Taten um rächend final-destruktive *Machtdemonstrationen* handeln könnte, ist ebenso nicht erwiesen, aber teils aus dem Ablauf intuitiv durchaus erschließbar. Interessant, aber schwer zu untersuchen wäre, ob es hier einen Zusammenhang mit dem von Bandura entwickelten Selbstwirksamkeitskonzept gibt[159], bei der die Handlungskompetenzüberzeugung des Amoktäters bezüglich der Tatausführung langsam bis zum fatalen Ende zunähme und die Tat

---

155 Peter und Bogerts (2012, S. 63).
156 L. Adler (2015a, S. 35).
157 Ähnlich auch Peter und Bogerts (2012).
158 Menninger zit. nach L. Adler (2015a, S. 37), siehe Menninger, K. A. (1974). *Selbstzerstörung: Psychoanalyse des Selbstmordes.* Frankfurt a. M.: Suhrkamp.
159 Bandura (1977a, 1982).

schließlich erst ermögliche.[160] H. E. Müller diskutiert Ähnliches im Rahmen der *Kontrollbalacetheorie*[161], nach der ein abweichendes Verhalten (u. a.) dann wahrscheinlicher werde, wenn ein Mensch unter einem Kontrolldefizit leide, sich mithin ohnmächtig fremden Mächten ausgeliefert fühle.[162] Eine extreme Amoktat, in der nahezu absolute Herrschaft über Leben und Tod sehr vieler Menschen ausgeübt werde, würde somit leichter als ausagierte Allmachts-, Rache-, Tötungs- und Grandiositätsfantasie Wirklichkeit werden. Adler[163] erwägt daneben auch einen allgemeinpsychologisch fundierten Vorgang, der abgeschwächt und relativ harmlos schon bei sich gegen Stärkere wild wehrenden, chancenlos-unterlegenen Kindern beobachtet werden könne, und der u. U. einen sozialen Sinn habe, weil Schwächere bei signifikanten Verletzungen gefährlich „auszurasten" vermöchten, was einen potenziellen Angreifer wiederum abschrecke. Beiden Ansätzen kontrastiert jedoch tendenziell, dass bei 23 Prozent aller Amoktätern in den genannten Presseberichtanalysen von Adler und Kollegen explizit *keine Gründe* für die Tat ermittelt werden konnten.[164]

In diesem Zusammenhang sprechen Zeugen (v. a. bei Schulamokangriffen) zum Teil von der *Ruhe* und *Beherrschtheit* und dem *planenden Vorgehen* der Täter[165], so z. B. während der Amoktat an der *Columbine High-School* am 20. April 1999 (Adolf Hitlers Geburtstag[166]). Im Laufe dieses Massenmords waren die beiden Täter in der dortigen Cafeteria per Video aufgezeichnet worden: Ihre Bewegungsabläufe wirkten relativ entspannt und gelassen, obwohl ihnen klar sein musste, dass sie den Tag wahrscheinlich nicht überleben würden.[167] Dies deutet darauf, dass wir ...

> es bei Amok fast immer mit einem Jagdmodus der Gewalt zu tun [haben], der unter anderem durch Kontrolliertheit, Zielorientierung und eine emotionale und physiologische Ruhe charakterisiert ist. Dem gegenüber steht der Verteidigungsmodus der Gewalt, der der klassischen „Kampf oder Flucht"-Reaktion unter akutem Stress entspricht und dem Ziel dient, durch eine Aktivierung des Körpers und der Psyche einer auftauchenden Gefahr zu begegnen. Beide Modi der Gewalt haben einen evolutionären Hintergrund und lassen sich sowohl beim Menschen als auch bei anderen Säugetieren beobachten, wobei jeweils ein spezifisches biochemisches und physiologisches Muster auftritt [...][168]

---

160 Hans Werbik (persönliche Mitteilung).
161 Tittle (1995).
162 H. E. Müller (2015).
163 L. Adler (2015a, S. 40).
164 L. Adler (2015a, S. 33).
165 Vergleiche dazu Hoffmann, Roshdi und Robertz (2009).
166 Einer der Täter schrieb z. B. (u. a.) als klar bekennend-lebensfeindlichen ersten Satz in sein Tagebuch: „I hate the fucking world, to many god damn fuckers it in" (Harris, o. J., siehe http://acolumbinesite.com/eric/writing/journal/journal2.html [abgerufen am 3.10.2017]).
167 Hoffmann (2003, S. 404), siehe das Video unter http://i.cnn.net/cnn/SPECIALS/2000/columbine.cd/videos/Cafe_1b.mpg [abgerufen am 3.10.2017].
168 Hoffmann (2003, S. 404), vgl. Raine et al. (1998).

Zu berücksichtigen ist wohl, dass eine Person, die *fatal-faktisch* mit dem Leben abgeschlossen hat, um sich nurmehr möglichst auffallend und destruktiv-rächend in Szene zu setzen, wesentlich angstfreier agieren könnte, zumal wenn hochgradig aggressive Handlungstendenzen i. S. v. maximalen Tötungswünschen aktiviert wurden. Was allerdings den grundlegenden menschen- und lebensfeindlichen Vernichtungswillen funktional ermöglichte bzw. erzeugte, ist damit noch nicht eindeutig bestimmt.[169]

Es gibt massive Hinweise darauf, dass Amoktaten wie Suizide nachgeahmt werden können (*Werther-Effekt*), und die Berichterstattung der Medien eine negative Rolle für künftige Delikte dieser Art spielt.[170] Etwa ähnlich dem *Herostratos*, der 356 v. Chr. den Artemistempel zu Ephesus in Brand steckte, um berühmt und „unsterblich" zu werden, wirken insbesondere School-Schooting-Amokläufe hinsichtlich der fragwürdigen Verheißung auf „zeitlose" Bekanntheit und Grandiosität[171] für ähnlich gelagerte, gefährdete Personen attraktiv.

Allgemein kann vermutet werden, dass das außerordentliche Geschehen eines Amoklaufs wohl eher nicht nur aus dysfunktionalen Konditionierungsfolgen abgeleitet werden darf, die u. U. nur mehr oder weniger akzessorischen Charakter aufweisen: Positive wie negative Verstärkungen bzw. Bestrafungen aller Art können wirken, sind aber wohl nicht die einzigen Ursachen. Ego-Shooter-Videospiele mit hohem „Kill-Faktor" sind hier in Betracht zu ziehen, die mindestens von der Tendenz her tötungsrelevante Fähigkeiten, Verhaltens- oder Erlebensweisen belohnen und damit heranziehen[172], wobei allerdings eine alleinige Konditionierung ohne entsprechende individuelle psychische Problematik durch solche First-Person-Shooter-Zeitvertreibe kaum wahrscheinlich ist, da Amoktaten sonst wesentlich häufiger auftreten müssten[173].

Wie regelmäßig, ist auch in diesem Bereich eine Wechselwirkung zwischen Umwelteinflüssen und den genetisch bedingten Merkmalen des Individuums anzunehmen. Am wahrscheinlichsten scheint dabei ein Mehrfaktorenmodell i. S. einer „Tat- bzw. Krankheitsgleichung", die genetische, psychische und rein soziale sowie Umgebungsvariablen enthält. Wenn man den Urprimat des Lebenwollens voraussetzt[174], gravierende hirnorganische Störungen bei Amokangriffen nur ganz vereinzelt

---

169 Eine nicht psychiatrische, akteurorientierte kriminologische Perspektive nimmt dabei z. B. Weilbach (2015) ein, der zehn Stadien der mörderischen Handlungswahl unterscheidet.

170 Hermanutz und Kersten (2003, S. 145 f.), siehe Schmidtke, Schaller, Müller, Lester und Stack (2002).

171 Die indes vor dem Hintergrund der räumlichen Ausdehnung und Milliarden Jahren an Dauer dieses Universums sowie aller weiteren u. U. noch sukzessiv folgenden (oder parallelen) Universen doch eher begrenzt, arm und lichtlos zu sein scheint, damit den pathologisch-narzisstischen Charakter in der diesbezüglichen Art, etwas *Besonderes* sein zu wollen, unterstreicht.

172 Hermanutz und Kersten (2003, S. 146 f.).

173 H. E. Müller (2015, S. 60).

174 Also keinen spekulativen Thanatos-Trieb i. S. v. Freud (1940/1966) annimmt.

gegeben sind[175], sollte man an einen v. a. neurologisch bedeutsamen *Risikogenotyp* denken, der erst dann wirklich gefährlich wird, wenn er in spezifisch ungünstige Sozialisations- respektive allgemeine Lebensbedingungen gerät und dabei (bzw. dadurch) charakterlich manifest mörderisch wird. Zudem ist die Verfügbarkeit über tödliche Distanzwaffen wie Gewehre oder Pistolen sowie in Einzelfällen auch Sprengmitteln, insbesondere Handgranaten o. Ä., nachteilig. Angesichts der Bedeutung für die Prävention wäre es sinnvoll, in dieser Betrachtung keinen Denkansatz vorschnell und unbegründet auszublenden.[176]

Nach diesen eher überblickshaften Einordnungen zu Amoktaten allgemein kommen wir nun zum eher Besonderen des School Shootings, zu dessen konkreteren psychosozialen Entstehungskontexten unten Stellung genommen wird. Bannenberg[177] und Müller[178] teilen hierzu Forschungsergebnisse mit, auf die ich mich neben der bei beiden Autoren angeführten Literatur im Weiteren beziehe. Für Schulmassaker ergeben sich für die USA und Deutschland hinsichtlich des phänomenalen Ablaufs daraus folgende Übereinstimmungen:

Meist ist es die eigene bzw. frühere Schule oder Ausbildungsstätte des Täters, die als Tatort gewählt wird, der sich zumeist in Klein- oder Mittelstädten, seltener in Metropolen, und *nicht* auffällig gehäuft an sogenannten sozialen Brennpunkten befindet. Regelmäßig liegt eine langfristige, teils kleinteilige Tatplanung vor, sodass es *keine* spontan-impulsiv aufbrechenden Affekte sind, die hier agiert werden, sondern „kalte" Aggressionen. Der Täter ist regelhaft mit mehreren Waffen ausgerüstet: d. h. hauptsächlich Gewehren, Pistolen, Revolvern; daneben Messern, Schwertern und (teils selbstgebauten) Sprengsätzen sowie vereinzelt Flammenwerfern oder Brandsätzen. Eine hochgradige Fremdgefährdung ist eindeutig gegeben. Der Täter trägt bei seiner Deliktausführung oft dunkle Kleidung, Tarnanzüge oder legt eine Maskierung an. Das eigentliche Massaker wird von ihm typischerweise in äußerlich ruhiger und konzentrierter Art durchgeführt, ein unkontrollierter Wahnakt liegt deshalb nicht vor.[179] Zum Teil fertigt er Todeslisten an, meist jedoch werden die Opfer relativ wahllos attackiert – eine gewisse Fokussierung auf weibliche Personen ist gleichwohl zu beobachten. Nachahmungstendenzen sind vorhanden: Es finden sich öfter Elemente frü-

---

175 Wie bei dem Massenmord des Hauptlehrers Wagner im Jahr 1913, bei dem ein Defekt in der linken parahippocampalen Rinde festgestellt wurde oder dem des Amokläufers Charles W. an der *University of Texas* in Austin im Jahr 1966, dem post mortem ein Hirntumor diagnostiziert worden war (Adler, 2015b, S. 63 f.).

176 Zum Beispiel sollte, so methodisch möglich, unvoreingenommen untersucht werden, ob hier eine (sehr) früh erworbene schwere Panzerung und eine damit nach Reich (1933, verändert 1949/1989) einhergehende orgastische Impotenz, die von sexueller Frustrierung mangels Gelegenheit o. Ä. zu trennen wäre, des Amoktäters vorliegen, um überhaupt zu den infrage stehenden Taten motivational wie emotional fähig zu sein (siehe Kap. 3.4).

177 Bannenberg (2012).

178 H. E. Müller (2015).

179 Siehe Hoffmann et al. (2009).

herer Massaker anderer oder denen von Filmvorbildern. In 80 bis 90 Prozent der Fälle kommt es zu einem sogenannten *Leaking* (d. h. Andeutungen, Drohungen oder verdeckten Hinweisen u. Ä. an unbeteiligte Dritte) über die geplante Tat, was bei einem Auftreten ernst zu nehmen ist. Relativ unmittelbar vor dem Angriff findet sich häufig ein persönlich als kritisch erfahrener Anlass i. S. v. schwereren Kränkungserlebnissen, die mit Statusverlust wie etwa Entlassung, Prüfungsversagen, Respekteinbußen einhergehen. Schließlich hinterlässt der Täter meist Nachrichten an die Nachwelt in Form von Videos, Briefen oder tagebuchähnlichen Aufzeichnungen.[180]

Die Täter sind zu über 95 Prozent männlich, gehören typischerweise der Mittelschicht an, waren in den USA überwiegend weiße Vorstadtjugendliche. In Deutschland besuchten sie oft mittlere oder höherer Schulformen, erzielten dort indes eher schwache Noten. Sie sind zumeist nicht vorbestraft, auch nicht als aggressive bzw. problematische Schüler bekannt gewesen und vor der Tat weder besonders positiv noch negativ aufgefallen, waren also eher „auffällig unauffällige" Personen (*invisible kids*). In etwa 70 Prozent der Fälle handelte es sich um Einzelgänger oder um Jugendliche, denen die Aufnahme in eine festere Peer-Gruppierung nicht gelungen ist. Man beschrieb sie oft als eher schüchterne Personen, die vom weiblichen Geschlecht relativ abgelehnt wurden oder sich selbst in die Isolation zurückgezogen haben. Sehr häufig handelte es sich um Waffenliebhaber mit erleichtertem Zugang zu Schusswaffen über waffenbesitzende Eltern oder Mitgliedschaften in Schützenvereinen. Vor der Tat haben sie sich regelhaft, z. B. über das Internet, intensiv mit früheren Amoktaten beschäftigt. Eine zeitaufwändige Neigung zu gewalthaltigen Computerspielen, insbesondere *First-Person-Shooter-Games*, scheint typisch vorhanden wie ebenso eine allgemeine Faszination für Gewalt, Krieg und Söldnertum. Retrospektiv ließen sich häufig eine erhöhte Kränkbarkeit, Hass- bzw. Rachefantasien, respektive Grandiositätsgefühle eruieren; der eigene Tod wird vom School Shooter als Tatfolge typischerweise eingeplant bzw. als Suizid beabsichtigt.[181] Dazu nun zwei Beispiele:

November 2006: Versuchte Mehrfachtötung an einer Schule nach Videoankündigung

Ein 18-jähriger Deutscher ging in Kampfmontur und schwarzem Mantel in seine Gesamtschule und wollte ein „Massaker" anrichten. Er verletzte 6 Opfer mit Schüssen und Signalfarbe, über 30 weitere Opfer erlitten einen Schock, Sturz- oder Rauchverletzungen. Er erschoss sich schließlich mit einem Kopfschuss.

Vorgeschichte[:] Die Tat hatte er seit Jahren geplant, seine Amok- und Gewaltphantasien in tagebuchartigen Schriftstücken niedergelegt und ein umfassendes Abschiedsvideo hinterlassen, das er kurz vor der Tat im Internet verbreitete. Geplant war eine Tat mit Schusswaffen und einer Explosion im Chemieraum der Schule, was ihm nur ansatzweise gelang. Im Haushalt waren keine Schusswaffen vorhanden, doch konnte er letztlich eine gebrauchte Soft-Air-Waffe gegen ein Kleinkalibergewehr (Erbwaffe eines Nachbarn) tauschen. 20 Schuss Munition erwarb er ohne Berechtigungskarte von einem Polizeibeamten im Internet. Ansonsten griff er auf Sammlerwaffen

---

180 H. E. Müller (2015, S. 54 ff.).
181 H. E. Müller (2015, S. 56 f.).

(Einzellader) zurück und bestückte sich mit selbst gebastelten Brandsätzen, Rohrbomben, Säure, Signalfarbe, Pfefferspray u. a. m. Er hegte seit langem Groll und Wut gegen Schüler, Lehrer, die Schule und die Gesellschaft und gab sich entsprechenden Rache- und Gewaltphantasien intensiv hin. Frühere Amoktaten studierte er genau, insbesondere die Tat an der Columbine Highschool hinterließ bei ihm einen tiefen Eindruck. Er sah sich in Fortsetzung des Anliegens dieser Täter, übernahm deren Sprache und Aussagen und nahm einen Teil der Abschiedsbotschaft auf Englisch auf.

Er war ein stiller, schlechter Schüler und sah sich ständig angegriffen und gedemütigt. Eine Freundin hatte er nicht, wünschte sich jedoch eigentlich den Kontakt zu einem Mädchen. Dies schlug in Abwertung um, weil er sich als „Versager" sah, der nie eine Beziehung würde aufbauen können.

Er führte eine Todesliste und recherchierte im Internet umfangreich über Taten und Gleichgesinnte. In seiner Freizeit war er fast immer allein auf seinem Zimmer (das schwarz gestrichen und mit Postern mit Gewaltmotiven geschmückt war). Allenfalls verbrachte er Zeit mit einigen Bekannten zum Soft-Air-Schießen im Wald. Zuletzt war er vom Gedanken an die Tatplanung wie besessen.

Die Tat beging er am Vortag einer Gerichtsverhandlung wegen unerlaubten Führens einer Gaspistole.[182]

März 2009: Massentötung an Schule und im öffentlichen Raum

Ein 17-jähriger Deutscher erschoss 15 Menschen mit einer Pistole vom Kaliber 9 mm.

Tathergang[:] Gegen 9.30 Uhr betrat der Berufsschüler seine ehemalige Realschule und erschoss 8 Schülerinnen und 1 Schüler sowie 3 Lehrerinnen. 11 weitere Schüler und Schülerinnen sowie 2 Lehrerinnen wurden zum Teil schwer verletzt. Er hatte gezielt ein Klassenzimmer der neunten Klasse im ersten Obergeschoss aufgesucht und sofort geschossen. Die mit dem Rücken zu ihm sitzenden Schüler/innen wurden überrascht und hatten keine Chance zur Flucht. Er tötete in diesem Klassenraum 3 Schülerinnen durch Kopf- und Rückenschüsse, verletzte 6 weitere Schüler/innen durch Schüsse und verließ den Raum. Der Lehrerin gelang es, das Zimmer von innen zu verschließen. Die Zeugen sagten später aus, der Täter habe eine starre, unbewegte Mimik gehabt und nichts gesagt.

Eine Lehrerin einer siebten Klasse, die aufgrund des Lärms auf den Flur getreten war, wurde sofort beschossen, erlitt nur leichte körperliche, aber lang andauernde posttraumatische Verletzungen. Der Täter lud nach und öffnete die Tür zu einer zehnten Klasse. Dort tötete er 6 Schüler/innen und verletzte 2 weitere. Nach Verlassen dieses Raumes traf er eine Lehrerin und eine Referendarin, die die Treppe hochgeeilt waren, tödlich. Er zielte dann auf eine verschlossene Tür und erschoss eine dahinter stehende Referendarin. Weitere Personen erlitten Streifschüsse auf dem Flur oder durch geöffnete Türen. Die nach wenigen Minuten am Tatort eintreffenden Polizeibeamten wurden beim Betreten des Schulgebäudes sofort beschossen.

Der 17-Jährige konnte flüchten und erschoss auf dem angrenzenden Parkgelände des Zentrums für Psychiatrie einen Mitarbeiter. Er nahm danach einen Autofahrer als Geisel und zwang diesen unter Vorhaltung der Waffe, über die Autobahn zu fahren. An einer Anschlussstelle bemerkte die Geisel Streifenwagen und konnte aus dem Auto flüchten. Der Täter ging in ein angrenzendes Industriegebiet und lieferte sich einen Schusswechsel mit der Polizei. Obwohl er durch zwei Schüsse in die Beine verletzt wurde, gelang es ihm, ein Autohaus zu betreten, wo er einen Kunden und einen Verkäufer erschoss. Anschließend feuerte der Täter durch die Scheiben des Verkaufsraums mehrfach auf eintreffende Polizeibeamte und auf dem Parkplatz auf ein vorbeifahrendes Zivilfahrzeug. Hierbei verletzte er eine Polizeibeamtin und einen Polizeibeamten schwer. Gegen 12.30 Uhr erschoss sich der 17-jährige Täter.

Bei der Tat hatte er 2 Magazine und über 280 Schuss Munition dabei. Waffe und Munition stammten aus dem Besitz seines Vaters, eines Schützen, der die Waffe ungesichert aufbewahrt hatte.

Vorgeschichte[:] Der 17-Jährige galt als Einzelgänger und Sonderling mit schulischen Problemen. Seit Jahren gab er sich stundenlang unangemessenem Medienkonsum hin. Er hatte keine

---

182 Bannenberg (2012, S. 83 f.).

Freunde und keine Freundin und betrieb Hobbys, die dem Vater zusagten. Insbesondere interessierte er sich für Waffen (schon früh für Soft-Air-Waffen) und Ego-Shooter sowie seit Jahren für Gewaltfilme, die ab 18 Jahren freigegeben waren. Die Tat hatte er geplant, allerdings waren keine schriftlichen Zeugnisse vorhanden außer einem Zettel, der in seinem Tresor lag. Darauf schrieb er:

„Es gibt zwei Behauptungen, warum es solche Menschen gibt. Die einen sagen, man wird so geboren, die anderen sagen, man wird zu dem gemacht. Die Wahrheit ist, diejenigen haben es schon von Geburt an in sich, es kommt jedoch nur raus, wenn das Gemachte hinzukommt!!"

Es gab deviante Sexualentwicklungen und den ambulanten Besuch in der Kinder- und Jugend-psychiatrie, in der er wohl auch Gewaltphantasien geschildert hatte (Hass und Wut auf die ganze Menschheit; er hatte manchmal sich aufdrängende Gedanken, andere Menschen umzubringen, lenkte sich dann aber mit PC-Spielen ab). Erkannt wurden sozialphobische Tendenzen und soziale Ängste, allerdings wurde keine Unterbringung empfohlen und auch keine akute Eigen- oder Fremdgefährdung gesehen.[183]

Bannenberg[184] teilt zu den familiären Verhältnissen der von ihr untersuchten Amok-läufern mit, dass die Elternhäuser der Täter *keine Risikofaktoren* wie bei typischen Gewaltentwicklungen erkennen ließen. Für Außenstehende schienen diese Familien normal und unauffällig zu sein: Weder gab es Gewalt noch Vernachlässigung oder Alkohol- und Drogenprobleme. Somit liegt der bekannte Risikofaktor eines *Broken home* hier wohl eher nicht regelhaft vor, sondern es zeigten sich vielmehr „intakte" kleinbürgerliche Elternhäuser oder Mittelschichtfamilien, in denen ein gemeinsames Familienleben mit geregelten Mahlzeiten und Sorge um das Wohlergehen der Kinder geübt wurden. Oft war zudem ein klassisches Rollenverständnis mit einem beruflich erfolgreichen Vater und einer Mutter in Hausfrauenrolle zu beobachten. Der spätere Täter sei typischerweise still gewesen, zurückgezogen, wortkarg, und oft auf sein Zimmer gegangen, v. a. wenn Besuch kam, habe viel mit dem Computer gespielt. Eine enge Beziehung der Eltern zum Täter scheint meist nicht vorgelegen zu haben. Er sei oft zu Hause gewesen, besaß keine oder wenige Freunde, keine Freundin und nur wenige Freizeitinteressen, wurde als schulisch meistens wenig erfolgreich und etwas faul beschrieben. Die Täter waren zwar an sich an weiblichen Personen interessiert, gleichwohl zu schüchtern und trauten sich nicht, Mädchen anzusprechen, nahmen dafür gutaussehenden und sportlichen Jungen in ihrer Klasse ihren Erfolg bei den Mädchen sehr übel, schrieben hasserfüllte Bemerkungen. Einige der Täter entwickelten im Zuge dessen deviante sexuelle Gewaltfantasien mit gefesselten Mädchen. Die Täter fühlten sich daneben in der Schule oft gemobbt und von Mitschülern und Lehrern gedemütigt, was einer objektiveren Nachprüfung indes nicht standhielt, damit wiederum auf eine erhöhte Empfindlich- und Kränkbarkeit i. S. einer narzisstischen Problematik hinweist. Diagnostisch ist hier (u. a.) deshalb oft eine narzisstische Persönlichkeitsstörung[185] zu vermuten.

---

183 Bannenberg (2012, S. 85 f.).
184 Bannenberg (2012, S. 89 ff.).
185 Vergleiche dazu Allroggen und Fegert (2015), Kernberg und Hartmann (2010) sowie Saimeh (2008, 2015).

In fast allen Lebensgeschichten der Täter fiel nach Bannenberg[186] die Angst vor Gleichaltrigen, insbesondere die Angst vor körperlichen Auseinandersetzungen, auf. Die Eltern berichteten, dass ihr Kind schon immer eher ängstlich gewesen sei, nicht in den Kindergarten oder die Grundschule gehen wollte und Angst vor anderen Kindern gehabt habe: Scheu, schüchtern, sensibel, zurückhaltend – so lassen sich die Beschreibungen der späteren Täter durch ihre Eltern zusammenfassen, wozu sich danach oft die Angst vor dem Versagen gesellte. Festzustellen war also eine fatale Dynamik: Verletztes Selbstwertgefühl, fehlende Akzeptanz, unterdrückte Wut und Hass, Rachegedanken und eine selektive Befassung mit Gewalt führten bei in ihrem Selbstwerterleben schwachen, sich von der Umwelt gedemütigt fühlenden und nicht anerkannten Individuen mit Misserfolgs- und Frustrationserlebnissen zur einer Menge an unterdrückter Wut, die der spätere Täter jedoch nicht zeigte. Gewaltfilme, Ego-Shooter und Feuerwaffen bzw. echt aussehende Soft-Air-Waffen waren sodann Wege, wie sie ihr Selbstwertgefühl zu stärken suchten, wobei eine deutliche Einengung auf die Themen „Gewalt" und „Tod" Platz griff. In seiner Fantasie wird der schwache Junge ohne soziale Anerkennung dadurch zum starken männlichen Helden, vor dem andere Angst bekommen. Die immer intensiver werdenden Gewaltfantasien ließen die reale Tatausführung schließlich zunehmend nähertreten. Hier sind die Bezüge zum *verdeckten* Narzissmus (s. Tab. 9.3) ersichtlich, der mit der eher offenen Form desselben kombiniert auftreten kann. Die jungen Täter entwickeln also ein starkes Gefühl für Kränkungen und Verletzungen, die sich objektiv betrachtet allerdings meist als relativ geringfügig darstellen, indes als tief schmerzlich und demütigend empfunden werden. Aus diesen Kränkungen wäre die Genese der destruktiven Wut und des mörderischen Hasses zu sehen, die sich immer weiter auf das eine finale Ziel der Auslöschung möglichst vieler anderer Menschen konzentrieren. Inwieweit hierbei früheste Störungen z. B. während der Geburt mit maßgeblich sind, bleibt offen, sind jedoch möglich.[187]

Zur *Prävention* von School-Shooting-Taten sind technische Maßnahmen (wie z. B. Einlasskontrollen, Videoüberwachung, Türschließsysteme u. Ä.) diskutiert worden, die aber sehr aufwändig sind, wenn man die Seltenheit des Amokereignisses dazu in Beziehung setzt.[188] Ein Verbot von Gewaltvideospielen ist ebenso kaum zielfüh-

---

186 Bannenberg (2012, S. 89 ff.).

187 Eine mütterliche Zurückweisung des Kindes im ersten Lebensjahr in Verbindung mit Geburtskomplikationen korrelieren nach Raine et al. (1994) mit gewalttätigem Verhalten im Alter von 18 Jahren, was auch noch im Alter von 34 Jahren spezifisch für Gewalttaten, allerdings nicht für nicht gewalttätige Delikte, galt. Raine et al. (1994) untersuchten dabei $n = 4269$ männliche Lebendgeborene und fanden eine sehr signifikante Interaktion ($p < .0001$) zwischen Geburtskomplikationen und früher mütterlicher Zurückweisung. Siehe dazu auch Piquero und Tibbetts (1999) mit ähnlichen Resultaten. Ob diese Ergebnisse auch für Amoktäter sinngemäß (jedoch bei eher internalisierender späterer Aggressionsverarbeitung) bedeutsam sind, müsste empirisch erforscht werden.

188 Für umfangreichere Darlegungen zu Fragen der Amokprävention siehe Hoffmann und Roshdi (2015).

rend – letztlich würden diese illegal erworben und benutzt. Außerdem ist der Kausalzusammenhang zwischen Videokonsum und Amok zu schwach. Erfolgversprechender wäre die striktere Reglementierung in Bezug zum legalen Munitions- und Schusswaffenbesitz. Zudem könnte eine ausufernde Medienberichterstattung, ähnlich wie heute schon bei Suiziden, durchaus i. S. des Verhältnismäßigkeitsgrundsatzes eingeschränkt werden, sodass Nachahmungstaten schwerer bzw. die Aussicht auf eine postmortale mediale Berühmtheit der Täter geringer würden. Vor allem aber sind die Leaking-Signale des potenziellen Amokläufers zu beachten und abzuklären, auch wenn dabei der ernsthafte Fall vom trittbrettfahrenden „Scherzbold" nicht immer hinreichend klar sein wird.[189] Je mehr respektive intensiver und eindeutiger die oben dargestellten typischen Täterkennzeichen bei einem Menschen zu beobachten sind, desto ernster ist dies zu nehmen, mithin die jeweilige Einrichtungsleitung oder ggf. Polizei einzuschalten.

---

189 H. E. Müller (2015).

Stephan Straßmaier

10 Formen kollektiver Gewalt am Beispiel „Hooliganismus"

10.1 Historische Bezüge, Begriff und Prävalenz

Ein Spiel zu spielen und Spaß zu haben sind ubiquitäre Lebensformen des Menschen. Kinder spielen – aber auch Erwachsene manchmal, hin und wieder, wenn sie ihre freie Zeit mit primär weniger utilitaristischen Handlungszügen verbringen. Wo und wann die exakten Anfangsgründe des heute als Fußball (*soccer*) bekannten Zeitvertreibs liegen, ist der Spekulation anheimgegeben. Waren es bereits Kelten – oder eher die rituellen Kultspiele der Griechen antiker Zeitalter – der späteren Römer, die im *Harpastum* ein Mannschafts-Feld-Ballspiel kannten, denen wir es zu verdanken haben? Oder stecken doch mehr versteckte, mittelalterliche Gefühlswerte in dramatischer und erotischer Art eines Ritterturniers darin als wir gemeinhin denken, wie der Mediävist Huizinga aussprach?[1] Jedenfalls lassen sich seit dem 12. Jahrhundert Arten von Ur-Fußballspielen (z. B. dem *Soule*) in der Normandie und der Bretagne sowie in England nachweisen. Die englischen Könige Edward III. (1327–1377 Rex) und Richard II. (1377–1399 Rex) sahen sich 1349, 1365 bzw. 1388 durch Gottes Gnade dazu veranlasst, Verbote gegen das wehrstrategisch unnütz anmutende Balltreiben ihrer Untertanen zu erlassen, denn diese sollten sich in ihrer freien Zeit gefälligst mit Pfeil und Langbogen üben, schließlich befand man sich im Hundertjährigen Krieg gegen Frankreich. Auch die Ruhestörungen durch das eigentliche Spielgeschehen kulminierten bereits in jener Epoche zu entsprechenden kommunalen Verbotsverfügungen: Im Jahr 1314 echauffierte sich ein Bürgermeister von London über die öffentlichen Ausschreitungen, die das Fußballspielen hervorrufe, und drohte bei Zuwiderhandlung Strafen an. So beliebt jener sportive Zeitvertreib im europäischen Mittelalter teils war, so scheint es jedoch auch ein Prozedere gewesen zu sein, das nur rudimentären Regeln folgte und oft wohl ziemlich wenig zimperlich ausgeübt wurde. Die relativ große Anzahl historisch überlieferter Untersagungen, die durchaus zumindest im Nebenzweck auch als Disziplinierungen zu sehen sind, um unerwünschte Reaktionen wie Tumulte, Revolten und Händel aller Art zu vermeiden, bezeugen einerseits die Popularität jener Vergnügung, andererseits auch ihre Nachteile. Alles in allem scheint das Fußballspiel damit schon im 14. und 15. Jahrhundert eine Freizeitbetätigung vieler Menschen, also quasi ein „Breitensport" gewesen zu sein. In der späteren Zeit des Humanismus und der Renaissance hob dann eine tendenziell freundlichere Wertung aller Formen der Leibesertüchtigung an. Buchdruck, Holz- und Kupferstich eröffneten zudem bildliche Verbreitungswege, sodass sich die entsprechenden

---

[1] Huizinga (1919/1952, Kap. V, S. 77).

DOI 10.1515/978311052203-7-010

Darstellungen vervielfältigten und als Multiplikatoren wirkten. Im 19. Jahrhundert entwickelten sich sodann das französische Soule (als eher dem *Rugby* ähnelndem aggressiven Raufspiel) und das zivilisiertere italienische *Calcio* (dem *American Football* verwandt), das meist nur vom Adel gespielt wurde, sowie der schichten- bzw. klassenübergreifende britische *Football*, der wiederum schon damals als brutal verschrien war, zum europäischen Fußball, wie wir ihn heute kennen.[2]

In Deutschland sind die Verbreitungswege des Fußballspiels wohl vor allem in drei Gruppen von englischen Sportsmen zu erblicken, die es etwa ab der Mitte des 19. Jahrhunderts zum einen als aristokratische Touristen in Kurorten wie Bad Homburg oder Baden-Baden einführten, zum anderen als britische Kaufleute während ihrer Reisen auf den Kontinent mitbrachten, oder schließlich als inländisch sesshafte Techniker, Ingenieure respektive Studenten versuchten, über diese Freizeitbetätigung Anschluss zu finden. Im zweiten Deutschen Kaiserreich etablierte sich das Spiel trotz der neu ins Leben gerufenen Sportvereine zunächst recht zurückhaltend. Die Jugend sollte turnen und züchtig militärischen Normen huldigen. Friedrich Ludwig Jahn (1778–1852) hatte Anfang des 19. Jahrhunderts die Turnerbewegung ins Leben gerufen, die sich später als *der* Hüter wilhelminischer „Kultur" und als Instrument zur Durchsetzung nationalpolitischer wie militärischer Ziele sah (was sie schon von Beginn an inspirierte). Erst zum Ende des 19. Jahrhunderts fand das aus England importierte Ballspiel beim gehobenen Bildungsbürgertum sowie den Angestellten mehr Anklang und am 28. Januar 1900 nun, gründete sich der *Deutsche Fußball-Bund* (DFB). Indes beeinflusste auch diesen Sport die Militarisierung der wilhelminischen Gesellschaft: Neben der Transkription englischer Regeln und Ausdrücke in deutsche Positions- und Spielbeschreibungen (Verteidiger, Flanke, Sturm usw.) sorgte die Aufnahme in die militärische Ausbildung zu entsprechenden (positiven) Veränderungen der gesellschaftlichen Bewertung. Der Erste Weltkrieg bedeutete für alle Sportarten einen schweren Rückschlag. An der Front allerdings wurden zur „Hebung der Truppenmoral" sowie psychischen Stabilisierung Wettkämpfe ausgetragen, Offiziere spielten neben Mannschaftsdienstgraden und nivellierten soziale Schranken und hierarchische Gräben. In der späteren Zeit der Weimarer Republik war dann und vielleicht auch demzufolge der Weg zum Volkssport geebnet, der insbesondere durch die aufkommenden Massenmedien drucktechnischer und später elektronischer Art begünstigt wurde.[3]

Dass es nun bei Zusammenkünften von Menschen zu im weiteren Sinne sportiven Amüsements auch zu unerwünschten Zwischenfällen kommen kann, bezeugt schon Publius Cornelius Tacitus (58 bis um 120 n. Chr.), der in seinen *Annalen*[4] von blutigen Zuschauerausschreitungen etwa im Jahr 59 nach einem Gladiatorenkampf im süditalienischen Pompeji berichtet:

---

2 R. A. Müller (2002).
3 Eggers (2002).
4 Buch XIV, § 17.

Zur selben Zeit kam es, ausgehend von einem unbedeutenden Streit, zu einem entsetzlichen Blutbad zwischen den Siedlern von Nuceria und Pompeii aus Anlaß eines Fechterspiels, das Livineius Regulus veranstaltete [...] Zuerst mit kleinstädtischem Mutwillen sich gegenseitig neckend, gingen sie zu Beschimpfungen über, griffen dann zu Steinen, zuletzt zum Schwert, wobei die Plebs von Pompeii, wo das Spiel stattfand, die Oberhand behielt. So brachte man viele von den Nucerinern durch Wunden entstellt in die Stadt, und sehr viele hatten den Tod von Kindern oder Eltern zu beklagen. Die Entscheidung in dieser Angelegenheit übertrug der Princeps [Kaiser Nero] dem Senat, der Senat den Konsuln. Und als die Sache dann wieder an die Väter zurückverwiesen wurde, verbot man den Pompejanern insgesamt auf zehn Jahre den Besuch derartiger Veranstaltungen und löste die Vereinigungen auf, die sie im Widerspruch zu den Gesetzen gegründet hatten; Livineius und wer sonst noch den Aufruhr veranlaßt hatte, wurde mit der Verbannung bestraft.[5]

Der Begriff *Hooliganismus* scheint dabei jedoch irisch-gälischen Ursprungs und wird wohl erstmals im Zusammenhang mit Pressemitteilungen über Unruhen in London der 1890er-Jahre öffentlich genannt. Die britische Tageszeitung *The Times* vom 30. Oktober 1890 schreibt:

Was machen wir mit den „Hooligans"? Wer oder was ist schuld daran, daß es immer mehr werden? Jede Woche zeigt irgendein Vorfall, daß manche Teile von London für den friedlichen Reisenden gefährlicher sind als entlegene Gegenden in Kalabrien, Sizilien oder Griechenland, wo sich einst die klassischen Schlupfwinkel von Räubern befanden. Jeden Tag werden vor dem einen oder anderen Polizeigericht Einzelheiten über brutale Mißhandlungen berichtet, die ganz unbeteiligte Männer und Frauen erleiden mußten. Solange nur der eine „Hooligan" den andern malträtierte – solange wir in der Hauptsache von Angriffen und Gegenangriffen zwischen Banden hörten, auch wenn dabei manchmal tödliche Waffen gebraucht wurden –, war die Angelegenheit bei weitem nicht so ernst, wie sie mittlerweile geworden ist [...] Die sich häufenden Gewalttaten von Rohlingen jedoch, die systematischen Gesetzesübertretungen von Gruppen junger Burschen und Männer, die ihre jeweilige Umgebung terrorisieren, kann man nicht mehr mit Gelassenheit hinnehmen.

Mit unseren „Hooligans" wird es immer schlimmer. Sie sind ein übler Auswuchs des Gemeinwesens, und am schlimmsten ist, daß sie sich vermehren und daß Schulbehörden und Gefängnisse, Polizeirichter und Philanthropen sie anscheinend nicht auf den Pfad der Tugend bringen können. Andere Großstädte mögen Elemente hervorbringen, die dem Staat gefährlicher werden können. Dennoch ist der „Hooligan" ein abscheulicher Auswurf unserer Zivilisation.[6]

Vielleicht hängt das hier beklagte soziale Problem (wie oft vermutet) tatsächlich mit Mitgliedern einer irischstämmigen Familie namens *Hooligan* (o. Ä.) zusammen, die in der viktorianischen Hauptstadt Englands relativ bekannt gewesen sein soll, und deren devianten Taten später in den 1890er-Jahren in einem Musikstück von den irischen Comedians O'Connor und Brady besungen worden sind.[7] Wie auch immer sich

---

5 Zitiert nach: Tacitus, Cornelius P. (Hrsg. E. Heller). (2010). *Annalen: Lateinisch-deutsch* (6. Aufl.). Mannheim: Artemis & Winkler. (S. 649 ff.)
6 *The Times*, übersetzt zitiert nach Buford (1992, S. 24).
7 Pearson (1983, S. 74 ff.).

dies verhält, sei dahingestellt – ein renommiertes Handwörterbuch der englischen Sprache[8] übersetzt das Substantiv *Hooliganism* jedenfalls schlicht mit *Rowdytum*, einem Platzhalter für vielfältige unerfreuliche Aktivitäten. Somit kann jenes Handeln grosso modo als in der Regel gemeinschaftliche, vorsätzliche bzw. zurechenbare, rechtsverletzende, insbesondere körperliche Gewalt im weiteren zeitlichen, räumlichen und ideologischen Kontext von Sportereignissen (meist nur Fußballspielen) bestimmt werden und grenzt sich damit von der generellen Gewaltkriminalität semantisch ab, obwohl beide als ggf. formal identische Straftatbestände zusammen erfasst werden könnten. Allgemein ist anzumerken, dass sich die Ausschreitungen im Rahmen von Sportevents nicht nur auf die unmittelbaren Spielstätten beziehen müssen, sondern ebenso andere Umgebungen beeinträchtigen können, sodass es auch dort u. a. zu Vandalismus, Delikten gegen Leib und Leben sowie dem Eigentum dann oft dritter Unbeteiligter kommt.

Die moderne Geschichte des Hooliganismus, einem stark von Männern dominierten Phänomen, bei dem Frauen höchstens als Randfiguren und „Anhängsel" auftreten, zählt dabei im Zeitraum von 1946 bis 1968 etwa 20 Gewaltereignisse pro Jahr im Zusammenhang mit Fußballspielen allein in England. In Argentinien beispielsweise wurden zwischen 1958 und 1992 55 Hooliganismus-Vorkommnisse, die zu 118 Toten führten, verzeichnet.[9] In den 1970er- und 1980er-Jahren verschärfte sich das Phänomen in Europa, insbesondere Großbritannien.[10] Exemplarisch steht hier die Katastrophe im Heysel-Stadion in Brüssel am 29. Mai 1985 beim Endspiel des Fußball-Europapokals der Landesmeister zwischen dem *FC Liverpool* und dem *Juventus Turin*. Als Anhänger Liverpools in den neutralen Sektor stürmten, brach Panik aus und eine Wand stürzte ein: Über 350 Menschen wurden verletzt, 39 getötet.[11] Vier Jahre danach, im Jahr 1989, starben im britischen Sheffield, Hillsborough-Stadion, während einer Panik 96 Fans, weil sie an einem Zaun zerquetscht oder zu Tode getrampelt wurden. Obwohl der Fußballhooliganismus in den späteren Jahren etwas zurückging, ist er im neuen Jahrtausend keinesfalls marginalisiert.[12] In jüngerer Zeit sind in Deutschland besonders bezüglich unterer Ligen gewalttätige Ausschreitungen immer wieder in den Schlagzeilen. Vereine wie *Dynamo Dresden*, *Hansa Rostock* oder Berliner Provenienz sind (u. a.) betroffen.[13] Im Berichtszeitraum 2014/2015 wurden in den ersten drei deutschen Ligen (inklusive internationaler Wettbewerbe) 9433 freiheitsentziehende- oder beschränkende Maßnahmen (Vorjahreswert: 10.631), 8329 eingeleitete Strafverfahren (Vorjahreswert: 9725) und 1204 verletzte Personen (nur Ligaspiele, keine Unfallopfer;

---

8 Langenscheidt-Redaktion (2000).
9 Archetti und Romero, zit. nach Priks (2008, S. 8).
10 Siehe Ek (1996) und Frosdick und Marsh (2005).
11 Ek (1996).
12 Siehe z. B. Lösel, Bliesener, Fischer und Pabst (2001), Lösel und Bliesener (2006) sowie Nijboer und Althoff (2006).
13 Vergleiche. *Zentrale Informationsstelle Sporteinsätze Jahresbericht Fußball Saison 2014/15* (ZIS) (2015) und daneben z. B. Kett-Straub (2012).

Tab. 10.1: 12-Jahres-Übersicht relevanter Daten und polizeilicher Maßnahmen bezüglich Fußballspielen der 1. und 2. Bundesliga in Deutschland (eigene Darstellung nach ZIS, 2015, S. 34, Daten des Landesamtes für Zentrale Polizeiliche Dienste NRW, Zentrale Informationsstelle Sporteinsätze).

Saison	2003/2004	2004/2005	2005/2006	2006/2007	2007/2008	2008/2009	2009/2010	2010/2011	2011/2012	2012/2013	2013/2014	2014/2015
Vereine	36	36	36	36	36	36	36	36	36	36	36	36
Spiele[1]	788	754	770	750	751	787	764	750	757	755	750	749
Personen Kat. B[2]	4285	5673	5560	6105	5860	5785	6470	7240	8480	7810	7988	7458
Personen Kat. C[2]	2195	2415	2305	2308	2185	2125	2290	2445	2893	2607	2554	2419
Strafverfahren gesamt	**3409**	**4711**	**4576**	**4394**	**4577**	**6030**	**6043**	**5818**	**8143**	**6502**	**7863**	**6364**
Einleitung durch Polizeien der Länder	2778	3572	3390	3383	3473	4622	4410	4293	6069	4860	5988	4993
Einleitung durch Bundespolizei	631	1139	1186	1011	1104	1408	1633	1525	2074	1642	1875	1371
Körperverletzung[3]	913	1296	1294	1232	1237	1696	1439	1572	1831	1698	2018	1666
Widerstand gegen Vollstreckungsbeamte[3]	238	287	235	270	338	371	324	306	371	332	390	255
Landfriedensbruch[3]	132	323	459	200	321	620	438	315	616	496	460	381
Sachbeschädigung[3]	355	508	480	443	510	579	602	477	723	571	624	361
Sonstige[3]	1771	2297	2108	2249	2171	2764	3240	3148	4602	3405	4371	3701
Freiheitsentziehungen gesamt	**5079**	**6217**	**5876**	**6414**	**7264**	**9174**	**6784**	**6061**	**7298**	**6837**	**8989**	**7571**
durch Polizeien der Länder	4483	5329	5294	5953	6452	8765	6157	5530	6684	6108	6795	6880
durch Bundespolizei	596	888	582	467	812	409	627	531	614	729	2194	691
nach Strafprozessordnung[3]	3017	3849	3615	3559	4136	4489	3914	3825	4242	4357	6743	6029
nach Polizeigesetz[3]	2062	2368	2261	2855	3128	4685	2870	2236	3056	2480	2246	1542
verletzte Personen Ligaspiele[4][5]	**270**	**415**	**371**	**494**	**501**	**579**	**784**	**846**	**1142**	**788**	**1281**	**863**
Polizeibeamte[4][5]	58	64	58	71	111	155	219	243	235	242	361	227
Störer[4][5]	77	173	98	198	151	208	288	259	514	201	429	241
Unbeteiligte[4][5]	135	178	215	225	239	216	277	344	393	345	415	324
Ordner[4][5]							bis Saison 2012/2013 keine separate Erfassung				76	71
Einsatzstunden gesamt	**931.103**	**1.244.964**	**1.315.424**	**1.248.064**	**1.391.164**	**1.525.941**	**1.760.654**	**1.562.242**	**1.884.525**	**1.756.190**	**1.944.919**	**1.600.425**
durch Polizeien der Länder	720.800	928.397	1.033.252	974.074	1.053.455	1.099.940	1.217.395	1.122.577	1.365.557	1.274.302	1.385.655	1.203.694
durch Bundespolizei	210.303	316.567	282.172	273.990	337.709	426.001	543.259	439.665	518.968	481.888	559.264	396.731

[1] Summe aus Ligaspielen sowie in den Ligastandorten ausgetragenen Spielen des DFB-Pokals und der UEFA-Wettbewerbe sowie Länder- und Vorbereitungsspiele
[2] durch Polizeibehörden geschätzte Anzahl
[3] Anteil an der Gesamtzahl
[4] Polizeien der Länder und Bundespolizei
[5] ab 2013/2014: geänderte Erfassungskriterien

Tab. 10.2: 12-Jahres-Übersicht relevanter Daten und polizeilicher Maßnahmen bezüglich Fußballspielen der 3. Liga in Deutschland (eigene Darstellung nach ZIS, 2015, S. 35, Daten des Landesamtes für Zentrale Polizeiliche Dienste NRW, Zentrale Informationsstelle Sporteinsätze).

Saison	2003/ 2004	2004/ 2005	2005/ 2006	2006/ 2007	2007/ 2008	2008/ 2009	2009/ 2010	2010/ 2011	2011/ 2012	2012/ 2013	2013/ 2014	2014/ 2015
Vereine						20	20	20	20	20	20	20
Spiele						380	380	380	380	380	380	428
Personen Kat. B[1]		Zeitraum vor Gründung der 3. Liga				2375	2360	2395	1810	2435	2300	2696
Personen Kat. C[1]						685	680	629	526	688	746	882
Strafverfahren gesamt						**1086**	**1058**	**1305**	**997**	**1645**	**1862**	**1965**
Einleitung durch Polizeien der Länder						760	657	663	744	862	1294	1431
Einleitung durch Bundespolizei						326	401	642	253	783	568	534
Freiheitsentziehungen gesamt						**1686**	**759**	**1135**	**1155**	**1371**	**1642**	**1862**
durch Polizeien der Länder						1575	662	838	1126	1293	1466	1606
durch Bundespolizei						111	97	297	29	78	176	256
nach Strafprozessordnung[2]						911	603	658	672	964	1041	1687
nach Polizeigesetz[2]						775	156	477	483	407	601	175
verletzte Personen Ligaspiele[3]						**251**	**156**	**231**	**236**	**358**	**307**	**341**
Polizeibeamte[3]						74	36	69	103	109	152	80
Störer[3]						125	77	102	54	180	72	103
Unbeteiligte[3]						52	43	60	79	69	73	138
Ordner[3]						bis Saison 2012/2013 keine separate Erfassung					10	20
Einsatzstunden gesamt						**461.777**	**365.062**	**479.516**	**331.319**	**566.857**	**488.622**	**634.246**
durch Polizeien der Länder						335.190	258.943	331.951	263.035	383.752	355.780	487.563
durch Bundespolizei						126.587	106.119	147.565	68.284	173.105	132.842	146.683

[1] durch Polizeibehörden geschätzte Anzahl
[2] Anteil an der Gesamtzahl
[3] Polizeien der Länder und Bundespolizei
Ab 2013/2014 nachträgliche Erhebung der Daten der 3. Liga wie in den Bundesligen mit identischem Jahresberichtserfassungsbogen.

Tab. 10.3: 12-Jahre-Übersicht relevanter Daten und polizeilicher Maßnahmen bezüglich Fußballspielen der Regionalligen in Deutschland (eigene Darstellung nach ZIS 2015, S. 35, Daten des Landesamtes für Zentrale Polizeiliche Dienste NRW, Zentrale Informationsstelle Sporteinsätze).

Saison	2003/ 2004	2004/ 2005	2005/ 2006	2006/ 2007	2007/ 2008	2008/ 2009	2009/ 2010	2010/ 2011	2011/ 2012	2012/ 2013	2013/ 2014	2014/ 2015
Vereine	36	37	37	37	37	54	54	54	55	93	90	88
Spiele	612	648	648	648	648	918	918	901	954	1644	1536	1464
Personen Kat. B[1]	2193	1663	1768	2445	3238	2206	2242	1673	2144	2773	3041	3202
Personen Kat. C[1]	830	729	847	878	798	686	661	557	636	907	935	961
Strafverfahren gesamt	**511**	**530**	**565**	**883**	**739**	**975**	**927**	**659**	**758**	**928**	**1365**	**1274**
durch Polizeien der Länder	511	530	565	883	739	693	529	459	486	659	1014	969
durch Bundespolizei	bis Saison 2007/2008 keine Erfassung					282	398	200	272	269	351	305
Freiheitsentziehungen gesamt	**1034**	**971**	**1115**	**1629**	**1471**	**1291**	**1015**	**727**	**684**	**1160**	**1464**	**1926**
durch Polizeien der Länder	1034	971	1115	1629	1471	1181	946	655	577	954	1428	1712
durch Bundespolizei	bis Saison 2007/2008 keine Erfassung					110	69	72	107	206	36	214
nach Strafprozessordnung[2]	527	550	522	1007	889	823	608	414	406	629	896	1634
nach Polizeigesetz[2]	507	421	593	622	582	468	407	313	278	531	568	292
Einsatzstunden gesamt	**250.300**	**229.300**	**254.057**	**392.824**	**395.631**	**403.422**	**353.735**	**276.674**	**273.852**	**349.907**	**413.440**	**431.912**
durch Polizeien der Länder	250.300	229.300	254.057	392.824	395.631	287.208	263.064	190.426	203.821	272.410	326.536	353.455
durch Bundespolizei	bis Saison 2007/2008 keine Erfassung					116.214	90.671	86.248	70.031	77.497	86.904	78.467

Angaben zu den Regionalligen ohne Nacherhebungen.

[1] durch Polizeibehörden geschätzte Anzahl

[2] Polizeien der Länder, ab Beginn Saison 2008/09 inklusive Bundespolizei

Vorjahreswert: 1588) von der Polizei gezählt.[14] Insgesamt sind in der gleichen Zeit 13.455 gewaltbereite bzw. -geneigte sowie gewaltsuchende Personen in den Anhängerschaften der ersten drei Ligen (Vorjahreswert: 13.589) ausgewiesen.[15] (Für eine 12-Jahres-Übersicht aller relevanten polizeilichen Daten, s. Tab. 10.1, 10.2 und 10.3.) Doch auch im Ausland fielen Fans z. B. italienischer oder französischer Clubs teils als manifest gewalttätig auf[16], sodass man sagen kann, es handelt sich um ein generelles, überregionales Problem des europäischen Fußballs wie des Weltfußballs insgesamt.[17]

10.2 Überblicksskizze wesentlicher Erklärungsansätze

Wie kommt es nun dazu, dass Menschen im Zuge einer, absolut betrachtet, *relativ* geringfügigen Sache, wie sie ein Fußballspiel, dessen Verlauf und Ausgang usw. darstellen, Verwüstungen verursachen, andere Personen brutal angehen, schädigen, schwer verletzen und u. U. töten? Pilz[18] unterteilte, neben Heitmeyer und Peter[19], die Anhänger von Fußballmannschaften in drei Gruppen:

(1) in die sogenannten *konsumorientierten* Fans, die eher der Mittel- und Oberschicht angehörten, und an *Fair play*, einem qualitativ guten Spiel interessiert seien,

(2) in die *fußballzentrierten* Fans der „Kuttenszene" mit vereinsorientierter Bekleidung (etwa T-Shirts oder Jeanswesten mit Emblemen, Schals in Vereinsfarben bzw. anderen Utensilien wie Fahnen usw.) überwiegend aus unteren sozialen Schichten stammend, die eine starke Bindung an den jeweiligen Verein, die Mannschaft desselben, i. S. einer bedingungslosen Identifikation entwickelten,[20]

(3) in die Gruppe der *erlebnisorientierten* Anhänger, die im relativen Unterschied dazu scheinbar vor allem ein starkes Stimulationsbedürfnis zeigten, sodass für sie die *Suche nach Anregung* das Hauptmotiv darstelle, zu einem Fußballspiel zu gehen. Hierzu rechnet Pilz die Hooligans, zu denen indes seit Mitte bis Ende der 1990er-Jahre noch die ebenso erlebnisorientierten sogenannten *Ultras* kämen, die die „Seele des Fußballs" gegen wirtschaftliche Vereinnahmung und medialen Kommerz u. Ä. jedoch als *reguläre*, nicht verheimlichte, intensive Lebenseinstellung bewahren wollten.[21]

---

14 ZIS (2015, S. 6).

15 ZIS (2015, S. 11).

16 Für eine kurze, eher episodische Zusammenstellung dazu siehe Priks (2008, S. 9 f.).

17 Für die ungefähre internationale Verbreitung von Hooliganismusvorfällen in Zahlen siehe Dunning (2006).

18 Pilz (1992).

19 Heitmeyer und Peter (1992).

20 Siehe für eine genauere Darstellung der westdeutschen Fankulturen der Zeit vor der deutschen Vereinigung Matthesius (1992). Vergleiche dazu auch den geschichtlichen Abriss bei Schäfer-Vogel (2007, S. 21–38).

21 Siehe Pilz, Behn, Klose, Schwenzer, Steffan und Wölki (2006) sowie Pilz (2013b).

In neuerer Zeit scheint die Ultraszene allerdings auf dem Weg, sich von der Gewalt-freiheit zumindest in Teilen zu verabschieden, indem sogenannte *Hooltras* sich an Gewalttaten beteiligten. Insgesamt besehen sind Hooligans nach Pilz[22] jedoch nicht vor allem Modernisierungsverlierer, also mitnichten zuvörderst junge Menschen mit schlechten oder gar keinen Schulabschlüssen und geringen Zukunftsperspektiven, sondern sie rekrutierten sich aus allen Sozialschichten – darunter ebenfalls Abituri-enten, Studenten und Akademiker. Also Menschen mit guten beruflichen Positionen, die *zwei Identitäten* aufwiesen, eine „brave" bürgerliche und eine als subkulturell-rowdyhafter Fußballschläger (s. dazu die dies teils bestätigenden qualitativen Zeug-nisse in Kap. 10.3). Deshalb seien zwei Haupttypen von Hooligans zu unterscheiden:

(1) den sozial-ökonomisch zu kurz gekommenen, sich durch Gewalt aufwertenden „Proll-Hool"[23] und

(2) den vor allem am „Gefühlskick" interessierten „Juppie Hool"[24].

Dass so etwas zumindest vereinzelt vorkommen kann, ist erwiesen. Sogar ein ehema-liger Polizeibeamter gab sich explizit als Hooligan zu erkennen[25], in welchem Ausmaß dies allerdings regelhaft gilt und ob nicht noch andere Typen zu unterscheiden wären, bedarf der genaueren empirischen Forschung.[26]

Ähnlich der von Pilz gemachten Einteilung unterscheiden deutsche Polizeibehörden seit Jahren in *A-*, *B-* und *C-Fans.*

– A-Fans sind hier wieder die ausschließlich am Sport Interessierten,

– B-Fans sind diejenigen, die sich (gewaltgeneigt) sporadisch (ggf. unter Alkohol-einfluss) an aggressiven Auseinandersetzungen beteiligen,

– C-Fans sind die Besucher, die die Fußballspiele mit der Absicht, Gewalt auszu-üben, besuchen[27] (s. zur Anzahl Tab. 10.1, 10.2 und 10.3).

In eher soziologisch-funktioneller Hinsicht haben van Limbergen, Colaers und Wal-grave[28] desgleichen drei Gruppen, hier jedoch speziell von *Hooligans*, beschrieben. Die Gewaltfans seien demnach in relativ distinkten Personengruppen aufgespalten zu sehen.

(1) Ein „harter Kern" von jungen Männern im Alter etwa zwischen 18 und 23 Jahren, die meist bereits straffällig geworden waren und keine oder kaum Fanbekleidung trügen, keinen oder nur wenig Alkohol respektive Drogen im Zusammenhang mit dem Spiel konsumierten, plane die Attacken gegen konträre Gruppen, reagiere

---

22 Pilz (2005).
23 Pilz (2013b, S. 86).
24 Pilz (2013b, S. 86).
25 Siehe Schubert (2010).
26 Für ein Beispiel einer psychologischen Intensivuntersuchung von Hooligans siehe Lösel et al. (2001), genauere Darstellung weiter unten.
27 ZIS (2015).
28 van Limbergen, Colaers und Walgrave (1989).

auf polizeiliche Strategien und verfolge die mediale Berichterstattung. Bindungsprobleme wie fehlende Partnerschaften oder problematische Peerbeziehungen
träten gehäuft auf.[29]

(2) Um diesem devianten Kern zu gefallen, würden jüngere, meist im Teenalter
befindliche „Inszenierer" um Anerkennung buhlen, indem sie bei körperlichen
Auseinandersetzungen oft als erste zuschlügen.

(3) Um diese beiden Individuengruppen scharten sich jugendliche Mitläufer, von der
Gefahr fasziniert vielleicht, den harten Kern verbal stützend, die aber die realen
körperlichen *Fights* vermieden.[30]

Diese eher grob phänomenalen Einteilungen helfen bei der Kategorisierung und
praktischen Behandlung der Problempersonen, geben aber noch keine hinreichenden Erklärungen, warum es überhaupt zu solch einem Aggressions- bzw. agierten
Gewaltbedürfnis kommt. Sie sagen nicht, wie diese entstanden sind, und können
demzufolge auch keine grundlegenden Ratschläge erteilen, auf welche Weise das
Übel am klügsten zu beheben wäre. Zu diesem Zweck sind vor allem aussagekräftige
empirische Daten zu den Motiven und dem psychischen Status usw. der Betreffenden
nötig.

In Großbritannien hob seit den 1960er- bis in die Mitte der 1980er-Jahre eine
ziemliche „Welle" wissenschaftlicher Arbeiten, theoretischer Konzepte und teils
empirischer Untersuchungen des Themas „Hooliganismus" an. Am relativen Anfang
dieser Entwicklung stand der *Harrington-Report*[31], der zur Gewinnung seiner Resultate Befragungen und direkte Beobachtungen bei Fußballspielen vornahm, bzw.
Daten anderer Stellen wie die der Polizei verarbeitete. Der Psychiater Harrington und
seine Mitarbeiter machten *individuelle* Faktoren i. S. einer pathologischen Veranlagung, geistige Unreife sowie Kontrollverlust durch externe Reize während des Spiels
verantwortlich[32], wobei sozialpsychologische Überlegungen, Gruppendynamiken
(i. S. eines fundamentalen Attributionsfehlers) nicht ausreichend beachtet wurden.
In den späteren 1970er-Jahren etablierte sich unter Anwendung der Sozialisationstheorie von Elias die international vorherrschende sogenannte *Leicester School*[33], die
eher soziologische Hypothesen für das infrage stehende Phänomen lieferte. Elias'
figurationssoziologischer Ansatz[34] denkt die gesellschaftlichen Prozesse als dynamische gesellschaftliche Verflechtungen von Individuen, wobei die sich ändernden
gesellschaftlichen Umstände abgewandelte menschliche Beziehungen darstellten.

---

29 Teilweise sind die genannten Personen gleichwohl auch älter und verheiratet, wie Kerr (1994) aus
dem Studium von Gerichtsakten erfuhr; Ähnliches bei Lösel et al. (2001) bzw. Kidza (2014).
30 Lösel et al. (2001, S. 11 f.).
31 Harrington et al. (1968).
32 Frosdick und Marsh (2005, S. 87 f.).
33 Siehe Frosdick und Marsh (2005, Kap. 7).
34 Elias (1939/1999).

Eine *Figuration* sei das Bild einer *Verbindung* zwischen Mensch und Gesellschaft in einem konkreten, ggf. verschachtelten Zusammenhang impliziter Abhängigkeiten. Nach Vertretern der Leicester School wäre, grob gesagt, Hooliganismus als Ausdruck eines „Way of Life" von Mitgliedern der Unterschicht-Arbeiterklasse zu sehen, der in Lebensformen der Aggression, wie aggressive Erziehungsstile oder territorial orientierte Streetgangs, des intensiven Alkoholkonsums und allgemein rigid-männlichen Durchsetzungs- und Stärkeidealen u. Ä. bestünde. Dies zeige sich durch die hohe Popularität des Fußballs im Stadion alsdann in der Lust rivalisierender Gangs an der körperlichen Auseinandersetzung, die den Akteuren als Quelle der Identität, des Sinns sowie des Status diene.[35] Ob es allerdings immer nur schlecht oder mittelmäßig begabte „Proleten" sind, die sich mangels anderer Anerkennung (gern) prügeln, kann bezweifelt werden, auch wenn manche feldforschende Untersuchung darauf hinzudeuten scheint.[36] Trivizas[37] fand so in seiner Untersuchung von 652 Delikten, bei von der Londoner Polizei zwischen den Jahren 1974 und 1976 in Zusammenhang mit Fußballunruhen festgenommenen Personen, eine deutliche Überrepräsentation von Mitgliedern der Arbeiterklasse. Dabei handelte es sich aber meist um geringere Verstöße i. S. eines „use of threatening or insulting words or behaviour"[38]. Bemerkenswerterweise war die Beteiligung von Arbeitslosen hier teils statistisch bedeutsam geringer als in einer Kontrollgruppe von Gewalttätern ohne Bezug zum Fußball. Bei Priks[39] könnte dagegen ein erhöhter Anteil an Arbeitslosen zu mehr Zwischenfällen geführt zu haben.

Wie schon Lösel und Mitarbeiter[40] richtig einwandten, wird beim Ansatz der Leicester School die Frage relativ wenig beantwortet, warum die weit überwiegende Mehrzahl der Fußballfans, die in ähnlichen sozialen Verhältnissen leben, *nicht* gewalttätig werden. Andere Standpunkte mit eher sozial- und differenzialpsychologischen Blickwinkeln, die multifaktoriell aufgestellt sind, scheinen in diesem Kontext in der Tat besser geeignet, das Problem „Hooliganismus" zu erklären, denn die humane Aggression ist, wie die oben dargestellten Erläuterungen nahelegen, meistens vielgestaltig determiniert. Außerdem ist sie als relativ generelle und stabile *Disposition* zu sehen[41]. Sozial-kognitive neben neurologisch-zerebralen, aktuell-situationale im Verbund mit ggf. historisch längst vergangenen, genetische wie epigenetische Einflüsse wirken u. a. in einem nicht linearen Prozess zusammen.

---

35 Siehe Williams, Dunning und Murphy (1984/2014), Dunning, Murphy und Williams (1986, 1988/2014).

36 Für biografische Belastungen bei Hooligans sprechen z. B. die Untersuchungen von Böttger (1998), Bohnsack (1996) und van der Brug (1994).

37 Trivizas (1980).

38 Trivizas (1980, S. 287).

39 Priks (2008).

40 Lösel et al. (2001, S. 9).

41 Siehe u. a. Olweus (1979) bzw. Zumkley (1994) und Kap. 2 und 4.4.

Farrington[42] extrahierte so in seiner Analyse englischer Daten der *Cambridge Study in Delinquent Development* folgende spezifische Prädiktoren, die für ein späteres Auftreten als Hooligan besonders wesentlich schienen:

(1) relativ kleiner Wuchs,
(2) ein an seinen Kindern desinteressierter Vater,
(3) weniger große Nervosität,
(4) fehlende religiöse Orientierung,
(5) autoritärer Erziehungsstil der Eltern sowie
(6) früher Schulabgang.

Zani und Kirchler[43] hatten davor 505 italienische Fußballfans hinsichtlich mehrerer psychologischer und soziologischer Variablen untersucht: Alter, Geschlecht, Familien-, Ausbildungs- und Beschäftigungsstand sowie die Selbstbeschreibungen der Vereinsunterstützung als fanatischer respektive eher moderater Fan. Daneben wurden die Wahrnehmung der Clubmitglieder des rivalisierenden Vereins erhoben. Als Hauptergebnis teilen die Forscher mit:

> The results suggest that individuals become more aggressive in groups, that the behaviour is controlled by group norms and, hence, that aggression depends on the group's acceptance of violence. The study also supports a rather traditional picture of „hooligans": the football fans who participate in disturbances are, in general, young, unemployed, poorly educated fanatics who attributed their violence to external factors.[44]

Zudem scheinen deutlichere Bindungsprobleme bei den fanatischen bzw. gewaltbereiten Fans vorzuliegen. Dabei muss man allerdings beachten, dass diese Zahlen erstens bereits etwa 25 Jahre alt sind (verschärft gilt dies auch für Trivizas' Studie), mithin soziologische Veränderungen, etwa Internet und Mobiltelefonie usw., denkbar wären, und es sich zweitens um eine spezielle Darstellung *italienischer* Fans, nämlich der von Bologna und Neapel handelt. Fanstrukturen und -verhalten können je nach Land bzw. Kulturkreis differieren.[45] Es ist also die externe Validität, die Möglichkeit der Generalisierung, in diesem Zusammenhang hinterfragbar. Allgemein kann hingegen festgehalten werden, dass sozialpsychologische Faktoren, wie die Einteilung in eine *Wir-* bzw. *Fremdgruppe*, die konkrete Gruppendynamik sowie die situationalen Bedingungen wesentlich bestimmen können, ob, wie, wo und wann Gewalt ausgeübt wird. Das *Massenevent* als solches, die Gesänge, der Jubel und die Enttäuschungsreaktionen usw. begünstigen u. a. eine Deindividualisierung.[46] Enge, Lärm, körperliche Nähe sowie weitere Stressoren, z. B. Provokationen, steigern die physiologische

---

42 Farrington (1994b).
43 Zani und Kirchler (1991).
44 Zani und Kirchler (1991, S. 5).
45 Siehe die ausführliche Darstellung dazu in Frosdick und Marsh (2005, Kap. 5., S. 57 ff.).
46 Siehe Zimbardo (1969) und Bandura (1979).

Erregung, was insgesamt betrachtet zum Absinken der Handlungskontrolle führen kann.[47] Alkohol- und Drogenkonsum wirken hier teils gleichsinnig hinzu[48], obschon angezweifelt werden kann, dass allein der Konsum von Suchtstoffen zu Ausschreitungen führt[49]. Auch die Spielperformance der präferierten Mannschaft sowie Schiedsrichterentscheide haben u. U. Auswirkungen auf das aggressive Verhalten der Fans.[50] Dies alles mag im ungünstigen Fall besonders bei gewaltgeneigteren fußballzentrierten Fans oder Ultras u. U. den Ausschlag geben, tatsächlich kämpferisch aggressiv zu handeln. Freilich muss deutlich gesagt werden, dass auch relativ primäre, fußballunabhängige, Persönlichkeitszüge zu beachten sind: Es gibt Personen, die einzig und allein zum Prügeln ins Stadion gehen, und dies vor allem nur deshalb, weil es ihnen schlichtweg Spaß macht (s. dazu auch Kap. 10.3).[51] Bei solchen Menschen triggern die Situationsbedingungen gerade nicht die Gewalttätigkeit, denn der feste *Vorsatz* zur Gewaltausübung bestand bereits zeitlich (weit) *vorher*. Zum anderen sind solche Individuen zudem oft weniger stressanfällig[52], suchen, weil angenehm, das erhöhte Erregungsniveau i. S. eines *Sensation Seeking*[53] auf. Dass dabei ein typischer „Ehrenkodex" eingehalten werde (keine Waffen zu benutzen, nicht auf am Boden Liegende einzuschlagen und niemand Unbeteiligten zu attackieren), kann generell nicht behauptet werden und dient vielleicht als schönende Rede vor allem der *Neutralisierung*[54]. Eher scheint ein *Werteverlust* diesbezüglich wahrscheinlicher (s. Kap. 10.3), als dass die *Gewalttäter Sport*, wie sie polizeiintern[55] kategorisiert werden, nun wirklich ehrenwert würden. Neben den Standardwaffen des Verbrechers, also etwa Totschlägern, Schlagringen, Biergläsern, Flaschen und Knüppeln, verwenden Hooligans auch modernere Waffen wie Leuchtkugeln, Molotow-Cocktails, Reizgas, daneben u. a. Wurfsterne, Nunchakus (Würgehölzer), Stichwaffen, Baseballschläger und Polizeischlagstöcke.[56] In allen Ländern mit erheblichem Aufkommen von Hooliganismus ist festzustellen, dass sich die Gewaltfans gern in den Medien prominent erwähnt sehen, oft danach

---

47 Siehe die oben stehenden Ausführungen zur *Cognitive-Neoassociation Theory* von Berkowitz (in Kap. 4) bezüglich der Wirkung aversiver Reize auf die Aggression. Daneben ist die Möglichkeit eines Erregungstransfers i. S. v. Zillmann (1971, 1983, 1988) gegeben.
48 Siehe Bushman und Cooper (1990), Ito et al. (1996) sowie Russell (2004).
49 Frosdick und Marsh (2005, Kap. 10).
50 Siehe für einen Überblick Pilz (2013a) und daneben Priks (2008, 2010).
51 Siehe Harnischmacher (2006), Lösel et al. (2001) und Lösel und Bliesener (2006). Sutterlüty (2002) zeigt allgemein (ohne direkten Bezug zum Fußballgeschehen), wie durch familiäre Ohnmachts- und Missachtungserfahrungen von Kindern und Jugendlichen i. S. v. Gewaltkarrieren u. U. Täter werden, die sich machtorientierte Handlungsschemata der Gewaltausübung nebst gewaltaffiner Interpretationsregimes aneignen – intrinsische Tatmotive, durch die eine perpetuierte Gewalttätigkeit und teils ihre Glorifizierung hervorgehen.
52 Siehe Kap. 2.
53 Zuckerman (1994).
54 Im Sinne von Sykes und Matza (1957).
55 Siehe ZIS (2015, S. 14 f.).
56 Harnischmacher (2006).

streben und aktiv mit rivalisierenden Gruppen um das reale Maß an Berichterstattung konkurrieren. Dass diese medialen Reportagen das gewalttätige Verhalten i. S. sozial-kognitiver Lerneffekte[57] ungewollt verstärken können, ist deshalb wahrscheinlich.[58]

Aufgrund der verstärkten Überwachung und den Verhinderungsmaßnahmen u. Ä. in den unmittelbaren Spielstätten und deren Umgebung treffen sich rivalisierende Fangruppen gleichfalls zu verabredeten Schlägereien in teils abgelegenen Waldgebieten oder sonstigen unbeobachteten Sozialräumen, wie an Autobahnrastplätzen respektive Supermarktparkarealen.[59] Solche Treffen firmieren u. a. unter dem euphemistischen Begriff *Feld-Wald-Wiesen-Sport*, haben oft eher reglementiert-sportiven Boxcharakter (insbesondere ohne Waffen bzw. Gewalt gegen kampfunfähige oder flüchtende Personen, jedoch teils mit Schutzutensilien ausgeführt), sind meist nicht gnadenlos brutal und werden regelmäßig mit Video aufgenommen und z. T. ins Internet eingestellt.[60] Gruppen von 20 bis selten über 60 jüngerer Männer sind hierbei zu beobachten, wie sie hordenmäßig aufeinander einprügeln, sich jedoch nicht unbedingt sehr schwer verletzen – teils gibt man sich Berichten zufolge[61] danach die Hände und feiert im Anschluss sogar miteinander.

Nach dieser synoptischen theoretischen Eingrenzung des Themas werden in Kapitel 10.3 einige einschlägige, möglichst authentische Zeugnisse bzw. Selbstzeugnisse von Personen, die die realen Ausschreitungen tatsächlich miterlebt haben, wiedergegeben. Durch diese qualitativ-empirische *Materialsammlung* soll klarer werden, was Hooliganismus als Verhaltensmodus regelhaft kennzeichnet, wie sich das Denken, Fühlen und Handeln der diesbezüglich agierenden Personen tatsächlich ausnehmen.

10.3 Qualitative Zeugnisse zum Bereich „Fußballgewalt"

Hooligans interessieren sich für das Fußballspiel typischerweise insofern, als Möglichkeiten bestehen, sich mit konkurrierenden Gewaltfans zu schlagen: Das sportive Ereignis dient als Anlass einer anderen Art der Vergnügung, nicht etwa als eigentlicher Zweck.[62] Hooligans sind zwar oft Fußballinteressierte und Unterstützer eines Vereins, aber eben auch (besonders) im nicht ganz herkömmlichen Sinne. Es werden

---

57 Siehe Kap. 5.

58 Frosdick und Marsh (2005, Kap. 9).

59 Für eine Übersicht dazu siehe Kidza (2014, S. 174 ff.).

60 Siehe z. B. https://www.youtube.com/results?search_query=Feld-Wald-Wiesen-Sport [abgerufen am 22.10.2015].

61 Kidza (2014, S. 174 ff.).

62 Siehe Böttger (1998), Lösel et al. (2001) und Harnischmacher (2006), ferner z. B. die Berichte in Schubert (2010), Buford (1992), Hauswald und Farin (1993) sowie Maniglio (2007).

daher vor allem solche Spiele aufgesucht, bei denen die Gelegenheit zur Gewaltausübung besteht. Ein kurzes Beispiel illustriert das:[63]

> Wir hoffen, dass ihr zahlreich erscheint, damit wir genug zum Wegklatschen haben. Denn ihr wisst ja, die Gelsenszene ist das Beste! Wenn ihr nicht kommt, seid ihr noch größere Lutscher als eure Scheiß-Dortmunder Freunde. Wir werden euch einen prima Empfang geben, euch durch ganz Gelsenkirchen boxen und hinterher in Mülleimer stopfen. Bringt bitte ein paar Dortmunder mit, dass man diesen Hühnerhaufen auch mal wieder vor die Faust kriegt. Freut euch auf euren letzten Tag. Die Schalker werden euch schlachten![64]

Die gutmütige Annahme, dass es hier um irgendwelche Kontrollverlustgeschehnisse berauschter fanatischer Individuen gehe, greift fehl, obwohl es solches (jedoch relativ vereinzelt) auch geben mag. Man muss nach den vorliegenden Daten davon ausgehen, dass bei Hooligan-Ausschreitungen in der Regel vorab *geplante* strafrechtlich bewehrte Delikte (vorsätzlich) verwirklicht werden.

> D. B. is 33 and he is an official „ultras" (Italian hooligan) of „Torino Calcio" (Turin soccer team) [...] [Er sagte wörtlich:]
> We meet at the bar every day. Furthermore we attend a weekly formal meeting, in which we talk about next matches [...] We meet to plan our strategies for the match. We plan the best strategy of supporting our team and defeating our enemies in order to dominate their hometown [...] We plan to fight against them and to destroy their things and their hometown.[65]

Spaß an der Gewalt ist ein entscheidender Aspekt für viele Hooligans aller Lager, wenn sie gegeneinander antreten. Rollen und Intentionen sind hier aufgrund einer Absprache oder aufgrund bereits lange bestehender Handlungsroutinen festgelegt, Provokationen nicht mehr nötig. Ein Beispiel aus einem Interview von Böttger mag das erläutern:

> B [*Befragter*]: Nee, also, da hat man, wie gesagt, ne – die Gegner sind da, du wußtest, die wollten auch ihren Spaß haben, du brauchtest nicht erst vorher rumzupöbeln, dann ging das von ganz alleine.
> I [*Interviewer*]: Also, das macht dann aber auch richtig Spaß so?
> B: Das hat richtig Spaß gemacht.[66]

Gewalt wird mittelbar zu einer geradezu sexuell aufreizenden Droge. Nicht nur vereinzelte Berichte deuten darauf hin, dass der Fight hier nicht in erster Linie um des

---

63 Die nachstehenden Zitate werden hier inhaltlich als anschauliche Sammlung relativ jüngeren Materials wiedergegeben (s. für weitergehende Interpretationen die Kap. 10.2, 10.4 und 10.5). Die Textzitate haben den Zweck, als Beispiele wissenschaftliche Aussagen zu untermauern und wurden so kurz wie möglich gehalten.
64 Harnischmacher (2006).
65 Maniglio (2007, S. 204).
66 Böttger (1998, S. 9).

einfachen (sozialen) Ergebnisses ausgefochten wird, nicht utilitaristisch, um einen Nutzen zu generieren, sondern dass er oft eher als intrinsisch verstärkter Selbstzweck zur Erlangung bzw. Herstellung einer Art von Glücksgefühl, Berauschtheit an der Macht und siegreich-triumphalem Überlegenheitsgefühl (u. Ä. m.) dient. Ein ehemaliger „Hooligan-Polizist"[67] artikuliert dies als gewesenes aktives Mitglied der Hooligan-Fangruppe *Blue Army* der *Arminia Bielefeld* deutlich:

> Die Blue Army war Freundeskreis und Familie zugleich. Sie war die Plattform, Jugendfantasien auch noch mit 20, 30 oder 40 Jahren ausleben zu können. Unsere Gefühlslage war berauschend. Wir waren die Starken. Die Guten und die Bösen, die Gesetzlosen und die Ordnungsmacht. Wir waren die Blue Army – eine marodierende Horde, der gesellschaftliche Normen gleichgültig waren. Über Recht und Unrecht hatten andere nicht zu entscheiden – das machten wir schon selbst.[68]

Oder:

> Heute denke ich, dass wir damals alle Angst hatten. Angst vor einer Niederlage und Angst davor, in dieser Gruppe nicht bestehen zu können. Angst vor dem Scheitern und manchmal – ganz selten und nie ausgesprochen – auch Angst vor dem eigenen Gewissen. Ängste und Befürchtungen, die auch in der Polizeiwelt eine große Rolle spielen.
> Die Kontrolle und die Überwindung dieser Ängste machten stark. Man fühlte sich überlegen. Unangreifbar. Besser. Einen Kampf in Unterzahl gewonnen oder einen übermächtigen Gegner bezwungen zu haben führte zu unbeschreiblichen Glücks- und Allmachtgefühlen. Ein Rausch. Zustände, die im normalen Leben kaum zu erreichen waren. Gefühle, die unbeteiligte Menschen nie hätten nachvollziehen können.[69]

Ein anderer ehemaliger Hooligan mit dem Pseudonym Toni Meyer, z. Zt. der Befragung 45 Jahre alt, berichtete im Online-Magazin *Fudder: Neuigkeiten aus Freiburg* vom 23. August 2012 in einem Interview mit Daniel Weber über seine Vergangenheit[70] und sagte:

> [*Fudder.de:*] Wie wird man vom normalen Fan zum prügelnden Hooligan?
> [Toni Meyer:] Es ist eine Entwicklung, die man durchmacht. Du entschließt dich ja nicht von heute auf morgen zu so etwas. Es geht bei Jugendlichen meistens darum, sich zu beweisen und Anerkennung zu bekommen. Wenn ich die in meinem normalen Leben nicht bekomme – Schule, Ausbildung – dann hole ich mir die in anderen Feldern. Ich habe mir sie dann durch Prügeleien und diesen Lebensstil geholt.
> [*Fudder.de:*] Woher kam der Spaß an der Gewalt?
> [Toni Meyer:] Je mehr ich dabei war und zu Auswärtsspielen mitgefahren bin, umso mehr habe ich den Kick gesucht. Um den geht es. Er wurde wie zu einer Droge, die ich gebraucht habe. Du musstest in den Kämpfen deinen Mann stehen. Das hört sich banal an, aber da kamen richtig

---

67 Schubert (2010, S. 270).
68 Schubert (2010, S. 69).
69 Schubert (2010, S. 329).
70 Siehe auch T. Meyer (2011).

die Urinstinkte in einem hoch. Wohlgemerkt waren das aber nur Prügeleien mit Hooligans aus anderen Städten, das waren immer so 20, 30 Leute.

Es gab da einen Ehrenkodex, geprügelt wurde nur mit den Fäusten. Auf europäischer Ebene war das etwas anderes. Da musstest du schon aufpassen, dass da keiner mit einem Messer vor dir steht.[71]

Aber auch unabhängig von u. U. speziell deutschen oder kontinentaleuropäischen Verhältnissen deuten Berichte ausländischer Hooligans in dieselbe Richtung. So z. B. die des Danny Brown, der sich mit etwa 18 Jahren der Hooligan-Gruppierung *C-Crew* von *Aston Villa* anschloss und in den 1980er-Jahren in England wegen seiner Delikte als Hooligan zu zwei Mal drei Jahren Gefängnis verurteilt worden war. Er äußerte im Interview mit C. Germann vom 5. Juni 2012 in *Zeit Online* unter der Überschrift „Die Gewalt war wie ein Zaubertrank":

ZEIT ONLINE: Cass Pennant, ein ehemaliger Hooligan von West Ham United, hat die Faszination der Fußball-Gewalt einmal in einem Interview als Sucht bezeichnet. Waren Sie auch süchtig nach Gewalt?

Brown: Nun, die Leidenschaft, für Deinen Club zu kämpfen und der damit verbundene Adrenalinrausch waren unglaublich. Aber ich glaube nicht, dass man diese Sucht verstehen kann. In meinem Buch *Villains* habe ich versucht, das zu erklären. Die Gewalt war für mich wie Heroin, sie wurde zu einer Sucht. Das Unfaire daran ist, dass man Fußball-Hooligans ins Gefängnis steckt und nicht in renommierte Rehabilitationskliniken, wo sie versuchen, dich zu heilen.

ZEIT ONLINE: Mit Verlaub, das klingt sehr einfach.

Brown: Sicher. Ein Alkoholiker oder ein Drogensüchtiger würden diesen Vergleich mit einem Hooligan nicht akzeptieren. Aber ich habe es geliebt, zur C-Crew zu gehören, genoss die Planung und die Ausführung unserer Aktionen und die Befriedigung, wenn wir aus den Kämpfen als Sieger hervorgingen. Natürlich nur für eine gewisse Zeit.[72]

Teilweise wird behauptet, vielleicht auch (manchmal) wirklich daran geglaubt, dass innerhalb einer sittenwidrigen kriminellen Destruktivität doch auch etwas wie Anstand existieren könne, ja, es ihn tatsächlich auch dort gebe – ungeschriebene Gesetze, Regeln, die gelten würden wie ein Kodex verbrecherischer Organisationen:

Marius kam auf mich zu. Marius, einer der Gründungsmitglieder der Blue Army [Hooligan-Fangruppe der *Arminia Bielefeld*]. Er nahm mich zur Seite, sah sich mein Auge an [das nach einer Schlägerei verletzt war] und forderte mich auf, die Geschichte [des Angriffs anderer] zu erzählen. Marius wollte sichergehen, dass wir uns nicht peinlich verhalten und zu Recht eine Abreibung bekommen hatten. Er wollte die Bestätigung, dass wir nicht irgendein blindes Ding gestartet hatten. Denn für die Blue Army zählte tatsächlich so etwas wie Ehre, Recht und Ordnung. Auseinandersetzungen mit anderen mussten sinnhaft sein und dem ungeschriebenen Kodex dieser Gruppe entsprechen. Hätten wir dagegen verstoßen, dürften wir nicht auf die Unterstützung der Jungs hoffen.[73]

---

71 T. Meyer (2012).
72 Brown (2012, Hervorhebung und Fettsatz im Original).
73 Schubert (2010, S. 138 f.).

Am Beginn eines typischen Hooligangeschehens treten oft Sachbeschädigungen schon während der Anfahrt in Bussen oder Zügen auf, des Weiteren werden teils ganze Geschäftsstraßen verwüstet, Läden geplündert, unbeteiligte Dritte attackiert. Bei körperlichen Kämpfen der rivalisierenden Gruppen kommt es „natürlich" zu mehr oder weniger drastischen und gefährlichen Körperverletzungen, Beleidigungen, daneben, als weitere kennzeichnende Rechtsverletzung zum Landfriedensbruch, ferner Verstößen gegen das Waffengesetz, teils Einbruchdiebstählen und Raub, später oft zum Widerstand gegen Vollstreckungsbeamte und im Extrem zu Tötungsdelikten. Schubert beschreibt, wie sich eine Anreise der Hooligans der Arminia Bielefeld zu einem Spiel hier als Geschäftsplünderung real ausnehmen kann:

> Im Konvoi fuhren wir über die A2 ins Ruhrgebiet. Die Pausen an den Raststätten glichen feindlichen Einmärschen in einem Kriegsgebiet. Hundert angetrunkene Männer, die keinerlei Regeln befolgten, betraten wie eine marodierende Armee den Verkaufsraum. Chaos und Lärm verbreitend steckten sie sich alles ein, was irgendwie sinnvoll schien. Bier, Korn, Kaugummis, aber auch Tennissocken und Hustenbonbons. Die Angestellten ergaben sich dieser Invasion. Es gab keine Regeln, keine Rücksicht und keine Gnade.[74]

Zu einer Bustour der Hooligans der Arminia Bielefeld im Sommer 1994 zu einem Auswärtsspiel, die getarnt als Kegelverein und unter dem Namen eines unbescholtenen Schulkollegen gebucht worden war, schildert Schubert Folgendes:

> Das Spiel fand an einem Sonntag statt. Regionalliga West-Südwest. 430 Kilometer ein Weg, Fußball, Kurzbesuch auf dem lokalen Weinmarkt und ein ungezwungenes Date mit den Lauterer Hools – ein Hauptgewinn! [...] [Der] Bus war bis auf den letzten Platz ausverkauft. Unsere Leute um Frank, Paul, Kai, Olaf, Jan und mich dürften mit Abstand die jüngsten „Kegelbrüder" auf dieser Fahrt gewesen sein. Der Rest bestand aus alten Haudegen aus der Gründerzeit des [*Ostwestfalenterror*] OWT Blue Army, die schon seit dem Frankreichüberfall 1984 europaweit für Furore sorgten. Es war sicherlich eine der eindrucksvollsten und schlagkräftigsten Busbesatzungen, die Bielefeld jemals verlassen hatte.
> Gegen Mitternacht trafen wir uns im „Cobra" und gönnten uns die ersten Biere. [...] Zwei Omnibusse mit Hooligans aller Altersklassen sollten Bielefeld im Morgengrauen in Richtung Pfalz verlassen. Zwei extrem alkoholisierte Ausflugsgesellschaften, deren Gewaltpotenzial schon im nüchternen Zustand äußerst bedenklich war.
> Dem Busfahrer stand das Entsetzen ins Gesicht geschrieben, als er unsere Gruppe wiedererkannte. Er hatte uns schon einmal gefahren. Es war eine Extrem-Tour zu unseren Freunden nach Hamburg gewesen. 35 volltrunkene Krawallbrüder, die zwei Tage exzessiv trinken, grölen und feiern wollten, musste er seinerzeit chauffieren. Eigentlich wollten wir uns damals nur das Spiel HSV gegen die Eintracht Frankfurt ansehen, ein bisschen auf der Reeperbahn mit unseren Hamburger Freunden feiern und wieder zurück nach Bielefeld fahren. Eigentlich. Dann aber hatten wir damals spontan beschlossen, noch das Sonntagsspiel Dortmund gegen Schalke zu besuchen. Ein kleiner Überraschungsbesuch bei den Schalker Jungs, die wir ganz besonders gut leiden konnten.

---

74 Schubert (2010, S. 42).

Der Busfahrer stammelte damals etwas von Vertrag und Ruhezeiten, dass sein Chef den Bus bräuchte und solche Dinge. Hardy regelte die Angelegenheit. 1,85 Meter groß und 1,85 Meter breit, Handflächen so groß wie Baggerschaufeln und ein vergleichsweise impulsives Gemüt. Hardy torkelte damals den schmalen Mittelgang nach vorne, nahm seine Jacke und schmiss sie dem Fahrer einfach über den Kopf – während der Fahrt auf der A2 bei Tempo 100. Er packte den Fahrer fest am Hals und drückte ihm die Gurgel ab: „Du fährst dahin, wo wir es dir sagen! Wenn ich sage, du fährst nach Dortmund, dann fährst du nach Dortmund. Hast du das verstanden, du bescheuerter Wichser?"

[...]

04:38 Uhr, der Bus hatte Bielefeld noch nicht einmal verlassen.

Um 06:30 Uhr baute unsere Knast-Connection, fünf Typen – alle über 100 Kilo schwer – mit mehr Gefängniserfahrung als der gesamte Rest des Busses, die ersten Koks-Straßen. Zwei von denen besetzten die ersten Plätze vorne rechts, direkt neben dem Fahrer und seiner Frau. Sie klappten ihre Tischchen aus und breiteten genüsslich das Kokain aus, um sich dann unter den ungläubigen, entsetzten und panischen Blicken des Fahrers und seiner Frau mehrere Linien Koks in die Nase zu ziehen.

Dann riss einer von den Jungs den Ausklapptisch aus der Verankerung und verteilte darauf mehrere Linien Koks und Dutzende von Ecstasy-Tabletten im ganzen Bus. Meine Kumpels und ich blieben bei Wodka-Apfelsaft. Bis auf Uwe, der allerdings nur zwei Stunden später nach einem Cocktail aus Koks, Speed, Ecstasy und Wodka mit einem Kreislaufkollaps ausfiel. Der Bus musste auf den Randstreifen, ein Notarzt wurde alarmiert und die Fahrt – nachdem Uwe mit einem Krankenwagen abtransportiert worden war – unter lautem Applaus fortgesetzt. Gefallene Kameraden gab es schließlich in jedem Krieg zu beklagen [...][75]

In einem weiteren Selbstzeugnisbericht beschreibt der ehemalige Hooligan der *Hamburg Ultras* Alexander Hoh, der z. Zt. des Gesprächs 41 Jahre alt war, in einem Interview mit Björn Jensen im *Hamburger Abendblatt* vom 16. März 2010, wie er als jugendlicher Fan des *Hamburger Sport-Vereins* (HSV) zum Gewalttäter wurde, daneben seine Sicht und Motivationsgründe bzw. Teile seiner einschlägigen Erlebnisse:[76]

Alexander Hoh: Ich habe 1978 mein erstes HSV-Spiel besucht und habe 1984 als Jugendlicher zum ersten Mal Ausschreitungen beim Fußball beobachtet. Ich fand das alles unglaublich aufregend. Einige Zeit später fanden sich viele jugendliche HSV-Fans zusammen und bildeten nach englischem Vorbild die erste Hooligan-Gruppierung. Und da war ich mit dabei. Für mich war es die Suche nach Abenteuern, und natürlich hat auch die Gruppenzugehörigkeit eine Rolle gespielt.

Abendblatt: Man hört oft, Hooligans seien aus allen Teilen der Gesellschaft gekommen. Wie war das in Ihrer Gruppe?

Hoh: Genau so. Es war tatsächlich ein Querschnitt durch die Gesellschaft. Vom kleinkriminellen Jugendlichen bis zum Jurastudenten war alles vertreten. Das Faszinierende war, dass Jugendliche mit derart verschiedenen sozialen Hintergründen und Werdegängen, die oftmals sonst keinerlei Gemeinsamkeiten hatten, so stark zusammengehalten haben.

[...]

---

75 Schubert (2010, S. 70–74).
76 Vergleiche dazu auch die ausführlicheren Berichte in Hoh (2009).

Abendblatt: Hatten Sie das Gefühl, sich auflehnen zu wollen? Haben Sie ein Ventil gesucht, um Alltagsfrust abzubauen, oder waren Sie politisch motiviert?
Hoh: Ich persönlich habe das nicht als Ventil gesehen, um Frust abzubauen. Ich war immer recht zufrieden mit meinem Leben. Aber sicherlich hat das bei anderen eine Rolle gespielt. Ich habe das Ganze auch nicht als Ersatzkrieg gesehen, so wie andere gerne mal hineininterpretieren. Ich wollte natürlich aber auch meine Grenzen austesten. Politisch motiviert waren wir nicht, jedoch haben wir gerne mit politischen Parolen provoziert. In der Anfangszeit wollten uns auch mal rechte Parteien für sich gewinnen, aber die Herren wurden mit handfesten Argumenten aus der Westkurve verwiesen.

Abendblatt: Beschreiben Sie den Spaß, den es macht, sich auf der Straße ohne Regeln zu prügeln, immer im Bewusstsein, dass man sich verletzen oder festgenommen werden könnte.
Hoh: Ich habe das Ganze immer aus sportlicher Perspektive betrachtet. Der Reiz war, dass man sich mit Gleichgesinnten misst. Das hätte man natürlich auch im Sportverein – wo man sich im Übrigen auch verletzen kann – machen können, aber auf der Straße kam noch der Reiz hinzu, dass man nie wusste, wann und wo man auf die Gegner traf. Hinzu kam noch, dass man ständig versuchte, die Polizei auszutricksen. Das erinnerte häufig an ein Katz-und-Maus-Spiel. Im Übrigen waren wir auch keine Kampfsportler, sondern teilweise dürre Spaddel, die mit rudernden Armen aufeinander eingeschlagen haben. Man darf auch nicht den Fehler machen, die Hamburg Hooligans [sic] nur auf Schlägereien zu reduzieren. Es gab viele Wochenenden, an denen es überhaupt keine Ausschreitungen gab und wir trotzdem eine Menge Spaß hatten. Wir waren eine sehr kreative und dynamische Gruppe und haben allerhand Schabernack veranstaltet. Einige Sachen, die wir gemacht haben, hatten schon sehr starke Ähnlichkeit mit den Flashmobs von heute. Die Zeit mit den Hamburg Hooligans [sic] war ein unterhaltsames Gesamtpaket, in dem die Auseinandersetzungen ein kleiner, wenn auch nicht unwichtiger Teil waren, die viele von uns im übrigen gar nicht so ernst genommen haben wie man vermuten würde.
[...]
Abendblatt: Sie sind Krankenpfleger. Empfinden Sie es als Ironie, dass ein früherer Hooligan heute Kranke pflegt?
Hoh: Nein, überhaupt nicht. Wie gesagt, ich habe das immer sportlich betrachtet. Darf zum Beispiel ein Arzt nicht Boxen als Hobby haben? Ich war auch in meiner aktiven Zeit schon Krankenpfleger. Ich habe den Beruf und das Privatleben immer vom Fußball getrennt.[77]

Zu den erheblichen Verletzungsrisiken, Rechtsfolgen und Kosten teilt ein anderer ehemaliger Hooligan (Pseudonym Dieter B., 51 Jahre alt, etwa 30 davon als Hooligan aktiv) in der *Westdeutsche Zeitung* (WZ), Online-Ausgabe vom 7. Februar 2012, im Interview mit Matthias Rech Folgendes mit:

[WZ:] Wie oft hatten Sie schon die Nase gebrochen?
B.: Ich hatte erst drei Verletzungen. Einmal hatte ich zwei Schneidezähne eines anderen im Kopf stecken. Und zweimal eine Platzwunde über dem Auge. Dazu natürlich einige blaue Flecken. Einmal hatte ich auch eine Schürfwunde im Gesicht. Da hatte ich dann offiziell einen Fahrradunfall.
[WZ:] Der ganze Ärger, nur um sich zu kloppen?

---

77 Hoh (2010, Kursivierung und Fettsatz im Original).

B.: Ich würde alles wieder so machen. Wenn ich heute umfallen und sterben würde, kann ich sagen: Ich habe gelebt. Andere machen Bungee Jumping, Fallschirmspringen oder fahren Autorennen – ich mach' dritte Halbzeit. Das ist mein Kick. Wenn du Pech hast, stehst du eben mit einem Bein im Knast. Ich war auch schon etwa 20 Mal vor Gericht. Wenn ich das Geld jetzt hätte, was ich für Körperverletzungen, Anwaltskosten oder Schmerzensgelder gezahlt habe, könnte ich bauen.

[WZ:] Offensichtlich konnte Sie das nicht davon abhalten, sich beim Fußball weiterhin zu prügeln.

B.: Das Schlimme ist: Du gehst zum Fußball und sagst dir, dass heute nichts passiert. Und dann passiert doch was, und du bist mittendrin. Das kann man nicht mehr steuern, hat keine Kontrolle darüber. Es ist irgendwie in mir drin. Das ist wie Dr. Jekyll und Mister Hyde. Bei für die dritte Halbzeit uninteressanten Spielen kann ich aber auch ganz normal Fußball gucken.

[WZ:] Hat es Ihnen nie etwas ausgemacht, wenn Sie andere bei Schlägereien verletzt haben?

B.: Nein, das macht mir nichts aus. Die lassen sich doch darauf ein, das sind ja Gleichgesinnte. [...]

[WZ:] Was sind das für Leute?

B.: In unseren Reihen boxen zwei Rechtsanwälte, leitende Angestellte, ein Immobilienmakler, andere Schlipsträger. Und wissentlich ein Polizist. Der ist auch bei der Einsatzhundertschaft und könnte theoretisch auf Kollegen treffen, die ihn kennen. Aber er nimmt das für den Kick in Kauf.[78]

Das Verletzungsrisiko, das bei solchen Vorkommnissen als sehr hoch veranschlagt werden muss, wird jedoch billigend in Kauf genommen:

Marco [22 Jahre, Dachdecker]: Also davor, muß ich sagen, hab ich am meisten Schiß, vor irgendwelchen Verletzungen im Gesicht oder so. Was heutzutage 'n Zahn oder 'n Gebiß kostet – das ist immer 'ne teure Angelegenheit. Im Prinzip hast du immer Schiß vor irgendwelchen Schmerzen, ist ganz klar. Wenn du zum Spiel fährst, hoffst du ja immer, wenn du mal eine einfängst, daß die so fair sind und dich liegenlassen. Aber das ist ja nicht mehr so heute. Wenn du wirklich unten liegst, dann treten auch drei, vier Mann auf dich ein. Gut, es kann natürlich sein, daß einer kommt und dir wieder auf die Beine hilft. Aber die meisten sind eben so drauf ...

Winter [21 Jahre, Technikstudent]: Von der Sache her ist es natürlich Scheiße. Ich möchte auch nicht von zehn Leuten die Fresse vollbekommen. Das passiert einfach mal im Eifer des Gefechts.

[Interviewer:] Angst spielt also durchaus 'ne Rolle in solchen Situationen?

Marco: Klar, das kann ja keiner bestreiten. Wenn einer ganz normal gebaut ist, und dem steht auf einmal so 'n Zwei-Meter-Typ gegenüber – da hast du schon Muffe.

[Interviewer:] Was habt Ihr denn schon selber an Verletzungen abbekommen?

Marco: Ich hab bisher zweimal eins in die Fresse gekriegt. Das war bei Hamburg gegen Rostock. Da hat mir einer eine gegeben und mich aber stehenlassen. Das war irgendwie okay.

Winter: Ich habe allerhöchstens von den Bullen 'n bißchen CS-Gas in die Fresse oder 'n paar Knüppelhiebe gekriegt, so daß ich mal übel zusammengelegt wurde. Ganz normal ist, daß du 'n blaues Auge hast oder Hand verstaucht oder umgeknickt oder gebrochen. Meine Zähne hab ich noch relativ alle. So groß ist mir noch nichts passiert. [...]

Winter: [...] Großartige Verletzungen passieren eigentlich in der Masse nicht. Da sind immer 'n paar Durchdreher dabei, die 'n Messer oder sonst irgendwelche Kacke dabeihaben. Das find ich unwahrscheinlich unfair. 'ne Keule oder so hat jeder im Auto liegen, aber ich finde, 'n Messer

---

78 Rech (2012, Fettsatz im Original).

ist eins der unfairsten Dinger, die es überhaupt gibt. Anfangs waren wir eigentlich darauf eingestellt, daß es auf 'nen Faustkampf hinausläuft.

Marco: Raufrennen, kurz boxen – und dann war es gut.

Winter: Es gab damals auch keine Waffen. Die einzigen Waffen waren vielleicht Doc Martens
[ein Stiefeltyp mit Kultstatus, Anmerkung d. Verf.], und es wurde gegriffen, was gerade in der
Nähe lag. Aber das ist für mich 'ne normale Prügelei.

Marco: Zum Beispiel die Bremer, die Sägeblätter in die Masse schmeißen, die sind doch schon
ganz schön hart.

Winter: Das war so der erste Wendeschock. Du hast von drüben andere Skinhead- und Hooligan-
gruppen kennengelernt, und die waren alle bewaffnet.

*[Interviewer:] Aber das gab's damals auch schon, daß fünf oder zehn auf einen losgingen, daß der
nicht liegengelassen wurde, sondern weitergemacht wurde?*

Marco: Im Osten auf jeden Fall. Wenn da einer lag, der hat noch viel gekriegt – das kann keiner
beschreiben. Es gab natürlich mal einen, der irgendwann gesagt hat: Der hat genug, lassen wir
ihn liegen. Aber wenn du richtig voll warst und am Tag deinen Fight nicht gehabt hast und dann
einen erwischt – ist doch logisch, den läßt du doch nicht nach einem Faustschlag liegen. Der hat
es richtig gekriegt.[79]

Zum Schluss zeigt ein nochmaliger Ausschnitt aus dem Buch von Schubert die Bru-
talität und Bedenkenlosigkeit von Mitgliedern einer Hooligangruppe in ziemlich auf-
richtig, authentisch scheinender Weise:

Harte Zeiten standen uns bevor. 1995 – keine Weltmeisterschaft auf dem Programm, keine Euro-
pameisterschaft, die Bundesliga ging in die Sommerpause, acht Wochen ohne Fußball – Zeiten
wie diese verlangten nach einem Notfallplan. Und es konnte nur eine Lösung geben: Mallorca. [...]

Mallorca! Die Entscheidung fiel auf Cala Ratjada und in kürzester Zeit waren drei weitere
Jungs aus Bielefeld mit an Bord [...] und dazu noch neun Jungs aus Hamburg. Das Reisepro-
gramm musste nicht weiter diskutiert werden: 15 Mann, 14 Tage Party. Das Reisegepäck: Shorts,
T-Shirts, größere Mengen Kopfschmerztabletten und Maaloxan gegen Sodbrennen. Unser Reise-
gefährte Mark hatte überdies noch eine Portion Haschisch von der Größe einer Tafel Schokolade
im Gepäck, um die zwei Wochen in Spanien einigermaßen über die Runden zu kommen. Für
einen echten Polizisten wäre das ein guter Fang gewesen, aber war ich ein echter Polizist?

Zu unserem Erstaunen lief uns schon am ersten Tag eine Gruppe junger Münsteraner Hooligans vor die Fäuste. Münster und die Armina spielten zu jener Zeit zwar in unterschiedlichen
Ligen, die Rivalität zwischen den beiden Fan-Gruppen blieb aber trotzdem bestehen. Eine
Gruppe von acht jüngeren Kerlen, deren Outfit der ganzen Welt signalisieren sollte: Achtung, wir
sind Fußball-Hooligans und wir sind gefährlich! Alle acht Kerle in Komplettausstattung, bestehend aus Blue-System- und Chevignon-Klamotten und dazu die obligatorischen New-Balance-
Turnschuhe. Für uns an diesem Nachmittag der erste Lacher, denn in dieser Uniform ging man
eigentlich schon seit geraumer Zeit nicht mehr zum Fußball, weil mittlerweile selbst der älteste
Dorfpolizist diese Marken mit Fußball und Gewalt in Verbindung brachte.

Die Sache war in wenigen Sekunden erledigt. Münsteraner Nasenbeine brachen wie Hähn-
chenknochen und der Erholungsurlaub der acht Preußen-Anhänger war am ersten Tag bereits
beendet – für uns fing er gerade erst richtig an. Ich sehe noch heute die entsetzten Gesichter unzäh-
liger Touristen, die Augenzeugen dieser kurzen, aber heftigen Schlägerei geworden waren. Und
ich sehe vor allem noch die verstörten Blicke, die uns verstohlen musterten, wie wir – gleichsam

---

79 Hauswald und Farin (1993, S. 30 f., Kursivierung und Fettsatz im Original).

ohne jede erkennbare Emotion – einfach wieder zu unseren Tischen an der Promenade zurück-kehrten und die nächste Runde Wodka bestellten.

Diese Abgestumpftheit, die in uns allen steckte, mochte für viele Menschen das Unerklär-lichste an unserem Verhalten gewesen sein. Wir waren eine Gruppe von Männern, die schein-bar grundlos explodieren und andere Menschen auf brutalste Weise verletzen konnten, um von einer Sekunde auf die andere wieder zur Tagesordnung überzugehen. Party, Schlägerei, weiter-feiern. Ohne jede Form von Reflexion. Hatten wir andere verletzt? Wenn ja, dann völlig zu Recht! Einen Wodka, bitte!

Es gab nicht den geringsten Grund, unser Handeln zu überdenken. Wir waren zu jener Zeit bei zwei bis drei Schlägereien pro Monat derart an körperliche Gewalt gewöhnt, dass keiner von uns auch nur ansatzweise darüber ins Grübeln kam. Die sogenannte Hemmschwelle, die den Menschen normalerweise vor solchen Gewaltausbrüchen bewahrt, war bei uns über die Jahre hinweg verschoben worden. Eigentlich existierte sie gar nicht mehr.

Ich erinnere mich, wie ich nach einer Kneipentour am Morgen danach von meiner Freundin geweckt wurde. Sie war völlig außer sich, weil sie mein blutverschmiertes Shirt im Bad gefunden hatte. Sie beschimpfte mich, machte mir schlimmste Vorwürfe und ich brauchte Minuten, bis ich mich an einen „kleinen" Zwischenfall mit ein paar Skater-Typen vom Vorabend erinnern konnte. Eine Schlägerei war für mich längst kein prägendes Ereignis mehr – es war Alltag.[80]

10.4 Neuere empirisch-kriminologische Ergebnisse und Einordnungen

Neben den bereits dargelegten empirischen Befunden sowie theoretischen Interpre-tationen zur Hooligangewalt haben in Deutschland Lösel et al. mit einer vom *Bun-desministerium des Innern* in Auftrag gegebenen Erhebung weitere wertvolle Daten gewonnen[81], die einen, auch testpsychologisch fundierten, tieferen Einblick in den psychisch-sozialen Status und die Struktur aktiver Fußballrowdys erlauben. Ferner führte Kidza[82] eigene, darauf teils aufbauende Untersuchungen an deutschen und englischen Hooligans (gleichwohl mit einer kleineren anfallenden Stichprobe von $n = 16$) mit dem von Lösel et al. bereitgestellten *Biografischen Interview* und dem *Fra-gebogen zur Hooligankarriere* durch. Eingehend explorierende psychologische Test-instrumente sind hierbei allerdings nicht eingesetzt worden. Da im Forschungsfeld der Fußballgewalt valide aktuelle Befragungsdaten relativ rar sind, werden jedoch auch diese, in ihrer Aussagekraft und Repräsentativität schwer einzuschätzenden Erhebungsergebnisse (die vor allem *deskriptiv* als *Indizien*, nicht aber als Beweise zu sehen sind), unten teils mit ausgewiesen.

---

80 Schubert (2010, S. 237–239).
81 Lösel et al. (2001), siehe dazu auch Lösel und Bliesener (2006).
82 Kidza (2014).

Die von Lösel und Kollegen befragten 33 Männer waren zwischen 17 und 44 Jahren alt (Mittelwert 29.42 a)[83] und hatten im Durchschnitt an etwa 84 Fights teilgenommen,[84] verfügten also über relativ viel Erfahrung. Es handelte sich um „echte" Hooligans, wobei 11 davon nach Angaben der Kontaktpersonen und den Selbstberichten daneben dem jeweiligen *Führungskreis* der Fußballgewalttäter zuzuordnen waren. Weitere 15 Personen zählten zum sogenannten „harten Kern", waren jedoch ohne Führungsfunktionen. Sieben Individuen der Stichprobe galten als Mitläufer. 21 Personen waren als Hooligans noch aktiv; drei Fünftel der Gesamtstichprobe stammte aus den alten, der Rest aus den neuen Bundesländern. Der Umfang der Stichprobe erlaubte indes kein repräsentatives Bild des deutschen Hooligans (i. S. einer Schätzung der Populationsparameter), ermöglichte aber einen Einblick in die *typischen* Grundmuster der Biografie und der betreffenden psychischen Merkmale. Inwieweit die Ergebnisse generalisierbar sind, muss daher offen bleiben.[85]

Viele der späteren Hooligans (54.5 Prozent) wuchsen in den ersten 18 Lebensjahren nicht in einer Familie mit zwei Elternteilen auf, sondern erlebten eine sogenannte Broken-Home-Situation, sei sie durch Scheidung bzw. Trennung eines Partners, Tod oder Heimaufenthalt bedingt (ein ähnliches Bild ergibt sich in der Studie von Kidza[86]). Hierbei erfuhren 30.3 Prozent der Personen in der Stichprobe von Lösel et al.[87] eine mehrfach wechselnde Versorgung; 25 Prozent waren Einzelkinder. Eine besondere Häufung junger oder alter Eltern war nicht erkennbar. Sozioökonomisch ist das Herkunftsmilieu nach den elterlichen Berufen bemessen eher der unteren Mittelschicht zuzuordnen (Ähnliches bei Kidza). Zwei Drittel der Väter, jedoch nur 54 Prozent der Mütter in der Stichprobe von Lösel et al. konnten eine abgeschlossene Lehre vorweisen. Bei 39 Prozent der Hooligans wird der leibliche oder sozialfaktische Vater als starker, meist auch abhängiger Alkoholkonsument beschrieben; zwei Väter tranken sich zu Tode. Damit teils verbunden kam es zu innerfamiliärer Gewalt, wobei 12 Prozent der betrachteten Personen berichteten, dass die Mutter geschlagen worden sei, 46 Prozent verneinten dies, 42 Prozent konnten keine Angaben dazu machen. Neun Prozent berichteten von Gewalttätigkeiten des Vaters außerhalb der Wohnung. Zu etwaigen Misshandlungserfahrungen gibt Tabelle 10.4, zum Erziehungsstil Tabelle 10.5 Auskunft. Die Tabellen 10.6 und 10.7 referieren die entsprechenden Ergebnisse nach Kidza.

---

83 Stichprobe Kidza (2014, S. 255): 16 Männer zwischen 17 und 47 Jahren (*M* = 33.44 a).

84 Stichprobe Kidza (2014, S. 251 f. u. S. 281): Voraussetzung: Teilnahme an mindestens einer gewalttätigen Ausschreitung in den letzten 24 Monaten vor der Befragung; insgesamt: mehr als 900 Kämpfe; *M* = 58.25 Auseinandersetzungen.

85 Lösel et al. (2001, S. 96 ff.), Lösel und Bliesener (2006).

86 Kidza (2014, S. 273 f.).

87 Lösel et al. (2001, S. 96 ff.).

Tab. 10.4: Von Hooligans erlebte Aggressionen seitens der Eltern (bzw. Erziehungspersonen) in Deutschland (eigene Darstellung nach Lösel et al., 2001, S. 100).

Häufigkeit (in Prozent) n = 33	Schlagen/körperliche Misshandlung	Zwang durch Drohung/ Schweigen
nie	46.9	50.0
selten	46.9	31.3
gelegentlich	3.1	12.5
regelmäßig bzw. oft	3.1	6.3

Tab. 10.5: Erlebter Erziehungsstil deutscher Hooligans in der Kindheit (eigene Darstellung nach Lösel et al., 2001, S. 100).

Erziehungsstil (in Prozent) n = 33	Vater	Mutter
liebevoll/angemessen	39.4	48.5
sehr streng/aggressiv	21.2	15.2
vernachlässigend/ permissiv	36.4	24.2
verwöhnend/überfürsorglich	0	6.1
nicht kategorisierbar	3.0	6.1

Tab. 10.6: Von Hooligans erlebte Aggressionen seitens der Eltern (oder Erziehungspersonen) in Großbritannien bzw. Deutschland (eigene Darstellung nach Kidza, 2014, S. 256).

Häufigkeit (in Prozent)	Großbritannien (n = 8) Schlagen/körperliche Misshandlung		Deutschland (n = 8) Schlagen/körperliche Misshandlung		Gesamt	
	Vater	Mutter	Vater	Mutter	Vater	Mutter
nie	20.0	50.0	42.9	71.4	33.3	60.0
selten	40.0	50.0	42.9	14.3	41.7	33.3
gelegentlich	20.0	0	14.3	14.3	16.7	6.7
regelmäßig bzw. oft	20.0	0	0	0	8.3	0

Tab. 10.7: Erlebter Erziehungsstil von Hooligans in Großbritannien bzw. Deutschland (eigene Darstellung nach Kidza, 2014, S. 258).

Erziehungsstil (in Prozent)	Großbritannien ($n = 8$)		Deutschland ($n = 8$)		Gesamt	
	Vater	Mutter	Vater	Mutter	Vater	Mutter
liebevoll/angemessen	20.0	50.0	28.6	42.9	25.0	46.7
sehr streng/aggressiv	20.0	0	28.6	14.3	25.0	6.7
vernachlässigend/permissiv	20.0	12.5	14.3	28.6	16.7	20.0
verwöhnend/überfürsorglich	0	12.5	14.3	14.3	8.3	13.3
nicht kategorisierbar	40.0	25.0	14.3	0	25.0	13.3

Die erreichten bzw. angestrebten schulischen und beruflichen Qualifikationen der Hooligans in den jeweiligen Stichproben zeigen die Tabellen 10.8 und 10.9:

Tab. 10.8: Berufsqualifizierende Schulabschlüsse der Hooligans (eigene Darstellung nach Kidza 2014, S. 260, und Lösel et al. 2001, S. 101).

Schulabschlüsse (in Prozent)	Großbritannien ($n = 8$) (Kidza, 2014)	Deutschland ($n = 8$) (Kidza, 2014)	Gesamt (Kidza, 2014)	Deutschland ($n = 33$) (Lösel et al.)
kein Abschluss	0	25.0	12.5	9.1
Hauptschul- abschluss	keine Daten, da schwer vergleich- bar	25.0	25.0	36.4
Mittlere Reife/ Realschulabschluss	keine Daten, da schwer vergleich- bar	37.5	37.5	45.5
Hochschulreife	25.0	25.0[*]	25.0	9.1

[*] Einmal auf Nachholweg Hochschulreife erlangt.

Tab. 10.9: Begonnene Berufsausbildung der Hooligans (eigene Darstellung nach Kidza 2014, S. 262, und Lösel et al. 2001, S. 102).

begonnene Berufsausbildung (in Prozent)	Großbritannien (*n* = 8) (Kidza, 2014)	Deutschland (*n* = 8) (Kidza, 2014)	Gesamt (Kidza, 2014)	Deutschland (*n* = 33) (Lösel et al.)
kaufmännische Lehre	37.5	37.5	37.5	12.1
Handwerkslehre/ Facharbeiter	37.5	12.5	25.0	81.8
Dienstleistungssektor	0	12.5	6.3	nicht erhoben
Verwaltungssektor	0	12.5	6.3	nicht erhoben
ohne Berufsausbildung	12.5	25.0	18.8	6.1

Zu den Früh-Indikatoren einer dissozialen Entwicklung, späteren realen Antisozialität, werden in Tabelle 10.10 folgende Zahlen genannt:

Tab. 10.10: Frühindikatoren einer dissozialen Entwicklung von Hooligans (eigene Darstellung nach Kidza, 2014, S. 263, und Lösel et al. 2001, S. 103).

Verhalten (in Prozent)	Großbritannien (*n* = 8) (Kidza, 2014)	Deutschland (*n* = 8) (Kidza, 2014)	Gesamt (Kidza, 2014)	Deutschland (*n* = 33) (Lösel et al.)
absprachewidriges nächtliches Wegbleiben	12.5	37.5	25.0	35.7
Von-zu-Hause-Weglaufen	62.5	37.5	50.0	35.7
Schulschwänzen	62.5	87.5	75.0	71.4

Tab. 10.11: Verurteilungen von Hooligans (eigene Darstellung nach Lösel et al., 2001, S. 104).

Verurteilungen (in Prozent) (von n_{Gesamt} = 33)	mit Fußballbezug (n = 27)	ohne Fußballbezug (n = 22)
Verurteilte insgesamt	81.8	66.7
Verurteilte wegen:		
Mord	0	4.5 (ein Fall)
Körperverletzung aller Arten und Schwere	33.3	27.3
Raub und räuberischer Erpressung	0	13.6
Landfriedensbruch aller Schweregrade	40.7	4.5
Widerstand gegen Vollstreckungsbeamte	7.4	0
Diebstahl	0	27.3
Tragen verfassungsfeindlicher Symbole	3.7	4.5
sonstige Straftatbestände	14.8	27.3

Zu einer ersten Verurteilung mit Fußballbezug kam es, wie Lösel und Kollegen[88] berichten, durchschnittlich mit 17.5 Jahren (Rangweite 13 bis 28 Jahre). Eine zweite erfolgte im Mittel mit 22 Jahren. Von den Befragten waren 21 Prozent bereits im Gefängnis oder zur Zeit der Erhebung inhaftiert, 55 Prozent wurden in der Vergangenheit zu einer Freiheits- oder Jugendstrafe mit Bewährung verurteilt, 12 Prozent erhielten Jugendarrest und 84 Prozent Geldstrafen; von Arbeitsauflagen, Weisungen, sozialen Trainingskursen und Verfahrenseinstellungen wurde berichtet. Bei der Bewertung der Vorstrafen (s. Tabelle 10.11) ist zu bedenken, dass ein Teil *jugendtypisch* sein könnte und kein Spezifikum von Hooligans darstellen muss. So begehen, vorsichtig geschätzt, mehr als die Hälfte aller Jugendlichen irgendwann einmal eine Tat.[89] Bei der von Lösel et al. untersuchten Gruppe ist das Aufkommen indes auch ohne die Sanktionen bezüglich der sogenannten Hooligandelikte markant höher, zumal es sich nicht überwiegend um ein- oder zweimalige Auffälligkeiten, sondern um eine nicht mehr jugendtypische Häufung handelt (was sich auch in einigen Aussagen des Kap. 10.3 bestätigt findet). Einen ähnlichen Status berichtet Kidza[90]: In seiner Stichprobe (n = 16) waren 69 Prozent der Hooligans (75 Prozent in Deutschland, 62.5 Prozent in Großbritannien) mindestens einmal vorbestraft; eine auffällig erhöhte, teils mehrfache Verurteilung auch jenseits der Bagatellkriminalität war ebenso festzustellen.

Zudem zeigten die Selbstberichte, dass in eine Verurteilung z. T. mehrere Taten einflossen – unentdeckte Delikte sind zu vermuten und wurden von Lösel et al. durch Selbstauskünfte ermittelt. Im Zuge dessen kam eine vielfältige, *polymorphe Delinquenz* zum Vorschein, wobei nur ein Teil offensichtlich im Zusammenhang mit typischen Hooliganaktivitäten stand. Eine Teilnahme an Schlägereien, Widerstand

---

88 Lösel et al. (2001, S. 103 ff.).
89 Schumann (2010), siehe weiterführend Dollinger und Schmidt-Semisch (2010).
90 Kidza (2014, S. 264 ff.).

gegen Vollstreckungsbeamte sowie Fahren ohne Führerschein wurde jeweils von über 90 Prozent der Hooligans angegeben. Ladendiebstahl, Leistungserschleichung bei Veranstaltungen, Gaststättendiebstahl, Zechprellerei und Hehlerei wiesen Quoten von 60 bis über 70 Prozent auf. Einzig die sexuelle Nötigung wurde von keinem Befragten berichtet. Es waren auch nicht nur wiederholte Bagatelldelikte, wie es für die Jugenddelinquenz kennzeichnend wäre. Beispielsweise wurden von einem Täter bei Lösel et al. im Jahr vor der Untersuchung neun Einbrüche begangen, ein anderer war zehnmal an gewaltsamen, politisch orientierten Auseinandersetzungen beteiligt.[91] Wiederum ähnliche Verhältnisse stellten sich in der Dunkelfeld-Selbstauskunft der Stichprobe von Kidza[92] dar.

Vergleicht man die Daten der offiziell abgeurteilten mit denen der selbstberichteten Delinquenz, zeichnete sich das Bild eines *vielfältig dissozialen Lebenswandels* der von Lösel et al. und Kidza untersuchten Hooligans (s. auch Kap. 10.3). Diese Antisozialität beschränkte sich keineswegs einzig auf den Kontext von Fußballspielen und Straftaten im Rahmen des diesbezüglichen Rowdytums, denn Eigentumsdelikte traten gleichfalls häufig auf. Dass viele Hooligans im Alltag ansonsten angepasste Bürger wären, und (wie Pilz[93] meinte) ihre destruktiven Aktivitäten z. T. als ein Haupttypus in einer Art zweiten Identität ausleben würden, war in der Stichprobe von Lösel und Mitarbeitern[94] nicht nachweisbar. Das verbreitete kriminelle Handeln der von Kidza erforschten Personen spricht ebenso dagegen. Dabei muss allerdings berücksichtigt werden, dass es sich bei 26 der Befragten von Lösel et al. um Mitglieder des harten Kerns der jeweiligen Hooligangruppe handelte, mithin um ausgeprägtere dissoziale Persönlichkeiten. Wie die in Kapitel 10.3 wiedergegebenen Ausschnitte nahe legen, kann ein eskapistisches Ausbrechen aus den Normierungen und Zwängen der Alltagsangepasstheit jedoch prinzipiell durchaus vorkommen, muss also nicht immer mit einem eigentlich antisozialen Lebensstil korrelieren. Es gibt in diesem Zusammenhang wohl eine ganze Reihe von *unterschiedlichen Formen* der fußballbezogenen Gewalttätigkeit, die durch weitere empirische Forschung in diesem Gebiet genauer sondiert werden müsste. Auch das Vermögen, kriminelle Taten zu verbergen, spielt hier mit hinein, wie z. B. die Selbstzeugnisse des gewesenen Polizisten Schubert[95] wahrscheinlich machen, der wohl insbesondere durch seine internen Kenntnisse der polizeilichen Arbeitsweise neben falsch verstandenem Polizeikorpsgeist so viele Male unentdeckt bzw. unbestraft bleiben konnte.

Bei ihrer testpsychologischen Persönlichkeitserkundung der Hooligans haben Lösel und Kollegen zunächst deren Intelligenz mit einer Kurzform des *Hamburg-*

---

91 Lösel et al. (2001, S. 105 f.).
92 Kidza (2014, S. 267).
93 Pilz (u. a. 2005).
94 Lösel et al. (2001).
95 Schubert (2010).

Wechsler-Intelligenztests für Erwachsene (HAWIE-R)[96] ermittelt, wobei eine breitere Streuung der Intelligenzquotienten (IQ) festgestellt wurde. Nach der üblichen Klassifikation war ein Drittel der Hooligans unterdurchschnittlich intelligent (IQ < 85), gut die Hälfte erschien durchschnittlich intelligent (IQ 85–115), 15 Prozent wiesen einen überdurchschnittlichen IQ (> 115) auf; der Mittelwert betrug $M = 94.00$ (*SD* = 18.89) und lag damit um sechs IQ-Punkte unter dem Durchschnitt der jeweiligen Altersgruppe. Bei einseitigem *t*-Test erwies sich diese Differenz gegenüber der Normstichprobe als statistisch signifikant ($p < .05$) und befand sich in der Größenordnung, wie sie im Vergleich von Delinquenten mit Unauffälligen erwartet werden kann. Der durchschnittliche IQ im Verbalteil des Tests betrug $M = 94.09$ (*SD* = 14.51), der im Handlungsteil $M = 94.18$ (*SD* = 22.11). Aufgrund der wesentlich homogeneren Werte im Verbalteil wich der Mittelwert hier signifikant ($p < .05$) von der Normstichprobe ab. Die sehr breit streuenden Werte des Handlungs-IQ unterschieden sich dagegen im Mittel nicht bedeutsam von der Normstichprobe. Die signifikant schwächeren Leistungen im sprachlichen und abstrakten Bereich entsprachen ebenfalls den Befunden der Delinquenzforschung. Bei einem kleinen Teil der Hooligans dürften somit schon allein intellektuelle Defizite für das Problemverhalten relevant gewesen sein.[97]

Weitere Persönlichkeitsmerkmale wurden von Lösel und Mitarbeitern mit dem *Freiburger Persönlichkeitsinventar* (FPI-R)[98] durchgeführt. Insbesondere bei den Skalen *Aggressivität* ($M = 6.81$, $SD = 1.49$) und *Erregbarkeit* ($M = 6.38$, $SD = 1.93$), die eng zusammenhängen, lagen stark erhöhte Werte (hoch signifikant bei $p < .001$ gegenüber der Normstichprobe) vor. Die Betreffenden neigten damit spontan und reaktiv zu Aggressionen, ließen die Bereitschaft zur aggressiven Durchsetzung von Einfällen bzw. Interessen erkennen. Wenn beleidigt oder in die Enge getrieben, kommt es hier eher zur Anwendung von körperlicher Gewalt. Die gesteigerten Werte bezüglich Erregbarkeit zeigten eine reizbare Natur, die leicht aus der Ruhe zu bringen ist; Kleinigkeiten führen zu Ärger und Unbeherrschtheit. Daneben wurde eine signifikant erhöhte Ausprägung des Mittelwerts in der Skala *Offenheit* ($M = 6.16$, $SD = 2.02$, $p < .001$) gemessen. Probanden mit hohen Werten auf dieser Skala geben kleinere Schwächen und alltägliche Normverletzungen zu. Gängige Konventionen sind für sie nicht zwingend und deren Verletzung eher unbedeutend. Gesteigerte Ausprägungen bestanden auch in der Skala *Körperliche Beschwerden* ($M = 5.72$, $SD = 1.95$, $p < .05$). Hohe Werte zeigen hier eine Neigung zu beeinträchtigtem Allgemeinbefinden und psychosomatischen Symptomen an. Dabei ist jedoch zu fragen, ob nicht (vor allem) auch wesentliche körperliche Einbußen durch wiederholte schwere Prügeleien mit maßgeblich waren. Ferner wiesen die beiden übergreifenden Skalen *Extraversion* ($M = 5.81$, $SD = 2.02$, $p < .05$) und *Emotionalität* bzw. *emotionale Labilität* ($M = 5.91$, $SD = 2.08$, $p < .05$) gegenüber der Normstichprobe erhöhte numerische Größen aus. Auffällig

---

96 Tewes (1991).
97 Lösel et al. (2001, S. 106 f.).
98 Fahrenberg, Hampel und Selg (1994).

gesteigerte Extraversionswerte drücken allgemein Geselligkeit und Impulsivität aus. Bei hohen Werten bezüglich emotionaler Labilität grübeln die Betreffenden ausdauernder über ihre Lebensbedingungen, unterliegen wechselnden Launen und meinen sich von ihren Mitmenschen unverstanden. Sie sind einerseits eher reiz- und erregbar, fühlen sich indes auch schneller abgespannt bzw. teilnahmslos. In den Skalen *Lebenszufriedenheit* ($M = 4.47$, $SD = 1.92$), *Soziale Orientierung* ($M = 4.50$, $SD = 2.09$), *Gehemmtheit* ($M = 4.72$, $SD = 1.85$), *Beanspruchung* ($M = 5.22$, $SD = 1.90$) und *Gesundheitssorgen* ($M = 5.06$, $SD = 1.76$) waren die Mittelwertsunterschiede nicht signifikant. Tendenziell schilderten sich die von Lösel et al. untersuchten Hooligans aber als etwas selbstbezogener und mit ihrer Lebenslage unzufriedener als der Durchschnitt ihrer Altersgruppe.[99]

Da *Impulsivität* bzw. mangelnde Impulskontrolle ein bedeutsames Korrelat von Aggressivität und Delinquenz ist, untersuchten Lösel und Kollegen diese mittels der *Impulsivitätsskala* von Lösel[100]. Die Angaben der Hooligans ergaben hierbei einen Mittelwert $M = 10.03$ ($SD = 4.93$), was gut zur Gesamtverteilung mehrerer Stichproben von Inhaftierten passt.[101]

Darüber hinaus wurden die sogenannten *Neutralisierungstendenzen*[102] ermittelt. Darunter versteht man diejenigen (nicht wirklich stimmigen, berechtigten) „guten" Gründe, warum man ein (meist fragwürdiges) Verhalten ausgeübt habe. Aggressives und delinquentes Handeln wird dann leichter umgesetzt und aufrechterhalten, wenn der Rechtsbrecher soziale Informationen so verarbeitet, dass er sein Schulderleben und seine Selbstkritik gegenüber seinem Tun gering hält, also die Taten z. B. relativiert bzw. verharmlost.[103] Neutralisierungstechniken sind u. a. die Ablehnung der Verantwortung, Verneinung des Unrechts, Bagatellisierung des Schadens, Ablehnung oder Schuldzuschreibung gegenüber dem Opfer sowie die Verdammung der Verdammenden und die Berufung auf höhere Instanzen („Robin-Hood-Legitimierung"). Neutralisierungsmechanismen werden indes erst dann wirklich nötig, wenn das betreffende Individuum überhaupt zu Schuld- und Gewissensreaktionen u. Ä. neurologisch in der Lage ist. Ob dies bei allen als Psychopathen klassifizierten Personen gegeben sein muss, kann fraglich sein. Die von Lösel et al. angewandte Neutralisierungsskala[104] ergab bei den von der Arbeitsgruppe betrachteten Hooligans einen Mittelwert von $M = 70.97$ ($SD = 11.75$).[105] Dieser lag signifikant ($p < .01$) *über* einer, allerdings relativ heterogenen, nicht delinquenten Stichprobe (mit $M = 64.02$ und $SD = 12.89$).

---

99 Lösel et al. (2001, S. 107 ff.).
100 Lösel (1975).
101 Lösel et al. (2001, S. 110).
102 Sykes und Matza (1957).
103 Bandura (1979) und Kap. 5.
104 Nach Egg und Sponsel (1978).
105 Lösel et al. (2001, S. 110).

Solche Relativierungsversuche finden sich auch in den Selbstzeugnissen in Kapitel 10.3. Wenn zugefügte schwere Verletzungen „sportlich" unterschätzt und auf die leichte Schulter genommen werden, die Betreffenden ernsthaft kundtun, sie hätten ja „nur" solche Personen krankenhausreif geschlagen, die ein diesbezügliches Szenario willentlich eingegangen wären, den Fight wollten usw., ist der Verdacht auf solche Mechanismen durchaus zu begründen. Ebenso bei Massenprügeleien, die als quasi übergesetzlicher, nicht verantwortungsgrundierter Vorgang oder „Feld-Wald-Wiesen-Sport" eingeschätzt werden, bei dem schließlich keiner mehr für entstandene Schäden haften müssen soll, weil ja alles freiwillig war, und man dem anderen daher (im Extrem) recht freizügig den Schädel einschlagen „durfte".

Die Arbeitsgruppe um Lösel hat ferner das Ausmaß an Sensation Seeking[106], also dem Verlangen nach Stimulation bzw. neuartigen Erfahrungen respektive der Suche nach starken Reizen, Nervenkitzel und Angst-Lust-Erlebnissen, bestimmt.[107] Die eingesetzte deutsche Version der *Sensation Seeking Scale*[108] erfasst hierbei die beiden Aspekte *Abenteuer- und Thrillsuche* (mit und ohne vitalem Risiko) sowie *Suche nach neuen Erfahrungen* (sozial aktiv und wunschbezogen), wobei Bevölkerungsnormen zur Skala nicht vorlagen. Der diesbezügliche Mittelwert der Hooligans betrug $M = 11.34$ ($SD = 3.92$) und lag bedeutsam ($p < .01$) über dem Mittelwert einer nicht delinquenten Stichprobe von Gniech et al. Beim Aspekt „Abenteuer- und Thrillsuche" zeigten vor allem die Items zu vitalen Risiken höhere Werte ($p < .001$). Dabei gaben 75 Prozent der Befragten den Suchtcharakter der Gewalttätigkeit als Motivation an; nichts sonst könnte bei 61 Prozent der Personen solch intensive Gefühle auslösen.[109] Tendenziell ähnliche, jedoch nur qualitative Daten aus einem offenen Interview ermittelte Kidza, bei dem z. B. 62.5 Prozent der deutschen Hooligans den Suchtcharakter der Gewalt als Motivation angaben; britische Hooligans fanden hierbei zu 75 Prozent die reine Gewalt (*pure violence*) o. Ä. reizvoll.[110]

Dies wurde u. a. auch von den in Kapitel 10.3 interviewten Personen häufiger zum Ausdruck gebracht. Man suchte den (wohl vor allem Adrenalin- und Endorphin-korrelierten) Erlebniskick, das nicht alltägliche Extrem – teils ähnlich einem regellosen Kriegsgeschehen – ganz jenseits nahezu aller Normen, Regeln und Anstandsbegriffe in hochgradig triebhafter, schwer aggressiv-destruktiver „Freiheitlichkeit". Inwieweit solches Tun aber von wirklicher sexueller Potenz, vitaler Gesundheit und wahrer Befreiung kündet, bleibt dahingestellt. Analytisch-tiefenpsychologisch könnte ein Ausagieren unbewusster archaischer Konflikte angenommen werden. Ein sehr rigider muskulärer Panzer[111], der eine beträchtliche biologische Energieerregung

---

106 Zuckerman (1994).
107 Lösel et al. (2001, S. 109).
108 Gniech, Oetting und Brohl (1993).
109 Lösel et al. (2001, S. 122).
110 Kidza (2014, S. 278 f.).
111 Reich (1933, verändert 1949/1989), s. die Erläuterungen in Kap. 3.4.

am freien, pulsierenden Fließen hindert, würde unter sonst ungünstigen Bedingungen eine brutale, lustuntermalte Zerstörungswut manifestieren. Dies ist allerdings spekulativ und bedarf genauerer Erforschung. Genetische Normvarianten bezüglich einer primären (nicht erworbenen) Psychopathie, die somatisch als Nervensystem- und Gehirnanomalien repräsentiert ist, kämen ebenso in Betracht. In jenem Kontext drückten die von Lösel et al. mit dem Screening-Fragebogen des *Strukturierten Klinischen Interviews* (SKID-II)[112] erhobenen Daten (angelehnt an das *Diagnostische und Statistische Manual Psychischer Störungen* [DSM-IV][113]) sehr deutliche Tendenzen vor allem zur *antisozialen Persönlichkeitsstörung* (ASPS) aus (s. die Box „Kriterien für die narzisstische, paranoide bzw. dissoziale (antisoziale) Persönlichkeitsstörung des ICD-10" in Kap. 9.3), die bei einer genaueren Abklärung[114] vermutlich bei etwa der Hälfte der Betroffenen zu einer entsprechenden klinischen ASPS-*Diagnose* geführt hätten (s. Tab. 10.12).

Tab. 10.12: Anteil der Hooligans mit auffälligen Werten in der Screeningversion des SKID-II (eigene Darstellung nach Lösel et al., 2001, S. 112).

Persönlichkeitsstörung	Prozent
Tendenz zur *selbstunsicheren* Persönlichkeitsstörung	9.4
Tendenz zur *dependenten* Persönlichkeitsstörung	6.3
Tendenz zur *zwanghaften* Persönlichkeitsstörung	37.5
Tendenz zur *negativistischen* Persönlichkeitsstörung	18.8
Tendenz zur *depressiven* Persönlichkeitsstörung	0
Tendenz zur *paranoiden* Persönlichkeitsstörung	34.4
Tendenz zur *schizotypischen* Persönlichkeitsstörung	3.1
Tendenz zur *schizoiden* Persönlichkeitsstörung	9.4
Tendenz zur *histrionischen* Persönlichkeitsstörung	9.4
Tendenz zur *narzisstischen* Persönlichkeitsstörung	18.8
Tendenz zur *Borderline*-Persönlichkeitsstörung	12.5
Tendenz zur *antisozialen* Persönlichkeitsstörung	71.9

Wie zu ersehen, traten daneben insbesondere *paranoide* und *zwanghafte* Persönlichkeitstendenzen gehäuft auf. Die paranoide Wahrnehmung, von anderen bedroht, verfolgt, provoziert zu werden, kann selbst wiederum Aggressionen hervorrufen, diese begründen und sinnvoll erscheinen lassen. Die festgestellte Zwanghaftigkeit bezog sich vor allem auf die Perfektion bezüglich der Planung, Ausübung und Kontrolle der Aktionen, bzw. der Sturheit in den Wertvorstellungen.[115]

---

112 Fydrich, Renneberg, Schmitz und Wittchen (1997).
113 Saß, Wittchen und Zaudig (1998).
114 So Lösel et al. (2001, S. 110 ff.).
115 Lösel et al. (2001, S. 110 ff.).

Zur näheren Abklärung der Tendenzen zur ASPS setzten Lösel und seine Mitarbeiter zudem die deutsche Übersetzung der *Psychopathy-Checklist-Screening-Version*[116] ein, die folgende psychopathischen Eigenschaften i. S. des Konzepts von Hare[117] erfasst:

- Oberflächlichkeit,
- Selbstüberschätzung,
- Arglist,
- Gewissenlosigkeit,
- mangelndes Einfühlungsvermögen,
- Leugnen der Verantwortung,
- Impulsivität,
- unzureichende Verhaltenskontrolle,
- Fehlen von realistischen, langfristigen Zielen,
- Verantwortungslosigkeit,
- antisoziales Verhalten im Jugendalter,
- antisoziales Verhalten im Erwachsenenalter.

Das Psychopathiekonzept von Hare bezieht sich dabei mehr auf die *Kernpersönlichkeit* als dies bei der dissozialen oder antisozialen Persönlichkeitsstörung im Sinne von DSM-IV oder ICD-10 der Fall ist, die stärker das deviante Verhalten an sich umschreiben. Es kann also durchaus Psychopathen geben, die nicht straffällig werden. Nach den angewandten Kriterien wiesen 27 Prozent der betrachteten Hooligans deutliche Anzeichen für Psychopathie auf, 27 Prozent lagen im Mittelbereich und 46 Prozent waren unauffällig. Der Durchschnittswert der Gruppe lag im typischen Bereich der entsprechenden Ausprägungen bei europäischen Gefangenenstichproben. Die Prävalenz *auffälliger Werte* unter den Hooligans *übertraf* dabei sogar die Rate von ca. 17 Prozent, die bei 150 Insassen des Bayerischen Strafvollzugs gefunden worden waren.[118]

Die weiteren Resultate der Untersuchung von Lösel und Kollegen bzw. Kidza werden summarisch und verkürzt referiert: Bei Lösels et al. Erhebung aus dem Jahr 2001 ließen die biografischen Interviews, neben der allgemeinen Disposition zur Aggression, eine *Kumulation von Entwicklungsrisiken* und *ungünstigen Lernbedingungen* erkennen. Bei eher unauffälliger Herkunft aus der unteren Mittel- respektive Unterschicht, bestanden häufig Probleme in der Herkunftsfamilie wie Scheidung oder Tod von Elternteilen (55 Prozent), Alkoholismus (33 Prozent) und längere Arbeitslosigkeit des Vaters (30 Prozent), außerfamiliäre Unterbringung bzw. Heimaufenthalt (27 Prozent) bzw. Erziehungsmängel wie Vernachlässigung, übermäßige Strenge, Verwöhnung, Inkonsistenz (67 Prozent). Viele Hooligans hatten Leistungsprobleme in der Schule (49 Prozent) oder schwänzten diese häufig (58 Prozent). Zwar erreichte die

---

116 Hart, Cox und Hare (1995).
117 Hare (z. B. 2005).
118 Lösel et al. (2001, S. 113 f.).

Mehrzahl einen Schulabschluss, doch stellte sich bei etwa zwei Dritteln eine unstete und absteigende berufliche Laufbahn (durch Abbruch der Lehre, längere Arbeitslosigkeit oder Gelegenheitsarbeiten) dar. Mehr als zwei Drittel berichteten über Alkoholmissbrauch bzw. anderen Drogenkonsum, 26 Prozent wurden mindestens einmal der Führerschein entzogen.[119] Kidza verzeichnete einen ähnlich erheblichen Rauschmittelkonsum: 80 Prozent der Stichprobe hatten Konsumerfahrungen mit illegalen Substanzen.[120]

Bei Lösel et al. zeigten 63 Prozent der Stichprobe sich politisch ausgesprochen *desinteressiert*; 42 Prozent gaben an, generell *eher rechts* i. S. v. nationalpatriotisch eingestellt zu sein, wobei drei Hooligans Mitglieder rechtsradikaler Skinheadgruppen waren; 12 Prozent bezeichneten sich als *eher liberal*; 46 Prozent bekundeten keine ausgeprägte politische Grundtendenz.[121] Bei Kidza schien das politische Desinteresse bei Weitem nicht so hoch (nur ein Fall von 16 Befragten); die sonstigen politischen Einstellungen der Stichprobe waren uneinheitlich, mit auch recht zahlreichen politisch *linken* Tendenzen bei deutschen, bzw. *liberalen* bei britischen Hooligans.[122]

Nahezu zwei Drittel der Hooligans bei Lösel et al. waren zudem erheblich verschuldet, teilweise im Zusammenhang mit ihren Hooliganaktivitäten. Auffälligkeiten im Bereich enger Partnerschaft wurden jedoch nicht gefunden. Die meisten Hooligans hatten über längere Zeit feste Beziehungen, rund zwei Drittel lebten z. Zt. der Untersuchung in einer solchen.[123] Bei Kidza[124] berichteten 87.5 Prozent der Hooligans mindestens eine Partnerschaft, die mehr als zwei Jahre andauerte; 75 Prozent hatten fünf bis zehn Beziehungen mit einer Dauer zwischen einem halben Jahr bis über 12 Jahren. In jenen wenigen Fällen, in denen der familiäre Hintergrund oder der schulische bzw. berufliche Werdegang bei der Hooligangruppe von Lösel und Kollegen völlig unauffällig waren, lagen indes deutlich aggressive Tendenzen und außerdem Hinweise auf Persönlichkeitsstörungen vor.[125]

Insgesamt korrespondierte der Entwicklungshintergrund, das Persönlichkeitsprofil und die delinquenten Verhaltensmuster der Hooligans bei Lösel et al. (und tendenziell, soweit ersichtlich, auch der bei Kidza) gut mit dem, was man typischerweise bei intensiv und gewalttätig delinquenten Personen findet. Die Hooligans zeigten jene psychischen sowie sozialen Risiken, die auch sonst einen Anschluss an gewalttätige Gruppen wahrscheinlich machen. Dabei hat die Sozialisation in einem fußballbegeisterten Umfeld vermutlich dazu geführt, die psychosozial verursachte individuelle Gewaltneigung in Richtung Hooliganszene zu lenken. Ansonsten wären die jungen

---

119 Lösel und Bliesener (2006).
120 Kidza (2014, S. 268 ff.).
121 Lösel et al. (2001, S. 119 f.).
122 Kidza (2014, S. 274 ff.).
123 Lösel et al. (2001, S. 117 ff.).
124 Kidza (2014, S. 271).
125 Lösel und Bliesener (2006).

Männer wahrscheinlich Mitglieder anderer aggressiver Subkulturen geworden. Sicher gibt es in diesem Zusammenhang auch sozial und beruflich gut eingebundene Hooligans, was aber eher die Ausnahme als die Regel zu sein scheint.[126]

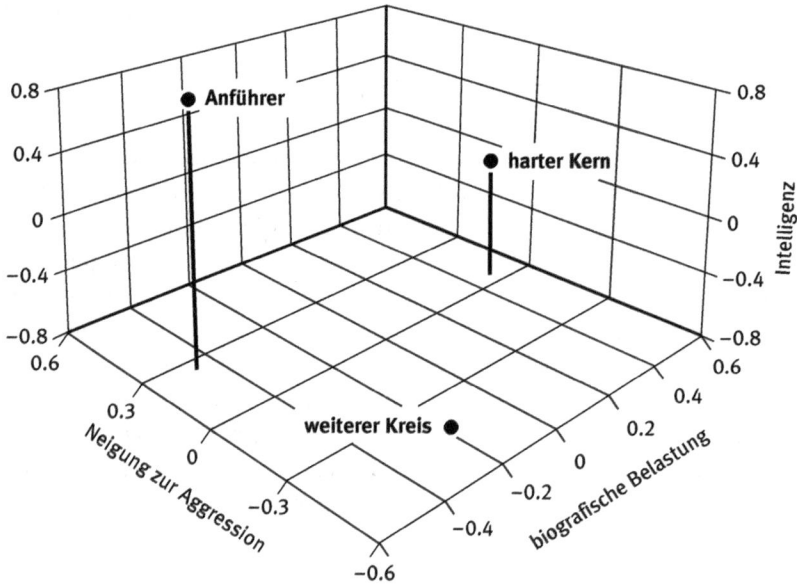

Abb. 10.1: Merkmalsunterschiede innerhalb der Hooligangruppe (eigene Darstellung nach Lösel und Bliesener, 2006, S. 238).

Bei den bislang skizzierten Ergebnissen wurde die Gruppe der Hooligans von Lösel et al. insgesamt betrachtet, wobei verschiedene *subkulturelle Rollen* zu erkennen waren: die der *Anführer* (n = 11), der sonstigen Angehörigen des *harten Kerns* (n = 15) sowie die der Mitglieder des *weiteren Kreises* (n = 7). Bei dieser dritten Gruppe handelte es sich um Hooligans, die nicht regelmäßig, sondern eher gelegentlich an Gewalttätigkeiten teilnahmen. Die Anführer waren im Durchschnitt 29.8 Jahre alt, die sonstigen Mitglieder des harten Kerns 29.6 Jahre, die des weiteren Kreises 28.4 Jahre. Einige der Hooligans gaben dabei an, dass sie bereits aus der Szene ausgestiegen gewesen seien. Im Mittel berichteten die Anführer über M = 98.0 Fights, der sonstige harte Kern über M = 98.5 Kämpfe und der weitere Kreis über M = 32.3. Zum Vergleich der Gruppen hinsichtlich der Dimensionen *Biografie* und *Persönlichkeit* wurden drei Indizes gebildet. Der erste erfasste die biografische Belastung und bestand aus den zusammengefassten Werten für Probleme in der Familie, Schule und während des Berufslebens. Der zweite war ein Indikator für die *allgemeine Aggressionsneigung* der

---

126 Lösel und Bliesener (2006), vgl. Lösel et al. (2001).

Person als Summenwert aus der Aggressivitätsskala des FPI-R, dem ersten Faktor der Screeningversion der Psychopathy Checklist, der Skala zu den Neutralisierungstendenzen sowie den berichteten Gewaltdelikten außerhalb des Fußballkontextes. Bei beiden Dimensionen wurden aus Gründen der Vergleichbarkeit jeweils *z-transformierte* Werte verwendet. Dies geschah auch bei der dritten einbezogenen Dimension, dem Wert im Intelligenztest.[127]

Die biografische Belastung korrelierte erwartungsgemäß mit der Aggressionsbereitschaft ($r = .52$, $p < .01$); hinsichtlich der Intelligenz bestand bei beiden Indikatoren kein signifikanter Zusammenhang. In allen drei Dimensionen unterschieden sich die Subgruppen der Hooligans signifikant voneinander. Die Ergebnisse der univariaten Varianzanalysen führten bei der biografischen Belastung zu $F = 4.14$ ($p < .05$), bei der Aggressionsneigung zu $F = 3.55$ ($p < .05$) und bei der Intelligenz zu $F = 4.25$ ($p = .01$). Abbildung 10.1 verdeutlicht die Ergebnisse. In der biografischen Belastung hatten die Anführer die niedrigsten Werte ($M = -.46$, $SD = .74$), der sonstige harte Kern die höchsten ($M = .43$, $SD = .80$); die Angehörigen des weiteren Kreises lagen dazwischen ($M = -.19$, $SD = .90$). Die Disposition zur Aggressivität war bei den Anführern am ausgeprägtesten ($M = .27$, $SD = .52$); es folgte der sonstige harte Kern ($M = .03$, $SD = .53$) und danach der weitere Kreis mit den deutlich niedrigsten Werten ($M = -.48$, $SD = .78$). Im Intelligenztest schnitten die Anführer am besten ab ($M = .64$, $SD = .92$), gefolgt vom sonstigen harten Kern ($M = -.12$, $SD = .89$), und dem weiteren Kreis ($M = -.74$ und $SD = .82$).[128]

Die Anführer kommen somit aus einem eher *geringer* belasteten familiären Milieu, fielen in der Schule und dem Beruf *relativ wenig* auf. Sie besaßen allerdings nichtsdestotrotz die deutlichsten Persönlichkeitstendenzen zur Aggression. Sie erlangten ihre subkulturelle Führungsrolle wahrscheinlich durch ihre gegenüber den anderen Gruppen höhere Intelligenz, die vermutlich auch dazu beitrug, ihre Aggression „erfolgreicher" auszuleben als dies bei den anderen Gruppen der Fall war. Nach den Befunden von Lösel et al. schienen diese Führungsfiguren indes insofern keine ansonsten unauffälligen Mitbürger, als sie eine *ausgeprägte Aggressivität* und Tendenzen zur antisozialen Persönlichkeitsstörung zeigten. Die weiteren Angehörigen des harten Kerns erwiesen sich dagegen in ihrer familiären Herkunft, Schul- und Berufslaufbahn *besonders* belastet. Ihr Aggressionsbedürfnis und ihre Intelligenz waren geringer als bei den Anführern. Der harte Kern verkörperte somit am ehesten den Typ des intensiv delinquenten jungen Mannes. Die Angehörigen des weiteren Kreises, nach ihren Testwerten relativ unintelligent und weniger aggressionsgeneigt als die beiden anderen Gruppen, offenbarten eine moderate biografische Belastung. Sie schienen aufgrund ihrer subkulturellen Einbettung in die Fanszene und ihres relativ geringen geistigen Potenzials von der Gewalt des harten Kerns angezogen worden zu sein, waren aber

---

127 Lösel und Bliesener (2006), vgl. Lösel et al. (2001).
128 Lösel und Bliesener (2006), vgl. Lösel et al. (2001).

weniger häufig an Kämpfen beteiligt als die beiden anderen Gruppen. Zu betonen ist, dass die geringen Fallzahlen hier jedoch Vorsicht bei der Interpretation erfordern.[129]

Nach dieser Darstellung individualpsychologischer psychometrischer Resultate bei einer konkreten Hooligangruppe, werden in Kapitel 10.5 die eher sozialphilosophisch-soziologisch orientierten Erklärungsschemata von Habermas vorgestellt, die von seiner Interpretin Schäfer-Vogel[130] u. a. auf den Bereich der Fußballgewalt angewandt worden sind. Hierbei werden die diesbezüglich u. U. wesentlich mitwirksamen systemisch-gesellschaftlichen Entstehungsbedingungen klarer ersichtlich und gewürdigt.

10.5 Gewalt und Kommunikation – „Kolonialisierung der Lebenswelten"

Die in den Kapiteln 10.2, 10.3 und 10.4 dargestellten theoretischen Annahmen, Daten bzw. Untersuchungsergebnisse legen nahe, dass es sich bei der Gewalttätigkeit im Rahmen von Fußballevents um ein sozial wie funktionell relativ vielschichtiges und bezüglich der Ursachen bzw. Gründe vielgestaltiges Phänomen handelt. Es tritt wahrscheinlich nicht der *eine* Typus des Hooligans auf, sondern es sind Differenzierungen vorzunehmen. So gibt es die, die einzig nach Gewalt lechzen, da sie antisozial strukturiert sind, und die, die berauscht und frustriert als innige Fußballliebhaber unter provokativen Umständen nach Angriffen überschießende Aggressionen produzieren. Darüber hinaus existieren die u. U. „ausgeflippten", intensiven Ultras, welche Kommerz, Fußballverbände, Medien, Polizei ablehnen[131]; bekannt sind die Brutalen aus eher niedrigen sozialökonomischen Verhältnisse, die sich in ihrem Hooligandasein aufwerten. Indes treten auch „feine Herren" wie Rechtsanwälte oder Ingenieure auf den Plan, die am Wochenende ihrem fragwürdigen Spezialhobby nachgehen, anderen die Nasenbeine zu brechen und Zähne auszuschlagen. Daneben fallen die Feld-Wald-Wiesen-Boxer gruppenstrukturiert übereinander her. Wir wissen von jenen, deren emotionelle Heimat, ihr „Wohnzimmer" quasi, die kameradschaftlichen Sauf- und Schlägergeselligkeiten sind; es existieren die eher kalt-instrumentellen psychopathisch-aggressiven Macht- und Körperverletzungsfreunde und die nahezu lustvoll Mord- und Totschlagsgeneigten. Außerdem gibt es die eher impulsiv-aggressiven schwerer Gestörten, die juvenil unreif-instabil Faszinierten sowie die vielleicht tatsächlich ambivalenten Mitläufer.

Darüber hinaus ist zu bedenken, dass diejenigen, die beispielsweise vor 50 Jahren etwa in England bei Fußballspielen Gewaltdelikte verübten, nicht mit denen vergleichbar sein müssen, die dies heute in sehr ähnlichem Modus an selber Stelle tun. Schließlich weiß niemand sicher genug, ob ein hypostasierter *argentinischer* Hooli-

---

129 Lösel und Bliesener (2006), vgl. Lösel et al. (2001).
130 Schäfer-Vogel (2007).
131 Pilz et. al. (2006).

gan, der in den vergangenen Jahrzehnten (u. U., je nach Lebensalter) direkt oder mittelbar durch die Sozialisation seiner Eltern und deren Folgen für ihn wahrhaft viel mehr sozialökonomische Makro(Staats)-Krisen und eine grausame Foltermilitärdiktatur er- und überlebt hat, aus den gleichen Motiven gewaltsam handelt, wie der oft viel saturiertere und sozial stabilisierte deutsche C-Gewaltfan, u. Ä. m. Schließlich ließen sich auch die scheinbar einer Kategorie wie der, der antisozialen Gestörten, zuzurechnenden Personen wiederum dahingehend hinterfragen, ob nicht wesentlich verschiedene Ätiologien dahinterstünden, die das infrage stehende Verhalten auf unterschiedliche Weise begründeten. Neurologische, sozial-kognitive und tiefenpsychologische Faktoren wären hierbei als Erstes zu berücksichtigen. Letztlich könnte damit wohl nur eine genaue individuelle Erforschung, so sie möglich wäre, die konkreten Gründe bzw. Ursachen der Gewaltneigung feststellen, wäre aber meist, siehe Psychoanalyse, mit den dort zu erwartenden wissenschaftstheoretisch-epistemischen Schwächen (s. Kap. 3.2) behaftet. Alle hier betrachtete Gewalttätigkeit unter einen Nenner zu zwingen, dürfte daher schwerer fallen bzw. in dessen dann sehr reduzierten Erklärungsmacht enden.

Besonders das psychoanalytische Konzept des *Agierens* unbewusster respektive abgespaltener Emotionen[132] wäre u. U. verständnisfördernd. Abgewehrte *unerträgliche* frühkindliche Emotionserlebnisse würden hier teils der Motor für die wiederum ebenso (indes mehr für andere) unerträglichen Folgedestruktionen. In den Gewalttaten und diesbezüglichen Wünschen würde also etwas mitgeteilt, „gesagt", was es zu enträtseln gäbe. Eine mütterliche Zurückweisung des Kindes im ersten Lebensjahr in Verbindung mit Geburtskomplikationen korreliert z. B. mit gewalttätigem Verhalten im Alter von 18 Jahren, was auch noch im Alter von 34 Jahren spezifisch für Gewalttaten, allerdings nicht für nicht gewalttätige Delikte gilt.[133] Frühe Erfahrungen, vorgeburtliche, perinatale oder auch spätere kindliche Erlebnisse können sich zudem (s. Kap. 2) auf die Entwicklung und strukturell somatische Ausgestaltung neuromodulatorischer Systeme wie das Cortisol-, Oxytocin- und Serotoninsystem auswirken.[134] Eher spätere sozial-kognitive Mechanismen der Konditionierung bahnten je nach Interesse, Milieu und Gelegenheit, Verstärkung oder Versagung den Weg mit.[135]

In diesem Zusammenhang hat Schäfer-Vogel[136] eine ausführliche, preisgekrönte, Betrachtung von Gewaltsubkulturen von Hooligans, Skinheads und Autonomen im Lichte der *Theorie des kommunikativen Handelns* von Habermas[137] als Forschungsbericht des *Max-Planck-Instituts für ausländisches und internationales Strafrecht*

---

132 Freud (1914/1989a), vgl. z. B. Klüwer (2002) und Reichard (1997, 2002).
133 Raine et al. (1994), die dabei $n = 4269$ männliche Lebendgeborene untersuchten und eine sehr signifikante Interaktion ($p < .0001$) zwischen Geburtskomplikationen und früher mütterlicher Zurückweisung ermittelten. Siehe dazu auch Piquero und Tibbetts (1999) mit ähnlichen Resultaten.
134 Roth und Strüber (2014).
135 Bandura (1979).
136 Schäfer-Vogel (2007).
137 Habermas (1981a, 1981b).

vorgelegt, in der sie die Gewalt als *Negation der Kommunikation* und universelle *Ersatzsprache* einordnet. Allerdings scheint bei ihr das benutzte, prinzipiell wesentliche Erklärungsmoment schließlich zu einseitig und auf weniger schlüssige Weise überstrapaziert zu werden. Um diese Kritik nachvollziehbar zu machen, ist zunächst eine, hier allerdings teils sehr geraffte, Darstellung der entsprechenden Positionen von Habermas und Schäfer-Vogel nötig: Beginnen wir zunächst bei Habermas' Opus magnum, seiner Theorie des kommunikativen Handelns, in der es

> [...] zunächst um einen Begriff der kommunikativen Rationalität [geht], der hinreichend skeptisch entwickelt wird und doch den kognitiv-instrumentellen Verkürzungen der Vernunft widersteht; sodann um ein zweistufiges Konzept der Gesellschaft, welches die Paradigmen Lebenswelt und System auf eine nicht nur rhetorische Weise verknüpft; und schließlich um eine Theorie der Moderne, die den Typus der heute immer sichtbarer hervortretenden Sozialpathologien mit der Annahme erklärt, daß die kommunikativ strukturierten Lebensbereiche den Imperativen verselbständigter, formal organisierter Handlungssysteme unterworfen werden.[138]

Dabei ist die Vernunft die letztverbliebene, taugliche Referenzgröße für denkende, handelnde und sprechende Menschen. Die Gültigkeitsbedingungen symbolischer Äußerungen referierten auf ein intersubjektiv geteiltes Hintergrundwissen aus gemeinsamen Lebenswelten; alles kommunikative Handeln sei prinzipiell auf einen theoretischen, praktischen oder begriffsexplikativen Diskurs hin angelegt und in diesem überprüfbar – eine Verständigung, die als kantisch interesselose Begründung im Ideal frei von Handlungszwängen sei.[139] Sprache koordiniere mithin Handlungen. Für ein Verstehen ihres Sinns reiche eine alleinige Beobachtung indes nicht aus, denn erst durch die Teilhabe an der Lebenswelt und ihren Hintergrundannahmen könne eine hermeneutische Deutung (ähnlich Wilhelm Diltheys Ansatz) erfolgversprechend sein. Solipsistisches Verstehen sei[140] daher gar nicht möglich: Immer schon ist ein soziales Sinn-Konvolut vorausgesetzt – ein System von Welten und Geltungsansprüchen.[141] Im Unterschied zu vormodernen Gesellschaften und einem mythologischen Denken, das weder die Differenzierung in propositionelle Wahrheit, normative Richtigkeit und expressive Wahrhaftigkeit noch die Unterscheidung von abstrakten vs. empirischen Bestandteilen kennt, habe der technisch-instrumentelle Vernunftaspekt in modernen Gesellschaften im Zug des geradezu hypertrophierten zweckrationalen Denkens Gestalt und Herrschaft erlangt.

> Unter dem funktionalen *Aspekt der Verständigung* dient kommunikatives Handeln der Tradition und der Erneuerung kulturellen Wissens; unter dem Aspekt der *Handlungskoordinierung* dient es der sozialen Integration und der Herstellung von Solidarität; unter dem *Aspekt der Sozialisation*

---

138 Habermas (1981a, S. 8).
139 Habermas (1981a, S. 25 ff.), siehe Kap. 6.5.
140 Siehe Wittgensteins Privatsprachenargument (Wittgenstein, 1953/1984a, *Philosophische Untersuchungen*, §§ 243.–315.) aber auch die Sprechakttheorien von Austin und Searle.
141 Habermas (1981a, S. 440–452).

schließlich dient kommunikatives Handeln der Ausbildung von personalen Identitäten. Die symbolischen Strukturen der Lebenswelt reproduzieren sich auf dem Wege der Kontinuierung von gültigem Wissen, der Stabilisierung von Gruppensolidarität und der Heranbildung zurechnungsfähiger Aktoren. Der Reproduktionsprozeß schließt neue Situationen an die bestehenden Zustände der Lebenswelt an, und zwar in der *semantischen* Dimension von Bedeutungen oder Inhalten (der kulturellen Überlieferung) ebenso wie in den Dimensionen des *sozialen Raumes* (von sozial integrierten Gruppen) und der *historischen Zeit* (der aufeinander folgenden Generationen). Diesen Vorgängen der *kulturellen Reproduktion*, der *sozialen Integration* und der *Sozialisation* entsprechen als die *strukturellen Komponenten* der Lebenswelt Kultur, Gesellschaft und Person.

Kultur nenne ich den Wissensvorrat, aus dem sich die Kommunikationsteilnehmer, indem sie sich über etwas in einer Welt verständigen, mit Interpretationen versorgen. *Gesellschaft* nenne ich die legitimen Ordnungen, über die die Kommunikationsteilnehmer ihre Zugehörigkeit zu sozialen Gruppen regeln und damit Solidarität sichern. Unter *Persönlichkeit* verstehe ich die Kompetenzen, die ein Subjekt sprach- und handlungsfähig machen, also instandsetzen, an Verständigungsprozessen teilzunehmen und dabei die eigene Identität zu behaupten. Das semantische Feld symbolischer Gehalte, der soziale Raum und die historische Zeit bilden die *Dimensionen*, in denen sich die kommunikativen Handlungen erstrecken. Die zum Netz kommunikativer Alltagspraxis verwobenen Interaktionen bilden das Medium, durch das sich Kultur, Gesellschaft und Person reproduzieren. Diese Reproduktionsvorgänge erstrecken sich auf die symbolischen Strukturen der Lebenswelt. Davon müssen wir die Erhaltung des materiellen Substrats der Lebenswelt unterscheiden.[142]

Sei hierbei die kulturelle Reproduktion der Lebenswelt gestört, manifestierten sich Sinnverlust mit einer Legitimations- bzw. Orientierungskrise, wie es zum Beispiel bei der Gentechnik und ihren schier unüberblickbaren Folgen der Fall ist. Sei die soziale Integration der Lebenswelt beeinträchtigt, würden also bislang legitime Ordnungsstrukturen zur Stabilisierung von Gruppenidentitäten und die diesbezüglichen Solidarität der Angehörigen nicht mehr hinreichen, resultierten eine Verknappung der Ausprägung an gesellschaftlicher Solidarität (Beispiel: langanhaltender Flüchtlingszustrom, der die mittelfristige Integrationsfähigkeit eines Landes überfordert). Bezüglich einer Störung des Sozialisationsvorgangs, bei der die hinreichende Ausbildung generalisierter Handlungsfähigkeiten in einer Abstimmung des individuellen mit den kollektiven Lebensanforderungen misslinge, zeigten sich Psychopathologien und Entfremdungserscheinungen, denen eine grundlegende Ich-Schwäche allgemein wäre: Mithin würde die Ressource „Ich-Stärke" verknappt.[143] Die Gesellschaft sei dabei eine Entität, die sich im Laufe der Evolution einerseits als ordnungsstiftendes System wie auch als individuelle Lebenswelt ausdifferenzierte. Beide unterschieden sich u. U. in modernen Gesellschaften voneinander auf konflikthafte Art.[144] Immer mehr unmittelbare normative, ethisch-moralische Steuerung würde im Interaktionsnetz komplexer Gesellschaften entbehrlich bzw. inopportun. Kommunikationsme-

---

142 Habermas (1981b, S. 208 f., Hervorhebungen im Original).
143 Habermas (1981b, S. 212 ff.).
144 Habermas (1981b, S. 228 ff.).

dien drucktechnischer und elektronischer Art als auch sogenannte Steuerungsmedien wie „Macht" und „Geld" begännen als Systembestandteile eigenen Rechts zu wirken. Bei steigender Komplexität der Gesamtgesellschaft im historischen Ablauf lasse sich so ein Entkopplungsprozess beobachten, der aus der Ersteren immer mehr Subsysteme zu ihrer Entlastung erzeugt, die sich dann verselbstständigten und ggf. auf die Lebenswelt i. S. einer Technisierung, Bürokratisierung, konsumistischen Monetarisierung zurückwirkten.[145] Hier bildeten die Verrechtlichung und die marktkonformen Warenwirtschaftsinteressen das Rückgrat einer fortschreitend rationalisierten Lebenswelt.

> Nicht die Entkoppelung der [...] Subsysteme, und ihrer Organisationsformen, von der Lebenswelt führt zu einseitiger Rationalisierung oder Verdinglichung der kommunikativen Alltagspraxis, sondern erst das Eindringen von Formen ökonomischer und administrativer Rationalität in Handlungsbereiche, die sich der Umstellung auf die Medien Geld und Macht widersetzen, weil sie auf kulturelle Überlieferung, soziale Integration und Erziehung spezialisiert sind und auf Verständigung als Mechanismus der Handlungskoordinierung angewiesen bleiben. Wenn wir [...] davon ausgehen, daß jene beiden Phänomene des Sinn- und Freiheitsverlustes nicht zufällig auftreten, sondern strukturell erzeugt werden, müssen wir versuchen zu erklären, warum die mediengesteuerten Subsysteme eine *unaufhaltsame Eigendynamik* entfalten, welche gleichzeitig die Kolonialisierung der Lebenswelt und deren Segmentierung von Wissenschaft, Moral und Kunst *verursacht*.[146]

Neue Konflikte entstünden an den Nahtstellen zwischen System und Lebenswelt und würden sich als *alternative Praxis* statuieren: Menschen begehrten auf gegen die nahezu allumfassende Vereinnahmung der Lebenswelt durch eine z. B. gewinnorientierte Wirtschaft mit ihrer Human- und Ressourcen-Ausbeutung und der Ausdehnung von Konkurrenz- und Leistungsdruck.[147] Hier treffen wir nun auf die Überlegungen von Schäfer-Vogel, die uns folgende Anwendungen und Auslegungen dieser Habermas'schen Positionen gibt:

> Gewalttätige Jugendkulturen lassen sich als *Symptom der Erosion kommunikativer Strukturen* begreifen und damit analytisch präzise auf gesellschaftliche Strukturveränderungen, nämlich auf den krisenhaften Verlauf gesellschaftlicher Modernisierungsprozesse in spätkapitalistischen bzw. realsozialistischen Gesellschaften zurückführen. Weil sich posttraditionale, rationalisierte Gesellschaften über kommunikatives Handeln integrieren, stellt sich gewalttätiges Verhalten heute als Folge der auf die Kolonialisierung der Lebenswelt zurückzuführenden Verarmung der Ausdrucks- und Kommunikationsmöglichkeiten dar. Da Gewalt in interaktiven Prozessen vielfach kommunikatives Handeln substituiert, erweist sie sich als „universelle Ersatzsprache". Weil Gewalt jedoch gleichzeitig die Voraussetzungen verständigungsorientierten Handelns zerstört, stellt sie sich, genauer besehen, als Negation von Kommunikation dar. Ausgehend von den Struktureigentümlichkeiten und von der psycho-sozialen Funktion von Gewalt läßt sich dartun,

---

145 Habermas (1981b, S. 269 ff.).
146 Habermas (1981b, S. 488, Hervorhebungen im Original).
147 Habermas (1981b, S. 581 ff.).

daß Gewalt ein eklatantes Symptom defizitärer Sozialisation, defizitärer sozialer Integration und defizitärer kultureller Reproduktion ist und mithin als Folge der Erosion kommunikativer Strukturen interpretiert werden *muß* [Hervorhebung v. Verf.].

Junge Menschen werden gewalttätig, weil sie in besonderem Maße von diesen Erosionsfolgen betroffen sind. Eltern sind bereits als primäre Sozialisationsinstanz den Zumutungen der gesellschaftlichen Modernisierung, insbesondere den mit der Verflüssigung normativer Ordnungen verschärften kommunikativen Anforderungen an die Erziehung vielfach nicht gewachsen. Die allgemeine Verarmung der Ausdrucks- und Kommunikationsmöglichkeiten wirkt sich daher auf den Sozialisationsprozeß besonders dramatisch aus. Die Eltern scheitern aber auch deshalb in der Erziehung und greifen zu Gewalt als erzieherischem Mittel, weil sich ihr Sozialisationsauftrag mit der Aufgabe, die nachwachsende Generation auf die Beschäftigung in systemischen Organisationen vorzubereiten, schwerlich vermitteln läßt. Familien sind zudem ganz unmittelbar von der Kolonialisierung, nämlich von der Monetarisierung, der Verrechtlichung und der Bürokratisierung der Eltern-Kind-Beziehungen und zusätzlich von kultureller Verarmung betroffen.

Erosionsbetroffene Jugendliche schließen sich *Jugendkulturen* an, weil sie in einer kolonialisierten Lebenswelt nach „Auffanglebenswelten" suchen. Diese versorgen ihre Mitglieder mit Deutungen und Interpretationen, sie definieren sich über einen wenn auch noch so rudimentären Kanon an Werten und Normen, an dem die einzelnen ihr Verhalten orientieren können, und stiften Interaktionskontexte, in denen es den Jugendlichen gelingt, ihre Identität zu behaupten. Die Anziehungskraft von Jugendkulturen läßt sich dabei auf ihre kolonialisierungskompensatorischen Funktionen zurückführen. Indem sie einen Beitrag zur Enkulturation, zur Integration und zur Stabilisierung der Persönlichkeit leisten, kompensieren sie die Folgen der Erosion kommunikativer Strukturen, nämlich Integrationsdefizite, Ich-Schwäche und Orientierungslosigkeit. Daß *gewalttätige* Jugendkulturen entstehen, ist Indiz dafür, daß die Verständigungskompetenz der Jugendlichen so begrenzt ist, daß die Integration der Gruppe und insbesondere ihre Abgrenzung nach außen, aber auch die Verteidigung von Deutungsschemata und die Stabilisierung verunsicherter Persönlichkeiten über kommunikatives Handeln nicht mehr gelingt und nur mehr durch gewalttätige Interaktionen gewährleistet wird. Die Entstehung gewalttätiger Jugendkulturen stellt sich damit als besonders sinnfälliges Symptom der Erosion kommunikativer Strukturen dar.[148]

Dazu ist nun erstens zu sagen, dass die Habermas'sche Sozialphilosophie eindeutige empirische Evidenz für sich bislang nicht beanspruchen kann: Sie ist zwar eine, zumindest in Teilen, plausible philosophisch-soziologische Ansicht, scheint uns jedoch als solche keineswegs zweifelsfrei nachgewiesen. Man darf wirklich auch anderer Meinung sein: Es gibt vermutlich keinen zureichenden logischen wie tatsächlichen Grund, dass Habermas' Theorie[149] in der vorgetragenen Form vollständig wahr ist (d. h. unbedingt und immer wahr sein muss). Urteile, die sie unhinterfragt als gänzlich richtig voraussetzen, geraten daher leichter in die Gefahr doktrinär und theoretisch voreingenommen zu wirken, Daten ggf. selektiv zu würdigen: Man sieht alsdann u. U. lediglich, was man sehen will. Zweitens könnte die Interpretation gesellschaftlich vermutlich pathogener (d. h. eigentlich wohl oft: sozial unerwünschter) Entwicklungen i. S. einer letztlich

---

148 Schäfer-Vogel (2007, S. 546 f., Hervorhebungen ohne besondere Kennzeichnung im Original).
149 Habermas (1981a, 1981b).

doch wieder monokausalen Verursachung als Folge alleiniger Erosion der kommunikativen Strukturen an sich nicht übermäßig wahrscheinlich sein. Sie lässt nach hiesiger Ansicht beispielsweise zu sehr außer Acht, dass es Schädigungen des ungeborenen Kindes schon im Mutterleib (z. B. durch Rauschmittelkonsum der Mutter) gibt, sie berücksichtigt nach unserer Auffassung nicht ausreichend genetische Faktoren und Vulnerabilitäten, Geburtskomplikationen, strukturell zerebrale Abnormitäten insbesondere i. S. v. Fehlbildungen oder Läsionen, epigenetische Abänderungen sowie teils stressbedingt neurobiologische Genexpressions- und Strukturänderungen bezüglich wesentlicher Hormonsysteme. Zudem könnte es nonverbal wirksame Erziehungsbedingungen, allgemeine elterliche Lieblosigkeit bei ansonsten „normalen" kommunikativen Strukturen, d. h. seelische Grausamkeit auf sprachlich „hohem" Niveau geben, und das bei wohlsituierten wie präkereren sozialen Bedingungen. Dabei geht es nicht darum, die kommunikative Seite zu ignorieren, die natürlich ihren wichtigen Platz in der gesunden Erziehung usw. von Kindern hat. Aber die Entstehung aller Aggression und insbesondere von dermaßen brutalen Gewaltwünschen, wie sie in Kapitel 10.3 bei wahrhaft kriminell-harten Hooligans[150] vorgestellt wurden, erscheint uns kaum nachweislich *allein* kommunikationsbedingt. Gesellschaftliche Rückwirkungen i. S. v. Habermas können zwar recht deutlich und sicher als Ko-Wirkfaktoren angenommen werden; deren Beitrag als aufgeklärte Varianz hingegen ist unklar und vielleicht weit weniger ausgeprägt als Schäfer-Vogel meint. Alles „Top down" von einem pathogenen Wirtschaft- und Sozialsystem her zu erklären, macht den Eindruck, zu einseitig zu sein. Die Rede von den „armen" Gewalttätern, die „nur" Opfer seien, stellte oft eine Mär dar, die jene gern selbst erzählen: Die Gefängnisse sind voll von Menschen, bei denen allzumeist vor allem die anderen Verantwortung tragen. Monetarisierung, Verrechtlichung, Bürokratisierung der Eltern-Kind-Beziehungen und zusätzlich kulturelle Verarmung haben tendenziell vermutlich tatsächlich soziale Folgen (ob mehr negative als positive müsste u. a. im Bereich Verrechtlichung prinzipiell erst noch nachgewiesen werden), jedoch scheinen diese nicht immer höchstgradig bedeutsam und zentral. Erziehungsbedingungen werden auch vom herrschenden Wirtschaftssystem beeinflusst, z. B. durch Zeitmangel und Gestresstsein der Eltern, führen indes aber nicht zwangsläufig immer zu antisozialen Entwicklungen: Die Auswirkungen des Wirtschafts- und Sozialsystems sind wohl eben nur Faktoren unter mehreren anderen. Gewaltgeneigte Jugendsubkulturen treten schon allein zahlenmäßig zu selten und zu wenig umfänglich auf: Man muss sich fragen, warum die weit überwiegende Mehrzahl der Jugendlichen, die unter ähnlichen Systembedingungen aufwuchsen, gerade nicht auffällig wurden. (In Deutschland gab es 2014/2015, s. die Tabellen 10.1, 10.2 und 10.3, 17.618 polizeilich registrierte B- bzw. C-Gewaltfans in den ersten drei Ligen inklusive der Regionalligen.)

Tatsächlich dürfte beim großen Menschheitsproblem der psychischen Krankheiten i. w. S. ätiologisch enge Wechselwirkungen von Personen und Situationen vorliegen, bei der vielfältige Geschehnisse (und nicht nur kommunikative) einwirken:

---

150 Siehe z. B. Schubert (2010).

Faktoren, wie die der elterlichen Gesundheit, genetischen, psychologischen und sozioökonomischen Bedingungen, allerdings ebenso z. B. die der Herrschaftsumbrüche, Wirtschaftskrisen sowie Kriege und in früheren Zeiten großer Seuchen wie Pest und Pocken. Alle juvenil-gewalttätigen Ausschreitungen aller historischen Zeiten allein als Folgen defizitären kommunikativen Handelns aufzufassen, erschiene als eine gewagte und wohl faktisch unrichtige These. Verbreitete psychische Fehlentwicklungen gab es (vermutlich, wir wissen es als Nachgeborene nur relativ fragmentarisch) zudem schon in weit früheren Zeiten, sie scheinen daher gerade nicht eins zu eins an die Ausbildung spezifischer Systemkomponenten i. S. v. Habermas gebunden zu sein. Auch vormoderne Gesellschaften können bereits Pathologien, z. B. Pogrome und Grausamkeiten vielfältiger Art, aufweisen.[151] Die soziale Ausbeutung menschlicher Arbeitskraft in einer Machtfiguration existiert z. B. seit Jahrtausenden, sie ist kein Kennzeichen moderner Entwicklungen. Zweifelhaft scheint, dass die defizitären Erziehungsstile *stets* eine Folge soziologisch gedachter systemischer Einflüsse spätkapitalistischer Art sein müssen, oder ob sie sich nicht vielmehr u. a. auch aus einer inneren psychischen Eigendynamik jeweils in die Folgegeneration „forterben" – Hass zu Hass wird, Kälte zu Kälte, Liebesunfähigkeit zu Liebesunfähigkeit – und gesellschaftliche Einflüsse nur weniger intensiv prägen und formend einwirken. Basalemotionale Faktoren der Erziehungspersonen jenseits intrudierender systemischer Imperative und Zumutungen wie die sichere, und doch zu oft so schrecklich schwere als wahr erlebte Liebe und empathische Nähe der Eltern zu ihren Kindern (gepaart mit dem Setzen gesunder Grenzen) und dem Vorleben des weise Richtigen durch diese Erwachsenen, dürfen in ihrer zentralen Wichtigkeit für die gesunde Erziehung von Kindern daher nicht verkannt werden (siehe die in Kap. 8.1 dargestellte interkulturelle Feldstudie von Kornadt[152]). Um neben diesen eher generellen Erwägungen nun konkret auf die Problematik bei Hooligans einzugehen, lassen wir zunächst Schäfer-Vogel ausführlich zu Wort kommen:

> Die Entstehung gewalttätiger Jugendkulturen ist ein Symptom *gesellschaftlicher Desintegration*. Die brutale Gewalt, mit der Skinheads, Hooligans und Autonome ihre Feinde attackieren, ist sinnfälliger Ausdruck erosionsbedingter Entfremdung zwischen Tätern und Opfern. In welchem Maße die Jugendlichen das Gemeinwesen als dissoziiert erleben, offenbaren die gruppenintern aufgebrachten Rechtfertigungen ebenso wie die Einstellungen der einzelnen zum Staat, insbesondere zur Polizei. Ein besonders sinnfälliger Ausdruck gesellschaftlicher Dissoziation ist das Denken in Freund-Feind-Schemata, weil die sozialen Beziehungen gegenüber dem Feind nicht mehr oder allenfalls rudimentär durch eine Art „Kriegsrecht", geordnet sind. [...] Die Hooligans haben zwar keine klar konturierten Feindbilder ausgebildet. Sie inszenieren jedoch an ihren Hooligan-Wochenenden Kämpfe mit klaren Fronten. Weil wenigstens bei Teilnahme an den ritualisierten Auseinandersetzungen kein Zweifel besteht, wohin man gehört und wer zusammengehört, sind die Hooligans für Jugendliche attraktiv, die im Lebensalltag unter diffusen Gefühlen der Entfremdung leiden. Daß polizeiliche Interventionen als Störung wahrgenommen werden

---

151 Siehe z. B. den in Kap. 10.1 zitierten Bericht des Tacitus, *Annalen*, Buch XIV, § 17.
152 Kornadt (2011).

und der Ordnungsanspruch der Polizei nicht eingelöst wird, ist ein Beweis für die Unfähigkeit, die eigenen Gewaltexzesse aus der Perspektive des Gemeinwesens wahrzunehmen, und insofern ein Symptom gesellschaftlicher Desintegration. [...]

Die jugendkulturellen Gemeinschaften kompensieren *Integrationsdefizite, Entfremdungs-erfahrungen* und *mangelnde Solidarität* und werden daher für Jugendliche zu unentbehrlichen Auffanglebenswelten. Für Hooligans wird elementare Kollektivität und Solidarität in ihren insze-nierten Auseinandersetzungen erfahrbar. [...] Als Symptom der Erosion kommunikativer Struk-turen muß die Entstehung aller drei Jugendkulturen deshalb interpretiert werden, weil diese sich in erster Linie über die gemeinsam verübten, ritualisierten Gewalttaten integrieren. Hooligans veranstalten ritualisierte Schlachten in der „dritten Halbzeit". [...] Hooligans und Skinheads sta-bilisieren ihre soziale Bezugsgruppe primär über gewalttätiges und nicht über kommunikatives Handeln. Hooligans treffen sich kaum unabhängig vom Fußball.[153]

Gewalttätige Jugendkulturen sind Zufluchtsorte für Jugendliche, deren *Sozialisation defizitär* verlaufen ist, deren interaktive Kompetenzen beschränkt sind, die keine stabile Persönlichkeits-struktur entwickelt haben und daher unter Ich-Schwäche leiden. Skinheads und Hooligans, die nicht selten von elterlichen Züchtigungen berichten, haben bereits im Elternhaus gewaltförmige, nicht aber kommunikative Konfliktlösungsstrategien erlernt. Das Lebensgefühl der Jugendli-chen und die Motivationen, aus denen heraus sie sich gewalttätigen Jugendkulturen anschlie-ßen, sind symptomatisch für wenig gefestigte Persönlichkeiten und indizieren Ich-Schwäche. Skinheads bekennen, das Gefühl zu haben, nichts darzustellen, und projizieren ihre Unsicher-heit auf Ausländer und Andersartige, von denen sie sich provoziert und in Frage gestellt fühlen. Hooligans überwinden bei ihren gewalttätigen Kämpfen das Gefühl, nichts darzustellen. Wer sich den Autonomen anschließt, hofft, in der jugendkulturellen Gemeinschaft die eigene Ohn-macht zu überwinden und vom Objekt zum Subjekt zu werden. Die Teilnahme an gewalttätigen Aktionen eröffnet Möglichkeiten der positiven Selbsterfahrung, der Selbstvergewisserung und Selbstbestätigung und leistet einen Beitrag zur Rollenkonzeptualisierung. Sich Opfer zu suchen und zum Täter zu werden ist dabei eine besonders martialische Form der Kompensation von Ich-Schwäche. Die Kämpfe der Hooligans sind eine Form körperlicher Selbstbehauptung. Das archaische Erlebnis der eigenen Männlichkeit und Stärke wird zur Quelle des Selbstwertgefühls. Hooligans werden zu Tätern, um zu siegen und um das Gefühl zu haben, „die Besseren zu sein". Sie kompensieren so Minderwertigkeits- und Ohnmachtsgefühle und persönliche Schwächen und blenden die tatsächlich eingeschränkten kommunikativen Kompetenzen zumindest grup-penintern aus der Selbstwahrnehmung aus.[154]

Gewalttätige Jugendkulturen kompensieren schließlich Orientierungslosigkeit und Ohn-machtsgefühle und fangen so die *Folgen der Störungen kultureller Reproduktionsprozesse* auf. Dies bestätigen schon die Beitrittsmotivationen. [...] Hooligans beschreiben ihren Berufsalltag als sinnentleert, leiden unter Erlebnisarmut und ebenfalls unter Zukunftsängsten. [...] Mit-glieder aller drei Jugendkulturen [der Skinheads, Autonomen und Hooligans] betonen, in der Gruppe, bei den gemeinschaftlichen gewalttätigen Aktionen das Gefühl der eigenen Macht, Bedrohlichkeit und Stärke zu genießen. Sie überwinden also Ohnmachtsgefühle, die auf kom-plexe Orientierungslosigkeit zurückzuführen sind und sich damit als Folge von Störungen der kulturellen Reproduktion darstellen. Hooligans bekennen denn auch, bei der Teilnahme am gewaltzentrierten Gemeinschaftsleben, an den wochenendlichen Planspielen, einem als sinnlos erlebten Berufs- und Lebensalltag zu entfliehen. Weil die Hooligans keine komplexen Deu-tungssysteme hervorgebracht haben, die die Weltaneignung erleichtern könnten, suchen und

---

153 Schäfer-Vogel (2007, S. 550 f., Hervorhebungen im Original).
154 Schäfer-Vogel (2007, S. 552 f., Hervorhebungen im Original).

finden Jugendliche bei den „Hooliganspielen" jedoch lediglich Spannung, Abenteuer und Risiko und damit letztlich nur Ersatzbefriedigung ihres Wunsches nach einem sinnerfüllten Leben. Die aus dem Mangel an substantiellen Lebensperspektiven resultierenden Aggressionen und Frustrationen werden dabei nur scheinbar kompensiert, nicht jedoch produktiv bearbeitet. [...] Da weder rechte noch linke Skins sich als Systemoppositionelle positionieren und, von radikalisierten Segmenten abgesehen, keine umstürzlerischen Ziele verfolgen, stellen sie sich, wie auch die Hooligans, als rein kolonialisierungskompensatorische Jugendkulturen dar.[155]

Einerseits ist wohl unstrittig, dass eine defizitäre Sozialisation für viele Hooligans, insbesondere denen des harten Kerns, kennzeichnend ist (s. die Darstellung der Ergebnisse von Lösel et al. und Kidza in Kap. 10.4), aber nach unserer Auffassung nicht zwangsläufig bei allen: Gerade die Führungsfiguren waren (s. Abb. 10.1) hier teils sehr intelligent und weniger biografisch belastet. Nahezu die Hälfte der untersuchten Hooligans bei Lösel und Kollegen bzw. Kidza wuchsen zudem nicht unter gewalttätigen Eltern auf (s. Tab. 10.4, 10.5 und 10.6). Hier ist zu fragen, ob nicht gerade jene Führungsfiguren oft deutlicher ausgeprägte Psychopathen darstellen, die aufgrund neurologischer Defizite und Gehirnanomalien einfach nur Spaß an menschenverachtender Gewalt und Machtausübung haben – relativ unabhängig von kommunikativen Faktoren, ja gerade hinsichtlich ihrer Verbalisierungsfähigkeit u. U. besonders gut, i. S. einer glatten professionellen Täuschungsfähigkeit und oberflächlichen sozialen Anpassung wären. Ähnlich steht es wohl zumindest z. T. mit denjenigen Bürgern, die sich „geil auf Gewalt" am Wochenende ihrem Schläger-Spezialhobby hingeben. Polizisten, Krankenpflegern, Rechtsanwälten oder Ingenieuren (s. Kap. 10.3) zu unterstellen, sie hätten (erheblich) eingeschränkte kommunikative Kompetenzen respektive einen Mangel an substanziellen Lebensperspektiven, und damit auf Wegen der Ersatzbefriedigung Lust zum Hooliganismus, wirkt hier weniger glaubhaft, obwohl tiefenpsychologisch ein Agieren bzw. schwere orgastische Impotenz[156] vorliegen könnten. Allerdings wäre das ebenso erst zu erforschen. Hooliganismus kann eben nicht nur ein Phänomen von Jugendlichen oder Heranwachsenden sein, sondern auch von Menschen höheren Alters.[157]

Gewalt wurde von Schäfer-Vogel, verkürzt gesagt, als Kommunikation negierende, destruktive körperliche Ersatzsprache definiert.[158] Das ist, zumindest für einige Fälle, möglich und muss nicht immer bzw. grundlegend falsch sein. Ein diesbezüglicher Verdienst liegt hier begriffsgeschichtlich jedoch auch schon bei Freud.[159] Schäfer-Vogel notiert nach unserer Interpretation dabei als Ausweis ihres generellen Vorgehens:

---

155 Schäfer-Vogel (2007, S. 554 f., Hervorhebungen im Original).
156 Im Sinne von Reich (1933, verändert 1949/1989, S. 330–372).
157 Vergleiche Lösel et al. (2001) sowie Kidza (2014).
158 Schäfer-Vogel (2007, § 4 I. 1.).
159 Freud (1914/1989a).

Da gewalttätiges Verhalten als Negation von Kommunikation konzeptualisiert werden kann, läßt es sich auch *logisch konsequent* [Hervorhebung v. Verf.] auf Störungen der Reproduktion der Lebenswelt, der Sozialisation (1.), der sozialen Integration (2.) und der kulturellen Reproduktion (3.) zurückführen, die in einer rationalisierten Lebenswelt über kommunikative Prozesse gewährleistet wird. Weil gewalttätiges Verhalten damit als Symptom der Erosion kommunikativer Strukturen gedeutet werden kann [...], läßt es sich auf gesellschaftliche Strukturveränderungen zurückführen und als eine der Antinomien der gesellschaftlichen Modernisierung begreifen.[160]

Weiter schreibt Schäfer-Vogel: „Als Symptom der Erosion kommunikativer Strukturen *muß* [Hervorhebung v. Verf.] die Entstehung aller drei Jugendkulturen deshalb interpretiert werden, weil diese sich in erster Linie über die gemeinsam verübten, ritualisierten Gewalttaten integrieren".[161] Zudem liest man:

Bei den Hooligans ist die Fixierung auf gewalttätige Konfrontationen besonders eklatant. Sie fahren bevorzugt zu Spielen, bei denen mit Schlägereien zu rechnen ist und vernachlässigen sogar den eigentlichen Anlaß des sozialen Ereignisses, das Fußballspiel, weil die Spielräume, im Stadion gewalttätig zu werden, geschrumpft sind. Daß die Vergemeinschaftung nur mehr gewaltförmig, fernab vom Fußball gelingt, ist sogar *eindeutig* [Hervorhebung v. Verf.] eine Folge der Erosion kommunikativer Strukturen, konkret der Kolonialisierung eines traditionellen Freizeitbereichs, nämlich der Monetarisierung des Fußballsports. Die Kapitalisierung des Fußballs hat die Fans zu einem Wirtschaftsfaktor degradiert. Die Fans fühlen sich nicht mehr sozial zugehörig und haben sich ihren Vereinen entfremdet. Ein lebendiges Vereinsleben, in dem sich eine soziale Gemeinschaft in kommunikativen Prozessen konstituieren könnte, gibt es nicht mehr.[162]

Neben dem Einwand, dass die Überwachungs- und Verhinderungsanstrengungen des Veranstalters sowie die der Polizei die Gewaltverlagerung aus den Stadien in andere Sozialräume teilweise viel eher bewirkt haben könnten als ausschließlich die Kommerzialisierung, ist aus all den oben wiedergegebenen Sätzen Schäfer-Vogels eine Tendenz zu erahnen, die Genese der Hooligangewalt (im großen Rahmen für alle Fälle) als durch Habermas' Philosophie hinreichend aufgeklärt zu betrachten, was uns jedoch kaum möglich scheint: Erstens handelt es sich bei der Gewaltdefinition Schäfer-Vogels unserer Auffassung nach nicht um eine ersichtlich und hoch evidente aus empirischen Befunden gezogene, sondern nur um eine plausible, jedoch vermutlich nicht zwingend so vorzunehmende Festlegung, was ähnlich, wie gesagt, für die Philosophie von Habermas gelten kann. Zweitens ist ein Rückschluss vom alleinigen Befunddatum auf dessen kausale Ursache nicht umstandslos möglich. Um das zu verdeutlichen reformulieren wir das obige Zitat[163] in einfacheren Worten, das in seinem logischen Kerngehalt unserer Auslegung nach folgendermaßen lautet: Gewalt *kann* als Negation von Kommunikation definiert werden (und damit, implizit mit gemeint, die Folge von defizitärem kommunikativen Handeln sein). [Stimmt.] *Deshalb muss*

160 Schäfer-Vogel (2007, S. 175).
161 Schäfer-Vogel (2007, S. 551).
162 Schäfer-Vogel (2007, S. 241).
163 Schäfer-Vogel (2007, S. 175).

sie (stets) auf Störungen der kommunikativen Prozesse beruhen. [Stimmt nicht.] Aufgrund dessen *muss sie auch (immer)* auf systemisch-gesellschaftliche Einwirkungen (auf die handelnde Person) zurückgeführt werden. [Stimmt nicht.]

Wie leicht einzusehen, vermag dabei ein *Kann* nicht zur füglichen Schlüssigkeit eines *Muss* umgemünzt zu werden, und eine erste konditionale Aussage eine zweite mit ihr induktiv verbundene nicht gültig mitzubegründen. Wenn Prämisse eins lautet: *Gewalt* ist durch kommunikative Defizite erzeugt, Prämisse zwei statuiert, dass *Gewalttätigkeit* vorliegt, kann die Conclusio: *also* ist diese Gewalttätigkeit durch Kommunikationsdefizite verursacht, *nicht gelten*, denn es läge der *Fehlschluss der Bejahung des Konsequens*[164] vor. Dieses Problem scheint unserer Meinung nach dem gesamten Ansatz von Schäfer-Vogel innezuwohnen. Sie setzt nach hiesiger Interpretation zirkulär dasjenige (u. a. die Philosophie von Habermas) voraus, dessen Evidenz man erst empirisch nachweisen müsste, und bestätigt dies, fehlerhaft schließend und daher nur scheinbar, durch einen faktisch an sich unleugbaren Befund, nämlich die Gewalttätigkeit in den betrachteten Jugendkulturen. Obwohl vieles von dem, was Schäfer-Vogel schreibt, in der Tiefe richtig sein könnte, scheint unseres Erachtens damit gerade die These, dass es allein die Einflüsse der Kommunikationserosion i. w. S. seien, die u. a. die Hooligangewalt verschuldet, nicht ausreichend wahrscheinlich gemacht worden zu sein.

10.6 Prävention und Gegenmaßnahmen – Maximen der zivilrechtlichen Haftung

In Kapitel 10.6 werden zunächst kurz diejenigen Maßnahmen erwähnt, die zur Verhütung und Repression von Hooliganismus in nähere Erwägung gezogen worden sind. Lösel und Kollegen haben hier u. a. durch Befragung einschlägig sachkundiger Personen etliche Vorschläge evaluiert. Konkret wurden 21 Maßnahmen der Polizei, Justiz und Ordnungsbehörden, acht der Fanprojekte und Sozialarbeit sowie sieben bauliche respektive organisatorische Eingriffe nach ihrer Effektivität und Alltagstauglichkeit eingeschätzt. Dabei schienen den befragten über 100 Experten aus Deutschland insbesondere folgende Ansätze wirksam bzw. praktikabel:

- die enge Begleitung des harten Kerns durch szenekundige Polizeibeamte,
- kurze Kommunikationswege der Sicherheitsorgane,
- eine niedrige Einschreitschwelle,
- die Straftäterdatei „Sport" beim *Landeskriminalamt Nordrheinwestfalen*,
- eine konsequente Strafverfolgung,
- Stadion- und Reiseverbote,
- Meldeauflagen,
- Fantrennung innerhalb und außerhalb der Stadien,

---

164 Siehe z. B. Hardy und Schamberger (2012, S. 48), vgl. Stegmüller (1983).

- EDV-gesteuerte Sitzplatzvergabe,
- Videobeobachtung.

Von den Hooligans wurden besonders Geld- und Haftstrafen, der Einsatz szenekundiger Polizeibeamter, Stadionverbote und die Fanprojekte (u. a. mit Einzelfallhilfen, Gruppenpädagogik, Beziehungs- und Freizeitangeboten) als wirksam erachtet. Der Einbindung früherer Hooligans in die Prävention wurde von allen Gruppen weitgehend eine Absage erteilt. Dies galt in noch stärkerem Ausmaß für die Bereitstellung von Flächen für Fights und deren impliziten Duldung.[165]

Lösel et al. strukturierten die Vorschläge und Bewertungen durch eine Faktorenanalyse; die Hauptkomponentenanalyse ergab nach Varimaxrotation drei Faktoren.

(1) Der erste Faktor (*Repression*) hatte bei folgenden Maßnahmen substanzielle Ladungen (und klärte 20 Prozent der Gesamtvarianz auf): Haftstrafen als Abschreckung (.85), hohe Geldstrafen als Abschreckung (.72), Einsatz von „Fußball-Staatsanwälten" (.77), niedrige Einschreitschwelle (.65), Anwendung von Platzverweisen (.62), Meldeauflagen und Reiseverbote (.60), Untersagung von Alkohol in den Stadien (.55) und das Konzept des „gläsernen Fans" (.50).

(2) Auf dem zweiten Faktor luden vor allem Maßnahmen der organisatorischen Prävention durch *Kontrolle* (mit 15 Prozent der Gesamtvarianz). Dies waren: Stadionverbote (.77), bundesweit gültige Stadionverbote (.72), die Fantrennung außerhalb der Stadien (.67), eine lückenlose Begleitung des harten Kerns durch szenekundige Polizeibeamte (.55), das Konzept der „kurzen Wege" (.53), eine niedrige Einschreitschwelle (.42), Alkoholprohibition in den Stadien (.42) sowie Meldeauflagen und Reiseverbote (.40).

(3) Der dritte Faktor (*Fanarbeit*) ergab 13 Prozent Varianzaufklärung und beinhaltete: Das Konzept „Fans für Fans" (.79), die finanzielle Förderung von Fanprojekten (.62), Anwendung von Diversionsverfahren[166] (.62), institutionalisierte Netzwerke (.62), intensive Arbeit von Fanprojekten (.59) und die Gefährderansprachen durch die Polizei (.49). Die ersten beiden Faktoren korrelierten hoch miteinander ($r = .73$, $p < .001$), während der dritte Faktor nicht mit ihnen zusammenhing ($r = -.08$ bzw. $r = -.03$).

Die Vertreter der Polizei und Justiz beurteilten dabei die Effizienz der Repression am höchsten. Die Sicherheitsbeauftragten der Vereine sahen dies ähnlich, während die Sozialpädagogen der Fanprojekte diese Maßnahmen wesentlich weniger betonten. Die Fanarbeit wurde hingegen von den Experten der Fanprojekte als relativ wirksam

---

165 Lösel und Bliesener (2006), vgl. Lösel et al. (2001).
166 Das heißt der alternativen Beendigung offizieller Ermittlungen (wie z. B. durch Einstellung unter Auflagen) unter Umgehung formeller Anklagen und Strafprozesse.

eingeschätzt, ähnlich die Vereinsvertreter, während die Polizei und Justiz hier die niedrigsten Ratings vornahmen.[167]

Die tatsächliche Wirksamkeit solcher Maßnahmen ist u. a. deswegen schwierig zu beurteilen bzw. zu evaluieren, da zumeist mehrere von ihnen kombiniert werden, was die eindeutige Zuschreibung einer u. U. zu verzeichnenden Reduktion der Ausschreitungen nicht zulässt. Außerdem könnten orts- und vereinsspezifische Gegebenheiten mitwirken, so z. B., wenn sich unter der Anhängerschaft besonders viele (oder wenige) Gewaltfans befinden, die Austragungsstätten bauliche Besonderheiten aufweisen, oder aber spezifische Gegner mit ggf. langgehegten, intensiven Feindschaften aufeinandertreffen u. Ä. m.

Bei einer rechtlichen Beurteilung von Hooliganismusvorfällen sind, neben einer *verschuldensunabhängigen* Haftung des entsprechenden Verbandes respektive Vereins nach den Bestimmungen der *Union of European Football Associations* [UEFA][168], und natürlich der individuellen strafrechtlichen Verantwortung des bzw. der Täter, auch teils erhebliche zivilrechtliche Implikationen denkbar. Wir folgen hier den Ausführungen von Walker[169], der diese folgendermaßen zusammenfasst:

Für Schädigungen bei Zuschauerausschreitungen haften im deutschen Rechtsraum einerseits die unmittelbaren Verursacher nach § 823 Abs. 1 Bürgerliches Gesetzbuch (BGB). Gegenüber dem Veranstalter haften diese Täter ferner nach §§ 280 Abs. 1, 241 Abs. 1 BGB wegen einer Schutzpflichtverletzung. Daneben ist der Veranstalter dem Geschädigten nach § 823 Abs. 1 BGB zum Ersatz verpflichtet, wenn er eine Verkehrspflicht verletzt und dadurch mittelbar die Schädigung verursacht hat. Gegenüber den zahlenden Zuschauern, eigenen Spielern, sonstigen Vertragspartnern und Schiedsrichtern unterliegt auch der Veranstalter wegen Schutzpflichtverletzung einer vertraglichen Haftung. Schließlich kommt daneben eine Haftung des, ggf. vom Veranstalter verschiedenen, Stadioneigentümers wegen einer Verkehrspflichtverletzung in Betracht. Die größte Bedeutung im Zusammenhang mit einer zivilrechtlichen Haftung bei Zuschauerausschreitungen hat gleichwohl die Veranstalterhaftung, wovon in aller Regel der gastgebende Verein betroffen ist. Dieser hat wenige Möglichkeiten, sich rechtsgeschäftlich von seiner Haftung zu befreien. Denn eine grundsätzlich mögliche Delegation seiner Verkehrspflichten führt niemals zu einer vollständigen Haftungsbefreiung, weil stets Überwachungspflichten bei ihm verbleiben. Für die Intensität der Veranstalterhaftung ist in erster Linie der Umfang der Schutz- und der Verkehrspflichten zu beachten. Dieser richtet sich maßgeblich

---

167 Lösel und Bliesener (2006), vgl. Lösel et al. (2001). Für darüber hinausgehende genauere polizeirechtliche Aspekte des Hooliganismusproblems in Deutschland siehe Breucker (2003) und Krahm (2008).
168 Siehe Siekmann (2009).
169 Walker (2009).

nach der Vorhersehbarkeit der Gefahr, sowie der Zumutbarkeit der erforderlichen Maßnahmen.[170]

Mehrere unmittelbare und mittelbare Schädiger haften generell im Außenverhältnis meistens als Gesamtschuldner (§§ 830 Abs. 1, 840 Abs. 1, 421 BGB). Im Innenverhältnis zueinander findet zwar gemäß § 426 BGB grundsätzlich ein anteiliger Ausgleich statt. Das gilt jedoch nicht, wenn z. B. ein vorsätzlich handelnder unmittelbarer Schadensverursacher und ein fahrlässig seine Verkehrspflicht verletzender Veranstalter zusammentreffen: Hier hat der unmittelbare Schädiger im Innenverhältnis den Schaden allein zu tragen. Bei rassistischen Ausschreitungen bezieht sich die zivilrechtliche Haftung regelmäßig nur auf die Entschädigung immaterieller Schäden. Ob neben den unmittelbar an den Ausschreitungen Beteiligten auch der Veranstalter Entschädigungszahlungen zu leisten hat, ist hier zweifelhaft.[171]

Es ist damit zu ersehen, dass insbesondere durch die vertragliche Nebenverpflichtung eines Zuschauers, den Veranstalter vor nicht hinzunehmendem Verhalten und dessen Folgen zu bewahren, bei einem (z. B. ausschreitungsbedingten) Spielabbruch o. Ä. bzw. der späteren Verhängung von Verbandsstrafen gegenüber einem Verein, größere, teils ruinöse Regresspflichten entstehen können, die obergerichtlich betätigt werden.[172] Aber auch der Veranstalter haftet etwa einem unschuldig-verletzten, regulär Eintritt zahlenden Zuschauer gegenüber, wenn Ersterer bei der für den allgemeinen Verkehr geöffneten Spielstätte im Rahmen des Spiels nicht alles Notwendige und Zumutbare dafür tut, dass es nicht zu Ausschreitungen respektive Schädigungen kommt.[173]

---

170 Walker (2009, S. 58 f.).
171 Walker (2009, S. 59).
172 Siehe das Urteil des *Oberlandesgerichts Rostock* v. 28.4.2006 - 3 U 106/05: Haftung von störenden Zuschauern für dem Verein vom DFB auferlegte Geldstrafe, *Neue Juristische Wochenschrift*, 2006 (Heft 25), S. 1819 ff., zit. nach Walker (2009, S. 39) aber auch das BGH-Urteil v. 22.9.2016 - VII ZR 14/16 (Schadensersatzpflicht eines Zuschauers gegenüber dem Verein für das Zünden eines Knallkörpers im Fußballstadion, Bundesgerichtshof, 2016).
173 Näheres z. B. bei Unger (2015).

Literaturverzeichnis

Anmerkung: Klassische Autoren und kanonische religiöse Werke wie die Bibel werden direkt im Text nachgewiesen.

Abramovitch, R., Corter, C. & Lando, B. (1979). Sibling interaction in the home. *Child Development, 50*, 997–1003. doi: 10.2307/1129325.

Achtziger, A. & Gollwitzer, P. M. (2006). Volition und Motivation im Handlungsverlauf. In J. Heckhausen & H. Heckhausen (Hrsg.), *Motivation und Handeln* (S. 227–302). Heidelberg: Springer.

Achtziger, A. & Gollwitzer, P. M. (2009). Rubikonmodell der Handlungsphasen. In V. Brandstätter & J. H. Otto (Hrsg.), *Handbuch der Allgemeinen Psychologie – Motivation und Emotion* (S. 150–156). Göttingen: Hogrefe.

Adachi, P. J. C. & Willoughby, T. (2011). The effect of video game competition and violence on aggressive behavior: Which characteristic has the greatest influence? *Psychology of Violence, 1*, 259–274. doi: 10.1037/a0024908.

Adler, A. (2007a [zuerst 1908]). Der Aggressionstrieb im Leben und in der Neurose. In K. H. Witte & A. Bruder-Bezzel (Hrsg.), *Alfred Adler Studienausgabe, Band 1: Persönlichkeit und neurotische Entwicklung: Frühe Schriften (1904–1912)* (S. 64–76). Göttingen: Vandenhoeck & Ruprecht.

Adler, A. (2007b [zuerst 1910]). Der psychische Hermaphroditismus im Leben und in der Neurose. Zur Dynamik und Therapie der Neurosen. In K. H. Witte & A. Bruder-Bezzel (Hrsg.), *Alfred Adler Studienausgabe, Band 1: Persönlichkeit und neurotische Entwicklung: Frühe Schriften (1904–1912)* (S. 103–113). Göttingen: Vandenhoeck & Ruprecht.

Adler, A. (2008 [zuerst 1933]). Religion und Individualpsychologie. In K. H. Witte, R. Brunner & R. Wiegand (Hrsg.), *Alfred Adler Studienausgabe, Band 6* (S. 177–224). Göttingen: Vandenhoeck & Ruprecht.

Adler, A. (2010a [zuerst 1927]). Individualpsychologie und Wissenschaft. In K. H. Witte & G. Eife (Hrsg.), *Alfred Adler Studienausgabe, Band 3: Persönlichkeitstheorie, Psychopathologie, Psychotherapie (1913–1937)* (S. 292–302). Göttingen: Vandenhoeck & Ruprecht.

Adler, A. (2010b [zuerst 1931]). Zwangsneurose. In K. H. Witte & G. Eife (Hrsg.), *Alfred Adler Studienausgabe, Band 3: Persönlichkeitstheorie, Psychopathologie, Psychotherapie (1913–1937)* (S. 497–515). Göttingen: Vandenhoeck & Ruprecht.

Adler, L. (2000). *Amok: Eine Studie*. München: Bellevillle.

Adler, L. (2015a). Amok: Geschichte und Ergebnisse aus psychiatrischer Perspektive. In R. Junkerjürgen & I. v. Treskow (Hrsg.), *Amok und Schulmassaker: Kultur- und medienwissenschaftliche Annäherungen* (S. 17–49). Bielefeld: Transcript.

Adler, L. (2015b). Historie und Überblick. In J. Hoffmann & K. Roshdi, *Amok und andere Formen schwerer Gewalt: Riskoanalyse – Bedrohungsmanagement – Präventionskonzepte* (S. 51–67). Stuttgart: Schattauer.

Adler, L. Marx, D., Apel, H., Wolfersdorf, M. & Hajak, G. (2006). Zur Stabilität des „Amokläufer"-Syndroms: Kontentanalytische Vergleichsuntersuchung von Pressemitteilungen über deutsche Amokläufer der Dekaden 1980–1989 und 1991–2000. *Fortschritte der Neurologie, Psychiatrie, 74* (10), 582–590. doi: 10.1055/s-2005-919092.

Ainsworth, M. D. S., Blehar, M. C., Waters, E. & Wall, S. (1978). *Patterns of attachment: A psychological study of the Strange Situation*. Hillsdale, NJ: Erlbaum.

Akhtar, S. & Thomson, J. A. (1982a). Overview: Narcissistic personality disorder. *The American Journal of Psychiatry, 139* (1), 12–20. doi: 10.1176/ajp.139.1.12.

DOI 10.1515/978311052203-7-011

Akhtar, S. & Thomson, J. A. (1982b). „Drs. Akhtar and Thomson Reply." [To: Responses to Overview of Narcissism]. *The American Journal of Psychiatry, 139* (8), 1078.

Albert, H. (1991 [zuerst 1968]). *Traktat über kritische Vernunft* (5. Aufl.). Tübingen: J. C. B. Mohr (P. Siebeck).

Alink, L. R. A., Cicchetti, D., Kim, J. & Rogosch, F. A. (2012). Longitudinal associations among child maltreatment, social functioning, and cortisol regulation. *Developmental Psychology, 48,* 224–236. doi: 10.1037/a0024892.

Alink, L. R. A., Mesman, J., Van Zeijl, J., Stolk, M. N., Juffer, F., Koot, H. M. & van Ijzendoorn, M. H. (2006). The early childhood aggression curve: Development of physical aggression in 10- to 50-month-old children. *Child Development, 77,* 954–966. doi: 10.1037/a0024892.

Allroggen, M. & Fegert, J. M. (2015). Narzisstische Störungen und Gewalt bei Jugendlichen und Heranwachsenden. In J. Hoffmann & K. Roshdi, *Amok und andere Formen schwerer Gewalt: Riskoanalyse – Bedrohungsmanagement – Präventionskonzepte* (S. 22–38). Stuttgart: Schattauer.

Amon, S. & Klier, C. M. (2012). Risikofaktoren von Neonatizid: Der Einfluss der Schwangerschafts-negierung. *Kinder- und Jugendmedizin, 12* (5), 286–293.

Anderson, C. A. (1989). Temperature and aggression: Ubiquitous effects of heat on the occurance of human violence. *Psychological Bulletin, 106*, 74–96. doi: 10.1037/0033-2909.106.1.74.

Anderson, C. A. (1997). Effects of violent movies and trait hostility on hostile feelings and aggressive thoughts. *Aggressive Behavior, 23*, 161–178. doi: 10.1002/(SICI)1098-2337(1997)23:3<161::AID-AB2>3.0.CO;2-P.

Anderson, C. A. & Anderson, K. B. (1996). Violent crime rate studies in philosophical context: A destructive testing approach to heat and southern culture of violence effects. *Journal of Personality and Social Psychology, 70*, 740–756. doi: 10.1037/0022-3514.70.4.740.

Anderson, C. A., Anderson, K. B., Dorr, N., DeNeve, K. M. & Flanagan, M. (2000). Temperature and aggression. In M. P. Zanna (Hrsg.) *Advances in experimental social psychology*, Vol. 32 (S. 63–133). New York: Academic Press.

Anderson, C. A. & Bushman, B. J. (2002). Human aggression. *Annual Review of Psychology, 53*, 27–51. doi: 10.1146/annurev.psych.53.100901.135231.

Anderson, C. A., Bushman, B. J. & Groom, R. W. (1997). Hot years and serious and deadly assault: Empirical tests of the heat hypothesis. *Journal of Personality and Social Psychology, 73*, 1213–1223. doi: 10.1037/0022-3514.73.6.1213.

Anderson, C. A. & Carnagey, N. L. (2009). Causal effects of violent sports video games on aggression: Is it competitiveness or violent content? *Journal of Experimental Social Psychology, 45*, 731–739. doi: 10.1016/j.jesp.2009.04.019.

Anderson, C. A. & Dill, K. E. (2000). Video Games and Aggressive Thoughts, Feelings, and Behavior in the Laboratory and in Life. *Journal of Personality and Social Psychology, 78* (4), 772–790. doi: 10.1037//0022-3514.78.4.772.

Anderson, C. A. & Morrow, M. (1995). Competitive aggression without interaction: Effects of competitive versus cooperative instructions on aggressive behavior in video games. *Personality and Social Psychology Bulletin, 21,* 1020–1030. doi: 10.1177/01461672952110003.

Anderson, C. A., Shibuya, A., Ihori, N., Swing, E. L., Bushman, B. J., Sakamoto, A., Rothstein, H. R. & Saleem, M. (2010). Violent video game effects on aggression, empathy, and prosocial behavior in Eastern and Western countries: A meta-analytic review. *Psychological Bulletin, 136*, 151–173. doi: 10.1037/a0018251.

Andersson, G. (2007). Basisprobleme. In H. Keuth (Hrsg.), *Karl Popper Logik der Forschung* (3. Aufl.) (S. 145–165). Berlin: Akademie.

Ansbacher, H. L. & Ansbacher, R. R. (Hrsg.). (1972). *Alfred Adlers Individualpsychologie: Eine systematische Darstellung seiner Lehre in Auszügen aus seinen Schriften.* (Übers. v. G. Janßen).

München: Reinhardt. (Original: The Individual Psychology of Alfred Adler: A Systematic Presentation in Selection from his Writings)

Archer, J. (2004). Sex differences in aggression in real-world settings: A meta-analytic review. *Review of General Psychology, 8,* 291–322. doi: 10.1037/1089-2680.8.4.291.

Archer, J. & Coyne, S. M. (2005). An integrated review of indirect, relational, and social aggression. *Personality and Social Psychology Review, 9,* 212–230. doi: 10.1207/s15327957pspr0903_2.

Archer, J. & Lloyd, B. B. (2002). *Sex and gender* (2rd ed.). New York: Cambridge University Press.

Archer, J. & McDaniel, P. (1995). Violence and gender: Differences and similarities across societies. In B. R. Ruback & N. A. Weiner (Hrsg.), *Interpersonal violent behaviors: Social and cultural aspects* (S. 63–87). New York: Springer.

Argyris, J., Faust, G., Haase, M. & Friedrich, R. (2010). *Die Erforschung des Chaos: Eine Einführung in die Theorie nichtlinearer Systeme* (2. Aufl.). Berlin: Springer.

Arim, R. G., Dahinten, V. S., Marshall, S. K. & Shapka, J. D. (2011). An examination of the reciprocal relations between adolescents' aggressive behaviors and their perceptions of parental nurturance. *Journal of Youth and Adolescence, 40,* 207–220. doi: 10.1007/s10964-009-9493-x.

Arseneault, L., Tremblay, R. E., Boulerice, B., Séguin, R. & Saucier, J.-F. (2000). Minor physical anomalies and family adversity as risk factors for violent delinquency in adolescents. *The American Journal of Psychiatry, 157* (6), 917–923. doi: 10.1176/appi.ajp.157.6.917.

Arsenio, W. F., Adams, E. & Gold, J. (2009). Social information processing, moral reasoning, and emotion attributions: Relations with adolescents' reactive and proactive aggression. *Child Development, 80,* 1739–1755. doi: 10.1111/j.1467-8624.2009.01365.x.

Asendorpf, J. B. & Neyer, F. J. (2012). *Psychologie der Persönlichkeit* (5. Aufl.). Berlin: Springer.

Ast, F. (1808). *Grundlinien der Grammatik, Hermeneutik und Kritik.* Landshut: J. Thomann.

Averill, J. R. (1982). *Anger and aggression: An essay on emotion.* New York: Springer.

Axelrod, R. (1987). *Die Evolution der Kooperation.* (Übers. W. Raub u. T. Voss). München: Oldenbourg. (Original erschienen 1984: The evolution of cooperation)

Azrin, N. H. & Hutchinson, R. R. (1967). Conditioning of the aggressive behavior of pigeons by a fixed-interval-schedule of reinforcement. *Journal of the Experimental Analysis of Behavior, 10,* 395–402. doi: 10.1901/jeab.1967.10-395.

Azrin, N. H., Hutchinson, R. R. & Hake, D. F. (1967). Attack, avoidance, and escape reactions to aversive shock. *Journal of the Experimental Analysis of Behavior, 10,* 131–148. doi: 10.1901/jeab.1967.10-131.

Baier, D., Kemme, S., Hanselmaier, M., Doering, B., Rehbein, F. & Pfeiffer, C. (2011). *Kriminalitätsfurcht, Strafbedürfnisse und wahrgenommene Kriminalitätsentwicklung: Ergebnisse von bevölkerungs-repräsentativen Befragungen aus den Jahren 2004, 2006 und 2010.* [KFN-Forschungsbericht Nr.: 117]. Hannover: Kriminologisches Forschungsinstitut Niedersachsen.

Bali. (2007). In: *Der Brockhaus multimedial 2007* (Version 9). [Computersoftware, CD-ROM]. Mannheim: Bibliographisches Institut & F. A. Brockhaus.

Bandura, A. (1965). Influence of models' reinforcement contingencies on the acquisition of imitative responses. *Journal of Personality and Social Psychology, 1,* 589–595. doi: 10.1037/h0022070.

Bandura, A. (1969). *Principles of behavior modification.* New York: Holt, Rinehart, Winston.

Bandura, A. (Hrsg.). (1971a). *Psychological modeling: Conflicting theories.* Chicago: Aldine-Atherton. [Dt. 1976: Lernen am Modell. Stuttgart: Klett.]

Bandura, A. (1971b). Vicarious and self-reinforcement processes. In R. Glaser (Hrsg.), *The nature of reinforcement* (S. 228–278). New York: Academic Press.

Bandura, A. (1977a). Self-efficacy: Toward a Unifying Theory of Behavioral Change. *Psychological Review, 84* (2), 191–215. doi: 10.1016/0146-6402(78)90002-4.

Bandura, A. (1977b). *Social learning theory.* Englewood Cliffs, N. J.: Prentice Hall. [Dt. 1979: Sozial-kognitive Lerntheorie. Stuttgart: Klett.]

Bandura, A. (1979). *Aggression: Eine sozial-lerntheoretische Analyse.* (Übers. U. Olligschläger). Stuttgart: Klett-Cotta.

Bandura, A. (1982, February). Self-Efficacy Mechanism in Human Agency. *American Psychologist, 37* (2), 122–147. doi: 10.1037/0003-066X.37.2.122.

Bandura, A., Grusec, J. E. & Menlove, F. L. (1966). Observational learning as a function of symbol-ization and incentive set. *Child Development, 37,* 499–506.

Bandura, A. & Jeffery, R. W. (1973). Role of symbolic coding and rehearsal processes in observational learning. *Journal of Personality and Social Psychology, 26* (1), 122–130. doi: 10.1037/h0034205.

Bandura, A., Ross, D. & Ross, S. A. (1961). Transmission of aggression through imitation of aggressive models. *Journal of Abnormal and Social Psychology, 63,* 575–582.

Bandura, A., Ross, D. & Ross, S. A. (1963a). A comparative test of the status envy, social power, and secondary reinforcement theories of identificatory learning. *Journal of Abnormal and Social Psychology, 67,* 527–534.

Bandura, A., Ross, D. & Ross, S. A. (1963b). Imitation of film-mediated aggressive models. *Journal of Abnormal and Social Psychology, 66,* 3–11. doi: 10.1037/h0048687.

Bandura, A., Ross, D. & Ross, S. A. (1963c).Vicarious reinforcement and imitative learning. *Journal of Abnormal and Social Psychology, 67,* 601–607. doi: 10.1037/h0045550.

Bandura, A. & Walters, R. H. (1959). *Adolescent aggression.* New York: Ronald Press.

Bandura, A. & Walters, R. H. (1963). *Social learning and personality development.* New York: Holt, Rinehart, Winston.

Bannenberg, B. (2012). Sogenannte Amokläufe junger Täter – Mehrfachtötungen aus unklarem Motiv. In H. Remschmidt, *Tötungs- und Gewaltdelikte junger Menschen: Ursachen, Begutachtung, Prognose* (S. 77–104). Berlin: Springer.

Barchia, K. & Bussey, K. (2011). Individual and collective social cognitive influences on peer aggression: Exploring the contribution of aggression efficacy, moral disengagement, and collective efficacy. *Aggressive Behavior, 37,* 107–120. doi: 10.1002/ab.20375.

Bargh, J. A., Lombardi, W. J. & Higgins, E. T. (1988). Automaticity of chronically accessible constructs in person x situation effects on person perception: It's just a matter of time. *Journal of Personality and Social Psychology, 55* (4), 599–605. doi: 10.1037/0022-3514.55.4.599.

Barlett, C., Branch, O., Rodeheffer, C. & Harris, R. (2009). How long do the short-term violent video game effects last? *Aggressive Behavior, 35,* 225–236. doi: 10.1002/ab.20301.

Barlett, P. C. (2013). Excuses, Excuses: A Meta Analytic Review of How Mitigating Information Can Change Aggression and an Exploration of Moderating Variables. *Aggressive Behavior, 39,* 472–481. doi: 10.1002/ab.21491.

Barnett, O. W., Miller-Perrin, C. L. & Perrin, R. D. (2011). *Family violence across the lifespan* (2. Aufl.). Thousand Oaks, Ca.: Sage.

Baron, R. A. (1984). Reducing organizational conflict: An incompatible response approach. *Journal of Applied Psychology, 69,* 272–279. doi: 10.1037/0021-9010.69.2.272.

Bates, J. E., Bayles, K., Bennett, D. S., Ridge, B. & Brown, M. M. (1991). Origins of externalizing behavior problems at eight years of age. In D. J. Pepler, & K. H. Rubin (Hrsg.), *The development and treatment of childhood aggression* (S. 93–120). Hillsdale, NJ: Erlbaum.

Bauer, J. (2006). *Prinzip Menschlichkeit: Warum wir von Natur aus kooperieren.* Hamburg: Hoffmann und Campe.

Bauer, J. (2011). *Schmerzgrenze: Vom Ursprung alltäglicher Gewalt.* München: Blessing.

Baumeister, R. F. (1997). *Evil: Inside human violence and cruelty.* New York: Holt.

Baumeister, R. F., Gailliot, M., DeWall, C. N. & Oaten, M. (2006). Self-regulation and personality: How interventions increase regulatory success, and how depletion moderates the effects of traits on behavior. *Journal of Personality, 74* (6), 1773–801. doi: 10.1111/j.1467-6494.2006.00428.x.

Beckermann, A. (2001). *Analytische Einführung in die Philosophie des Geistes* (2. Aufl.). Berlin: de Gruyter.

Beier, K. M. (1995). Aurorismus: Klinische Erscheinungsform einer ‚weiblichen Analogie' zur Perversion. *Geburtshilfe und Frauenheilkunde, 55* (6), 323–330. doi: 10.1055/s-2007-1023327.

Beier, K. M. (2000). Female Analogies to Perversion. *Journal of Sex & Marital Therapy, 26*, 79–93. doi: 10.1080/009262300278669.

Bellebaum, C., Thoma, P. & Daum, I. (2012). *Neuropsychologie.* Wiesbaden: Verlag für Sozialwissenschaften.

Bennett, M. R. & Hacker, P. M. S. (2012). *Die philosophischen Grundlagen der Neurowissenschaften* (2. Aufl.). (Übers. v. A. Walter). Darmstadt: Wissenschaftliche Buchgesellschaft.

Bentz, W. K. & Noel, R. W. (1983). The incidence of psychiatric disorder among a sample of men entering prison. *Corrective and Social Psychiatry and Journal of Behavior Technology Methods and Therapy, 29*, 22–28.

Bergson, H. (2013). *Schöpferische Evolution.* (Übers. M. Drewsen). Hamburg: Meiner. (Original erschienen 1907: L' Évolution créatrice)

Berkowitz, L. (1962). *Aggression: A social psychological Analysis.* New York: McGraw-Hill.

Berkowitz, L. (1964). Aggressive cues in aggressive behavior and hostility catharsis. *Psychological Review, 71*, 104–122. doi: 10.1037/h0043520.

Berkowitz, L. (1965a). Some aspects of observed aggression. *Journal of Personality and Social Psychology, 2*, 359–369. doi: 10.1037/h0022221.

Berkowitz, L. (1965b). The concept of aggressive drive: Some additional considerations. In L. Berkowitz (Hrsg.), *Advances in experimental social psychology,* Bd. 2 (S. 301–329). New York: Academic Press.

Berkowitz, L. (1981). On the difference between internal and external reactions to legitimate and illegitimate frustrations: A demonstration. *Aggressive Behavior 7*, 83–96. doi: 10.1002/1098-2337(1981)7:2<83::AID-AB2480070202>3.0.CO;2-H.

Berkowitz, L. (1983). Aversively stimulated aggression: Some parallels and differences in research with animals and humans. *American Psychologist, 38*, 1135–1144. doi: 10.1037/0003-066X.38.11.1135.

Berkowitz, L. (1988). Frustrations, Appraisals, and Aversively Stimulated Aggression. *Aggressive Behavior, 14*, 3–11. doi: 10.1002/1098-2337(1988)14:1<3::AID-AB2480140103>3.0.CO;2-F.

Berkowitz, L. (1989). Frustration-Aggression Hypothesis: Examination and Reformulation. *Psychological Bulletin, 106* (1), 59–73. doi: 10.1037/0033-2909.106.1.59.

Berkowitz L. (1990). On the formation and regulation of anger and aggression: A cognitive-neoassociationistic analysis. *American Psychologist, 45*, 494–503. doi: 10.1037/0003-066X.45.4.494.

Berkowitz, L. (1993). *Aggression: Its causes, consequences, and control.* New York: McGraw-Hill.

Berkowitz, L. (2003). Affect, aggression, and antisocial behavior. In R. J. Davidson, K. R. Scherer & H. H. Goldsmith (Hrsg.), *Handbook of affective sciences* (S. 804–823). New York: Oxford University Press.

Berkowitz, L. (2012). A Different View of Anger: The Cognitive-Neoassociation Conception of the Relation of Anger to Aggression. *Aggressive Behavior, 38*, 322–333. doi: 10.1002/ab.21432.

Berkowitz, L. Green, J. A. & Macaulay, R. R. (1962). Hostility catharsis as the reduction of emotional tension. *Psychiatry, 25*, 23–31.

Berkowitz, L. & Harmon-Jones, E. (2004). Toward an Understanding of the Determinants of Anger. *Emotion, 4* (2), 107–130. doi: 10.1037/1528-3542.4.2.107.

Berkowitz, L. & Le Page, A. (1967). Weapons as aggression-elicting stimuli. *Journal of Personality and Social Psychology, 7*, 202–207. doi: 10.1037/h0025008.

Berman, M. E., Kavoussi, R. J. & Coccaro, E. F. (1997). Neurotransmitter correlates of human aggression. In D. M. Stoff, J. Breiling & D. J. Maser (Hrsg.), *Handbook of antisocial behavior* (S. 305–313). New York: Wiley.

Bettencourt, B. A., Talley, A., Benjamin, A. J. & Valentine, J. (2006). Personality and aggressive behavior under provoking and neutral conditions: A meta-analytic review. *Psychological Bulletin, 132*, 751–777. doi: 10.1037/0033-2909.132.5.751.

Beyer, K., McAuliffe Mack, S. & Shelton, J. L. (2008). Investigative analysis of neonaticide. An exploratory study. *Criminal Justice and Behavior, 35* (4), 522–535. doi: 10.1177/0093854807313410.

Birbaumer, N. & Schmidt, R. F. (2010). *Biologische Psychologie* (7. Aufl.). Berlin: Springer.

Bischof, N. (1985*). Das Rätsel Ödipus: Die biologischen Wurzeln des Urkonfliktes von Intimität und Autonomie.* München: Piper.

Bischof, N. (1991). *Gescheiter als alle die Laffen: Ein Psychogramm von Konrad Lorenz.* Hamburg: Rasch u. Röhring.

Bitzer, E. M., Bleckmann, P. & Mößle, T. (2014). *Prävention problematischer und suchtartiger Bildschirmmediennutzung: Eine deutschlandweite Befragung von Praxiseinrichtungen und Experten.* [KFN-Forschungsbericht Nr.: 125]. Hannover: Kriminologisches Forschungsinstitut Niedersachsen.

Blair, R. J. R. (2008). The amygdala and ventromedial prefrontal cortex: Functional contributions and dysfunction in psychopathy. *Philosophical Transactions of the Royal Society of London, Series B, Biological Sciences, 363* (1503), 2557–2565. doi: 10.1098/rstb.2008.0027.

Blair, R. J. R. (2013). The neurobiology of psychopathic traits in youths. *Nature Reviews Neuroscience, 14* (11), 786–799. doi: 10.1038/nrn3577.

Bleckmann, P., Seidel, M., Pfeiffer, C. & Mößle, T. (2013). *Media Protect: Medienpädagogische Elternberatung in der Grundschule: Konzeptbeschreibung und formative Evaluation.* [KFN-Forschungsbericht Nr.: 121]. Hannover: Kriminologisches Forschungsinstitut Niedersachsen.

Bohnsack, R. (1996). Youth Violence and the „Episodical Community of Fate": A Qualitative Analysis of Hooligan Groups in Berlin. *Sociologus, 46* (2), 160–174.

Böker, W. & Häfner, H. (Hrsg.). (1973). *Gewalttaten Geistesgestörter: Eine psychiatrisch-epidemiologische Untersuchung in der Bundesrepublik Deutschland.* Berlin: Springer.

Bolten, J. (1985). Die Hermeneutische Spirale: Überlegungen zu einer integrativen Literaturtheorie. *Poetica, 17* (3/4), 355–371.

Bonica, C., Arnold, D. H., Fisher, P. H., Zeljo, A. & Yershova, K. (2003). Relational aggression, relational victimization, and language development in preschoolers. *Social Development, 12*, 551–562. doi: 10.1111/1467-9507.00248.

Booth, A. & Dabbs, J. M. (1993). Testosterone and men's marriages. *Social Forces, 72* (2), 463–477.

Booth, A., Granger, D. A., Mazur, A. & Kivlighan, K. T. (2006). Testosterone and Social Behavior. *Social Forces, 85* (1), 167–191. doi: 10.1353/sof.2006.0116.

Bortz, J. & Döring, N. (2006). *Forschungsmethoden und Evaluation für Human- und Sozialwissenschaftler* (4. Aufl.). Heidelberg: Springer.

Bortz, J. & Schuster, C. (2010). *Statistik für Human- und Sozialwissenschaftler* (7. Aufl.). Berlin: Springer.

Böttger, A. (1998). *Die Gewalt der Hooligans – eine Folge moderner gesellschaftlicher Entwicklungsprozesse? Ergebnisse einer qualitativen Studie zu Biographien gewalttätiger Jugendlicher.* [KFN-Forschungsbericht Nr. 71]. Hannover: Kriminologisches Forschungsinstitut Niedersachsen.

Boutwell, B. B., Franklin, C. A., Barnes, J. C. & Beaver, K. M. (2011). Physical punishment and childhood aggression: The role of gender and gene-environment interplay. *Aggressive Behavior, 37,* 559–568. doi: 10.1002/ab.20409.

Bowlby, J. (1984). *Bindung.* Frankfurt a. M.: Fischer.

Bozankaya, N. (2010). *Neonatizid – Die rechtliche Reaktion auf die Tötung Neugeborener: Eine strafrechtliche Untersuchung anhand von Aktenanalysen.* [Zugelassene Dissertation an der Universität Bremen]. Berlin: Lit.

Bramel, D., Taub, B. & Blum, B. (1968). On observer's reaction to the suffering of his enemy. *Journal of Personality and Social Psychology, 8,* 384–392.

Brandom, R. (2000). *Expressive Vernunft: Begründung, Repräsentation und diskursive Festlegung.* Frankfurt a. M.: Suhrkamp.

Brandstätter, V. & Otto, J. H. (Hrsg.). (2009). *Handbuch der Allgemeinen Psychologie – Motivation und Emotion.* Göttingen: Hogrefe.

Brentano, F. (1874). *Psychologie vom empirischen Standpunkte.* Leipzig: Duncker & Humblot.

Bresin, K. & Gordon, K. H. (2013). Aggression as affect regulation: Extending catharsis theory to evaluate aggression and experimental anger in the laboratory and daily life. *Journal of Social and Clinical Psychology, 32* (4), 400–423. doi.org/10.1521/jscp.2013.32.4.400.

Breucker, M. (2003). *Transnationale polizeiliche Gewaltprävention: Maßnahmen gegen reisende Hooligans.* Würzburg: Ergon.

Breuer, J., Scharkow, M. & Quandt, T. (2015). Sore Losers? A Reexamination of the Frustration-Aggression Hypothesis for Colocated Video Game Play. *Psychology of Popular Media Culture, 4* (2), 126–137. doi: 10.1037/ppm0000020.

Brown, D. (2012). „Die Gewalt war wie ein Zaubertrank". *Zeit Online* v. 5.6.2012, Interviewer: C. Germann. Verfügbar unter: http://www.zeit.de/sport/2012-05/danny-brown-hooligan-england [abgerufen am 19.10.2015].

Browning, C. R. (1993). *Ganz normale Männer: Das Reserve-Polizeibataillon 101 und die „Endlösung"*   *in Polen.* (Übers. J. P. Krause). Reinbek: Rowohlt.

Buber, M. (1994). *Das dialogische Prinzip* (7. Aufl.). Darmstadt: Wissenschaftliche Buchgesellschaft.

Bucher, B. & Lovaas, O. I. (1968). Use of aversive stimulation in behavior modification. In M. R. Jones (Hrsg.), *Miami symposium on the prediction of behavior, 1967: Aversive stimulation* (S. 77–145). Coral Gables, Fla.: University of Miami Press.

Buehler, C., Anthony, C., Krishnakumar, A., Stone, G., Gerard, J. & Pemberton, S. (1997). Interparental conflict and youth problem behaviors: A meta-analysis. *Journal of Child and Family Studies, 6,* 233–247. doi: 10.1023/A:1025006909538.

Buford, B. (1992). *Geil auf Gewalt: Unter Hooligans.* (Übers. W. Krege). München: Hanser. (Original erschienen 1991: Among the thugs)

Bühler, A. (2002). Hermeneutik. In H. J. Sandkühler (Hrsg. [unter Mitwirkung von D. Pätzold, A. Regenbogen und P. Stekeler-Weithofer]), *Enzyklopädie Philosophie* [Band 1: A - N] [Computer Software, CD-ROM] [Programm ViewLit, Version 4.2, Kap.-Nr. 314] (S. 547–451 [Seitenkonkordanz zur Buch-Ausgabe]). Hamburg: Meiner.

Bundesgerichtshof (2012). Urteil 3 StR 425/11 vom 1.3.2012. http://juris.bundesgerichtshof.de/cgi-bin/rechtsprechung/document.pyGericht=bgh&Art=en&Datum=2012&Seite=96&nr=59903&pos=2896&anz=3530 [abgerufen 2.1.2017].

Bundesgerichtshof (2016). *Mitteilung der Pressestelle Nr. 165/2016.* http://juris.bundesgerichtshof.de/cgi-bin/rechtsprechung/document.py?Gericht=bgh&Art=en&Datum=Aktuell&nr=76014&linked=pm [abgerufen 25.11.2016].

Bundesministerium für Gesundheit der Republik Österreich (Hrsg.). (2014). *Internationale statistische Klassifikation der Krankheiten und verwandter Gesundheitsprobleme 10. Revision – BMG-Version 2014: Systematisches Verzeichnis.* Wien: Bundesministerium für Gesundheit. [OID

1.2.40.0.34.5.56]. Download unter: http://www.bmgf.gv.at/cms/home/attachments/8/6/4/ CH1166/CMS1128332460003/icd-10_bmg_2014_-_systematisches_verzeichnis.pdf [abgerufen 16.8.2016].

Burger, J. M. (2009). Replicating Milgram: Would people still obey today? *American Psychologist, 64* (1), 1–11. doi: 10.1037/a0010932.

Bürgerliches Gesetzbuch [der Bundesrepublik Deutschland]. [Online-Ressource]. (nicht datiert). [Zuletzt geändert durch Art. 1 G v. 11.3.2016]. [Bereitgestellt v. Bundesministeriums der Justiz und für Verbraucherschutz in Zusammenarbeit mit der juris GmbH]. Download unter: https://www.gesetze-im-internet.de/bundesrecht/bgb/gesamt.pdf [abgerufen 16.8.2016].

Burgheim, J. (1993). *Psychologische Bedingungen bei Entstehung und Verlauf von Tötungsdelikten in der Situation der Partnertrennung.* Konstanz: Hartung-Gorre.

Burks, V. S., Laird, R. D., Dodge, K. A., Pettit, G. S. & Bates, J. E. (1999). Knowledge structures, social information processing, and childrten's aggressive behavior. *Social Development, 8,* 220–236.

Burnette, M. L., Oshri, A., Lax, R., Richards, D. & Ragbeer, S. N. (2012). Pathways from harsh parenting to adolescent antisocial behavior: A multidomain test of gender moderation. *Development and Psychopathology, 24,* 857–870. doi: 10.1017/S0954579412000417.

Burnstein, E. & Worchel, P. (1962). Arbitrariness of frustration and its consequences for aggression in a social situation. *Journal of Personality, 30,* 528–541.

Busa, R. (Hrsg.). (1980). *Sancti Thomae Aquinatis Opera Omnia.* Stuttgart-Bad Cannstatt: Frommann-Holzboog.

Bushman, B. J. (2002). Does venting anger feed or extinguish the flame? Catharsis, rumination, distraction, anger, and aggressive responding. *Personality and Social Psychology Bulletin, 28* (6), 724–731. doi: 10.1177/0146167202289002.

Bushman, B. J. & Bartholow, B. D. (2010). Aggression. In R. F. Baumeister & E. J. Finkel (Hrsg.), *Advanced social psychology: The state of the science.* Oxford: Oxford University Press.

Bushman, B. J., Baumeister, F. R. & Philipps, M. C. (2001). Do People Aggress to Improve Their Mood? Catharsis Beliefs, Affect Regulation Opportunity, and Aggressive Responding. *Journal of Personality and Social Psychology, 81* (1), 17–32. doi: 10.1037//0022-3514.81.1.17.

Bushman, B. J., Baumeister, F. R. & Stack, D. A. (1999). Catharsis, Aggression, and Persuasive Influence: Self-Fulfilling or Self-Defeating Prophecies? *Journal of Personality and Social Psychology, 76* (3), 367–376. doi: 10.1037/0022-3514.76.3.367.

Bushman, B. J., Bonacci, A. M., Pedersen, W. C., Vasquez, E. A. & Miller, N. (2005). Chewing on It Can Chew You Up: Effects of Rumination on Triggered Displaced Aggression. *Journal of Personality and Social Psychology, 88,* (6), 969–983. doi: 10.1037/0022-3514.88.6.969.

Bushman, B. J. & Cooper, H. M. (1990). Effects of alcohol on human aggression: An integrative research review. *Psychological Bulletin, 107,* 341–354. doi: 10.1037/0033-2909.107.3.341.

Bushman, B. J., Ridge, R. D., Das, E., Key, C. W. & Busath, G. L. (2007). When God Sanctions Killing: Effect of Scriptural Violence on Aggression. *Psychological Science, 18* (3), 204–207. doi: 10.1111/j.1467-9280.2007.01873.x.

Buss, A. H. (1961). *The psychology of aggression.* New York: Wiley & Sons.

Buss, A. H. (1966a). Instrumentality of aggression, feedback, and frustration as determinants of physical aggression. *Journal of Personality and Social Psychology, 3,* 153–162. doi: 10.1037/h0022826.

Buss, A. H. (1966b). The effect of harm on subsequent aggression. *Journal of Experimental Research in Personality, 1,* 249–255.

Buss, D. (2014). *Evolutionary Psychology: The New Science of the Mind* (4. Aufl.). Harlow: Pearson.

Buss, D. M. & Shackelford, T. K. (1997). Human aggression in evolutionary psychological perspective. *Clinical Psychology Review, 17* (6), 605–619. doi: 10.1016/S0272-7358(97)00037-8.

Butzer, R. J. (2002). Trieb: drive – pulsion. In W. Mertens & B. Waldvogel (Hrsg.), *Handbuch psycho-analytischer Grundbegriffe* (2. Aufl.). Stuttgart: Kohlhammer.

Cairns, R. B., Cairns, B. D., Neckerman, H. J., Ferguson, L. L. & Gariépy, J.-L. (1989). Growth and aggression: I. Childhood to early adolescence. *Developmental Psychology, 25*, 320–330. doi: 10.1037/0012-1649.25.2.320.

Calvete, E. & Orue, I. (2012). Social information processing as a mediator between cognitive schemas and aggressive behavior in adolescents. *Journal of Abnormal Child Psychology, 40*, 105–117. doi: 10.1007/s10802-011-9546-y.

Campbell, B. A. & Church, R. M. (1969). *Punishment and aversive behavior.* New York: Appleton-Century-Crofts.

Campbell, S. B., Spieker, S., Vandergrift, N., Belsky, J., Burchinal, M. & NICHD Early Child Care Research Network (2010). Predictors and sequelae of trajectories of physical aggression in school-age boys and girls. *Development and Psychopathology, 22*, 133–150. doi: 10.1017/S0954579409990319.

Canli, T. & Lesch, K.-P. (2007, August 28). Long story short: the serotonin transporter in emotion regulation and social cognition. *Nature Neuroscience, 10* (9), 1103–1109. doi: 10.1038/nn1964.

Card, N. A., Stucky, B. D., Sawalani, G. M. & Little, T. D. (2008). Direct and indirect aggression during childhood and adolescence: A meta-analytic review of gender differences, intercorrelations, and relations to maladjustment. *Child Development, 79*, 1185–1229. doi: 10.1111/j.1467-8624.2008.01184.x.

Carlson, M., Marcus-Newhall, A. & Miller, N. (1990). Effects of situational aggressive cues: A quantitative review. *Journal of Personality and Social Psychology, 58*, 622–633. doi: 10.1037/0022-3514.58.4.622.

Carnagey, N. L. & Anderson, C. A. (2005). The effects of reward and punishment in violent video games on aggressive affect, cognition, and behavior. *Psychological Science, 16*, 882–889.

Carnap, R. (1961). *Der logische Aufbau der Welt. Scheinprobleme in der Philosophie* (2. Aufl.). Hamburg: Meiner.

Casey, B. J., Jones, R. M. & Hare, T. A. (2008). The adolescence brain. *Annals of the New York Academy of Sciences, 1124*, 11–26. doi: 10.1196/annals.1440.010.

Caspi, A., Henry, B., McGee, R. O., Moffitt, T. E. & Silva, P. A. (1995). Temperamental origins of child and adolescent behavior problems: From age three to age fifteen. *Child Development, 66*, 55–68. doi: 10.2307/1131190.

Caspi, A., Moffitt, T. E., Morgan, J., Rutter, M., Taylor, A., Arseneault, L., Tully, L., Jacobs, C., Kim-Cohen, J. & Polo-Tomas, M. (2004). Maternal expressed emotion predicts children's antisocial behavior problems: Using monozygotic-twin differences to identify environmental effects on behavioral development. *Developmental Psychology, 40*, 149–161. doi: 10.1037/0012-1649.40.2.149.

Caspi, A. & Silva, P. A. (1995). Temperamental qualities at age three predict personality traits in young adulthood: Longitudinal evidence from a birth cohort. *Child Development, 66*, 486–498. doi: 10.1111/j.1467-8624.1995.tb00885.x.

Caspi, A. Sugden, K., Moffitt, T. E., Taylor, A., Craig, I. W., Harrington, H. L., McClay, J., Mill, J., Martin, J., Braithwaite, A. & Poulton, R. (2003, July 18). Influence of life stress on depression: moderation by a polymorphism in the 5-HTT gene. *Science, 301* (Issue 5631), 386–389. doi: 10.1126/science.1083968.

Chiles, J. A., Miller, M. L. & Cox, G. B. (1980). Depression in an adolescent delinquent population. *Archives of General Psychiatry, 37*, 1179–1184. doi: 10.1001/archpsyc.1980.01780230097015.

Christian, R. E., Frick, P. J., Hill, N. L., Tyler, L. & Frazer, D. R. (1997). Psychopathy and conduct problems in children: II. Implications for subtyping children with conduct problems. *Journal of*

the American Academy of Child and Adolescent Psychiatry, 36, 233–241.
doi: 10.1097/00004583-199702000-00014.

Christiansen, K. O. (1977). A preliminary study of criminality among twins. In S. A. Mednick & K. O. Christiansen (Hrsg.), Biosocial Bases of Criminal Behavior (S. 89–108). New York: Gardener.

Ciompi, L. (1997). Die emotionalen Grundlagen des Denkens. Entwurf einer fraktalen Affektlogik. Göttingen: Vandenhoeck & Ruprecht.

Cloninger, C. R., Sigvardsson, S., Bohman, M. & Knorring, A.-L. von (1982). Predisposition to Petty Criminality in Swedish adoptees: II. Cross-Fostering Analysis of Gene-Environment Interaction. Archives of General Psychiatry, 39, 1242–1247. doi: 10.1001/archpsyc.1982.04290110010002.

Coccaro, E. F., McCloskey, M. S., Fitzgerald, D. A. & Phan, K. L. (2007). Amygdala and orbitofrontal reactivity to social threat in individuals with impulsive aggression. Biological Psychiatry, 62, 168–178. doi: 10.1016/j.biopsych.2006.08.024.

Cohen, A. R. (1955). Social norms, arbitrariness of frustration, and status of the agent of frustration in the frustration-aggression hypothesis. Journal of Abnormal and Social Psychology, 51, 222–226.

Cohen, J. (1994). The earth is round (p < .05). American Psychologist, 49, 997–1003. doi: 10.1037/0003-066X.49.12.997.

Coie, J. D. & Dodge, K. A. (1998). Aggression and antisocial behavior. In N. Eisenberg (Hrsg.), Social, emotional, and personality development (5. Aufl.) [Handbook of child psychology, Bd. 3] (S. 779–862). Hoboken, NJ: Wiley.

Collins, R. (2015). Vorwärtspaniken und die Dynamik von Massengewalt. In A. T. Paul & B. Schwalb (Hrsg.), Gewaltmassen: Über Eigendynamik und Selbstorganisation kollektiver Gewalt (S. 204–230). Hamburg: Hamburger Edition.

Conger, R. D., Ge, X., Elder Jr., G. H., Lorenz, F. O. & Simons, R. L. (1994). Economic stress, coercive family process, and developmental problems of adolescents. Child Development, 65, 541–561. doi: 10.2307/1131401.

Corradi, C. & Stöckl, H. (2014). Intimate partner homicide in 10 European countries: Statistical data and policy development in a cross-national perspective. European Journal of Criminology, 11 (5), 601–618. doi: 10.1177/1477370814539438.

Cramer, P. (2006). Protecting the Self – Defense Mechanisms in Action. New York: Guilford Press.

Crick, N. R., Casas, J. F. & Mosher, M. (1997). Relational and overt aggression in preschool. Developmental Psychology, 33, 579–588. doi: 10.1037/0012-1649.33.4.579.

Crick, N. R. & Dodge, K. A. (1994). A review and reformulation of social information-processing mechanisms in children's social adjustment. Psychological Bulletin, 115, 74–101. doi: 10.1037/0033-2909.115.1.74.

Crick, N. R. & Dodge, K. A. (1996). Social information-processing mechanisms in reactive and proactive aggression. Child Development, 67, 993–1002. doi: 10.2307/1131875.

Cummings, E. M. & Davies, P. T. (2002). Effects of marital conflicton children: Recent advances and emerging themes in process-oriented research. Journal of Child Psychology and Psychiatry, 43, 31–63. doi: 10.1111/1469-7610.00003.

Cyr, M., Pasalich, D. S., McMahon, R. J. & Spieker, S. J. (2014). The Longitudinal Link Between Parenting and Child Aggression: The Moderating Effect of Attachment Security. Child Psychiatry & Human Development, 45, 555–564. doi: 10.1007/s10578-013-0424-4.

Dadds, M. R., Moul, C., Cauchi, A., Dobson-Stone, C. Hawes, D. J., Brennan, J. & Ebstein, R. E. (2014). Methylation of the oxytocin receptor gene and oxytocin blood levels in the development of psychopathy. Development and Psychopathology, 26 (1), 33–40. doi: 10.1017/S0954579413000497.

Daly, M. & Wilson, M. (1988). Homicide. New York: Aldine deGruyter.

Damasio, A. R. (1996). *Descartes' Irrtum. Fühlen, Denken und das menschliche Gehirn* (2. Aufl.). (Übers. H. Kober). München: P. List. (Original erschienen 1994: Descartes' error. Emotion, reason and the human brain)

Damasio, A. R. (2000). *Ich fühle, also bin ich. Die Entschlüsselung des Bewusstseins*. (Übers. H. Kober). München: P. List. (Original erschienen 1999: The feeling of what happens: Body and emotion in the making of consciousness)

Damasio, A. R. (2003). *Der Spinoza-Effekt. Wie Gefühle unser Leben bestimmen*. (Übers. H. Kober). München: List. (Original erschienen 2003: Looking for Spinoza. Joy, sorrow, and the feeling brain)

Dann, H. D. (1971). Müssen Aggressionen ausgelebt werden? In A. Schmidt-Mummendey & H. D. Schmidt (Hrsg.), *Aggressives Verhalten* (S. 59–86). München: Juventa.

Darwin, C. (1990). *Die Entstehung der Arten durch natürliche Zuchtwahl* (3. Aufl.). (Übers. C. W. Neumann). Leipzig: Reclam. (Original erschienen 1859: On the Origin of Species by means of Natural Selection, or the Preservation of Favoured Races in the Struggle of Life)

Davidson, D. (1963/1990). *Handlung und Ereignis*. Frankfurt a. M.: Suhrkamp.

Davies, P. T., Sturge-Apple, M. L., Cicchetti, D., Manning, L. G. & Vonhold, S. E. (2012). Pathways and processes of risk in associations among maternal antisocial personality symptoms, interparental aggression, and preschooler's psychopathology. *Development and Psychopathology, 24*, 807–832. doi: 10.1017/S0954579412000387.

Davitz, J. R. (1952). The effects of previous training on postfrustration behavior. *Journal of Abnormal and Social Psychology, 47*, 309–315.

Deater-Deckard, K. & Dodge, K. A. (1997). Externalizing behavior problems and discipline revisited: Nonlinear effects and variation by culture, context, and gender. *Psychological Inquiry, 8*, 161–175. doi: 10.1207/s15327965pli0803_1.

deCharms, R. & Wilkins, E. J. (1963). Some effects of verbal expression of hostility. *Journal of Abnormal and Social Psychology, 66*, 462–470.

Deluty, R. H. (1985). Cognitive mediation of aggressive, assertive, and submissive behavior in children. *International Journal of Behavioral Development, 8*, 355–369. doi: 10.1177/016502548500800309.

DeMeo, J. & Senf, B. (Hrsg.). (1997). *Nach Reich: Neue Forschungen zur Orgonomie: Sexualökonomie: Die Entdeckung der Orgonenergie*. Frankfurt a. M.: Zweitausendeins.

Denzler, M., Förster, J. & Liberman, N. (2009). How goal-fulfillment decreases aggression. *Journal of Experimental Social Psychology, 45*, 90–100. doi: 10.1016/j.jesp.2008.08.021.

Descartes, R. (1982). *Abhandlung über die Methode des richtigen Vernunftgebrauchs und der wissenschaftlichen Wahrheitsforschung*. (Übers. K. Fischer). Stuttgart: Reclam. (Original erschienen 1637: Discours de la méthode pour bien conduire sa raison et chercher la vérité dans les sciences, plus la Dioptrique, les Météores et la Géométrie qui sont des essais de cette méthode)

Descartes, R. (1985). *Meditationen über die Erste Philosophie*. (Übers. u. Hrsg. G. Schmidt). Stuttgart: Reclam. (Original erschienen 1641: Meditationes de prima philosophia)

Detel, W. (2011). *Geist und Verstehen: Historische Grundlagen einer modernen Hermeneutik*. Frankfurt a. M.: Klostermann.

de Waal, F. B. M. (1997). *Der gute Affe: Der Ursprung von Recht und Unrecht im Menschen und anderen Tieren*. (Übers. I. Leipold). München: Hanser. (Original erschienen 1996: Good natured: The origins of right and wrong in humans and other animals)

DeWall, C. N., Baumeister, R. F., Stillman, T. F. & Gailliot, M. T. (2007). Violence restrained: Effects of self-regulation and its depletion on aggression. *Journal of Experimental Social Psychology, 43*, 62–76. doi: 10.1016/j.jesp.2005.12.005.

de Wied, M., van Boxtel, A., Matthys, W. & Meeus, W. (2012). Verbal, facial and autonomic responses to empathy-eliciting film clips by disruptive male adolescents with high versus low callous-unemotional traits. *Journal of Abnormal Child Psychology, 40*, 211–223. doi: 10.1007/s10802-011-9557-8.

Diamond, S. R. (1977). The effect of fear on the aggressive responses of anger-aroused and revenge-motivated subjects. *Journal of Psychology, 95*, 185–188.

Di Giunta, L., Pastorelli, C., Eisenberg, N., Gerbino, M., Castellani, V. & Bombi, A. (2010). Developmental trajectories of physical aggression: Prediction of overt and covert antisocial behaviors from self- and mothers' reports. *European Child and Adolescent Psychiatry, 19*, 873–882. doi: 10.1007/s00787-010-0134-4.

Dill, J. C. & Anderson, C. A. (1995). Effects of Frustration Justification on Hostile Aggression. *Aggressive Behavior, 21*, 359–369. doi: 10.1002/1098-2337(1995)21:5<359::AID-AB2480210505>3.0.CO;2-6.

Dill, K. E., Anderson, C. A., Anderson, K. B. & Deuser, W. E. (1997). Effects of aggressive personality on social expectations and social perceptions. *Journal of Research in Personality, 31*, 272–292.

Dionne, G., Tremblay, R., Boivin, M., Laplante, D. & Pérusse, D. (2003). Physical aggression and expressive vocabulary in 19-month-old twins. *Developmental Psychology, 39*, 261–273. doi: 10.1037/0012-1649.39.2.261.

Dittami, J. P. (2001). Das „psychohydraulische" Modell. In K. Kotrschal, G. Müller & H. Winkler (Hrsg.), *Konrad Lorenz und seine verhaltensbiologischen Konzepte aus heutiger Sicht* (S. 159–166). Fürth: Filander.

Dodge, K. A. (1980). Social cognition and children's aggressive behavior. *Child Development, 51*, 162–170. doi: 10.2307/1129603.

Dodge, K. A., Greenberg, M. T., Malone, P. S. & Conduct Problems Prevention Research Group (2008). Testing an idealized dynamic cascade model of the development of serious violence in adolescence. *Child Development, 79*, 1907–1927. doi: 10.1111/j.1467-8624.2008.01233.x.

Dodge, K. A., Lansford, J. E. & Dishion, T. J. (2006). The problem of deviant peer influences in intervention programs. In K. A. Dodge, T. J. Dishion & J. E. Lansford (Hrsg.), *Deviant peer influences in programs for youth: Problems and solutions* (S. 3–13). New York, NY: Guilford Press.

Dodge, K. A., Lochman, J. E., Harnish, J. D., Bates, J. E. & Pettit, G. S. (1997). Reactive and proactive aggression in school children and psychiatrically impaired chronically assaultive youth. *Journal of Abnormal Psychology, 106*, 37–51. doi: 10.1037/0021-843X.106.1.37.

Dodge, K. A., Pettit, G. S. & Bates, J. E. (1994). Socialization mediators of the relation between socioeconomic status and child conduct problems. *Child Development, 65*, 649–665. doi: 10.2307/1131407.

Dodge, K. A., Pettit, G. S., Bates, J. E. & Valente, E. (1995). Social information-processing patterns partially mediate the effect of early physical abuse on later conduct problems. *Journal of Abnormal Psychology, 104*, 632–643. doi: 10.1037/0021-843X.104.4.632.

Dodge, K. A., Pettit, G. S., McClaskey, C. L., Brown, M. M. & Gottman, J. M. (1986). *Social competence in children* (Monographs of the Society for Research in Child Development, Serial No. 213, Bd. 51 No. 2). Hoboken, NJ: Wiley. doi: 10.2307/1165906.

Dogan, S. J., Conger, R. D., Kim, K. J. & Masyn, K. E. (2007). Cognitive and parenting pathways in the transmission of antisocial behavior from parents to adolescents. *Child Development, 78*, 335–349. doi: 10.1111/j.1467-8624.2007.01001.x.

Dollard, J., Doob L. W., Miller, N. E., Mowrer, O. H. & Sears, R. R. (1973). *Frustration und Aggression* (5. Aufl.). (Übers. v. W. Dammschneider u. E. Mader). New Haven, Conn.: Yale University Press. (Original erschienen 1939: Frustration and aggression)

Dollinger, B. & Schmidt-Semisch, H. (Hrsg.). (2010). *Handbuch Jugendkriminalität: Kriminologie und Sozialpädagogik im Dialog*. Wiesbaden: Verlag für Sozialwissenschaften.

Donnerstein, E. & Wilson, D. W. (1976). Effects of noise and percieved control on ongoing and subsequent aggressive behavior. *Journal of Personality and Social Psychology, 34*, 774–781.

Dowler, K. (2003). Media Consumption and Public Attitudes toward Crime and Justice: The Relationship between Fear of Crime, Punitive Attitudes, and Perceived Police Effectiveness. *Journal of Criminal Justice and Popular Culture, 10*, 109–126.

Dumka, L. E., Roosa, M. W. & Jackson, K. M. (1997). Risk, conflict, mothers' parenting, and children's adjustment in low-income, Mexican immigrant, and Mexican American families. *Journal of Marriage and Family, 59*, 309–323. doi: 10.2307/353472.

Dunbar, K. & MacLeod, C. M. (1984). A horce race of a different color: Stroop interference patterns with transformed words. *Journal of Experimental Psychology: Human Perception and Performance, 10* (5), 622–639. doi: 10.1037/0096-1523.10.5.622.

Dunlap, K. (1919). Are there any instincts? *Journal of Abnormal Psychology, 14*, 307–311.

Dunning, E. (2006). Football Hooliganism as a European and World Phenomenon. *Monatsschrift für Kriminologie und Strafrechtsreform* [Journal of Criminology and Penal Reform], *89* (3), 175–192.

Dunning, E., Murphy, P. & Williams, J. (1986). Spectator Violence at Football Matches: Towards a Sociological Explanation. *The British Journal of Sociology, 37* (2), 221–244. doi: 10.2307/590355.

Dunning, E., Murphy, P. & Williams, J. (2014 [zuerst 1988]). *The roots of football hooliganism: An historical and sociological study*. London: Routledge.

Eagly, A. H. & Steffen, V. J. (1986). Gender and aggressive behavior: A meta-analytic review of the social psychological literature. *Psychological Bulletin, 100*, 309–330. doi: 10.1037/0033-2909.100.3.309.

Egg, R. & Sponsel, R. (1978). „Bagatelldelinquenz" und Techniken der Neutralisierung. *Monatsschrift für Kriminologie und Strafrechtsreform* [Journal of Criminology and Penal Reform], *61* (1), 38–50.

Eggers, E. (2002). Die Anfänge des Fußballsports in Deutschland: Zur Genese eines Massenphänomens. In M. Herzog (Hrsg.), *Fußball als Kulturphänomen: Kunst – Kultur – Kommerz* (S. 67–91). Stuttgart: Kohlhammer.

Eggert, A. & Feuerhelm, W. (2007). *Evaluation des Anti-Aggressivitäts-Trainings und des Coolness Trainings*. [Forschungsbericht.] Mainz: Katholische Hochschule Mainz.

Ehrenfels, C. von. (1890). Über Gestaltqualitäten. *Vierteljahrsschrift für wissenschaftliche Philosophie, 14*, 249–292.

Eisenberg, N., Guthrie, I. K., Murphy, B. C., Shepard, S. A., Cumberland, A. & Carlo, G. (1999). Consistency and development of prosocial dispositions: A longitudinal study. *Child Development, 70*, 1360–1372. doi: 10.1111/1467-8624.00100.

Ek, R. (1996). *Hooligans: Fakten – Hintergründe – Analysen*. Worms: Cicero.

Eke, A. W., Hilton, N. Z., Harris, G. T., Rice, M. E. & Houghton, R. E. (2011). Intimate Partner Homicide: Risk Assessment and Prospects for Prediction. *Journal of Family Violence, 26*, 211–216. doi: 10.1007/s10896-010-9356-y.

Elias, N. (1999 [zuerst 1939]). *Über den Prozeß der Zivilisation: Soziogenetische und psychogenetische Untersuchungen. Zweiter Band: Wandlungen der Gesellschaft: Entwurf zu einer Theorie der Zivilisation* (22. Aufl.). Frankfurt a. M.: Suhrkamp.

Elias, N. (2010 [zuerst 1939]). *Über den Prozeß der Zivilisation: Erster Band: Wandlungen des Verhaltens in den weltlichen Oberschichten des Abendlandes* (30. Aufl.). Frankfurt a. M.: Suhrkamp.

Elliott, D. S. (1994). Serious violent offenders: Onset, developmental course, and termination: The American Society of Criminology 1993 presidential address. *Criminology, 32*, 1–21. doi: 10.1111/j.1745-9125.1994.tb01144.x.

Emery, R. E. (1989). Family violence. *American Psychologist, 44*, 321–328. doi: 10.1037/0003-066X.44.2.321.

Entscheidungen des Bundesgerichtshofes in Strafsachen BGHSt (41. Band). (1996). (Herausgegeben v. den Mitgliedern des Bundesgerichtshofes und der Bundesanwaltschaft). Köln u. Berlin: C. Heymanns.

Espy, K. A., Sheffield, T. D., Wiebe, S. A., Clark, C. A. C. & Moehr, M. J. (2011). Executive control and dimensions of problem behaviors in preschool children. *Journal of Child Psychology and Psychiatry, 52*, 33–46. doi: 10.1111/j.1469-7610.2010.02265.x.

Eysenck, H. J. & Wilson, G. D. (Hrsg.). (1979). *Experimentelle Studien zur Psychoanalyse Sigmund Freuds. Eine kritische Bestandsaufnahme der theoretischen Überlegungen Sigmund Freuds auf der Grundlage naturwissenschaftlich-experimenteller Methoden.* (Übers. S. Roeder). Wien: Europaverlag.

Fabes, R. A. & Eisenberg, N. (1992). Young children's coping with interpersonal anger. *Child Development, 63*, 116–128. doi: 10.1111/j.1467-8624.1992.tb03600.x.

Fahrenberg, J., Hampel, R. & Selg, H. (1994). *Das Freiburger Persönlichkeitsinventar, Revidierte Fassung FPI-R* (6. Aufl.). Göttingen: Hogrefe.

Farrington, D. P. (1987). Implications of biological findings for criminal research. In S. A. Mednick, T. E. Moffitt & S. A. Stack (Hrsg.), *The causes of crime: New biological approaches* (S. 42–64). New York: Cambridge University Press.

Farrington, D. P. (1992). Explaining the beginning, progress and ending of antisocial behaviour from birth to adulthood. In J. McCord (Hrsg.), *Facts, frameworks and forecasts (Advances in criminological theory, Bd. 3).* (S. 253–286). New Brunswick, NJ: Transaction.

Farrington, D. P. (1994a). *Cambridge Study in Delinquent Development, 1961-1981.* [ICPSR08488-v2]. Ann Arbor, MI: Inter-university Consortium for Political and Social Research.

Farrington, D. P. (1994b). Childhood, adolescent, and adult features of violent males. In L. R. Huesmann (Hrsg.), *Aggressive behavior: Current perspectives* (S. 215–240). New York: Plenum Press.

Farrington, D. P. (1995). The Twelfth Jack Tizard Memorial Lecture: The Development of Offending and Antisocial Behaviour from Childhood: Key Findings from the Cambridge Study in Delinquent Development. *Journal of Child Psychology and Psychiatry, 360* (6), 929–964.

Fast, D. K., Conry, J. & Loock, C. A. (1999). Identifying fetal alcohol syndrome among youths in the criminal justice system. *Journal of Developmental and Behavioral Pediatrics, 20* (5), 370–372.

Fazel, S. & Grann, M. (2004). Psychiatric morbidity among homicide offenders: a swedish population study. *The American Journal of Psychiatry, 161* (11), 2129–2131. doi: 10.1176/appi.ajp.161.11.2129.

Fechner, G. T. (1860). *Elemente der Psychophysik.* Leipzig: Breitkopf & Hartel.

Feldman, R., Masalha, S. & Derdikman-Eiron, R. (2010). Conflict resolution in the parent-child, marital, and peer contexts and children's aggression in the peer group: A process-oriented cultural perspective. *Developmental Psychology, 46*, 310–325. doi: 10.1037/a0018286.

Ferguson, C. J. (2010). Genetic Contributions to Antisocial Personality and Behavior: A Meta-Analytic Review From an Evolutionary Perspective. *The Journal of Social Psychology, 150* (2), 160–180. doi: 10.1080/00224540903366503.

Ferguson, C. J. & Rueda, S. M. (2009). Examining the validity of the modified Taylor competitive reaction time test of aggression. *Journal of Experimental Criminology, 5,* 121–137. doi: 10.1007/s11292-009-9069-5.

Ferguson, T. J. & Rule, B. G. (1983). An attributional perspective on anger and aggression. In R. G. Geen & E. I. Donnerstein (Hrsg.), *Aggression: Theoretical and empirical reviews: Vol. 1* (S. 41–74). New York: Academic Press.

Feshbach, S. (1956). The catharsis hypothesis and some consequences of interaction with aggressive and neutral play objects. *Journal of Personality, 24*, 449–462. doi: 10.1111/j.1467-6494.1956.tb01281.x.

Feshbach, S. (1961). The stimulating versus cathartic effects of a vicarious aggressive activity. *Journal of Abnormal and Social Psychology, 63*, 381–385.

Feshbach, S. (1964). The function of aggression and the regulation of aggressive drive. *Psychological Review, 71*, 257–272. doi: 10.1037/h0043041.

Festinger, L. (1962). *A theory of cognitive dissonance* (reissued). Stanford, CA: Stanford University Press.

Fiedler, P. (2001). *Persönlichkeitsstörungen* (5. Aufl.). Weinheim: Beltz PVU.

Fiedler, P. (2004). *Sexuelle Orientierung und sexuelle Abweichung*. Weinheim: Beltz.

Fliegel, S., Groeger, W. M., Künzel, R., Schulte, D. & Sorgatz, H. (1998). *Verhaltenstherapeutische Standardmethoden. Ein Übungsbuch* (4. Aufl.). Weinheim: Beltz/ Psychologie Verlags Union.

Flynn, J. R. (1987). Massive IQ Gains in 14 Nations: What IQ Tests Really Measure. *Psychological Bulletin, 101* (2), 171–191.

Flynn, J. R. (2012). *Are we getting smarter? Rising IQ in the Twenty-First Century*. Cambridge: Cambridge University Press.

Flynn, J., Vanegas, H., Foote, W., Edwards, S. (1970). Neural mechanism involved in a cat's attack on a rat. In R. F. Whalen, R. F. Thompson, M. Verzeano & N. M. Weinberger (Hrsg.), *The Neural Control of Behavior*. New York: Academic Press.

Fogel, C. A., Mednick, S. A. & Michelsen, N. (1985). Hyperactive behavior and minor physical anomalies. *Acta Psychiatrica Scandinavica, 72* (6), 551–556. doi: 10.1111/j.1600-0447.1985. tb02653.x.

Föger, B. & Taschwer, K. (2001). *Die andere Seite des Spiegels: Konrad Lorenz und der Nationalsozialismus*. Wien: Czernin.

Fontaine, R. G., Tanha, M., Yang, C., Dodge, K. A., Bates, J. E. & Pettit, G. S. (2010). Does response evaluation and decision (RED) mediate the relation between hostile attributional style and antisocial behavior in adolescence? *Journal of Abnormal Child Psychology, 38*, 615–626. doi: 10.1007/s10802-010-9397-y.

Fontaine, R. G., Yang, C., Dodge, K. A., Bates, J. E. & Pettit, G. S. (2008). Testing an individual systems model of response evaluation and decision (RED) and antisocial behavior across adolescence. *Child Development, 79*, 462–475. doi: 10.1111/j.1467-8624.2007.01136.x.

Forehand, R. & MacDonough, T. S. (1975). Response contingent time out: An examination of outcome data. *European Journal of Behavioural Analysis and Modification, 1* (2), 109–115.

Freud, S. (1966 [zuerst 1940]). Abriss der Psychoanalyse. In A. Freud, E. Bibring, W. Hoffer, E. Kris, O. Isakower (Hrsg.), *Gesammelte Werke. Band XVII. Schriften aus dem Nachlass* (S. 63–94) (4. Aufl.). Frankfurt a. M.: S. Fischer.

Freud, S. (1968 [zuerst 1925]). Die Widerstände gegen die Psychoanalyse. In A. Freud, E. Bibring, W. Hoffer, E. Kris, O. Isakower (Hrsg.), *Gesammelte Werke. Band XIV. Werke aus den Jahren 1925–1931* (S. 97–110) (4. Aufl.). Frankfurt a. M.: S. Fischer.

Freud, S. (1969 [zuerst 1895 zusammen mit J. Breuer]). Studien über Hysterie [Teile v. J. Breuer weggelassen]. In A. Freud, E. Bibring, W. Hoffer, E. Kris, O. Isakower (Hrsg.), *Gesammelte Werke. Erster Band, Werke aus den Jahren 1892–1899* (S. 75–312) (3. Aufl.). Frankfurt a. M.: S. Fischer.

Freud, S. (1972 [zuerst 1905]). Drei Abhandlungen zur Sexualtheorie. In A. Mitscherlich, A. Richards, J. Strachey & I. Grubrich-Simitis (Hrsg.), *Studienausgabe. Band V. Sexualleben* (6. Aufl.) (S. 37–145). Frankfurt a. M.: S. Fischer.

Freud, S. (1973 [zuerst 1911]). Psychoanalytische Bemerkungen über einen autobiographisch beschriebenen Fall von Paranoia (Dementia paranoides). In A. Mitscherlich, A. Richards, J. Strachey & I. Grubrich-Simitis (Hrsg.), *Studienausgabe. Band VII. Zwang, Paranoia und Perversion* (5. Aufl.) (S. 133–203). Frankfurt a. M.: S. Fischer.

Freud, S. (1974 [zuerst 1933]). Warum Krieg? In A. Mitscherlich, A. Richards, J. Strachey & I. Grubrich-Simitis (Hrsg.), *Studienausgabe. Band IX. Fragen der Gesellschaft: Ursprünge der Religion* (6. Aufl.) (S. 271–286). Frankfurt a. M.: S. Fischer.

Freud, S. (1975 [zuerst 1915]). Triebe und Triebschicksale. In A. Mitscherlich, A. Richards, J. Strachey & I. Grubrich-Simitis (Hrsg.), *Studienausgabe. Band III. Psychologie des Unbewußten* (6. Aufl.) (S. 75–102). Frankfurt a. M.: S. Fischer.

Freud, S. (1982 [zuerst 1907]). Der Wahn und die Träume in W. Jensens Gradiva. In A. Mitscherlich, A. Richards, J. Strachey & I. Grubrich-Simitis (Hrsg.), *Studienausgabe. Band X. Bildende Kunst und Literatur* (9. Aufl.) (S. 9–85). Frankfurt a. M.: S. Fischer.

Freud, S. (1989a [zuerst 1914]). Erinnern, Wiederholen und Durcharbeiten: Weitere Ratschläge zur Technik der Psychoanalyse II. In A. Mitscherlich, A. Richards, J. Strachey & I. Grubrich-Simitis (Hrsg.), *Studienausgabe: Ergänzungsband: Schriften zur Behandlungstechnik* (S. 205–215) (3. Aufl.). Frankfurt a. M.: S. Fischer.

Freud, S. (1989b [zuerst 1920]). Jenseits des Lustprinzips. In A. Mitscherlich, A. Richards, J. Strachey & I. Grubrich-Simitis (Hrsg.), *Studienausgabe. Band III. Psychologie des Unbewußten* (6. Aufl.) (S. 213–272). Frankfurt a. M.: S. Fischer.

Freud, S. (1989c [zuerst 1916/17 bzw. 1932/33]). Vorlesungen zur Einführung in die Psychoanalyse. Und Neue Folge. In A. Mitscherlich, A. Richards, J. Strachey & I. Grubrich-Simitis (Hrsg.), *Studienausgabe. Band I. Vorlesungen zur Einführung in die Psychoanalyse. Und Neue Folge* (11. Aufl.). Frankfurt a. M.: S. Fischer.

Frick, P. J., Christian, R. E. & Wootton, J. M. (1999). Age trends in the association between parenting practices and conduct problems. *Behavior Modification, 23*, 106–128. doi: 10.1177/0145445599231005.

Frick, P. J. & Morris, A. S. (2004). Temperament and Developmental Pathways to Conduct Problems. *Journal of Clinical Child and Adolescent Psychology, 33* (1), 54–68. doi: 10.1207/S15374424JCCP3301_6.

Friedman, P. H. (1972). The effects of modeling, roleplaying and participation on behavior change. In B. A. Maher (Hrsg.), *Progress in experimental personality research*, Band VI (S. 41–81). New York: Academic.

Frosdick, S. & Marsh, P. (2005). *Football Hooliganism*. Cullompton: Willan.

Fydrich, T., Renneberg, B., Schmitz, B. & Wittchen, H.-U. (1997). *SKID-II – Strukturiertes Klinisches Interview für DSM-IV, Achse II: Persönlichkeitsstörungen*. Göttingen: Hogrefe.

Galtung, J. (1971). Gewalt, Friede und Friedensforschung. In D. Senghaas (Hrsg.), *Kritische Friedensforschung*. Frankfurt a. M.: Suhrkamp.

Galtung, J. (1975). *Strukturelle Gewalt. Beiträge zur Friedens- und Konfliktforschung*. Reinbeck: Rowohlt.

Gaur, S. D. (1988). Noise: Does it make you angry? *Indian Psychologist, 5*, 51–56.

Gazzaniga, M. (2012). *Die Ich-Illusion. Wie Bewusstsein und freier Wille entstehen*. (Übers. D. Mallett). München: Hanser.

Geen, R. G. (1968). Effects of frustration, attack, and prior training in aggressiveness upon aggressive behavior. *Journal of Personality and Social Psychology, 9*, 316–321. doi: 10.1037/h0026054.

Geen, R. G. (1978). Effects of attack and uncontrollable noise on aggression. *Journal of Research in Personality, 12*, 15–29.

Geen, R. G. & McCown, E. J. (1984). Effects of noise and attack on aggression and physiological arousal. *Motivation and Emotion, 8*, 231–241. doi: 10.1007/BF00991891.

Geen, R. G. & O'Neal, E. C. (1969). Activation of cue-elicited aggression by general arousal. *Journal of Personality and Social Psychology, 11*, 289–292. doi: 10.1037/h0026885.

Geen, R. G. & Pigg, R. (1970). Acquisition of an aggressive response and its generalization to verbal behavior. *Journal of Personality and Social Psychology, 15*, 165–170. doi: 10.1037/h0029212.

Geen, R. G. & Quanty, M. B. (1977). The catharsis of aggression: An evaluation of a hypothesis. In L. Berkowitz (Hrsg.), *Advances in experimental social psychology*, Band 10 (S. 1–37). New York: Academic Press.

Geen, R. G. & Stonner, D. (1971). Effects of aggressiveness habit strength on behavior in the presence of aggression-related stimuli. *Journal of Personality and Social Psychology, 17*, 149–153. doi: 10.1037/h0030385.

Geen, R. G., Stonner, D. & Shope, G. L. (1975). The faciliation of aggression by aggression: Evidence against the catharsis hypothesis. *Journal of Personality and Social Psychology, 31*, 721–726.

Gentile, D. A., Coyne, S. & Walsh, D. A. (2011). Media Violence, Physical Aggression, and Relational Aggression in School Age Children: A Short-Term Longitudinal Study. *Aggressive Behavior, 37*, 193–206. doi: 10.1002/ab.20380.

Gentry, W. D. (1970). Effects of frustration, attack, and prior aggressive training on overt aggression and vascular processes. *Journal of Personality and Social Psychology, 16*, 718–725.

Gerchow, J. (1957). *Die ärztlich-forensische Beurteilung von Kindesmörderinnen: Ein Beitrag zum Problem der abartigen Erlebnisreaktionen.* Halle: Marhold.

Gershoff, E. T. (2002). Corporal punishment by parents and associated child behaviors and experiences: A meta-analytic and theoretical review. *Psychological Bulletin, 128*, 539–579. doi: 10.1037//0033-2909.128.4.539.

Gershoff, E. T., Grogan-Kaylor, A., Lansford, J. E., Chang, L., Zelli, A., Deater-Deckard, K. & Dodge, K. A. (2010). Parent discipline practices in an international sample: Associations with child behaviors and moderation by perceived normativeness. *Child Development, 81*, 487–502. doi: 10.1111/j.1467-8624.2009.01409.x.

Gershoff, E. T., Lansford, J. E., Sexton, H. R., Davis-Kean, P. & Sameroff, A. J. (2012). Longitudinal links between spanking and children's externalizing behaviors in a national sample of White, Black, Hispanic, and Asian American families. *Child Development, 83*, 838–843. doi: 10.1111/j.1467-8624.2011.01732.x.

Gerst, M. S. (1971). Symbolic coding processes in observational learning. *Journal of Personality and Social Psychology, 19*, 7–17.

Giancola, P. R. (2003). The moderating effects of dispositional empathy on alcohol-related aggression in men and woman. *Journal of Abnormal Psychology, 112*, 275–281. doi: 10.1037/0021-843X.112.2.275.

Giancola, P. R. & Corman, M. D. (2007). Alcohol and aggression: A test of the attention-allocation model. *Psychological Science, 18*, 649–655. doi: 10.1111/j.1467-9280.2007.01953.x.

Glueck, S. & Glueck, E. (1950). *Unraveling juvenile delinquency.* Cambridge, Mass.: Harvard University Press.

Gniech, G., Oetting, T. & Brohl, M. (1993). *Untersuchungen zur Messung von „Sensation-Seeking".* Bremer Beiträge zur Psychologie, Nr. 110. Bremen: Universität Bremen.

Gödel, K. (1931). Über formal unentscheidbare Sätze der Principia Mathematica und verwandter Systeme I. *Monatshefte für Mathematik und Physik, 38*, 173–198.

Goldhagen, D. J. (1996). *Hitlers willige Vollstrecker: Ganz gewöhnliche Deutsche und der Holocaust.* (Übers. K. Kochmann). Berlin: Siedler.

Goldstein, A. P. & Segall, M. H. (Hrsg.). (1983). *Aggression in Global Perspective.* New York, NY: Pergamon.

Gonzales, N. A., Pitts, S. C., Hill, N. E. & Roosa, M. W. (2000). A mediational model of the impact of interparental conflict on child adjustment in a multiethnic, low-income sample. *Journal of Family Psychology, 14*, 365–379. doi: 10.1037/0893-3200.14.3.365.

Goodnight, J. A., Lahey, B. B., Van Hulle, C. A., Rodgers, J. L., Rathouz, P. J., Waldman, I. D. & D'Onofrio, B. M. (2012). A quasi experimental analysis of the influence of neighborhood disadvantage on child and adolescent conduct problems. *Journal of Abnormal Psychology, 121*, 95–108. doi: 10.1037/a0025078.

Graham-Bermann, S. A. & Brescoll, V. (2000). Gender, power, and violence: Assessing the family stereotypes of the children of batterers. *Journal of Family Psychology, 14*, 600–612. doi: 10.1037/0893-3200.14.4.600.

Grammer, K. (2001). Wie modern ist Konrad Lorenz? In K. Kotrschal, G. Müller & H. Winkler (Hrsg.), *Konrad Lorenz und seine verhaltensbiologischen Konzepte aus heutiger Sicht* (S. 139–148). Fürth: Filander.

Grawe, K., Donati, R. & Bernauer, F. (2001). *Psychotherapie im Wandel. Von der Konfession zur Profession* (5. Aufl.). Göttingen [u. a.]: Hogrefe.

Greene, B. (2012). *Die verborgene Wirklichkeit: Paralleluniversen und die Gesetze des Kosmos.* München: Siedler.

Grimm, J. (1999). *Fernsehgewalt: Zuwendungsattraktivität Erregungsverläufe Sozialer Effekt: Zur Begründung und praktischen Anwendung eines kognitiv-physiologischen Ansatzes der Medienrezeptionsforschung am Beispiel von Gewaltdarstellungen.* Opladen: Westdeutscher Verlag.

Gropp, W. (2015). *Strafrecht Allgemeiner Teil* (4. Aufl.). Berlin: Springer.

Grünbaum, A. (1988). *Die Grundlagen der Psychoanalyse: Eine philosophische Kritik.* (Übers. v. C. Kolbert). Stuttgart: Reclam. (Original erschienen 1984: The foundations of Psychoanalysis: A philosophical critique)

Grünbaum, A. (1993). *Validation in the clinical theory of psychoanalysis: A study in the philosophy of psychoanalysis.* Madison, Conn.: International University Press.

Gur, R. C., Gunning-Dixon, F., Bilker, W. B. & Gur, R. E. (2002). Sex differences in temporo-limbic and frontal brain volumes of healthy adults. *Cerebral Cortex, 12* (9), 998–1003. doi: 10.1093/cercor/12.9.998.

Gurr, T. R. (1970). Sources of rebellion in Western societies: Some quantitative evidence. *Annals of the American Academy of Political and Social Science, 391*, 128–144. doi: 10.1177/000271627039100111.

Gurr, T. R. (2010). *Why men rebel* (40. anniversary paperback edition). Boulder, Colo.: Paradigm.

Gustafson, R. (1989). Frustration and Successful vs. Unsuccessful Aggression: A Test of Berkowitz' Completion Hypothesis. *Aggressive Behavior, 15*, 5–12.

Gustafsson, H. C., Barnett, M. A., Towe-Goodman, N. R., Mills-Koonce, W. R., Cox, M. J. & The Family Life Project Key Investigators (2014). Family Violence and Children's Behavior Problems: Independent Contributions of Intimate Partner and Child-Directed Physical Aggression. *Journal of Family Violence, 29*, 773–781. doi: 10.1007/s10896-014-9628-z.

Habermas, J. (1974). Vorbereitende Bemerkungen zu einer Theorie der kommunikativen Kompetenz. In J. Habermas & N. Luhmann, *Theorie der Gesellschaft oder Sozialtechnologie – Was leistet die Systemforschung?* (S. 101–141). Frankfurt a. M.: Suhrkamp.

Habermas, J. (1981a). *Theorie des kommunikativen Handelns: Band 1: Handlungsrationalität und gesellschaftliche Rationalisierung.* Frankfurt a. M.: Suhrkamp.

Habermas, J. (1981b). *Theorie des kommunikativen Handelns: Band 2: Zur Kritik der funktionalistischen Vernunft.* Frankfurt a. M.: Suhrkamp.

Halisch, F. (1984). *Vorbildeinfluß und Motivationsprozesse: Ein Beitrag zu einer Motivationstheorie der Vorbildwirkung.* Frankfurt a. M.: P. Lang.

Halisch, F. (1992). Beobachtungslernen und die Wirkung von Vorbildern. In H. Spada (Hrsg.), *Lehrbuch Allgemeine Psychologie* (2. Aufl.) (S. 373–402). Bern: Huber.

Hannover, B. (1997). *Das dynamische Selbst: Die Kontextabhängigkeit selbstbezogenen Wissens.* Göttingen: Huber.

Hardy, J. & Schamberger, C. (2012). *Logik der Philosophie: Einführung in die Logik und Argumentationstheorie.* Göttingen: Vandenhoeck & Ruprecht.

Hare, R. D. (2005). *Gewissenlos: Die Psychopathen unter uns.* (Übers. K. Petersen). Wien, New York: Springer.

Hare, R. D. & Neumann, C. S. (2012). Psychopathie als klinisches und empirisches Konstrukt. In B. Wischka, W. Pecher & H. van den Boogaart (Hrsg.), *Behandlung von Straftätern: Sozialtherapie, Maßregelvollzug und Sicherungsverwahrung* (S. 123–161). Freiburg: Centaurus.

Harnatt, J. (o. J.). *Psychologische Hypothesen und ihre Prüfung.* Phil. Diss. Erlangen.

Harnischmacher, R. F. J. (2006). Der Hooligan und sein Weltbild: Eine Einführung in dieses Zeitphänomen der Gewalt. *Die Kriminalpolizei*, Ausgabe Juni 2006.

Harrington, J. A., Dickens, G., Halstead, H., Grant, E., Imlah, N., Lambert, N. G. & Trethowan, W. H. (1968). *Soccer Hooliganism: A Preliminary Report to Mr. Denis Howell, Minister of Sport.* Bristol: J. Wright & Sons.

Harris, E. (o. J.). *Eric Harris' Journal* [Tagebuch]. Verfügbar unter: http://acolumbinesite.com/eric/writing/journal/journal2.html [abgerufen am 3.10.2017].

Hart, S. D., Cox, D. N. & Hare, R. D. (1995). *The Hare Psychopathy Checklist: Screening Version (PCL:SV).* Toronto: Multi-Health Systems.

Hartmann, D. P. (1969). Influence of symbolically modeled instrumental aggression and pain cues on aggressive behavior. *Journal of Personality and Social Psychology, 11*, 280–288. doi: 10.1037/h0027071.

Hartup, W. W. (1974). Aggression in childhood: Developmental perspectives. *American Psychologist, 29*, 336–341. doi: 10.1037/h0037622.

Hassin, R. R., Uleman, J. S. & Bargh, J. A. (Hrsg.). (2005). *The new unconscious.* New York: Oxford University Press.

Häßler, F., Schepker, R. & Schläfke, D. (Hrsg.). (2008). *Kindstod und Kindstötung.* Berlin: Medizinische Wissenschaftliche Verlagsgesellschaft.

Hastedt, H. (1988). *Das Leib-Seele-Problem: Zwischen Naturwissenschaft des Geistes und kultureller Eindimensionalität.* [Zugelassene Dissertation an der Universität Hamburg, 1987]. Frankfurt a. M.: Suhrkamp.

Hastings, P. D., Zahn-Waxler, C., Robinson, J., Usher, B. & Bridges, D. (2000). The development of concern for others in children with behavior problems. *Developmental Psychology, 36*, 531–546. doi: 10.1037/0012-1649.36.5.531.

Hauswald, H. & Farin, K. (1993). *Die dritte Halbzeit: Fußballfans und Hooligans.* Berlin: BasisDruck.

Hawkes, K. (1981). A third explanation for female infanticide. *Human Ecology, 9*, 79–96. doi: 10.1007/BF00887856.

Hay, D. F., Mundy, L., Roberts, S., Carta, R., Waters, C. S., Perra, O. & van Goozen, S. (2011). Known risk factors for violence predict 12-month-old infants' aggressiveness with peers. *Psychological Science, 22*, 1205–1211. doi: 10.1177/0956797611419303.

Hay, D. F. & Ross, H. S. (1982). The social nature of early conflict. *Child Development, 53*, 105–113. doi: 10.2307/1129642.

Healy, S. J., Murray, L., Cooper, P. J., Hughes, C. & Halligan, S. L. (2015). A Longitudinal Investigation of Maternal Influences on the Development of Child Hostile Attributions and Aggression. *Journal of Clinical Child & Adolescent Psychology, 44* (1), 80–92. doi: 10.1080/15374416.2013.850698.

Heckhausen, H. (1989). *Motivation und Handeln* (2. Aufl.). Berlin: Springer.

Heider, F. (1977 [zuerst 1958]). *Psychologie der interpersonalen Beziehungen.* Stuttgart: Klett.

Heitmeyer, W. & Peter, J.-I. (1992). *Jugendliche Fußballfans: Soziale und politische Orientierungen, Gesellungsformen, Gewalt* (2. Aufl.). Weinheim: Juventa.

Helm, B., Bonoma, T. V. & Tedeschi, J. T. (1972). Reciprocity for harm done. *Journal of Social Psychology, 87,* 89–98.

Hempel, A. G., Levine, R. E., Meloy, J. R. & Westermeyer, J. (2000). A cross-cultural review of sudden mass assault by a single individual in the oriental and occidental cultures. *Journal of Forensic Siences, 45* (3), 528–588.

Hermanutz, M. & Kersten, J. (2003). Amoktaten. In F. Stein (Hrsg.), *Grundlagen der Polizeipsychologie* (2. Aufl.) (S. 138–151). Göttingen: Hogrefe.

Herrmann, B., Thöni, C. & Gächter, S. (2008). Antisocial punishment across societies. *Science, 319,* 1362–1367. doi: 10.1126/science.1153808.

Herrmann, T. (1980). Handlungstheoretische Aspekte der Aggression. In H. Lenk (Hrsg.), *Handlungstheorien – interdisziplinär* (Band 3). München: Fink.

Hilke, R. & Kempf, W. (1976). Zur Rechtfertigung der Aggressionsmaschine. *Zeitschrift für Sozialpsychologie, 7,* 47–58.

Hilke, R. & Kempf, W. (Hrsg.). (1982). *Aggression: Naturwissenschaftliche und kulturwissenschaftliche Perspektiven der Aggressionsforschung.* Bern: Huber.

Hinz, H. (2002). Objektbeziehung, Objektbeziehungstheorie. In W. Mertens & B. Waldvogel (Hrsg.), *Handbuch psychoanalytischer Grundbegriffe* (2. Aufl.). Stuttgart: Kohlhammer.

Hobbes, T. (1996). *Leviathan.* (Übers. J. Schlösser). (Hrsg. H. Klenner). Hamburg: Meiner. (Original erschienen 1651: Leviathan or the matter, form, and power of a commonwealth ecclesiastical and civil)

Hodgins, S., Kratzer, L., McNeil, T. F. (2001). Obstetric complications, parenting, and risk of criminal behavior. *Archives of General Psychiatry, 58* (8), 746–752. doi: 10.1001/archpsyc.58.8.746.

Höffe, O. (1996). *Immanuel Kant* (4. Aufl.). München: C. H. Beck'sche Verlagsbuchhandlung.

Hoffman, M. L. (1983). Affective and cognitive processes in moral internalization. In E. T. Higgins, D. N. Ruble & W. W. Hartup (Hrsg.), *Social cognition and social development: A sociocultural perspective* (S. 236–274). Cambridge: Cambridge University Press.

Hoffmann, J. (2003). Amok – ein neuer Blick auf ein altes Phänomen. In C. Lorei (Hrsg.), *Polizei & Psychologie: Kongressband der Tagung „Polizei & Psychologie" am 18. und 19. März 2003 in Frankfurt am Main* (S. 397–414). Frankfurt a. M.: Verlag für Polizeiwissenschaft.

Hoffmann, J. & Roshdi, K. (2015). *Amok und andere Formen schwerer Gewalt: Riskoanalyse – Bedrohungsmanagement – Präventionskonzepte.* Stuttgart: Schattauer.

Hoffmann, J., Roshdi, K. & Robertz, F. (2009). Zielgerichtete schwere Gewalt und Amok an Schulen: Eine empirische Studie zur Prävention schwerer Gewalttaten. *Kriminalistik, 63* (4), 196–204.

Hoh, A. (2009). *In kleinen Gruppen, ohne Gesänge! Unterwegs mit den Hamburg Hooligans.* Quickborn: Trolsen.

Hoh, A. (2010). Fussball und Gewalt – Ex-Hooligan Hoh: „Wenn jemand am Boden lag, war Schluss". *Hamburger Abendblatt* v. 16.3.2010. Interviewer: Björn Jensen. Verfügbar unter: http://www.abendblatt.de/sport/article107663604/Ex-Hooligan-Hoh-Wenn-jemand-am-Boden-lag-war-Schluss.html [abgerufen am 20.10.2015].

Hokanson, J. E. (1974). An escape-avoidance view of catharsis. *Criminal Justice and Behavior, 1,* 195–223.

Hokanson, J. E. & Burgess, M. (1962a). The effects of status, type of frustration, and aggression on vascular processes. *Journal of Abnormal and Social Psychology, 65,* 232–237.

Hokanson, J. E. & Burgess, M. (1962b). The effects of three types of aggression on vascular processes. *Journal of Abnormal and Social Psychology, 64,* 446–449.

Hokanson, J. E. & Edelman, R. (1966). Effects of three social responses on vascular processes. *Journal of Personality and Social Psychology, 3,* 442–447.

Hokanson, J. E. & Shetler, S. (1961). The effect of overt aggression on physiological arousal level. *Journal of Abnormal and Social Psychology, 63*, 446–448.

Hokanson, J. E., Willers, K. R. & Koropsak, E. (1968). Modification of autonomic responses during aggressive interchange. *Journal of Personality, 36*, 386–404. doi: 10.1111/j.1467-6494.1968.tb01481.x.

Holmes, M. R. (2013). The sleeper effect of intimate partner violence exposure: Long-term consequences on young children's aggressive behavior. *Journal of Child Psychology and Psychiatry, 54* (9), 986–995. doi: 10.1111/jcpp.12071.

Holzkamp, K. (1968). *Wissenschaft als Handlung*. Berlin: de Gruyter.

Höynck, T., Behnsen, M. & Zähringer, U. (2015). *Tötungsdelikte an Kindern unter 6 Jahren in Deutschland: Eine kriminologische Untersuchung anhand von Strafverfahrensakten (1997–2006)*. Wiesbaden: Springer VS.

Hübl, S. (2013). Neonatizid – Wenn Mütter ihre Kinder töten. In H. Artkämper & H. Clages (Hrsg.), *Kriminalistik, gestern – heute – morgen: Festschrift zum 10-jährigen Bestehen der Deutschen Gesellschaft für Kriminalistik* (S. 237–270). Stuttgart: Boorberg.

Huesmann, L. R. (1998). The role of social information processing and cognitive schema in the acquisition and maintenance of habitual aggressive behavior. In R. G. Geen & E. Donnerstein (Hrsg.), *Human Aggression: Theories, Research and Implications for Policy* (S. 73–109). New York: Academic.

Huizinga, J. (1952 [zuerst 1919]). *Herbst des Mittelalters: Studien über Lebens- und Geistesformen des 14. und 15. Jahrhunderts in Frankreich und in den Niederlanden* (6. Aufl.). (Übers. T. Wolff-Mönckeberg). Stuttgart: Kröner.

Human Security Centre. (2005). *Human security report 2005: War and peace in the 21st century*. New York: Oxford University Press.

Hüsing, B., Jäncke, L. & Tag, B. (2006). *Impact Assessment of Neuroimaging: Final Report*. Zürich: vdf Hochschulverlag AG an der ETH Zürich.

Huxley, T. H. (1967 [zuerst 1874]). Descartes and animal automatism [zuerst als: On the hypothesis that animals are automata, and its history]. In C. Bibby (Hrsg.), *The essence of T. H. Huxley. Selections from his writings* (S. 69–71). London: Macmillan/ New York: St. Martin's Press.

Ishikawa, S. S., Raine, A., Lencz, T., Bihrle, S. & LaCasse, L. (2001). Autonomic stress reactivity and executive functions in successful and unsuccessful criminal psychopaths from the community. *Journal of Abnormal Psychology, 110*, 423–432. doi: 10.1037/0021-843X.110.3.423.

Ito, T. A., Miller, N. & Pollock, V. E. (1996). Alcohol and aggression: A meta-analysis on the moderating effects of inhibition cues, triggering events, and self-focused attention. *Psychological Bulletin, 120*, 60–82. doi: 10.1037/0033-2909.120.1.60.

Jaffee, S. R., Caspi, A., Moffitt, T. E., Polo-Tomas, M., Price, T. S. & Taylor, A. (2004). The limits of child effects: Evidence for genetically mediated child effects on corporal punishment but not on physical maltreatment. *Developmental Psychology, 40*, 1047–1058. doi: 10.1037/0012-1649.40.6.1047.

Jaffee, S. R., Caspi, A., Moffitt, T. E. & Taylor, A. (2004). Physical maltreatment victim to antisocial child: Evidence of an environmentally mediated process. *Journal of Abnormal Psychology, 113*, 44–55. doi: 10.1037/0021-843X.113.1.44.

Jaffee, S. R., Hanscombe, K. B., Haworth, C. M. A., Davis, O. S. P. & Plomin, R. (2012). Chaotic homes and children's disruptive behavior: A longitudinal cross-lagged twin study. *Psychological Science, 23*, 643–650. doi: 10.1177/0956797611431693.

Jaffee, S. R., Moffitt, T. E., Caspi, A., Taylor, A. & Arseneault, L. (2002). Influence of adult domestic violence on children's internalizing and externalizing problems: An environmentally informative twin study. *Journal of the American Academy of Child and Adolescent Psychiatry, 41*, 1095–1103. doi: 10.1097/00004583-200209000-00010.

James, W. (1890). *The Principles of Psychology* [in zwei Bd.]. New York: Holt.

Jäncke, L. (2005). *Methoden der Bildgebung in der Psychologie und den kognitiven Neurowissenschaften.* Stuttgart: Kohlhammer.

Jäncke, L. (2012). Möglichkeiten und Grenzen neurowissenschaftlicher Ansätze in der Psychiatrie: Eine neuropsychologische Perspektive. In H. Böker & E. Seifritz (Hrsg.), *Psychotherapie und Neurowissenschaften: Integration, Kritik, Zukunftsaussichten* (S. 82–102). Bern: H. Huber.

Jegard, S. & Walters, R. H. (1960). A study of some determinants of aggression in young children. *Child Development, 31,* 739–747.

Jelden, N. (2012). *Der Neonatizid als mögliche Konsequenz einer negierten Schwangerschaft.* Dissertation an der Medizinischen Fakultät der Martin-Luther-Universität Halle-Wittenberg.

Jin, S.-A. A. (2012). „Toward integrative models of flow": Effects of performance, skill, challenge, playfulness, and presence on flow in video games. *Journal of Broadcasting & Electronic Media, 56,* 169–186. doi: 10.1080/08838151.2012.678516.

Johnson, M. M., Caron, K. M., Mikolajewski, A. J., Shirtcliff, E. A., Eckel, L. A. & Taylor, J. (2014). Psychopathic Traits, Empathy, and Aggression are Differentially Related to Cortisol Awakening Response. *Journal of Psychopathology and Behavioral Assessment, 36* (3), 380–388. doi: 10.1007/s10862-014-9412-7.

Joussemet, M., Vitaro, F., Barker, E. D., Côté, S., Nagin, D. S., Zoccolillo, M. & Tremblay, R. E. (2008). Controlling parenting and physical aggression during elementary school. *Child Development, 79,* 411–425. doi: 10.1111/j.1467-8624.2007.01133.x.

Jung, M. (2012). *Hermeneutik zur Einführung* (4. Aufl.). Hamburg: Junius.

Jungermann, H., Pfister, H.-R. & Fischer, K. (2010). *Die Psychologie der Entscheidung: Eine Einführung* (3. Aufl.). Heidelberg: Spektrum.

Jüttemann, G. (1978). Eine Prädikationsanalyse des Aggressionsbegriffs. *Zeitschrift für Sozialpsychologie, 9,* 299–312.

Kaminski, G. (1970). *Verhaltenstheorie und Verhaltensmodifikation.* Stuttgart: Klett.

Kamlah, W. (1973). *Philosophische Anthropologie.* Mannheim: Bibliographisches Institut.

Kamlah, W. & Lorenzen, P. (1967). *Logische Propädeutik.* [Hochschultaschenbuch 227/227a.]. Mannheim: Bibliographisches Institut.

Kandel, D., Brennan, P. A., Mednick, S. A. & Michelson, N. M. (1989). Minor physical anomalies and recidivistic adult violent criminal behavior. *Acta Psychiatrica Scandinavica, 79* (1), 103–107.

Kant, I. (1974 [zuerst 1785]). Grundlegung zur Metaphysik der Sitten. In I. Kant, W. Weischedel (Hrsg.), *Werkausgabe. Band VII. Kritik der praktischen Vernunft. Grundlegung zur Metaphysik der Sitten* (S. 7–102). Frankfurt a. M.: Suhrkamp.

Kant, I. (1977 [zuerst 1795]). Zum ewigen Frieden: Ein philosophischer Entwurf. In I. Kant, W. Weischedel (Hrsg.), *Werkausgabe, Band XI: Schriften zur Anthropologie, Geschichtsphilosophie, Politik und Pädagogik 1.* Frankfurt a. M.: Suhrkamp.

Kant, I. (1989 [zuerst 1790]). Kritik der Urteilskraft. In I. Kant, W. Weischedel (Hrsg.), *Werkausgabe. Band X* (10. Aufl.). Frankfurt a. M.: Suhrkamp.

Kant, I. (1992a [zuerst 1781]). Kritik der reinen Vernunft (erster Teil). In I. Kant, W. Weischedel (Hrsg.), *Werkausgabe. Band III. Kritik der reinen Vernunft 1* (12. Aufl.). Frankfurt a. M.: Suhrkamp.

Kant, I. (1992b [zuerst 1781]). Kritik der reinen Vernunft (zweiter Teil [B 399–B 884]). In I. Kant, W. Weischedel (Hrsg.), *Werkausgabe. Band IV. Kritik der reinen Vernunft 2* (12. Aufl.). Frankfurt a. M.: Suhrkamp.

Karriker-Jaffe, K. J., Foshee, V. A., Ennett, S. T. & Suchindran, C. (2008). The development of aggression during adolescence: Sex differences in trajectories of physical and social aggression among youth in rural areas. *Journal of Abnormal Child Psychology, 36,* 1227–1236. doi: 10.1007/s10802-008-9245-5.

Kashani, J. H., Manning, G. W., McKnew, D. H., Cytryn, L., Simonds, J. F. & Wooderson, P. C. (1980). Depression among incarcerated delinquents. *Psychiatry Research, 3*, 185–191.

Kaulbach, F. (1988). *Immanuel Kants „Grundlegung zur Metaphysik der Sitten". Interpretation und Kommentar.* Darmstadt: Wissenschaftliche Buchgesellschaft.

Keiley, M. K., Bates, J. E., Dodge, K. A. & Pettit, G. S. (2000). A cross domain growth analysis: Externalizing and internalizing behaviors during 8 years of childhood. *Journal of Abnormal Child Psychology, 28*, 161–179. doi: 10.1023/A:1005122814723.

Keller, P. S., Cummings, E. M., Davies, P. T. & Mitchell, P. M. (2008). Longitudinal relations between parental drinking problems, family functioning, and child adjustment. *Development and Psychopathology, 20*, 195–212. doi: 10.1017/S0954579408000096.

Kempf, W. (1978). *Konfliktlösung und Aggression: Zu den Grundlagen einer psychologischen Friedensforschung.* Bern: H. Huber.

Kempf, W. (1982). Formen der Aggression und das Problem des Inneren Friedens. In R. Hilke & W. Kempf (Hrsg.), *Aggression: Naturwissenschaftliche und kulturwissenschaftliche Perspektiven der Aggressionsforschung* (S. 112–147). Bern: Huber.

Kempf, W. & Hilke, R. (1982). Zur Rehabilitierung der Frustrations-Aggressions-Theorie. In R. Hilke & W. Kempf (Hrsg.), *Aggression: Naturwissenschaftliche und kulturwissenschaftliche Perspektiven der Aggressionsforschung* (S. 148–163). Bern: Huber.

Kernberg, O. F. (2010). Die narzisstische Persönlichkeit und ihre Beziehung zu antisozialem Verhalten und Perversionen – pathologischer Narzissmus und narzisstische Persönlichkeit. In O. F. Kernberg & H.-P. Hartmann, *Narzissmus: Grundlagen, Störungsbilder, Therapie* (2. Nachdruck) (S. 263–307). Stuttgart: Schattauer.

Kernberg, O. F. & Hartmann, H.-P. (2010). *Narzissmus: Grundlagen, Störungsbilder, Therapie* (2. Nachdruck). Stuttgart: Schattauer.

Kerr, J. H. (1994). *Understanding soccer hooliganism.* Buckingham: Open University Press.

Kertscher, J. (2014). Handlung – ein wesentlich normativer Begriff. In J. Kertscher & H. Werbik, *Handeln: Sind wir Menschen rational?* Göttingen: Vandenhoeck & Ruprecht.

Kertscher, J. & Werbik, H. (2014). *Handeln: Sind wir Menschen rational?* Göttingen: Vandenhoeck & Ruprecht.

Kett-Straub, G. (2012). Hooliganismus in Deutschland: Phänomenologie, Abgrenzung zu den „Ultras", Drittortauseinandersetzung, Erklärungsansätze und Prävention. *Neue Kriminalpolitik,* Heft 3/2012, 98–106.

Kidza, Z. (2014). *Hooliganismus und Gewalt beim Fußball in Deutschland und Großbritannien: Ländervergleichende Befunde aus kriminologischer, rechtlicher und historischer Perspektive.* [Dissertation an der rechtswissenschaftlichen Fakultät der Universität Hamburg]. Berlin: Wissenschaftlicher Verlag.

Klatetzki, T. (2015). „Hang 'em high": Der Lynchmob als temporäre Organisation. In A. T. Paul & B. Schwalb (Hrsg.), *Gewaltmassen: Über Eigendynamik und Selbstorganisation kollektiver Gewalt* (S. 147–172). Hamburg: Hamburger Edition.

Klemperer, V. (1996). *LTI* [Lingua Tertii Imperii]: *Notizbuch eines Philologen.* Leipzig: Reclam.

Klüwer, R. (2002). Agieren: Acting out – mise en acte, acting out. In W. Mertens & B. Waldvogel (Hrsg.), *Handbuch psychoanalytischer Grundbegriffe* (2. Aufl.) (S. 42–45). Stuttgart: Kohlhammer.

Kochanska, G., Barry, R. A., Stellern, S. A. & O'Bleness, J. J. (2009). Early attachment organization moderates the parent-child mutually coercive pathway to children's antisocial conduct. *Child Development, 80*, 1288–1300. doi: 10.1111/j.1467-8624.2009.01332.x.

Kochanska, G. & Kim, S. (2012). Toward a new understanding of legacy of early attachments for future antisocial trajectories: Evidence from two longitudinal studies. *Development and Psychopathology, 24*, 783–806. doi: 10.1017/S0954579412000375.

Kochanska, G. & Kim, S. (2013). Early attachment organization with both parents and future behavior problems: From infancy to middle childhood. *Child Development, 84*, 283–296. doi: 10.1111/j.1467-8624.2012.01852.x.

Kohlberg, L. (1981). *Essays on moral development. Volume I. The philosophy of moral development. Moral stages and the idea of justice.* San Francisco: Harper & Row.

Kohlberg, L. (1984). *Essays on moral development. Volume II. The psychology of moral development. The nature and validity of moral stages.* San Francisco: Harper & Row.

Kohlberg, L. (1995). *Die Psychologie der Moralentwicklung.* (Hrsg. W. Althof unter Mitarbeit v. G. Noam u. F. Oser). Frankfurt a. M.: Suhrkamp.

Köhler, T. (2005). Experimentelle Studien zur freudschen Lehre von Widerstand und Verdrängung. In G. Poscheschnik (Hrsg.), *Empirische Forschung in der Psychoanalyse: Grundlagen – Anwendungen – Ergebnisse.* Gießen: Psychosozial.

Kolb, B. & Whishaw, I. Q. (1996). *Neuropsychologie* (2. Aufl.). (Übers. M. Mauch, M. Niehaus-Osterloh und M. Numberger). (Übersetzung hrsg. v. M. Pritzel). Heidelberg: Spektrum. (Original erschienen 1996: Fundamentals of human neuropsychology, fourth edition)

Kolmogoroff, A. N. (1933). *Grundbegriffe der Wahrscheinlichkeitstheorie.* Berlin: Springer.

Konecni, V. J. (1974). Self-arousal, dissipation of anger, and aggression. *Personality and Social Psychology Bulletin, 1*, 192–194.

Köpke R. (1997). Macht- und Geltungsstreben. In K. Kaminski & G. Mackenthun (Hrsg.), *Individualpsychologie auf neuen Wegen: Grundbegriffe – Individualpsychologie als angewandte Ethik – Psychotherapie – Charakterkunde* (S. 53–67). Würzburg: Königshausen & Neumann.

Kornadt, H.-J. (2011). *Aggression: Die Rolle der Erziehung in Europa und Ostasien.* Wiesbaden: VS Verlag für Sozialwissenschaften.

Kraak, B. (1972). Bemerkungen zu den Ausführungen von H. Werbik: Das Problem der Definition „aggressiver" Verhaltensweisen. *Zeitschrift für Sozialpsychologie, 3*, 1973.

Krahé, B. (2014). Aggression. In K. Jonas, W. Stroebe & M. Hewstone (Hrsg.), *Sozialpsychologie* (6. Aufl.) (S. 315–356). Berlin: Springer.

Krahé, B., Busching, R. & Möller, I. (2012). Media Violence Use and Aggression Among German Adolescents: Associations and Trajectories of Change in a Three-Wave Longitudinal Study. *Psychology of Popular Media Culture, 1* (3), 152–166. doi: 10.1037/a0028663.

Krahm, B. (2008). *Polizeiliche Maßnahmen zur Eindämmung von Hooligangewalt: Eine Untersuchung unter Berücksichtigung verfassungsrechtlicher und rechtsvergleichender Aspekte.* Stuttgart: Boorberg.

Kregarman, J. J. & Worchel, P. (1961). Arbitrariness of frustration and aggression. *Journal of Abnormal and Social Psychology, 63*, 183–187.

Kriz, J. (1994). *Grundkonzepte der Psychotherapie: Eine Einführung* (4. Aufl.). Weinheim: Belz.

Krohne, H. W., Egloff, B., Kohlmann, C.-W. & Tausch, A. (1996). Untersuchungen mit einer deutschen Form der Positive and Negative Affect Schedule (PANAS) [Studies using a German translation of the Positive and Negative Affect Schedule (PANAS)]. *Diagnostica, 42*, 139–156.

Kuhl, J. (1994). *Wille und Freiheitserleben: Formen der Selbststeuerung.* (Forschungsberichte aus dem Fachbereich Psychologie der Universität Osnabrück, Nr. 98). Osnabrück: Selbstverlag der Universität Osnabrück Fachbereich Psychologie. [Erscheint auch in: N. Birbaumer, D. Frey, J. Kuhl, W. Prinz & F. E. Weinert (Hrsg.), „Enzyklopädie der Psychologie: Themenbereich C Theorie und Forschung, Serie IV Motivation und Emotion, Band 4 Motivation, Volition und Handlung" (Hrsg. J. Kuhl & H. Heckhausen), Göttingen: Hogrefe].

Kuhn, D. Z., Madsen, C. H., Jr. & Becker, W. C. (1967). Effects to exposure to an aggressive model and „frustration" on children's aggressive behavior. *Child Development, 38*, 739–745.

Külpe, O. (1904). Versuche über Abstraktion. In F. Schumann (Hrsg.), *Bericht über den I. Kongreß für experimentelle Psychologie in Gießen vom 18. bis 21. April 1904* (S. 56–68). Leipzig: Johann Ambrosius Barth.

Kunczik, M. & Zipfel, A. (2005). *Gewalt und Medien: Ein Studienbuch* (5. Aufl.). Köln: UTB/Böhlau.

Kutschera, F. von & Breitkopf, A. (1971). *Einführung in die moderne Logik.* Freiburg: Alber.

Lahey, B. B., Schwab-Stone, M., Goodman, S. H., Waldman, I. D., Canino, G., Rathouz, P. J. & Jensen, P. S. (2000). Age and gender differences in oppositional behavior and conduct problems: A cross-sectional household study of middle childhood and adolescence. *Journal of Abnormal Psychology, 109*, 488–503. doi: 10.1037/0021-843X.109.3.488.

Laird, R. D., Pettit, G. S., Bates, J. E. & Dodge, K. A. (2003). Parents' monitoring-relevant knowledge and adolescents' delinquent behavior: Evidence of correlated developmental changes and reciprocal influences. *Child Development, 74*, 752–768. doi: 10.1111/1467-8624.00566.

Langenheder, W. (1975). *Theorie menschlicher Entscheidungshandlungen: Sozialisation und Kommunikation* (Bd. 3). Stuttgart: Enke.

Langenscheidt-Redaktion (Hrsg.). (2000). *Langenscheidts Handwörterbuch Englisch.* Berlin: Langenscheidt.

Lansford, J. E., Criss, M. M., Dodge, K. A., Shaw, D. S., Pettit, G. S. & Bates, J. E. (2009). Trajectories of physical discipline: Early childhood antecedents and developmental outcomes. *Child Development, 80*, 1385–1402. doi: 10.1111/j.1467-8624.2009.01340.x.

Lansford, J. E., Malone, P. S., Dodge, K. A., Pettit, G. S. & Bates, J. E. (2010). Developmental cascades of peer rejection, social information processing biases, and aggression during middle childhood. *Development and Psychopathology, 22*, 593–602. doi: 10.1017/S0954579410000301.

Lansford, J. E., Sharma, C., Malone, P. S., Woodlief, D., Dodge, K. A., Oburu, P., Pastorelli, C., Skinner, A. T., Sorbring, E., Tapanya, S., Tirado, L. M. U., Zelli, A., Al-Hassan, S. M., Alampay, L. P., Bacchini, D., Bombi, A. S., Bornstein, M. H., Chang, L., Deater-Deckard, K. & Di Giunta, L. (2014). Corporal Punishment, Maternal Warmth, and Child Adjustment: A Longitudinal Study in Eight Countries. *Journal of Clinical Child & Adolescent Psychology, 43* (4), 670–685. doi: 10.1080/15374416.2014.893518.

Laplace, P.-S. (1995). *Philosophical essay on probabilities.* [Translated from the fifth French edition of 1825]. (Hrsg. u. Übers. A. I. Dale). New York: Springer. (Original erschienen 1814: Essai philosophique sur les probabilités)

Laucht, M. & Schmidt, M. H. (2004). Mütterliches Rauchen in der Schwangerschaft: Risikofaktor für eine ADHS des Kindes? *Zeitschrift für Kinder- und Jugendpsychiatrie und Psychotherapie, 32* (3), 177–185. doi: 10.1024/1422-4917.32.3.177.

Lee, T. M. C., Chan, S. C. & Raine, A. (2008). Strong limbic and weak frontal activation to aggressive stimuli in spouse abusers. *Molecular Psychiatry, 13*, 655–656. doi: 10.1038/mp.2008.46.

Leibniz, G. W. (1959). Neue Abhandlungen über den menschlichen Verstand (Buch I – II). In G. W. Leibniz (Hrsg. W. v. Engelhardt & H. H. Holz), *Philosophische Schriften. Band III. Erste Hälfte. Neue Abhandlungen über den menschlichen Verstand. Buch I – II.* (Übers. W. v. Engelhardt und H. H. Holz). Darmstadt: Wissenschaftliche Buchgesellschaft. (Original erschienen 1704: Nouveaux essais sur l'entendement humain)

Leichsenring, F. (2005). Wirkungsnachweise psychoanalytischer und tiefenpsychologisch fundierter Therapie. In G. Poscheschnik (Hrsg.), *Empirische Forschung in der Psychoanalyse: Grundlagen – Anwendungen – Ergebnisse.* Gießen: Psychosozial.

Lempp, R. (1977). *Jugendliche Mörder: Eine Darstellung an 80 vollendeten und versuchten Tötungsdelikten von Jugendlichen und Heranwachsenden.* Bern: H. Huber.

Levinger, G. J. & Clark, J. (1961). Emotional factors in the forgetting of word associations. *Journal of Abnormal and Social Psychology, 62*, 99–105. doi: 10.1037/h0044271.

Lewin, K. (1926). Vorsatz, Wille und Bedürfnis. Psychologische Forschung. *Zeitschrift für Psychologie und ihre Grenzwissenschaften, 7*, 330–385.

Lewin, K. (1963). *Feldtheorie in den Sozialwissenschaften*. Bern: Huber.

Lewis, A. W. & Bucher, M. (1992). Anger, Catharsis, the reformulated Frustration-Aggression-Hypothesis, and health consequences. *Psychotherapy: Theory, Research, Practice, Training, 29* (3), 385–392. doi: 10.1037/h0088540.

Li, Y., Putallaz, M. & Su, Y. (2011). Interparental conflict styles and parenting behaviors: Associations with overt and relational aggression among Chinese children. *Merrill-Palmer Quarterly, 57*, 402–428. doi: 10.1353/mpq.2011.0017.

Linares, L. O., Heeren, T., Bronfman, E., Zuckerman, B., Augustyn, M. & Tronick, E. (2001). A mediational model for the impact of exposure to community violence on early child behavior problems. *Child Development, 72*, 639–652. doi: 10.1111/1467-8624.00302.

Lindsay, J. J. & Anderson, C. A. (2000). From Antecedent Conditions to Violent Actions: A General Affective Aggression Model. *Personality and Social Psychology Bulletin, 26*, 533–547. doi: 10.1177/0146167200267002.

Lischke, G. (1972). *Aggression und Aggressionsbewältigung*. Freiburg: Alber.

Liszkowski, U., Carpenter, M., Striano, T. & Tomasello, M. (2006). 12- and 18-month-olds point to provide information for others. *Journal of Cognition and Development, 7*, 173–187. doi: 10.1207/s15327647jcd0702_2.

Locke, J. (1968). *Über den menschlichen Verstand. In vier Büchern. Band I: Buch I und II.* (Übers. C. Winckler). Hamburg: Meiner. (Original erschienen 1689: An essay concerning human understanding)

Loeber, R. (1982). The stability of antisocial and delinquent child behavior: A review. *Child Development, 53*, 1431–1446. doi: 10.2307/1130070.

Loeber, R. (1990). Development and risk factors of juvenile antisocial behavior and delinquency. *Clinical Psychological Review*, 10, 1–41.

Loeber, R. & Schmaling, K. B. (1985). Empirical evidence for overt and covert patterns of antisocial conduct problems: A meta-analysis. *Journal of Abnormal Child Psychology, 13*, 337–353. doi: 10.1007/BF00910652.

Loeber, R. & Stouthamer-Loeber, M. (1998). Development of juvenile aggression and violence: Some common misconceptions and controversies. *American Psychologist, 53*, 242–259. doi: 10.1037//0003-066X.53.2.242.

Loew, C. A. (1967). Acquisition of a hostile attitude and its relationship to aggressive behavior. *Journal of Personality and Social Psychology, 5*, 335–341.

Loewenhardt, B. (2006). *Bildgebende Diagnostik: Technik, Anatomie, Pathologie* (3. Aufl.). Fulda: Wissenschaftlicher Selbstverlag.

Logan, F. A. & Boice, R. (1969). Aggressive behaviors of paired rodents in an avoidance context. *Behaviour, 34*, 161–183. doi: 10.1163/156853969X00044.

Logothetis, N. K. (2008, June 12). What we can do and what we cannot do with fMRI. *Nature, 453*, 869–878. doi: 10.1038/nature06976.

Lombroso, C. (1894). *Der Verbrecher (Homo delinquens): In anthropologischer, ärztlicher und juristischer Beziehung* (Bd. 1). (Übers. M. O. Fraenkel). Hamburg: Verlagsanstalt und Druckerei-A.-G. (vormals J. F. Richter).

Loney, B. R., Butler, M. A., Lima, E. N., Counts, C. A. & Eckel, L. A. (2006). The relation between salivary cortisol, callous-unemotional traits, and conduct problems in an adolescent non-referred sample. *Journal of Child Psychology and Psychiatry, 47* (1), 30–36. doi: 10.1111/j.1469-7610.2005.01444.x.

Lorber, M. F. (2004). Psychophysiology of Aggression, Psychopathy, and Conduct Problems: A Meta-Analysis. *Psychological Bulletin, 130* (4), 531–552. doi: 10.1037/0033-2909.130.4.531.

Lorenz, K. (1940). Durch Domestikation verursachte Störungen arteigenen Verhaltens. *Zeitschrift für angewandte Psychologie und Charakterkunde, 59*, 2–81.

Lorenz, K. (1943). Die angeborenen Formen möglicher Erfahrung. *Zeitschrift für Tierpsychologie, 5* (2), 235–409.

Lorenz, K. (1968). Gestaltwahrnehmung als Quelle wissenschaftlicher Erkenntnis. In K. Lorenz, *Vom Weltbild des Verhaltensforschers: Drei Abhandlungen* (2. Aufl.) (S. 97–147). München: dtv.

Lorenz, K. (1983). *Das sogenannte Böse: Zur Naturgeschichte der Aggression*. München: dtv.

Lorenz, K. (1984). *Vergleichende Verhaltensforschung: Grundlage der Ethologie* (2. Aufl.). München: Dtv.

Lorenz, K. (1987 [zuerst 1937]). Über die Bildung des Instinktbegriffes. In K. Lorenz, *Über tierisches und menschliches Verhalten: Aus dem Werdegang der Verhaltenslehre: Gesammelte Abhandlungen I* (19. Aufl.) (S. 283–342). München: Piper.

Lorenzen, P. (1967). *Formale Logik*. [Sammlung Göschen. Band 1176/1176 a.] Berlin: de Gruyter.

Lorenzen, P. (1977). *Konstruktive Wissenschaftstheorie und Praxis*. Erlangen: Institut für Philosophie.

Lorenzen, P. & Schwemmer, O. (1975). *Konstruktive Logik, Ethik und Wissenschaftstheorie* (2. Aufl.). Mannheim: Bibliographisches Institut.

Lösel, F. (1975). *Handlungskontrolle und Jugenddelinquenz*. Stuttgart: Enke.

Lösel, F. & Bliesener, T. (2006). Hooliganismus in Deutschland: Verbreitung, Ursachen und Prävention. *Monatsschrift für Kriminologie und Strafrechtsreform* [Journal of Criminology and Penal Reform], *89* (3), 229–245.

Lösel, F., Bliesener, T., Fischer, T. & Pabst, M. A. (2001). *Hooliganismus in Deutschland: Ursachen, Entwicklung, Prävention und Intervention: Abschlußbericht eines Forschungsprojektes für das Bundesministerium des Innern*. (Hrsg. Bundesministerium des Innern). Schweinfurt: Schunk.

Lotze, G. M., Ravindran, N. & Myers, B. J. (2010). Moral emotions, emotion selfregulation, callous-unemotional traits, and problem behavior in children of incarcerated mothers. *Journal of Child and Family Studies, 19*, 702–713. doi: 10.1007/s10826-010-9358-7.

Lübbert, M. (2002). *Amok: Der Lauf der Männlichkeit*. Frankfurt a. M.: Verlag für Polizeiwissenschaft.

Luhmann, N. (1973). *Zweckbegriff und Systemrationalität*. Frankfurt a. M.: Suhrkamp.

Lukesch, H., Bauer, C., Eisenhauer, R. & Schneider, I. (2004). *Das Weltbild des Fernsehens. Eine Untersuchung der Sendungsangebote öffentlich-rechtlicher und privater Sender in Deutschland* (Bd. 1 u. 2). Regensburg: Roderer.

Lukesch, H. & Schauf, M. (1990). Können Filme stellvertretende Aggressions-Katharsis bewirken? *Psychologie in Erziehung und Unterricht, 27*, 38–46.

Lumer, C. (2002). Geltung/Gültigkeit. In H. J. Sandkühler (Hrsg. [unter Mitwirkung von D. Pätzold, A. Regenbogen und P. Stekeler-Weithofer]), *Enzyklopädie Philosophie* [Band 1: A - N] [Computer Software, CD-ROM] [Programm ViewLit, Version 4.2, Kap.-Nr. 278] (S. 450–455 [Seitenkonkordanz zur Buch-Ausgabe]). Hamburg: Meiner.

Luntz, B. K. & Widom, C. S. (1994). Antisocial personality disorder in abused and neglected children grown up. *American Journal of Psychiatry, 151*, 670–674. doi: 10.1176/ajp.151.5.670.

Lynam, D. R. (1996). Early identification of chronic offenders: Who is the fledgling psychopath? *Psychological Bulletin, 120*, 209–234. doi: 10.1037/0033-2909.120.2.209.

Maaz, H.-J. (2003). *Der Lilith-Komplex: Die dunklen Seiten der Mütterlichkeit* (2. Aufl.). München: C. H. Beck.

MacBrayer, E. K., Milich, R. & Hundley, M. (2003). Attributional biases in aggressive children and their mothers. *Journal of Abnormal Psychology, 112*, 698–708. doi: 10.1037/0021-843X.112.4.598.

Madsen, C. H. Jr., Becker, W. C., Thomas, D. R., Koser, L. & Plager, E. (1968). An analysis of the reinforcing function of „sit-down" commands. In R. K. Parker (Hrsg.), *Readings in educational psychology* (S. 265–278). New York: Allyn & Bacon.

Malinowski, B. (1937 [zuerst 1927]). *Sex and Repression in Savage Society.* London: Kegan, Trench, Trubner. [Download unter: https://archive.org/details/sexrepressionins00mali].

Malinowski, B. (o. J.). *Sitte und Verbrechen bei den Naturvölkern.* (Nach der dritten Aufl. v. 1940 übersetzt v. H. Schwarz). Bern: A. Francke. (Originaltitel: Crime and costum in savage society)

Malinowski, B. (1979). *Schriften in vier Bänden. Band 2. Das Geschlechtsleben der Wilden in Nordwest-Melanesien. Liebe, Ehe und Familienleben bei den Eingeborenen der Trobriand-Inseln, Britisch-Neuguinea.* (Hrsg. F. Kramer). (Übers. E. Schumann). Frankfurt am Main: Syndikat Autoren- und Verlagsgesellschaft. (Originaltitel: The sexual life of savages in north-western Melanesia. An ethnographic account of courtship, marriage and family life among the natives of the Trobriand Islands, British New Guinea) [Download unter: https://archive.org/stream/Malinowski_1928_Geschlechtsleben_der_Wilden_k#page/n7/mode/2up].

Mallick, S. K. & McCandless, B. R. (1966). A study of catharsis of aggression. *Journal of Personality and Social Psychology, 4,* 591–596. doi: 10.1037/h0023987.

Mandel, R. (1959). *Die Aggressivität bei Schülern.* [Phil. Diss.] Bern: Huber.

Mandelbrot, B. (1967, May 5). How long is the coast of Britain? Statistical self-similarity and fractional dimension. *Science, New Series, 156* (3775), 636–638.

Mandelbrot, B. B. (1987). *Die fraktale Geometrie der Natur.* (Übers. R. Zähle u. U. Zähle). (Hrsg. der deutschen Ausgabe U. Zähle). Basel: Birkhäuser. (Originaltitel: The fractal geometry of nature)

Maniglio, R. (2007). The Hooligan's Mind. *Journal of Forensic Sciences, 52* (1), 204–208. doi: 10.1111/j.1556-4029.2006.00315.x.

Marcus-Newhall, A., Pedersen, W. C., Carlson, M. & Miller, N. (2000). Displaced aggression is alive and well: A meta-analytic review. *Journal of Personality and Social Psychology, 78,* 670–689. doi: 10.1037//0022-3514.78.4.670.

Margraf, J. & Schneider, S. (Hrsg.). (2009a). *Lehrbuch der Verhaltenstherapie: Band 1: Grundlagen, Diagnostik, Verfahren, Rahmenbedingungen* (3. Aufl.). Heidelberg: Springer.

Margraf, J. & Schneider, S. (Hrsg.). (2009b). *Lehrbuch der Verhaltenstherapie: Band 2: Störungen im Erwachsenenalter* (3. Aufl.). Heidelberg: Springer.

Margraf, J. & Schneider, S. (Hrsg.). (2009c). *Lehrbuch der Verhaltenstherapie: Band 3: Störungen im Kindes- und Jugendalter* (3. Aufl.). Heidelberg: Springer.

Marneros, A. (1997). Erweiterter Suizid: Eine blaptophobe Finalität. *Zeitschrift für Klinische Psychologie, Psychiatrie und Psychotherapie, 45,* 183–195.

Marneros, A. (1998). Kindestötung: Zur Frage der Schuldfähigkeit nach „negierter" Schwangerschaft. *Monatsschrift für Kriminologie und Strafrechtsreform, 81* (3), 173–179.

Marneros, A. (2003). *Schlaf gut, mein Schatz: Eltern, die ihre Kinder töten.* Bern: Scherz.

Marneros, A. (2008). *Intimizid – Die Tötung des Intimpartners: Ursachen, Tatsituation und forensische Beurteilung.* Stuttgart: Schattauer.

Martin, M., Burkholder, R., Rosenthal, T. L., Tharp, R. G. & Thorne, G. L. (1968). Programming behavior change and reintegration into school milieux of extreme adolescent deviates. *Behaviour Research and Therapy, 6,* 371–383. doi: 10.1016/0005-7967(68)90070-3.

Massetti, G. M., Vivolo, A. M., Brookmeyer, K., DeGue, S., Holland, K. M., Holt, M. K. & Matjasko, J. L. (2011). Preventing Youth Violence Perpetration Among Girls. *Journal of woman's health, 20* (10), 1415–1428. doi: 10.1089/jwh.2011.3057.

Matos, da M. P. A., Ferreira, A. G. A. J. & Haase, R. F. (2012). Television and Aggression: A Test of a Mediated Model With a Sample of Portuguese Students. *The Journal of Social Psychology, 152* (1), 75–91. doi: 10.1080/00224545.2011.555645.

Matthesius, B. (1992). *Anti-Sozial-Front: Vom Fußballfan zum Hooligan.* Opladen: Leske & Budrich.

McClure, S, M., Laibson, D., Lowenstein, G. & Cohen, J. D. (2004, October, 15). Separate neural systems value immediate and delayed monetary rewards. *Science, 306,* 503–507. doi: 10.1126/science.1100907.

McMahon, R. J., Witkiewitz, K. & Kotler, J. S. (2010). Predictive validity of callous-unemotional traits measured in early adolescence with respect to multiple antisocial outcomes. *Journal of Abnormal Psychology, 119*, 752–763. doi: 10.1037/a0020796.

McManus, M., Alessi, N. E., Grapentine, W. L. & Brickman, A. (1984). Psychiatric disturbances in serious delinquents. *Journal of the American Academy of Psychiatry, 23*, 602–615.

Mees, U. (1974). *Vorausurteil und aggressives Verhalten*. Stuttgart: Klett.

Meschede, D. (Hrsg.). (2015). *Gerthsen Physik* (25. Aufl.). Berlin: Springer.

Mesman, J., Stoel, R., Bakermans-Kranenburg, M. J., van Ijzendoorn, M. H., Juffer, F., Koot, H. M. & Alink, L. R. (2009). Predicting growth curves of early childhood externalizing problems: Differential susceptibility of children with difficult temperament. *Journal of Abnormal Child Psychology, 37*, 625–636. doi: 10.1007/s10802-009-9298-0.

Meyer, D. E. & Schvaneveldt, R. W. (1971). Facilitation in recognizing pairs of words: Evidence of a dependence between retrieval operations. *Journal of Experimental Psychology, 90*, 227–234. doi: 10.1037/h0031564.

Meyer, M. F. (2012). Aristoteles über die Psyche als Prinzip und Ursache des Lebens. *Peitho: Examina Antiqua, 1* (3), 115–142.

Meyer, T. [Pseudonym]. (2011). *Münchner Bande: Eine Hooligan Story*. München: Empa.

Meyer, T. [Pseudonym]. (2012). Interview mit einem Ex-Hooligan: „Es war wie eine Droge, die ich gebraucht habe". *Fudder: Neuigkeiten aus Freiburg* vom 23.8.2012. Verfügbar unter: http://fudder.de/artikel/2012/08/23/interview-mit-einem-ex-hooligan-er-war-wie-eine-droge-die-ich-gebraucht-habe/ [abgerufen am 21.10.2015].

Meyer-Lindenberg, A., Buckholtz, J. W., Kolachana, B., Hariri, A. R., Pezawas, L., Blasi, G., Wabnitz, A., Honea, R., Verchinski, B., Callicott, J. H., Egan, M., Mattay, V. & Weinberger, D. R. (2006). Neural mechanisms of genetic risk for impulsivity and violence in humans. *Proceedings of the National Academy of Sciences of the United States of America, 103* (16), 6269–6274. doi: 10.1073/pnas.0511311103.

Mezzacappa, S. E., Katkin, S. E. & Palmer, N. S. (1999). Epinephrine, Arousal, and Emotion: A New Look at Two-factor Theory. *Cognition and Emotion, 13* (2), 181–199. doi: 10.1080/026999399379320.

Michaelis, W. (1976). *Perspektiven der Theorienbildung über Aggression*. Habilitationsschrift. Kiel.

Miebach, B. (2014). *Soziologische Handlungstheorie: Eine Einführung* (4. Aufl.). Berlin: Springer.

Miles, D. & Carey, G. (1997). Genetic and environmental architecture on human aggression. *Journal of Personality and Social Psychology, 72*, 207–217. doi: 10.1037/0022-3514.72.1.207.

Milgram, S. (1963). Behavioral study of obedience. *Journal of Abnormal and Social Psychology, 67*, 371–378. doi: 10.1037/h0040525.

Milgram, S. (1964). Group pressure and action against a person. *Journal of Abnormal and Social Psychology, 69*, 137–143. doi: 10.1037/h0047759.

Milgram, S. (1965a). Liberating effects of group pressure. *Journal of Personality and Social Psychology, 1*, 127–134. doi: 10.1037/h0021650.

Milgram, S. (1965b). Some conditions of obedience and disobedience to authority. *Human Relations, 18*, 57–76. doi: 10.1177/001872676501800105.

Mill, J. S. (1872). *System der deduktiven und induktiven Logik* (Bd. 1–3). Leipzig: Fues.

Miller, G. A., Galanter, E. & Pribram, K. H. (1973). *Strategien des Handelns*. Stuttgart: Klett.

Miller, N. E. [unter Mitarbeit v. Sears, R. R., Mowrer, O. H., Doob, L. W. & Dollard, J.] (1941). The frustration-aggression-hypothesis. *Psychological Review, 48* (4), 337–342. doi: 10.1037/h0055861.

Milner, L. S. (2000). *Hardness of heart / Hardness of life: The stain of human infanticide*. New York: University Press of America.

Miner, J. L. & Clarke-Stewart, K. A. (2008). Trajectories of externalizing behavior from age 2 to age 9: Relations with gender, temperament, ethnicity, parenting, and rater. *Developmental Psychology, 44*, 771–786. doi: 10.1037/0012-1649.44.3.771.

Mischel, W. (2015). *Der Marshmallow-Test: Willensstärke, Belohnungsaufschub und die Entwicklung der Persönlichkeit.* München: Siedler. (Original erschienen 2014: The Marshmallow Test. Mastering Self-Control)

Mitchell, D. G. V., Avny, S. B. & Blair, R. J. R. (2006). Divergent patterns of aggressive and neuro-cognitive characteristics in acquired versus developmental psychopathy. *Neurocase, 12,* 164–178. doi: 10.1080/13554790600611288.

Mitscherlich, A. (1969). *Die Idee des Friedens und die menschliche Aggressivität.* Frankfurt a. M.: Suhrkamp.

Moffitt, T. E. (2005). The New Look of Behavioral Genetics in Developmental Psychopathology: Gene-Environment Interplay in Antisocial Behaviors. *Psychological Bulletin, 131* (4), 533–554. doi: 10.1037/0033-2909.131.4.533.

Moffitt, T. E. & Caspi, A. (2001). Childhood predictors differentiate life-course persistent and adolescence-limited antisocial pathways among males and females. *Development and Psychopathology, 13,* 355–375. doi: 10.1017/S0954579401002097.

Moffitt, T. E., Caspi A., Dickson, N., Silva, P. A. & Stanton, W. (1996). Childhood-onset versus adolescent-onset antisocial conduct problems in males: natural history from age 3 to 18 year. *Development and Psychopathology, 8,* 399–424. doi: 10.1017/S0954579400007161.

Moffitt, T. E., Caspi, A., Harrington, H. & Milne, B. J. (2002). Males on the life-course-persistent and adolescence-limited antisocial pathways: follow-up at age 26 years. *Development and Psychopathology, 14,* 179–207. doi: 10.1017/S0954579402001104.

Moffitt, T. E., Caspi, A., Rutter, M. & Silva, B. A. (2001). *Sex differences in antisocial behaviour: Conduct Disorder, Delinquency, and Violence in the Dunedin Longitudinal Study.* Cambridge: Cambridge University Press.

Molière, J.-B. P. (Hrsg. M. Holzinger). (2013). *Der eingebildete Kranke.* (Übers. W. H. Graf Baudissin). North Carleston: CreateSpace Independent Publishing Platform. (Original erschienen 1673: Le malade imaginaire)

Moore, T. M., Scarpa, A. & Raine, A. (2002). A Meta-Analysis of Serotonin Metabolite 5-HIAA and Antisocial Behavior. *Aggressive Behavior, 28,* 299–316. doi: 10.1002/ab.90027.

Müller, H. E. (2015). Anmerkungen zum Schulmassaker aus kriminologischer Sicht. In R. Junker-jürgen & I v. Treskow (Hrsg.), *Amok und Schulmassaker: Kultur- und medienwissenschaftliche Annäherungen* (S. 51–68). Bielefeld: Transcript.

Müller, R. A. (2002). Fußballspiel in der Frühen Neuzeit: Soziokulturelle Voraussetzungen und sportliche Spezifika. In M. Herzog (Hrsg.), *Fußball als Kulturphänomen: Kunst – Kultur – Kommerz* (S. 47–66). Stuttgart: Kohlhammer.

Mulvaney, M. K. & Mebert, C. J. (2007). Parental corporal punishment predicts behavior problems in early childhood. *Journal of Family Psychology, 21,* 389–397. doi: 10.1037/0893-3200.21.3.389.

Münch, R. (1973). Kritizismus, Konstruktivismus, Marxismus. In H. Albert & H. Keuth (Hrsg.), *Kritik der kritischen Psychologie* (S. 131–177). Hamburg: Hoffmann & Campe.

Münkler, H. (2011, 18. Oktober). Alle Kurven weisen auf den ewigen Frieden. *Frankfurter Allgemeine Zeitung* [Feuilleton]. Download unter: http://www.faz.net/aktuell/feuilleton/buecher/rezensionen/sachbuch/steven-pinker-gewalt-alle-kurven-weisen-auf-den-ewigen-frieden-11497412-p2.html [abgerufen am 22.8.2016].

Murdoch, D., Phil, R. O. & Ross, D. (1990). Alcohol and crimes of violence: Present issues. *International Journal of the Addictions, 25,* 1065–1081. doi: 10.3109/10826089009058873.

Murphy, H. B. M. (1982). *The Affective Disorders of Comparative Psychiatry: The International and Intercultural Distribution of Mental Illness.* Berlin: Springer.

Mützel, E., Auberlen-Pacholke, A., Lindemaier, G. & Schöpfer, J. (2014). Intimizid in Bayern in den Jahren 2004–2007. *Rechtsmedizin, 24* (6), 494–501. doi: 10.1007/s00194-014-0982-1.

Neitzel, S. & Welzer, H. (2011). *Soldaten: Protokolle vom Kämpfen, Töten und Sterben* (2. Aufl.). Frankfurt a. M.: S. Fischer.

Nelson, D. A., Mitchell, C. & Yang, C. (2008). Intent attributions and aggression: A study of children and their parents. *Journal of Abnormal Child Psychology, 36*, 793–806. doi: 10.1007/s10802-007-9211-7.

Nelson, J., Gelfand, D. & Hartmann, D. (1969). Children's aggression following competition and exposure to an aggressive model. *Child Development, 40*, 1085–1097.

NICHD Early Child Care Research Network (2004). *Trajectories of physical aggression from toddlerhood to middle childhood: Predictors, correlates, and outcomes.* [Monographs of the Society for Research in Child Development, 69 (4, Serial No. 278). doi: 10.2307/3701390.

Nida-Rümelin, J. & Özmen, E. (Hrsg.). (2012). *Welt der Gründe*. Hamburg: Meiner.

Nijboer, J. & Althoff, M. (2006). Fußballgewalt und Hooliganismus in den Niederlanden. *Monatsschrift für Kriminologie und Strafrechtsreform* [Journal of Criminology and Penal Reform], *89* (3), 246–262.

Nisbett, R. E. & Schachter, S. (1966). Cognitive manipulation of pain. *Journal of Experimental Social Psychology, 2*, 227–236.

Nordstrom, A. & Kullgren, G. (2003). Victim relations and victim gender in violent crimes committed by offenders with schizophrenia. *Social Psychiatry and Psychiatric Epidemiology, 38* (6), 326–330. doi: 10.1007/s00127-003-0640-5.

Nunnally, J. (1960). The place of statistics in psychology. *Educational and Psychological Measurement, 20* (4), 641–650.

Odgers, C. L., Caspi, A., Russell, M. A., Sampson, R. J., Arseneault, L. & Moffitt, T. E. (2012). Supportive parenting mediates neighborhood socioeconomic disparities in children's antisocial behavior from ages 5 to 12. *Development and Psychopathology, 24*, 705–721. doi: 10.1017/S0954579412000326.

Ohlemacher, T., Sögding, D., Höynck, T., Ethé, N. & Welte, G. (2001). *Anti-Aggressivitäts-Training und Legalbewährung: Versuch einer Evaluation.* [KFN-Forschungsbericht Nr.: 83]. Hannover: Kriminologisches Forschungsinstitut Niedersachsen.

O'Leary, M. M., Loney, B. R. & Eckel, L. A. (2007). Gender differences in the association between psychopathic personality traits and cortisol response to induced stress. *Psychoneuroendocrinology, 32* (2), 183–191. doi: 10.1016/j.psyneuen.2006.12.004.

Olson, K. R. & Spelke, E. S. (2008). Foundations of cooperation in young children. *Cognition, 108*, 222–231. doi: 10.1016/j.cognition.2007.12.003.

Olson, S. L., Bates, J. E., Sandy, J. M. & Lanthier, R. (2000). Early developmental precursors of externalizing behavior in middle childhood and adolescence. *Journal of Abnormal Child Psychology, 28*, 119–133. doi: 10.1023/A:1005166629744.

Olson, S. L., Lopez-Duran, N., Lunkenheimer, E. S., Chang, H. & Sameroff, A. J. (2011). Individual differences in the development of early peer aggression: Integrating contributions of selfregulation, theory of mind, and parenting. *Development and Psychopathology, 23*, 253–266. doi: 10.1017/S0954579410000775.

Olweus, D. (1979). Stability of aggressive reaction patterns in males: A review. *Psychological Bulletin, 86*, 852–875.

Olweus, D., Mattson, A., Schalling, D. & Lowe, H. (1988). Circulating testosterone levels and aggression in adolescent males: A causal analysis. *Psychosomatic Medicine, 50* (3), 261–272.

Open Science Collaboration. (2015, August 28). Estimating the reproducibilty of psychological science. *Science, 349* (6251), 943–952. doi: 10.1126/science.aac4716.

Oppenheim, P. & Putnam, H. (1958). The Unity of Science as a Working Hypothesis. In H. Feigl, M. Scriven & G. Maxwell (Hrsg.), *Minnesota Studies in the Philosophy of Science: Vol. II: Concepts, theories, and the mind-body problem.* Minneapolis: University of Minnesota Press.

Orgler, H. (1989). *Alfred Adler: Triumph über den Minderwertigkeitskomplex* (3. Aufl.). München: Psychologie Verlags Union.

Orobio de Castro, B., Veerman, J. W., Koops, W., Bosch, J. D. & Monshouwer, H. J. (2002). Hostile attribution of intent and aggressive behavior: A meta-analysis. *Child Development, 73,* 916–934. doi: 10.1111/1467-8624.00447.

Ortiz, J., Raine, A. (2004). Heart rate level and antisocial behavior in children and adolescents: A meta-analysis. *Journal of the American Academy of Child & Adolescent Psychiatry, 43* (2), 154–162.

Österman, K., Björkqvist, K., Lagerspetz, K. M., Kaukiainen, A., Landau, S. F., Fraczek, A. & Caprara, G. V. (1998). Cross-cultural evidence of female indirect aggression. *Aggressive Behavior, 24,* 1–8. doi: 10.1002/(SICI)1098-2337(1998)24:1<1::AID-AB1>3.0.CO;2-R.

Ostrov, J. M., Ries, E. E., Stauffacher, K., Godleski, S. A. & Mullins, A. D. (2008). Relational aggression, physical aggression and deception during early childhood: A multimethod, multi-informant short-term longitudinal study. *Journal of Clinical Child and Adolescent Psychology, 37,* 664–675. doi: 10.1080/15374410802148137.

Pardini, D. A. & Byrd, A. L. (2012). Perceptions of aggressive conflicts and others' distress in children with callous-unemotional traits: „I'll show you who's boss, even if you suffer and I get in trouble". *Journal of Child Psychology and Psychiatry, 53,* 283–291. doi: 10.1111/j.1469-7610.

Parke, R. D. (1969). Effectiveness of punishment as an interaction of intensity, timing, agent nurturance, and cognitive structuring. *Child Development, 40,* 213–235.

Parke, R. D., Ewall, W. & Slaby, R. G. (1972). Hostile and helpful verbalisations as regulators of nonverbal aggression. *Journal of Personality and Social Psychology, 23* (2), 243–248. doi: 10.1037/h0033036.

Parker, R. N. & Auerhahn, K. (1999). Drugs, alcohol, and homicide. In M. D. Smith & M. A. Zahn (Hrsg.), *Homicide. A sourcebook of social research* (S. 176–191). Thousand Oaks, Ca.: Sage.

Parsons, T. (1935). The Place of Ultimate Values in Sociological Theory. *International Journal of Ethics, 45,* 282–316. doi: 10.1086/208233.

Parsons, T. (1968). *Sozialstruktur und Persönlichkeit.* Frankfurt a. M.: Europäische Verlagsanstalt.

Pastore, N. (1952). The role of arbitrariness in the frustration-aggression hypothesis. *Journal of Abnormal and Social Psychology, 47,* 728–731. doi: 10.1037/h0060884.

Patrick, C. H. J. & Bernat, M. (2009). From markers to mechanism: Using psychophysiological measures to elucidate basic processes underlying aggressive externalizing behaviour. In S. Hodgings, E. Viding & A. Plodowski (Hrsg.), *The neurobiological basis of violence: Science and Rehabilitation* (S. 223–250). Oxford: Oxford University Press.

Patterson, G. R., Capaldi, D. & Bank, L. (1991). An early starter model for predicting delinquency. In D. J. Pepler & K. H. Rubin (Hrsg.), *The development and treatment of childhood aggression* (S. 139–168). Hillsdale: Erlbaum.

Paulhus, D. L. & Williams, K. M. (2002). The Dark Triad of personality: Narcissism, Machiavellianism, and psychopathy. *Journal of Research in Personality, 36* (6), 556–563.

Payk, T. R. (2008). *Das Böse in uns: Über die Ursachen von Mord, Terror und Gewalt.* Düsseldorf: Patmos.

Pearson, G. (1983). *Hooligan: A history of respectable fears.* London: Macmillan.

Peijnenburg, J. (2002). Analytisch/synthetisch. In H. J. Sandkühler (Hrsg. [unter Mitwirkung von D. Pätzold, A. Regenbogen und P. Stekeler-Weithofer]), *Enzyklopädie Philosophie* [Band 1: A–N] [Computer Software, CD-ROM] [Programm ViewLit, Version 4.2, Kap.-Nr. 76] (S. 62–63 [Seitenkonkordanz zur Buch-Ausgabe]). Hamburg: Meiner.

Peirce, C. S. (1960 [zuerst 1934]). *Collected Papers of Charles Sanders Peirce: Volume V: Pragmatism and Pragmaticism: and Volume VI: Scientific Metaphysics* (Hrsg. C. Hartshorne & P. Weiss) (2. Aufl.). Cambridge, Mass.: Harvard University Press.

Perrig, W. J., Wippich, W. & Perrig-Chiello, P. (1993). *Unbewußte Informationsverarbeitung*. Bern: Huber.

Perry, D. G., Perry, L. C. & Rasmussen, P. (1986). Cognitive social learning mediators of aggression. *Child Development, 57*, 700–711. doi: 10.2307/1130347.

Peter, E. & Bogerts, B. (2012). Epidemiologie und Psychopathologie des Amoklaufes: Erste Ergebnisse einer Analyse der Strafakten von 27 Amokläufern. *Nervenarzt, 83* (1), 57–63. doi: 10.1007/s00115-011-3250-6.

Petermann, F. (Hrsg.). (2015). *Kinderverhaltenstherapie: Grundlagen und Anwendungen* (5. Aufl.). Baltmannsweiler: Schneider.

Petermann, F., Kusch, M. & Niebank, K. (1998). *Entwicklungspsychopathologie: Ein Lehrbuch*. Weinheim: Beltz.

Pezawas, L., Meyer-Lindenberg, A., Drabant, E. M., Verchinski, B. A., Munoz, K. E., Kolachana, B. S., Egan, M. F., Mattay, V. S., Hariri, A. R. & Weinberger, D. R. (2005). 5-HTTLPR polymorphism impacts human cingulate-amygdala interactions: A genetic susceptibility mechanism for depression. *Nature Neuroscience, 8* (6), 828–834. doi: 10.1038/nn1463.

Piaget, J. (1975). Der Aufbau der Wirklichkeit beim Kinde. *Gesammelte Werke*, Band 2. Stuttgart: Klett.

Pilz, G. A. (1992, May). Hooligans – Europameister der Gewalt? *Psychologie Heute, 19* (5), 36–39.

Pilz, G. A. (2005). Vom Kuttenfan und Hooligan zum Ultra und Hooltra – Wandel des Zuschauerverhaltens im Profifußball. *Deutsche Polizei, 11*, 6–13.

Pilz, G. A. (2013a). Die Entwicklung der Rolle des Schiedsrichters in Vergangenheit, Gegenwart und Zukunft. In G. Pilz, *Sport, Fairplay und Gewalt: Beiträge zu Jugendarbeit und Prävention im Sport: KoFaS-Reihe, Band 1* (S. 71–84). Hildesheim: Arete. (Vortrag, gehalten am 6.7.2000 anlässlich des Schiedsrichterkongresses des DFB)

Pilz, G. A. (2013b). Von der Fankultur zum Gewalt-Event – Wandlungen des Zuschauerverhaltens im Fußball. In G. Pilz, *Sport, Fairplay und Gewalt: Beiträge zu Jugendarbeit und Prävention im Sport: KoFaS-Reihe, Band 1* (S. 86–96). Hildesheim: Arete. (Zuerst erschienen 2012 in: Kriminalistik, 66, 203–209)

Pilz, G. A., Behn, S., Klose, A., Schwenzer, V., Steffan, W. & Wölki, F. (2006). *Wandlungen des Zuschauerverhaltens im Profifußball*. [Schriftenreihe des Bundesinstituts für Sportwissenschaften, Band 114]. Schorndorf: Hofmann.

Pinker, S. (2011). *Gewalt: Eine neue Geschichte der Menschheit*. (Übers. S. Vogel). Frankfurt a. M.: S. Fischer. (Original erschienen 2011: The better angels of our nature. Why violence has declined)

Piquero, A. & Tibbetts, S. (1999). The impact of pre-/perinatal disturbances and disadvantaged family and family environment in predicting criminal offending. *Studies on Crime & Crime Prevention, 8* (1), 52–70.

Pisano, R. & Taylor, S. P. (1971). Reduction of physical aggression: The effects of four strategies. *Journal of Personality and Social Psychology, 19*, 237–242. doi: 10.1037/h0031273.

Pitts, T. B. (1997). Reduced heartrate levels in aggressive children. In A. Raine, P. A. Brennan, D. P. Farrington & S. A. Mednick (Hrsg.), *Biosocial bases of violence* (S. 317–319). New York: Plenum Press.

Plattner, B., Aebi, M., Steinhausen. H.-C. & Bessler, C. (2011). Psychopathologische und komorbide Störungen inhaftierter Jugendlicher in Österreich: Implikationen für einen jugendpsychiatrischen Versorgungsauftrag im Strafvollzug. *Zeitschrift für Kinder- und Jugendpsychiatrie und Psychotherapie, 39* (4), 231–242. doi: 10.1024/1422-4917/a000113.

Popitz, H. (1967). *Der Begriff der sozialen Rolle als Element der soziologischen Theorie.* Tübingen: Mohr.

Popma, A., Vermeiren, R., Geluk, C. A. M. L., Rinne, T., van den Brink, W., Knol, D. L., Jansen, L. M. C., van Engeland, H. & Doreleijers, T. A. H. (2007). Cortisol Moderates the Relationship between Testosterone and Aggression in Delinquent Male Adolescents. *Biological Psychiatry, 61* (3), 405–411.

Popper, K. R. (1971). Was ist Dialektik? In E. Topitsch (Hrsg.), *Logik der Sozialwissenschaften* (S. 262–291). Köln: Kiepenheuer & Witsch.

Popper, K. R. (1984 [zuerst 1934 mit der Jahresangabe 1935]). *Logik der Forschung* (8. Aufl.). Tübingen: J. C. B. Mohr (P. Siebeck).

Popper, K. R. (1995). Eine Welt der Propensitäten. Zwei neue Ansichten über Kausalität. [Ausgearbeiteter Vortrag v. 24.8.1988]. In K. R. Popper, *Eine Welt der Propensitäten* (S. 11–53). (Übers. J. A. Alt und D. Irrgang; verbessert und ergänzt v. Verf.). Tübingen: J. C. B. Mohr (P. Siebeck). (Original des gesamten Buchs erschienen 1990: A world of propensities)

Popper, K. R. (1998). *Objektive Erkenntnis: Ein evolutionärer Entwurf* (4. Aufl.). Hamburg: Hoffmann und Campe. (Original erschienen 1972: Objective Knowledge)

Popper, K. R. (2000). *Vermutungen und Widerlegungen. Das Wachstum der wissenschaftlichen Erkenntnis.* (Unveränderte Broschurausgabe in einem Band). (Übers. G. Albert, M. Mew, K. R. Popper, E. Schiffer und G. Siebeck). Tübingen: J. C. B. Mohr (P. Siebeck). (Original erschienen 1963: Conjectures and refutations. The growth of scientific knowledge)

Popper, K. R. (2001). Das offene Universum. Ein Argument für den Indeterminismus. In K. R. Popper (Hrsg. W. W. Bartley III), *Gesammelte Werke in deutscher Sprache. [Band] 8. Das offene Universum. Ein Argument für den Indeterminismus. Aus dem Postskript zur Logik der Forschung II.* (Übers. E. Schiffer). Tübingen: J. C. B. Mohr (P. Siebeck). (Original erschienen 1982: The open universe. An argument for indeterminism)

Popper, K. R. & Eccles, J. C. (2000). *Das Ich und sein Gehirn* (7. Aufl.). (Übers. A. Hartung, W. Hochkeppel und z. T. K. R. Popper). München: Piper. (Original erschienen 1977: The self and its brain – an argument for interactionism)

Posth, R. (2010). *Gefühle regieren den Alltag: Schwierige Kinder zwischen Angst und Aggression: mit Anmerkungen zur frühen Fremdbetreuung* (2. Aufl.). Münster. Waxmann.

Powell, H. A. (1957). *An Analysis of Present Day Social Structure in the Trobriand Islands.* [Ph.D. Dissertation]. London: University of London. Download unter: http://discovery.ucl.ac.uk/id/eprint/1349494 [abgerufen 8.9.2016].

Powell, H. A. (1969a). Genealogy, Residence and Kinship in Kiriwina. *Man* [New Series], *4* (2), 177–202. doi: 10.2307/2799567.

Powell, H. A. (1969b). Territory, Hierarchy and Kinship in Kiriwina. *Man* [New Series], *4* (4), 580–604. doi: 10.2307/2798197.

Powers, P. C. & Geen, R. G. (1972). Effects of the behavior and the perceived arousal of a model on instrumental aggression. *Journal of Personality and Social Psychology, 23*, 175–183.

Preston, S. D. & de Waal, F. B. M. (2002). Empathy: Its ultimate and proximate bases. *Behavioral and Brain Sciences, 25*, 1–72.

Priks, M. (2008). *Hooliganomics.* Habilitationsschrift zur Erlangung der venia legendi im Fach Volkswirtschaftslehre an der Volkswirtschaftlichen Fakultät der Ludwig-Maximilians-Universität München.

Priks, M. (2010). Does Frustration Lead to Violence? Evidence from the Swedish Hooligan Scene. *Kyklos, 63* (3), 450–460. doi: 10.1111/j.1467-6435.2010.00482.x.

Prinz, W. (1992). Wahrnehmung. In H. Spada (Hrsg.), *Lehrbuch Allgemeine Psychologie* (2. Aufl.) (S. 25–114). Bern: Huber.

Pytkowicz, R. A., Wagner, N. N. & Sarason, G. I. (1967). An experimental study of the reduction of hostility through fantasy. *Journal of Personality and Social Psychology, 5* (3), 295–303.

Quay, H. C. (1993). The psychobiology of undersocialized aggressive conduct disorder: A theoretical perspective. *Development and Psychopathology, 5* (1–2), 165–180.

Quiggle, N. L., Garber, J., Panak, W. F. & Dodge, K. A. (1992). Social information processing in aggressive and depressed children. *Child Development, 63*, 1305–1320. doi: 10.2307/1131557.

Quine, W. van O. (1979). *Von einem logischen Standpunkt: neun logisch-philosophische Essays.* Frankfurt a. M.: Ullstein.

Rachman, S. & Teasdale, J. D. (1975). *Verhaltensstörungen und Aversionstherapie: Eine lerntheo-retische Analyse.* Frankfurt a. M.: Fachbuchhandlung für Psychologie.

Raine, A. (1996). Autonomic nervous system and violence. In D. M. Stoff & R. F. Cairns (Hrsg.), *The neurobiology of clinical aggression* (S. 145–168). Hillsdale, New York: Erlbaum.

Raine, A. (2002). Biosocial studies of antisocial and violent behavior in children and adults: A review. *Journal of Abnormal Child Psychology, 30*, 311–326. doi: 10.1023/A:1015754122318.

Raine, A., Brennan, P. & Farrington, D. P. (1997). Biosocial bases of violence: Conceptual and theoretical issues. In A. Raine, P. Brennan & S. A. Farrington (Hrsg.), *Biosocial bases of violence.* New York: Plenum Press.

Raine, A., Brennan, P. & Mednick, S. A. (1994). Birth complications combined with early maternal rejection at age 1 year predispose to violent crime at age 18 years. *Archives of General Psychiatry, 51* (12), 984–988. doi: 10.1001/archpsyc.1994.03950120056009.

Raine, A., Meloy, J. R., Bihrle, S., Stoddard, J., LaCasse, L. & Buchsbaum, M. S. (1998). Reduced prefrontal and increased subcortical brain functioning assessed using positron emission tomography in predatory and affective murderers. *Behavioral Sciences and the Law, 16*, 319–332.

Raine, A., Portnoy, J., Liu, J., Mahoomed, T. & Hibbeln, J. R. (2015). Reduction in behavior problems with omega-3 supplementation in children aged 8–16 years: a randomized, double-blind, placebo-controlled, stratified, parallel-group trial. *The Journal of Child Psychology and Psychiatry, 56* (5), 509–520. doi: 10.1111/jcpp.12314.

Raine, A., Venables, P. H. & Mednick, S. A. (1997). Low resting heart rate at age 3 years predisposes to aggression at age 11 years: evidence from the Mauritius Child Health Project. *Journal of the American Academy of Child & Adolescent Psychiatry, 36* (10), 1457–1464. doi: 10.1097/00004583-199710000-00029.

Raine, A., Venables, P. H. & Williams, M. (1995). High autonomic arousal and electrodermal orienting at age 15 years as protective factor against criminal behavior at age 29 years. *The American Journal of Psychiatry, 152* (11), 1595–1600.

Rakoczy, H., Warneken, F. & Tomasello, M. (2008). The scources of normativity: Young children's awareness of the normative structure of games. *Developmental Psychology, 44*, 875–881. doi: 10.1037/0012-1649.44.3.875.

Rasch, W. (1964). *Die Tötung des Intimpartners.* Stuttgart: Enke.

Rauchfleisch, U. (2002). Aggression: Aggression – agressivité. In W. Mertens & B. Waldvogel (Hrsg.), *Handbuch psychoanalytischer Grundbegriffe* (2. Aufl.) (S. 37–42). Stuttgart: Kohlhammer.

Rech, M. (2012, Feb. 7). Ein Fortuna-Hooligan packt aus: „Bei uns boxt auch ein Polizist". *Westdeutsche Zeitung* (Online-Ausgabe vom 7.2.2012), Interviewer: M. Rech. Verfügbar unter: http://www.wz-newsline.de/lokales/duesseldorf/sport/fortuna-duesseldorf/ein-fortuna-hooligan-packt-aus-bei-uns-boxt-auch-ein-polizist-1.897832 [abgerufen am 21.10.2015].

Reich, W. (1974). *Die Entdeckung des Orgons. Band II. Der Krebs.* Köln: Kiepenheuer & Witsch. (Englische Übersetzung zuerst 1948: The cancer biopathy)

Reich, W. (1975 [zuerst 1932, Änderungen 1951]). *Der Einbruch der sexuellen Zwangsmoral. Zur Geschichte der sexuellen Ökonomie.* O.O.: Fischer Taschenbuch Verlag.

Reich, W. (1986 [zuerst 1933, überarbeitet 1942]). *Die Massenpsychologie des Faschismus*. Köln: Kiepenheuer & Witsch.

Reich, W. (1987 [zuerst 1942]). *Die Entdeckung des Orgons. Band I. Die Funktion des Orgasmus: Sexualökonomische Grundprobleme der biologischen Energie*. (Übers. K. H. Bönner). Köln: Kiepenheuer & Witsch.

Reich, W. (1989 [zuerst 1933, verändert 1949]). *Charakteranalyse*. (Übers. B. A. Laska). Köln: Kiepenheuer & Witsch.

Reich, W. (1995 [zuerst 1938]). *Die Bionexperimente. Zur Entstehung des Lebens*. Frankfurt a. M.: Zweitausendeins.

Reichard, S. (1997). *Wiederholungszwang: Ein psychoanalytisches Konzept im Wandel*. Stuttgart: Kohlhammer.

Reichard, S. (2002). Wiederholungszwang: Compulsion to repeat – compulsion de répétition. In W. Mertens & B. Waldvogel (Hrsg.), *Handbuch psychoanalytischer Grundbegriffe* (2. Aufl.) (S. 802–806). Stuttgart: Kohlhammer.

Reichertz, J. (2013). *Die Abduktion in der qualitativen Sozialforschung: Über die Entdeckung des Neuen* (2. Aufl.). Wiesbaden: Springer VS.

Reisenzein, R . (1983). The Schachter theory of emotion: Two decades later. *Psychological Bulletin, 94* (2), 239–264.

Remschmidt, H. [Unter Mitarbeit von M. Martin, G. Niebergall, R. Walter, und einem Beitrag von B. Bannenberg]. (2012). *Tötungs- und Gewaltdelikte junger Menschen: Ursachen, Begutachtung, Prognose*. Berlin: Springer.

Remschmidt, H. (2013, Juni 21). Adoleszenz – seelische Gesundheit und psychische Krankheit. *Deutsches Ärzteblatt, 110* (25), 423–424. doi: 10.3238/arztebl.2013.0423.

Remschmidt, H. (2014). Die Folgen von Misshandlungen in Kindheit und Jugend: Seelische Belastungen und Spuren im Gehirn. *Monatsschrift für Kriminologie und Strafrechtsreform* [Journal of Criminology and Penal Reform], *97* (5/6), 462–474.

Rescorla, R. A. (1969). Pavlovian conditioned inhibition. *Psychological Bulletin, 72*, 77–94. doi: 10.1037/h0027760.

Rhee, S. H. & Waldman, I. D. (2002). Genetic and Environmental Influences on Antisocial Behavior: A Meta-Analysis of Twin and Adoption Studies. *Psychological Bulletin, 128* (3), 490–529. doi: 10.1037/0033-2909.128.3.490.

Richardson, L. F. (1960). *Statistics of deadly quarrels*. Pittsburgh: Boxwood Press.

Riedel, M. (1979). Handlungstheorie als ethische Grunddisziplin. Analytische und hermeneutische Aspekte der gegenwärtigen Problemlage In H. Lenk (Hrsg.), *Handlungstheorien – interdisziplinär* (Band 2, 1. Halbband). München: Fink.

Ringel, E. (1953). *Der Selbstmord: Abschluß einer krankhaften psychischen Entwicklung: (Eine Untersuchung an 745 geretteten Selbstmördern)*. Wien: Maudrich.

Rödl, S. (2010). The Form of the Will. In S. Tennenbaum (Hrsg.), *Desire, Practical Reason, and the Good* (S. 138–160). Oxford: Oxford University Press.

Rogers, W. R. & Ketschen, M. C. (1979). Effects of anonymity and arousal on aggression. *The Journal of Psychology, 102*, 13–19. doi: 10.1080/00223980.1979.9915089.

Rohde, A. & Dorn, A. (2007). *Gynäkologische Psychosomatik und Gynäkopsychiatrie: Das Lehrbuch*. Stuttgart: Schattauer.

Rohracher, H. (1971). *Einführung in die Psychologie* (10. Aufl.). Wien: Urban & Schwarzenberg.

Rosenthal R. (1976). *Experimenter effects in behavioral research*. New York: Irvington.

Ross, L. (1977). The intuitive psychologist and his shortcomings: Distortions in the attribution process. In L. Berkowitz (Hrsg.), *Advances in experimental social psychology*, Band 10 (S. 173–220). Orlando, Fl.: Academic Press.

Ross, L., Rodin, J. & Zimbardo, P. G. (1969). Toward an attribution therapy: The reduction of fear through induced cognitive-emontional misattribution. *Journal of Personality and Social Psychology, 12,* 279–288.

Roth, G. (2001). *Fühlen, Denken, Handeln: Wie das Gehirn unser Verhalten steuert.* Frankfurt a. M.: Suhrkamp.

Roth, G. & Strüber, N. (2014). *Wie das Gehirn die Seele macht.* Stuttgart: Klett-Cotta.

Rothbart, M. K. & Bates, J. E. (2006). Temperament. In W. Damon & R. M. Lerner (Hrsg.), *Social emotional and personality development* (6. Aufl.) [Handbook of Child Psychology] (S. 99–166). New York: Wiley.

Rotton, J. & Frey, J. (1985). Air pollution, weather, and violent crimes: Concomitant time-series analysis of archival data. *Journal of Personality and Social Psychology, 49,* 1207–1220.

Rotton, J., Frey, J., Barry, T., Milligan, M. & Fitzpatrick, M. (1979). The air pollution experience and physical aggression. *Journal of Applied Social Psychology, 9,* 397–412. doi: 10.1111/j.1559-1816.1979.tb02714.x.

Rous, F. (2005). Die Suche nach Risikofaktoren für delinquentes Verhalten schizophren erkrankter von Krafft-Ebing bis heute. *Fortschritte der Neurologie und Psychiatrie, 73* (Supplement 1), 107–110.

Rule, B. G. & Nesdale, A. R. (1976). Moral judgment of aggressive behavior. In R. G. Geen & E. C. O'Neal (Hrsg.), *Perspectives on aggression.* New York: Academic Press.

Russell, G. W. (2004). Sport riots: A social-psychological review. *Aggression and Violent Behavior, 9,* 353–378.

Russett, B. & Oneal, J. (2001). *Triangulating peace: Democracy, interdependence, and international organizations.* New York: Norton.

Rusting, C. L. & Nolen-Hoeksema, S. (1998). Regulating responses to anger: Effects of rumination and distraction on angry mood. *Journal of Personality and Social Psychology, 74,* 790–803.

Ryle, G. (1992). *Der Begriff des Geistes.* Suttgart: Reclam. (Original erschienen 1949: The Concept of Mind)

Saimeh, N. (2008). „Die sind so unglaublich viel weniger wert als ich" – Maligner Narzissmus und Gefährlichkeit am Beispiel der Kasuistik eines verhinderten Amokläufers. In N. Saimeh (Hrsg), *Zukunftswerkstatt Maßregelvollzug: Materialien der 23. Eickelborner Fachtagung zu Fragen der Forensischen Psychiatrie, 5. bis 7. März 2008* (S. 299–313). Bonn: Psychiatrie-Verlag.

Saimeh, N. (2009). Die Tötung des eigenen Kindes. In J. Elz (Hrsg.), *Täterinnen: Befunde, Analysen, Perspektiven* (S. 161–176). Wiesbaden: Eigenverlag Kriminologische Zentralstelle e.V.

Saimeh, N. (2012). Biologische und psychodynamische Aspekte der Dissozialität im Einklang. In B. Wischka, W. Pecher & H. van den Boogaart (Hrsg.), *Behandlung von Straftätern: Sozialtherapie, Maßregelvollzug und Sicherungsverwahrung* (S. 351–364). Freiburg: Centaurus.

Saimeh, N. (2015). Dehumanisierung als Zündstoff – maligner Narzissmus als Motiv für Amok. In J. Hoffmann & K. Roshdi, *Amok und andere Formen schwerer Gewalt: Risikoanalyse – Bedrohungsmanagement – Präventionskonzepte* (S. 7–21). Stuttgart: Schattauer.

Salihovic, S., Kerr, M., Özdemir, M. & Pakalniskiene, V. (2012). Directions of effects between adolescent psychopathic traits and parental behavior. *Journal of Abnormal Child Psychology, 40,* 957–969. doi: 10.1007/s10802-012-9623-x.

Sampson, R. J. & Laub, J. H. (1994). Urban poverty and the family context of delinquency: A new look at structure and process in a classic study. *Child Development, 65,* 523–540. doi: 10.1111/j.1467-8624.1994.tb00767.x.

Sass, H. & Herpertz, S. (2009). Forensisch-psychiatrische Aspekte der Gewaltdelinquenz. In H.-L. Kröber, D. Dölling, N. Leygraf & H. Sass (Hrsg.), *Handbuch der Forensischen Psychiatrie: Band 4: Kriminologie und Forensische Psychiatrie* (S. 367–399). Berlin: Steinkopf/ Springer.

Saß, H., Wittchen, H.-U. & Zaudig, M. (1998). *Diagnostisches und Statistisches Manual Psychischer Störungen DSM-IV* (2. Aufl.). Göttingen: Hogrefe.

Scaramella, L. V., Conger, R. D., Spoth, R. & Simons, R. L. (2002). Evaluation of a social contextual model of delinquency: A cross-study replication. *Child Development, 73*, 175–195. doi: 10.1111/1467-8624.00399.

Scarpa, A., Haden, S. C. & Tanaka, A. (2010). Being hot-tempered: Autonomic, emotional, and behavioral distinctions between childhood reactive and proactive aggression. *Biological Psychology, 84*, 488–496. doi: 10.1016/j.biopsycho.2009.11.006.

Schachter, S. & Singer, J. E. (1962). Cognitive, social, and physiological determinants of emotional state. *Psychological Review, 69*, 379–399. doi: 10.1037/h0046234.

Schaefer, C. F. & Mattei, D. (2005). Catharsis: Effectiveness in children's aggression. *International Journal of Play Therapy, 14* (2), 103–109.

Schäfer-Vogel, G. (2007). *Gewalttätige Jugendkulturen – Symptom der Erosion kommunikativer Strukturen.* [Band K 134 der Kriminologischen Forschungsberichte des Max-Planck-Instituts für ausländisches und internationales Strafrecht]. Berlin: Duncker & Humblot.

Schanda, H. (2006). Untersuchungen zur Frage des Zusammenhangs zwischen Psychosen und Kriminalität/Gewalttätigkeit. *Fortschritte der Neurologie und Psychiatrie, 74* (2), 85–100. doi: 10.1055/s-2004-830290.

Schechter, H. (2003). *Serial killer files: The who, what, where, how, and why of the world's most terrifying murderers.* New York: Ballantine.

Schlotz, N., Louda, J., Marneros, A. & Rohde, A. (2009). Von der verdrängten Schwangerschaft bis zur Kindstötung: Relevante Aspekte für Gynäkologen. *Der Gynäkologe, 42*, 614–618. doi: 10.1007/s00129-009-2395-x.

Schmalzl, H. P. & Bodamer, L. (Hrsg.). (2012). *Moderne Polizeipsychologie in Schlüsselbegriffen* (3. Aufl.). Stuttgart: Boorberg.

Schmidtke, A., Schaller, S., Müller, I., Lester, D. & Stack, S. (2002). Imitation von Amok und Amok-Suizid. In M. Wolfersdorf & H. Wedler (Hrsg.), *Terroristen-Suizide und Amok.* Regensburg: Roderer.

Schmierbach, M. (2010). „Killing spree": Exploring the connection between competitive game play and aggressive cognition. *Communication Research, 37*, 256–274. doi: 10.1177/0093650209356394.

Schmierbach, M., Xu, Q., Oeldorf-Hirsch, A. & Dardis, F. E. (2012). Electronic friend or virtual foe: Exploring the role of competitive and cooperative multiplayer video game modes in fostering enjoyment. *Media Psychology, 15*, 356–371. doi: 10.1080/15213269.2012.702603.

Schöne, M., Peter, E. & Bogerts, B. (2011). Neonatizid: Eine Analyse der psychischen, sozialen und biographischen Charakteristika der Täterinnen. *Kriminalistik, 10*, 635–640.

Schöne, M., Peter, E., Dobrowolny, H. & Bogerts, B. (2015). Neonatizid: Täterinnentypologie und Ost-West-Vergleich. *Nervenarzt, 86*, 595–602. doi: 10.1007/s00115-014-4205-5.

Schopenhauer, A. (1912 [zuerst 1841]). Preisschrift über die Freiheit des Willens, gekrönt von der Königlich Norwegischen Societät der Wissenschaften, zu Drontheim, am 26. Januar 1839. In P. Deussen (Hrsg.), *Arthur Schopenhauers sämtliche Werke. Dritter Band. Der Satz vom Grunde. Über den Willen in der Natur. Die beiden Grundprobleme der Ethik* (S. 471–572). München: Piper.

Schubert, S. (2010). *Gewalt ist eine Lösung: Morgens Polizist, abends Hooligan: Mein geheimes Doppelleben.* München: Riva.

Schueler, G. (2010). Handlungserklärungen: Ursachen und Zwecke. In: C. Horn & G. Löhrer (Hrsg.): *Gründe und Zwecke. Texte zur aktuellen Handlungstheorie* (S. 246–263). Berlin: Suhrkamp.

Schumann, K. F. (2010). Jugenddelinquenz im Lebensverlauf. In B. Dollinger & H. Schmidt-Semisch (Hrsg.), *Handbuch Jugendkriminalität: Kriminologie und Sozialpädagogik im Dialog* (S. 243–257). Wiesbaden: Verlag für Sozialwissenschaften.

Schünemann, K.-F. (1992). *Über nicht kulturgebundene Amokläufe – Eine inhaltsanalytische Untersuchung von 196 Fällen*. Dissertation am Fachbereich Medizin der Univ. Göttingen.

Schwemmer, O. (1976). *Theorie der rationalen Erklärung: Zu den methodischen Grundlagen der Kulturwissenschaften*. München: Beck.

Sears, R. R. (1941). Nonaggressive reactions to frustration. *Psychological Review, 48*, 343-346.

Sedikides, C. & Skowronski, J. J. (1990). Towards reconciling personality and social psychology: A construct accessibility approach. *Journal of Social Behavior and Personality, 5* (6), 531–46.

Seibert, A. & Kerns, K. (2015). Early mother-child attachment: Longitudinal prediction to the quality of peer relationships in middle childhood. *International Journal of Behavioral Development, 39* (2), 130–138. doi: 10.1177/0165025414542710.

Selg, H. (1968). *Diagnostik der Aggressivität*. Göttingen: Verlag für Psychologie.

Selg, H., Mees, U. & Berg, D. (1997). *Psychologie der Aggressivität* (2. Aufl.). Göttingen: Hogrefe.

Seligman, M. E. & Maier, S. F. (1967). Failure to escape traumatic shock. *Journal of Experimental Psychology, 74*, 1–9. doi: 10.1037/h0024514.

Shackelford, T. K. & Liddle, J. R. (2014). Understanding the mind from an evolutionary perspective: An overview of evolutionary psychology. *Wiley Interdisciplinary Reviews: Cognitive Science, 5*, 247–260. doi: 10.1002/wcs.1281.

Shackelford, T. K. & Weekes-Shackelford, V. A. (Hrsg.). (2012). *The Oxford Handbook of Evolutionary Perspectives on Violence, Homicide, and War*. New York: Oxford University Press.

Shafer, D. M. (2012). Causes of state hostility and enjoyment in player versus player and player versus environment video games. *Journal of Communication, 62*, 719–737. doi: 10.1111/j.1460-2466.2012.01654.x.

Shantz, C. U. (1987). Conflicts between children. *Child Development, 58*, 283–305. doi: 10.2307/1130507.

Sharaf, M. (1994). *Wilhelm Reich. Der heilige Zorn des Lebendigen. Die Biografie.* (Übers. u. hrsg. v. J. Fischer). Berlin: Simon u. Leutner.

Shaw, D. S., Gilliom, M., Ingoldsby, E. M. & Nagin, D. S. (2003). Trajectories leading to school-age conduct problems. *Developmental Psychology, 39*, 189–200. doi: 10.1037/0012-1649.39.2.189.

Shaw, J., Hunt, I. M., Flynn, S., Meehan, J., Robinson, J., Bickley, H., Parsons, R., McCann, K., Burns, J., Amos, T., Kapur, N. & Appleby, L. (2006). Rates of mental disorder in people convicted of homicide: National clinical survey. *The British Journal of Psychiatry, 188* (2), 143–147. doi: 10.1192/bjp.188.2.143.

Sheehan, M. J. & Watson, M. W. (2008). Reciprocal influences between maternal discipline techniques and aggression in children and adolescents. *Aggressive Behavior, 34*, 245–255. doi: 10.1002/ab.20241.

Sherif, M, Harvey, O. J., White, B. J., Hood, W. R. & Sherif, C. W. (1961). *Intergroup cooperation and competition: The Robbers Cave experiment*. Norman, Ok.: University Book Exchange.

Sherif, M. & Sherif, C. W. (1953). *Groups in harmony and tension*. New York: Harper.

Shirtcliff, E. A., Granger, D. A., Booth, A. & Johnson, D. (2005). Low salivary cortisol levels and externalizing behavior problems in youth. *Development and Psychopathology, 17* (1), 167–184.

Siegler, R., Eisenberg, N., DeLoache, J. & Saffran, J. (2016). *Entwicklungspsychologie im Kindes- und Jugendalter* (4. Aufl.). (Übers. K. Neuser-von Oettingen, J. Grabowski, E. Schönfeldt). (Hrsg. S. Pauen). Berlin: Springer.

Siekmann, R. C. R. (2009). Fußball-Hooliganismus. In W.-D. Walker (Hrsg.), *Hooliganismus – Verantwortlichkeit und Haftung für Zuschauerausschreitungen* (S. 61–78). Stuttgart: Boorberg.

Sijtsema, J. J., Veenstra, R., Lindenberg, S. & Salmivalli, C. (2009). Empirical test of bullies' status goals: Assessing direct goals, aggression, and prestige. *Aggressive Behavior, 35,* 57–67. doi: 10.1002/ab.20282.

Simpson, A. I. F., McKenna, B., Moskowitz, A., Skipworth, J. & Barry-Walsh, J. (2004). Homicide and mental illness in New Zealand, 1970–2000. *The British Journal of Psychiatry, 185* (5), 394–398. doi: 10.1192/bjp.185.5.394.

Singer, P. (2011 [zuerst 1981]). *The Expanding Circle: Ethics, Evolution, and Moral Progress.* Princeton, NJ: Princeton University Press.

Singer, T., Seymour, B., O'Doherty, J. P., Stephan, K. E., Dolan, R. J. & Frith, C. D. (2006). Empathic neural responses are modulated by the perceived fairness of others. *Nature, 439* (7075), 466–469. doi: 10.1038/nature04271.

Skinner, B. F. (1953). *Science and human behaviour.* New York: Macmillan.

Slaby, R. G. & Guerra, N. G. (1988). Cognitive mediators of aggression in adolescent offenders: I. Assessment. *Developmental Psychology, 24,* 580–588. doi: 10.1037/0012-1649.24.4.580.

Smedslund, G. (2008). All Bachelors are Unmarried Men (p < 0.05). *Quality and Quantity, 42,* 53–73. doi: 10.1007/s11135-006-9036-4.

Smedslund, J. (1979). Between the analytic and the arbitrary: A case study of psychological research. *Scandinavian Journal of Psychology, 20,* 129–140. doi: 10.1111/j.1467-9450.1979.tb00693.x.

Smedslund, J. (1988). *Psycho-Logic.* Berlin: Springer.

Smedslund, J. (1997). *The Structure of Psychological Common Sense.* London: Lawrence Erlbaum.

Smedslund. J. (1999). Psychologic and the study of memory. *Scandinavian Journal of Psychology,* 44 (Supplement), 3–17.

Smedslund, J. (2002). From Hypothesis-Testing Psychology to Procedure-Testing Psychologic. *Review of General Psychology, 6* (1), 51–72. doi: 10.1037/1089-2680.6.1.51.

Smedslund, J. (2011). Meaning of Words and the Use of Axiomatics in Psychological Theory. *Journal of Theoretical and Philosophical Psychology, 31* (2), 126–135. doi: 10.1037/a0023417.

Smith, S. G., Fowler, K. A. & Niolon, P. H. (2014). Intimate Partner Homicide and Corollary Victims in 16 States: National Violent Death Reporting System, 2003–2009. *American Journal of Public Health, 104* (3), 461–466. doi: 10.2105/AJPH.2013.301582.

Snyder, J., Reid, J. & Patterson, G. (2003). A social learning model of child and adolescent antisocial behavior. In B. B. Lahey, T. E. Moffitt & A. Caspi (Hrsg.), *Causes of conduct disorder and juvenile delinquency* (S. 27–48). New York, NY: Guilford Press.

Snyder, J. J., Schrepferman, L. P., Bullard, L., McEachern, A. D. & Patterson, G. R. (2012). Covert antisocial behavior, peer deviancy training, parenting processes, and sex differences in the development of antisocial behavior during childhood. *Development and Psychopathology, 24,* 1117–1138. doi: 10.1017/S0954579412000570.

Sobotta, J. (1906 [mit Jahreszahl 1907]. *Atlas der deskriptiven Anatomie: III. Abteilung: Das Nerven- und Gefässsytem und die Sinnesorgane des Menschen nebst einem Anhang: Das Lymph- gefässsytem des Menschen.* München: J. F. Lehmann.

Soyka, M., Morhart-Klute, V. & Schoech, H. (2004). Delinquency and criminal offenses in former schizophrenic inpatients 7–12 years following discharge. *European Archives of Psychiatry and Clinical Neuroscience, 254* (5), 289–294. doi: 10.1007/s00406-004-0495-0.

Spiro, M. E. (1982). *Oedipus in the Trobriands.* Chicago: University of Chicago Press.

Spitzer, M. (2000). *Geist im Netz. Modelle für Lernen, Denken und Handeln.* Heidelberg: Spektrum.

Statistisches Bundesamt. (2016). *Pressemitteilung vom 30. Juni 2016 – 225/16.* Download unter: https://www.destatis.de/DE/PresseService/Presse/Pressemitteilungen/2016/06/ PD16_225_126.html;jsessionid=F1D26DC19C1D9FA39DD675D99DEA1102.cae3 [abgerufen am 4.7.2016].

Steck, P. (2005). Tödlich endende Partnerschaftskonflikte. In H.-J. Kerner & E. Marks (Hrsg.), *Internetdokumentation Deutscher Präventionstag*. Hannover. Download unter: http://www.praeventionstag.de/nano.cms/vortraege/id/123 [abgerufen am 12.7.2016].

Stegmüller, W. (1970). *Probleme und Resultate der Wissenschaftstheorie und Analytischen Philosophie: Band II: Theorie und Erfahrung*. Berlin: Springer.

Stegmüller, W. (1979). Walther von der Vogelweides Lied von der Traumliebe und Quasar 3 C 273: Betrachtungen zum sogenannten Zirkel des Verstehens und zur sogenannten Theoriebeladenheit von Beobachtungen. In W. Stegmüller, *Rationale Rekonstruktion von Wissenschaft und ihrem Wandel* (S. 27–86). Stuttgart: Reclam.

Stegmüller, W. (1983). *Probleme und Resultate der Wissenschaftstheorie und Analytischen Philosophie: Band I: Erklärung, Begründung, Kausalität* (2. Aufl.). Berlin: Springer.

Steinmetz, H., Furst, G. & Freund, H. J. (1989). Cerebral cortical localization: Application and validation of the proportional grid system in MR imaging. *Journal of Computer Assisted Tomography, 13*, 10–19.

Steinmetz, H., Furst, G. & Freund, H. J. (1990). Variation of perisylvian and calcarine anatomic landmarks within stereotaxic proportional coordinates. *American Journal of Neuroradiology, 11*, 1123–1130.

Stöckl, H., Devries, K., Rotstein, A., Abrahams, N., Campbell, J., Watts, C. & Moreno, C G. (2013, Sept. 7). The global prevalence of intimate partner homicide: A systematic review. *The Lancet, 382* (9895), 859–865. doi: 10.1016/S0140-6736(13)61030-2.

Stoppelbein, L., Greening, L., Luebbe, A., Fite, P. & Becker, S. P. (2014). The Role of Cortisol and Psychopathic Traits in Aggression Among At-Risk Girls: Tests of Mediating Hypotheses. *Aggressive Behavior, 40* (3), 263–272. doi: 10.1002/ab.21513.

Storch, V., Welsch, U. & Wink, M. (2013). *Evolutionsbiologie* (3. Aufl.). Berlin: Springer.

Stouthamer-Loeber, M., Loeber, R., Wei, E., Farrington, D. P. & Wikström, P.-O. H. (2002). Risk and promotive effects in the explanation of persistent serious delinquency in boys. *Journal of Consulting and Clinical Psychology, 70*, 111–123. doi: 10.1037/0022-006X.70.1.111.

Stover, C. S., Connell, C. M., Leve, L. D., Neiderhiser, J. M., Shaw, D. S., Scaramella, L. V. & Reiss, D. (2012). Fathering and mothering in the family system: Linking marital hostility and aggression in adopted toddlers. *Journal of Child Psychology and Psychiatry, 53*, 401–409. doi: 10.1111/j.1469-7610.2011.02510.x.

Straßmaier, S. (2003). *Analyse der Psychoanalyse: Der Kritische Rationalismus und die Widerstandskonzepte Sigmund Freuds*. Berlin: Regener.

Straßmaier, S. (2006). *Über den Willen in naturalistischer Sicht: Eine Modellbildung*. Berlin: Regener.

Straub, J. (1999). *Handlung, Interpretation, Kritik: Grundlagen einer textwissenschaftlichen Handlungs- und Kulturpsychologie*. Berlin: De Gruyter.

Strüber, D., Lück, M. & Roth, G. (2008). Sex, aggression and impulse control: An integrative account. *Neurocase, 14* (1), 93–121. doi: 10.1080/13554790801992743.

Strüber, N. & Roth, G. (2014). Antisoziale Persönlichkeitsstörung und Psychopathie und ihre neurobiologischen Grundlagen. *Persönlichkeitsstörungen: Theorie und Therapie, 18* (3), 157–166.

Stuewig, J., Tangney, J. P., Heigel, C., Harty, L. & McCloskey, L. (2010). Shaming, blaming, and maiming: Functional links among the moral emotions, externalization of blame, and aggression. *Journal of Research in Personality, 44*, 91–102. doi: 10.1016/j.jrp.2009.12.005.

Stuewig, J., Tangney, J. P., Kendall, S., Folk, J. B., Meyer, C. R. & Dearing, R. L. (2015). Children's Proneness to Shame and Guilt Predict Risky and Illegal Behaviors in Young Adulthood. *Child Psychiatry & Human Development, 46*, 217–227. doi: 10.1007/s10578-014-0467-1.

Sumatra. (2007). In: *Der Brockhaus multimedial 2007* (Version 9). [Computersoftware, CD-ROM]. Mannheim: Bibliographisches Institut & F. A. Brockhaus.

Sutterlüty, F. (2002). *Gewaltkarrieren: Jugendliche im Kreislauf von Gewalt und Missachtung.* Frankfurt a. M.: Campus.

Sutterlüty, F. (2015). Kollektive Gewalt und urbane Riots: Was erklärt die Situation? In A. T. Paul & B. Schwalb (Hrsg.), *Gewaltmassen: Über Eigendynamik und Selbstorganisation kollektiver Gewalt* (S. 231–256). Hamburg: Hamburger Edition.

Swanson, J. W., Swartz, M. S., van Dorn, R. A., Elbogen, E. B., Wagner, H. R., Rosenheck, R. A., Stroup, T. S., McEvoy, J. P. & Lieberman, J. A. (2006). A National Study of Violent Behavior in Persons with Schizophrenia. *Archives of General Psychiatry, 63* (5), 490–499. doi: 10.1001/archpsyc.63.5.490.

Swientek, C. (2004). Kindstötung – Neonatizid – Die Tötung von Neugeborenen „unter der Geburt". *Der Kriminalist, 36* (5), 189–193.

Sykes, G. M. & Matza, D. (1957). Techniques of neutralization: A theory of delinquency. *American Sociological Review, 22* (6), 664–670.

Talairach, J. & Tournoux, P. (1988). *Co-Planar stereotaxic atlas of the human brain. 3Dimensional proportional system: An approach to cerebral imaging.* New York: Thieme Medical Publishers.

Tammelo, I. (1977). *Theorie der Gerechtigkeit.* Freiburg: Alber.

Tangney, J. P., Baumeister, R. F. & Boone, A. L. (2004). High Self-Control Predicts Good Adjustment, Less Pathology, Better Grades, and Interpersonal Success. *Journal of Personality, 72* (2), 271–324. doi: 10.1111/j.0022-3506.2004.00263.x.

Tannenbaum, P. H. (1972). Studies in film- and television-mediated arousal and aggression: A progress report. In G. A. Comstock, E. A. Rubinstein & J. P. Murray (Hrsg.), *Television and social behavor. Bd. 5. Television effects: Further explorations* (S. 309–350). Washington, D. C.: Government Printing Office.

Tardiff, K. (1992). The current state of psychiatry in the treatment of violent patients. *Archives of General Psychiatry, 49* (6), 493–499. doi: 10.1001/archpsyc.1992.01820060073013.

Tarski, A. (1936 [Vorabdruck datiert 1935]). Der Wahrheitsbegriff in den formalisierten Sprachen. *Studia Philosophica, 1* (2), 261–405.

Tebartz van Elst, L., Hesslinger, B., Thiel, T., Geiger, E., Haegele, K., Lemieux, L., Lieb, K., Bohus, M., Henning, J. & Ebert, D. (2003). Frontolimbic brain abnormalities in patients with borderline personality disorder: A volumetric magnetic resonance imaging study. *Biological Psychiatry, 54,* 163–171. doi: 10.1016/S0006-3223(02)01743-2.

Tedeschi, J. T. & Felson, R. B. (1994). *Violence, Aggression, & Coercive Actions.* Washington, DC: American Psychological Association.

Tewes, U. (1991). *HAWIE-R – Hamburg-Wechsler Intelligenztest für Erwachsene, Revision 1991.* Bern: Huber.

Thornberry, T. P., Freeman-Gallant, A., Lizotte, A. J., Krohn, M. D. & Smith, C. A. (2003). Linked lives: The intergenerational transmission of antisocial behavior. *Journal of Abnormal Child Psychology, 31,* 171–184. doi: 10.1023/A:1022574208366.

Tittle, C. (1995). *Control balance: Toward a General Theory of Deviance.* Boulder, CO: Westview.

Toebe, P., Harnatt, J., Schwemmer, O. & Werbik, H. (1977). Beiträge der konstruktiven Philosophie zur Klärung der begrifflichen und methodischen Grundlagen der Psychologie. In K. A. Schneewind (Hrsg.), *Wissenschaftstheoretische Grundlagen der Psychologie.* München: Reinhardt.

Tolan, P. H., Gorman-Smith, D. & Henry, D. B. (2003). The developmental ecology of urban males' youth violence. *Developmental Psychology, 39,* 274–291. doi: 10.1037/0012-1649.39.2.274.

Tölle, R. & Windgassen, K. (2014). *Psychiatrie einschließlich Psychotherapie* (17. Aufl.). [Kinder- und jugendpsychiatrische Bearbeitung v. R. Lempp u. R. du Bois]. Berlin: Springer.

Tolman, E. C. (1926). A behavioristic theory of ideas. *Psychological Review, 33,* 352–369.

Tolman, E. C. (1951). *Behavior and psychological man*. Berkeley: University of California Press.

Tremblay, R. E., Pihl, R. O., Vitaro, F. & Dobkin, P. L. (1994). Predicting early onset of male antisocial behavior from preschool behavior. *Archives of General Psychiatry, 51*, 732–739. doi: 10.1001/archpsyc. 1994. 03950090064009.

Trentacosta, C. J., Hyde, L. W., Shaw, D. S., Dishion, T. J., Gardner, F. & Wilson, M. (2008). The relations among cumulative risk, parenting, and behavior problems during early childhood. *Journal of Child Psychology and Psychiatry, 49*, 1211–1219. doi: 10.1111/j.1469-7610.2008.01941.x.

Trivizas, E. (1980). Offences and offenders in football crowd disorders. *The British Journal of Criminology, 20* (3), 276–288.

Tugendhat, E. (1993). *Vorlesungen über Ethik*. Frankfurt a. M.: Suhrkamp.

Tuinier, S., Verhoeven, W. M. A., van Praag, H. M. (1996). Serotonine and disruptive behavior: A critical evaluation of clinical data. *Human Psychopharmacology: Clinical and Experimental, 11*, 469–482. doi: 10.1002/(SICI)1099-1077(199611)11:6<469::AID-HUP817>3.0.CO;2-X.

Twenge, J. M. (2009). Change over time in obedience: The jury's still out, but it might be decreasing. *American Psychologist, 64* (1), 28–31. doi: 10.1037/a0014475.

Uhrig, M. & Kepplinger, H. M. (2010). Ist die Katharsis-Theorie zu retten? *Publizistik, 55*, 5–22. doi: 10.1007/s11616-010-0076-3.

Ulrich, R. E. (1966). Pain as a cause of aggression. *American Zoologist, 6*, 643–662.

Ulrich, R. E. & Azrin, N. H. (1962). Reflexive fighting in response to aversive stimulation. *Journal of the Experimental Analysis of Behavior, 5*, 511–520. doi: 10.1901/jeab.1962.5-511.

Ulrich, R. E., Hutchinson, R. R. & Azrin, N. H. (1965). Pain-elicited aggression. *Psychological Record, 15*, 111–126.

Underwood, M. K. (2003). *Social aggression among girls*. New York, NY: Guilford.

Unger, P. (2015). *Die Haftung des Fußballveranstalters bei Zuschauerausschreitungen: Eine Untersuchung der zivilrechtlichen Schadensverantwortung*. Baden-Baden: Nomos.

Vaihinger, H. (1922). *Die Philosophie des Als Ob. System der theoretischen, praktischen und religiösen Fiktionen der Menschheit auf Grund eines idealistischen Positivismus. Mit einem Anhang über Kant und Nietzsche* (7. u. 8. Aufl.). Leipzig: F. Meiner.

Vaillancourt, T., Brendgen, M., Boivin, M. & Tremblay, R. E. (2003). A longitudinal confirmatory factor analysis of indirect and physical aggression: Evidence of two factors over time? *Child Development, 74*, 1628–1638. doi: 10.1046/j.1467-8624.2003.00628.x.

van der Brug, H. (1994). Football Hooliganism in the Netherlands. In R. Guilianotti, N. Bonney & M. Hepworth (Hrsg.), *Football, Violence, and Social Identity* (S. 174–195). London: Routledge.

Vanfossen, B., Brown, C. H., Kellam, S., Sokoloff, N. & Doering, S. (2010). Neighborhood context and the development of aggression in boys and girls. *Journal of Community Psychology, 38*, 329–349. doi: 10.1002/jcop.20367.

van Limbergen, K., Colaers, C. & Walgrave, L. (1989). The societal and psycho-sociological background of football hooliganism. *Current Psychology: Research & Reviews, 8* (1), 4–14.

Van Ryzin, M. J. & Dishion, T. J. (2012). The impact of a family-centered intervention on the ecology of adolescent antisocial behavior: Modeling developmental sequelae and trajectories during adolescence. *Development and Psychopathology, 24*, 1139–1155. doi: 10.1017/S0954579412000582.

Venables, P. H. (1987). Autonomic and central nervous system factors in criminal behavior. In S. A. Mednick, T. Moffitt & S. Stack (Hrsg.), *The Causes of Crime: New Biological Approaches* (S. 110–136). New York: Cambridge University Press.

Vermeiren, R., Jespers, I. & Moffitt, T. (2006). Mental health problems in juvenile justice populations. *Child and Adolescent Psychiatric Clinics of North America, 15*, 333–351. doi: 10.1016/j.chc.2005.11.008.

Verona, E. & Curtin, J. J. (2006). Gender Differences in the Negative Affective Priming of Aggressive Behavior. *Emotion, 6* (1), 115–124. doi: 10.1037/1528-3542.6.1.115.

Verona, E. & Kilmer, A. (2007). Stress Exposure and Affective Modulation of Aggressive Behavior in Men and Women. *Journal of Abnormal Psychology, 116* (2), 410–421. doi: 10.1037/0021-843X.116.2.410.

Verona, E. & Sullivan, E. A. (2008). Emotional catharsis and aggression revisited: Heart rate reduction following aggressive responding. *Emotion, 8* (3), 331–340. doi: 10.1037/1528-3542.8.3.331.

Vitaro, F., Barker, E. D., Boivin, M., Brendgen, M. & Tremblay, R. E. (2006). Do early difficult temperament and harsh parenting differentially predict reactive and proactive aggression? *Journal of Abnormal Child Psychology, 34,* 681–691. doi: 10.1007/s10802-006-9055-6.

Vossekuil, B., Fein, R. A., Reddy, M., Borum, R. & Modzeleski, W. (2004). *The final report and findings of the Safe School Initiative: Implications for the prevention of school attacks in the United States.* Washington, DC: United States Secret Service & United States Department of Education.

Vreugdenhil, C., Doreleijers, T. A. H., Vermeiren, R., Wouters, L. F. J. M. & van den Brink, W. (2004). Psychiatric disorders in a representative sample of incarcerated boys in the Netherlands. *Journal of the American Academy of Child & Adolescent Psychiatry, 43* (1), 97–104. doi: 10.1097/01.chi.0000096371.43887.21.

Wahl, K. (2009). *Aggression und Gewalt: Ein biologischer, psychologischer und sozialwissenschaftlicher Überblick.* Heidelberg: Spektrum.

Waldrop, M. F., Pedersen, F. A. & Bell, R. Q. (1968). Minor physical anomalies and behavior in preschool children. *Child Development, 39,* 391–400.

Walker, W.-D. (2009). Zivilrechtliche Haftung für Zuschauerausschreitungen. In W.-D. Walker (Hrsg.), *Hooliganismus – Verantwortlichkeit und Haftung für Zuschauerausschreitungen* (S. 35–59). Stuttgart: Boorberg.

Wallace, C., Mullen, P. E. & Burgess, P. (2004). Criminal Offending in Schizophrenia Over a 25-Year Period Marked by Deinstitutionalization and Increasing Prevalence of Comorbid Substance Use Disorders. *American Journal of Psychiatry, 161* (4), 716–727. doi: 10.1176/appi.ajp.161.4.716.

Walters, R. H. & Brown, M. (1963). Studies of reinforcement of aggression. III. Transfer of responses to an interpersonal situation. *Child Development, 34,* 563–571.

Warneken, F. (2013). The Development of Altruistic Behavior: Helping in Children and Chimpanzees. *Social Research, 80* (2), 431–442.

Warneken, F. Hare, B., Melis, A. P., Hanus, D. & Tomasello, M. (2007). Spontaneous altruism by chimpanzees and young children. *PloS Biology, 5,* 1414–1420. doi: 10.1371/journal.pbio.0050184.

Warneken, F. & Tomasello, M. (2006, March 3). Altruistic helping in human infants and young chimpanzees. *Science, 311,* 1301–1303. doi: 10.1126/science.1121448

Warneken, F. & Tomasello, M. (2007). Helping and cooperation at 14 months of age. *Infancy, 11,* 271–294. doi: 10.1111/j.1532-7078.2007.tb00227.x.

Warneken, F. & Tomasello, M. (2009). Varieties of altruism in children and chimpanzees. *Trends in Cognitive Science, 13,* 397–402. doi: 10.1016/j.tics.2009.06.008.

Watson, D., Clark, L. A. & Tellegen, A. (1988). Development and validation of brief measures of positive and negative affect: The PANAS scales. *Journal of Personality and Social Psychology, 54,* 1063–1070. doi: 10.1037/0022-3514.54.6.1063.

Weber, M. (1964). *Wirtschaft und Gesellschaft: Grundriss der verstehenden Soziologie* (Bd. 1) (5. Aufl.). Tübingen: Mohr Siebeck.

Weber, M. (1984). *Soziologische Grundbegriffe* (6. Aufl.). Tübingen: Mohr Siebeck.

Weidner, J. (1995). *Anti-Aggressivitäts-Training für Gewalttäter: Ein deliktspezifisches Behandlungs-angebot im Jugendvollzug* (3. Aufl.). Bonn, Bad Godesberg: Forum.

Weidner, J. (1997). *Gewalt im Griff: Neue Formen des Anti-Aggressivitäts-Trainings*. Weinheim: Belz.

Weilbach, K. (2015). Autogene Mehrfachtötung – Mord als Handlungswahl. In J. Hoffmann & K. Roshdi, *Amok und andere Formen schwerer Gewalt: Riskoanalyse – Bedrohungsmanagement – Präventionskonzepte* (S. 68–89). Stuttgart: Schattauer.

Weiner, A. B. (1988). *The Trobrianders of Papua New Guinea* [Case studies in cultural anthropology]. New York: Holt, Rinehart and Winston.

Weiner, B. (1985). An attributional theory of achievement motivation and emotion. *Psychological Review, 92*, 548–573. doi/10.1037/0033-295X.92.4.548.

Weiner, B. (1986). *An attributional theory of motivation and emotion*. New York: Springer.

Weiner, B., Graham, S., Chandler, C. (1982). Pity, anger, and guilt: An attributional analysis. *Personality and Social Psychology Bulletin, 8* (2), 226–232. doi: 10.1177/0146167282082007.

Weinert, F. E. (1987). Bildhafte Vorstellungen des Willens. In H. Heckhausen, P. M. Gollwitzer & F. E. Weinert (Hrsg.), *Jenseits des Rubikon: Der Wille in den Humanwissenschaften* (S. 10–26). Berlin: Springer.

Weiss, B., Dodge, K. A., Bates, J. E. & Pettit, G. S. (1992). Some consequences of early harsh discipline: Child aggression and a maladaptive social information processing style. *Child Development, 63*, 1321–1335. doi: 10.2307/1131558.

Weizmann-Henelius, G., Grönroos, M., Putkonen, H., Eronen, M., Lindberg, N. & Häkkänen-Nyholm, H. (2012). Gender-Specific Risk Factors for Intimate Partner Homicide – A Nationwide Register-Based Study. *Journal of Interpersonal Violence, 27* (8), 1519–1539. doi: 10.1177/0886260511425793.

Weltgesundheitsorganisation. (1997). *Internationale Klassifikation psychischer Störungen. ICD-10 Kapitel V (F). Forschungskriterien* (unveränderter Nachdruck der 1. Aufl. v. 1994). (Hrsg. H. Dilling, W. Mombour, M. H. Schmidt u. E. Schulte-Markwort). (Übers. E. Schulte-Markwort u. W. Mombour). Bern: Huber. (Original erschienen 1993: World Health Organization. Tenth revision of the international classification of diseases, chapter V (F): Mental and behavioural disorders. Diagnostic criteria for research)

Welzer, H. [unter Mitarbeit v. M. Christ]. (2005). *Täter: Wie aus ganz normalen Menschen Massenmörder werden* (2. Aufl.). Frankfurt a. M.: Fischer.

Werbik, H. (1971). Das Problem der Definition „aggressiver" Verhaltensweisen. *Zeitschrift für Sozial-psychologie, 2*, 233–247.

Werbik, H. (1974). *Theorie der Gewalt: Eine neue Grundlage für die Aggressionsforschung*. München: Fink.

Werbik, H. (1976). Grundlagen einer Theorie sozialen Handelns, Teil 1 und 2. *Zeitschrift für Sozialpsy-chologie, 7*, 248–261 und 310–326.

Werbik, H. (1978). *Handlungstheorien*. Stuttgart: Kohlhammer.

Werbik, H. (1981). Aggression. In H. Werbik & H. J. Kaiser (Hrsg.), *Kritische Stichwörter zur Sozialpsy-chologie* (S. 14–30). München: Fink.

Werbik, H. (1982). Zur terminologischen Bestimmung von Aggression und Gewalt. In R. Hilke & W. Kempf (Hrsg.), *Aggression: Naturwissenschaftliche und kulturwissenschaftliche Perspektiven der Aggressionsforschung* (S. 334–350). Bern: Huber.

Werbik, H. (1991). Wahlfreiheit und Naturkausalität. *Zeitschrift für Sozialpsychologie, 22* (4), 245–255.

Werbik, H. & Benetka, G. (2016). *Kritik der Neuropsychologie: Eine Streitschrift*. Gießen: Psychosozial.

Werbik, H. & Kempf, W. F. (1972). *Eine kognitive Theorie „aggressiven" Handelns und Probleme ihrer experimentellen Realisation. I. Aufbau einer kognitiven Terminologie. Forschungsbericht 16 des*

Sonderforschungsbereichs 22. Nürnberg: Sozialwissenschaftliches Forschungszentrum der Universität Erlangen-Nürnberg.

Wessel, J. (2007). *Die nicht wahrgenommene (verdrängte) Schwangerschaft: Eine prospektive Untersuchung aus geburtsmedizinischer Sicht unter Berücksichtigung endokrinologischer, psychomatischer und epidemologischer Aspekte.* [Ergänzte und nachgedruckte Habilitationsschrift der Humboldt-Universität zu Berlin, 1998]. Hamburg: Akademos.

Wessel, J., Endrikat, J., Büscher, U. (2003). Elevated risk for neonatal outcome following denial of pregnancy: Results of a one-year prospective study compared with control groups. *Journal of Perinatal Medicine, 31,* 29–35.

Wessel, J., Gauruder-Burmester, A., Gerlinger, C. (2007). Denial of pregnancy – characteristics of women at risk. *Acta Obstetricia et Gynecologica Scandinavica, 86,* 542–546. doi: 10.1080/00016340601159199.

Wessel, J., Wille, R., Beier, K. M. (2007). Schwangerschaftsnegierung als reproduktive Dysfunktion: Ein Vorschlag für die internationalen Klassifikationssysteme. *Sexuologie, 14 (3–4),* 66–77.

Wetzels, P. (1997). *Gewalterfahrungen in der Kindheit: Sexueller Mißbrauch, körperliche Mißhandlung und deren langfristige Konsequenzen.* Baden-Baden: Nomos.

Wheeler, L. & Caggiula, A. R. (1966). The contagion of aggression. *Journal of Experimental Social Psychology, 2,* 1–10.

Wheeler, L. & Smith, S. (1967). Censure of the model in the contagion of aggression. *Journal of Personality and Social Psychology, 6,* 93–98.

Wiese, A. (1996). *Mütter, die töten: Psychoanalytische Erkenntnis und forensische Wahrheit* (2. Aufl.). [Zugelassene Dissertation an der Universität München, 1992]. München: Fink.

Wilkowski, M. B. & Robinson, D. M. (2010). The Anatomy of Anger: An Integrative Cognitive Model of Trait Anger and Reactive Aggression. *Journal of Personality, 78* (1), 9–38. doi: 10.1111/j.1467-6494.2009.00607.x.

Williams, C. D. (1959). The elimination of tantrum behavior by extinction procedures. *Journal of Abnormal and Social Psychology, 59,* 269. doi: 10.1037/h0046688.

Williams, J., Dunning, E. & Murphy, P. (2014 [zuerst 1984]). *Hooligans abroad: The Behaviour and Control of English Fans in Continental Europe.* London: Routledge.

Winkel, R. (2006). *Der gestörte Unterricht: Diagnostische und therapeutische Möglichkeiten* (8. Aufl.). Baltmannsweiler: Schneider.

Wischka, B., Pecher, W. & Boogaart, H. van den (Hrsg.). (2012). *Behandlung von Straftätern: Sozialtherapie, Maßregelvollzug und Sicherungsverwahrung.* Freiburg: Centaurus.

Wittgenstein, L. (1984a [zuerst 1953]). Philosophische Untersuchungen. [Hrsg. G. E. M. Anscombe u. R. Rush]. In L. Wittgenstein, *Werkausgabe. Band 1. Tractatus logico-philosophicus. Tagebücher 1914–1916. Philosophische Untersuchungen* (S. 225–580). Frankfurt a. M.: Suhrkamp.

Wittgenstein, L. (1984b [zuerst 1918]). Tractatus logico-philosophicus. In L. Wittgenstein, *Werkausgabe. Band 1. Tractatus logico-philosophicus. Tagebücher 1914–1916. Philosophische Untersuchungen* (S. 7–85). Frankfurt a. M.: Suhrkamp.

Wolf, M. M., Risley, T. R. & Mees, H. (1964). Application of operant conditioning procedures to the behaviour problems of an autistic child. *Behaviour Research and Therapy, 1,* 305–312. doi: 10.1016/0005-7967(63)90045-7.

Wolfe, M., Ulrich, R. & Dulaney, S. (1971). Fighting and escape reaction in paired rats. *Psychological Record, 21,* 59–68.

Wolpaw, J. R. & Winter Wolpaw, E. (Hrsg). (2012). *Brain-Computer Interfaces: Principles and Practice.* New York: Oxford University Press.

Worchel, S. (1974). The effect of three types of arbitrary thwarting on the instigation to aggression. *Journal of Personality, 42,* 300–318. doi: 10.1111/j.1467-6494.1974.tb00676.x.

Worchel, S., Andreoli, V. A. & Folger, R. (1977). Intergroup cooperation and intergroup attraction: The effect of previous interaction and outcome of combined effort. *Journal of Experimental Social Psychology, 13,* 131–140.

Wright, G. H. von. (1974). *Erklären und Verstehen.* Frankfurt a. M.: Athenäum.

Wundt,W. (1911). *Grundzüge der Physiologischen Psychologie,* 3. Bd. (6. Aufl.). Wien: Urban & Schwarzenberg.

Xie, H., Drabick, D. A. G. & Chen, D. (2011). Developmental trajectories of aggression from late childhood through adolescence: Similarities and differences across gender. *Aggressive Behavior, 37,* 387–404. doi: 10.1002/ab.20404.

Xu, Y., Farver, J. A. M. & Zhang, Z. (2009). Temperament, harsh and indulgent parenting, and Chinese children's proactive and reactive aggression. *Child Development, 80,* 244–258. doi: 10.1111/j.1467-8624.2008.01257.x.

Yaman, A., Mesman, J., van Ijzendoorn, M. H. & Bakermans-Kranenburg, M. J. (2010). Parenting and toddler aggression in second generation immigrant families: The moderating role of child temperament. *Journal of Family Psychology, 24,* 208–211. doi: 10.1037/a0019100.

Yang, Y. & Raine, A. (2009). Prefrontal structural and functional brain image findings in antisocial, violent and psychopathie individuals: A meta-analysis. *Psychiatry Research: Neuroimaging, 174,* 81–88. doi: 10.1016/j.pscychresns.2009.03.012.

Yang, Y., Raine, A., Lencz, T., Bihrle, S., LaCasse, L. & Colletti, P. (2005). Volume reduction in prefrontal gray matter in unsuccessful criminal psychopaths. *Biological Psychiatry, 57,* 1103–1108. doi: 10.1016/j.biopsych.2005.01.021.

Zani, B. & Kirchler, E. (1991). When Violence Overshadows the Spirit of Sporting Competition: Italian Football Fans and their Clubs. *Journal of Community & Applied Social Psychology, 1,* 5–21. doi: 10.1002/casp.2450010103.

Zentrale Informationsstelle Sporteinsätze Jahresbericht Fußball Saison 2014/15 [ZIS]. (2015). Ohne Ort: Landesamt für Zentrale Polizeiliche Dienste Nordrhein-Westfalen.

Zillmann, D. (1971). Excitation transfer in communication-mediated aggressiv behavior. *Journal of Experimental Social Psychology, 7,* 419–434. doi: 10.1016/0022-1031(71)90075-8.

Zillmann, D. (1978). Attribution and misattribution of excitatory reactions. In J. H. Harvey, W. J. Ickes & R. F. Kidd (Hrsg.), *New directions in attribution research: Vol. 2.* Hillsdale, NJ: Erlbaum.

Zillmann D. (1983). Arousal and aggression. In R. G. Geen & E. Donnerstein (Hrsg.), *Aggression: Theoretical and Empirical Reviews,* Vol. 1 (S.75–102). New York: Academic.

Zillmann, D. (1988). Cognition-excitation interdependencies in aggressive behavior. *Aggressive Behavior, 14,* 51–64. doi: 10.1002/1098-2337(1988)14:1<51::AID-AB2480140107>3.0.CO;2-C.

Zimbardo, P. G. (1969). The human choice: Individuation, reason, and order versus deindividuation, impulse, and chaos. In W. J. Arnold & D. Levine (Hrsg.), *Nebraska symposium on motivation, Vol. 17* (S. 237–307). Lincoln, Neb.: University of Nebraska Press.

Zimbardo, P. G. (2008). *Der Luzifer-Effekt: Die Macht der Umstände und die Psychologie des Bösen* (Übers. v. K. Petersen). Heidelberg: Spektrum. (Original erschienen 2007: The Lucifer Effect – Understanding How Good People Turn Evil)

Zuckerman, M. (1994). *Behavioral Expressions and Biosocial Bases of Sensation Seeking.* Cambridge: Cambridge University Press.

Zumkley, H. (1978). *Aggression und Katharsis.* Göttingen: Hogrefe.

Zumkley, H. (1994). The stability of aggressive behavior: A meta-analysis. *German Journal of Psychology, 18* (4), 273–281.

Stichwortverzeichnis

DOI 10.1515/9783110519303-7-012

www.ingramcontent.com/pod-product-compliance
Lightning Source LLC
Chambersburg PA
CBHW080353030426
42334CB00024B/2857